# Die Zulässigkeit von Anwesenheitspflichten in Lehrveranstaltungen

# Kölner Schriften zu Recht und Staat

Herausgegeben von
Prof. Dr. Hartmut Schiedermair und
Prof. Dr. Bernhard Kempen

Band 61

PETER LANG

Sarah Gronemeyer

# Die Zulässigkeit von Anwesenheitspflichten in Lehrveranstaltungen

PETER LANG

**Bibliografische Information der Deutschen Nationalbibliothek**
Die Deutsche Nationalbibliothek verzeichnet diese Publikation in der Deutschen Nationalbibliografie; detaillierte bibliografische Daten sind im Internet über http://dnb.d-nb.de abrufbar.

Zugl.: Köln, Univ., Diss., 2020.

Abbildung auf dem Umschlag:
Historisches Universitätssiegel
der Universität zu Köln.

D 38

ISBN 978-3-631-82459-7 (Print)
E-ISBN 978-3-631-83486-2 (E-PDF)
E-ISBN 978-3-631-83487-9 (EPUB)
E-ISBN 978-3-631-83488-6 (MOBI)
DOI 10.3726/b17563



Peter Lang – Berlin · Bern · Bruxelles · New York ·
Oxford · Warszawa · Wien


Diese Publikation wurde begutachtet.

www.peterlang.com

Die vorliegende Arbeit wurde durch die Rechtswissenschaftliche Fakultät der Universität zu Köln im Wintersemester 2013/2014 als Dissertation angenommen. Rechtsprechung und Literatur konnten bis Ende 2018 berücksichtigt werden.

Mein aufrichtiger Dank gilt meinem Doktorvater Herrn Professor Dr. Bernhard Kempen für das mir entgegengebrachte Vertrauen und die hilfreichen Anmerkungen insbesondere in der Phase der Fertigstellung dieser Arbeit. Ihm gebührt zudem ein besonderer Dank für die außerordentlich schnelle Bewertung meiner Arbeit und die Aufnahme in die Kölner Schriften zu Recht und Staat.

Herzlich danke ich auch Herrn Professor Dr. Stefan Muckel für die Übernahme und die ebenfalls sehr zügige Erstellung des Zweitgutachtens.

Schließlich möchte ich noch meinen Eltern, meiner Schwester und meinen Freunden für ihre Unterstützung und Zuversicht während der Entstehung dieser Arbeit danken.

Köln, im April 2020 Sarah Gronemeyer

# Inhaltsverzeichnis

# Literaturverzeichnis


| | |
|---|---|
| *Abelein, Manfred* | Recht auf Bildung, DÖV 1967, 375 ff. |
| *Achterberg, Norbert* | Allgemeines Verwaltungsrecht, 2. Aufl. 1986 |
| *Achterberg, Norbert* | Kriterien des Gesetzesbegriffs unter dem Grundgesetz, DÖV 1973, 289 ff. |
| *Achterberg, Norbert/ Püttner, Günther/ Würtenberger, Thomas,* | Besonderes Verwaltungsrecht, Bd. 1, 2. Aufl. 2000 |
| *Albers, Hans* | Verfassungsrecht. Grenzen des Beurteilungsspielraums bei Prüfungsentscheidungen, DVBl. 1976, 622 ff. |
| *Alexy, Robert* | Theorie der Grundrechte, 5. Aufl. 1994 |
| *Alexy, Robert* | Theorie der Grundrechte, 1. Aufl. 1985 |
| *Ankel, Danae/Liedtke, Stephan* | Wir Dozenten sind nicht eure Vorturner!, in: Zeit Online, 5.2.2015, URL: www.zeit.de/ studium/2015-02/anwesenheitspflciht-studenten-universitaeten/komplettansicht |
| *Anrich, Ernst* | Die Idee der deutschen Universität und die Reform der deutschen Universitäten, 1960 |
| *Anschütz, Gerhard* | Die Verfassung des deutschen Reichs vom 11. August 1919, 14. Aufl. 1933 |
| *Anschütz, Gerhard* | Die Verfassungsurkunde für den Preußischen Staat vom 31. Januar 1850, Erster Band, 1912 |
| *Armin, Hans Herbert* | Die Wesentlichkeitstheorie des Bundesverfassungsgerichts, DVBl. 1987, 1241 ff. |
| *Arndt, Adolf* | Die Kunst im Recht, NJW 1966, 25 ff. |
| *Arnim, Hans-Herbert v.* | Selbstverwaltung und Demokratie, in: AöR Bd. 113 (1988), S. 1 ff. |
| *Asche, Holger* | Hochschulautonomie- Wissenschaftsfreiheit im Abseits, 1975 |
| *Avenarius, Hermann* | Hochschulen und Reformgesetzgebung Zur Anpassung der Länderhochschulgesetze an das Hochschulrahmengesetz, 2001 |
| *Avenarius, Hermann* | Schulrechtskunde, 8. Aufl. 2010 |
| *Axer, Peter* | Normsetzung der Exekutive in der Sozialversicherung, 2000 |
| *Bachof, Otto* | Teilrechtsfähige Verbände des öffentlichen Rechts, in: AöR Bd. 83 (1958), S. 208 ff. |

*Bäcker, Carsten* Wissenschaft im Amt – Das verfassungsrechtliche Hochschullehrerbeamtenrecht aus Art. 33 Abs. 5 i.V.m. Art. 5 Abs. 3 GG, in: AöR Bd. 135 (2010), S. 78 ff.

*Badura, Peter* Staatsrecht, 6. Aufl. 2015

*Battis, Ulrich* Die Entwicklung des Beamtenrechts im Jahre 1983, NJW 1984, S. 1332 ff.

*Battis, Ulrich/Grigoleit, Klaus Joachim* Die Universität als privatrechtliche Stiftung – Model einer glaubwürdig staatsfernen Stiftung, ZRP 2002, 65 ff.

*Bauer, Hartmut* Der Gesetzesvorbehalt im Subventionsrecht, DÖV 1983, 53 ff.

*Bauer, Hartmut/Kahl, Wolfgang* Europäische Unionsbürger als Träger von Deutschen-Grundrechten? JZ 1995, 1077 ff.

*Bauer, Hellmut* Studentische Lebensgestaltung, in: Doeberl, Michael/Scheel, Otto/Schlink, Wilhelm, Das akademische Deutschland, 1930, Bd. III, S. 399–418

*Bauer, Hellmut* Studentische Lebensgestaltung, in: Michael Doeberl/Otto Schell/Wilhelm Schlink/Hans Sperl/Eduard Spranger/Hans Bitter/Paul Frank, Das akademische Deutschland, Bd. 3, 1930, S. 399 ff.

*Bauer, Tomas* Wissenschaftsfreiheit in Lehre und Studium, Zur Konkretisierung des Art. 5 Abs. 3 GG im geltenden Recht, 1980

*Bayer, Hermann Wilfried* Die Bundestreue, 1961

*Beaucamp, Guy* Dürfte ein Bundesland die Schulpflicht abschaffen?, DVBl. 2009, 220 ff.

*Beck, Ekkehard* Die Geltung der Lehrfreiheit des Art. 5 III GG für die Lehrer an Schulen, 1975

*Becker, Peter* Der Parlamentsvorbehalt im Prüfungsrecht, NJW 1990, 273 ff.

*Benda, Ernst/Maihofer, Konrad/Vogel, Hans-Jochen* Handbuch des Verfassungsrechts der Bundesrepublik Deutschland, 2. Aufl. 1994

*Benz, Winfried/Kohler, Jürgen* Handbuch Qualität in Studium und Lehre, Stand Oktober 2006

*Bethge, Herbert* Parlamentsvorbehalt und Rechtsatzvorbehalt für die Kommunalverwaltung, NVwZ 1983, 577 ff.

*Bethge, Herbert* Grundpflichten als verfassungsrechtliche Dimension, NJW 1982, 2145 ff.

*Bethge, Herbert* Zur Problematik von Grundrechtskollisionen, 1977

*Bethge, Herbert* Das Selbstverwaltungsrecht im Spannungsfeld zwischen institutioneller Garantie und grundrechtlicher Freiheit, in: von Mutius, Selbstverwaltung im Staat der Industriegesellschaft – Festgabe zum 70. Geburtstag von Georg Christoph von Unruh, 1983, S. 149 ff.

*Bettermann, Karl* Die Universität in der freiheitlich-demokratischen Grundordnung, in: Universitätstage 1963, Veröffentlichung der Freien Universität Berlin, 1963, S. 56 ff.

*Bettermann, Karl/Bachof, Otto* Die Grundrechte, Bd. II, 1954

*Bewart, Christian* Der gesetzliche Anspruch auf einen akademischen Grad mit bestandenem Ersten Juristischen Staatsexamen, BayVBl. 2005, 648 ff.

*Binder, Bruno* Die verfassungsrechtliche Sicherung der Wissenschaftsfreiheit in Österreich, in: WissR Bd. 6 (1973), S. 1 ff.

*Blanke, Ernst August* Ausbildungsförderung im sozialen Rechtsstaat, FamRZ 1981, 226 ff.

*Blankenagel, Alexander* Wissenschaftsfreiheit aus der Sicht der Wissenschaftssoziologie, in: AöR Bd. 105 (1980), S. 35 ff.

*Bleckmann, Albert* Staatsrecht Bd. II, 4. Aufl. 1997

*Bleckmann, Albert* „Berufsverbote" und die Europäische Menschenrechtskonvention, DÖV 1984, 565 ff.

*Bleckmann, Albert/Eckhoff, Rolf* Der mittelbare Grundrechtseingriff, DVBl. 1988, 373 ff.

*Bley, Helmar* Die Universitätskörperschaft als Vermögensträger, 1963

*Bloehs, Joachim/Frank, Torben,* Akkreditierungsrecht, 2015

*Böckenförde, Ernst-Wolfgang* Das Grundrecht der Gewissensfreiheit, in: VVDStRL Bd. 28 (1970), S. 33 ff.

*Böckenförde, Ernst-Wolfgang* Organisationsgewalt und Gesetzesvorbehalt, NJW 1999, 1235 ff.

*Böckenförde, Ernst-Wolfgang/Grawert, Rolf* Kollisionsfälle und Geltungsprobleme im Verhältnis von Bundesrecht und Landesverfassungsrecht, DÖV 1971, 119 ff.

| | |
|---|---|
| *Bode, Christian/Weber, Joachim D.* | Hochschulzulassung, in: Flämig/u.a., Handbuch des Wissenschaftsrechts, Bd. 1, 2. Aufl. 1996, S. 673–710 |
| *Bolte, Michael* | Kompetenzen und Kompetenzabgrenzung im Hochschulinnenbereich, 1990 |
| *Boppel, Werner/ Kollenberg, Udo* | Hochschulrahmengesetz und Hochschulgesetze, eine vergleichende Bestandsaufnahme, DUZ 1972, 656 ff. |
| *Bothe, Michael* | Die Kompetenzstruktur des modernen Bundesstaates in rechtsvergleichender Sicht, 1977 |
| *Böttner, Robert* | „Studiert, mit heißem Bemühn" – Zur Freiheit des Studiums im Sächsischen Hochschulrecht, NJ 2015, 157 ff. |
| *Böttner, Robert* | „Wenn ihr´s nicht fühlt, ihr werdet´s nicht erjagen – Zur Anwesenheitspflicht im Studium sächsischen Hochschulrecht, SächsVBl. 2015, 244 ff. |
| *Brehm, Robert/ Zimmerling, Wolfgang* | Die Entwicklung des Hochschulzugangsrechts seit 1996, NVwZ 2008, 1303 ff. |
| *Brehm, Robert/ Zimmerling, Wolfgang* | Abbau von Hochschulkapazitäten unter Berücksichtigung von Art. 12 Abs. 1 GG, in: WissR Bd. 33 (2000), S. 22 ff. |
| *Breuer, Rüdiger* | Freiheit des Berufs, in: Isensee, Josef/Kirchhof, Paul, Handbuch des Staatsrechts, Bd. VIII, 3. Aufl. 2010, S. 63 ff. |
| *Breuer, Rüdiger* | Staatliche Berufsregelung und Wirtschaftslenkung, in: Isensee, Josef/Kirchhof, Paul, Handbuch des Staatsrechts, Bd. VIII, 3. Aufl. 2010, S. 171 ff. |
| *Brinktrine, Ralf* | Akkreditierungsverfahren und –modelle nach Maßgabe des hochschulrechts der Länder, in: WissR Bd. 42 (2009), S. 164 ff. |
| *Brocker, Lars/Droege, Michael/Jutzi, Siegfried (Hrsg.)* | Verfassung für Rheinland-Pfalz, 2014 |
| *Brockliss, Laurence* | Lehrpläne, in: Rüegg, Walter, Geschichte der Universität in Europa, Bd. II, 1996, S. 451 ff. |
| *Brüggen, C.* | Handbuch des Sächsischen Hochschulrechts, 2011 |
| *Brugger, Winfried* | Elemente verfassungsliberaler Grundrechte, JZ 1987, 633 ff. |
| *Brunner, Georg* | Die Lernfreiheit in Österreich, in: WissR Bd. 1 (1968), S. 46 ff. |

*Bumke, Christian* Universitäten im Wettbewerb, in: VVDStRL Bd. 69 (2010), S. 407 ff.

*Burgi, Martin/Gräf, Ilse-Dore* Das (Verwaltungs-)organisationsrecht der Hochschulen im Spiegel der neueren Gesetzgebung und Verfassungsrechtsprechung, DVBl. 2010, 1125 ff.

*Burmeister, Joachim* „Dienende" Freiheitsgewährleistungen – Struktur und Gehalt eines besonderen Grundrechtstypus, in: ders., Festschrift für Klaus Stern zum 65. Geburtstag, 1997, S. 868 ff.

*Charle, Christophe* Grundlagen, in: Rüegg, Geschichte der Universität in Europa, Bd. III, 2001, S. 43 ff.

*Classen, Claus Dieter* Wissenschaftspolitik im Zeichen der Wirtschaft? Zu hochschulpolitischen Fragen an der Jahrtausendschwelle, in: ders., „In einem vereinten Europa der Welt zu dienen…" Liber amicorum Thomas Oppermann, 2001, S. 857 ff.

*Classen, Claus Dieter* Wissenschaftsfreiheit außerhalb der Hochschule: Zur Bedeutung von Art. 5 Abs. 3 GG für außeruniversitäre Forschung und Forschungsförderung, 1994

*Cornils, Matthias* Allgemeine Handlungsfreiheit, in: Isensee, Josef/ Kirchhof, Paul, Handbuch des Staatsrechts, Bd. VII, 3. Aufl. 2009, § 168 S. 1155 ff.

*Cremer, Wolfram* Gewinnstreben als öffentliche Unternehmen legitimierender Zweck: Die Antwort des Grundgesetzes, DÖV 2003, 921 ff.

*Czybulka, Detlef* Berufs- und Gewerbefreiheit: Ende oder Fortbildung der Stufentheorie? NVwZ 1991, 145 ff.

*Dähne, Harald* Forschung zwischen Wissenschaftsfreiheit und Wirtschaftsfreiheit, 2007

*Dallinger, Peter* Wissenschaftsfreiheit und Mitbestimmung, JZ 1971, 665 ff.

*Dechsling, Rainer* Das Verhältnismäßigkeitsgebot, 1989

*Degenhart, Christoph* Staatsrecht I, Staatsorganisationsrecht, 33. Aufl. 2017

*Degenhart, Christoph* Grundrechtsausgestaltung und Grundrechtsbeschränkung, in: Merten, Detlef/ Papier, Hans-Jürgen, Handbuch der Grundrechte, Bd. III, 2009, S. 257 ff.

| | |
|---|---|
| *Dennewitz, Bodo* | Das Bonner Grundgesetz und die westdeutschen Landesverfassungen, DÖV 1949, 341 ff. |
| *Denninger, Erhard* | Das Hochschulrahmengesetz – Kernstück einer Bildungsreform?, 1972 |
| *Denninger, Erhard (Hrsg.)* | Hochschulrahmengesetz, 1984 |
| *Denninger, Erhard/ Hoffmann-Riem, Wolfgang/Schneider, Hans-Peter/Stein, Ekkehart (Hrsg.)* | Kommentar zum Grundgesetz für die Bundesrepublik Deutschland, Bd. 1, 3. Aufl. 2001 |
| *Deutsch, Erwin* | Das Verfahren vor den Ombudsgremien der Wissenschaft, VersR 2003, 1197 ff. |
| *Deutsch, Erwin* | Ombudsgremien und Wissenschaftsfreiheit, ZRP 2003, 159 ff. |
| *Di Fabio, Udo* | Verwaltung und Verwaltungsrecht zwischen gesellschaftlicher Selbstregulierung und staatlicher Steuerung, in: VVDStRL Bd. 56 (1997), S. 235 ff. |
| *Dickert, Thomas* | Naturwissenschaften und Forschungsfreiheit, 1991 |
| *Dietlein, Johannes* | Landesgrundrechte im Bundesstaat, Jura 1994, 57 ff. |
| *Dilcher, Hermann* | Neue didaktische Aspekte der Juristenausbildung, in: Klaus Schaller, Wissenschaft und Lehre, 1970 |
| *Dilcher, Hermann* | Programmierter Rechtsunterricht, JZ 1970, 214 ff. |
| *Dittmann, Armin* | Verfassungshoheit der Länder und bundesstaatliche Verfassungshomogenität, in: Isensee, Josef/Kirchhof, Paul, Handbuch des Staatsrechts, Bd. VI, 3. Aufl. 2008, § 127, S. 201 ff. |
| *Dolde, Klaus Peter* | Behördliche Warnungen vor nicht verkehrsfähigen Lebensmitteln, 1987 |
| *Dölker, Walter* | Anforderungen an Ermächtigungsgrundlagen von Satzungen, 1984 |
| *Dörfer, Bert-Sebastian* | Bundesverfassungsgericht und Bundesstaat, 2010 |
| *Dörr, Oliver/Grote, Rainer/Thilo, Marauhn* | EMRK/GG, Konkordanzkommentar, Bd. 1, 2. Aufl. 2013 |
| *Dreier, Horst* | Landesverfassungsänderung durch quorenlosen Volksentscheid aus der Sicht des Grundgesetzes, BayVBl. 1999, 513 ff. |
| *Dreier, Horst (Hrsg.)* | Grundgesetz Kommentar, Bd. I, Art. 1–19, 2. Aufl. 2004 |
| *Dreier, Horst (Hrsg.)* | Grundgesetz Kommentar, Bd. I, Art. 1–19, 3. Aufl. 2013 |

*Dreier, Horst (Hrsg.)* Grundgesetz Kommentar, Bd. II, Art. 20–82, 3. Aufl. 2015

*Dreier, Ralf* Forschungsbegrenzung als verfassungsrechtliches Problem, DVBl. 1980, 471 ff.

*Droste, Dietmar* Die Grundrechtsfähigkeit der Universität, 1992

*Dülp, Heinrich* Die Berufung juristischer Personen des öffentlichen Rechts auf Grundrechte, 1964

*Eberle, Carl-Eugen* Gesetzesvorbehalt und Parlamentsvorbehalt, DÖV 1984, 485 ff.

*Ebitsch, Sabrina* So geht der Bachelor, in: Zeit Studienführer, 4.5.2010

*Eggebrecht, Steffen* Der zähe Abschied von der Präsenzpflicht, in: FAZ, 14.5.2011, Nr. 112 Beruf und Chance S. C4

*Ehlers, Dirk* Verwaltung und Verwaltungsrecht im demokratischen und sozialen Rechtsstaat, in: Ehlers, Dirk/Pünder, Hermann, Allgemeines Verwaltungsrecht, 15. Aufl. 2015

*Ehlers, Dirk* Die Weiterentwicklung des Staatshaftungsrechts durch das europäische Gemeinschaftsrecht, JZ 1996, 776 ff.

*Eiselstein, Claus* Rechtsgrundlagen für die Hochschulen in Baden-Württemberg, in: Haug, Volker, Das Hochschulrecht in Baden-Württemberg, 2. Aufl. 2009, Kap. 1, S. 13 ff.

*Engel, Christoph* Das legitime Ziel als Element des Übermaßverbots, in: Brugger, Winfried/Kirste, Stephan/Anderheiden Michael, Gemeinwohl in Deutschland, Europa und der Welt, 2002, S. 103 ff.

*Epping, Volker* Präsenz als Leistungskriterium, F&L 2006, 458 ff.

*Epping, Volker* „Ist Dasein förderlich?“, in: WissR Bd 45 (2012), S. 112 ff.

*Epping, Volker* Niedersächsisches Hochschulgesetz, 2016

*Epping, Volker* Die Außenwirtschaftsfreiheit, 1998

*Epping, Volker* Der Dekan und sein Fachbereich, NWVBl. 1997, 92 ff.

*Epping, Volker* Präsens als Leistungskriterium, F&L 2012, 458

*Epping, Volker* Grundrechte, 7. Aufl. 2017

*Epping, Volker/Hillgruber, Christian* Grundgesetz Kommentar, 2. Aufl. 2013

*Erbel, Günter* — Ein „Definitionsverbot“ für den verfassungsrechtlichen Begriff „Kunst“, DVBl. 1969, 863 ff.

*Erbguth, Wilfried/ Guckelberger, Anette* — Allgemeines Verwaltungsrecht, 9. Aufl. 2018

*Ergbuth Wilfried/ Wiegand, Bodo* — Umweltschutz im Landesverfassungsrecht – dargestellt am Beispiel der Verfassung des Landes Mecklenburg-Vorpommern, DVBl. 1994, 1325 ff.

*Erichsen, Hans-Uwe* — Geltung und Reichweite von Gesetzes- und Parlamentsvorbehalt. Zur Regelungskompetenz im Schulverhältnis. Das Recht auf Bildung, in: VerwArchiv Bd. 67 (1976), S. 93 ff.

*Erichsen, Hans-Uwe* — Schule und Parlamentsvorbehalt, in: Wilke, Dieter, Festschrift zum 125 jährigen Bestehen der Juristischen Gesellschaft zu Berlin, 1984, S. 113 ff.

*Erichsen, Hans-Uwe* — Vorrang und Vorbehalt des Gesetzes, Jura 1995, 550 ff.

*Erichsen, Hans-Uwe* — Die Universität im Spannungsfeld zwischen Staat und Gesellschaft, 1988

*Erichsen, Hans-Uwe/ Ehlers, Dirk (Hrsg.)* — Allgemeines Verwaltungsrecht, 14. Aufl. 2010

*Erichsen, Hans-Uwe/ Martens, Wolfgang* — Allgemeines Verwaltungsrecht, 8. Aufl. 1988

*Erichsen, Hans-Uwe/ Scherzberg, Arno* — Verfassungsrechtliche Determination staatlicher Hochschulpolitik, NVwZ 1990, 8 ff.

*Evers, Hans-Ulrich* — Weisungsrechte im Hochschulbereich, in: Bullinger, Martin, Festgabe für Hans Gerber zum 80. Geburtstag, 1970, S. 41 ff.

*Ewald, Klaus* — Die prozessuale Behandlung des inneruniversitären Verfassungsstreits, in: WissR Bd. 3 (1970), S. 35 ff.

*Fanzius, Claudio* — Die Abweichungsgesetzgebung, NVwZ 2008, 492 ff.

*Fehling, Michael* — Neue Herausforderungen an die Selbstverwaltung in Hochschule und Wissenschaft, in: Die Verwaltung Bd. 35 (2002), S. 399–424

*Fehn, Bernd Josef* — Grundrechtskollisionen in der Praxis, in: JA 1987, S. 12–16

*Fetzer, Helmut* — Die Zulässigkeit der Schulpflicht nach Art. 7 Abs. 1 GG, in: RdJB 1993, S. 91 ff.

*Fink, Udo* — Der Hochschulverfassungsstreit, in: WissR Bd. 27 (1994), S. 126–143

| | |
|---|---|
| *Fink, Udo* | Verfassungsrechtliche Vorgaben für das Dienstrecht der Hochschullehrer, in: DÖV 1999, S. 980 ff. |
| *Fittschen, Dierk* | Probleme der Hochschulleitung als Folge diffuser Aufgabenstellung, VerwArch Bd. 85 (1994), S. 317 ff. |
| *Flitner, Andreas* | Die Universität – Berufsschule oder Bildungsstätte, in: Schulz, Gerhard, Was wird aus der Universität, 1969, S. 1–26 |
| *Fonk, Friedrich* | Grundfragen der Organisation der Hochschule, in: Die Verwaltung Bd. 6 (1973), S. 459–488 |
| *Franzius, Claudio* | Die Abweichungsgesetzgebung, in: NVwZ 2008, S. 492–499 |
| *Franzke, Hans-Georg* | Die Stellung der Fakultäten im verwaltungsgerichtlichen Verfahren, in: DÖV 1972, S. 851–855 |
| *Friauf, Karl Heinrich* | Zur Rolle der Grundrechte im Interventions- und Leistungsstaat, in: DVBl. 1971, S. 674 |
| *Friauf, Karl Heinrich/ Höfling, Wolfram* | Berliner Kommentar zum Grundgesetz, Loseblatt |
| *Fries, Gunter* | Die Rechtstellung des Studenten und die Organisation der Studentenschaft, in: Ipsen, Hans-Peter/Grabitz, Eberhard, Das Hamburger Universitätsgesetz, 1970, S. 89–105 |
| *Fries, Gunter* | Die Rechtsstellung des Studenten innerhalb der wissenschaftlichen Hochschule, 1974 |
| *Frister, Helmut,* | Strafrecht AT, 7. Aufl. 2015 |
| *Frotscher, Werner/Pieroth, Bodo* | Verfassungsgeschichte, 15. Aufl. 2016 |
| *Fuß, Ernst-Werner* | Personale Kontaktverhältnisse zwischen Verwaltung und Bürger – Zum Abschied vom besonderen Gewaltverhältnis, DÖV 1972, S. 765 ff. |
| *Fuß, Ernst-Werner* | Verwaltungsrechtliche Streitigkeiten im Universitäts-Innenbereich, in: WissR Bd. 5 (1972), S. 97–124 |
| *Gallas, Andreas* | Die Staatsaufsicht über die wissenschaftlichen Hochschulen, 1976 |
| *Gallwas, Hans-Ullrich* | Konkurrenz von Bundes- und Landesgrundrechten, in: JA 1981, S. 536 ff. |

*Gallwas, Hans-Ullrich* Die verfassungsrechtliche Garantie des Selbstverwaltungsrechts der Hochschulen nach Art. 138 Abs. 2 Satz 1 der Bayerischen Verfassung, in: WissR Bd. 2 (1969), S. 116–127

*Gallwas, Hans-Ullrich* Faktische Beeinträchtigungen im Bereich der Grundrechte, 1970

*Gamm, Hans – Jochen* Zum Verhältnis von Bildungspolitik und Bildungstheorie, in: Raith, Werner (Hrsg.), Wohin steuert die Bildungspolitik? 1979, S. 101–112

*Gärditz, Klaus Ferdinand* Grundrechte im Rahmen der Kompetenzordnung, in: Isensee, Josef/Kirchhof, Paul, Handbuch des Staatsrechts, Bd. IX, 3. Aufl. 2011, S. 225–264

*Gärditz, Klaus Ferdinand* Studiengebühren, staatsbürgerliche Gleichheit und Vorteilsausgleich, in: WissR Bd 38 (2005), S. 157–175

*Gärditz, Klaus Ferdinand* Hochschulorganisation und verwaltungsrechtliche Systembildung, 2009

*Gärditz, Klaus Ferdinand* Die Lehrfreiheit – Wiederentdeckung oder Rückbau?, in: WissR Bd. 40 (2007), S. 67–93

*Gärditz, Klaus Ferdinand* Juristischer Schwerpunktbereich als Zusatzqualifikation? Anmerkung zu BVerwG Urteil v. 29.5.2013 – 6 C 18.12, in: DVBl. 2013, S. 1348–1387

*Geck, Karl* Die Stellung der Studenten in der Universität, in: VVDStRL Bd. 27 (1969), S. 143–183

*Geck, Wilhelm Karl* Promotionsordnungen und Grundgesetz, 2. Aufl. 1969

*Geck, Wilhelm Karl* Promotionsordnungen und Grundgesetz, 1. Aufl. 1966

*Geiger, Willi* Einige Probleme der Bundesverfassungsgerichtsbarkeit, in: DÖV 1952, S. 481–487

*Geis, Max-Emanuel* Kulturföderalismus und kulturelle Eigengesetzlichkeit: Eine juristische Symbiose, in: Röbke, Thomas/Wagner, Bernd (Hrsg.), Jahrbuch für Kulturpolitik Bd. 2, 2001, S. 139–152

| | |
|---|---|
| *Geis, Max-Emanuel* | Die Entstaatlichung der Hochschulen, in: Eberle, Carl-Eugen(Hrsg.), Der Wandel des Staates vor den Herausforderungen der Gegenwart, Festschrift für Winfried Brohm zum 70. Geburtstag, 2002, S. 297–314 |
| *Geis, Max-Emanuel* | „Zwischen ‚Entfesselung' und neuen Restriktionen", Rechtsprechungsbericht zum Hochschulrecht 2002–2007, in: Die Verwaltung Bd. 38 (2008), S. 77–98 |
| *Geis, Max-Emanuel* | Autonomie der Universitäten, in: Merten, Detlef/ Papier, Hans-Jürgen, Handbuch der Grundrechte, Bd. IV, 2011, S. 767–800 |
| *Geis, Max-Emanuel* | Universitäten im Wettbewerb, in: VVDStRL Bd. 69 (2010), S. 364–400 |
| *Geis, Max-Emanuel* | Das Selbstrecht der Universitäten, in: WissR Bd. 37 (2004), S. 2–25 |
| *Geis, Max-Emanuel* | Gut miaut, Löwe?, in: Forschung und Lehre 2009, S. 110–111 |
| *Geis, Max-Emanuel* | Hochschulaufgaben, in: Geis, Max-Emanuel (Hrsg.), Hochschulrecht im Freistaat Bayern, 2. Aufl. 2017, 2. Kap. S. 124–382 |
| *Gentz, Manfred* | Zur Verhältnismäßigkeit von Grundrechtseingriffen, in: NJW 1968, S. 1600–1607 |
| *Gerber, Hans* | Studentisches Disziplinarrecht, in: DVBl. 1954, S. 657 ff. |
| *Gerber, Hans* | Das Recht der wissenschaftlichen Hochschulen in der jüngsten Rechtsentwicklung, Bd. 1, 1965 |
| *Gerber, Hans* | Das akademische Immatrikulationsrecht in der Spannung Hochschule und Staat, in: Carstens, Karl / Peters, Hans (Hrsg.), Festschrift für Hermann Jahrreiß zu seinem 70. Geburtstag, 1964, S. 45–56 |
| *Gerlach, Walther* | Forschung und Erziehung als Aufgaben der Hochschule, 1953 |
| *Glaser, Andreas* | Analyse eines ungeklärten „Grundrechts" in historischer und europäischer Perspektive, in: Der Staat Bd. 47 (2008), S. 213–240 |
| *Gogos, Konstantinos* | Verselbstständigte Verwaltungseinheiten als Adressaten staatlicher Sonderbindungen, 1997 |
| *Gönsch, Manfred* | Zum Rechtsschutz im Beamtenverhältnis nach dem Ende der Rechtsfigur vom „besonderen Gewaltverhältnis", in: JZ 1979, S. 16 ff. |

*Görisch, Christoph* Wissenschaftsfreiheit und Hochschulmanagement, in: DÖV 2003, S. 583–588

*Gottlieb, Gunther* Präsenzpflicht an den Hochschulen – ja oder nein, in: FAZ, 3.6.2011, Nr. 128, Politik S. 6

*Götz, Volkmar* Staat und Kommunalkörperschaften, in: Schneider, Hans/Götz, Volkmar, Im Dienst an Recht und Staat, Festschrift für Werner Weber, 1974, S. 979 ff.

*Grabitz, Eberhard* Vertrauensschutz als Freiheitsschutz, in: DVBl. 1973, S. 675–684

*Gramm, Christof* Rechtsfragen der staatlichen Aids-Aufklärung, in: NJW 1989, S. 2917–2926

*Grawert, Rolf* Verwaltungsabkommen zwischen Bund und Ländern in der Bundesrepublik Deutschland, 1967

*Grimm, Christoph/ Caesar, Peter (Hrsg.)* Verfassung für Rheinland-Pfalz, Kommentar, 2000

*Gröpl, Christoph* Staatsrecht I, Staatsgrundlagen, Staatsorganisation, Verfassungsprozess, 9. Aufl. 2017

*Gröpl, Christoph/ Windhorst, Kay/ von Coelln Christian* Studienkommentar Grundgesetz, 3. Aufl. 2017

*Gröschner, Rolf* Öffentlichkeitsaufklärung als Behördenaufgabe, in: DVBl. 1990, S. 619–629

*Groß, Thomas* Das Selbstverwaltungsrecht der Universitäten – Zusätzliches zur Wissenschaftsfreiheit, in: DVBl. 2006, S. 721 ff.

*Groß, Thomas* Wissenschaftsadäquates Wissenschaftsrecht, in: WissR Bd. 35 (2002), S. 313–332

*Grupp, Klaus* Zur Stellung der Universitäten in den Zeiten des Rückbaus, in: Stober, Gerd, Festschrift für Gerd Roellecke zum 70. Geburtstag, 1997, S. 97 ff.

*Gschwendtner, Hubert* Der Begriff der juristischen Person im Verfassungsrecht und die Stellung des Art. 19 Abs. III im Wertsystem der Grundrechte, 1968

*Guhl, Peter* Prüfungen im Rechtsstaat, Rechtsstaatliche Anforderungen an Prüfungsverfahren, 1978

*Gusy, Christoph* Verwaltung durch Information – Empfehlungen und Warnungen als Mittel des Verwaltungshandelns, in: NJW 2000, S. 977–986

*Gusy, Christoph* Die Freiheit von Berufswahl und Berufsausübung, in: JA 1992, S. 257–265

*Häberle, Peter* Die Wesensgehaltsgarantie des Artikels 19 Abs. 2 Grundgesetz, 3. Aufl. 1983

*Häberle, Peter* „Gemeinwohljudikatur" und Bundesverfassungsgericht, in: AöR Bd. 95 (1970), S. 86–125

*Häberle, Peter* Die Freiheit der Wissenschaften im Verfassungsstaat, in: AöR Bd. 110 (1985), S. 329–363

*Häberle, Peter* Besprechung von Kai Hailbronner, Die Freiheit der Forschung und Lehre als Funktionsgrundrecht, in: AöR Bd. 111 (1986), S. 165–170

*Häberle, Peter* Berufs „ständische" Satzungsautonomie und staatliche Gesetzgebung, in: DVBl. 1972, S. 909–913

*Häberle, Peter* Entstehungsgeschichte der Artikel des Grundgesetzes, Bd. 1, 2. Aufl. 2010

*Häberle, Peter* Grundrechte im Leistungsstaat, in: VVDStRL Bd. 30 (1971), S. 43–131

*Habermas, Jürgen* Protestbewegung und Hochschulreform, 1969

*Hailbronner, Kay* Die Freiheit der Forschung und Lehre als Funktionsgrundrecht, 1979

*Hailbronner, Kay* Forschungsreglementierung und Grundgesetz, in: WissR Bd. 13 (1980), S. 212–236

*Hailbronner, Kay/Calliess, Gralf-Peter* Zusammenwirken von Hochschule und Staat beim Promotionszugang für Fachhochschulabsolventen, in: DÖV 1996, S. 345–355

*Hailbronner, Kay/Geis, Max Emanuel* Hochschulrecht in Bund und Ländern, Loseblatt, Band 1

*Hansalek, Erik* Die neuen Kompetenzen des Bundes im Hochschulrecht, in: NVwZ 2006, S. 668–670

*Hänsch, Beate* Die Rechtsstellung der Fakultäten/Fachbereich in der Hochschule, 1996

*Hasselhorn, Martin* Aufnahme und Verarbeitung mündlicher Informationen, in: Hasselhorn, Martin (Hrsg.), Wirkungsvoller lernen und arbeiten, 1973, S. 96–107

*Hauck, Peter/Lüthje, Jürgen* Wissenschaftsfreiheit durch Mitbestimmung, Stellungnahme der Beauftragten der BKA zu Verfassungsbeschwerden, 1970

*Haueisen, Fritz* Zum Problem des Vertrauensschutzes im Verwaltungsrecht, in: DVBl. 1964, S. 710 ff.

| | |
|---|---|
| *Haug, Volker* | Die Abweichungsgesetzgebung – ein Kuckucksei der Föderalismusreform?, in: DÖV 2008, S. 851 ff. |
| *Haug, Volker* | Das Hochschulrecht in Baden-Württemberg, 2. Aufl. 2009 |
| *Haug, Volker* | Rechtliche Möglichkeiten und Grenzen einer Einführung von Studiengebühren, in: WissR Bd. 32 (2000), S. 1– 2 |
| *Heckel, Hans* | Schulrecht 1976 – Bilanz und Ausblick, in: DÖV 1976, S. 511–514 |
| *Heckel, Hans* | Deutsches Privatschulrecht, 1955 |
| *Heimpel, Herman* | Probleme und Problematik der Hochschulreform, 1956 |
| *Heinrich, Manfred* | Verwaltungsgerichtliche Streitigkeiten im Hochschulinnenbereich unter besonderer Berücksichtigung der Rechtslage in Nordrhein-Westfalen, 1975 |
| *Heintzen, Markus* | Behördliches Informationshandeln bei ungewissen Sachverhalt, in: NuR 1991, S. 301–306 |
| *Heinz, Karl Eckhard* | Elternrecht und deutsche Schulgesetze, in: NWVBl. 2007, S. 128–133 |
| *Heitsch, Christian* | Verfassungs- und verwaltungsrechtliche Fragen der Akkreditierung von Studiengängen, in: DÖV 2007, S. 770–779 |
| *Heldmann, Werner* | Studierfähigkeit, Thesen zur Studierfähigkeit und zum Hochschulzugang, 1984 |
| *Hendler, Reinhard* | Selbstverwaltung als Ordnungsprinzip, 1984 |
| *Hepp, Gerd F.* | Bildungspolitik in Deutschland, 2011 |
| *Herberger, Klaus* | Staat und Hochschulen, in: Haug, Volker, Das Hochschulrecht in Baden-Württemberg, 2. Aufl. 2009, Kap. 2 S. 39–73 |
| *Herberger, Klaus* | Hochschulorganisation, in: Haug, Volker, Das Hochschulrecht in Baden-Württemberg, 2. Aufl. 2009, Kap. 2 S. 74– 151 |
| *Hermes, Georg* | Grundrechtsbeschränkungen auf Grund von Gesetzesvorbehalten, in: Merten, Detlef/Papier, Hans-Jürgen, Handbuch der Grundrechte, Bd. III, 2009, S. 333–364 |
| *Hermes, Reinhard* | Der Bereich des Parlamentsgesetzes, 1988 |

*Herzog, Tilmann* Die Grundrechtssubjektivität überindividueller privatrechtlicher und öffentlich-rechtlicher Funktionseinheiten, 1969

*Hesse, Konrad* Grundzüge des Verfassungsrechts der Bundesrepublik Deutschland, Neudruck 20. Aufl. 1999

*Heß, Reinhold* Grundrechtskonkurrenzen. Zugleich ein Beitrag zur Normenstruktur der Freiheitsrechte, 2000

*Heußner, Hermann* Vorbehalt des Gesetzes und „Wesentlichkeitstheorie“, in: Avenarius, Hermann, Festschrift für Hermann Stein zum 80. Geburtstag, 1983, S. 111 ff.

*Heyde, Wolfgang* Der Regelungsspielraum des Gesetzgebers bei vorbehaltlos gewährleisteten Grundrechten, in: Fürst, Walther/Herzog, Roman/Umbach, Dieter (Hrsg.), Festschrift für Wolfgang Zeidler, Bd. 2, 1987, S. 1429–1444

*Hillgruber, Christian* Grundrechtlicher Schutzbereich, Grundrechtsausgestaltung und Grundrechtseingriff, in: Isensee, Josef/Kirchhof, Paul, Handbuch des Staatsrechts, Bd. IX, 3. Aufl. 2011, § 200 S. 981–1032

*Hillgruber, Christian,* Grundrechtsschranken, in: Isensee, Josef/Kirchhof, Paul, Handbuch des Staatsrechts, Bd. IX, 3. Aufl. 2011, § 201 S. 1033–1076

*Hirsch, Ernst E.* Zur rechtlichen Neuordnung der Universitätsverfassung, in: Kaser, Max/ Felgentraeger, Wilhelm, Festschrift für Wilhelm Felgentraeger zum 70. Geburtstag, 1969, S. 89–97

*Hirsch, Ernst E.* Vom Geist und Recht der Universität, 1955

*Hirschberg, Lothar* Der Grundsatz der Verhältnismäßigkeit, 1981

*Hoffmann-Becking* Die Beteiligungsfähigkeit und passive Prozessführungsbefugnis nichtrechtsfähiger Gliedkörperschaften der Universitäten im Verwaltungsprozeß, in: DVBl. 1972, S. 299–304

*Hoffmann-Becking, Michael* Die Beteiligungsfähigkeit und passive Prozeßführungsbefugnis nichtrechtsfähiger Gliedkörperschaften der Universitäten im Verwaltungsprozeß, in: DVBl. 1972, S. 299–304

*Hoffmann-Riem, Wolfgang* Gesetz und Gesetzesvorbehalt im Umbruch, in: AöR Bd. 130 (2005), S. 5–70

*Hoffmann-Riem, Wolfgang/Schmidt-Aßmann, Eberhard, Voßkuhle, Andreas* Grundlagen des Verwaltungsrechts, Bd. I, 2. Aufl. 2012

*Höfling, Wolfram* Offene Grundrechtsinterpretation, 1987

*Hofmann, Klaus* Menschenrechtliche Autonomieansprüche, in: JZ 1992, S. 165 ff.

*Hömig, Dieter* Grundlagen und Ausgestaltung der Wesentlichkeitslehre, in: Schmidt-Aßmann, Eberhard, Festgabe 50 Jahre Bundesverwaltungsgericht, 2003, S. 273–288

*Horn, Hans-Detlef* Gesetzesanwendung unter Grundrechtsvorbehalt (?), LKRZ 2012, S. 1–5

*Horneber, Jakob/Penz, Marco* Anwesenheitspflichten von Studierenden in Lehrveranstaltung der Hochschule, in: WissR Bd. 47 (2014), S. 150–172

*Huber, Ernst Rudolf* Deutsche Verfassungsgeschichte seit 1789, Band 2: Der Kampf um Einheit und Freiheit 1830 bis 1850, 1960

*Huber, Peter Michael* Die Vorgaben des Grundgesetzes für kommunale Bürgerbegehren und Bürgerentscheide, in: AöR Bd. 126 (2001), S. 165 ff.

*Hufeld, Ulrich* Rechtsfragen zur Schließung von Studiengängen und Fakultäten, in: DÖV 1997, S. 1025–1034

*Hufeld, Ulrich* Staatlicher Schutz der Universitas Litterarum, in: DÖV 2002, S. 309–318

*Hufen, Friedhelm* Die Freiheit der Kunst in staatlichen Institutionen, dargestellt am Beispiel der Kunst- und Musikhochschulen, 1. Aufl. 1982

*Hufen, Friedhelm* Staatsrecht II – Grundrechte, 6. Aufl. 2017

*Hufen, Friedhelm* Privatschulgarantie als verfassungsrechtliche Konkretisierung von Elternrechten, in: JuS 1993, S. 156–157

*Hufen, Wilhelm* Berufsfreiheit – Erinnerung an ein Grundrecht, in: NJW 1994, S. 2913–2922

*HufenFriedhelm/Geis, Max-Emanuel* Promotionsrecht für Fachhochschulen, in: Becker, Bernd/Bull, Hans Peter/Seewald, Otfried, Festschrift für Werner Thieme zum 70. Geburtstag, 1993, S. 621–646

| | |
|---|---|
| *Humboldt, Wilhelm* | Über die innere und äußere Organisation der höheren wissenschaftlichen Anstalten in Berlin, 1809/1810 |
| *Ipsen, Hans Peter* | Europäisches Gemeinschaftsrecht, 1972 |
| *Ipsen, Hans Peter* | Verfassungsfragen zur Handwerksordnung, in: DVBl 1956, S. 358–363 |
| *Ipsen, Hans Peter/Grabitz, Eberhard* | Das Hamburger Universitätsgesetz, 1970 |
| *Ipsen, Jörn* | „Stufentheorie" und Übermaßverbot – Zur Dogmatik des Art. 12 GG, in: JuS 1990, S. 634–638 |
| *Ipsen, Jörn* | Die Kompetenzverteilung zwischen Bund und Ländern nach der Förderalismusnovelle, in: NJW 2006, S. 2801–2806 |
| *Ipsen, Jörn* | Staatsrecht I – Grundrechte, 29. Aufl. 2017 |
| *Ipsen, Jörn* | Staatsrecht II – Grundrechte, 20. Aufl. 2017 |
| *Isensee, Josef* | Fortgeltung des saarländischen Sozialisierungs-Artikels unter dem Grundgesetz, in: DÖV 1978, 233–238 |
| *Isensee, Josef* | Grundrechte und Demokratie. Die polare Legitimation im grundgesetzlichen Gemeinwesen, Der Staat Bd. 20 (1981), S. 161–176 |
| *Isensee, Josef* | Die verdrängten Grundpflichten des Bürgers – Ein grundgesetzliches Interpretationsvakuum – in: DÖV 1982, S. 609 ff. |
| *Isensee, Josef* | Wer definiert die Freiheitsrechte?, 1980 |
| *Isensee, Josef* | Grundrechte und Demokratie – Die polare Legitimation im grundgesetzlichen Gemeinwesen, in: Der Staat Bd. 20 (1981), S. 161–176 |
| *Jakobs, Michael* | Der Grundsatz der Verhältnismäßigkeit, 1985 |
| *Jarass, Hans* | Grundrechte als Wertentscheidung bzw. objektivrechtliche Prinzipien in der Rechtsprechung des Bundesverfassungsgerichts, in: AöR Bd. 110 (1985), S. 363 ff. |
| *Jarass, Hans* | Funktionen und Dimensionen der Grundrechte, in: Merten, Detlef/Papier, Hans-Jürgen, Handbuch der Grundrechte, Bd. II, 2006, S. 625–654 |
| *Jarass, Hans* | Bausteine einer umfassenden Grundrechtsdogmatik, in: AöR Bd. 120 (1995), S. 345–381 |
| *Jarass, Hans* | Zum Grundrecht auf Bildung und Ausbildung In: DÖV 1995, S. 674–679 |

| | |
|---|---|
| *Jarass, Hans/Pieroth, Bodo* | Grundgesetz für die Bundesrepublik Deutschland, 14. Aufl. 2016 |
| *Jesch, Dietrich* | Gesetz und Verwaltung: Eine Problemstudie zum Wandel des Gesetzmäßigkeitsprinzips, 1961 |
| *Jestaedt, Matthias* | Selbstverwaltung als „Verbundbegriff", in: Die Verwaltung Bd. 35 (2002), S. 293 - 317 |
| *Jestaedt, Matthias* | Demokratieprinzip und Kondominialverwaltung, 1993 |
| *John-Koch, Monika* | Organisationsrechtliche Aspekte der Aufgabenwahrnehmung im modernen Staat, 2005 |
| *Jutzi, Siegfried* | Grundrechte der Landesverfassungen und Ausführung von Bundesrecht, in: DÖV 1983, S. 836 ff. |
| *Jutzi, Siegfried* | Landesverfassungsrecht und Bundesrecht, 1982 |
| *Kahl, Wolfgang* | Hochschulräte – Demokratieprinzip – Selbstverwaltung – Unter Berücksichtigung des Aufsichtsratsmodells in Baden-Württemberg, in: AöR Bd. 130 (2005), S. 225–262 |
| *Kahl, Wolfgang* | Die Staatsaufsicht, 2000 |
| *Kahl, Wolfgang* | Hochschule und Staat, 2004 |
| *Kahl, Wolfgang/Waldhoff, Christian/Walter, Christian (Hrsg.)* | Bonner Kommentar zum Grundgesetz, Loseblatt |
| *Kalous, Angela* | Studium, Lehre und Prüfungen, in: Haug, Volker, Das Hochschulrecht in Baden-Württemberg, 2. Aufl. 2009, Kap. 3 S. 193–229 |
| *Kanther, Wilhelm* | Die neuen Verfassungen im Lichte der Bundesverfassung, 1993 |
| *Karpen, Ulrich* | Studienorganisation, in: Flämig/u.a., Handbuch des Wissenschaftsrechts, Bd. 1, 2. Aufl. 1996, S. 657–672 |
| *Karpen, Ulrich* | Hochschulplanung und Grundgesetz, Bd. 1, 1987 |
| *Karpen, Ulrich* | Hochschulplanung und Grundgesetz, Bd. 2, 1987 |
| *Karpen, Ulrich/Freund, Manuela* | Hochschulgesetzgebung und Hochschulautonomie, Der verbliebene Spielraum des Hochschulsatzungsrechts, dargestellt am Beispiel der Hochschulgrundordnung, 1992 |
| *Kaube, Jürgen* | Ist Dasein förderlich?, in: F.A.Z., 9.11.2011, Nr. 261, Natur und Wissenschaft S. N5 |
| *Kaufhold, Ann-Katrin* | Wissenschaftsfreiheit als ausgestaltungsbedürftiges Grundrecht?, in: NJW 2010, S. 3276 - 3279 |

*Kaufhold, Ann-Katrin* Die Lehrfreiheit – ein verlorenes Grundrecht?, Zu Eigenständigkeit und Gehalt der Gewährleistung freier Lehre in Art. 5 Abs. 3 GG, 2006

*Kaufmann, Ekkehard* Wissenschaftsfreiheit und Mitbestimmung, in: JZ 1972, S. 45–48

*Keller, Eva* Die lästige Pflicht, in: DUZ 2012, S. 32

*Kempen, Bernhard* Bayerische Hochschulräte, in: BayVBl. 1999, S. 454–459

*Kempen, Bernhard* Grundfragen des institutionellen Hochschulrechts, in: Hartmer, Michael/Detmer, Hubert, Hochschulrecht, 3. Aufl. 2017, Kap. I, S. 1–49

*Kerpen, Ulrich* Hochschulplanung und Grundgesetz, Erster Band, 1987

*Kersten, Jens* Alle Macht den Hochschulräten?, in: DVBl. 1999, S. 1704–1709

*Kiefersauer, Fritz* Die Grundrechtsgesetzgebung – eine lex imperfecta?, in: JR 1952, S. 81 ff.

*Kielmansegg, Graf von, Sebastian* Das Sonderstatusverhältnis, in: JA 2012, S. 881 ff.

*Kiepe, Folkert* Entwicklungen beim besonderen Gewaltverhältnis und beim Vorbehalt des Gesetzes, in: DÖV 1979, S. 399–405

*Kiepe, Folkert* Entwicklungen beim besonderen Gewaltverhältnis und beim Vorbehalt des Gesetzes, in: DÖV 1979, S. 399–405

*Kimminich, Otto* Hochschule im Grundrechtssystem, in: Flämig/u.a., Handbuch des Wissenschaftsrechts, Bd. 1, 2. Aufl. 1996, S. 121–156

*Kimminich, Otto* Die Rechtstellung der Studenten im Wandel des Universitätsbegriffs, in: DVBl. 1968, S. 679–686

*Kimminich, Otto* Grundgesetz und Gruppenuniversität, in: WissR Bd. 6 (1973), S. 193–218

*Kindhäuser, Urs/ Neumann, Ulfrid/ Paeffgen, Hans-Ullrich* Strafgesetzbuch, Bd. 1, 5. Aufl. 2017

*Kingreen, Thorsten* Hochschulaufsicht, in: Geis, Max-Emanuel (Hrsg.), Hochschulrecht im Freistaat Bayern, 2. Aufl. 2017, 9. Kap. S. 711–721

*Kingreen, Thorsten/ Poscher, Ralf* Grundrechte – Staatsrecht II, 33. Aufl. 2017

*Kirchhof, Paul* Rechtliche Grundsätze der Universitätsfinanzierung, in: JZ 1998, S. 275 ff.

*Kisker, Gunter* Neue Aspekte im Streit um den Vorbehalt des Gesetzes, in: NJW 1977, S. 1313 ff.

*Kisker, Gunter* Kooperation im Bundesstaat, 1971

*Klaas, Helmut* Die Entstehung der Verfassung für Rheinland-Pfalz, 1978

*Klein, Friedrich/Fabricius, Fritz* Das Recht der Bildung und seine Verwirklichung im Ballungsraum, 1969

*Klein, Hans* Gedanken über neuere Entwicklungen im Hochschulrecht, in: AöR Bd. 90 (1965), S. 129–182

*Klein, Hans H.* Demokratie und Selbstverwaltung, in: Schnur, Roman, Festschrift für Ernst Forsthoff zum 70. Geburtstag, 1972, S. 165–185

*Klein, Hans Hugo* „Demokratisierung" der Universität, 1968

*Klein, Norbert* Grundrechte und Wesensgehaltsgarantie im besonderen Gewaltverhältnis, in: DVBl. 1987, S. 1102–1110

*Kleindiek, Ralf* Wissenschaft und Freiheit in der Risikogesellschaft, eine grundrechtsdogmatische Untersuchung zum Normbereich von Art. 5 Abs. 3 GG, 1998

*Kloepfer, Michael* Grundrechte als Entstehenssicherung und Bestandsschutz, 1970

*Kloepfer, Michael* Gleichheit als Verfassungsfrage, 1980

*Kloepfer, Michael* Verfassungsrecht Bd. I, 2011

*Kloepfer, Michael* Verfassungsrecht Bd. II, 2010

*Kloepfer, Michael* Der Vorbehalt des Gesetzes im Wandel, in: JZ 1984, S. 685–756

*Kluge, Alexander* Die Universitäts-Selbstverwaltung, 1958

*Kluth, Winfried* Föderalismusreformgesetz, 2007

*Kluth, Winfried* Das Grundrecht der Berufsfreiheit - Art. 12 Abs. 1 GG, in: Jura 2001, S. 371–376

*Kluth, Winfried* Funktionale Selbstverwaltung, 1997

*Knemeyer, Franz-Ludwig* Hochschulautonomie/Hochschulselbstverwaltung, in: Flämig/u.a., Handbuch des Wissenschaftsrechts, Bd. 1, 2. Aufl. 1996, S. 237–258

*Knemeyer, Franz-Ludwig* Garantie der Wissenschaftsfreiheit und Hochschulreform, in: JZ 1969, S. 780–783

*Knemeyer, Franz-Ludwig* Die Fachbereiche, Fakultäten im Hochschulbinnenrecht, in: Dörr, Dieter/Fink, Udo/Hillgruber, Christian/Kempen, Bernhard/Murswiek, Dietrich, Die Macht des Geistes, Festschrift für Hartmut Schiedermair, 2001, S. 539 ff.

*Knemeyer, Franz-Ludwig* Freiheit von Forschung und Lehre – Hochschulautonomie, in: BayVBl. 1982, S. 513–517

*Knemeyer, Franz-Ludwig* Lehrfreiheit, Begriff der Lehre – Träger der Lehrfreiheit, 1969

*Knemeyer, Franz-Ludwig,* Die Fachbereiche/Fakultäten im Hochschulbinnenrecht, in: Dörr, Dieter/Fink, Udo/Hillgruber, Christian/Kempen, Bernhard/Murswiek, Dietrich (Hrsg.), Die Macht des Geistes, Festschrift für Hartmut Schiedermair, 2001, S. 539–556

*Knöpfle, Franz* Das Amt des Universitätspräsidenten nach bayerischem Recht, in: König, Klaus/Laubinger, Hans-Werner/Wagener, Frido, Öffentlicher Dienst, Festschrift für Carl Hermann Ule zum 70. Geburtstag, 1977, S. 311–334

*Knöpfle, Franz* Aufgabe der Universität in unserer Zeit, in: Leibholz, Gerhard/Faller, Hans Joachim/Mikat, Paul/Reis, Hans, Menschwürde und freiheitliche Rechtsordnung, Festschrift für Willi Geiger zum 65. Geburtstag, 1974, S. 591–612

*Knopp, Lothar/Peine, Franz-Joseph/Topel, Harald* Brandenburgisches Hochschulgesetz, 3. Aufl. 2018

*Kobor, Hagen* Grundfälle zu Art. 5 Abs. 3 GG, in: JuS 2006, S. 695–698

*Kopp, Lothar/Peine, Franz-Joseph* Brandenburgisches Hochschulgesetz, 2. Aufl. 2012

*Körner, Wolfgang* Bayerische Verfassungsbeschwerde und Bundesrecht, DÖV 1962, S. 295–300

*Köttgen, Arnold* Das Grundrecht der deutschen Universität, Gedanken über die institutionelle Garantie wissenschaftlicher Hochschulen, 1959

*Kramer, Urs/Mai, Birgit* Das Hochschulstudium und seine Kosten, in: WissR Bd. 38 (2005), S. 313–346

| | |
|---|---|
| *Kratzer, Jakob* | Artikel 142 des Grundgesetzes und die Grundrechte der Bayerischen Verfassung, in: Süsterhenn, Adolf/ Laforet, Wilhelm, Verfassung und Verwaltung in Theorie und Wirklichkeit, Festschrift für Herrn Wilhelm Laforet, 1952, S. 107–153 |
| *Kraus, Rupprecht von* | Der Grundsatz der Verhältnismäßigkeit, 1955 |
| *Krause, Peter* | Das studentische Rechtsverhältnis, in: Flämig/u.a., Handbuch des Wissenschaftsrechts, Bd. 1, 2. Aufl. 1996, S. 547–570 |
| *Krause, Peter* | Hochschulprüfungen und ihre Kontrolle als Rechtsproblem, in: WissR Bd. 3 (1970), S. 118–136 |
| *Krausnick, Daniel* | Grundlagen, in: Geis, Max-Emanuel (Hrsg.), Hochschulrecht im Freistaat Bayern, 2. Aufl. 2017, 1. Kap. S. 3–123 |
| *Krausnick, Daniel* | Staat und Hochschule im Gewährleistungsstaat, 2012 |
| *Krauss, Rupprecht von* | Der Grundsatz der Verhältnismäßigkeit, 1955 |
| *Krebs, Walter* | Zum aktuellen Stand der Lehre vom Vorbehalt des Gesetzes, in: Jura 1979, S. 304–312 |
| *Krüger, Hartmut* | Lehre, in: Flämig/u.a., Handbuch des Wissenschaftsrechts, Bd. 1, 2. Aufl. 1996, S. 309–322 |
| *Krüger, Hartmut* | Forschung in: Flämig/u.a., Handbuch des Wissenschaftsrechts, Bd. 1, 2. Aufl. 1996, S. 261–308 |
| *Krüger, Herbert* | Das besondere Gewaltverhältnis, in: VVDStRl Bd. 15 (1957), S. 109–132 |
| *Küchenhoff, Dietrich* | Das Grundgesetz und die Hochschulreform, in: DÖV 1964, S. 601 ff. |
| *Küchenhoff, Erich/Lüthje, Jürgen* | Sicherung und Ausbau der Wissenschaftsfreiheit im neuen Hochschulrecht, in: WissR Bd. 2 (1969), S. 226–240 |
| *Kugler, Julia* | Allgemeine Studiengebühren und die Grundrechte der Studierenden, 2009 |
| *Kuhl, Thomas* | Der Kernbereich der Exekutive, 1993 |
| *Kühne, Jörg-Detlef* | Der personelle Schutzbereich verfassungsrechtlicher Garantien hochschulrechtlicher Selbstverwaltung, in: Wendt, Rudolpf (Hrsg.), Staat, Wirtschaft, Steuern, Festschrift für Karl Friauf zum 65. Geburtstag, 1996, S. 361–376 |

*Kühne, Jörg-Detlef* 45 Jahre Landesverfassung Nordrhein-Westfalen – Jubiläumsbemerkungen besonders zu ihrem Kulturstaatsteil, in: NWVBl. 1996, S. 325 – 330

*Kühne, Jörg-Detlef* Die Landesverfassungsgarantien hochschulischer Selbstverwaltung – ein ungestaltetes Autonomiepotential, in: DÖV 1997, S. 1–13

*Kunig, Philipp* Das Rechtsstaatsprinzip, 1986

*Laaser, Andreas* Wissenschaftliche Freiheit an der Schule, -Geschichte und Bedeutungswandel eines Grundrechts-, 1981

*Ladeur, Karl-Heinz* Die Wissenschaftsfreiheit der „entfesselten Hochschule“, in: DÖV 2005, S. 753–764

*Langer, Stefan* Strukturfragen der Berufsfreiheit, in: JuS 1993, S. 203–210

*Laqua, Alexander* Der Hochschulrat zwischen Selbstverwaltung und staatlicher Verwaltung, 2003

*Lecheler, Helmut* Verfassungsrechtlich zulässige Einschränkung der Grundrechtsausübung von Beamten, in: JuS 1992, S. 473–476

*Lege, Joachim* Die Akkreditierung von Studiengängen, in: JZ 2005, S. 698–707

*Leibfried, Stephan/Preuß, Ulrich K.* Wissenschaft als gesellschaftliche Praxis im Interesse der Emanzipation – Thesen zum politischen Mandat der Studentenschaft, in: Leibfried, Stephan (Hrsg.), Wider die Untertanenfabrik, Handbuch zur Demokratisierung der Hochschule, 1967, S. 340–352

*Leidinger, Tobias* Hoheitliche Warnungen, Empfehlungen und Hinweise im Spektrum staatlichen Informationshandels, in: DÖV 1993, S. 925–935

*Leiser, Christoph* Differenzierungen nach Betriebsgröße. Grundrechtsprobleme beim Eingriff und Förderung gegenüber „größeren Betrieben“, in: DVBl. 1989, S. 1025–1031

*Leisner, Walter* Die schutzwürdigen Rechte im Besonderen Gewaltverhältnis, in: DVBl. 1960, S. 617 ff.

*Leisner, Walter* Die bayerischen Grundrechte, 1968

*Leisner, Walter* Die verfassungsrechtliche Berufsfreiheit, in: JuS 1962, S. 463 ff.

*Lenk, Andreas* Die befristete Professur im Angestelltenverhältnis an staatlichen und staatlich anerkannten Hochschulen, in: WissR Bd. 42 (2009), S. 50–78

*Lepsius, Rainer M.* Die Autonomie der Universität in der Krise, in: von Schulz, Gerhard, Was wird aus der Universität?, 1969, S. 179 ff.

*Lerche, Peter* Vorbehalt des Gesetzes und Wesentlichkeitstheorie, in: Merten, Detlef/Papier, Hans-Jürgen, Handbuch der Grundrechte, Bd. III, 2009, S. 301–332

*Lerche, Peter* Übermaß und Verfassungsrecht, 1961

*Leuze, Dieter* Bemerkungen zum Inhalt und zu den Grenzen der Hochschulautonomie, in: DÖD 1993, S. 1–8

*Leuze, Dieter/Bender, Gisela* Gesetz über die wissenschaftlichen Hochschulen des Landes Nordrhein-Westfalen (Hochschulgesetz – HG) unter besonderer Berücksichtigung des Hochschulrahmengesetzes des Bundes und der Hochschulgesetze der einzelnen Länder, Kommentar, Loseblatt

*Leuze, Dieter/Epping, Volker* Gesetz über die Hochschulen des Landes Nordrhein-Westfalen (Hochschulgesetz – HG) unter besonderer Berücksichtigung des Hochschulrahmengesetzes des Bundes und der Hochschulgesetze der einzelnen Länder, Kommentar, Loseblatt

*Linder, Franz Josef* Darf der Bund das Hochschulrahmengesetz aufheben? Zur Kategorie einer Aufhebungskompetenz kraft zeitlichen Annexes, in: NVwZ 2007, S. 180 - 182

*Lindner, Franz Josef* Rechtsfragen des Studiums, in: Hartmer, Michael/ Detmer, Hubert, Hochschulrecht, 3. Aufl. 2017, Kap. XI, S. 519–588

*Lindner, Franz Josef* Die Rahmengesetzgebung nach Art. 75 GG – Grundlagen, Strukturen, Probleme, in: JuS 2005, S. 577–583

*Lindner, Franz Josef* Zum Rechtsstatus der Fakultät, in: WissR Bd. 40 (2007), S. 254–282

*Lorenz, Dieter* Wissenschaft zwischen Hochschulautonomie und Staatsintervention, in: JZ 1981, S. 113–119

*Lorenz, Dieter* Rechtstellung der Universität gegenüber staatlicher Bestimmung, in: WissR Bd. 11 (1978), S. 1–23

| | |
|---|---|
| *Losch, Bernhard* | Wissenschaftsfreiheit, Wissenschaftsschranken, Wissenschaftsverantwortung, 1993 |
| *Loschelder, Wolfgang* | Vom besonderen Gewaltverhältnis zur öffentlich-rechtlichen Sonderbindung, 1982 |
| *Loschelder, Wolfgang* | Staatseingliederung als Institutionalisierungsproblem. Zu Entwicklung und Krise des besonderen Gewaltverhältnisses, in: Merten, Detlef, Das besondere Gewaltverhältnis, Vorträge des 25. Sonderseminars 1984 der Hochschule für Verwaltungswissenschaften Speyer, 1985, S. 9–32 |
| *Loschelder, Wolfgang* | Grundrechte im Sonderstatus, in: Isensee, Josef/ Kirchhof, Paul, Handbuch des Staatsrechts, Bd. IX, 3. Aufl. 2011, S. 1077–1110 |
| *Löwer, Wolfgang* | Freiheit wissenschaftlicher Forschung und Lehre, in: Merten/Papier, Handbuch der Grundrechte, Bd. IV, 2011, S. 699–766 |
| *Löwer, Wolfgang* | Die öffentliche Anstalt, in: DVBl. 1985, S. 928–939 |
| *Löwer, Wolfgang* | Freiheit wissenschaftlicher Forschung und Lehre, in: Merten, Detlef/Papier, Hans-Jürgen, Handbuch der Grundrechte, Bd. IV, 2011, S. 699–766 |
| *Löwer, Wolfgang* | Aktuelle Probleme einer Neuregelung des Hochschulzugangs, in: Michael Winkler (Hrsg.), Festschrift für Ernst-Joachim Meusel, 1997, S. 175–200. |
| *Löwer, Wolfgang* | Vom Beruf des Staates zur Wissenschaft, in: WissR Bd. 32 (1999), S. 250–260 |
| *Löwer, Wolfgang/Menzel, Jörg* | Die Wissenschaft als Thema alter und neuer Landesverfassungen, in: WissR Bd. 29 (1996), S. 237–259 |
| *Lübbe-Wolff, Gertrude* | Die Grundrechte als Eingriffsabwehrrechte, 1988 |
| *Lücke, Jörg* | Die spezifischen Schranken des allgemeinen Persönlichkeitsrechts und ihre Geltung für die vorbehaltlosen Grundrechte, in: DÖV 2002, S. 93 ff. |
| *Lücke, Jörg* | Die Berufsfreiheit, 1994 |
| *Luhmann, Niklas* | Die Gewissensfreiheit und das Gewissen, in: AöR Bd. 90 (1965), S. 257–286 |

| | |
|---|---|
| *Lundgreen, Peter* | Mythos Humboldt in der Gegenwart: Lehre – Forschung – Selbstverwaltung, in: Ash, Mitchell G., Mythos Humboldt – Vergangenheit und Zukunft der deutschen Universitäten, 1999, S. 145–169 |
| *Luthe, Altfried* | Besonderes Gewaltverhältnis und „Sachstrukturen", in: DVBl. 1986, S. 440 ff. |
| *Maack, Heinrich* | Akademische Freiheit und das Recht zum Farbentragen, in: DVBl. 1955, S. 140 ff. |
| *Maack, Heinrich* | Grundlagen des studentischen Disziplinarrechts, 1956 |
| *Mager, Ute* | Ist die Akkreditierung von Studiengängen an Hochschulen des Landes Baden-Württemberg verfassungsgemäß?, in: VBlBW 2009, S. 9 ff. |
| *Mager, Ute* | Die Universität im Zeichen von Ökonomisierung und Internationalisierung, in: VVDStRL Bd. 65 (2006), S. 274–310 |
| *Mager, Ute* | Freiheit von Forschung und Lehre, in: Isensee, Josef/ Kirchhof, Paul, Handbuch des Staatsrechts, Bd. VII, 3. Aufl. 2009, § 166 S. 1075–1112 |
| *Mallmann, Walter* | Materialien zur Diskussion um das Hessische Hochschulgesetz, 1965 |
| *Mallmann, Walter/ Strauch, Hans-Joachim* | Die Verfassungsgarantie der freien Wissenschaft, Westdeutsche Rektorenkonferenz, Dokumente der Hochschulreform XIV, 1970 |
| *Mann, Thomas/ Worthmann, Esther-Maria* | Berufsfreiheit (Art. 12 GG) – Strukturen und Problemkonstellationen, JuS 2013, S. 385–392 |
| *Manssen, Gerrit* | Grundrechtsdogmatik, 1995 |
| *Manssen, Gerrit* | Staatsrecht II – Grundrechte, 14. Aufl. 2017 |
| *Martin Burgi/Ilse-Dore Gräf* | Das (Verwaltungs-)organisationsrecht der Hochschulen im Spiegel der neueren Gesetzgebung und Verfassungsrechtsprechung, in: DVBl. 2010, S. 1125 ff. |
| *Martini, Mario* | Akkreditierung im Hochschulrecht – Institutionelle Akkreditierung, Programmakkreditierung, Prozessakkreditierung, in: WissR Bd. 41 (2008), S. 232–252 |
| *Matz, w.* | In: von Doemming/Füsslein/Matz, Entstehungsgeschichte der Artikel des Grundgesetzes, JöR N.F: Bd. 1 (1951), S. 1 ff. |

| | |
|---|---|
| *Maunz, Theodor* | Das Hochschulrahmengesetz des Bundes, in: BayVBl. 1976, S. 289–294 |
| *Maunz, Theodor* | Der Bildungsanspruch in verfassungsrechtlicher Sicht, in: Habitzel, Hans/Wollenschläger, Michael, Recht und Staat, Festschrift für Günther Küchenhoff zum 65. Geburtstag, 1972, S. 605–616 |
| *Maunz, Theodor/Dürig, Günter (Begr.)* | Grundgesetz Kommentar, Loseblatt |
| *Maurer, Hartmut* | Promotion, in: Flämig/u.a., Handbuch des Wissenschaftsrechts, Bd. 1, 2. Aufl. 1996, S. 753–778 |
| *Maurer, Hartmut* | Zur Rechtsstellung der Fachbereiche, in: WissR Bd. 10 (1977), S. 193–218 |
| *Maurer, Hartmut* | Allgemeines Verwaltungsrecht, 19. Aufl. 2017 |
| *Maurer, Hartmut* | Staatsrecht I, 6. Aufl. 2010 |
| *Maurer, Hartmut/ Waldhoff, Christian* | Allgemeines Verwaltungsrecht, 19. Aufl. 2017 |
| *Maurer, Wilhelm* | Die politischen Parteien im Prozess, in: JuS 1992, S. 296 ff. |
| *Menger, Christian-Friedrich* | Zu den Auswirkungen der Wissenschaftsfreiheit auf die Hochschulorganisation, in: VerwArch. Bd. 65(1974), S. 75–85 |
| *Menke-Glückert, Peter* | Lernfreiheit und Studienordnung, SV-Schriftenreihe zur Förderung der Wissenschaft, 1964 |
| *Menzel, Eberhard* | Hochschulgesetze und Hochschulverfassung, in: JZ 1964, S. 166–171 |
| *Merten, Detlef* | Grundrechte und das Besondere Gewaltverhältnis, in: Merten, Detlef, Das besondere Gewaltverhältnis, Vorträge des 25. Sonderseminars 1984 der Hochschule für Verwaltungswissenschaften Speyer, 1985, S. 53–76 |
| *Merten, Detlef* | Grundrechtlicher Schutzbereich, in: Merten, Detlef/ Papier, Hans-Jürgen, Handbuch der Grundrechte, Bd. II, 2006, S. 3–86 |
| *Merten, Detlef* | Verhältnismäßigkeitsgrundsatz, in: Merten, Detlef/ Papier, Hans-Jürgen, Handbuch der Grundrechte, Bd. III, 2009, S. 517–568 |
| *Meusel, Ernst-Joachim* | Außeruniversitäre Forschung im Wissenschaftsrecht, 2. Aufl. 1999 |
| *Michael, Lothar/ Morlok, Martin* | Staatsorganisationsrecht, 3. Aufl. 2017 |

| | |
|---|---|
| *Michael, Lothar/ Morlok, Martin* | Grundrechte, 6. Aufl. 2017 |
| *Morlok, Martin* | Selbstverständnis als Rechtskriterium, 1993 |
| *Morlok, Martin/ Michael, Lothar* | Staatsorganisationsrecht, 2012 |
| *Müller, Bertram* | „Das ist doch Realsatire" – Interview mit Michael Burmann, in: Rheinische Post, vom 23.10.2014 |
| *Müller, Christine Xuán* | Anwesenheitspflicht, adé, in: Spiegel Online, 30.1.2013, URL: www.spiegel.de/unispiegel/studium/deutsche-hochschulen-online-mehr-als-vorlesung-im-netz-a-879736.html |
| *Müller, Max* | Die Lehr- und Lernfreiheit, Versuch einer systematisch-historischen Darstellung, 1911 |
| *Müller, Mirjam* | Die Rechtsform der wissenschaftlichen Hochschule, 2014 |
| *Müller, Rainer A.* | Studentenkultur und akademischer Alltag, in: Rüegg, Walter, Geschichte der Universität in Europa, Bd. II, 1996, S. 263–286 |
| *Murswiek, Dietrich* | Das Bundesverfassungsgericht und die Dogmatik mittelbarer Grundrechtseingriffe – Zu der Glykol- und der Osho- Entscheidung vom 26.6.2002, in: NVwZ 2003, S. 1– 8 |
| *Nagel, Bernhard* | Studiengebühren und ihre sozialen Auswirkungen, 2003 |
| *Nettesheim, Martin* | Grund und Grenzen der Wissenschaftsfreiheit, in: DVBl. 2005, S. 1072 ff. |
| *Neuer, Helmut* | Die studentische Selbstverwaltung als Institut des geltenden Hochschulrechts und als Gegenstand von Reformbestrebungen, 1968 |
| *Neukirchen, Mathias/ Reußow, Ute/Schomburg, Bettina (Hrsg.)* | Hamburgisches Hochschulgesetz, 2. Aufl. 2017 |
| *Neumann, Franz/ Nipperdey, Hans Carl/ Scheuner, Ulrich (Hrsg.)* | Die Grundrechte, Handbuch der Theorie und Praxis der Grundrechte, Bd. 2, 1954 |
| *Neuner, Helmut* | Die studentische Selbstverwaltung als Institut des geltenden Hochschulrechts und als Gegenstand von Reformbestrebungen, 1968 |
| *Niehues, Norbert/Fischer, Edgar/Jeremias, Christoph* | Prüfungsrecht, 6. Aufl. 2014 |

*Nierhaus Michael* Bestimmtheitsgebot und Delegationsverbot des Art. 80 Abs. 1 S. 2 GG und der Gesetzesvorbehalt der Wesentlichkeitstheorie, in: Burmeister, Joachim, Festschrift für Klaus Stern zum 65. Geburtstag, 1997, S. 717 – 732

*Nierhaus, Michael* Grundrechte aus der Hand des Gesetzgebers? Ein Beitrag zur Dogmatik des Art. 1 Abs. 3 GG, in: AöR Bd. 116 (1991), S. 72–111

*Nitsch, Wolfgang/ Gerhardt, Uta/Offe, Claus/Preuß, Ulrich K.* Hochschule in der Demokratie – kritische Beiträge zur Erbschaft und Reform der deutschen Universität, 1965

*Nolden, Frank/Brinktrine, Ralf/Kurz, Achim (Hrsg.)* Sächsisches Hochschulgesetz, 2010

*Nolte, Jakob Julius* Die Zuständigkeit des Bundes für das Hochschulwesen, in: DVBl. 2010, S. 84–92

*Nolte, Julia* Ich bin dann mal da, in: Die Zeit, 15.5.2012, Nr. 20, S. 70

*Nolte, Martin/Tams, Christian* Grundfälle zu Art. 12 Abs. 1 GG, in: JuS 2006, S. 31–34

*Oebbecke, Janbernd* Die Genehmigung von Prüfungsordnungen durch den Rektor, in: NWVBl. 1995, S. 243–245

*Oehler, Christoph* Zehn Thesen zur Studienplanung, in: DUZ 1977, S. 270–273

*Ohler, Christoph* Der institutionelle Vorbehalt des Gesetzes, in: AöR Bd. 131 (2006), S. 336–377

*Oldiges, Martin* Hochschulleitung und Hochschulverwaltung, in: Becker, Bernd/Bull, Hans Peter/ Seewald, Otfried, Festschrift für Werner Thieme zum 70. Geburtstag, 1993, S. 647 – 670

*Oppermann, Thomas* Praktische Konsequenzen der Entscheidung des Bundesverfassungsgerichts zur Wissenschaftsfreiheit, in: JZ 1973, S. 433–441

*Oppermann, Thomas* Freiheit in Forschung und Lehre, in: Isensee, Josef/ Kirchhof, Paul, Handbuch des Staatsrechts, Bd. VI, 1989, S. 809–846

*Oppermann, Thomas* Staatliche Aufsicht, in: Flämig/u.a., Handbuch des Wissenschaftsrechts, Bd. 1, 2. Aufl. 1996, S. 1107–1128

*Oppermann, Thomas* Kulturverwaltungsrecht, 1969

*Ossenbühl, Fritz* Wissenschaftsfreiheit und Gesetzgebung, in: Kempen, Bernhard/Dörr, Dieter/Fink, Udo/Hillgruber, Christian/Murswiek, Dietrich, Die Macht des Geistes, Festschrift für Hartmut Schiedermair, 2001, S. 505–522

*Ossenbühl, Fritz* Vorrang und Vorbehalt des Gesetzes, in: Isensee, Josef/Kirchhof, Paul, Handbuch des Staatsrechts, Bd. V, 3. Aufl. 2007, S. 183–222

*Ossenbühl, Fritz* Verbraucherschutz durch Information, in: NVwZ 2011, S. 1357–1363

*Ossenbühl, Fritz* Satzung, in: Isensee, Josef/Kirchhof, Paul, Handbuch des Staatsrechts, Bd. V, 3. Aufl. 2007, S. 353–386

*Ossenbühl, Fritz* Die Freiheiten des Unternehmers nach dem Grundgesetz, in: AöR Bd. 115 (1990), S. 1–32

*Ossenbühl, Fritz* Umweltpflege durch behördliche Warnungen und Empfehlungen, 1986

*Ossenbühl, Fritz* Schule im Rechtsstaat, in: DÖV 1977, S. 801–812

*Ossenbühl, Fritz* Vertrauensschutz im sozialen Rechtsstaat, in: DÖV 1972, S. 25 ff.

*Ossenbühl, Fritz* Verwaltungsvorschriften und Grundgesetz, 1968

*Ossenbühl, Fritz* Der Vorbehalt des Gesetzes und seine Grenzen, in: Götz, Volkmar/Klein, Hans Hugo/Starck, Christian (Hrsg.), Die öffentliche Verwaltung zwischen Gesetzgebung und richterlicher Kontrolle – Göttinger Symposion, 1985, S. 9 ff.

*Pahlow, Louis/Gärditz, Klaus Ferdinand* Konzeptionelle Anforderungen an ein modernes Recht der Hochschulerfindungen, in: WissR Bd. 39 (2006), S. 48 – 72

*Papier, Hans-Jürgen* Vorbehaltlos gewährleistete Grundrechte, in: Merten, Detlef/Papier, Hans-Jürgen, Handbuch der Grundrechte, Bd. III, 2009, S. 365–404

*Papier, Hans-Jürgen* Der Wesentlichkeitsgrundsatz–am Beispiel des Gesundheitsreformgesetz, in: VSSR 1990, S. 123 ff.

*Papier, Hans-Jürgen* Art. 12 GG – Freiheit des Berufs und Grundrecht der Arbeit, in: DVBl. 1984, S. 801 ff.

*Papier, Hans-Jürgen* Beeinträchtigungen der Eigentums- und Berufsfreiheit durch Steuern, in: Der Staat Bd. 11 (1972), S. 483 ff.

*Paulsen, Friedrich* Die deutschen Universitäten und das Universitätsstudium, 1902

*Pautsch, Arne* Rechtsfragen der Akkreditierung, in: WissR Bd. 38 (2005), S. 200–218

*Peine, Franz-Joseph* Grundrechtsbeschränkungen in Sonderstatusverhältnissen, in: Merten, Detlef/ Papier, Hans-Jürgen, Handbuch der Grundrechte, Bd. III, 2009, S. 405–438

*Peine, Franz-Joseph* Allgemeines Verwaltungsrecht, 11. Aufl. 2015

*Perschel, Wolfgang* Hochschulrecht und Hochschulpolitik in der Rechtsprechung des Bundesverwaltungsgerichts, in: Bachof, Otto/Heigl, Ludwig/Redeker, Konrad, Verwaltungsrecht zwischen Freiheit, Teilhabe und Bindung, Festgabe aus Anlaß des 25jährigen Bestehens des Bundesverwaltungsgerichts, 1978, S. 471–497

*Pestalozza, Christian* Die Bedeutung gliedstaatlichen Verfassungsrechts in der Gegenwart, in: NVwZ 1987, S. 744–751

*Peters, Anke* Grundrechtseingriffe durch schulische Erziehungs- und Ordnungsmaßnahmen, in: RdJB 1994, S. 229–245

*Peters, Hans* Rechtliche Grenzen und Möglichkeiten einer Hochschulreform, in: Carstens, Karl/Peters, Hans, Festschrift für Hermann Jahrreiß zu seinem siebzigsten Geburtstag, 1964, S. 319–338.

*Peters, Hans* Grundrechtseingriffe durch schulische Erziehungs- und Ordnungsmaßnahmen, in: RdJB 1994, S. 233 ff.

*Philipp, Renate* Staatliche Verbraucherinformation im Umwelt- und Verbraucherrecht, 1990

*Pieroth, Bodo* Störung, Streik und Aussperrung an der Hochschule, 1976

*Pieske, Eckart* Der Weg des dt. Schulrechts nach dem 51. deutschen Juristentag in Stuttgart im Sept. 1976, in: DVBl. 1977, S. 673–677

*Pietzcker, Jost* Zuständigkeitsordnung und Kollissionsrecht im Bundesstaat, in: Isensee, Josef/Kirchhof, Paul, Handbuch des Staatsrechts, Bd. VI, 3. Aufl. 2008, S. 515–566

*Pietzcker, Jost* Die neuere Rechtsprechung des Bundesverfassungsgerichts zum vorläufigen Rechtsschutz im Ausländerrecht, in: JZ 1975, S. 435–439

*Pietzcker, Jost* Verfassungsrechtliche Anforderungen an die Ausgestaltung staatlicher Prüfungen, 1975

*Post, Alfred/Schmidt, Beate/Zirpel, Ulrike* Hochschulrecht Sachsen, 1998

*Prahl, Hans Werner* Der sog. Beurteilungsspielraum im Prüfungsrecht und das GG, in: RdJ 1965, S. 217 ff.

*Preuß, Ulrich K.* Zum staatsrechtlichen Begriff des Öffentlichen – untersucht am Beispiel des verfassungsrechtlichen Status kultureller Organisationen, 1. Aufl. 1969

*Preuß, Ulrich K.* Wissenschaftliche Lernfreiheit und studentische Selbstorganisation, in: Leibfried, Stephan (Hrsg.), Wider die Untertanenfabrik, Handbuch zur Demokratisierung der Hochschule, 1967, S. 353–362

*Pünder, Hermann* Zertifizierung und Akkreditierung – private Qualitätskontrolle unter staatlicher Gewährleistungsverantwortung, in: ZHR 2006, S. 567 ff.

*Quapp, Ulrike* Akkreditierung: Ein Abgesang auf die Wissenschaftsfreiheit?, in: DÖV 2011, S. 68–74

*Quaritsch, Helmut* Öffentliches Recht: Der DADA- Fall, in: JuS 1968, S. 471–477

*Raabe, Marius* Grundrechte und Erkenntnis, 1998

*Raiser, Ludwig* Die Universität im Staat, 1956

*Redeker, Konrad* Wissenschaftsfreiheit und Rechnungsprüfung, in: DÖV 1986, S. 946

*Regeling, Hans-Werner* Gesetzgebungszuständigkeit, in: Isensee/Kirchhof, Handbuch des Staatsrechts, Bd. VI, 3. Aufl. 2008, S. 126–143

*Reich, Andreas* Bayerisches Hochschulgesetz, 4. Aufl. 1999

*Reich, Andreas* Bayerisches Hochschulgesetz, 5. Aufl. 2007

*Reich, Andreas* Hochschulrahmengesetz mit Wissenschaftszeitvertragsgesetz, 11. Aufl. 2012

*Reich, Hans* Warum Deutschland günstige Studienkredite braucht, in: F&L 2006, S. 12–13

*Reinhardt, Rudolf* Autonomie, Selbstverwaltung, Staatsverwaltung in der Universität, in: WissR Bd. 1 (1968), S. 1–27

*Reiß, Günter* Rechtsetzungsbefugnis der Universität. Eine Darstellung ihrer Entwicklung, Rechtsgrundlagen und praktischen Bedeutung, 1979

*Rengeling, Hans-Werner* Gesetzgebungszuständigkeit, in: Isensee, Josef/ Kirchhof, Paul, Handbuch des Staatsrechts, Bd. VI, 3. Aufl. 2008, § 135 S. 567–742

*Reuter, Lutz-Rainer* Soziales Grundrecht auf Bildung? Ansätze eines Verfassungswandels im Leistungsstaat, in: DVBl. 1974, S. 7–19

*Richter, Ingo* Die Rechtsprechung zur Berufsausbildung, Analyse und Entscheidungssammlung, 1969

*Rinken, Alfred* Verfassungsrechtliche Aspekte zum Status des Studenten, in: JuS 1968, S. 257–263

*Rinkens, Hans-Dieter* Studiengebühren: nicht sozialverträglich!, in: F&L 2006, S. 14–15

*Roazek, Jochen* Landesverfassungsgerichtsbarkeit, Landesgrundrechte und die Anwendung von Bundesrecht, in: AöR Bd. 119 (1994), S. 450–483

*Roellecke, Gerd* Geschichte des deutschen Hochschulwesens, in: Flämig/u.a., Handbuch des Wissenschaftsrechts, Bd. 1, 2. Aufl. 1996, S. 3–36

*Roellecke, Gerd* Wissenschaftsfreiheit als institutionelle Garantie? in: JZ 1969, S. 726–733

*Roellecke, Gerd* Die Verwaltungsgerichtsbarkeit im Grenzbereich der Gesetzgebung, in: NJW 1978, S. 1776–1781

*Rogal, Uwe* Hochschulautonomie und Zielvereinbarungen, Neue Instrumente der Hochschulsteuerung und ihre Vereinbarkeit mit der akademischen Selbstverwaltung, 2008

*Röhl, Klaus/Röhl, Hans Christian* Allgemeine Rechtslehre, 3. Aufl. 2008

*Rolvering, Heinrich* Die Rechtsgarantien für eine politische Betätigung von Ausländern in der Bundesrepublik Deutschland, 1970

*Ronellenfitsch, Michael* Das besondere Gewaltverhältnis als verwaltungsrechtliches Institut, in: Merten, Detlef, Das besondere Gewaltverhältnis, Vorträge des 25. Sonderseminars 1984 der Hochschule für Verwaltungswissenschaften Speyer, 1985, S. 33–52

*Ronellenfitsch, Michael* Entwicklungstendenzen in der Rechtsprechung zum besonderen Gewaltverhältis, in: VerwArch. Bd. 73 (1982), S. 245

| | |
|---|---|
| *Ronellenfitsch, Michael* | Das besondere Gewaltverhältnis – ein zu früh totgesagtes Rechtsinstitut, in: DÖV 1981, S. 933 ff. |
| *Ronellenfitsch, Michael* | Das besondere Gewaltverhältnis im Verwaltungsrecht, in: DÖV 1984, S. 781–788 |
| *Rossmann, Andreas* | Fern-Uni für alle?, in: FAZ, 25.2.2105, Nr. 47, Natur und Wissenschaft, S. N4 |
| *Roth, Wolfgang* | Die Grundrechte Minderjähriger im Spannungsfeld selbstständiger Grundrechtsausübung, elterlichen Erziehungsrechts und staatlicher Grundrechtsbindung, 2002 |
| *Rothblatt, Sheldon* | Das Studium, in: Rüegg, Walter, Geschichte der Universität in Europa, Bd. IV, 2010, S. 218–247 |
| *Rothenbücher, Karl* | Das Recht der freien Meinungsäußerung, in: VVDStRL Bd. 4 (1928), S. 6–43 |
| *Rozek, Jochen* | Landesverfassungsgerichtsbarkeit, Landesgrundrechte und die Anwendung von Bundesrecht – Landesverfassungsgerichtliche Kontrolle der Anwendung von Bundesrecht durch Landesgerichte am Maßstab der Landesgrundrechte?, in: AöR Bd. 119 (1994), S. 450–483 |
| *Rozek, Jochen* | Neubestimmung der Justitiabilität von Prüfungsentscheidungen, in: NVwZ 1992, S. 343–348 |
| *Rozek, Jochen* | Das Grundgesetz als Prüfungs- und Entscheidungsmaßstab der Landesverfassungen, 1993 |
| *Rüegg, Walter* | Themen, Probleme, Erkenntnisse, in: ders., Geschichte der Universität in Europa, Bd. III, 2004, S. 17–42 |
| *Rüegg, Walter,* | Der Mythos der Humboldtschen Universität, in: Krieg, Matthias/Rose, Martin, Universitas in theologia – theologia in universitate. Festschrift für Hans Heinrich Schmid zum 60. Geburtstag, 1997, S. 155 ff. |
| *Ruffert, Matthias* | Grund und Grenzen der Wissenschaftsfreiheit, in: VVDStRL 65 (2006), S. 146–216 |
| *Rüfner, Wolfgang* | Ausbildungsförderung im sozialen Rechtsstaat, in: ZRP 1980, S. 114–119 |

*Rupp, Hans Heinrich* Das Grundrecht der Berufsfreiheit (Kritik an d. Rspr. d. BVerfG; Verf. stellt i. d. neuesten Rspr. d. BVerfG z. Handwerksrecht = 61, 3211, u. Notarrecht = 64, 3391, gewisse „Ermüdungserscheinungen“ fest u. warnt vor Leerlauf d. Grundrechte), in: NJW 1965, S. 993

*Rupp, Hans Heinrich* Hochschulische Selbstverwaltung, in: von Mutius, Albert von, Selbstverwaltung im Staat der Industriegesellschaft, Festgabe zum 70. Geburtstag von Georg Christoph von Unruh, 1983, S. 919–930

*Rupp, Hans Heinrich* Grundfragen der heutigen Verwaltungsrechtslehre, 2. Aufl. 1991

*Rupp, Hans-Heinrich* Vom Wandel der Grundrechte, in: AöR Bd. 92 (1967), S. 212 ff.

*Rupp, Hans-Heinrich* Demokratie und Wissenschaftsverwaltung, in: ders. (Hrsg.), Demokratie und Verwaltung: 25 Jahre Hochschule für Verwaltungswissenschaften Speyer, 1997, S. 611 ff.

*Rupp, Hans-Heinrich* Die Stellung des Studenten in der Universität, in: VVDStRL Bd. 27 (1969), S. 113–139

*Rusteberg, Benjamin* Der grundrechtliche Gewährleistungsbereich, Eine veränderte Perspektive auf die Grundrechtsdogmatik durch eine präzise Schutzbereichsbestimmung, 2009

*Sachs, Michael* Wiederbelebung des besonderen Gewaltverhältnisses?, in: NWVBl. 2004, S. 209–214

*Sachs, Michael* Die Grundrechte im Grundgesetz und in den Landesverfassungen, in: DÖV 1985, S. 469–479

*Sachs, Michael* Verfassungsrecht II – Grundrechte, 3. Aufl. 2017

*Sachs, Michael* Die Landesverfassung im Rahmen der bundesstaatlichen Rechts- und Verfassungsordnung, in: ThürVBl. 1993, S. 121–124

*Sachs, Michael* Ausländergrundrechte im Schutzbereich von Deutschengrundrechten, in: BayVBl 1990, S. 358–390

*Sachs, Michael* Grundgesetz, Kommentar, 8. Aufl. 2018

*Sachs, Michael* Ausländergrundrechte im Schutzbereich von Deutschengrundrechten, in: BayVwBl. 1990, S. 385 – 394

| | |
|---|---|
| *Sacksofsky, Ute* | Landesverfassungen und Grundgesetz – am Beispiel der Verfassungen der neuen Bundesländer, in: NVwZ 1993, S. 235–240 |
| *Sader, Manfred* | Kleine Fibel zum Hochschulunterricht, 1970 |
| *Salzwedel, Jürgen* | Studien- und Prüfungsordnungen, in: Flämig/u.a., Handbuch des Wissenschaftsrechts, Bd. 1, 2. Aufl. 1996, S. 711–730 |
| *Salzwedel, Jürgen* | Staatsaufsicht in der Verwaltung, in: VVDStRL Bd. 22 (1965), S. 206–257 |
| *Salzwedel, Jürgen* | Prüfungen, in: Flämig/u.a., Handbuch des Wissenschaftsrechts, Bd. 1, 2. Aufl. 1996, S. 731–750 |
| *Salzwedel, Jürgen* | Studien- und Prüfungsordnungen, in: Flämig/u.a., Handbuch des Wissenschaftsrechts, Bd. 1, 2. Aufl. 1996, S. 711–730 |
| *Sandberger, Georg* | Abschlüsse, Promotion und Habilitation, in: Haug, Volker, Das Hochschulrecht in Baden-Württemberg, 2. Aufl. 2009, Kap. 3 S. 230–252 |
| *Sandberger, Georg* | Qualitätssicherung, in: Haug, Volker, Das Hochschulrecht in Baden-Württemberg, 2. Aufl. 2009, Kap. 3 S. 274–284 |
| *Sandberger, Georg* | Organisationsreform und –autonomie – Bewertung der Reformen in den Ländern, in: WissR Bd. 35 (2002), S. 125–150 |
| *Sandberger, Georg* | Landeshochschulgesetz Baden-Württemberg, 2013 |
| *Sauer, Gotthard* | Verfassungsrechtliche Grundlagen des Selbstverwaltungsrechts und der Autonomie der Hochschule, 1973 |
| *Schelsky, Helmut* | Einsamkeit und Freiheit, 2. Aufl. 1971 |
| *Schelsky, Helmut* | Die Arbeit tun die andren, Klassenkampf und Priesterherrschaft der Intellektuellen, 1975 |
| *Schelsky, Helmut* | Einsamkeit und Freiheit, zur sozialen Idee der deutschen Universität, 1960 |
| *Schelsky, Helmut* | Abschied von der Hochschulpolitik oder die Universität im Fadenkreuz des Versagens, 1969 |
| *Schelsky, Helmut* | Einsamkeit und Freiheit, Idee und Gestalt der deutschen Universität und ihrer Reform, 1963 |
| *Schenke, Wolf-Rüdiger* | Der Rechtsschutz im besonderen Gewaltverhältnis, in: JuS 1982, S. 906–910 |

| | |
|---|---|
| *Scheuner, Ulrich* | Rechtsgrundlagen des Hochschulrechts – (Bemerkung z. U. d. LVG Hannover u. z. Abhandlung v. Prof. Gerber), in: DVBl. 1955, S. 137 ff. |
| *Schiedermair, Hartmut* | Universität als Selbstverwaltungskörperschaft?, in: WissR Bd. 21 (1988), S. 1–21 |
| *Schleiermacher, Friedrich* | Gelegentliche Gedanken über Universitäten im deutschen Sinn, 1808 |
| *Schlink, Bernhard* | Freiheit durch Eingriffsabwehr – Rekonstruktion der klassischen Grundrechtsfunktion, in: EuGRZ 1984, 457–468 |
| *Schlink, Bernhard* | Abwägung im Verfassungsrecht, 1976 |
| *Schlink, Bernhard* | Das Grundgesetz und die Wissenschaftsfreiheit – Zum gegenwärtigen Stand der Diskussion um Art. 5 III GG, in: Der Staat Bd. 10 (1971), S. 244 -268 |
| *Schmidt- Jortzig, Edzard* | Grundrechte und Liberalismus, in: Merten, Detlef/ Papier, Hans-Jürgen, Handbuch der Grundrechte, Bd. I, 2004, S. 413–440 |
| *Schmidt-Aßmann, Eberhard* | Die kommunale Rechtsetzung im Gefüge der administrativen Handlungsformen und Rechtsquellen, 1981 |
| *Schmidt-Aßmann, Eberhard* | Zum staatsrechtlichen Prinzip der Selbstverwaltung, in: Selmer, Peter/Münch, Ingo von, Gedächtnisschrift für Wolfgang Martens, 1987, S. 249–264 |
| *Schmidt-Assmann, Eberhard* | Wissenschaftsrecht als Disziplin, in: Winkler, Michael, Festschrift für Ernst-Joachim Meusel, 1997, S. 217–229 |
| *Schmidt-Aßmann, Eberhard* | Wissenschaftsrecht im Ordnungsrahmen des öffentlichen Rechts, in: JZ 1989, S. 205–211 |
| *Schmidt-Aßmann, Eberhard* | Die Wissenschaftsfreiheit nach Art. 5 Abs. 3 GG als Organisationsgrundrecht, in: Becker, Bernd/Bull, Hans Peter/Seewald, Otto (Hrsg.), Festschrift für Werner Thieme zum 70. Geburtstag, Köln u.a. 1993, S. 697–711. |
| *Schmidt-Bleibtreu, Bruno/ Hofmann, Hans/Hopfauf, Axel (Hrsg.)* | Kommentar zum Grundgesetz, 14. Aufl. 2018 |
| *Schmidt-Jortzig, Edzart* | Grundrechte und Liberalismus, in: Merten/Papier, Handbuch der Grundrechte, Bd. I, 2004, S. 413–440 |

*Schmidt, Thorsten Ingo* Zielvereinbarungen als Herausforderung des Allgemeinen Verwaltungsrechts, in: DÖV 2008, S. 760–765

*Schmidt, Walter* Der Verfassungsvorbehalt der Grundrechte, in: AöR Bd. 106 (1981), S. 497–525

*Schmidt, Walter* Die Freiheit der Wissenschaft, Ein Beitrag zur Geschichte und Auslegung des Art. 142 der Reichsverfassung, 1929

*Schmidt, Walter* Wissenschaftsfreiheit als Berufsfreiheit, in: NJW 1973, S. 585–590

*Schmitt-Glaeser, Walter* Die Rechtstellung der Studentenschaft, 1974

*Schmitt-Glaeser, Walter* Die Freiheit der Forschung, in: WissR Bd. 7 (1974), S. 107–134

*Schmitt, Tassilo* Schwänzen ist respektlos, in: FAZ v. 30.3.2013 Nr. 75 S. C2

*Schmoll, Heike* Die Institution frisst ihre Kinder, in: F&L 2008, S. 76

*Schnapp, Freidrich E.* Grenzen der Grundrechte, in: JuS 1978, S. 729–735

*Schnapp, Friedrich E.* Die Verhältnismäßigkeit des Grundrechtseingriffs, in: JuS 1983 S. 850–855

*Schneider, Hans* Verträge zwischen Gliedstaaten im Bundesstaat, in: VVDStRL Bd. 19 (1961), S. 1–31

*Schneider, Hans* Autonome Satzung und Rechtsverordnung, in: Hefermehl, Wolfgang/Nipperdey, Hans Karl, Festschrift für Philipp Möhring zum 65. Geburtstag, 1965, S. 521–542

*Schneider, Hans* Gesetzgebung, 3. Aufl. 2002

*Schneider, Hans-Peter* Berufsfreiheit, in: Merten, Detlef/Papier, Hans-Jürgen, Handbuch der Grundrechte, Bd. V, 2013, S. 89–208

*Schneider, Hans-Peter* Art. 12 GG – Freiheit des Berufs und Grundrecht der Arbeit, in: VVDStRL Bd. 43 (1985), S. 7–47

*Schnellenbach, Helmut* Prüfungsrecht, in: Hartmer, Michael/Detmer, Hubert, Hochschulrecht, 3. Aufl. 2017, Kap. XII, S. 589–626

*Schoch, Friedrich* Staatliche Informationspolitik und Berufsfreiheit, in: DVBl. 1991, S. 667–674

*Scholz, Rupert* Koalitionsfreiheit als Verfassungsproblem, 1971

*Schöner, Hartmut* Das Recht der akademischen Grade in der Bundesrepublik Deutschland, 1969

*Schönke/Schröder* StGB, 29. Aufl. 2014

*Schröder, Meinhard* Verfassungsrechtliche Maßstäbe der Staatsaufsicht über die wissenschaftlichen Hochschulen, in: WissR Bd. 18 (1985), S. 199–216

*Schrödter, Wolfgang* Die Wissenschaftsfreiheit des Beamten, 1974

*Schulte, Martin* Grund und Grenzen der Wissenschaftsfreiheit, in: VVDStRL Bd. 65 (2006), S. 110–145

*Schulz-Prießnitz, Almuth* Einheit von Forschung und Lehre, 1980

*Schulze-Fielitz, Helmuth* Theorie und Praxis parlamentarischer Gesetzgebung, 1988

*Schulze-Fielitz, Helmuth* Rechtliche Rahmenbedingungen von Ombuds- und Untersuchungsverfahren zur Aufklärung wissenschaftlichen Fehlverhaltens, in: WissR Bd. 37 (2004), S. 100 ff.

*Schuster, Hermann Josef* Allgemeine Verwaltung, in: Flämig/u.a., Handbuch des Wissenschaftsrechts, Bd. 1, 2. Aufl. 1996, S. 1039–1060

*Schuster, Hermann Josef* Die Rechtsgrundlagen für die Beziehungen der wissenschaftlichen Hochschulen des Auslands, 1966

*Schuster, Hermann Josef* Finanzen, Haushalt und Rechnungskontrolle, in: Flämig/u.a., Handbuch des Wissenschaftsrechts, Bd. 1, 2. Aufl. 1996, S. 1061–1088

*Schuster, Hermann-Josef/ Senbock-Fermor, Friedrich* Überlegungen zur Eigenart der Hochschulverwaltung, in: WissR Bd. 1 (1968), S. 28–46

*Schwabe, J.* Die Stufentheorie des Bundesverfassungsgerichts zur Berufsfreiheit, in: DÖV 1969, S. 734 ff.

*Schwingers, Rainer Christoph* Der Student in der Universität, in: Rüegg, Walter, Geschichte der Universität in Europa, Bd. I, 1993, S. 181–226

*Seebass, Friedrich* Eine Wende im Prüfungsrecht? in: NVwZ 1992, S. 609–618

*Seiffert, Helmut* Hochschuldidaktik und Hochschulpolitik, der Hochschulunterricht und seine politischen, wissenschaftstheoretischen und sozialen Voraussetzungen, 1970

*Seiler, Christian* Der einheitliche Parlamentsvorbehalt, 1999

*Siehr, Angelika* Selbstverwaltung der Universität und staatliche Aufgabenhoheit, in: WissR Bd. 27 (1994), S. 144–166

*Smend, Rudolf* Das Recht der freien Meinungsäußerung, in: VVDStRL 4 (1927), S. 44–73

*Sodan, Helge* Gesundheitsbehördliche Informationstätigkeit und Grundrechtsschutz, in: DÖV 1987, S. 858–866

*Starck Christian* Plädoyer für ein Strafvollzugsgesetz, in: ZRP 1969, S. 147 ff.

*Starck, Christian* Regelungskompetenzen im Bereich des Art. 12 Abs. 1 GG und ärztlichen Berufsrecht, in: NJW 1972, S. 1489–1493

*Starck, Christian* Autonomie und Grundrechte, in: AöR Bd. 92 (1967), S. 449–478

*Starck, Christian* Staatliche Organisation und staatliche Finanzierung als Hilfen zu Grundrechtsverwirklichungen? in: Starck, Christian (Hrsg.), Bundesverfassungsgericht und Grundgesetz, Festgabe aus Anlass des 25jährigen Bestehens des Bundesverfassungsgerichts, Bd. 2, 1976, S. 480–526

*Starck, Christian* Anmerkung zum Strafvollzugsbeschluß, in: JZ 1972, S. 360 ff.

*Stein, Ekkehart* Die Wissenschaftsfreiheit der Studierenden, in: JA 2002, S. 253 – 259

*Steinbuch, Karl* Zum Surrealismus unserer „Bildungsreform“, in: Raith, Werner (Hrsg.), Wohin steuert die Bildungspolitik?, 1979

*Stelkens, Paul/Bonk, Heinz Joachim/Sachs, Michael,* Verwaltungsverfahrensgesetz, 9. Aufl. 2018

*Stern, Klaus* Die Freiheit der Lehre – ein Grundrecht im Schattendasein, in: Herdegen, Matthias/Klein, Hans Hugo/Papier, Hans-Jürgen/Scholz, Rupert, Staatsrecht und Politik, Festschrift zum 75. Geburtstag für Roman Herzog, 2009, S. 507–524

*Stern, Klaus* Das Staatsrecht der Bundesrepublik Deutschland, Band I, 2. Aufl. 1984

*Stern, Klaus* Das Staatsrecht der Bundesrepublik Deutschland, Band II, 1989

*Stern, Klaus* Das Staatsrecht der Bundesrepublik Deutschland, Band III/1, 1988

*Stern, Klaus* Das Staatsrecht der Bundesrepublik Deutschland, Band III/2, 1994

*Stern, Klaus* Das Staatsrecht der Bundesrepublik Deutschland, Band IV/1, 2006

*Stern, Klaus* Das Staatsrecht der Bundesrepublik Deutschland, Band IV/2, 2011

*Stern, Klaus/Becker, Florian* Grundrechte-Kommentar, 2. Aufl. 2015

*Sterzel, Dieter/Perels, Joachim* Die Freiheit der Wissenschaft und Hochschulmodernisierung, 2003

*Stieler, Frank* Satzungsgebung der Universitäten, 1985

*Strauch, Hans-Joachim* Staatliche und akademische Prüfungsordnungen, Verfassungsrechtliche Analyse eines Steuerungsinstruments, 1978

*Stüber, Jessica* Akkreditierung von Studiengängen, Qualitätssicherung im Hochschulrecht vor dem Hintergrund der internationalen Entwicklung im Bildungssektor, insbesondere des Bologna-Prozesses, 2009

*Süsterhenn, Adolf/Schäfer, Hans* Kommentar der Verfassung für Rheinland-Pfalz, 1950

*Tettinger, Peter J.* Wettbewerb in den freien Berufen – berufsgrundrechtliche Aspekte, in: NJW 1987, S. 294–301

*Tettinger, Peter J.* Das Grundrecht der Berufsfreiheit in der Rechtsprechung des Bundesverfassungsgerichts, in: AöR Bd. 108 (1983), S. 92 ff.

*Tettinger, Peter J.* Verfassungsrechtliche Vorgaben für die universitäre Selbstverwaltung, in: Anderbrügge, Klaus/Epping, Volker/Löwer, Wolfgang (Hrsg.), Dienst an der Hochschule, Festschrift für Dieter Leuze zum 70. Geburtstag, 2003, S. 539–561

*Theis, Axel* Ausbildungs- und Wissenschaftsfreiheit, 1987

*Theuersbacher, Paul* Die Entwicklung des Schulrechts in den Jahren 1991 und 1992, in: NVwZ 1993, S. 631–636

*Thieme, Werner* Die Rechtsstellung der Studenten unter dem Einfluß sozialstaatlicher Tendenzen, in: RWS 1961, S. 259 ff.

*Thieme, Werner* Die verwaltungsgerichtliche Überprüfung von Entscheidungen in Schul-, Ausbildungs- und Prüfungssachen, in: NJW 1954, S. 742 ff.

*Thieme, Werner* Recht und Pflicht der wissenschaftlichen Hochschule zur sozialen Fürsorge für ihre Studenten, 1963

*Thieme, Werner* Berufungszusagen und Hochschulreform, 1970

*Thieme, Werner* Organisationsstrukturen der Hochschule, in: Flämig/u.a., Handbuch des Wissenschaftsrecht, Bd. 1, 2. Aufl. 1996, S. 813–838

*Thieme, Werner* Das Recht auf freie Wahl der Ausbildungsstätte, in: JZ 1959, S. 265 ff.

*Thieme, Werner* Buchbesprechung von Kai Hailbronner, Die Freiheit der Forschung und Lehre als Funktionsgrundrecht, in: DÖV 1980, S. 537–538

*Thieme, Werner* Hochschule und Verwaltung, in: WissR Bd. 22 (1989), S. 1 ff.

*Thieme, Werner* Deutsches Hochschulrecht, 1. Aufl. 1956

*Thieme, Werner* Deutsches Hochschulrecht, 2. Aufl. 1986

*Thieme, Werner* Deutsches Hochschulrecht, 3. Aufl. 2004

*Thoma, Richard* Die Lehrfreiheit der Hochschullehrer und ihre Begrenzung durch das Bonner Grundgesetz, 1952

*Thurn, John Philipp/ Reimer, Franz* Homeschooling als Option? in: NVwZ 2008, S. 718–722

*Tomerius, Carolyn* Die Hochschulautonomie und ihre Einschränkungen beim Zusammenwirken von Land und Hochschule, 1996

*Trute, Hans-Heinrich* Ungleichzeitigkeiten in der Dogmatik: Das Wissenschaftsrecht, in: Die Verwaltung Bd. 27 (1994), S. 301 ff.

*Trute, Hans-Heinrich* Die Rechtsqualität von Zielvereinbarungen und Leistungsverträgen im Hochschulbereich, in: WissR Bd. 33 (2000), S. 134–160

*Trute, Hans-Heinrich* Die Forschung zwischen grundrechtlicher Freiheit und staatlicher Institutionalisierung, 1994

*Uechtritz, Michael* „Kooperationsverträge" zwischen Hochschulen und gesellschaftlichen Verbänden, Die Abkommen der Hochschulen mit Arbeitnehmerorganisationen in Bremen, Oldenburg, Bochum und Saarbrücken, 1983

*Uerpmann, Robert* Landesrechtlicher Grundrechtsschutz und Kompetenzordnung, in: Der Staat 35 (1996), S. 428–440

| | |
|---|---|
| *Uhle, Arnd* | Integration durch Schule – Die Urteile des BVerwG in den Verfahren „Burkini“ und „Krabat“, in: NVwZ 2014, S. 541–548 |
| *Umbach, Dieter/Clemens, Thomas* | Grundgesetz, Bd. I 2002 |
| *Umbach, Dieter/Clemens, Thomas* | Grundgesetz, Bd. II 2002 |
| *Umbach, Thomas* | Das Wesentliche an der Wesentlichkeitstheorie, in: Zeidler/Wolfgang, Maunz/Theodor, Roellecke, Gerd, Festschrift für Hans-Joachim Faller, 1984, S. 111 |
| *v. Mangoldt, Hermann/ Klein, Friedrich/Starck, Christian (Hrsg.)* | Kommentar zum Grundgesetz, Bd. 2 Artikel 20 – 82, 6. Aufl. 2010 |
| *v. Mangoldt, Hermann/ Klein, Friedrich/Starck, Christian (Hrsg.)* | Kommentar zum Grundgesetz, Bd. 1 Artikel 1 – 19, 6. Aufl. 2010 |
| *Verger, Jacques* | Grundlagen, in: Rüegg, Walter, Geschichte der Universität, Bd. 1, 1993, S. 49–82 |
| *Vitzthum, Graf Wolfgang* | Der funktionale Anwendungsbereich der Grundrechte, in: Merten, Detlef/Papier, Hans-Jürgen, Handbuch der Grundrechte, Bd. II, 2006, § 48 S. 1079–1128 |
| *Vogelsang, Klaus* | Die Verfassungsentwicklung in den neuen Bundesländern, in: DÖV 1991, S. 1045–1053 |
| *von Coelln, Christian* | Das Binnenrecht der Hochschule, in: Hartmer, Michael/Detmer, Hubert, Hochschulrecht, 3. Aufl. 2017, Kap. VII, S. 283–331 |
| *von Coelln, Christian* | Anwendung von Bundesrecht nach Maßgabe der Landesgrundrechte?, 2000 |
| *von Coelln, Christian* | Begehrt und gefährdet – die Wissenschaftsfreiheit des Hochschullehrers, in: Sachs, Michael/Siekmann, Helmut (Hrsg.), Der grundrechtsgeprägte Verfassungsstaat, Festschrift für Klaus Stern zum 80. Geburtstag, 2012, S. 1281–1298 |
| *von Coelln, Christian/ Haug, Volker* | BeckOK Hochschulrecht Baden-Württemberg, 6. Edition, Stand: 01.11.2017 |
| *von Coelln, Christian/ Lindner, Josef Franz* | BeckOK Hochschulrecht Bayern, 7. Edition, Stand: 01.11.2017 |

| | |
|---|---|
| *von Coelln, Christian/ Pautsch Arne* | BeckOK Hochschulrecht Niedersachsen, 6. Edition Stand 01.12.2017 |
| *von Heppe, Hans* | Die Stellung des Bundes in der Hochschulpolitik, in: Festschrift für Wilhelm Felgenträger zum 70. Geburtstag, 1969, S. 61–80 |
| *von Lübtow-Herder, Ulrich* | Autonomie oder Heteronomie, 1966 |
| *von Mangold, Hans* | Universität und Staat – Zur Lage nach dem Hochschulrahmengesetz, 1979 |
| *von Mohl, Robert* | Staatsrecht, Völkerrecht und Politik, Band 3 (Politik), 1869 |
| *von Münch, Ingo* | Freie Meinungsäußerung und besondere Gewaltverhältnisse, 1957 |
| *von Münch, Ingo/ Mager, Ute* | Staatsrecht I – Staatsorganisationsrecht, 8. Aufl. 2016 |
| *von Münch, Ingo/ Mager, Ute* | Staatsrecht II – Grundrechte, 6. Aufl. 2014 |
| *von Münch, Ingo/Kunig, Philip (Hrsg.)* | Grundgesetz- Kommentar, Bd. 1, 6. Aufl. 2012 |
| *von Münch, Ingo/Kunig, Philip (Hrsg.)* | Grundgesetz- Kommentar, Bd. 2, 6. Aufl. 2012 |
| *von Olshausen, Henning* | Landesverfassungsbeschwerde und Bundesrecht, 1980 |
| *von Rönne, Friedrich* | Das Staatsrecht der preußischen Monarchie, Bd. II, 4. Aufl. 1882 |
| *Voßkuhle, Andreas* | Strukturen und Bauformen ausgewählter neuer Verfahren, in: Hoffmann-Riem, Wolfgang/Schmidt-Aßmann, Eberhard, Verwaltungsverfahren und Verwaltungsverfahrengesetz, 2002, S. 377–348 |
| *Wagner, Hellmut* | Rechtliche Rahmenbedingungen für Wissenschaft und Forschung, Bd. 1, 2000 |
| *Wagschal, Uwe* | Braucht man an der Uni eine Anwesenheitspflicht?, auf Zeit Online, 3.5.2013 |
| *Wahl, Rainer* | Der Vorrang der Verfassung, in: Der Staat Bd. 20 (1981), S. 485–516. |
| *Waibel, Wolf-Wilhelm* | Die Rechtsprechung auf dem Gebiet des Hochschulrechts seit 1945, 1966 |

*Waibel, Wolf-Wilhelm* Störung von Lehrveranstaltungen und Diskussionsverlagen der Studierenden, in: WissR Bd. 8 (1975), S. 86–96

*Waldhoff, Christian* Studiengebühren im Bundesstaat, in: JuS 2005, S. 391 ff.

*Walter, Hannfried* Zur Prüfungskompetenz der Landesregierung bei der Genehmigung der Universitäts-Grundordnung in Baden-Württemberg, in: DÖV 1969, S. 693–702

*Wank, Rolf* Grenzen richterlicher Rechtsfortbildung, 1978

*Weber, Werner* Die Stellung der Studenten in der Universität – Aussprache, in: VVDStRL Bd. 27 (1969), S. 212–214

*Weber, Werner* Die Neugestaltung der Universitätsstruktur, in: Karl Carstens (Hrsg.), Festschrift für Hermann Jahrreiß zum 70. Geburtstag, 1964, S. 473–486

*Weber, Werner* Neue Aspekte der Freiheit von Forschung und Lehre in: Kaser, Max (Hrsg.), Festschrift für Wilhelm Felgentraeger zum 70. Geburtstag, 1969, S. 225 ff.

*Weber, Werner* Gedanken zu Kritik an der Struktur der Universität, Studium generale, 1963

*Weber, Werner* Die Rechtsstellung des deutschen Hochschullehrers, 2. Aufl. 1965

*Wehrhahn, Herbert* Lehrfreiheit und Verfassungstreue, 1955

*Wendelin, Elvira* Der Hochschulverfassungsstreit, 2009

*Wendt, Rudolf* Der Garantiegehalt der Grundrechte und das Übermaßverbot, in: AöR Bd. 104 (1979), S. 414–474

*Wenninger, Ludwig* Geschichte der Lehre vom besonderen Gewaltverhältnis, 1982

*Wermeckes, Bernd* Der erweiterte Grundrechtsschutz in den Landesverfassungen, 2000

*Werner, Fritz* Bemerkung zum Verhältnis von Grundrechtsordnung, Verwaltung und Verwaltungsgerichtsbarkeit, in: JZ 1954, S. 557 ff.

*Wernsmann, Rainer* Die Deutschengrundrechte des Grundgesetzes im Lichte des Europarechts, in: Jura 2000, S. 657–663

*Wex, Peter* Bachelor und Master, 2005

*Wieland, Joachim* Die Freiheit des Rundfunks, 1984

*Wilhelm, Kerstin* Verfassungs- und verwaltungsrechtliche Fragen der Akkreditierung von Studiengängen, 2009

*Winter, Martin* Das neue Studieren. Chancen, Risiken und Nebenwirkungen der Studienstrukturreform: Zwischenbilanz zum Bologna-Prozess in Deutschland, HoF-Arbeitsbericht 1/2009, 2009

*Wolf, Ernst* Das Grundrecht der Freiheit der Wissenschaft. Ein Beitrag zu den anhängigen Verfassungsbeschwerden, in: WissR Bd. 3 (1970), S. 193–218

*Wolff, Hans J.* Die Rechtsgestalt der Universität, 1956

*Wolff, Hans J./Bachof, Otto* Verwaltungsrecht II, 4. Aufl. 1976

*Wolff, Hans J./Bachof, Otto/Stober, Rolf/Kluth, Winfried* Verwaltungsrecht I, 12. Aufl. 2007

*Wollenschläger, Ferdinand* Staatliche Verbraucherinformation als neues Instrument des Verbraucherschutzes. Möglichkeiten und Grenzen der Informationsbefugnis nach dem Verbraucherinformationsgesetz am Beispiel Pankower Ekelliste und das Problem staatlicher Marktinformation, in: VerwArch Bd. 102 (2011), S. 20–50

*Wollenschläger, Ferdinand* Die Föderalismusreform. Genes, Grundlinien und Auswirkungen auf die Bereiche Bildung und Wissenschaft, in: RdJB 2007, S. 8–20

*Wulfhorst, Traugott* Studentische Kompetenzen in der Hochschul-Selbstverwaltung, in: DVBl. 1968, S. 686 ff.

*Würtenberger, Thomas/Fehling, Michael* Zur Verfassungswidrigkeit des Curricularnormwertes für das Fach Rechtswissenschaft, in: JZ 2000, S. 173–179

*Zachariä, Heinrich Albert* Deutsches Staats- und Bundesrecht, Allgemeine Lehren und Verfassungsrecht der Bundesstaaten, Band 1, 1841

*Zacher, Hans* Hochschulrecht und Verfassung, Stellungnahmen zu den beim Bundesverfassungsgericht anhängigen Verfassungsbeschwerden gegen Hochschulgesetze, 1973

*Zeh, Wolfgang* Finanzverfassung und Autonomie der Hochschule, Hochschulfinanzierung im Spannungsfeld von Wissenschaft, Gesellschaft und Staat, 1973

*Ziedek, Patricia* Bologna-Prozess in Deutschland, 2013

*Zierlein, Karl-Georg* Prüfungs- und Entscheidungskompetenzen der Landesverfassungsgerichte bei Verfassungsbeschwerden gegen landesrechtliche Hoheitsakte, die auf Bundesrecht beruhen oder in einem bundesrechtlich geregelten Verfahren ergangen sind, in: AöR Bd. 120 (1995), S. 205–247

*Zimmerling, Wolfgang/ Brehm, Robert* Hochschulkapazitätsrecht, 2003

*Zimmerling, Wolfgang/ Brehm, Robert* Rechtsstaatliche Aspekte des Kapazitätsprozesses, in: DÖV 2009, S. 239 – 248

*Zippelius, Reinhold* Juristische Methodenlehre, 11. Aufl. 2012

*Zwirner, Henning* Zum Grundrecht der Wissenschaftsfreiheit, in: AöR Bd. 98 (1973), S. 313–339

# Abkürzungsverzeichnis

| | |
|---|---|
| AEUV | Ausführungsvertrag der Europäischen Union |
| AkkStiftG | Akkreditierungsstiftungsgesetz |
| AStA | Allgemeiner Studierendenausschuss |
| BayHSchG | Hochschulgesetz Bayern |
| BerlHG | Hochschulgesetz Berlin |
| BdgHG | Hochschulgesetz Brandenburg |
| BremHG | Hochschulgesetz Bremen |
| ders. | derselbe |
| Drs. | Drucksache |
| HG NRW | Hochschulgesetz Nordrhein-Westfalen |
| HmbHG | Hochschulgesetz Hamburg |
| HessHG | Hochschulgesetz Hessen |
| HRG | Hochschulrahmengesetz |
| HSchGRPf | Hochschulgesetz Rheinland-Pfalz |
| HSG LSA | Hochschulgesetz Sachsen-Anhalt |
| HSG SH | Hochschulgesetz Schleswig-Holstein |
| LHG BW | Hochschulgesetz Baden-Württemberg |
| LHG M-V | Hochschulgesetz Mecklenburg-Vorpommern |
| LVerfRPf | Landesverfassung Rheinland-Pfalz |
| NdsHG | Hochschulgesetz Niedersachsen |
| UG SA | Universitätsgesetz Saarland |
| SächsHG | Sächsisches Hochschulgesetz |
| ThürHG | Hochschulgesetz Thüringen |
| WRV | Weimarer Reichsverfassung |

Ergänzend wird auf *Kirchner*, Abkürzungsverzeichnis der Rechtssprache, 8. Aufl. 2015, verwiesen.

# Teil 1: Einführung und Gang der Untersuchung

„Sich mitzuteilen ist Natur; Mitgeteiltes aufzunehmen, wie es gegeben wird, ist Bildung“

*Johann Wolfgang von Goethe*

## A. Einführung in die Diskussion

Über kaum ein Thema wird so viel, so leidenschaftlich und so intensiv diskutiert wie über Bildung. Bildung soll nicht nur die Persönlichkeit des Einzelnen entwickeln und ihm zu sozialem Aufstieg sowie zu einem erfüllten Leben verhelfen. Bildung wird auch als eine universelle Lösung für die vielen Herausforderungen gesehen, denen sich unsere Gesellschaft stellen muss. Der große Wert der Bildung ist daher nach wie vor unbestritten. Dies hat nicht nur *J. W. Goethe* erkannt. Auch die steigenden Abiturientenzahlen zeigen dies deutlich auf. Daher verwundert es kaum, dass auch die Zahl der Studenten[1] an den Hochschulen stetig steigt.

Aus diesem Grund überrascht es auch nicht, dass Studienplätze in Deutschland in etlichen Fächern sehr begehrt und ebenso schnell vergeben sind. Die Versagung eines Studienplatzes führt regelmäßig zu Enttäuschungen. Auffällig ist jedoch, dass viele von diejenigen, die einen Studienplatz erhalten, häufig gar nicht oder nur sporadisch an den Lehrveranstaltungen teilnehmen. Gründe, warum die Teilnahme verweigert wird, mag es viele geben – hinterfragt werden sie jedoch nur selten.

Von vielen Professoren wird aber gerade die Teilnahme an den Lehrveranstaltungen als Schlüssel zur Bildung gesehen. Dies war und ist in vielen Fällen ein Grund für die Professoren und ihre Hochschulen, die Teilnahme an einigen Lehrveranstaltungen in Form von Anwesenheitspflichten verbindlich zu machen.

Lange Zeit haben sich die Verantwortlichen staatlicher Stellen mit diesem Umstand nicht auseinandergesetzt, ihn aber geduldet. Doch vor ein paar Jahren gab ein Erlass des Ministeriums für Innovation, Wissenschaft und Forschung des Landes

1 Um den Lesefluss zu erleichtern, wird im Folgenden stets von „Studenten“ gesprochen.

Nordrhein-Westfalen[2] Anlass, die Frage nach den Anwesenheitspflichten aus ihrem Dornröschenschlaf zu wecken und dieser Problematik neue Aufmerksamkeit zu schenken.

Triebfeder des Schreibens war der Umstand, dass in zahlreichen universitären Studien- und Prüfungsordnungen der Besuch einer Mindestzahl von Veranstaltungsterminen zur Voraussetzung für die erfolgreiche Teilnahme an der Lehrveranstaltung oder für die Teilnahme an einer Prüfung gemacht wurde. Solche Anordnungen hielt das Ministerium aber durchweg für rechtlich angreifbar.

Als Grund für diese Auffassung wurde angeführt, dass Anwesenheitspflichten in die Studierfreiheit nach § 4 Abs. 2 S. 3 HG NRW, die Berufsausübungsfreiheit nach Art. 12 Abs. 1 GG und in die allgemeine Handlungsfreiheit nach Art. 2 Abs. 1 GG eingreifen würden.[3] Ein solcher Eingriff war nach Ansicht des Ministeriums nur zu rechtfertigen, wenn die Anwesenheit geeignet sei, das Erreichen des Lernziels zu fördern, wenn sie für das Erreichen des Lernziels erforderlich sei und wenn das Lernziel nicht durch mildere Mittel erreicht werden könne. Aus diesem Grund seien Anwesenheitspflichten bei einer Vielzahl von Veranstaltungsformen grundsätzlich unzulässig. Zudem könne eine Anwesenheitspflicht nicht ohne weiteres durch die jeweils lehrende Person eingeführt werden; es bedürfe vielmehr einer Rechtsgrundlage in der Prüfungsordnung.[4]

Das Ministerium wies ferner darauf hin, dass ein bloßer Bezug auf die Art der Lehrveranstaltung, wie etwa das Seminar, grundsätzlich nicht ausreicht, um dem Grundsatz der Verhältnismäßigkeit zu genügen. Es sei vielmehr erforderlich, dass eine hinreichende Beziehung zwischen dem konkreten Lernziel der jeweiligen Lehrveranstaltung auf der einen Seite und dem Erfordernis der Anwesenheit auf der anderen Seite aufgezeigt werde.[5]

Aber: Steht dem Recht auf Teilnahme an einer Lehrveranstaltung nicht auch das Recht zum Fernbleiben an einer solchen gegenüber? Vielfach ist die tatsächliche Nichtinanspruchnahme eines Grundrechtes durch das Grundrecht selbst als negative Komponente ebenfalls geschützt. Diese Auffassung findet in der juristischen Literatur allgemeine Anerkennung.[6] So vertrat *W. Thieme* bereits im Jahr

---

2 Erlass des Ministeriums für Innovation, Wissenschaft und Forschung des Landes Nordrhein-Westfalen vom 9.11.2012 – Az. 411.

3 Erlass des Ministeriums für Innovation, Wissenschaft und Forschung des Landes Nordrhein-Westfalen vom 9.11.2012 – Az. 411, S. 1.

4 Erlass des Ministeriums für Innovation, Wissenschaft und Forschung des Landes Nordrhein-Westfalen vom 9.11.2012 – Az. 411, S. 2.

5 Erlass des Ministeriums für Innovation, Wissenschaft und Forschung des Landes Nordrhein-Westfalen vom 9.11.2012 – Az. 411, S. 2.

6 *Epping*, WissR Bd. 45 (2012), S. 112 (113); *Fehling*, in: Kahl/Waldhoff/Walter, Bonner Kommentar zum Grundgesetz, Loseblatt, Stand März 2004, Art. 5 Abs. 3

1956 die Auffassung, dass die Hochschule grundsätzlich keine Anwesenheitskontrollen kenne und von der Anwesenheit der Studenten während der Vorlesungen keine Rechtsfolgen abhängig machen dürfe.[7] Auch heute noch wird die Ansicht vertreten, dass es grundsätzlich keine Anwesenheitspflicht geben sollte.[8] Eine Ausnahme könne lediglich gemacht werden, wenn der Lernerfolg der Studenten nur durch die regelmäßige Teilnahme zu erreichen sei. Hier schließen sich aber direkt mehrere Fragen an: Was aber heißt das für die Festsetzung von Anwesenheitspflichten? Dürfen diese für die Mehrzahl der Lehrveranstaltungen nicht erfolgen? Ist es unzulässig, wenn der Lehrende eine Anwesenheit verlangt?

Nach Auffassung des damaligen Landtags von Nordrhein-Westfalen war genau dies der Fall: Anwesenheitspflichten seien weder hochschulpolitisch sinnvoll noch verfassungs- und hochschulrechtlich hinnehmbar. Im Rahmen von umfassenden Reformen im Hochschulrecht fasste der Landtag daher das Hochschulgesetz des Landes auch in dieser Frage neu[9] und schaffte dadurch – nach eigener Einschätzung – rechtliche Klarheit zu den Anwesenheitspflichten für Studenten in Nordrhein-Westfalen. So heißt es nunmehr in § 64 Abs. 2a HG NRW

> *„Eine verpflichtende Teilnahme der Studierenden an Lehrveranstaltungen darf als Teilnahmevoraussetzung für Prüfungsleistungen nicht geregelt werden, es sei denn, bei der Lehrveranstaltung handelt es sich um eine Exkursion, einen Sprachkurs, ein Praktikum, eine praktische Übung oder eine vergleichbare Lehrveranstaltung."*

Doch nicht nur von rechtlicher Seite genießt das Thema einige Aufmerksamkeit. Auch im gesellschaftspolitischen Umfeld fanden bereits vor dem Inkrafttreten von § 64 Abs. 2a HG NRW zahlreiche Diskussionen zum Thema „*Anwesenheitspflichten*" statt. Ein Blick in die Presse zum damaligen Zeitpunkt machte klar: Anwesenheitspflichten in Lehrveranstaltungen sorgen für Gesprächsstoff. Überraschend ist dies nicht, denn letztlich wird sich nicht nur ein Großteil der eingeschriebenen Studenten zu diesem Thema eine Meinung bilden. Wie das Eingangszitat zeigt, ist die Mär des „*Faulen Studenten*" weiterhin verbreitet.

Von vielen Studenten wird die Anwesenheitspflicht als eine lästige Pflicht angesehen, die sie ihrer Selbstbestimmung beraubt. Gerade für die Studienanfänger, die aus den Zwängen der Schulpflicht entlassen wurden, bedeutet der

---

(Wissenschaftsfreiheit) Rn. 100; *Kempen*, in: Hartmer/Detmer, Hochschulrecht, 3. Aufl. 2017, Kap. 1 Rn. 98.

7 *Thieme,* Deutsches Hochschulrecht, 1. Aufl. 1956, S. 212.

8 *T. Bauer*, Wissenschaftsfreiheit in Lehre und Studium, 1980, S. 144; *Thieme,* Deutsches Hochschulrecht, 3. Aufl. 2004, Rn. 854.

9 Hochschulzukunftsgesetz vom 16.9.2014, GV, NRW, S. 543.

Beginn eines Studiums Entscheidungsfreiheit. Hierzu gehört es auch, eigenständig über die Teilnahme an einer Lehrveranstaltung zu bestimmen. Unterstützung findet diese Auffassung von vielen Seiten. So wandte sich beispielweise *M. Wintermantel*, die ehemalige Präsidentin der Hochschulrektorenkonferenz, gegen eine grundsätzliche Anwesenheitspflicht. Diese stehe im Widerspruch zur Studierfreiheit und fördere nicht die Eigenverantwortung im Studium.[10] Dem pflichtete auch *M. Winter* vom Institut für Hochschulforschung an der Universität Halle-Wittenberg bei. Eigenverantwortung und Freiwilligkeit seien die wichtigsten Voraussetzungen eines Studiums. Wie am besten gelernt werde, hänge vor allem von den Studenten ab. Zwang aber sei in diesem Zusammenhang keine wirkungsvolle Triebfeder. „Auf welche Weise ein Student sein Wissen oder seine Kompetenz erwirbt, ist letztlich egal", so *M. Winter*, „wichtig ist, dass er sie am Ende hat."[11]

Aber nicht nur für die Studenten ist die Frage nach einer Präsenzpflicht von Bedeutung. Auch die Dozenten haben ein begründetes – tendenziell freilich gegenläufiges – Interesse an dieser Thematik. So sind sie es, die dem Umstand Rechnung tragen müssen, vor einem vollen oder einem leeren Vorlesungssaal zu stehen. Aus diesem Grund finden es viele Dozenten auch besonders ärgerlich, wenn von den angemeldeten Studenten nur ein kleiner Teil anwesend ist oder die Teilnehmer von Veranstaltung zu Veranstaltung wechseln und sich ein wissenschaftlicher Diskurs nur schwerlich führen lässt.

So heißt es aus ihren Reihen: „*Wir Dozenten sind nicht eure Vorturner*!"[12] und „*Die Universität ist kein Kindergarten für Faule*".[13] Es wird daher vertreten, dass man die Anwesenheit als unerlässlich für die Kenntniserlangung ansehen müsse und den Versuch, sich den oftmals komplexen Wissensstoff auf eigene Verantwortung anzueignen, als bloße Fiktion. Denn lernen würden die Studenten in der Zeit, in der sie eigentlich in einer Vorlesung sitzen sollten, nicht.[14] Dies lasse sich zumindest aus einer Zeitlaststudie der Universität Hamburg aus dem Jahr 2011 ableiten. Aus dieser geht hervor, dass ein Student im Durchschnitt nur 23

10 Zitiert nach *Eggebrecht*, F.A.Z. v. 14.5.2011, Nr. 112, S. C4.

11 Zitiert nach *Eggebrecht*, F.A.Z. v. 14.5.2011, Nr. 112, S. C4.

12 *Ankel/Liedtke*, Zeit Online v. 5.2.2015, http://www.zeit.de/studium/2015-02/anwesenheitspflicht-studenten-universitaeten/komplettansicht, zuletzt aufgerufen am 29.4.2015.

13 *Ankel/Liedtke*, Zeit Online, v. 5.2.2015, http://www.zeit.de/studium/2015-02/anwesenheitspflicht-studenten-universitaeten/komplettansicht, zuletzt aufgerufen am 29.4.2015.

14 *Pfähler/Wagschal*, Zeit Campus v. 3.5.2013, Nr. 3, S. 31.

Stunden in der Woche für sein Studium arbeitet;[15] mithin durchschnittlich kaum mehr als drei Stunden am Tag. Die Arbeitsleistung der Studenten lag damit bereits zum Zeitpunkt des Inkrafttretens von § 64 Abs. 2a HG NRW *„im Schnitt weit unter dem (…), was Bologna verlangt.“*[16] Die Aufhebung der Anwesenheitspflicht dürfte diesen Effekt daher nur noch verstärken.[17]

Die Argumentation der Befürworter von Anwesenheitspflichten hielt den Gesetzgeber in Nordrhein-Westfalen nicht vom Erlass des § 64 Abs. 2a HG NRW ab. Zu einem Abbruch der Diskussionen führte dies allerdings nicht. So fühlten sich bereits kurz nach Erlass der Norm der AStA der Ruhr-Universität Bochum, der AStA der Westfälischen Wilhelms-Universität Münster und der AStA der Hochschule für Gesundheit in Bochum zum Verfassen eines offenen Briefs an die Rektorate und Dekanate aufgefordert. Grund für diesen Brief war der vermeintlich rechtswidrige Umgang der Universitäten und Hochschulen in Nordrhein-Westfalen mit den Anwesenheitspflichten. Die ASten führten an, dass sich manche Fakultäten bzw. Dozenten über das Verbot regelmäßig hinwegsetzen würden. Dies verletze die Studenten in ihren Rechten.[18]

Doch nicht nur die bestehende Rechtslage und ihre tatsächliche Umsetzung scheinen schwer in Einklang zu bringen zu sein. § 64 Abs. 2a HG NRW gibt auch Anlass zu der Debatte, ob das Verbot überhaupt mit dem Grundgesetz vereinbar ist. Denn nicht nur die Anordnung einer Anwesenheitspflicht könnte gegen das Grundgesetz verstoßen. Umgekehrt muss auch gefragt werden, ob das Verbot der Festsetzung von Anwesenheitspflichten mit den Grundrechten der Universitäten, Fakultäten und Professoren in Einklang zu bringen ist.

Mittlerweile liegt der Erlass von § 64 Abs. 2a HG NRW mehr als fünf Jahre zurück. Die Debatte um die Anwesenheitspflichten ist jedoch nicht versiegt, sondern hat in der nahen Vergangenheit einen neuen Aufwind erfahren. Grund hierfür war der im Herbst 2017 in Nordrhein-Westfalen erfolgte Regierungswechsel. Die neue Ministerin für Kultur und Wissenschaft, Frau *Isabel Pfeiffer-Poensgen,* kündigte bereits kurz nach ihrem Amtsantritt an, dass sie eine Novellierung des Hochschulgesetzes beabsichtige und vorhabe, das derzeitige Verbot von Anwesenheitspflichten zu streichen.

---

15 *Pfähler/Wagschal,* Zeit Campus v. 3.5.2013, Nr. 3, S. 31.

16 Zitiert in *Pfähler/Wagschal,* Zeit Campus v. 3.5.2013, Nr. 3, S. 31.

17 *Pfähler/Wagschal,* Zeit Campus v. 3.5.2013, Nr. 3, S. 31.

18 Zum offenen Brief siehe: https://www.asta-bochum.de/asta/offener-brief-zu-anwesenheitspflichten-lehrveranstaltungen, letzter Aufruf am 29.4.2015.

Diese Ankündigung hat die Ministerin zügig umgesetzt. Bereits am 30.01.2018 hat das Kabinett Eckpunkte beschlossen, aufgrund deren Grundlage der Referentenentwurf vorgelegt wurde. Am 18.12.2018 hat das Kabinett den Regierungsentwurf beschlossen, der anschließend in den Landtag eingebracht wurde. Eine erste Lesung fand bereits im Januar 2019 statt. Es ist geplant, dass die Gesetzesnovelle zum Wintersemester 2019/2020 in Kraft tritt.[19]

Doch nicht nur in Nordrhein-Westfalen hat der Gesetzgeber eine explizite Regelung zu den Anwesenheitspflichten getroffen. Auch in den Hochschulgesetzen der Länder Niedersachsen, Schleswig-Holstein und Thüringen finden sich Regelungen zu den Anwesenheitspflichten. In den Medien haben diese Gesetzesänderungen jedoch bei weitem nicht so viel Aufmerksamkeit erfahren wie die Einführung des § 64 Abs. 2a HG NRW in Nordrhein-Westfalen.

Wie sich der gesetzliche Umgang mit Anwesenheitspflichten entwickeln wird, bliebt fraglich. Fest steht aber, dass die Handhabung von Anwesenheitspflichten bei Lehrveranstaltungen in der universitären Praxis bundesweit unübersichtlich ist und auch in der Zukunft weiterhin kontrovers diskutiert werden wird.

## B. Gang und Ziel der Untersuchung

Ziel dieser Arbeit ist die Feststellung, ob Anwesenheitspflichten zulässig sind. Betroffen sind von einer solchen Regelung vor allem die Studenten. Konkreter gefasst lautet die Frage also: Verletzen Anwesenheitspflichten die verfassungsrechtlich geschützten Rechte der Studenten bzw. stellen Anwesenheitspflichten einen rechtfertigungsbedürftigen Eingriff dar?

Um den Einstieg in die zugrundliegende Thematik zu erleichtern, wird zunächst erläutert, was genau unter einer Anwesenheitspflicht im betrachteten Kontext zu verstehen ist. Anschließend wird ein historischer Überblick über den Umgang mit Anwesenheitspflichten gegeben.

Ob Anwesenheitspflichten in die verfassungsrechtlich geschützten Rechte der Studenten eingreifen, setzt dann die Klärung voraus, woraus sich ein verfassungsrechtliches Abwehrrecht der Studenten ableiten könnte und worauf sich dessen Schutz erstreckt. Anknüpfungspunkt könnte die grundrechtlich verankerte Lern- und Studierfreiheit der Studenten sein. In Betracht kommt die Gewährleistung der Lern- und Studierfreiheit durch die Wissenschaftsfreiheit aus Art. 5 Abs. 3 GG, durch die Ausbildungsfreiheit aus Art. 12 Abs. 1 GG oder

---

19 Siehe dazu www.mkw.nrw/hochschule-und-forschung/hochschulen/hochschulgesetz, letzter Auftruf am 10.06.2019.

durch die allgemeine Handlungsfreiheit aus Art. 2 Abs. 1 GG als subsidiäres Auffanggrundrecht.

Darauf aufbauend stellt sich die Frage, ob die Festsetzung von Anwesenheitspflichten einen Eingriff in den Schutzbereich des betroffenen Grundrechts darstellt. Der Kern der Untersuchung liegt jedoch in der Prüfung der Rechtfertigung. Diese erfordert, dass die Anordnung auf eine gesetzliche Grundlage zurückzuführen ist, die den verfassungsrechtlichen Anforderungen genügt. Doch inwieweit ist der Gesetzgeber zur Normierung berechtigt? Steht ihm allein ein solches Recht zu? Neben dem einfachen Gesetzgeber könnten die Universitäten oder die Fakultäten zum Erlass von Regelungen berechtigt sein. Möglicherweise steht es auch dem einzelnen Hochschullehrer zu, die Studenten zur Teilnahme an seiner Lehrveranstaltung zu verpflichten.

Vor allem aber bedarf es eines rechtfertigenden Grundes, um in die Lern- und Studierfreiheit einzugreifen. Dazu gehört unter anderem, dass die Anwesenheit in einer Lehrveranstaltung aus inhaltlichen, didaktischen und prüfungsbedingten Gesichtspunkten für notwendig erachtet werden kann. Eine Anwesenheitspflicht könnte sich aus der spezifischen Form der Lehrveranstaltung ergeben. Dass die Entscheidung über die Teilnahme an einer Lehrveranstaltung nicht gänzlich den Studenten überlassen bleiben kann, hat auch der Gesetzgeber Nordrhein-Westfalen erkannt und gewisse Ausnahmen in § 64 Abs. 2a HG NRW vorgesehen. Es drängt sich geradezu auf, dass Übungen und Praktika für den Lernerfolg eine regelmäßige Teilnahme voraussetzen. Gleiches könnte auch für das Seminar gelten, da dieses auf dem wissenschaftlichen Gespräch zwischen Lehrenden und Lernenden beruht.

Daneben soll untersucht werden, ob das Verbot der Festsetzung von Anwesenheitspflichten verfassungskonform ist. Das Verbot von Anwesenheitspflichten könnte in unzulässiger Weise in die Grundrechte der Hochschullehrer und Universitäten bzw. Fakultäten eingreifen. Während den Hochschullehrern aufgrund von Art. 5 Abs. 3 GG die Lehrfreiheit zusteht, wird den Universitäten bzw. Fakultäten durch dieses Grundrecht die Selbstverwaltungsgarantie zugesprochen. Das Verbot Anwesenheitspflichten anzuordnen, könnte in diese verfassungsrechtlich garantierten Rechte eingreifen. Da es sich bei Art. 5 Abs. 3 GG um ein vorbehaltlos gewährleistetes Grundrecht handelt, sind besondere Anforderungen an die Rechtfertigung eines Eingriffs zu stellen. Daneben stellt sich die Frage, ob ein Verbot in den Ländern, in denen keine einfachgesetzliche Normierung besteht, verfassungskonform wäre. Zu denken ist an den Fall, dass die Universität oder die Fakultät den Hochschullehrern die Anordnung von Anwesenheitspflichten verbietet.

Die folgende Untersuchung der Zulässigkeit von Anwesenheitspflichten beschränkt sich auf die staatlichen Hochschulen. Die Hochschulen in privater Trägerschaft (private und kirchliche Hochschulen) und die Hochschulen der Bundeswehr bleiben unberücksichtigt. Dort gelten andere Regelungen, da die Studenten an diese Hochschulen vertraglich gebunden sind und sich dadurch die verfassungsrechtliche Ausgangslage unterscheidet. Dies schließt jedoch nicht aus, dass sich einzelne Überlegungen übertragen lassen.

# Teil 2: Historische Sicht und tatsächliche Bestandsaufnahme

Bevor man sich der Frage nach der Zulässigkeit von Anwesenheitspflichten widmen kann, bedarf es einer Auseinandersetzung mit der Begrifflichkeit und ihrer Reichweite. Anwesenheit im Sinne von „Präsenz“ meint die bewusst wahrgenommene Gegenwärtigkeit einer Person.[20] Doch lässt sich dies auf die Anwesenheitspflicht in der Universität übertragen? Meint Anwesenheit die bloße körperliche Anwesenheit oder vielmehr die aktive Teilnahme? Daneben ist danach zu fragen, wie sich die fehlende Anwesenheit auswirkt. Kann infolge fehlender Anwesenheit die Zulassung zur Prüfung versagt werden oder gilt die Prüfung bereits als nicht bestanden? Diese Fragen gilt es zu klären, bevor eine Auseinandersetzung mit der weiterführenden Fragestellung erfolgen kann, ob die Anwesenheitspflicht oder das Verbot einer solchen in Grundrechtspositionen eingreift.

## A. Die historische Entwicklung einer Anwesenheitsverpflichtung

Anwesenheitspflichten beziehungsweise der Verzicht auf diese beeinflussten das universitäre Leben bereits in der Vergangenheit. Gerade das Zeitalter des Absolutismus und der Umbruch zum Liberalismus erscheinen in diesem Zusammenhang als besonders prägend, da sich der unterschiedliche Umgang mit Anwesenheitspflichten deutlich zeigt.

Die damalige Handhabung von Anwesenheitspflichten könnte auf das heutige Verständnis Einfluss genommen haben. Vor diesem Hintergrund können sich möglicherweise Rückschlüsse auf die gegenwärtige Situation ziehen lassen, um diese besser nachvollziehen zu können. Es empfiehlt sich daher ein kurzer Überblick[21] über die historische Entwicklung des Umgangs mit Anwesenheitspflichten an Universitäten.

---

20 Definition nach Duden, http://www.duden.de/rechtschreibung/Praesenz, letzter Aufruf am 21.9.2015.

21 Die Darstellung erhebt nicht den Anspruch auf Vollständigkeit. Es soll lediglich ein Überblick gegeben werden.

## I. Zeitalter des Absolutismus

Der Beginn des deutschsprachigen Universitätslebens liegt im 14. Jahrhundert mit der Gründung von Universitäten etwa in Prag,[22] Wien,[23] Erfurt,[24] Heidelberg[25] und Köln.[26][27] Der Student wurde in dem Moment Teil der Universität, in dem er vom Rektor in die Matrikel der Universität eingetragen wurde. Erst dann stand es ihm zu, an den vorgeschriebenen Vorlesungen und Übungen in der *facultas artium* teilzunehmen. Im absolutistischen Staat öffnete das Studium den Studenten zwar gewisse soziale Aufstiegschancen, jedoch unterstanden sie während des Studiums den Universitätsstatuten und mussten den strikten Vorgaben des Rektors in jeglichen Belangen Folge leisten.[28] Den ersten zu erreichenden Grad, die Würde des *baccalarius*, erhielt der Student, sobald er nachgewiesen hatte, dass er die vorgeschriebenen Vorlesungen gehört, sich an der erforderlichen Zahl von Disputationen beteiligt und dadurch das vorgeschriebene Quantum an Wissen angeeignet hatte.[29] Besonderes Gewicht wurde auf die Teilnahme an den Disputationen gelegt. Die Zahl der Disputationen, an denen

---

22 Es handelt sich um die erste deutschsprachige Universität. Die ersten Lehrer waren vorwiegend Deutsche und Italiener. Sie erhielt die päpstliche Bulle durch Clemens VI. im Jahr 1347 und den Stiftungsbrief durch Kaiser IV. im Jahr 1348. *Verger*, in: Rüegg, Geschichte der Universität, Bd. 1, 1993, S. 65.

23 Die Gründung erfolgte durch Herzog Rudolf IV. Die Universität in Wien ist die erste noch bestehende Universität im deutschen Sprachraum. *Verger*, in: Rüegg, Geschichte der Universität, Bd. 1, 1993, S. 67.

24 Die Gründung der Universität in Erfurt erfolgte durch die Stadt Erfurt (Gründungsprivilegien von Papst Clemens VII. vom 16. September 1379 und weiterhin von Papst Urban VI. vom 4. Mai 1389). Die Aufnahme des Lehrbetriebs erfolgte im Jahr 1392. Im Jahr 1816 wurde die Universität geschlossen, 1994 jedoch neu gegründet. *Verger*, in: Rüegg, Geschichte der Universität, Bd. 1, 1993, S. 70.

25 Die Gründung erfolgte durch Kurfürst Ruprecht I. (Gründungsprivileg von Papst Urban VI. vom 23. Oktober 1385). *Verger*, in: Rüegg, Geschichte der Universität, Bd. 1, 1993, S. 70.

26 Die Gründung der Universität zu Köln erfolgte durch den Rat der Stadt Köln am 21. Mai 1388 mit Genehmigung durch Papst Urban VI. Im Jahr 1798 wurde die Universität durch die Franzosen geschlossen. Mit Genehmigung der preußischen Regierung wurde sie durch die Stadt im Jahr 1919 wieder gegründet als Universität zu Köln. *Verger*, in: Rüegg, Geschichte der Universität, Bd. 1, 1993, S. 70.

27 Nähere Erläuterungen bei *Kahl*, Hochschule und Staat, 2004, S. 5 ff.

28 Siehe die Beispiele bei *Brunner*, WissR Bd. 1 (1968), S. 46 (47).

29 *Paulsen*, Die Deutsche Universität, 1902, S. 24; *Schwingers*, in: Rüegg, Geschichte der Universität in Europa, Bd. I, 1993, S. 214 f.

teilgenommen werden musste, um den nächsten Grad zu erwerben, war genau festgelegt. Die fehlende Teilnahme an einzelnen Disputationen wurde zugleich mit Strafen belegt.[30] Dieser Umstand zeigt deutlich, dass der Student im Mittelalter stark in die Strukturen der Universität eingebunden war und ihm jede Form der Eigenständigkeit versagt wurde. Die Frage nach der Pflicht zur Anwesenheit stellte sich nicht – sie wurde vorausgesetzt. Zu berücksichtigen ist in diesem Zusammenhang auch, dass der Buchdruck damals noch nicht verbreitet war. Öffentliche Bibliotheken entstanden erst im 14. und 15. Jahrhundert. Auch aus diesem Grund war die regelmäßige Teilnahme an den Lehrveranstaltungen für die Studenten notwendig, um die verlangten Kenntnisse zu erhalten.[31]

Insgesamt kann man festhalten, dass an eine subjektive Rechtsstellung der Studenten oder gar die Gewährleistung von Grundrechten nicht zu denken war. Die Möglichkeit einer gerichtlichen Geltendmachung von Eingriffen in den Schutzbereich einzelner Grundrechte gab es nicht.[32] In dieser Epoche bestand keinerlei grundrechtlich verankerter Schutz der Studenten. Aufgrund der dargestellten Entwicklung liegt die Vermutung nahe, dass sich die Gewährleistung verfassungsrechtlicher Rechte und die Existenz von Anwesenheitspflichten gegenläufig entwickelten. Daraus lässt sich schlussfolgern, dass sich eine Pflicht zur Anwesenheit umso eher festlegen lässt, je weniger den Studenten verfassungsrechtlicher Schutz zugesprochen wird.

## II. Der Umbruch im Zeitalter des Liberalismus

Als eine Art Grundschema blieb insbesondere die Disputation als Schulung der Rhetorik und Logik sowie als Nachweis fachlicher Qualifikation während des 16. und 17. Jahrhunderts bestehen.[33] Ohne hinreichende Erfahrung im Disputieren konnte der Student auch weiterhin keinen Grad erwerben.[34] Es deutet somit viel darauf hin, dass eine Anwesenheitspflicht nach wie vor bestand, denn ohne eine aktive Teilnahme war das Disputieren nicht möglich.

Bereits ab dem 17. Jahrhundert kam es allmählich zu einem Umbruch im Verständnis über den akademischen Unterricht. Langsam löste man sich von der Vorstellung, dass der Unterricht allein aus dem bloßen Lesen von Texten

30 *Paulsen*, Die Deutsche Universität, 1902, S. 29; *Roellecke,* in: Flämig/u.a., Handbuch des Wissenschaftsrechts, Bd. 1, 2. Aufl. 1996, S. 18.

31 *Schwingers,* in: Rüegg, Geschichte der Universität in Europa, Bd. I, 1993, S. 215.

32 *Glaser*, Der Staat Bd. 47 (2008), S. 213 (215 f.).

33 *Paulsen,* Die Deutsche Universität, 1902, S. 44.

34 *R. Müller*, in: Rüegg, Geschichte der Universität in Europa, Bd. II, 1996, S. 271.

bestehe.[35] Eine Änderung in Bezug auf studentische Rechte zeichnete sich in Deutschland aber vor allem mit dem im 19. Jahrhundert aufkommenden Liberalismus ab. Unter den Studenten kam die Forderung nach mehr Freiheit[36] im Studium auf.[37] Das Verständnis vom Studium wandelte sich. Das Studium diente nicht mehr nur der bloßen Vorbereitung auf einen späteren Beruf, sondern sollte selbstständiges wissenschaftliches Arbeiten vermitteln.[38]

### *1. Erste Wurzeln der modernen Lern- und Studierfreiheit*

Erhört wurden diese Forderungen erstmals von Wilhelm von Humboldt. Insbesondere auf seine Bestrebungen ist es zurückzuführen, dass sich der akademische Unterricht zu einem „ungezwungenen und absichtslosen Zusammenwirken"[39] wandelte. Dadurch fielen die strikten und mit Sanktionen belegten Anwesenheitspflichten weg.[40] Vorlesungen sollten als wissenschaftliche Vorträge von jedem angehört werden können, der Interesse bekundete.[41]

Bestimmend für die Humboldtsche Universitätsreform war die klassisch-idealistische Philosophie, die die Wissenschaftsfreiheit zu ihren grundlegenden Forderungen zählte. Professoren und Studenten galten, trotz ihrer unterschiedlichen Qualifikationen, als in gleicher Weise ethisch verpflichtet, nach Wahrheit und nach Erkenntnis des Seins im Ganzen zu suchen, da keiner von ihnen die Wahrheit besitze. *„Während der Student den Professor durch seine Mitarbeit und durch seine kritischen Fragen zur Forschung anregt, lernt er selbst durch sein Mitforschen."*[42] Diese gegenseitige Abhängigkeit von Lehrenden und Lernenden

---

35 *Kluge*, Die Universitäts-Selbstverwaltung, 1958, S. 51 f.; *Thieme*, Deutsches Hochschulrecht, 2. Aufl. 1986, S. 27.

36 Die Forderung richtete sich unter anderem gegen die Vorschrift, Vorlesungen in einer bestimmten Reihenfolge hören zu müssen.

37 *Schmidt-Jortzig*, in: Merten/Papier, Handbuch der Grundrechte, Bd. I, 2004, § 10 Rn. 53 f.; *Glaser*, Der Staat Bd. 47 (2008), S. 213 (216).

38 *Paulsen*, Die Deutsche Universität, 1902, S. 79; *Brockliss*, in: Rüegg, Geschichte der Universität in Europa, Bd. II, 1996, S. 455.

39 *Humboldt*, Über die innere und äußere Organisation der höheren wissenschaftlichen Anstalten in Berlin, 1809/1810, S. 256.

40 *Roellecke*, in: Flämig/u.a., Handbuch des Wissenschaftsrechts, Bd. 1, 2. Aufl. 1996, S. 31.

41 *Roellecke*, in: Flämig/u.a., Handbuch des Wissenschaftsrechts, Bd. 1, 2. Aufl. 1996, S. 31; *Glaser*, Der Staat Bd. 47 (2008), S. 213 (216 f.); *Binder*, WissR Bd. 6 (1973), S. 1 (24).

42 BVerfGE 35, 79 (113) m.w.N.; *T. Bauer*, Wissenschaftsfreiheit in Lehre und Studium, 1980, S. 126; *Fries*, Die Rechtsstellung des Studenten innerhalb der wissenschaftlichen Hochschule, 1974, S. 55 f.

führte zu dem Verständnis, dass es ohne Lernfreiheit keine Lehrfreiheit geben könne.[43]

In dieser Zeit formierte sich nicht nur das Seminar zur zweiten großen Form des akademischen Unterrichts.[44] Charakteristisch für diese Epoche war auch, dass den Studenten nahezu jede Entscheidung zur Selbstbestimmung überlassen blieb.[45] Insbesondere der Besuch der angenommenen Lehrveranstaltung stand ihnen frei. Die den Studenten in dieser Zeit zugesprochene Freiheit ging mitunter soweit, dass es ihnen überlassen blieb, ob sie lernen wollten oder nicht.[46]

Diese Art von akademischer Freiheit führte mitunter jedoch zu einem regen Missbrauch, so dass der Ruf nach möglichen Sanktionen laut wurde. Gedacht wurde an Aufsichtsmaßregeln, Fleißzeugnisse und die Kontrolle des Besuchs von Vorlesungen. Doch solche Maßregeln wurden im Wesentlichen als wirkungslos erachtet, wenn man nicht wieder zu den Zuständen zurückkehren wolle, wie sie im Mittelalter vorherrschten.[47] Überwiegend wurde daher die Auffassung vertreten, dass letztlich jede Form eines Zwangs zur Anwesenheit, sei es durch regelmäßige Kontrollen der Teilnahme, obligatorische Teilnahme an Übungen oder vergleichbare Maßregelungen, den Hauptzweck des akademischen Studiums vereiteln würde: Mit Einführung einer solchen Maßregelung würde die Universität aufhören, die Schule der Selbstständigkeit zu sein.[48] Die Aufgabe der Universität wurde nicht darin gesehen, die Studenten an die Hand zu nehmen wie Schulkinder. Es sollte den Studenten vielmehr selbst überlassen bleiben, ihren Weg zu finden und ihr Studium zu organisieren.[49]

---

43 Siehe dazu unter Teil 3 B II. 2. c) aa) aaa).

44 *Brockliss*, in: Rüegg, Geschichte der Universität in Europa, Bd. II, 1996, S. 445; *Paulsen*, Die Deutsche Universität, 1902, S. 79.

45 *Roellecke*, in: Flämig/u.a., Handbuch des Wissenschaftsrechts, Bd. 1, 2. Aufl. 1996, S. 31; *Rüegg*, in: ders., Geschichte der Universität in Europa, Bd. III, 2004, S. 19, 33; *Schleiermacher*, Gelegentliche Gedanken über die Universitäten im deutschen Sinn, 1808, S. 33.

46 *Paulsen*, Die Deutsche Universität, 1902, S. 363.

47 *Paulsen*, Die Deutsche Universität, 1902, S. 356 f.

48 *Paulsen*, Die Deutsche Universität, 1902, S. 368 ff., insb. S. 372.

49 *H. Bauer*, in: Doeberl/u.a., Das akademische Deutschland, Bd. III, 1930, S. 399 (409 f.); *Paulsen*, Die Deutsche Universität, 1902, S. 373.

### 2. *Die Lern- und Studierfreiheit im werdenden Verfassungsstaat des 19. Jahrhunderts*

Die erste rechtliche Verankerung der Lern- und Studierfreiheit findet sich schemenhaft in Art. 17 der Verfassung Belgiens vom 2.2.1831, der die Freiheit der Lehre von staatlicher Bevormundung statuierte.[50] Bedeutsam ist dies aufgrund des Umstandes, dass Lehr- und Lernfreiheit in ein enges Verhältnis gesetzt wurden. In Anknüpfung an diese wegweisende verfassungsrechtliche Regelung wurde die Wissenschaftsfreiheit als verfassungsrechtliches „*Novum*"[51] in den Landesverfassungen auf dem Gebiet des heutigen Deutschlands zunehmend eingebunden.[52] So statuierten Art. 17 der Verfassungsurkunde für den Preußischen Staat vom 5.12.1848, Art. 20 der Verfassungsurkunde für den Preußischen Staat vom 31.1.1850 und § 24 des Landesverfassungsgesetzes für das Herzogtum Anhalt-Bernburg vom 28.2.1850 in gleicher Weise: „*Die Wissenschaft und ihre Lehre sind frei.*"[53]

Als Vorlage dieser Statuierungen diente der bereits 1848 durch die Vorarbeiten des Siebzehner-Ausschusses[54] und die Diskussionen in der Frankfurter Nationalversammlung zum Entwurf einer Verfassung des Deutschen Reiches (die Paulskirchenverfassung vom 28.3.1849) erarbeitete § 152.[55] Dieser sah die

---

50 „Die Lehre ist frei; jede Präventivmaßnahme ist verboten; Verfolgung von Vergehen ist nur in den gesetzlich bestimmten Fällen notwendig", *Glaser*, Der Staat Bd. 47 (2008), S. 213 (219).

51 *Asche*, Hochschulautonomie – Wissenschaftsfreiheit im Abseits, 1975, S. 60.

52 *Glaser*, Der Staat Bd. 47 (2008), S. 213 (218); *Ruffert*, VVDStRL Bd. 65 (2006), S. 146 (163 m. Fn. 76); *Smend*, VVDStRL Bd. 4 (1928), S. 44 (57). Ferner *Zwirner*, AöR Bd. 98 (1973), S. 313 (323). Zunächst stand allerdings in den frühen deutschen Verfassungen die Personenfreizügigkeit der Studenten im Vordergrund. Dies findet seine Begründung in dem Bedürfnis der Studienbewerber, mangels Alternativen im eigenen Staatsgebiet auf Universitäten in anderen Hoheitsgebieten ausweichen zu können, *Glaser*, Der Staat Bd. 47 (2008), S. 213 (217).

53 *Glaser*, Der Staat Bd. 47 (2008), S. 213 (218).

54 Der Siebzehnerausschuss, bestehend aus „Siebzehn Männern des öffentlichen Vertrauens", war ein am 10. März 1848 vom Bundestag des Deutschen Bundes eingesetzter Ausschuss, der nach dem Ausbruch der Märzrevolution in den Staaten des Deutschen Bundes einen Verfassungsentwurf ausarbeiten sollte, um die bestehende Bundesverfassung an die neuen politischen Verhältnisse anzupassen. Der Ausschuss traf sich zwischen dem 3. April und dem 8. Mai 1848 zu insgesamt 25 Sitzungen. *E. Huber*, Deutsche Verfassungsgeschichte seit 1789, Bd. 2, 1960, S. 769.

55 Zur Entstehungsgeschichte siehe die Darstellung bei *Kahl*, Hochschule und Staat, 2004, S. 39; *Ruffert*, VVDStRL Bd. 65 (2006), S. 146 (149 m. Fn. 76); Daneben zeigen *Grote/Wenzel*, in: Dörr/Grote/Marauhn, EMRK/GG, Bd. 1, 2. Aufl. 2013, Kap. 18 Rn. 4 die

Freiheit von Wissenschaft und Lehre ausdrücklich vor und war darüber hinaus als umfassende verfassungsrechtliche Garantie der akademischen Freiheit zu verstehen.[56] Zu berücksichtigen ist aber, dass die Paulskirchenverfassung nie unmittelbare Rechtswirkung entfaltete. Seine verfassungshistorische Bedeutung wird aber im Hinblick auf die Wissenschaftsfreiheit als hoch eingestuft.[57]

Das zeitgenössische Schrifttum war überzeugt, dass § 152 Paulskirchenverfassung und die mit diesem vergleichbaren Normen neben der Lehrfreiheit der Professoren auch die Lern- und Studierfreiheit umfassen würden.[58] Gerade im 19. Jahrhundert wurde daher verbreitet – jedenfalls in Preußen – angenommen, die „Lern- und Lehrfreiheit"[59] verbürge auch das Recht der freien Wahl der Universität und der Universitätslehrer.[60] Studenten sollten zudem in der Wahl, Ausgestaltung und Ausdehnung ihres Studiums frei sein. Nach dieser Vorstellung konnte der Staat nicht die freie Lehre schützen, ohne gleichzeitig den Studenten die Lern- und Studierfreiheit zu gewährleisten.[61] An Universitäten galt die akademische Freiheit in Form der untrennbaren Trias von Forschungsfreiheit, Lehrfreiheit und Lernfreiheit.[62] Lehrende und Lernende galten als eine Einheit, die im wissenschaftlichen Dialog stand und keine scharfen Grenzen zuließ; ein Bedürfnis für eine Differenzierung zwischen der Lehrfreiheit und der Lernfreiheit bestand seinerzeit nicht.[63] Es war anerkannt, dass

---

allgemeine Bedeutung des § 152 Paulskirchenverfassung für die Wissenschaftsfreiheit auf.

56 *Glaser,* Der Staat Bd. 47 (2008), S. 213 (218); *Kahl,* Hochschule und Staat, 2004, S. 37. Siehe auch *Rothenbücher,* VVDStRL Bd. 4 (1928), S. 6 (32).

57 *Glaser,* Der Staat Bd. 47 (2008), S. 213 (218); *Kahl,* Hochschule und Staat, 2004, S. 39.

58 *Asche,* Hochschulautonomie – Wissenschaftsfreiheit im Abseits, 1975, S. 71; *Fries,* Die Rechtsstellung des Studenten innerhalb der wissenschaftlichen Hochschule, 1974, S. 34; *M. Müller,* Die Lehr- und die Lernfreiheit, 1911, S. 203 f., 251 ff.; *von Rönne,* Das Staatsrecht der preußischen Monarchie, Bd. 2, 4. Aufl. 1882, S. 453; *Zachariä,* Deutsches Staats- und Bundesrecht, Bd. 1, 1841, S. 371.

59 So *von Rönne,* Das Staatsrecht der Preußischen Monarchie, Bd. 2, 4. Aufl. 1882, S. 452 – 454.

60 *Löwer,* in: Merten/Papier, Handbuch der Grundrechte, Bd. IV, 2011, § 99 Rn. 68; *von Rönne,* Das Staatsrecht der Preußischen Monarchie, Bd. 2, 1882, S. 453.

61 *Glaser,* Der Staat Bd. 47 (2008), S. 213 (219); *Kahl,* Hochschule und Staat, 2004, S. 38; *Strauch,* Staatliche und akademische Prüfungsordnungen, 1987, S. 192; *Zwirner,* AöR Bd. 98 (1973), S. 313 (317).

62 *Glaser,* Der Staat Bd. 47 (2008), S. 213 (219).

63 *Glaser,* Der Staat Bd. 47 (2008), S. 213 (219); *Krause,* in: Flämig/u.a., Handbuch des Wissenschaftsrechts, Bd. 1, 2. Aufl. 1996, S. 547.

Studenten durch ihre aktive Mitarbeit die Professoren zur Forschung anregten und sie aufgrund ihrer Beteiligung eigene Erkenntnisse sammelten. Insgesamt lag in der universitären Forschung daher ein Beitrag zur wissenschaftlichen Forschung.[64] Dies galt als das konstituierende Prinzip der klassisch-idealistischen Universität.[65]

Einige Autoren[66] bestritten zwar, dass die Lehrfreiheit die Lernfreiheit denknotwendig impliziere. Das Bestehen eines traditionellen Freiheitsrechts der Studenten leugneten sie jedoch nicht.[67] Eine vollständige Ablehnung der Lern- und Studierfreiheit blieb die Ausnahme.[68]

## III. Der Wandel des Verständnisses von Lern- und Studierfreiheit im 20. Jahrhundert

Im Laufe des 20. Jahrhunderts kam es zu einer Verschiebung der Rechte *„zu Gunsten der Lehrer, zu Ungunsten der Schüler“*.[69] Dementsprechend bildete sich allmählich die Auffassung heraus, dass die verfassungsrechtlich garantierte Wissenschaftsfreiheit nur die Lehrfreiheit, nicht aber die Lern- und Studierfreiheit umfasse.[70] Dieser Prozess nahm jedoch mehrere Jahre in Anspruch. Dies bringt

---

64 *Glaser*, Der Staat Bd. 47 (2008), S. 213 (218).

65 *Anrich,* Die Idee der deutschen Universität und die Reform der deutschen Universitäten, 1960, S. 29; *Glaser*, Der Staat Bd. 47 (2008), S. 213 (219).

66 *Anschütz,* Die Verfassungsurkunde für den Preußischen Staat vom 31. Januar 1850, Bd. 1, 1912, Art. 20 S. 378; *von Mohl,* Staatsrecht, Völkerrecht und Politik, Bd. 3 (Politik), 1869, S. 144.

67 So erkannte beispielsweise *Anschütz* (Die verfassungsurkunde für den Preußischen Staat vom 31. Januar 19850, Bd. 1, 1912, S. 378) eine Grundrechtsgewährleistung durch die Preußische Verfassungsurkunde von 1850 nicht an. Er begründete dies damit, dass es keinen zwingenden Zusammenhang zwischen der Lehr- und Lernfreiheit gebe und die Studenten eine solche Freiheit letztlich nur missbrauchen würden. *Zacher,* Hochschulrecht und Verfassung, 1973, S. 56, folgt ihm für Art. 5 Abs. 3 GG. Vgl. die Darstellung bei *Glaser*, Der Staat Bd. 47 (2008), S. 213 (220); *Karpen*, Hochschulplanung und Grundgesetz, Bd. 1, 1987, S. 445 f.

68 So die Darstellung bei *Fries,* Die Rechtsstellung des Studenten innerhalb der wissenschaftlichen Hochschule, 1974, S. 54.

69 *Glaser*, Der Staat Bd. 47 (2008), S. 213 (220); *Neuner*, Die studentische Selbstverwaltung als Institut des geltenden Hochschulrechts und als Gegenstand von Reformbestrebungen, 1968, S. 48.

70 *Anschütz,* Die Verfassungsurkunde für den Preußischen Staat vom 31. Januar 1850, Bd. 1, 1912, S. 378.

nicht nur die Schwerfälligkeit der Entwicklung zum Ausdruck. Es wird zugleich deutlich, dass Veränderungen im Hochschulrecht zu einer völligen Umkehr der Sicht auf die Lern- und Studierfreiheit führen können.

### *1. Das Festhalten an der Anerkennung der Lern- und Studierfreiheit*

Zunächst blieb das Verständnis von einer Lern- und Studierfreiheit vorherrschend, die der Lehrfreiheit gegenüber gleichrangig war. Die Freiheit bildete das Fundament des studentischen Lebens, basierend auf der Ansicht, dass nur ein freier Student lernen könne. Daher sollte die Freiheit zum eigenständigen Lernen durch die Lern- und Studierfreiheit garantiert werden.[71] Den Studenten wurden nicht nur insgesamt mehr Rechte zugesprochen, sondern jedem Studenten wurde auch die Gestaltung seines Studiums überlassen. Dies beinhaltete auch die Entscheidung über die Teilnahme an Lehrveranstaltungen.[72] Es war anerkannt, dass die Lern- und Studierfreiheit das Recht enthielt, das *„Kolleg zu schwänzen“*.[73]

So rezipierte die WRV vom 11.8.1919 in Art. 142[74] die Wissenschaftsfreiheit als umfassende akademische Lehr- und Lernfreiheit der Lehrer und der Studenten an den Universitäten. In dieser Hinsicht unterschied sie sich von den Gewährleistungen in den Preußischen Verfassungsurkunden und der Paulskirchenverfassung nicht.[75] Art. 142 WRV knüpfte vielmehr an das Verständnis der Preußischen Verfassungsurkunde an.[76] Eine eingehende Beratung der Norm erfolgte jedoch nicht,[77] so dass sich außerhalb von Art. 142 WRV keine klaren Anhaltspunkte für die im Jahr 1919 herrschende Auffassung zur Lern- und Studierfreiheit finden.[78]

71 *W. Schmidt*, Die Freiheit der Wissenschaft, 1929, S. 139 f.

72 *H. Bauer*, in: Doeberl/u.a., Das akademische Deutschland, Bd. III, 1930, S. 399.

73 *W. Schmidt*, Die Freiheit der Wissenschaft, 1929, S. 140.

74 Dieser lautete: „Die Kunst, die Wissenschaft und ihre Lehre sind frei. Der Staat gewährt ihnen Schutz und nimmt an ihrer Pflege teil.“.

75 *Glaser*, Der Staat Bd. 47 (2008), S. 213 (220 f.); *Kahl*, Hochschule und Staat, 2004, S. 49; *Rinken*, JuS 1968, 257 (258); *Smend*, VVDStRL Bd. 4 (1928), S. 44 (58).

76 *Anschütz*, Die Verfassung des deutschen Reichs vom 11. August 1919, 14. Aufl. 1933, S. 658; *Glaser*, Der Staat Bd. 47 (2008), S. 213 (221); *Smend*, VVDStRL Bd. 4 (1928), S. 44 (57).

77 *Smend*, VVDStRL Bd. 4 (1928), S. 44 (57).

78 *Glaser*, Der Staat Bd. 47 (2008), S. 213 (221).

### 2. *Die langsame Abkehr vom Verständnis der Lernfreiheit als einem zur Lehrfreiheit gleichrangigen Rechts*

Die verfassungsrechtliche Verankerung der Lehrfreiheit in Art. 142 WRV wurde von Seiten der Literatur jedoch zunehmend in Frage gestellt. Dies führte dazu, dass die Anerkennung der Lernfreiheit als ein eigenständig geschütztes Recht merklich in den Hintergrund trat.[79]

Das nach der klassisch-idealistischen Universitätsidee noch vorherrschende Verständnis von der individualrechtlichen Natur der Wissenschaftsfreiheit verlor zunehmend an Bedeutung.[80] Diese Entwicklung hielt solange an, bis schließlich von dem universellen Geltungsanspruch der klassisch-idealistischen Universitätsidee nicht mehr viel übrig war. Sie wurde weitgehend nur noch als eine Ideologie verstanden, deren Aussagen nicht mehr mit den tatsächlichen Gegebenheiten in Übereinstimmung zu bringen seien. Begründet wurde diese Auffassung damit, dass der Monolog des Dozenten vorherrschendes Stilmittel des akademischen Unterrichts sei. Dadurch sei die Einheit von Lehrenden und Lernenden zerfallen, so dass die Lernfreiheit auch nicht als notwendige Ergänzung der Lehrfreiheit aus der dialogischen Struktur von Wissenschaft deduziert werden könne.[81]

Diese Entwicklung zeigt deutlich die Abkehr des Verständnisses von der Lernfreiheit als eines zur Lehrfreiheit gleichrangig anerkannten Rechts auf. Vielmehr entwickelte sich eine völlig gegenläufige Auffassung von Lernfreiheit, wonach diese kaum noch Anerkennung fand. Da diese Auffassung auch noch zur Zeit der Entstehung des Grundgesetzes vorherrschend war, stellt sich die Frage, inwieweit sich dieser Diskurs auf den Entstehungsprozess des Grundgesetzes ausgewirkt hat.

### 3. *Die Entstehung des Art. 5 Abs. 3 GG*

Art. 142 WRV und § 152 der Paulskirchenverfassung dienten zwar als positives Vorbild für Art. 5 Abs. 3 GG.[82] Ihre Inhalte wurden aber nicht in Gänze

---

79 *Glaser,* Der Staat Bd. 47 (2008), S. 213 (221); *Smend,* VVDStRL Bd. 4 (1928), S. 44 (64 ff.).

80 *Glaser,* Der Staat Bd. 47 (2008), S. 213 (221). Siehe zu dieser Einschätzung auch *Ruffert,* VVDStRL Bd. 65 (2006), S. 146 (165 f.).

81 *Fries,* Die Rechtsstellung des Studenten innerhalb der wissenschaftlichen Hochschule, 1974, S. 55; *Schulz-Prießnitz,* Einheit von Forschung und Lehre, 1981, S. 105.

82 *Frotscher/Pieroth,* Verfassungsgeschichte, 15. Aufl. 2016, Rn. 538 ff.; *Kahl,* Hochschule und Staat, 2004, S. 61 f.

übertragen; insbesondere der explizite Schutz der Gewährleistungen von Seiten des Staates wurde nicht als Bestandteil beibehalten.[83] Der Wortlaut des Art. 5 Abs. 3 GG wurde unverändert aus Art. 15 des Herrenchiemseer Entwurfes übernommen, ohne dass weitere Diskussionen stattfanden.[84] Dieser Umstand lässt darauf schließen, dass der Verfassungsgeber die Lern- und Studierfreiheit nicht anerkennen wollte.

Für diese Schlussfolgerung spricht weiterhin die Tatsache, dass der Verfassungsgeber in dem Moment, in dem sich die Gelegenheit bot, von der ausdrücklichen Einbeziehung absah. Anstatt die Lern- und Studierfreiheit als eigenständiges Grundrecht in Art. 5 Abs. 3 GG zu verbürgen, nahm der Grundsatzausschuss des Parlamentarischen Rates die freie Wahl der Ausbildungsstätte in den Text des Art. 12 Abs. 1 GG auf. Er folgte damit einer Anregung aus studentischen Kreisen.[85] Diese Entwicklung könnte als ein Indiz für eine rechtliche Differenzierung zwischen Lehrenden und Lernenden zu werten sein.[86] Die Lern- und Studierfreiheit wäre demnach kein eigenständiges Grundrecht,[87] sondern deckte sich mit dem Recht auf freie Wahl der Ausbildungsstätte.[88]

## IV. Schlussfolgerung aus der historischen Analyse

Bereits dieser kurze Überblick bringt zum Ausdruck, dass Anwesenheitspflichten in Lehrveranstaltungen – unabhängig von ihrer tatsächlichen Festsetzung – zunächst als ein Bestandteil des akademischen Unterrichts anerkannt waren. Im Zeitalter des Absolutismus wurden den Studenten noch keinerlei Rechte zugesprochen und sie mussten sich den Anordnungen der Lehrenden fügen. Während man mit Blick auf diese Zeit von Anwesenheitszwang sprechen muss,

---

83 *Glaser*, Der Staat Bd. 47 (2008), S. 213 (224); *Ruffert*, VVDStRL Bd. 65 (2006), S. 146 (149).

84 *Glaser*, Der Staat Bd. 47 (2008), S. 213 (224); *Ruffert*, VVDStRL Bd. 65 (2006), S. 146 (150 f.); *Matz*, in: JöR N.F. Bd. 1 (1951), S. 89 ff.

85 In der 28. Sitzung vom 3. Dezember 1948, dazu *Matz*, in: JöR N.F. Bd. 1 (1951), S. 89 (136); *Schulz-Prießnitz*, Einheit von Forschung und Lehre, 1981, S. 105.

86 *Schulz-Prießnitz*, Einheit von Forschung und Lehre, 1981, S. 106.

87 *Glaser*, Der Staat Bd. 47 (2008), S. 213 (224).

88 *Geck*, VVDStRL Bd. 27 (1968), S. 143 (160); so sieht es im Ergebnis auch *Löwer*, in: Merten/Papier, Handbuch der Grundrechte, Bd. IV, 2011, § 99 Rn. 68, der allerdings anführt, dass der Verfassungsgesetzgeber das Recht, seinen Lehrer frei wählen zu können, als wesentliches Traditionselement der Lernfreiheit von Art. 12 Abs. 1 GG erfassen wollte. Dazu auch: Parl. Rat, Hauptausschuß, Sten. Ber., 44. Sitzung v. 19.1.1949, S. 575 ff.; BVerfGE 33, 303 (329).

wandelte sich dieses Verständnis im Zeitalter des Liberalismus. Den Studenten wurden immer mehr Rechte zugesprochen, bis letztlich im 19. Jahrhundert die Lern- und Studierfreiheit als eigenes Recht anerkannt wurde. Begründet wurde die Anerkennung der Lern- und Studierfreiheit mit dem Postulat der klassisch-idealistischen Universitätsidee und der idealtypischen Einheit von Lehrenden und Lernenden. Mit Zuspruch einer solchen Garantie verlor gleichzeitig die Frage nach einer Anwesenheitspflicht an Bedeutung. Es wurde den Studenten überlassen, ob sie an der Lehrveranstaltung teilnehmen oder von ihrer Anwesenheit absehen wollten.

Allerdings darf nicht übersehen werden, dass bereits im 19. Jahrhundert gegenläufige Stimmen laut wurden. Sie wollten eine in diesem Sinne verstandene Lern- und Studierfreiheit nicht als ein von der Wissenschaftsfreiheit umfasstes Recht anerkennen.

Insgesamt unterlagen der Umgang mit Studenten und die Anerkennung ihres Status im Laufe der Jahrhunderte einem stetigen Wandel. Ausdruck fand dies vorwiegend in der Form und dem Ausmaß, wie den Studenten Rechte und Freiheiten zugesprochen wurden. Die Vermutung, dass sich der Zuspruch von verfassungsrechtlichen Rechten und das Erfordernis einer Anwesenheitspflicht gegenläufig zueinander verhalten, lässt sich daher nur bedingt aufrechterhalten. So findet diese in den frühen Jahrhunderten noch Bestätigung, im Verlauf des 19. Jahrhunderts zeigt sich jedoch, dass gewisse Einschränkungen zu machen sind: Eine verfassungsrechtliche Freiheit der Studenten wird zwar nahezu ausnahmslos anerkannt – gleichzeitig wird aber auch nach einer Möglichkeit verlangt, um die den Studenten garantierten Freiheiten beschränken zu können.

## B. Die Ausgestaltung von „Anwesenheitspflichten"

Doch wie gestaltet sich der gegenwärtige Umgang mit den Anwesenheitspflichten? Besteht eine umfassende Anwesenheitspflicht oder erfolgt die Festsetzung für die jeweilige Lehrveranstaltung? Wer kann eine Anwesenheitspflicht festsetzen? Und was wird von den Studenten verlangt, wenn eine Pflicht zur Anwesenheit besteht? Sind sie nur zur körperlichen Anwesenheit verpflichtet oder müssen sie sich auch aktiv beteiligen? Bereits anhand dieser Fragestellungen wird deutlich, wie komplex sich das Thema „Anwesenheitspflichten" gestaltet. Aus diesem Grund empfiehlt sich zunächst eine allgemeine Darstellung der Ausgestaltung von Anwesenheitspflichten.

## I. Die Anordnung von Anwesenheitspflichten

Regelungen im Bereich von Hochschulen können von unterschiedlichen Instanzen getroffen werden: Abgesehen vom Gesetzgeber können Regelungen auch von den Universitäten bzw. Fakultäten stammen, die in Satzungen ihren Willen zum Ausdruck bringen. Darüber hinaus könnte das Recht, Anordnungen zu treffen, auch dem Hochschullehrer zustehen. Zu berücksichtigen ist allerdings, dass den einzelnen Anordnungen nicht der gleiche Stellenwert zukommen kann. Es besteht vielmehr ein gewisses Gefälle in der Anordnungsbefugnis. Wie genau sich dieses auswirkt, wird noch darzustellen sein. Zunächst soll nur ein Überblick gegeben werden, um das Verständnis zu erleichtern.

Zuvörderst kann die Festsetzung von Anwesenheitspflichten durch Gesetz erfolgen. Der Vorteil einer gesetzlichen Regelung liegt darin, dass die Normen abstrakte und generelle Wirkung entfalten. Zu berücksichtigen ist, dass die Hochschulgesetze nach Art. 30, 70 Abs. 1 GG in den Zuständigkeitsbereich der Länder fallen. Somit erlangt die landesrechtliche Norm nur im eigenen Bundesland Geltung.[89]

Daneben kann die Anordnung der Anwesenheitspflicht auch von Seiten der Hochschulen bzw. Fakultäten erfolgen. Gerade die Studien- und Prüfungsordnungen können Raum für den Erlass einer solchen Pflicht bieten. Das Recht zum Erlass von Studien- und Prüfungsordnungen steht den Universitäten aufgrund der ihnen durch die Wissenschaftsfreiheit eingeräumten Satzungsautonomie zu.[90] Zu berücksichtigen ist allerdings, dass der Adressatenkreis auf die jeweilige Hochschule begrenzt ist.

Da eine klare Regelung vielerorts fehlt, legen oftmals die Dozenten Anwesenheitspflichten individuell fest.[91] Ein solches Recht könnte den Dozenten aufgrund der ihnen aus Art. 5 Abs. 3 GG garantierten Lehrfreiheit zustehen. Diese Freiheit umfasst die Entscheidung über Inhalt, Methoden und Ablauf der Lehrveranstaltung.[92] Eine Begrenzung könnte dieses Recht jedoch hinsichtlich der Festsetzung von Voraussetzungen, unter denen ein Leistungsnachweis erteilt werden kann,

---

89 Siehe dazu Teil 4 B II 1 c).

90 *Kempen*, in: Hartmer/Detmer, Hochschulrecht, 3. Aufl. 2017, Kap. 1 Rn. 119, 129, *Jarass*, in: Jarass/Pieroth, GG, 14. Aufl. 2016, Art. 5 Rn. 141; *Starck*, in: von Mangoldt/Klein/Starck, GG, Bd. 1, 6. Aufl. 2010, Art. 5 Abs. 3 Rn. 364, 389 f.; zu den landesverfassungsrechtlichen Garantien der Selbstverwaltung siehe *Kühne*, DÖV 2007, 1 (5 f.).

91 *Eggebrecht*, F.A.Z. v. 14.5.2011, Nr. 112, S. C4.

92 BVerfGE 55, 37 (67 f.); 126, 1 (27); BVerwG NVwZ 1991, 1082 ff.; *van der Decken*, in: Schmidt-Bleibtreu/Hofmann/Henneke, GG, 14. Aufl. 2018, Art. 5 Rn. 45; *Fehling*, in: Kahl/Waldhoff/Walter, Bonner Kommentar zum Grundgesetz, Loseblatt, Stand März 2004, Art. 5 Abs. 3 (Wissenschaftsfreiheit) Rn. 88; *Jarass*, in: Jarass/Pieroth, GG,

erfahren.[93] Der Grund liegt darin, dass das Erfordernis von Leistungsnachweisen einen Eingriff in die spätere Berufsfreiheit der Studenten darstellt.[94] In diesem Zusammenhang wird zu prüfen sein, ob den Hochschullehrern die Festsetzung einer Anwesenheitspflicht versagt werden kann.

## II. Anwesenheit als Anforderung: Eine Darstellung möglicher Formen der Ausgestaltung

Eine einheitliche Definition des Begriffs „Anwesenheitspflicht" existiert nicht, obwohl das Wort diskursbestimmend ist. Zwar könnte gesagt werden, dass „Anwesenheitspflicht" die Pflicht zur Präsenz in der Lehrveranstaltung meint. Die genaue Ausgestaltung einer solchen Pflicht ist aber auf unterschiedliche Weise denkbar: Beispielweise könnte statt einer totalen Anwesenheitsverpflichtung lediglich verlangt werden, dass der Student zu einem gewissen Anteil (z.B. bei zwei Drittel aller Veranstaltungstermine) in der Lehrveranstaltung präsent sein muss.[95]

Festzustellen ist zunächst einmal, dass eine „Anwesenheitspflicht" jede Regelung oder Anordnung umfasst, die bei fehlender Präsenz zu Konsequenzen führt. So kann eine Sanktionierung darin liegen, dass das erfolgreiche Erbringen einer Prüfungsleistung insgesamt nur bei regelmäßiger Teilnahme möglich ist.

Daneben kann die regelmäßige Teilnahme als Voraussetzung für die Prüfungszulassung festgesetzt werden. Wer eine gewisse Anzahl an Veranstaltungsterminen verpasst hat, dem wird nach diesem Modell die Zulassung zur Prüfung versagt. Im Bachelor-Master-System kann die Anwesenheit auch zur Grundlage für das Sammeln von *Creditpoints*[96] gemacht werden. Wer Lehrveranstaltungen

---

14. Aufl. 2016, Art. 5 Rn. 139; *Starck*, in: von Mangoldt/Klein/Starck, GG, Bd. 1, 6. Aufl. 2010, Art. 5 Abs. 3 Rn. 376.

93 *Starck*, in: von Mangoldt/Klein/Starck, GG, Bd. 1, 6. Aufl. 2010, Art. 5 Abs. 3 Rn. 376.

94 *Jarass*, in: Jarass/Pieroth, GG, 14. Aufl. 2016, Art. 12 Rn. 97; *Ruffert*, in: Epping/Hillgruber, GG, 3. Aufl. 2013, Art. 12 Rn. 154 ff.; *Wieland*, in: Dreier, GG, Bd. I, 3. Aufl. 2013, Art. 12 Rn. 154.

95 Wann von einer regelmäßigen Teilnahme nicht mehr auszugehen ist, legen die Prüfungsordnungen fest. Aus diesem Grund variiert die notwendige Anzahl auch zwischen den Universitäten.

96 *Creditpoints* stehen für den Arbeitsaufwand, den eine Studiereinheit mit Vor- und Nachbereitung erfordert. Ein *Creditpoint* soll laut Hochschulrektorenkonferenz 25 bis 30 Stunden Arbeitsaufwand entsprechen, für Weiteres: *Ebitsch*, Zeit Studienführer 2010 v. 04.05.2010, S. 3.

versäumt, dem wird es schwerfallen, die notwendige Anzahl an Leistungspunkten zu erreichen.

Weniger einschneidend sind dagegen Regelungen, die über die bloße Anwesenheit hinaus keine weiteren Studienleistungen im Rahmen einer Modulleistung der Lehrveranstaltung vorsehen. In diesen Lehrveranstaltungen wird die Zulassung zur Prüfung nicht von der Teilnahme an der Lehrveranstaltung abhängig gemacht.[97]

Darüber hinaus können Anwesenheitspflichten danach unterschieden werden, ob sie eine aktive und eine passive Teilnahme verlangen. So kommt der Student der Pflicht zur Anwesenheit in manchen Veranstaltungen bereits nach, wenn er lediglich körperlich anwesend ist. In anderen Lehrveranstaltungen wird dagegen die aktive Mitarbeit gefordert.[98] Diese setzt die Beteiligung der Studenten in der Lehrveranstaltung voraus. Wie eine solche aktive Mitarbeit aussieht, hängt von der Art der Lehrveranstaltung und den Regelungen innerhalb der Prüfungsordnungen ab. Liegt die aktive Teilnahme beispielsweise im Abhalten eines Referats oder der Moderation einer Sitzung, wird dadurch bereits faktisch für diese Veranstaltung die Anwesenheit zur Voraussetzung. Die Konsequenz mangelnder aktiver Teilnahme kann darin liegen, dass der betroffene Student keinen Leistungsschein erhält. Im Bachelor-Master-System wird die mangelnde aktive Teilnahme regelmäßig durch die Vergabe von weniger Leistungspunkten sanktioniert.[99]

---

97 So sieht es beispielweise § 6 Abs. 14 der Neufassung der Allgemeinen Bestimmungen für Fachprüfungsordnungen mit den Abschlüssen Bachelor und Master an der Universität Kassel (AB Bachelor/Master) vom 03.12.2014 vor, Mitteilungsblatt der Universität Kassel Nr. 9/2015 vom 22.04.2015.

98 Deutlich hervor geht diese Unterteilung beispielweise aus einem Amtsblatt der Freien Universität Berlin vom 27.08.2014 (Amtliche Mitteilungen Nr. 35/2014), S. 701. Auf dieser Grundlage besteht ein Modul des Studiengangs Bachelor of Computer Science/ Informatik BSc des Fachbereichs Mathematik und Informatik aus drei Säulen: Der aktiven Teilnahme, welche die Beteiligung an den Tutorien fordert, der passiven Teilnahme, die die Anwesenheit in Tutorien voraussetzt, und der Prüfung, die eine Klausur umfasst.

99 Ein weiteres Beispiel bietet die Prüfungsordnung des Fachbereichs Psychologie und Sportwissenschaften an der Johann Wolfgang Goethe-Universität Frankfurt am Main für den Bachelorstudiengang „Sportwissenschaft“ mit dem Abschluss „Bachelor of Arts“ vom 04. 06.2008; genehmigt durch das Präsidium der Johann Wolfgang Goethe-Universität am 29.07.2008; veröffentlicht im Uni-Report Aktuell am 29.9.2008; einzusehen unter http://www.philprom.de/studium/bachelor/pruefungsordnungen/ sport/pord_sport_index.php, letzter Aufruf v. 02.04.2016. Nach § 9 Abs. 4 ist die regelmäßige Teilnahme gegeben, sofern der Student in allen von der Lehrveranstaltung

## III. Die derzeitige einfachgesetzliche Ausgestaltung und deren Bedeutung für die Festsetzung von Anwesenheitspflichten

Wie eingangs erwähnt, hat der Gesetzgeber des Landes Nordrhein-Westfalen ein Verbot der allgemeinen Anwesenheitspflicht in Lehrveranstaltungen in § 64 Abs. 2a HG NRW gesetzlich geregelt.[100] Auch die Gesetzgeber Niedersachsens und Schleswig-Holsteins haben eine vergleichbare Regelung in § 7 Abs. 4 S. 1 Nds HG und in § 52 Abs. 12 HSG S-H getroffen. In den Hochschulgesetzen der anderen Länder finden sich demgegenüber keine entsprechenden Normierungen.

In diesem Zusammenhang ist auch auf § 4 Abs. 4 HRG zu verweisen. Mit der Beseitigung der Kategorie Rahmengesetzgebung[101] durch die Föderalismusreform I[102] hat der Bundesgesetzgeber zwar die Kompetenz verloren, die allgemeinen Grundsätze des Hochschulwesens zu regeln (Art. 75 Abs. 1 S. 1 Nr. 1a GG a.F.).[103] Das

---

festgesetzten Terminen anwesend war. Zudem kann der Leiter der Lehrveranstaltung für die Vergabe eines Teilnahmenachweises die aktive Beteiligung in den Einzelstunden voraussetzen. Eine vergleichbare Regelung findet sich auch in § 17 Abs. 3 und 4 der Rahmenordnung für gestufte und modularisierte Studiengänge der Johann Wolfgang Goethe-Universität vom 30. 04.2014, einzusehen in UniReport Satzungen und Ordnungen vom 11.7.2014 UniReport Satzungen und Ordnungen vom 11.7.2014 sowie unter http://www.satzung.uni-frankfurt.de. Dass die aktive Anordnung von Seiten der Leiter der Lehrveranstaltungen erfolgt, zeigt eine Anordnung des Instituts für Sportwissenschaften der Universität Frankfurt am Main: Im Rahmen von Theorie- und Praxiskursen soll die vollständige Anwesenheit nur bei aktiver Teilnahme erreicht werden. Sind die Studenten lediglich passiv anwesend, wird ihnen nur die halbe Anwesenheit zugesprochen; siehe https://www.uni-frankfurt.de/.../Regularien_Lehrveranstaltungen.pdf, letzter Aufruf v.2.4.2016.

100 Zum Gesetzestext s. S. 2.

101 *Lindner*, JuS 2005, 577.

102 Dies ist das am 01.09.2006 in Kraft getretene Gesetz zur Änderung des Grundgesetzes vom 28.8.2006, BGBl I S. 2034.

103 Art 75 Abs. 1 S. 1 GG gab dem Bund die Kompetenz, Rahmenvorschriften in den Nr. 1 – 6 genannten Rechtsmaterien zu erlassen, soweit er dies nach seinem politischen Gestaltungsermessen für notwendig erachtete. Dies brachte für die Länder die Pflicht mit sich, innerhalb der durch das Rahmengesetz bestimmten angemessenen Frist die erforderlichen Landesgesetze zu erlassen. Grund dafür war, dass die Rahmenvorschriften des Bundes keine Kompetenzsperre für die Länder errichten, sondern auf landesrechtliche Ergänzung angelegt waren, *Lindner*, JuS 2005, 577 (578, 581). Die Beseitigung der Kategorie Rahmengesetzgebungskompetenz hat daher zu erheblichen Veränderungen im Hinblick auf die Gesetzgebungskompetenzen im Bereich

HRG[104] ist aber durch die Abschaffung der Rahmengesetzgebungskompetenz nicht automatisch außer Kraft getreten oder obsolet geworden. Es gilt vielmehr nach Maßgabe des Art. 125a Abs. 1 GG bzw. Art. 125b Abs. 1 GG als Bundesrecht fort.[105] Es kann jedoch durch Landesrecht ersetzt werden, ohne dass es einer Freigabeentscheidung durch den Bundesgesetzgeber bedarf.[106] Für die Bereiche des Hochschulzugangs, der Statusrechte der Studenten und der Ausgestaltung des Studienrechtsverhältnisses liegt die ausschließliche Gesetzgebungskompetenz nunmehr bei den Ländern.[107]

§ 4 HRG wurde aber unter Beibehaltung des Wortlauts nahezu in allen Landeshochschulgesetzen aufgenommen.[108] Aufgrund der Tatsache, dass die landesgesetzlichen Regelungen dem vormaligen § 4 Abs. 4 HRG nachgebildet sind, kann die Literatur zu § 4 HRG herangezogen werden.

In § 4 Abs. 4 HRG ist folgende Regelung vorgesehen:

> *„Die Freiheit des Studiums umfaßt, unbeschadet der Studien- und Prüfungsordnungen, insbesondere die freie Wahl von Lehrveranstaltungen, das Recht, innerhalb eines Studiengangs Schwerpunkte nach eigener Wahl zu bestimmen, sowie die Erarbeitung und Äußerung wissenschaftlicher und künstlerischer Meinungen. Entscheidungen der zuständigen Hochschulorgane in Fragen des Studiums sind insoweit zulässig, als sie sich auf die Organisation und ordnungsgemäße Durchführung des Lehr- und Studienbetriebes und auf die Gewährleistung eines ordnungsgemäßen Studiums beziehen.“*

Die Norm erörtert wichtige Aspekte der Freiheit des Studiums und garantiert auf einfachgesetzlicher Ebene die Lern- und Studierfreiheit als eigenständiges

des Hochschulrechts geführt. Dazu *Ipsen*, NJW 2006, 2801 ff.; *Wollenschläger*, RdJB 2007, 8 ff.

104 In der Fassung der Bekanntmachung vom 19.01.1999 (BGBl I S. 18), zuletzt geändert durch Art. 1 des Gesetzes v. 27.12.2004 (BGBl I S. 3835).

105 Trotz eines dahingehenden Gesetzesentwurfes ist es nicht zur Aufhebung des HRG gekommen: Der „Entwurf eines Gesetzes zur Aufhebung des Hochschulrahmengesetzes“ vom 23.07.2007 (Drs. 16/6122) wurde in der 16. Legislaturperiode nicht mehr als Gesetz verabschiedet, er unterfiel dem Diskontinuitätsgrundsatz. Siehe auch die Antwort der Bundesregierung auf eine kleine Anfrage, BT-Drs. 16/11550; so auch *Lindner*, NVwZ 2007, 180 ff.; *von Coelln*, in. Hartmer/Detmer, Hochschulrecht, 3. Aufl. 2017, Kap. 7 Rn. 1–7.

106 *Franzius*, NVwZ 2008, 492; *Lindner*, JuS 2005, 577 (583).

107 *Lindner*, in: Hartmer/Detmer, Hochschulrecht, 3. Aufl. 2017, Kap. 11 Rn. 14.

108 Bspw. Art. 3 Abs. 4 BayHSchG; § 4 S. 4 SächsHG; § 4 Abs. 3 BdgHG; § 3 Abs. 4 LHG BW.

subjektives öffentliches Recht.[109] In § 4 Abs. 1 HRG sind die von dieser Freiheit umfassten Rechte genannt. Diese Aufzählung erfolgt jedoch nicht abschließend, was das Wort „insbesondere" zum Ausdruck bringt.[110] Daher wird unter das Recht zur Freiheit des Studiums auch das Recht subsumiert, kraft eigener Entscheidung und im Rahmen der Studien- und Prüfungsordnungen den Universitätsveranstaltungen fern zu bleiben. Anwesenheitspflichten könnten in diesem Zusammenhang rechtfertigungsbedürftige und rechtfertigungsfähige Eingriffe in die Lern- und Studierfreiheit darstellen.[111] Allerdings hat der Gesetzgeber mit dem Vorbehalt *„unbeschadet der Studien- und Prüfungsordnungen"*[112] auch zum Ausdruck gebracht, dass die Lern- und Studierfreiheit der Einflussnahme von Seiten der Lehre unterliegt.[113] Dies zeigt sich daran, dass trotz der Gewährleistung der Lern- und Studierfreiheit das Recht, Studium und Prüfungen durch Studien- und Prüfungsordnungen zu regeln, wie auch das Recht, auf die Beachtung dieser Normen zu bestehen, keine Einschränkung erfahren.[114] Anwesenheitspflichten wären somit durch Studien- und Prüfungsordnungen regelbar, ohne dass die Freiheit des Studiums hierdurch nicht verletzt würde.[115]

§ 4 Abs. 4 HRG bzw. die entsprechenden landesrechtlichen Regelungen gewährleisten den Studenten die Lern- und Studierfreiheit somit auf einfachgesetzlicher Ebene. Dies beantwortet jedoch noch nicht die Frage, ob den Studenten ein solches Recht auch auf verfassungsrechtlicher Ebene zugesprochen wird.

---

109 *Epping*, WissR Bd. 45 (2012), S. 112 (122); *Glaser*, Der Staat Bd. 47 (2009), S. 213 (239); *Reich*, HRG, 11. Aufl. 2012, § 4 Rn. 29.

110 *Epping*, WissR Bd. 45 (2012), S. 112 (122); *Reich*, HRG, 11. Aufl. 2012, § 4 Rn. 29.

111 *Kempen*, in: Hartmer/Detmer, Hochschulrecht, 3. Aufl. 2017, Kap. 1 Rn. 98; *Pieroth*, Störung, Streik und Aussperrung an der Hochschule, 1976, S. 186, 151.

112 Art. 3 Abs. 4 S. 1 BayHSchG; § 3 Abs. 4 HG BW; § 4 Abs. 3 BrandHG; § 7 Abs. 4 S. 1 BremHG; § 4 Abs. 2 S. 3 HG NRW; § 4 S. 3 SächsHG.

113 BVerwGE 61, 69 (175); *Dallinger*, in: Dallinger/Bode/Dellian, HRG, 1978, § 3 Rn. 15; *Reich*, HRG, 11. Aufl. 2012, § 4 Rn. 34; *Starck*, in: von Mangoldt/Klein/Starck, GG, Bd. 1, 6. Aufl. 2010, Art. 5 Abs. 3 Rn. 379.

114 BayVGH DVBl. 1989, 111; *Geis*, in: ders., Hochschulrecht im Freistaat Bayern, 2009, Kap. II Rn. 98, 102; *Reich*, HRG, 11. Aufl. 2012, § 4 Rn. 34.

115 BayVGH DVBl. 1989, 111; *Epping*, WissR Bd. 45 (2012), S. 112 (124); *Reich*, HRG, 11. Aufl. 2012, § 4 Rn. 34.

# Teil 3: Die Lern- und Studierfreiheit als ein verfassungsrechtlich garantiertes Recht

Die Anordnung von Anwesenheitspflichten stellte zunächst mehr ein Politikum als ein juristisches Problem dar. Sinn und Zweck einer Anwesenheitspflicht lag darin, die Studenten zur Teilnahme an Lehrveranstaltungen anzuhalten. Dadurch soll erreicht werden, dass die Studenten auch an Lehrveranstaltungen teilnehmen, in die sie – aus welchen Gründen auch immer – freiwillig nicht gegangen wären. Gleichzeitig konnte sichergestellt werden, dass sich die Studenten zumindest im Kern mit der Materie auseinandersetzten. Dass dieser Umstand die Studenten möglicherweise in ihren Rechten beeinträchtigte, wurde regelmäßig als gerechtfertigt angesehen.[116] Doch diese Ansschauung ist aktuell nicht mehr selbstverständlich und Zweifel an der damaligen Auffassung werden laut.[117] Dies zeigt sich zuvörderst in der Begründung der Landesregierung Nordrhein-Westfalen, wenn diese zum Erlass des § 64 Abs. 2a HG NRW ausführt:

> *„Bereits nach dem derzeit geltenden Recht war die Regelung derartiger Anwesenheitsobliegenheiten durchweg mit Blick auf den mit ihr verbundenen Eingriff in die Lern- und Studierfreiheit nach § 4 Absatz 2 Satz 3 Hochschulgesetz, die Berufsausübungsfreiheit gemäß Artikel 12 Absatz 1 Satz 1 Grundgesetz und in die allgemeine Handlungsfreiheit gemäß Artikel 2 Absatz 1 Grundgesetz rechtlich angreifbar.“*[118]

Doch hat die Landesregierung Nordrhein-Westfalen mit dieser Einschätzung überhaupt Recht? Sind die Studenten durch Anwesenheitspflichten tatsächlich in ihren Grundrechten verletzt? Wenn dem so ist, liegt die Beeinträchtigung tatsächlich in Art. 12 Abs. 1 GG oder in Art. 2 Abs. 1 GG? Könnten die Studenten nicht auch in Art. 5 Abs. 3 GG verletzt sein?

Gleich welcher Auffassung man sich anschließen möchte, stellen Anwesenheitspflichten allerdings nur dann einen rechtfertigungsbedürftigen Eingriff dar, wenn die Lern- und Studierfreiheit verfassungsrechtlich verankert ist.

---

116 *Becker/Lennartz*, in: Denninger, HRG, 1984, § 11 Rn. 7; *Thieme*, Deutsches Hochschulrecht, 2. Aufl. 1986, Rn. 316.

117 *Baasch*, in: Neukirchen/Reußow/Schomburg, Hamburgisches Hochschulgestz, 2. Aufl. 2017, § 50 Rn. 8; *T. Bauer*, Wissenschaftsfreiheit in Lehre und Studium, 1980, S. 144; *Thieme*, Deutsches Hochschulrecht, 3. Aufl. 2004, Rn. 854.

118 http://www.wissenschaft.nrw.de/hochschule/hochschulrecht/hochschulzukunftsgesetz/verbot-der-allgemeinen-anwesenheitspflicht-in-lehrveranstaltungen/, letzter Aufruf am 06.05.2015.

## A. Die Lern- und Studierfreiheit – Ein Grundrecht der Wissenschaftsfreiheit oder der Berufsfreiheit? Über die möglichen Anknüpfungspunkte einer Gewährleistung im Grundgesetz

„*Ein allgemeingültiger Sprachgebrauch von Lehr- und Lernfreiheit besteht nicht*",[119] lautete ein Ausspruch von *Max Müller* im Jahr 1911. Im Grunde hat er mit dieser Einschätzung sicherlich Recht. Zunächst einmal lässt sich nur feststellen, dass im Bereich der Hochschulen die Lehrfreiheit als das Grundrecht der Hochschullehrer anerkannt ist.[120] Demgegenüber könnte den Studenten der Schutz der Lern- und Studierfreiheit zustehen, was zu der Frage führt, durch welches Grundrecht die Lern- und Studierfreiheit geschützt sein könnte.

### I. Lern- und Studierfreiheit: Zwei Bezeichnungen derselben Freiheit

Auffällig ist, dass nicht nur von der Freiheit des Lernens, sondern stets auch von der Freiheit des Studiums gesprochen wird. Es drängt sich daher zunächst die Frage auf, ob zwischen der Lernfreiheit und der Studierfreiheit ein Unterschied besteht oder ob es sich um unterschiedliche Bezeichnungen derselben Garantie handelt.

Eine eindeutige Antwort auf diese Frage lässt sich jedoch nicht geben. Es bestehen Tendenzen dahingehend, die Begrifflichkeiten synonym zu verwenden. Danach umfasst der Schutz der Studierfreiheit die gleichen Inhalte wie die Lernfreiheit.[121] Allerdings gibt es auch Stimmen, die die Studierfreiheit als eine im Vergleich zur Lernfreiheit weitergehende Garantie verstehen. Von diesem Verständnis ausgehend würde die Studierfreiheit alle mit dem Studium im Zusammenhang stehenden Gewährleistungen umfassen. Im Gegensatz dazu solle die Lernfreiheit nur Inhalte schützen, die im speziellen Zusammenhang mit der Lehre stehen.[122] Ob sich eine solche Differenzierung jedoch in der Praxis durchzusetzen vermag, erscheint nicht frei von Zweifeln.

---

119 *M. Müller,* Die Lehr- und Lernfreiheit, 1911, S. 1.

120 *Löwer*, in: Merten/Papier, Handbuch der Grundrechte, Bd. VI, 2011, § 99 Rn. 54.

121 *H. Klein*, „Demokratisierung" der Universität, 1968, S. 38; *Scholz*, in: Maunz/Dürig, GG, Loseblatt, Stand September 2017, Art. 5 Abs. 3 Rn. 113.

122 Gegen den Begriff der Lernfreiheit stellt sich insbesondere *Denninger,* in: Denninger/Hoffmann-Riem/Schneider/Stein, AK-GG, Bd. 1, 3. Aufl. 2001, Art. 5 Abs. 3 Rn. 56, der in der „bloßen Lernfreiheit" eine tendenziöse Verkleinerung der akademischen Studierfreiheit erblickt.

Aus diesem Grund wird dieser Arbeit eine synonyme Verwendung der Begrifflichkeiten zugrunde gelegt. Dies impliziert die Annahme, dass die Lernfreiheit und die Studierfreiheit dieselben Freiheiten garantieren.

## II. Zum Verhältnis der Grundrechte und der vorrangigen Anwendbarkeit des Art. 5 Abs. 3 GG

Wie bereits erwähnt, ist die Lern- und Studierfreiheit im einfachen Recht fest verankert und ihr Inhalt ausführlich geregelt. Im Bereich des Verfassungsrechts fehlt es jedoch an einer eindeutigen Normierung. Zwar bestehen kaum mehr Zweifel, dass die Studierfreiheit verfassungsrechtlich gewährleistet ist,[123] denn Lehr- und Lernfreiheit seien korrelativ verbunden, seien gewissermaßen osmotisch aufeinander angewiesen, weil anders der wissenschaftliche Prozess nicht funktionieren könne.[124]. Dieses Verständnis bildet den Kern der Diskussion über den Ort der verfassungsrechtlichen Verankerung und über die Frage, ob die Lern- und Studierfreiheit vom Schutzbereich des Art. 5 Abs. 3 GG oder von Art. 12 Abs. 1 GG erfasst wird.[125]

Die Beantwortung dieser Frage ist angesichts des Erfordernisses einer grundrechtspezifischen Konkretisierung des Gewährleistungsinhalts und der Schrankendivergenz, die zwischen den genannten Freiheitsrechten besteht, nicht nur theoretischer Natur.[126] Sie ist auch von praktischer Relevanz. Während die durch Art. 12 Abs. 1 GG gewährleistete Ausbildungsfreiheit einem einfachen Gesetzesvorbehalt unterliegt,[127] handelt es sich bei Art. 5 Abs. 3 GG um ein vorbehaltlos

---

123 *Bethge*, Zur Problematik von Grundrechtskollisionen, 1977, S. 198; *Kimminich*, DVBl. 1968, 679 (683); *Oppermann*, JZ 1973, 433 (436). Nur einfachgesetzlich garantiert sieht die Lernfreiheit jetzt noch *Oppermann*, in: Isensee/Kirchhof, Handbuch des Staatrechts, Bd. VI, 1989, § 145 Rn. 11.

124 *Löwer*, in: Merten/Papier, Handbuch der Grundrechte, Bd. VI, 2011, § 99 Rn. 54; mit Verweis auf *Köttgen*, Das Grundrecht der deutschen Universität, 1959, S. 66.

125 *Fehling*, in: Kahl/Waldhoff/Walter, Bonner Kommentar zum Grundgesetz, Loseblatt, Stand März 2004, Art. 5 Abs. 3 (Wissenschaftsfreiheit) Rn. 96 ff.; *Glaser*, Der Staat Bd. 47 (2008), S. 213 (221 f.); *Löwer*, in: Merten/Papier, Handbuch der Grundrechte, Bd. IV, 2011, § 99 Rn. 68. Engagiert für eine Verankerung in Art. 5 Abs. 3 GG zuletzt *Stein*, JA 2002, 253.

126 *Kaufhold*, Die Lehrfreiheit – ein verlorenes Grundrecht?, 2006, S. 202 f.

127 *Mann*, in: Sachs, GG, 8. Aufl. 2018, Art. 12 Rn. 105; *Kämmerer*, in: von Münch/Kunig, GG, Bd. 1, 6. Aufl. 2012, Art. 12 Rn. 45; *Jarass*, in: Jarass/Pieroth, GG, 14. Aufl. 2016, Art. 12 Rn. 27 ff.

gewährleistetes Grundrecht.[128] Je nach dem welches Grundrecht man für einschlägig erachtet, sind an die Rechtfertigung eines Eingriffs unterschiedliche Anforderungen zu stellen.

Grundrechte, die einem einfachen Gesetzvorbehalt unterliegen, können bereits durch oder aufgrund eines Gesetzes eingeschränkt werden, sofern dieses formell und materiell verfassungsgemäß ist.[129] Bei vorbehaltlos gewährleisteten Grundrechten sieht das Grundgesetz dagegen einen Gesetzesvorbehalt nicht vor.[130] In bestimmten Fällen sind allerdings auch die vorbehaltlos gewährleisteten Grundrechte einschränkbar,[131] denn Eingriffe können auf der Grundlage von kollidierendem Verfassungsrecht erfolgen.[132]

Für die Studenten wäre es daher förderlich, wenn die Lern- und Studierfreiheit vom Schutzbereich des Art. 5 Abs. 3 GG umfasst wäre. Eingriffe wären dadurch zwar nicht ausgeschlossen, ihre Rechtfertigung unterliegt aber höheren Anforderungen als die Rechtfertigung eines Eingriffes, der aufgrund eines einfachen Gesetzesvorbehalts erfolgt.[133] Diesem Umstand ist es auch geschuldet, dass zunächst untersucht wird, ob die Lern- und Studierfreiheit ein Schutzgut des Art. 5 Abs. 3 GG darstellt. Sofern dies zu verneinen ist, muss untersucht werden, ob die Lern- und Studierfreiheit unter den Tatbestand des Art. 12 Abs. 1 GG zu fassen ist.

---

128 BVerfGE 47, 327 (369); *Bethge*, in: Sachs, GG, 8. Aufl. 2018, Art. 5 Rn. 221 ff.; *Jarass*, in: Jarass/Pieroth, GG, 14. Aufl. 2016, Art. 5 Rn. 148.

129 BVerfGE 42, 312 (333); *Bleckmann*, Staatsrecht II – Grundrechte, 4. Aufl. 1997, § 12 Rn. 78; *Hermes*, in: Merten/Papier, Handbuch der Grundrechte, Bd. III, 2009, § 63 Rn. 34; *Hillgruber*, in: Isensee/Kirchhof, Handbuch des Staatsrechts, Bd. IX, 3. Aufl. 2011, § 201 Rn. 12, 33 ff.; *Kingreen/Poscher*, Grundrechte – Staatsrecht II, 33. Aufl. 2017, Rn. 305; *Sachs*, in: Stern, Staatsrecht, Bd. III/2, 1994, S. 471 ff.

130 *Kingreen/Poscher*, Grundrechte – Staatsrecht II, 33. Aufl. 2017, Rn. 309.

131 *Heyde*, in: Fürst/Herzig/Umbach, Festschrift für Zeidler, Bd. 2, 1987, S. 1429 (1435); *Papier*, in: Merten/Papier, Handbuch der Grundrechte, Bd. III, 2009, § 64 Rn. 7; *Schnapp*, JuS 1978, 729 (733); zu den rechtsdogmatischen Grundlagen siehe *Stern*, Staatsrecht, Bd. III/2, 1994, S. 529 f.

132 *Hillgruber*, in: Isensee/Kirchhof, Handbuch des Staatsrechts, Bd. IX, 3. Aufl. 2011, § 201 Rn. 13 ff.; *Kingreen/Poscher*, Grundrechte – Staatsrecht II, 33. Aufl. 2017, Rn. 311; *Papier*, in: Merten/Papier, Handbuch der Grundrechte, Bd. III, 2009, § 64 Rn. 17 ff.

133 *Kingreen/Poscher*, Grundrechte – Staatsrecht II, 33. Aufl. 2017, Rn. 311; *Kloepfer*, Verfassungsrecht Bd. II, 2010, § 51 Rn. 46–62; *Manssen*, Staatsrecht II, 14. Aufl. 2017, Rn. 160–163; *von Münch/Mager*, Staatsrecht II, 6. Aufl. 2014, Rn. 119–122.

Ist die Lern- und Studierfreiheit jedoch weder vom Schutzbereich des Art. 5 Abs. 3 GG noch des Art. 12 Abs. 1 GG umfasst, stellt sich die Frage, ob die Freiheit durch die allgemeine Handlungsfreiheit im Sinne von Art. 2 Abs. 1 GG gewährleistet wird. Da es sich bei der allgemeinen Handlungsfreiheit um ein subsidiäres Grundrecht handelt,[134] kommt diesem Artikel jedoch nur nachrangige Bedeutung zu.

## B. Die Lern- und Studierfreiheit als ein Bestandteil der Wissenschaftsfreiheit

### I. Die Anerkennung der Lern- und Studierfreiheit als ein von Art. 5 Abs. 3 GG umfasstes Grundrecht aus Sicht der Rechtsprechung

Um eine Antwort darauf zu finden, ob die Lern- und Studierfreiheit als ein Schutzgut des Art. 5 Abs. 3 GG zu qualifizieren ist, wird zunächst der Umgang mit dieser Fragestellung in der Rechtsprechung untersucht. Ein erster Anknüpfungspunkt findet sich in dem sog. Hochschulurteil des Bundesverfassungsgerichts zum niedersächsischen Vorschaltgesetz.[135]

Das Gericht verwies in seiner Begründung zunächst auf den Wandel der Universität. Während nach der Vorstellung des Neuhumanismus[136] die Universität noch als eine „absichtslose Gemeinschaft“ der Lehrenden und Lernenden im Zeichen einer engen Verbindung von Forschung und Lehre verfasst gewesen sei, sei es im 19. und 20. Jahrhundert zu einer Abkehr von diesem Verständnis gekommen.[137] Die Selbstbeschränkung der Universität sei in ein Spannungsverhältnis zu den Ansprüchen der zunehmend technologisch organisierten Industriegesellschaft und der wachsenden Bedeutung einer wissenschaftlichen

---

134 *Cornils*, in: Isensee/Kirchhof, Handbuch des Staatsrechts, Bd. VII, 3. Aufl. 2009, § 168 Rn. 60; *Kingreen/Poscher*, Grundrechte – Staatsrecht II, 33. Aufl. 2017, Rn. 437; *Lorenz*, in: Kahl/Waldhoff/Walter, Bonner Kommentar zum Grundgesetz, Loseblatt, Stand April 2008, Art. 2 Abs. 1 Rn. 74.

135 BVerfGE 35, 79 ff. (sog. Hochschulurteil). Das Bundesverfassungsgericht hatte darüber zu entscheiden, inwieweit Art. 5 Abs. 3 GG Wissenschaftlern einen geschützten Freiraum gewährt und der Staat für die Unantastbarkeit dieses Grundrechtsschutzes sorgen muss. Das Bundesverfassungsgericht setzte sich insbesondere mit der Frage auseinander, ob das System der Gruppenuniversität als Organisationsform mit der Hochschule vereinbar ist. Daneben wurde erörtert, ob diese Organisationsform einen möglichst breiten Raum für freie wissenschaftliche Betätigung sichert.

136 Siehe dazu Teil 2 A. II.

137 Siehe dazu Teil 2 A. III.

Ausbildung für beruflichen Aufstieg und gesellschaftliche Emanzipation geraten. Weitere Reibungspunkte bestünden auch aufgrund der erschwerten Studiensituation in der Massenuniversität und dem gesteigerten Bedürfnis, die Wissenschaft in den gesellschaftlichen Bereich zu integrieren.[138]

Diese Darlegung lässt zunächst darauf schließen, dass die Lern- und Studierfreiheit nicht als ein von Art. 5 Abs. 3 GG geschütztes Recht anzuerkennen ist. Gestützt werden kann diese Annahme auf die geschichtlichen Ausführungen.[139] Das Bundesverfassungsgericht verweist ebenfalls auf den Wandel des in der Universität vorherrschenden Verständnisses vom Verhältnis der Lehrenden zu den Lernenden. Zwar stellt es nicht explizit auf die Stellung der Studenten ab, macht aber hinreichend deutlich, dass die Universität sich eben nicht mehr als bloße Gemeinschaft von Lehrenden und Lernenden im Ringen um Erkenntnis verstehe.

In der weiteren Urteilsbegründung weist das Bundesverfassungsgericht auch darauf hin, dass Hochschulen die Funktion erfüllen, Ausbildungsstätte für bestimmte Berufe zu sein. Allerdings solle die Ausbildung eine wissenschaftliche sein. Aus diesem Grund sei die Universität auf die Heranbildung einer möglichst großen Zahl von Fachleuten für eine zunehmend „verwissenschaftlichte" berufliche Praxis eingestellt.[140]

Auch wenn sich nur ein relativ kleiner Teil der Studenten tatsächlich am Wissenschaftsprozess beteilige, sei das Studium dennoch auf aktive Teilnahme ausgerichtet. Studenten seien weder Schüler noch bloße Objekte der Wissensvermittlung, sondern selbstständig mitarbeitende, an den wissenschaftlichen Erörterungen beteiligte Mitglieder der Hochschule. Deshalb könne die studentische Mitsprache nicht generell als wissenschaftsfremd angesehen werden. Die Studenten seien durch die Art und Weise, in der die Universität ihre Ausbildungsfunktion erfülle, unmittelbar betroffen.[141]

Das Bundesverfassungsgericht hält somit eine vorsichtige Lösung bereit, deren Umsetzung jedoch die Einhaltung sehr komplizierter Differenzierungen erfordert.[142] Mit der Aussage *„Zumindest soweit der Student bereit und in der Lage ist, (…) an der wissenschaftlichen Lehre teilzuhaben, kann ihm das Grundrecht aus Art. 5 Abs. 3 GG zustehen"*,[143] lässt es offen, ob die Partizipation am

138 BVerfGE 35, 79 (109 f.).
139 Siehe dazu Teil 2 A. I.
140 BVerfGE 35, 79 (121 f.).
141 BVerfGE 35, 79 (125 f.).
142 *Löwer*, in: Merten/Papier, Handbuch der Grundrechte, Bd. IV, 2011, § 99 Rn. 68.
143 BVerfGE 55, 37 (67 f.).

Freiheitschutz der Wissenschaftsfreiheit oder an der Lern- und Studierfreiheit gemeint ist.[144]

In der Literatur herrscht weitgehend Einigkeit darüber, dass das Bundesverfassungsgericht nicht abschließend entschieden hat, inwieweit die Freiheit des Studiums als Gegenstück zur Lehrfreiheit geschützt sei.[145] Es bestehen jedoch – nicht nur in der Literatur[146] – differenzierte Ansichten darüber, welche Auffassung das Bundesverfassungsgericht präferiert. Auch die Gerichte ziehen unterschiedliche Schlüsse aus dem Urteil des Bundesverfassungsgerichts.

So sieht das Verwaltungsgericht Braunschweig unter Berufung auf die genannte Entscheidung des Bundesverfassungsgerichts die Lern- und Studierfreiheit nicht in Art. 5 Abs. 3 GG verbürgt. Es sei zweifelhaft, ob der verfassungsrechtliche Ansatz dieser Überlegung richtig sei. Der Wortlaut des Art. 5 Abs. 3 GG und der Sinngehalt der Wissenschaftsfreiheit sprächen vielmehr dagegen, dass die Lern- und Studierfreiheit des Studenten durch Art. 5 Abs. 3 GG geschützt werde.[147]

Das Oberverwaltungsgericht Berlin und der Hessische Verwaltungsgerichtshof bewerten die verfassungsrechtliche Bedeutung der Lern- und Studierfreiheit im Ergebnis wie das Verwaltungsgericht Braunschweig und sprechen den Studenten die Gewährleistung einer durch Art. 5 Abs. 3 GG garantierten Lern- und Studierfreiheit ab. Anders als das Verwaltungsgericht Braunschweig sprechen sie dies aber nicht unmittelbar aus.[148] Die Gerichte verweisen darauf, dass sich der

---

144 *Löwer*, in: Merten/Papier, Handbuch der Grundrechte, Bd. IV, 2011, § 99 Rn. 68.

145 *Britz*, in: Dreier, GG, Bd. I, 3. Aufl. 2013, Art. 5 III (Wissenschaftsfreiheit) Rn. 31; *Denninger*, in: Denninger/Hoffmann-Riem/Schneider/Stein, AK-GG, Bd. 1, 3. Aufl. 2001, Art. 5 Abs. 3 Rn. 56; *Fehling*, in: Kahl/Waldhoff/Walter, Bonner Kommentar zum Grundgesetz, Loseblatt, Stand März 2004, Art. 5 Abs. 3 (Wissenschaftsfreiheit) Rn. 97; *Löwer*, in: Merten/Papier, Handbuch der Grundrechte, Bd. IV, 2011, § 99 Rn. 68.

146 So sei nach *Fehling*, in: Kahl/Waldhoff/Walter, Bonner Kommentar zum Grundgesetz, Loseblatt, Stand März 2004, Art. 5 Abs. 3 (Wissenschaftsfreiheit) Rn. 97; *Denninger*, in: Denninger/Hoffmann-Riem/Schneider/Stein, AK-GG, Bd. 1, 3. Aufl. 2001, Art. 5 Abs. 3 Rn. 56 eine deutliche Präferenz des Bundesverfassungsgerichts für den Schutz der Lernfreiheit durch Art. 5 Abs. 3 GG ersichtlich. Demgegenüber verneinen dies *Britz*, in: Dreier, GG, Bd. I, 3. Aufl. 2013, Art. 5 Abs. III (Wissenschaftsfreiheit) Rn. 31; *Löwer*, in: Merten/Papier, Handbuch der Grundrechte, Bd. IV, 2011, § 99 Rn. 68; *Scholz*, in: Maunz/Dürig, GG, Loseblatt, Stand September 2017, Art. 5 Abs. 3 Rn. 113.

147 VG Braunschweig DVBl. 1974, 51 (53).

148 OVG Berlin WissR Bd. 2 (1969), S. 177 (178 f.); Hess. VGH WissR Bd. 7 (1974), S. 161 (165 f.).

Student in der Ausbildung befinde, deren Ziel das Einüben in wissenschaftliches Arbeiten sei. Der Student bleibe Lernender und der anleitende Hochschullehrer stehe ihm als Lehrender gegenüber. Auch wenn beide der Wissenschaft dienten, seien ihre Funktionen nicht austauschbar. Der Lernende könne sich daher auch nicht auf Art. 5 Abs. 3 GG berufen.[149]

Anders interpretiert das Verwaltungsgericht Karlsruhe das Urteil. Unter Verweis auf das Bundesverfassungsgericht erkennt das Gericht die Lern- und Studierfreiheit als ein Schutzgut des Art. 5 Abs. 3 GG in verschiedenen Entscheidungen an.[150]

Eine einheitliche Meinung in der Rechtsprechung zu der Frage, ob die Lern- und Studierfreiheit von Art. 5 Abs. 3 GG erfasst ist, besteht nach alledem somit nicht.

## II. Die Anerkennung der Lern- und Studierfreiheit als ein von Art. 5 Abs. 3 GG umfasstes Grundrecht aus Sicht der Literatur

Der Ausspruch des Bundesverfassungsgerichts „*zumindest soweit der Student bereit und in der Lage ist*“[151] könnte bedeuten, dass die Zubilligung einer durch Art. 5 Abs. 3 GG geschützten Lern- und Studierfreiheit von der Bereitschaft und dem Wissen der Studenten abhängen soll. Die notwendige Konsequenz wäre in diesem Fall allerdings, dass die Eröffnung des Schutzbereichs von den individuellen Eigenschaften der Person abhinge. Dies führt aber zwangsläufig zu völlig inadäquaten Ergebnissen.[152] Ob die Lern- und Studierfreiheit in Art. 5 Abs. 3 GG verfassungsrechtlich verankert ist, sollte stattdessen anhand der Systematik des Grundrechtsschutzes unter Einschluss einer verfassungshistorischen Rückschau bestimmt werden.[153]

---

149 OVG Berlin WissR Bd. 2 (1969), S. 177 (178 f.).

150 VG Karlsruhe, Urt. v. 30.4.1974 – Az. VII HO 3/74 S. 11 f. n.v.; VG Karlsruhe, Urt. v. 17.1.1974 – Az. III 205/73 S. 18 ff.; VG Karlsruhe, Urt. v. 12.7.1974 – Az. VII HO 3/74 S. 8 f.

151 BVerfGE 55, 37 (67 f.).

152 *Löwer,* in: Merten/Papier, Handbuch der Grundrechte, Bd. IV, 2011, § 99 Rn. 68.

153 *Gärditz,* WissR Bd. 40 (2007), S. 67 (71 ff.); *Glaser,* Der Staat Bd. 47 (2008), S. 213 ff.; *Kaufhold,* Die Lehrfreiheit – ein verlorenes Grundrecht?, 2006, S. 201 ff.; *Löwer,* in: Merten/Papier, Handbuch der Grundrechte, Bd. IV, 2011, § 99 Rn. 68.

### 1. *Der Wortlaut des Art. 5 Abs. 3 GG als erster Anknüpfungspunkt der Auslegung*

Normen sind zunächst nach ihrem Wortlaut auszulegen. Auszugehen ist dabei grundsätzlich von einem allgemeinen Sprachgebrauch, denn es ist anzunehmen, dass auch der Gesetzgeber ein Wort in seiner allgemeinen Bedeutung verwendet.[154]

Vom Wortlaut des Art. 5 Abs. 3 GG werden jedoch nur Wissenschaft, Forschung und Lehre als geschützte Freiheiten erfasst. Das „Lernen" oder „Studieren" wird demgegenüber nicht genannt. Daraus lässt sich der Schluss ziehen, dass der Verfassungsgesetzgeber nur die genannten Erscheinungsformen Wissenschaft, Forschung und Lehre und nicht das Lernen als ein von Art. 5 Abs. 3 GG umfasstes Schutzgut anerkennen wollte.[155]

### 2. *Wissenschaftliches Lernen als Bestandteil der Wisssenschaft*

Die wissenschaftliche Tätigkeit erfasst „alles, was nach Inhalt und Form als ernsthafter planmäßiger Versuch zur Ermittlung der Wahrheit anzusehen ist".[156]

---

154 *Zippelius*, Juristische Methodenlehre, 11. Aufl. 2012, S. 19 ff., 42 f.

155 *T. Bauer*, Wissenschaftsfreiheit in Lehre und Studium, 1980, S. 126; *Mager*, in: Isensee/Kirchhof, Handbuch des Staatsrechts, Bd. VII, 3. Aufl. 2009, § 166 Rn. 15; *Mallmann/Strauch*, Verfassungsgarantie der freien Wissenschaft, 1970, S. 88 f.; *Schulz-Prießnitz*, Einheit von Forschung und Lehre, 1981, S. 105.

156 Das Bundesverfassungsgericht legt den Bereich der Wissenschaft somit ausdrücklich weit aus, BVerfGE 35, 79 (113); 90, 1; *Fehling*, in: Kahl/Waldhoff/Walter, Bonner Kommentar zum Grundgesetz, Loseblatt, Stand März 2004, Art. 5 Abs. 3 (Wissenschaftsfreiheit) Rn. 63; *Kempen*, in: Epping/Hillgruber, GG, 2. Aufl. 2013, Art. 5 Rn. 179; *Mager*, in: Isensee/Kirchhof, Handbuch des Staatsrechts, Bd. VII, 3. Aufl. 2009, § 166 Rn. 8. Insgesamt ist von einem Wissenschaftspluralismus auszugehen, der dem Wesen der Wissenschaft als einem dialogischen Prozess auf der Suche nach Wahrheit entspricht, BVerfGE 35,79; *Häberle*, AöR Bd. 110 (1985), S. 329 (356); *Löwer*, in: Merten/Papier, Handbuch der Grundrechte, Bd. IV, 2011, § 99 Rn. 12. Ebenso *Mager*, in: Isensee/Kirchhof, Handbuch des Staatsrechts, Bd. VII, 3. Aufl. 2009, § 166 Rn. 8. Sie verweist darauf, dass „Wahrheit" nicht mehr nur real, sondern inzwischen auch als Idee problematisch geworden sei. Deshalb würde heutzutage oftmals von Erkenntnis gesprochen werden; so auch *Blankenagel*, AöR Bd. 105 (1980), S. 35 (40, 47); *Fehling*, in: Kahl/Waldhoff/Walter, Bonner Kommentar zum Grundgesetz, Loseblatt, Stand März 2004, Art. 5 Abs. 3 (Wissenschaftsfreiheit) Rn. 63. Zu beachten ist aber, dass die Einordnung unter die Wissenschaftsfreiheit nicht allein von der subjektiven Beurteilung desjenigen abhängt, der das Grundrecht für sich in Anspruch nimmt, *Kempen*, in: Epping/Hillgruber, GG, 2. Aufl. 2013, Art. 5 Rn. 180.

Es stellt sich daher die Frage, ob das Lernen auch die „Suche nach der Wahrheit“ verkörpert. In diesem Fall wäre die Lern- und Studierfreiheit ebenfalls als ein Schutzgut der Wissenschaftsfreiheit anzuerkennen, vorausgesetzt, Wissenschaftsfreiheit besteht auch außerhalb von Forschung und Lehre. Anderenfalls könnte die Lern- und Studierfreiheit als Bestandteil von Forschung oder Lehre geschützt sein. Sofern sich aus der Freiheit der Lehre oder der Forschungsfreiheit ein logisch oder wertend notwendiger Schluss auf die Freiheit des Studiums ziehen lässt, würde die Lern- und Studierfreiheit als Reflex dem Geltungsbereich der Wissenschaftsfreiheit unterfallen.

### *a) Die Lern- und Studierfreiheit als eigenständiges Schutzgut der Wissenschaftsfreiheit*

Unter der Prämisse, dass sich das wissenschaftliche Lernen oder Studium als wissenschaftliche Handlungsform erweist, könnte die Lern- und Studierfreiheit neben Forschung und Lehre ebenfalls als ein selbstständiges Schutzgut von der Freiheitsgarantie des Art. 5 Abs. 3 GG erfasst sein.[157]

Dies setzt jedoch voraus, dass Art. 5 Abs. 3 GG nicht nur die Forschungs- und Lehrfreiheit als selbstständige und unabhängige nebeneinandertretende Grundrechte garantiert, sondern neben diesen Grundrechten auch die Wissenschaftsfreiheit geschützt ist.[158] Es wird allerdings vertreten, dass der „*Wissenschaftsfreiheit*“ keine Funktion mehr zukomme und von einem „*Grundrecht der Wissenschaftsfreiheit*“ daher nicht mehr gesprochen werden könne. Grund hierfür sein, dass die Worte „*Forschung und Lehre*“ den Begriff Wissenschaft erschöpfend umschreiben.[159]

---

157 So vertreten es *Hauck/Lüthje*, Wissenschaft durch Mitbestimmung, 1970, S. 15.

158 *Kaufhold*, Die Lehrfreiheit – Ein verlorenes Grundrecht?, 2006, S. 174 f., die sich für die Ablösung der Wissenschaftsfreiheit durch die Forschungs- und Lernfreiheit ausspricht. *Peine/Richter*, in: Knopp/Peine/Topel, Brandenburgisches Hochschulgesetz, 3. Aufl. 2018, § 4 Rn. 50, führen an, dass die Wissenschaftsfreiheit „nur“ Forschung und Lehre umfasst. Gleichzeitig verweisen sie aber auch darauf, dass sich dem Wortlaut des Art. 5 Abs. 3 GG diese Einschränkung nicht entnehmen lasse, da der Begriff Wissenschaft nicht ausschließlich durch die beiden Funktionen Forschung und Lehre beschrieben werde.

159 *R. Dreier*, DVBl. 1980, 471; *Kaufhold*, Die Lehrfreiheit – Ein verlorenes Grundrecht?, 2006, S. 172; *Köttgen*, in: Bettermann, Die Grundrechte, Bd. II, 1954, S: 296; *Wendt*, in: von Münch/Kunig, GG, Bd. 1, 6. Aufl. 2012, Art. 5 Rn. 100.

Dass es zu einer Ablösung der Wissenschaftsfreiheit durch die Forschungs- und Lehrfreiheit gekommen sein soll, überzeugt jedoch nicht.[160] Art. 5 Abs. 3 GG schützt auch die Wissenschaftsfreiheit. Dies folgt bereits aus dem Wortlaut der Verfassung, wonach Wissenschaft den gemeinsamen Oberbegriff von Forschung und Lehre bildet. Gleichzeitig wird durch diese Wortwahl der enge Bezug der Freiheiten zum Ausdruck gebracht.[161] Die Grenze des Schutzbereichs von Art. 5 Abs. 3 GG ist dementsprechend zwischen Wissenschaft und Nicht-Wissenschaft zu ziehen. Die Begriffe Wissenschaft, Forschung und Lehre enthalten aber dennoch ihre eigenen Akzentuierungen.[162]

Von dem Verständnis ausgehend, dass Wissenschaft als ernsthafter planmäßiger Versuch zur Ermittlung der Wahrheit anzusehen ist,[163] beschreibt „Wissenschaft" einen ergebnisoffenen Vorgang, der auf die Gewinnung, Interpretation und Vermittlung von – stets aufs Neue zu überprüfenden – Einsichten sowie Verständnis gerichtet ist und der Mindestkriterien an die Methodik und Vorgehensweise genügt.[164]

---

160 *Dähne*, Forschung zwischen Wissenschaftsfreiheit und Wirtschaftsfreiheit, 2007, S. 73; *Mager*, in: Isensee/Kirchhof, Handbuch des Staatsrechts, Bd. VII, 3. Aufl. 2009, § 166 Rn. 7; *H.-H. Trute*, Die Forschung zwischen grundrechtlicher Freiheit und staatlicher Institutionalisierung, 1994, S. 111.

161 *Britz*, in: Dreier, GG, Bd. I, 3. Aufl. 2013, Art. 5 III (Wissenschaftsfreiheit) Rn. 11; *Classen*, Wissenschaftsfreiheit außerhalb der Hochschule, 1994, S. 75; *Denninger*, in: Denninger/Hoffmann-Riem/Schneider/Stein, AK-GG, Bd. 1, 3. Aufl. 2001, Art. 5 Abs. 3 Rn. 13; *Fehling*, in: Kahl/Waldhoff/Walter, Bonner Kommentar zum Grundgesetz, Loseblatt, Stand März 2004, Art. 5 Abs. 3 (Wissenschaftsfreiheit) Rn. 57; *Jarass*, in: Jarass/Pieroth, GG, 14. Aufl. 2016, Art. 5 Rn. 136; *Mager*, in: Isensee/Kirchhof, Handbuch des Staatsrechts, Bd. VII, 3. Aufl. 2009, § 166 Rn. 12; *Ruffert*, VVDStRL Bd. 65 (2006), S. 146 (149 ff.); *Odendahl*, in: Schmidt-Bleibtreu/Hofmann/Henneke, GG, 13. Aufl. 2014, Art. 5 Rn. 45; *Schmitt-Glaeser*, WissR Bd. 7 (1974), S. 107 (108); *Scholz*, in: Maunz/Dürig, GG, Loseblatt, Stand September 2017, Art. 5 Abs. 3 Rn. 9 u. 85; *Schulte*, VVDStRL Bd. 65 (2006), S. 110 ff.; *Stern*, Staatsrecht, Bd. IV/2, 2011, S. 738 f.; *H.-H. Trute*, Die Forschung zwischen grundrechtlicher Freiheit und staatlicher Institutionalisierung, 1994, S. 132.

162 BVerfGE 35, 79 (113); *von Coelln*, in: Friauf/Höfling, Berliner Kommentar zum Grundgesetz, Erg.-Lfg. XI/14, Art. 5 Abs. 3 Rn. 17; *Fehling*, in: Kahl/Waldhoff/Walter, Bonner Kommentar zum Grundgesetz, Loseblatt, Stand März 2004, Art. 5 Abs. 3 (Wissenschaftsfreiheit) Rn. 57; *Mager*, in: Isensee/Kirchhof, Handbuch des Staatsrechts, Bd. VII, 3. Aufl. 2009, § 166 Rn. 7.

163 S.o. sowie BVerfGE 35, 79 (113).

164 Statt vieler: *von Coelln*, in: Friauf/Höfling, Berliner Kommentar zum Grundgesetz, Erg.-Lfg. XI/14, Art. 5 Abs. 3 Rn. 18.

Die Ernsthaftigkeit der Wahrheitssuche setzt voraus, dass ein bestimmter Kenntnisstand vorhanden ist und der Versuch der Wahrheitsfindung an den erreichten Wissensstand anknüpft.[165] Gefordert ist die kritische und selbstkritische Auseinandersetzung mit den bereits erzielten Erkenntnissen.[166] Die Planmäßigkeit umschreibt ein wiederholbares und intersubjektiv nachvollziehbares Vorgehen bei der Suche nach Wahrheit.[167] Das Streben nach neuen Erkenntnissen fordert die Bereitschaft, die bisher gewonnenen Ergebnisse in Frage zu stellen.[168] Der Versuch der Wahrheitsfindung setzt schließlich voraus, dass die gewonnenen Erkenntnisse in den fachlichen Diskurs gebracht werden. Nur wer bereit ist, sich mit anderen Wissenschaftlern auseinanderzusetzen und ihrer Kritik zu stellen, betreibt Wissenschaft.[169]

Ob eine bestimmte Tätigkeit Wissenschaft im Sinne des Art. 5 Abs. 3 GG darstellt, beurteilt sich anhand der soeben dargestellten objektiven Kriterien.[170] Subjektiven Kriterien kommt allenfalls nur eingeschränkte Bedeutung zu.[171]

Es ist zwar richtig, dass Wissenschaftsfreiheit jedem zustehen muss, der an der Hochschule wissenschaftlich tätig ist oder werden will.[172] Auf den Studenten trifft dies aber gerade nicht zu. Das studentische Lernen an der Universität entspricht nicht den objektiven Kriterien der Wissenschaft im Sinne des Art. 5 Abs. 3 GG. Bereits die Ernsthaftigkeit der Wahrheitssuche muss verneint werden. Gerade den Studenten in den unteren Semestern fehlt es an einem hinreichenden Kenntnisstand, an den sie die Suche nach Wahrheit anknüpfen könnten.

165 *von Coelln*, in: Friauf/Höfling, Berliner Kommentar zum Grundgesetz, Erg.-Lfg. XI/14, Art. 5 Abs. 3 Rn. 21.

166 *von Coelln*, in: Friauf/Höfling, Berliner Kommentar zum Grundgesetz, Erg.-Lfg. XI/14, Art. 5 Abs. 3 Rn. 22.

167 *Mager*, in: Isensee/Kirchhof, Handbuch des Staatsrechts, Bd. VII, 3. Aufl. 2009, § 166 Rn. 8.

168 *Classen*, Wissenschaftsfreiheit außerhalb der Hochschule, 1994, S. 79; *Mager*, in: Isensee/Kirchhof, Handbuch des Staatsrechts, Bd. VII, 3. Aufl. 2009, § 166 Rn. 8.

169 *von Coelln*, in: Friauf/Höfling, Berliner Kommentar zum Grundgesetz, Erg.-Lfg. XI/14, Art. 5 Abs. 3 Rn. 24.

170 *Löwer*, in: Merten/Papier, Handbuch der Grundrechte, Bd. IV, 2011, § 99 Rn. 13; *Stern*, Staatsrecht, Bd. IV/2, 2011, S. 742.

171 *von Coelln*, in: Friauf/Höfling, Berliner Kommentar zum Grundgesetz, Erg.-Lfg. XI/14, Art. 5 Abs. 3 Rn. 25; *Fehling*, in: Kahl/Waldhoff/Walter, Bonner Kommentar zum Grundgesetz, Loseblatt, Stand März 2004, Art. 5 Abs. 3 (Wissenschaftsfreiheit) Rn. 61.

172 BVerfGE 35, 79 (112); *Bethge*, in: Sachs, GG, 8. Aufl 2018, Art. 5 Rn. 208; *Bethge*, Zur Problematik von Grundrechtskollisionen, 1977, S. 198 f.; *Kannengießer*, in: Schmidt/Bleibtreu, GG, 12. Aufl. 2011, Art. 5 Rn. 30; *Kobor*, JuS 2006, 695 (696).

In der Regel findet in den Lehrveranstaltungen erstmalig der Kontakt mit der Materie statt, die in der Lehrveranstaltung vermittelt wird. Es handelt sich daher um bloße Wissensunterrichtung, nicht um Wahrheitsfindung. Ein Student kann sich nur aktiv am Wissenschaftsprozess beteiligen, wenn er sich bereits in einem anspruchsvollen Sinn mit den Inhalten des Studienfachs auseinandergesetzt hat.

Da das wissenschaftliche Lernen aus den genannten Gründen nicht praktiziert werden kann, kann das Lernen auch nicht von der Wissenschaftsfreiheit geschützt sein. Beim Studium stehen vielmehr Ausbildung und Kenntnis im Vordergrund und nicht Bildung und Erkenntnis.[173] Als Ergebnis ist daher die Lern- und Studierfreiheit nicht als ein von der Wissenschaftsfreiheit umfasstes Schutzgut anzuerkennen.[174]

Allerdings könnte die Lern- und Studierfreiheit aufgrund einer inneren Sachbeziehung von studentischen Handlungen zu einer der beiden Handlungsmodalitäten von Wissenschaft – Forschung oder Lehre – von Art. 5 Abs. 3 GG geschützt sein.[175]

### *b) Das Studium als ein Bestandteil von Forschung*

In dem Moment, in dem die Tätigkeit des Studierens unter den Begriff „*Forschung*“ subsumiert wird, wird sie zu einem Bestandteil der Freiheitsgarantie der Forschung. Dies setzt allerdings voraus, dass der Student nicht nur in Ausnahmefällen an der Forschung teilnimmt.[176] Die Forschungsfreiheit steht grundsätzlich jedem[177] zu, soweit er sich ernsthaft und planmäßig-methodisch um die

173 *Fries*, in: Ipsen/Grabitz, Das Hamburger Universitätsgesetz, 1970, S. 89 (96).

174 *Kaufhold*, Die Lehrfreiheit – ein verlorenes Grundrecht?, 2006, S. 204; *Menke-Glückert*, Lernfreiheit und Studienordnung, 1964, S. 11.

175 *Schulz-Prießnitz*, Einheit von Forschung und Lehre, 1981, S. 106. *Mallmann/Strauch*, Verfassungsgarantie der freien Wissenschaft, 1970, S. 92 erkennt eine Erweiterung der wissenschaftlichen Freiheit jedoch nur für solche Studenten an, die in Bereichen der Forschung oder Lehre selbstständig tätig werden – nicht etwa für alle Studenten.

176 *T. Bauer*, Wissenschaftsfreiheit in Lehre und Studium, 1980, S. 126 f.; *Denninger*, Das Hochschulrahmengesetz – Kernstück einer Bildungsreform, 1972, S. 83 f.; *Fries*, Die Rechtsstellung des Studenten innerhalb der wissenschaftlichen Hochschule, 1974, S. 54.

177 Anders sieht es nur *Hailbronner*, Die Freiheit der Forschung und Lehre als Funktionsgrundrecht, 1979, S. 263, der die Forschungsfreiheit nur denjenigen zusprechen will, die „mit der Wahrnehmung von Forschungsfunktionen beauftragt worden“ sind. Gleichzeitig verlangt er ein „gewisses Maß an Selbstständigkeit“.

wissenschaftliche Gewinnung neuer Erkenntnisse bemüht.[178] Um das Studium unter den Begriff der Forschung subsumieren zu können, reicht es also nicht aus, wenn einzelne Studenten gelegentlich forschen. Es ist vielmehr erforderlich, dass das Studium typischerweise als eigene Teilhabe an der Forschung betrieben wird oder doch zumindest idealtypisch betrieben werden soll.[179]

So ist anzuerkennen, dass der Student beim Anfertigen von Dissertationen, Diplomarbeiten oder vergleichbaren Abschlussarbeiten eigenständig und auf eigene Verantwortung forschend tätig wird.[180] In diesem Fall steht ihm der Schutz der Forschungsfreiheit unmittelbar zu.[181] Es geht auch nicht um die

---

178 BVerfGE 15, 256 (263); 35, 79 (113); *Denninger*, in: Denninger/Hoffmann-Riem/Schneider/Stein, AK-GG, Bd. 1, 3. Aufl. 2001, Art. 5 Abs. 3 Rn. 47; *Fehling*, in: Kahl/Waldhoff/Walter, Bonner Kommentar zum Grundgesetz, Loseblatt, Stand März 2004, Art. 5 Abs. 3 (Wissenschaftsfreiheit) Rn. 71; *Küchenhoff*, DÖV 1964, 601 (603); *Löwer*, in: Merten/Papier, Handbuch der Grundrechte, Bd. IV, 2011, § 99 Rn. 18; *Schmidt-Aßmann*, in: Becker/Bull/Seewald, Festschrift für Werner Thieme, 1993, S. 697 (703); Scholz, in: Maunz/Dürig, GG, Loseblatt, Stand September 2017, Art. 5 Abs. 3 Rn. 110; *Starck*, in: von Mangoldt/Klein/Starck, GG, Bd. 1, 6. Aufl. 2010, Art. 5 Abs. 3 Rn. 405; *Wendt*, in: von Münch/Kunig, GG, Bd. 1, 6. Aufl. 2012, Art. 5 Rn. 101.

179 An diesem Gedanken ändert auch der Aspekt nichts, dass es einzelne Studientätigkeiten gibt, die an der Forschung keinesfalls teilhaben, *T. Bauer*, Wissenschaftsfreiheit in Lehre und Studium, 1980, S. 126 f.; *Denninger*, Das Hochschulrahmengesetz – Kernstück einer Bildungsreform, 1972, S. 83 f.; *Fries*, Die Rechtsstellung des Studenten innerhalb der wissenschaftlichen Hochschule, 1974, S. 54.

180 *T. Bauer*, Wissenschaftsfreiheit in Lehre und Studium, 1980, S. 128; *Fehling*, in: Kahl/Waldhoff/Walter, Bonner Kommentar zum Grundgesetz, Loseblatt, Stand März 2004, Art. 5 Abs. 3 (Wissenschaftsfreiheit) Rn. 98; *Fries*, Die Rechtsstellung des Studenten innerhalb der wissenschaftlichen Hochschule, 1974, S. 53; *Geck*, VVDStRL 27 (1969), S. 143 (157); *ders.*, Promotionsordnungen und Grundgesetz, 2. Aufl. 1969, S. 52; *Glaser*, Der Staat Bd. 47 (2008), S. 213 (222); *Jarass*, in: Jarass/Pieroth, GG, 14. Aufl. 2016, Art. 5 Rn. 138; *Löwer*, in: Merten/Papier, Handbuch der Grundrechte, Bd. IV, 2011, § 99 Rn. 68; *Mager*, in: Isensee/Kirchhof, Handbuch des Staatsrechts, Bd. VII, 3. Aufl. 2010, § 166 Rn. 15; *Mallmann/Strauch*, Verfassungsgarantie der freien Wissenschaft, 1970, S. 92; *Scholz*, in: Maunz/Dürig, GG, Loseblatt, Stand September 2017, Art. 5 Abs. 3 Rn. 113; *Seiffert*, Hochschuldidaktik und Hochschulpolitik, 1970, S. 177; *Starck*, in: von Mangoldt/Klein/Starck, GG, Bd. 1, 6. Aufl. 2010, Art. 5 Abs. 3 Rn. 379.

181 *T. Bauer*, Wissenschaftsfreiheit in Lehre und Studium, 1980, S. 127; *Geck*, VVDStRL Bd. 27 (1969), S. 143 (157); *Mallmann/Strauch*, Verfassungsgarantie der freien Wissenschaft, 1970, S. 92; *Seiffert*, Hochschuldidaktik und Hochschulpolitik, 1970, S. 177.

Frage, ob sich ein Student, der eigenverantwortlich wissenschaftlich arbeitet, auf den Schutz des Art. 5 Abs. 3 GG berufen kann.[182]

*Ekkehart Stein* will auch das Studium als einen Teil der Forschungsfreiheit anerkennen, da bereits im Studium Grundkenntnisse vermittelt werden, die für die spätere Forschung notwendig sind.[183] Seiner Meinung nach ist es unerheblich, dass sich nur eine Minderheit der Studenten tatsächlich im Berufsleben der Forschung widme. Entscheidend sei vielmehr, dass sich der Student durch die Beteiligung an der Forschung schon während seines Studiums auf der Suche nach Wahrheit befinde, die hinter der wissenschaftlichen Forschung stehe.[184]

Eine solche Annahme verkennt, dass das Studium in der Regel nicht die produktive Mitarbeit an universitären Forschungsarbeiten umfasst.[185] Dies machen nicht nur der betriebsförmige Ablauf von Forschungsprozessen und die für viele Wissenschaften vorhandenen Abhängigkeiten von Apparaturen, Laboratorien und Datenverarbeitungsanlagen unmöglich.[186] Auch die bloße Vorstellung vom forschenden Lernen[187] durch eine „*produktive*" und nicht nur „*rezeptive*" Teilnahme[188] des Studenten am Wissenschaftsfortschritt reicht letztlich nicht aus, um die Lern- und Studierfreiheit als wesensimmanente Komponente der Garantie freier Hochschulforschung anzuerkennen.[189] „*Forschendes Lernen*" beruht auf

182 *Britz*, in: Dreier, GG, Bd. I, 3. Aufl. 2013, Art. 5 III (Wissenschaftsfreiheit) Rn. 31; *Mager*, in: Isensee/Kirchhof, Handbuch des Staatsrechts, Bd. VIII, 3. Aufl. 2010, § 166 Rn. 15. Solche Fragestellungen stellen richterliche Einzelfallentscheidungen dar. Der Gesetzgeber beurteilt dagegen nur sozialtypische Konfliktfälle und trifft generelle Wertungen, so *Fries*, Die Rechtsstellung des Studenten innerhalb der wissenschaftlichen Hochschule, 1974, S. 57; *Thieme*, Berufungszusagen und Hochschulreform, 1970, S. 81; im Ergebnis ebenso: *Geck*, VVDStRL Bd. 27 (1969), S. 143 (156 ff.); *Schulz-Prießnitz*, Einheit von Forschung und Lehre, 1981, S. 107.

183 Die Studenten würden die im Studium erlernten wissenschaftlichen Erkenntnisse später in der Praxis ihrer Berufe nicht nur anwenden, sondern im Sinne der Wissenschaft durch Forschung weiterentwickeln können, *Stein*, JA 2002, 253 (256).

184 *Stein*, JA 2002, 253 (256).

185 *Knemeyer*, Lehrfreiheit, 1969, S. 34 f.

186 *Fries*, Die Rechtsstellung des Studenten innerhalb der wissenschaftlichen Hochschule, 1974, S. 57; *Schulz-Prießnitz*, Einheit von Forschung und Lehre, 1981, S. 106; im Ergebnis ebenso: *Geck*, VVDStRL Bd. 27 (1969), S. 143 (156 ff.).

187 *Lüthje*, in: Denninger, HRG, 1984, § 3 Rn. 46; *Rinken*, JuS 1968, 257 (262).

188 Bettermann, in: Universitätstage, 1963, S. 68; a.A. *Knemeyer*, Lehrfreiheit, 1969, S. 34 f.

189 *Scholz*, in: Maunz/Dürig, GG, Loseblatt, Stand September 2017, Art. 5 Abs. 3 Rn. 113; *Schulz-Prießnitz*, Einheit von Forschung und Lehre, 1981, S. 108.

der Erkenntnis, dass sich die Beschäftigung mit Forschungsaufgaben zur Erlernung wissenschaftlicher Methoden eignet. Daher ist es nichts anderes als der Versuch, das subjektiv Neue auf eine selbstständige Art und Weise zu finden und zu erlernen. Die aktive Teilnahme an der Forschung ist weder die tatsächliche Regel noch ein ernsthaft angestrebtes Ziel.[190]

Ausschlaggebend ist ferner, dass das Studium keinen Bezug zur Forschung mehr aufweist. Aufgrund der ständig wachsenden Studentenzahlen, der Organisation des Wissenschaftsbetriebs und der weitgehenden Reglementierung der Studiengänge durch die Studien- und Prüfungsordnungen bleibt dem durchschnittlichen Studenten kaum noch Gelegenheit, sich in Gänze detaillierten Forschungsaufgaben zuzuwenden.[191]

Aus diesen Gründen ist das Studium, das auf die Aneignung sehr viel breiterer und grundlegenderer Vorkenntnisse sowie die Technik des wissenschaftlichen Arbeitens angelegt ist, auch nicht mit der Forschung identisch. Der Schutz des Studiums ist folglich nicht von der Forschungsfreiheit umfasst.

### *c) Das Studium als Teilhabe an der Lehre*

Diskutiert wird daneben, ob die Lern- und Studierfreiheit ein Bestandteil der Lehrfreiheit von Art. 5 Abs. 3 GG ist.[192] Dies könnte – trotz des auf den ersten Blick geradezu divergenten Sprachgebrauchs – zu bejahen sein, wenn das Lernen nicht nur einen notwendigen Gegenpart zur akademischen Lehre darstellt,

---

190 *T. Bauer,* Wissenschaftsfreiheit in Lehre und Studium, 1980, S. 128; *Schulz-Prießnitz,* Einheit von Forschung und Lehre, 1981, S. 108.

191 *Fries,* Die Rechtsstellung des Studenten innerhalb der wissenschaftlichen Hochschule, 1974, S. 57; *Schulz-Prießnitz*, Einheit von Forschung und Lehre, 1981, S. 106 f.; so auch: *Geck,* VVDStRL Bd. 27 (1969), S. 143 (156 ff.). Sie kommen daher auch zu dem Ergebnis, dass das Studium vielmehr als schulmäßiges Lernen und die Universität als Ort der Berufsausbildung gesehen werden müsse.

192 *Britz,* in: Dreier, GG, Bd. I, 3. Aufl. 2013, Art. 5 Abs. III (Wissenschaftsfreiheit) Rn. 31. Nur exemplarisch sei verwiesen auf die ablehnende Haltung bei: *Jarass,* in: Jarass/Pieroth, GG, 14. Aufl. 2016, Art. 5 Rn. 140; *Scholz,* in: Maunz/Dürig, GG, Loseblatt, Stand September 2017, Art. 5 Abs. 3 Rn. 113; *Starck,* in: von Mangoldt/Klein/Starck, GG, Bd. 1, 6. Aufl. 2010, Art. 5 Abs. 3 Rn. 379. Befürwortend wohl *Bethge*, in: Sachs, GG, 8. Aufl. 2018, Art. 5 Rn. 203, 208; nähere Ausführungen auch bei *Fehling*, in: Kahl/Waldhoff/Walter, Bonner Kommentar zum Grundgesetz, Loseblatt, Stand März 2004, Art. 5 Abs. 3 (Wissenschaftsfreiheit) Rn. 96 ff. Zudem siehe unter Teil 2 A II b.

sondern deren integraler Bestandteil ist.[193] Das Bundesverfassungsgericht hat dies bislang ausdrücklich offengelassen.[194]

Zum Teil wird das Verhältnis von Lehr- und Lernfreiheit sogar zugunsten der Lern- und Studierfreiheit umgekehrt. So sagt *Binder*:

> *„Die Wissenschafts- und Lehrfreiheit ist gedanklich aus der Lernfreiheit hervorgegangen. Die Lernfreiheit wäre demnach eine wesentliche Voraussetzung der Lehrfreiheit.“*[195]

Doch kann die Lern- und Studierfreiheit tatsächlich als ein mit der Lehrfreiheit so eng verknüpftes Schutzgut verstanden werden, so dass ohne ihre Gewährleistung der Schutzzweck des Art. 5 Abs. 3 GG nicht erreicht werden könnte?

### aa) Korrelat oder bloßer Rechtsreflex?

Die Lern- und Studierfreiheit könnte als ein Korrelat der Lehrfreiheit zu bewerten sein oder lediglich einen bloßen Rechtsreflex darstellen. Dies richtet sich zum einen nach dem Verhältnis der Lernenden zu den Lehrenden und bemisst sich zum anderem danach, wie man die Stellung der Studenten im wissenschaftlichen Dialog beurteilt.

#### aaa) Die Lern- und Studierfreiheit als ein Korrelat der Lehrfreiheit

Die Lern- und Studierfreiheit könnte unter den Schutz des Art. 5 Abs. 3 GG fallen, sofern man anerkennt, dass die Lehrfreiheit die Lern- und Studierfreiheit logisch zwingend umfasst. Diese Auffassung begründen ihre Befürworter dahingehend, dass die Lern- und Studierfreiheit das Korrelat[196] oder das

193 *T. Bauer*, Wissenschaftsfreiheit in Lehre und Studium, 1980, S. 128; *Schulz-Prießnitz*, Einheit von Forschung und Lehre, 1981, S. 108. *T. Bauer* geht aber noch weiter und differenziert danach, ob die Lernfreiheit als integraler Bestandteil der Lehrfreiheit geschützt ist, was er im Ergebnis verneint, oder ob die Lernfreiheit indirekt von Art. 5 Abs. 3 GG geschützt ist. Dies ist seiner Ansicht nach möglich, wenn sich aus der Freiheit der wissenschaftlichen Lehre logisch zwingend oder aufgrund einer Wertung überzeugend ergebe, dass auch wissenschaftliche Lehre frei sein müsse. Diese gewissermaßen indirekt begründete Freiheit gewährleiste dann in Abgrenzung zu einem bloßen Rechtsreflex auch subjektive Rechte. Dafür müsse sie als Antwort auf die erstrangig gewährleistete Freiheit zu bewerten sein und nicht als ihre bloße Folge, *T. Bauer*, Wissenschaftsfreiheit in Lehre und Studium, 1980, S. 128 ff. Von einer solchen, sehr differenzierenden Sichtweise wird vorliegend jedoch nicht ausgegangen. Es wird lediglich geprüft, ob die Lernfreiheit als ein Bestandteil der Lehrfreiheit geschützt sein kann.

194 BVerfGE 55, 37 (67 f.).

195 *Binder*, WissR Bd. 6 (1973), S. 1 (24).

196 *Geck*, VVDStRL Bd. 27 (1969), S. 143 (156); *Kempen*, in: Hartmer/Detmer, Hochschulrecht, 3. Aufl. 2017, Kap. 1 Rn. 19; *Leibfried/Preuß*, in: Leibfried, Wider die Untertanenfabrik, 1967, S. 340 (350); *M. Müller*, Lernfreiheit und Lehrfreiheit, 1911,

Spiegelbild[197] der Lehrfreiheit bilde. Ihren Ursprung findet diese Theorie in der Annahme, dass beide Freiheiten – die Lern- und die Lehrfreiheit – in einem wechselseitigen Bedingungsverhältnis zueinander stünden.[198] Die eine Freiheit könne sich also aus der anderen ableiten lassen und vice versa.[199] Grund dafür sei, dass Art. 5 Abs. 3 GG die Tätigkeiten selbst unter einen institutionellen Schutz stelle. Das Lehren brauche das Lernen als Gegenüber, anders sei Lehre nicht möglich.[200] Die Existenz der Lehrfreiheit als Schutzobjekt des Art. 5 Abs. 3 GG würde anderenfalls zu einer bloßen Hülle zerfallen,[201] so die Argumentation.

Die Studenten als Adressaten der wissenschaftlichen Lehre dürften daher nicht zu bloßen Objekten der Lehre degradiert werden. Stattdessen müssten sie als mündige Staatsbürger, Mitglieder der Universität und kritische Gesprächspartner der Lehrenden akzeptiert werden.[202] Sie seien gerade keine schulmäßig Lernenden, sondern selbstständig mitarbeitende und an der wissenschaftlichen Diskussion teilhabende Mitglieder der Hochschule.[203] Diese dialogische Struktur,

---

S. 203; a. A. *Fries,* Die Rechtsstellung des Studenten innerhalb der wissenschaftlichen Hochschule, 1974, S. 129.

197 *T. Bauer,* Wissenschaftsfreiheit in Lehre und Studium, 1980, S. 129; *Hauck-Lüthje,* Wissenschaftsfreiheit durch Mitbestimmug, 1970, S. 15; *Kimminich,* WissR Bd. 6 (1973), S. 193 (206); *Köttgen*, Das Grundrecht der deutschen Universität, 1959, S. 66.

198 *Kimminich,* WissR Bd. 6 (1973), S. 193 (206); *ders.,* DVBl. 1968, 679 (683); *M. Müller,* Lernfreiheit und Lehrfreiheit, 1911, S. 203; *Preuß,* in: Leibfried, Wider die Untertanenfabrik, 1967, S. 353 (357).

199 *Küchenhoff/Lüthje,* WissR Bd. 2 (1969), S. 226 (235); *M. Müller,* Lernfreiheit und Lehrfreiheit, 1911, S. 203.

200 *T. Bauer*, Wissenschaftsfreiheit in Lehre und Studium, 1980, S. 131 ff.; *Bethge,* Zur Problematik von Grundrechtskollisionen, 1977, S. 199; *ders.*, in: Sachs, GG, 8. Aufl. 2018, Art. 5 Rn. 208; *Fehling*, in: Kahl/Waldhoff/Walter, Bonner Kommentar zum Grundgesetz, Loseblatt, Stand März 2004, Art. 5 Abs. 3 (Wissenschaftsfreiheit) Rn. 96 ff.; *Geck,* VVDStRL Bd. 27 (1969), S. 143 (157 f.); *Karpen*, Hochschulplanung und Grundgesetz, Bd. 1, 1987, S. 445 f.; *Kimminich,* DVBl. 1968, 679 (683); *Köttgen*, Das Grundrecht der deutschen Universität, 1959, S. 66; *W. Schmidt*, NJW 1973, 585 (588 Fn. 28); *Starck*, in: von Mangoldt/Klein/Starck, GG, Bd. 1, 6. Aufl. 2010, Art. 5 Abs. 3 Rn. 379; *Thieme,* Deutsches Hochschulrecht, 3. Aufl. 2004, S. 81 f.

201 *Kloepfer,* Grundrechte als Entstehenssicherung und Bestandsschutz, 1970, S. 46 f.

202 *Geck,* VVDStRL Bd. 27 (1969), S. 143 (158 f.).

203 *von Coelln*, in: Friauf/Höfling, Berliner Kommentar zum Grundgesetz, 44. Erg.-Lfg. XI/14, Art. 5 Abs. 3 Rn. 100; *Fehling*, in: Kahl/Waldhoff/Walter, Bonner Kommentar zum Grundgesetz, Loseblatt, Stand März 2004, Art. 5 Abs. 3 (Wissenschaftsfreiheit) Rn. 99; *Stein,* JA 2002, 253 (256), betont, dass die Studenten auf diese Weise die Fähigkeit zur kritischen Auseinandersetzung mit wissenschaftlichen Erkenntnissen und

die sich durch selbstständiges Mitwirken aller Beteiligten an der Diskussion auszeichne, sei das prägendste Charakteristikum der Lehre.[204] Eine Beschränkung des Grundrechtsschutzes durch Art. 5 Abs. 3 GG auf die Lehrenden würde dem wissenschaftlichen Dialog daher nicht nur zuwiderlaufen, sondern auch zu einer verfassungsrechtlichen Absicherung eines Herrschaftsverhältnisses der Lehrenden über die Studenten führen. Dies widerspreche jedoch den Entscheidungen des Grundgesetzes in Bezug auf die Gleichberechtigung aller Menschen (Art. 3 Abs. 1 GG), auf die Menschenwürde (Art. 1 Abs. 1 GG) und auf die Demokratisierung aller Herrschaftsverhältnisse (Art. 20 Abs. 1, 2, Art. 28 und Art. 38 GG).[205]

#### bbb) Die Lern- und Studierfreiheit als bloßer Rechtsreflex

Nach anderer Auffassung sei es zwar zuzugestehen, dass die Lehrenden auf die Mitarbeit der Lernenden angewiesen seien. Doch dieser Umstand könne nicht dazu führen, dass die Lern- und Studierfreiheit in rechtlicher Hinsicht ein Komplementärrecht[206] zur Lehrfreiheit darstelle. Die Lern- und Studierfreiheit sei lediglich als ein Rechtsreflex zu bewerten[207] und die Lernenden könnten aus der Garantie der freien Lehre im Sinne von Art. 5 Abs. 3 GG keine eigenen subjektiven Rechte ableiten.[208]

---

ihrer sinnvollen Auswertung erlernen sollten, was letztlich zu ihrer Fortentwicklung beitrage. Ferner, BVerfGE 35, 79 (125).

204 *T. Bauer,* Wissenschaftsfreiheit in Lehre und Studium, 1980, S. 133; *Denninger,* in: Denninger/Hoffmann-Riem/Schneider/Stein, AK-GG, Bd. 1, 3. Aufl. 2001, Art. 5 Abs. 3 Rn. 56 f.; *Fehling,* in: Kahl/Waldhoff/Walter, Bonner Kommentar zum Grundgesetz, Loseblatt, Stand März 2004, Art. 5 Abs. 3 (Wissenschaftsfreiheit) Rn. 98; *Kaufhold,* Die Lehrfreiheit – ein verlorenes Grundrecht?, 2006, S. 204; *Rinken,* JuS 1968, 257, (262); *Stein,* JA 2002, 253 (256).

205 *Stein,* JA 2002, 253 (256).

206 So aber *Nitsch/Gerhard/Offe/Preuß,* Hochschule in der Demokratie, 1965, S. 202 ff.; *Mallmann/Strauch,* Die Verfassungsgarantie der freien Wissenschaft, 1970, S. 70.

207 *Glaser,* Der Staat Bd. 47 (2008), S. 213 (222); *Kaufhold,* Die Lehrfreiheit – ein verlorenes Grundrecht?, 2006, S. 204; *Kimminich,* WissR Bd. 6 (1973) S. 193 (211); *Rupp,* in: ders., Demokratie und Verwaltung: 25 Jahre Hochschule für Verwaltungswissenschaften Speyer, 1997, S. 611 (624); *Scholz,* in: Maunz/Dürig, GG, Loseblatt, Stand September 2017, Art. 5 Abs. 3 Rn. 113; *Schulz-Prießnitz,* Einheit von Forschung und Lehre, 1981, S. 110; *Stern,* Staatsrecht, Bd. IV/2, 2011, S. 783 f.

208 *Kaufhold,* Die Lehrfreiheit – ein verlorenes Grundrecht?, 2006, S. 205. Nach der Interpretation von *Schulz-Prießnitz,* Einheit von Forschung und Lehre, 1981, S. 110 gehe auch der einfache Gesetzgeber offenbar nicht von der Verankerung einer Lernfreiheit in Art. 5 Abs. 3 GG aus, denn in § 4 Abs. 4 HRG fehle der Hinweis auf diesen

Für diese Sichtweise spreche nicht nur die Historie. So wurde in der klassisch-idealistischen Philosophie zwar noch angenommen, dass Lernen und Lehren untrennbar miteinander verknüpft seien und die freie Lehre von der Gemeinschaft der Lehrenden und Lernenden lebe.[209] Doch bereits zu dem Zeitpunkt, als das Grundgesetz erlassen wurde, hatte der Verfassungsgeber von dieser Philosophie Abstand genommen.[210] Anstatt die Lern- und Studierfreiheit als eigenständiges Grundrecht in Art. 5 Abs. 3 GG zu verbürgen, nahm der Grundsatzausschuss des Parlamentarischen Rates die freie Wahl der Ausbildungsstätte in den Text des Art. 12 Abs. 1 GG auf.[211]

Gegenwärtig werde deshalb auch gefordert, die zugrundeliegende Fragestellung aus einem differenzierteren Blickwinkel zu betrachten.[212] Studentisches Lernen könne nur als integraler Bestandteil der Lehre anerkannt werden, sofern sich ein wissenschaftlicher Dialog zwischen Lehrendem und Lernendem ergebe.[213]

Ob das Verhältnis von Professoren und Studenten noch als Gemeinschaft auf der Suche nach neuen wissenschaftlichen Erkenntnissen gesehen werden könne, sei aber aus verschiedenen Gründen in Frage zu stellen.[214] Einhergehend mit der stetig steigenden Zahl der Studenten, der Entstehung von Massenuniversitäten und der gestrafften Studienorganisation werde die Wissensvermittlung zunehmend auf die Erlangung einer Berufsausbildung und die Eignung für die spätere Praxis ausgerichtet. Dies führe zu einer zunehmenden Pädagogisierung[215]

---

Grundrechtsartikel, den die vorangehenden Bestimmungen zur Forschungs- und Lehrfreiheit enthalten.

209 *Fries*, Die Rechtsstellung des Studenten innerhalb der wissenschaftlichen Hochschule, 1974, S. 17; *Schelsky*, Einsamkeit und Freiheit, 1960, S. 72 ff.

210 *Geck*, VVDStRL Bd. 27 (1969), S. 143 (157); s.o. S. 20.

211 In der 28. Sitzung vom 3. Dezember 1948, dazu *Matz*, in: JöR N.F. Bd. 1 (1951), S. 136; *Schulz-Prießnitz*, Einheit von Forschung und Lehre, 1981, S. 105.

212 *Fries*, Die Rechtsstellung des Studenten innerhalb der wissenschaftlichen Hochschule, 1974, S. 54 ff.; *Geck*, VVDStRL Bd. 27 (1969), S. 143 (157 f.); *Glaser*, Der Staat Bd. 47 (2008), S. 213 (222); *Hufen*, Die Freiheit der Kunst in staatlichen Institutionen, 1. Aufl. 1982, S. 315; *Kaufhold*, Die Lehrfreiheit – ein verlorenes Grundrecht?, 2006, S. 203 f.

213 *T. Bauer*, Wissenschaftsfreiheit in Lehre und Studium, 1980, S. 129; *Lüthje*, in: Denninger, HRG, 1984, § 3 Rn. 50.

214 *Fries*, Die Rechtsstellung des Studenten innerhalb der wissenschaftlichen Hochschule, 1974, S. 54 ff.; *Geck*, VVDStRL Bd. 27 (1969), S. 143 (157 f.); *Glaser*, Der Staat Bd. 47 (2008), S. 213 (222); *Hufen*, Die Freiheit der Kunst in staatlichen Institutionen, 1. Aufl. 1982, S. 315; *Kaufhold*, Die Lehrfreiheit – ein verlorenes Grundrecht?, 2006, S. 203 f.; *Weber*, VVDStRL Bd. 27 (1969), S. 212 (213).

215 Zu dieser Wertung *Schelsky*, Einsamkeit und Freiheit – Idee und Gestalt der deutschen Universität und ihrer Reformen, 1963, S. 208.

bzw. Verschulung[216] des Studiums. So stelle sich die Mehrzahl der Lehrveranstaltungen als einseitige Informationsvermittlung dar und ein wissenschaftlicher Dialog erscheine unmöglich. Studenten müssten zunächst über gewisse Grundkenntnisse verfügen, um wissenschaftlich arbeiten zu können. Aufgrund des fachlichen Ungleichgewichts könne der Lernende lediglich Impulse setzen. Einen produktiven Beitrag zum Fortschritt der Wissenschaft leiste er dadurch noch nicht.[217]

Das Verhältnis von Professoren zu Studenten könne somit auch nicht mehr als Partnerschaft im Erkenntnisprozess bezeichnet werden.[218] Wissenschaft beschränke sich heutzutage im Wesentlichen auf Forschung und Lehre, wie sie allein von den Hochschullehrern ausgeübt werden könne.[219] Es dränge sich nahezu auf, Lehren und Lernen als „zwei Pole einer interpersonalen Handlung" zu bewerten.[220] Zudem liege ein klarer Entscheidungsvorrang beim Lehrenden.[221]

Eine wechselseitige Beziehung – eine „Parität"[222] – zwischen den Lehrenden und Lernenden sei somit auszuschließen und mache die Anerkennung der Lern- und Studierfreiheit als eine von Art. 5 Abs. 3 GG geschützte Freiheit unmöglich.[223] Allein der Umstand, dass die Lehrfreiheit ein subjektives Individualrecht darstelle, sei für die Anerkennung eines eigenständigen Rechts subjektivrechtlicher Lern- und Studierfreiheit letztlich nicht ausreichend.[224] Dies ändere auch

---

216 *Fries,* Die Rechtsstellung des Studenten innerhalb der wissenschaftlichen Hochschule, 1974, S. 22 ff.; *Glaser,* Der Staat Bd. 47 (2008), S. 213 (222 f.); *Schmoll,* FuL 2008, 76 (78); *Schulz-Prießnitz,* Einheit von Forschung und Lehre, 1981, S. 106.

217 *T. Bauer,* Wissenschaftsfreiheit in Lehre und Studium, 1980, S. 129; *Sader,* Kleine Fibel zum Hochschulunterricht, 1970, S. 150.

218 *Glaser,* Der Staat Bd. 47 (2008), S. 213 (223); *Kaufhold,* Die Lehrfreiheit – ein verlorenes Grundrecht?, 2006, S. 204 f.; *Kleindiek,* Wissenschaft und Freiheit in der Risikogesellschaft, 1998, S. 137.

219 *Glaser,* Der Staat Bd. 47 (2008), S. 213 (222); *Oppermann,* in: Isensee/Kirchhof, Handbuch des Staatsrechts, Bd. VI, 1989, § 145 Rn. 11.

220 *Fries,* Die Rechtsstellung des Studenten innerhalb der wissenschaftlichen Hochschule, 1974, S. 54 ff.; *Geck,* VVDStRL Bd. 27 (1969), S. 143 (157 f.); *Glaser,* Der Staat Bd. 47 (2008), S. 213 (222); *Hufen,* Die Freiheit der Kunst in staatlichen Institutionen, 1. Aufl. 1982, S. 315; *Kaufhold,* Die Lehrfreiheit – ein verlorenes Grundrecht?, 2006, S. 203 f.

221 *Haug,* in: von Coelln/Haug, BeckOK Hochschulrecht Baden-Württemberg, 6. Edition, Stand 01.11.2017, § 3 Rn. 18.

222 *Mallmann/Strauch,* Verfassungsgarantie der freien Wissenschaft, 1970, S. 90.

223 *T. Bauer,* Wissenschaftsfreiheit in Lehre und Studium, 1980, S. 129; *Knemeyer,* Lehrfreiheit, 1969, S. 34 f.; *Schulz-Prießnitz,* Einheit von Forschung und Lehre, 1981, S. 106.

224 *Scholz,* in: Maunz/Dürig, GG, Loseblatt, Stand September 2017, Art. 5 Abs. 3 Rn. 113 f.

die Definition wissenschaftlicher Lehre als einen dialogischen Vorgang nicht.[225] Der Diskurs zwischen Lehrendem und Lernendem könne weder die Rechtsstellung des einen noch die des anderen verändern. Nur weil der Lehrende seine (Lehr-)Freiheit dialogisch ausübe, führe dies nicht dazu, dass dem Lernenden als Partner des Dialogs die Lern- und Studierfreiheit als ein eigenständiges Recht gewährleistet werde.[226]

### bb) Die Lern- und Studierfreiheit als ein „ergänzungsbedürftiges Entsprechungsrecht“?

#### aaa) Erweiterung des Schutzbereichs durch Grundrechtsinterpretation

Vertreten wird auch, dass die faktische Angewiesenheit von Lehrenden und Lernenden aufeinander dazu führe, Art. 5 Abs. 3 GG als ein sog. „ergänzungsbedürftiges Entsprechungsrecht“ ansehen zu müssen.[227] Grund dafür sei, dass das Grundgesetz dem Schutz des Grundrechts einen interpersonalen Vorgang unterstelle, ohne alle geschützten Personen ausdrücklich zu benennen.[228] Im Wege der Grundrechtsinterpretation sei daher der Schutzbereich der Lehrfreiheit um den Freiheitsschutz der Lernenden zu ergänzen.[229] Dadurch werde den Studenten der Status als wissenschaftlich Lernende zuteil.[230]

Daher sei der Hochschullehrer auch nicht nur angehalten, den Studenten die für die spätere Ausübung eines Berufs notwendigen Erkenntnisse und Fähigkeiten praxisgerecht zu vermitteln. Er sei vielmehr verpflichtet, den Studenten stets neue wissenschaftliche Erkenntnisse nahezubringen[231] und ihnen nicht bloß

225 So *Denninger,* HRG, 1972, S. 81 ff.

226 *Scholz,* in: Maunz/Dürig, GG, Loseblatt, Stand September 2017, Art. 5 Abs. 3 Rn. 113.

227 *Kloepfer,* Grundrechte als Entstehenssicherung und Bestandsschutz, 1970, S. 46 f.; *Schulz-Prießnitz,* Einheit von Forschung und Lehre, 1981, S. 108.

228 *Kaufhold,* Die Lehrfreiheit – ein verlorenes Grundrecht?, 2006, S. 203; *Kloepfer,* Grundrechte als Entstehenssicherung und Bestandsschutz, 1970, S. 91; *Schulz-Prießnitz,* Einheit von Forschung und Lehre, 1981, S. 108.

229 *Kaufhold,* Die Lehrfreiheit – ein verlorenes Grundrecht?, 2006, S. 204; *Küchenhoff-Lüthje,* WissR Bd. 2 (1969), S. 226 (235).

230 *T. Bauer,* Wissenschaftsfreiheit in Lehre und Studium, 1980, S. 129; *Kempen,* in: Hartmer/Detmer, Hochschulrecht, 3. Aufl. 2017, Kap. 1 Rn. 19; *Leibfried/Preuß,* in: Leibfried, Wider die Untertanenfabrik, 1967, S. 340 (350); *M. Müller,* Lernfreiheit und Lehrfreiheit, 1911, S. 203; anders *Fries,* Die Rechtsstellung des Studenten innerhalb der wissenschaftlichen Hochschule, 1974, S. 129.

231 Aus diesem Grund sei der Hochschullehrer auch dazu verpflichtet, eigene Forschung zu betreiben. Zudem sei allein die Rezeption eines statischen Besitzes bestimmter

bereits Erforschtes kritiklos wiederzugeben.[232] Durch gemeinsames Forschen[233] würden sich die Lernenden in einer ähnlichen Situation wie die Lehrenden befinden.[234] Auf diese Weise werde es den Studenten ermöglicht, sich eine eigene wissenschaftliche Meinung zu bilden.[235] Gleichzeitig lernten sie, diese Sichtweise aus autonomer Überzeugung zu vertreten.[236] Nur so könnten ein freier studentischer Lernprozess und freie wissenschaftliche Kommunikation[237] gewährleistet werden.[238] Dies impliziere, dass das Studium an der Hochschule zur Selbstverwirklichung der Studenten beitrage.[239]

#### bbb) Die strukturellen Unterschiede der Schutzgüter als Versagungsgrund

Auch wenn man befürworte, dass in der Freiheit des Lernens ein ergänzungsbedürftiges Entsprechungsrecht der Lehrfreiheit liege, darf man nach *Kloepfer*

---

Kenntnisse und Techniken aufgrund der Schnelllebigkeit der Forschung nicht mehr ausreichend, *Kimminich*, DVBl. 1968, 679 (683).

232 *T. Bauer*, Wissenschaftsfreiheit in Lehre und Studium, 1980, S. 133; *Kimminich*, DVBl. 1968, 679 (683); *Stein*, JA 2002, 253 (257).

233 Forschung bedinge sich an der Universität daher durch die Lehre und finde ihre Legitimation zumindest mittelbar in den Lernenden, *Kimminich*, DVBl. 1968, 679 (683).

234 *Hauck/Lüthje*, Wissenschaft durch Mitbestimmung, 1970, S. 14 f.; *Kimminich*, DVBl. 1968, 679 (683).

235 Gefördert wird dies auch durch die Hochschullehrer, die als Ausbilder der Universität frei und unkontrolliert tätig werden, indem sie sich selbst eine eigene Meinung bilden. Diesen Umstand sollen die Hochschullehrer an die Studenten weitergeben, *T. Bauer*, Wissenschaftsfreiheit in Lehre und Studium, 1980, S. 133.

236 *T. Bauer*, Wissenschaftsfreiheit in Lehre und Studium, 1980, S. 133 f., spricht den Studenten darüber hinaus zu, dass sie die wissenschaftliche Meinung eines Dozenten annehmen oder ablehnen könnten, zumal die Lehrmeinung eines Hochschullehrers wissenschaftlich falsch und/oder politisch einseitig sein könne.

237 Wissenschaft ist letztlich ein Kommunikationsprozess, der davon getragen wird, dass die gewonnenen Erkenntnisse an die nachfolgenden Generationen weitergegeben werden. Diesen Schluss könnte man auch ziehen, wenn man von der auf Humboldt zurückzuführenden Vorstellung der Gemeinschaft von Lehrenden und Lernenden Abstand nimmt, *Bethge*, Zur Problematik von Grundrechtskollisionen, 1977, S. 198.

238 *Kimminich*, WissR Bd. 6 (1973), S. 193 (206); *ders.*, DVBl. 1968, 679 (683); *M. Müller*, Lernfreiheit und Lehrfreiheit, 1911, S. 203; *Preuß*, in: Leibfried, Wider die Untertanenfabrik, 1967, S. 353 (357). Dahinstehen kann in diesem Zusammenhang, dass sich der Student stets auf die Freiheit der Forschung berufen darf, sofern er forschend tätig wird, *Dallinger*, JZ 1971, 665 (666); *Geck*, VVDStRL Bd. 27 (1969), S. 143 (152); *Rupp*, VVDStRL Bd. 27 (1969), S. 113 (122); *Rupp*, in: ders., Demokratie und Verwaltung: 25 Jahre Hochschule für Verwaltungswissenschaften Speyer, 1997, S. 611 (625).

239 *T. Bauer*, Wissenschaftsfreiheit in Lehre und Studium, 1980, S. 133.

jedoch nicht den rezeptiven, passiven Charakter der ungehinderten Aufnahmemöglichkeiten des Lehrstoffes übersehen. Daher sei einzuräumen, dass der Lern- und Studierfreiheit lediglich eine vergleichsweise schwache Position im Zusammenhang mit Art. 5 Abs. 3 GG zugesprochen werden könne. Eine Zuordnung zu dem übergreifenden Gedanken der ergänzungsbedürftigen Entsprechungsrechte könne daher nicht erfolgen und der Schutz der Lern- und Studierfreiheit durch Art. 5 Abs. 3 GG sei abzulehnen.[240] Dieser Ansatz zeige nur einmal mehr, dass in rechtlicher Hinsicht in der Lern- und Studierfreiheit nicht mehr als ein Reflex der Lehrfreiheit zu sehen ist. Eine Lücke des Grundrechtschutzes entstehe nicht.[241]

Dass die Lern- und Studierfreiheit kein Schutzgut der Lehrfreiheit sein kann, zeigt nach einer anderen Ansicht ein systematischer Vergleich mit Art. 5 Abs. 1 GG. Die in Art. 5 Abs. 1 S. 1 Alt. 1 GG geschützte Meinungsfreiheit stelle einen interpersonalen Vorgang dar, der seine Sinnhaftigkeit erst über die Kombination von Transmission und Rezeption erhalte.[242] Trotzdem beinhalte die Meinungsfreiheit kein Grundrecht auf „*Rezeptionsfreiheit*".[243] Ein eigenständiges, subjektives Freiheitsrecht stehe den Rezipienten erst aus Art. 5 Abs. 1 S. 1 Alt. 2 GG zu.[244] Dieses Argumentationsmuster lasse sich auf die Lern- und Studierfreiheit übertragen. So stehe der Student dem Hochschullehrer genauso als Rezipient gegenüber wie der Zuhörer einem Kundgebenden. Ebenso wenig, wie sich dieser auf die Meinungsfreiheit berufen könne, könne sich der Student auf den gleichen Grundrechtsschutz wie der Dozent als Wissensvermittler berufen.[245] Allein

---

240 So auch zutreffend *Kloepfer,* Grundrechte als Entstehungssicherung und Bestandsschutz, 1970, S. 91; *Schulz-Prießnitz*, Einheit von Forschung und Lehre, 1981, S. 109 f.

241 *Kloepfer,* Grundrechte als Entstehungssicherung und Bestandschutz, 1970, S. 91; *Schulz-Prießnitz*, Einheit von Forschung und Lehre, 1981, S. 110; *Scholz*, in: Maunz/Dürig, GG, Loseblatt, Stand September 2017, Art. 5 Abs. 3 Rn. 113.

242 *Kaufhold*, Die Lehrfreiheit – ein verlorenes Grundrecht?, 2006, S. 204; *Stein*, Der Staat Bd. 47 (2008), S. 213 (224).

243 Vgl. Darstellung bei *Hoffmann-Riem*, in: Denninger/Hoffmann-Riem/Schneider/Stein, AK-GG, Bd. 1, 3. Aufl. 2001, Art. 5 Abs. 1, 2 Rn. 29; *Schulze-Fielitz*, in: Dreier, GG, Bd. I, 3. Aufl. 2013, Art. 5 I, II Rn. 67 – 74; *Starck,* in: von Mangoldt/Klein/Starck, GG, Bd. 1, 6. Aufl. 2010, Art. 5 Abs. 1, 2 Rn. 32– 36, die eine solche Freiheit nicht erwähnen.

244 *Hoffmann-Riem*, in: Denninger/Hoffmann-Riem/Schneider/Stein, AK-GG, Bd. 1, 3. Aufl. 2001, Art. 5 Abs. 1, 2 Rn. 98; *Schulze-Fielitz*, in: Dreier, GG, Bd. I, 3. Aufl. 2013, Art. 5 I, II Rn. 76.

245 *Kaufhold*, Die Lehrfreiheit – ein verlorenes Grundrecht?, 2006, S. 204; grundlegend *Glaser,* Der Staat Bd. 47 (2008), S. 213 (224); *Ridder,* in: Neumann/Nipperdey/Scheuner, Die Grundrechte, Bd. 2, 1954, S. 275 ff. Ferner *Geck,* VVDStRL Bd. 27 (1969), S. 143 (175) Fn. 94, der einen ähnlichen Vergleich zur Rundfunkfreiheit aufzeigt: „Das

aus der Begünstigung eines Dritten durch ein Grundrecht würden weder denk- noch sachnotwendig darüber hinausgehende eigenständige Rechte folgen.[246]

Somit könne die Lern- und Studierfreiheit im Ergebnis auch nicht als ein ergänzungsbedürftiges Entsprechungsrecht unter den Schutzbereich des Art. 5 Abs. 3 GG subsumiert werden.

#### cc) Unterschiedliche Verantwortlichkeiten als Ausschlusskriterium des Grundrechtschutzes durch Art. 5 Abs. 3 GG

Als Begründung, dass die Lern- und Studierfreiheit von der Lehrfreiheit umfasst sein müsse, führen die Befürworter außerdem an, dass die Gewährleistung einer solchen Freiheit aus Art. 12 Abs. 1 GG nicht ausreichend sei, um die Rechte der Studenten hinreichend zu wahren.[247] Sie bilde nur den „Vorhof“[248] zur Lern- und Studierfreiheit. Mit Erhalt eines Zulassungsanspruchs zur Universität habe sich der Grundrechtsschutz durch Art. 12 Abs. 1 GG deshalb erschöpft.[249] Dem Studenten müsse mit Eintritt in die Universität die Lern- und Studierfreiheit durch Art. 5 Abs. 3 GG als ein der Lehrfreiheit gleichrangiges Recht zugesprochen werden.[250] Dies sei auch implizit durch das Grundgesetz garantiert.[251]

---

gilt für die Lehrfreiheit wie für die Rundfunkfreiheit, die die Rundfunkempfänger ebenfalls nicht schützt, obwohl sie zumindest auch zu ihren Gunsten besteht und der Rundfunkbetreiber – wie auch der Lehrende – auf die Empfänger angewiesen ist.“ Das ist trotz der i.Ü. in vielerlei Hinsicht unklaren Grundrechtsträgerschaft der Rundfunkfreiheit unzweifelhaft, nur *Hoffmann-Riem,* in: Benda/Maihofer/Vogel, Handbuch des Verfassungsrechts, 2. Aufl. 1994, § 7 Rn. 33; *Kaufhold,* Die Lehrfreiheit – ein verlorenes Grundrecht?, 2006, S. 204 f.

246 *Geck,* VVDStRL Bd. 27 (1969), S. 143 (175 Fn. 94); *Hoffmann-Riem,* in: Benda/Maihofer/Vogel, Handbuch des Verfassungsrechts, 2. Aufl. 1994, § 7 Rn. 33; *Kaufhold,* Die Lehrfreiheit – ein verlorenes Grundrecht?, 2006, S. 204 f.

247 *Geck,* VVDStRL Bd. 27 (1969), S. 143 (158 f.).

248 *Oppermann,* VVDStRL Bd. 27 (1969), S. 206.

249 *Bethge,* Zur Problematik von Grundrechtskollisionen, 1977, S. 198.

250 *Bethge,* Zur Problematik von Grundrechtskollisionen, 1977, S. 198; *Geck,* VVDStRL Bd. 27 (1969), S. 143 (157); *Häberle,* VVDStRL Bd. 30 (1972), S. 43 (70 f.); *Kimminich,* WissR Bd. 6 (1973), S. 193 (206), S. 199; *Rinken,* JuS 1968, 257 (260); *Rupp,* VVDStRL Bd. 27 (1969), S. 113 (125); zurückhaltend *Köttgen,* Das Grundrecht der deutschen Universität, 1959, S. 65: „höchstens implicite garantiert“; ablehnend *Weber,* VVDStRL Bd. 27 (1968), S. 212 (213), der das Grundrecht der Lernfreiheit u.a. wegen der Gefahr des Paritätendenkens verneint; *Dallinger,* JZ 1971, 665 (666 Fn. 23); nach *Denninger* sei es verfehlt, die Freiheit zum Lernen als bloßen Ausfluss der Berufsfreiheit zu bezeichnen, *Denninger,* VVDStRL Bd. 27 (1969) S. 204.

251 *T. Bauer,* Wissenschaftsfreiheit in Lehre und Studium, 1980, S. 133; *Köttgen,* Das Grundrecht der deutschen Universität, 1959, S. 65; *Stein,* JA 2002, 253 (257).

Allein der Umstand, dass die Studenten mit ihrer Immatrikulation Teil der Universität werden, reicht jedoch nicht aus, um ihnen den gleichen Schutz wie den Hochschulprofessoren zuzusprechen. Dies bedingt sich durch die unterschiedlichen Funktionen von Lernenden und Lehrenden an der Universität und ihre jeweiligen Verantwortlichkeiten.

Die Aufgaben der Universität – wissenschaftliche Forschung, wissenschaftliche Lehre und Vorbereitung auf die spätere Berufsausübung – werden aufgrund demokratischer Legitimation von Personen wahrgenommen, die dazu ausreichend qualifiziert, rechtlich verpflichtet und persönlich verantwortlich sind.[252] Dies gilt zuvörderst für die Hochschulprofessoren aufgrund der Art ihrer Ernennung.[253] Art. 5 Abs. 3 GG sichert diesen Personen bei der Erfüllung ihrer Aufgaben zugleich eine gewisse Freiheitssphäre zu.[254] Den Studenten wird eine solche Verantwortung jedoch nicht übertragen. Soweit das Recht und die Pflicht des Lehrenden zur Funktionsausübung reicht, kann es keine andere Entscheidungsbefugnis als die des Lehrenden geben. Ihm allein obliegt die Festlegung von Gegenstand und Methode einer Lehrveranstaltung.[255]

---

Andernfalls müsse der Student, um den grundrechtlichen Schutz der Lernfreiheit zu erhalten, auf Art. 2 Abs. 1 GG zurückzugreifen. Dies sei dem Umstand geschuldet, dass der Schutz der Lernfreiheit durch Art. 12 Abs. 1 GG mit Erfüllung des Zulassungsanspruchs zur Universität bereits erschöpft sei, vgl. *Bethge,* Zur Problematik von Grundrechtskollisionen, 1977, S. 198. Die Lernfreiheit sei dann mit allen universitätsspezifischen Ausformungen – selbstständige Gestaltung des Studiengangs, Teilnahme an Lehrveranstaltungen – als Innominatfreiheit einer allgemeinen Handlungsfreiheit zu verorten. Ein solcher Regress solle jedoch aufgrund der thematischen Nähe zu Art. 5 Abs. 3 GG entbehrlich sein; VG Baden-Württemberg, ESVGH 25, 144 (146); *Bethge,* Zur Problematik von Grundrechtskollisionen, 1977, S. 199; *Häberle,* VVDStRL Bd. 30 (1972), S. 43 (84 Fn. 175); *Rupp,* VVDStRL Bd. 27 (1969), S. 113 (125); *W. Schmidt*, NJW 1973, 585 (588).

252 *Gärditz,* WissR Bd. 40 (2007), S. 67 (71 f.); *Geck,* VVDStRL Bd. 27 (1969), S. 143 (156).

253 *Geck,* VVDStRL Bd. 27 (1969), S. 143 (156).

254 Die richterliche Unabhängigkeit bietet eine Parallele.

255 *Hailbronner,* Die Freiheit der Forschung und Lehre als Funktionsgrundrecht, 1979, S. 204, unter Verweis auf VGH Baden-Württemberg ESVGH 25, 144 ff.; *Zacher,* Hochschulrecht und Verfassung, 1973, S. 56 ff., betont diesen Gesichtspunkt ebenfalls.

Der Student hingegen übernimmt weder einen öffentlichen Auftrag noch besteht eine Bindung an die Zweckerfüllung einer Universität oder gar eine Bestellung zum Amtswalter für die Allgemeinheit. Die freie wissenschaftliche Betätigung stellt gerade keine Funktionsausübung dar.[256] Die Mehrzahl der Studenten betreiben ihr Studium nur zur Erfüllung ihrer eigenen, höchstpersönlichen Zwecke. Aus diesem Grund liegt der Schwerpunkt eines Studiums auch nicht mehr auf dem Streben nach methodischer Erkenntnis. Stattdessen sehen die Studenten ihr Studium oftmals nur noch als Vorbereitung auf ihr späteres Berufsleben. Sie nutzen das vom schulmäßigen Lernen geprägte Studium als Eintrittstor zu individuellem, wirtschaftlichem und gesellschaftlichem Erfolg und betrachten die Universität als Vermittlerin von Berufs- und Lebenschancen.[257] Das wissenschaftliche Studium als Selbstzweck tritt somit immer mehr hinter dem Zweck der Berufsausbildung zurück.[258]

Aus diesem Grund besteht zwischen dem Allgemeininteresse und dem Individualinteresse der Lernenden grundsätzlich nicht so ein enger Zusammenhang wie zwischen dem Allgemeininteresse und den Interessen der für die Allgemeinheit tätigen Hochschullehrer.[259] Die Anerkennung der Lern- und Studierfreiheit als Schutzgut der Lehrfreiheit ist zu versagen.

---

256 *Hailbronner*, Die Freiheit der Forschung und Lehre als Funktionsgrundrecht, 1979, S. 204, unter Verweis auf VGH Baden-Württemberg ESVGH 25, 144 ff. führt er zwar an, dass der Funktionscharakter der Lehre die Abgrenzung der „Rechtskreise" von Lehrenden und Lernenden ermögliche. Soweit das Recht und die Pflicht des Lehrenden zur Funktionsausübung reiche, könne es aber keine andere Entscheidungsbefugnis als die des Lehrenden geben.

257 *Fries*, Die Rechtsstellung des Studenten innerhalb der wissenschaftlichen Hochschule, 1974, S. 57; *Kaufhold*, Die Lehrfreiheit – ein verlorenes Grundrecht?, 2006, S. 124; *Oppermann*, JZ 1973, 433 (436); im Ergebnis ebenso *Geck*, VVDStRL Bd. 27 (1969), S. 143 (156 ff.).

258 *Geck*, VVDStRL Bd. 27 (1969), S. 143 (158 f.).

259 *Geck*, VVDStRL Bd. 27 (1969), S. 143 (175 f. Fn. 96), der einräumt, dass es vorkommen könne, dass die Lehrer und Forscher das Allgemeininteresse unbewusst nicht genügend wahrnehmen würden oder sich bewusst von ihrem eigenen Interesse leiten lassen würden. Gegen den Missbrauch müssten und könnten aber sachgerechte Kontrollen eingebaut werden, an der die Studenten angemessen zu beteiligen seien. Dies führe nach *Geck* aber nicht zu einer Mitentscheidung, sondern stehe eher im Gegensatz dazu.

#### dd) Die Versagung des Schutzes der Lern- und Studierfreiheit durch Art. 5 Abs. 3 GG aufgrund eines strukturellen Vergleichs mit dem einfachen Recht

Auch im einfachen Recht zeigt sich, dass der Gesetzgeber nicht davon ausging, dass die Lern- und Studierfreiheit durch Art. 5 Abs. 3 GG geschützt ist.[260]

Es wird zwar vertreten, dass § 4 Abs. 4 HRG sich als eine Ableitung des herkömmlichen Universitätsbildes darstelle. Die Universität sei eine besondere Schule des „wissenschaftlichen Verstandesgebrauchs".[261] Der Student sei nicht Traktand, sondern eigenverantwortliches, selbstbestimmtes Subjekt im Prozess der Bildung durch Wissenschaft.[262] Dass der Student der Eigenverantwortlichkeit im Studium gewachsen sei und er seine Subjektsqualität entfalten könne, belege bereits das Abitur[263] als verwaltungsrechtlicher Ausspruch über die Hochschulreife.[264]

Daraus leiten die Vertreter dieser Ansicht ab, dass § 4 Abs. 4 HRG nur zusammenfasse, was auch verfassungsrechtlich zur Lehrfreiheit postuliert werde müsse.[265] Lehr- und Lernfreiheit seien demnach korrelativ verbunden[266] und gewissermaßen osmotisch aufeinander angewiesen. Anders könne der wissenschaftliche Kommunikationsprozess letztlich nicht funktionieren.[267]

Dieses Verständnis mag zwar von einem historischen Standpunkt aus in Ansätzen zutreffen. Einer systematischen Auslegung des § 4 Abs. 4 HRG entspricht es jedoch nicht. Während in § 4 Abs. 2 S. 1 und § 4 Abs. 3 S. 1 HRG die

---

260 Dies beurteilt sich unabhängig von der Frage, inwiefern der einfache Gesetzgeber Normen als Maßgabe für die Auslegung des Verfassungsrechts erlassen kann, *Glaser*, Der Staat Bd. 48 (2008), S. 213 (224).

261 *Charle,* in: Rüegg, Geschichte der Universität in Europa, Bd. III, 2001, S. 43 (57 f.); *Löwer*, in: Merten/Papier, Handbuch der Grundrechte, Bd. IV, 2011, § 99 Rn. 67; *Rüegg,* in: Krieg/Rose, Festschrift für H. H. Schmid, 1997, S. 155 ff.

262 *Löwer,* in: Merten/Papier, Handbuch der Grundrechte, Bd. IV, 2011, § 99 Rn. 67.

263 Dies ergebe sich auch aus der Historie, *Löwer,* in: Winkler, Festschrift für E.-J. Meusel, 1997, S. 175 ff.; *ders*, in: Merten/Papier, Handbuch der Grundrechte, Bd. IV, 2011, § 99 Rn. 67.

264 *Löwer*, in: Merten/Papier, Handbuch der Grundrechte, Bd. IV, 2011, § 99 Rn. 67; einschließlich zur historischen Perspektive s. zuletzt *Glaser,* Der Staat Bd. 47 (2008), S. 213 ff.

265 *Löwer,* in: Merten/Papier, Handbuch der Grundrechte, Bd. IV, 2011, § 99 Rn. 68.

266 *Kempen*, in: Hartmer/Detmer, Hochschulrecht, 3. Aufl. 2017, Kap. 1 Rn. 97 f.; *Köttgen*, Das Grundrecht der deutschen Universität, 1959, S. 66; *Löwer,* in: Merten/Papier, Handbuch der Grundrechte, Bd. IV, 2011, § 99 Rn. 68.

267 *Löwer*, in: Merten/Papier, Handbuch der Grundrechte, Bd. IV, 2011, § 99 Rn. 68.

Freiheit der Forschung bzw. der Lehre jeweils unter ausdrücklicher Berufung auf deren grundrechtliche Gewährleistung in Art. 5 Abs. 3 GG umschrieben wird, fehlt eine derartige Bezugnahme in Absatz 4.[268] Gegen eine besondere Stellung der Freiheit des Studiums spricht auch die Tatsache, dass der Absatz 4 Satz 2 entgegen der Konstruktion der Absätze 2 und 3 keinen Halbsatz 2 enthält. Wenn Beschlüsse der zuständigen Hochschulorgane die Freiheit des Satzes 1 beeinträchtigen dürfen, scheint die Freiheit des Studiums keinen ähnlichen Stellenwert wie die Forschungs- und Lehrfreiheit zu haben.[269]

Deutlich wird dies auch durch einen Vergleich des Wortlauts von Art. 5 Abs. 3 GG mit § 4 Abs. 4 HRG. Während die Studierfreiheit dem Wortlaut nach von § 4 Abs. 4 HRG erfasst ist, nennt die Verfassung dieses Schutzgut nicht.[270] Dies bringt zum Ausdruck, dass die Lern- und Studierfreiheit im einfachen Gesetz eine andere Anerkennung als im Grundgesetz erfahren hat.

#### ee) Die Lern- und Studierfreiheit als Schutzgut der Lehrfreiheit – Eine Stellungnahme

Die Lern- und Studierfreiheit wird nicht als ihr Gegenstück von der Lehrfreiheit geschützt. Die genannten Argumente für diese Ansicht überzeugen.

So wird die Lern- und Studierfreiheit weder ausdrücklich in Art. 5 Abs. 3 GG genannt noch erscheint sie denklogisch oder wertend als notwendiger Bestandteil oder erforderliche Ergänzung freier Lehre.[271] Eine Erweiterung des Schutzbereichs kann auch nicht darin gesehen werden, dass sich die Gewährleistung der Freiheit von Bildung und Ausbildung an der Universität aus der Funktion des Art. 5 Abs. 3 GG ergibt. Die Funktionen und die Verantwortung von Lehrenden und Lernenden sind divergent. Die Lehrenden, nicht aber die Lernenden entscheiden über die Lehre. Es spricht somit viel dafür, dass das Grundgesetz einerseits die Freiheit der Forschung und Lehre, andererseits nur die freie Wahl der Ausbildungsstätte gewährleisten wollte.[272]

---

268 *Glaser,* Der Staat Bd. 47 (2008), S. 213 (224); *Reich,* HRG, 11. Aufl. 2012, § 4 Rn. 29; *Thieme,* Deutsches Hochschulrecht, 3. Aufl. 2004, Rn. 136.

269 *Reich,* HRG, 11. Aufl. 2012, § 4 Rn. 29.

270 *Geck,* VVDStRL Bd. 27 (1969), S. 143 (157); *Glaser,* Der Staat Bd. 47 (2008), S. 213 (224).

271 *Fries,* Die Rechtsstellung des Studenten innerhalb der wissenschaftlichen Hochschule, 1974, S. 54 ff.; *Geck,* VVDStRL Bd. 27 (1969), S. 143 (157 f.); *Hufen,* Die Freiheit der Kunst in staatlichen Institutionen, 1. Aufl. 1982, S. 315; *Kaufhold,* Die Lehrfreiheit – ein verlorenes Grundrecht?, 2006, S. 203.

272 *Geck,* VVDStRL Bd. 27 (1969), S. 143 (175 Fn. 94).

## III. Zusammenfassung der Ergebnisse

Darüber, dass im Studium notwendige Kenntnisse für eine spätere berufliche und auch wissenschaftliche Tätigkeit erworben werden, besteht allgemeiner Konsens.[273] Der Anteil an wissenschaftlicher Tätigkeit ist gegenüber dem Ziel der reinen Kenntnisvermittlung jedoch nicht ausreichend, um dem Studenten bereits zur Zeit seines Studiums den Schutz des Art. 5 Abs. 3 GG zu garantieren.

Das Studium soll den Studenten in die Lage versetzen, forschend und lehrend tätig zu werden. Dieses Ziel ist jedoch ein zukünftiges, während des Studiums ist dieser Gedanke nicht mehr als eine bloße Theorie. Tatsächlich werden die Studenten während ihres Studiums nicht wissenschaftlich tätig, der Schutzbereich des Art. 5 Abs. 3 GG ist somit auch nicht eröffnet.

Zu Zeiten Wilhelm von Humboldts mag dies anders gewesen sein. Das „Miteinander" von Lehrenden und Lernenden war in dieser Zeit prägend für den wissenschaftlichen Betrieb an den Hochschulen. Die Lernenden lernten von den Lehrenden und aufgrund eines umfassenden Austauschs lernten die Lehrenden gleichzeitig von den Lernenden.

Doch heutzutage ist das Bild des Lehrenden, der mit einer Handvoll Studenten zusammensitzt und wissenschaftliche Aspekte erörtert, aus dem universitären Alltag verschwunden. Es handelt sich um ein Trugbild, dass sich in den Köpfen festgesetzt hat, tatsächlich aber nicht mehr existiert. Der heutige Student verfolgt andere Ziele als der ideale Student zu Zeiten von Humboldts. Heutzutage steht nicht mehr Bildung im Vordergrund eines Studiums, sondern Ausbildung. Stetig wachsende Studentenzahlen, eng gefasste Prüfungs- und Studienordnungen und ein gewandeltes Verständnis vom Zweck des Studiums ließen die Einheit von Lernenden und Lehrenden zerfallen. Im Gewährleistungsgefüge des Art. 5 Abs. 3 GG kann der Lern- und Studierfreiheit daher kein eigenständiger Platz zukommen.[274]

---

273 So argumentiert beispielsweise *Stein,* JA 2002, 253 (256).

274 *Geck,* VVDStRL Bd. 27 (1969), S. 143 (156 ff.); *Kimminich,* DVBl. 1968, 679 (683); *ders.*, WissR Bd. 6 (1973), S. 193 (206 ff.); *Pieroth,* Störung, Streik und Aussperrung an der Hochschule, 1975, S. 140; *Rupp,* VVDStRL Bd. 27 (1969), S. 113 (135); *W. Schmidt,* NJW 1973, 585 (588); *Scholz,* in: Maunz/Dürig, GG, Loseblatt, Stand September 2017, Art. 5 Abs. 3 Rn. 113 – a. A. *Lüthje,* in: Denninger, HRG, 1984, § 3 Rn. 45 f.; *Hauck/Lüthje,* Wissenschaftsfreiheit durch Mitbestimmung, 1970, S. 15, 17 ff., 25 ff.; *Köttgen,* Das Grundrecht der deutschen Universität, 1959, S. 66; *Küchenhoff/Lüthje,* WissR Bd. 2 (1969), S. 226 (234 ff.); *Rinken,* JuS 1968, 257 (262 f.).

Der universitäre Abschluss ist mittlerweile bereits innerhalb eines schmalen Zeitfensters zu erreichen. So erhält man einen Bachelorabschluss innerhalb von drei Jahren, sofern man die einzelnen Module mit der notwendigen Punktzahl abschließt. Auch eine Ausbildung dauert nicht länger. Der Unterschied ist nur, dass bei einer Ausbildung nicht diskutiert wird, von welchem Grundrecht diese geschützt ist. Der heutige Student lernt in erster Linie für seinen Abschluss, ein Ringen um Erkenntnis als Verständnis von Wissenschaft findet im laufenden Hochschulbetrieb nicht mehr statt. Während des Studiums soll der Student vielmehr die Kenntnisse und Fähigkeiten erlernen, die er für die Ausübung eines Berufes mit wissenschaftlicher Prägung benötigt.

Hiergegen kann man sicher einwenden, dass viele Studiengänge nicht auf die Ausübung eines bestimmten Berufes ausgerichtet sind, sondern Kenntnisse vermitteln, die für Tätigkeiten verschiedener Berufsfelder nützlich sind. Dem soll nicht widersprochen werden. Aus diesem Grund ist das vordergründige Ziel des Studiums, dass der Student sich auch außerhalb der Universität und ohne die Anleitung eines Hochschullehrers eine eigene wissenschaftliche Meinung erarbeiten kann. Die Fähigkeiten hierzu werden ihm während seines Studiums vermittelt. Auch in dieser Hinsicht unterscheidet sich das Studium nicht von einer Ausbildung. Wie einem Auszubildenden wird dem Studenten während des Studiums das Handwerkszeug vermittelt, so dass er am Ende des Studiums in der Lage ist, nicht nur bereits vorhandene wissenschaftliche Erkenntnisse zu verstehen, sondern auch eigene wissenschaftliche Erkenntnisse zu erarbeiten.

Mit dem Abschluss eines Studiums ist der Student also befähigt, eigenständig am wissenschaftlichen Prozess teilzunehmen. In dem Moment, in dem der Student tatsächlich in der Wissenschaft tätig wird, steht ihm auch der Schutz der Wissenschaftsfreiheit zu. Doch eben nur ab diesem Moment. Allein der Umstand, dass er zu Wissenschaft, Forschung und Lehre befähigt ist, bedeutet noch nicht, dass der Student sich auch tatsächlich in Forschung und Lehre betätigt. Nur in dem Fall der Ausübung ist der Schutzbereich des Art. 5 Abs. 3 GG eröffnet. Daher hat die bloße Ausübung eines Berufes, den man nach dem Abschluss eines Studiums ergreift, auch nicht zur Folge, dass man sich auf den Grundrechtsschutz der Wissenschaftsfreiheit berufen kann. Ohne wissenschaftlich tätig zu werden, stellt sich die Frage nach dem Grundrechtsschutz aus Art. 5 Abs. 3 GG nicht. Stattdessen ist der Schutzbereich der Berufsfreiheit eröffnet und Eingriffe in die Ausübung eines Berufes werden am Maßstab der Berufsfreiheit geprüft. Es ist die logische Folge, dass den Studenten während des Studiums daher auch der Schutz aus Art. 12 Abs. 1 GG und nicht aus Art. 5 Abs. 3 GG zustehen sollte.

Dieser Umstand zeigt auch auf, dass für die Beurteilung, aus welchem Grundrecht sich die Lern- und Studierfreiheit ableiten lässt, weder auf einen vergangenen noch einen zukünftigen Zeitpunkt abgestellt werden kann. Maßgeblich kann nur die gegenwärtige Betroffenheit sein. Zum Zeitpunkt des Studiums besteht lediglich die abstrakte Möglichkeit, dass der Student zukünftig einmal forschend oder lehrend tätig wird. Dies reicht jedoch nicht aus, um sich auf die Wissenschaftsfreiheit berufen zu können. Dies gilt insbesondere vor dem Hintergrund, dass ein Großteil der Studenten nach dem Studienabschluss nicht in der Wissenschaft tätig werden wird, sei es, weil sie ihr Studium nicht abschließen, oder, weil sie keine Wissenschaft betreiben wollen.

Ungeachtet dessen darf aber nicht verkannt werden, dass ein Student, der unabhängig von seinem Studium forschend tätig wird, sich auf den Schutz der Wissenschaftsfreiheit berufen kann. Allein der Umstand, dass er an einer Universität eingeschrieben ist, führt nicht dazu, dass ihm der Grundrechtsschutz von Art. 5 Abs. 3 GG nicht zusteht. Nur die Lern- und Studierfreiheit, die ihm im Rahmen seines Studiums verfassungsrechtlich garantierten Schutz garantiert, steht ihm nicht aus Art. 5 Abs. 3 GG zu, sondern aus Art. 12 Abs. 1 GG.

Dass die Lern- und Studierfreiheit vom Schutzbereich des Art. 12 Abs. 1 GG umfasst sein muss, zeigt auch der Umstand, dass das Studium zunehmend als notwendiger Bestandteil der Berufsausbildung angesehen wird. Die Wissenschaft als eine methodische Erkenntnissuche tritt immer mehr in den Hintergrund. Die Wissenschaftsfreiheit schützt zwar jeden, der darlegen kann, dass er nicht nur Erkenntnisse anwenden, sondern sie auf systematische und kritische Weise gewinnen will.[275] Auf den Studenten, der das Studium lediglich als Vorbereitung auf die Ausübung eines späteren Berufs ansieht, trifft dies jedoch nicht zu. Eine solche Einstellung lässt wenig Raum für die Suche nach neuen Erkenntnissen. Im Vordergrund steht allein das Erlernen von bereits gewonnenen Kenntnissen und ihrer Anwendung.

So stimmt es zwar, dass die Lern- und Studierfreiheit ein tatsächliches Korrelat[276] oder auch Spiegelbild[277] der Lehrfreiheit bildet. In dieser Eigenschaft ist die Lern- und Studierfreiheit jedoch nicht mehr als ein rechtlicher Reflex der

---

275 Siehe dazu *Fries*, Die Rechtstellung der Studenten innerhalb der wissenschaftlichen Hochschule, 1974, S. 56; *Geck*, VVDStRL Bd. 27 (1969), S. 143 (158 f.).

276 *Geck*, VVDStRL Bd. 27 (1969), S. 143 (156).

277 *Köttgen*, Grundrecht der deutschen Universität, 1959, S. 66.

Lehrfreiheit.[278] Als ein zur Lehrfreiheit gleichrangiges Komplementärrecht kann die Lern- und Studierfreiheit gerade nicht qualifiziert werden.[279] Die Lehrfreiheit steht als ein subjektives Individualrecht nur den Lehrenden zu. Der Dialog allein führt nicht dazu, dass dem Lernenden als Gegenüber im dialogischen Prozess ein eigenständiges Recht subjektiver Lern- und Studierfreiheit zugesprochen werden kann.[280]

Die Lern- und Studierfreiheit ist somit nicht von Art. 5 Abs. 3 GG geschützt.

## C. Die Lern- und Studierfreiheit als ein Bestandteil der Berufsfreiheit

Da die Lern- und Studierfreiheit nicht als eine von Art. 5 Abs. 3 GG garantierte Freiheit verstanden werden kann, führt dies zwangsläufig zu der Frage, ob diese stattdessen als eine vom Schutzbereich des Art. 12 Abs. 1 GG erfasste Freiheit anzuerkennen ist.

### I. Die Gewährleistungsinhalte der Lern- und Studierfreiheit – Eröffnung des sachlichen Schutzbereichs

Der sachliche Schutzbereich eines Grundrechts umfasst grundsätzlich alle Handlungen, Lebensräume sowie Einrichtungen, die gegen ungerechtfertigte staatliche Eingriffe geschützt sind.[281] Dieser durch ein Grundrecht gewährleistete Schutz wirkt in der Gestalt von subjektiven Rechten.[282] Als ein solches von Art. 12 Abs. 1 GG geschütztes Recht könnte die Lern- und Studierfreiheit einzuordnen sein.

---

278 *Kimminich*, WissR Bd. 6 (1973), S. 193 (211).

279 *Scholz*, in: Maunz/Dürig, GG, Loseblatt, Stand September 2017, Art. 5 Abs. 3 Rn. 113; für ein Komplementärrecht aber *Nitsch/Gerhard/Offe/Preuß*, Hochschule in der Demokratie, 1965, S. 202 ff.; *Mallmann/Strauch*, Verfassungsgarantie in der freien Wissenschaft, 1970, S. 70, 87 ff., 163.

280 *Scholz*, in: Maunz/Dürig, GG, Loseblatt, Stand September 2017, Art. 5 Abs. 3 Rn. 113.

281 *Hufen*, Staatsrecht II, 6. Aufl. 2017, § 6 Rn. 2. Die Fragestellung ist immer die gleiche, auch wenn in anderen Darstellungen von „Grundrechtsinhalt“ (so *Ipsen*, Staatsrecht II, 20. Aufl. 2017, Rn. 124) oder „Grundrechtstatbestand“ (so *Sachs*, Verfassungsrecht II – Grundrechte, 3. Aufl. 2017, Kap. 7 Rn. 1 ff.) die Rede ist.

282 *Kingreen/Poscher*, Grundrechte – Staatsrecht II, 33. Aufl. 2017, Rn. 259; *Rusteberg*, Der grundrechtliche Gewährleistungsbereich, 2009, S. 232 f.

### *1. Die Lern- und Studierfreiheit als Schutzgut des Art. 12 Abs. 1 GG*

Wie bereits dargestellt, besteht ein eigenständiges Grundrecht der Lern- und Studierfreiheit nicht.[283] Sie könnte aber, sofern ihre einzelnen Handlungen in dessen sachlichen Schutzbereich fallen, durch Art. 12 Abs. 1 GG geschützt sein.[284]

Art. 12 Abs. 1 GG wird zwar als einheitliches Grundrecht der Berufsfreiheit verstanden.[285] Davon umfasst ist auch die Gewährleistung der Berufsausbildung als Vorstufe der Berufsausübung.[286] Obwohl der Wortlaut des Art. 12 Abs. 1 GG dem Schutzbereich nur die freie Wahl der Ausbildungsstätte unterstellt, sieht das BVerfG ein „Abwehrrecht gegen Freiheitsbeschränkungen im Ausbildungswesen" dennoch in diesem Grundrecht verbürgt.[287]

Der Bezug der Lern- und Studierfreiheit zu Art. 12 Abs. 1 GG folgt aus dem besonderen Charakter der akademischen Ausbildung als wissenschaftliche Berufsausbildung.[288] Hochschulen dienen nicht nur der Pflege der Wissenschaft,

---

283 *Glaser*, Der Staat Bd. 47 (2008), S. 213 (224); *Lindner*, in: Hartmer/Detmer, Hochschulrecht, 3. Auf. 2017, Kap. 11 Rn. 17; *Scholz*, in: Maunz/Dürig, GG, Loseblatt, Stand September 2017, Art. 12 Rn. 183.

284 So *Gärditz*, WissR Bd. 40 (2007), S. 67 (71); *Glaser*, Der Staat Bd. 47 (2008), S. 213 (224); *Scholz*, in: Maunz/Dürig, GG, Loseblatt, Stand September 2017, Art. 12 Rn. 18.

285 BVerfGE 7, 377 (399 ff.); *Jarass*, in: Jarass/Pieroth, GG, 14. Aufl. 2016, Art. 12 Rn. 27; *Wieland*, in: Dreier, GG, Bd. I, 3. Aufl. 2013, Art. 12 Rn. 28.

286 BVerfGE 7, 377 (401 f.); 33, 303 (329 f.); 92, 140 (151); *Hofmann*, in: Schmidt-Bleibtreu/Hofmann/Hopfauf, GG, 14. Aufl. 2018, Art. 12 Rn. 35; *Kloepfer*, Verfassungsrecht, Bd. II, 2010, § 70 Rn. 65; *Mann*, in: Sachs, GG, 8. Aufl. 2018, Art. 12 Rn. 14; *Manssen*, Staatsrecht II, 14. Aufl. 2017, Rn. 600, 626; *Scholz*, in: Maunz/Dürig, GG, Loseblatt, Stand September 2017, Art. 5 Abs. 3 Rn. 25; *Stern*, Staatsrecht, Bd. IV/1, 2006, S. 1769 f.

287 BVerfGE 33, 303 (329); so auch BVerwG NJW 1999, 1728 f.; *Epping*, WissR Bd. 45 (2012), S. 112 (121); *Kingreen/Poscher*, Grundrechte – Staatsrecht II, 33. Aufl. 2017, Rn. 947; *Stern*, Staatsrecht, Bd. IV/1, 2006, S. 1769 f.

288 BVerwG NJW 1999, 1728 (1729); *Gärditz*, WissR Bd. 40 (2007), S. 67 (71); *Geis*, in: ders., Hochschulrecht im Freistaat Bayern, 2009, Kap. II Rn. 35; *Glaser*, Der Staat Bd. 47 (2008), S. 213 (224 f.); *Hailbronner*, Die Freiheit der Forschung und Lehre als Funktionsgrundrecht, 1979, S. 204 f.; *Jarass*, in: Jarass/Pieroth, GG, 14. Aufl. 2016, Art. 5 Rn. 140, Art. 12 Rn. 95; *Kimminich*, in: Flämig/u.a., Handbuch des Wissenschaftsrechts, Bd. 1, 2. Aufl. 1996, S. 139 f.; *Mager*, in: Isensee/Kirchhof, Handbuch des Staatsrechts, Bd. VII, 3. Aufl. 2009, § 166 Rn. 15; *Mallmann/Strauch*, Die Verfassungsgarantie der freien Wissenschaft, 1970, S. 87 ff.; *von Münch/Mager*, Staatsrecht II, 6. Aufl. 2014, Rn. 515; *Reich*, HRG, 11. Aufl. 2012, § 4 Rn. 29; *Schmidt*, NJW 1973, 585 (588); *Scholz*, in: Maunz/Dürig, GG, Loseblatt, Stand September 2017, Art. 12 Rn. 183; *Scholz*, in: Maunz/Dürig, GG, Loseblatt, Stand September 2017, Art. 5 Abs. 3

sondern ihnen kommt auch die Funktion von Ausbildungsstätten für bestimmte Berufe zu.[289]

In seiner traditionellen Abwehrfunktion schützt die Ausbildungsfreiheit die freie Wahl des Ausbildungsziels und der konkreten Ausbildungsstätte vor jeglicher staatlicher Intervention sowie alle mit der Ausbildung verbundenen Tätigkeiten wie die Teilnahme am Unterricht oder an Prüfungen.[290] Als Ausbildungsstätte wird jede berufsbezogene Einrichtung bezeichnet, die als private oder öffentliche Stelle Kenntnisse und Fähigkeiten für bestimmte Berufe oder Berufsgruppen vermittelt und dabei über das Angebot allgemeiner Bildung und der vorgeschriebenen Schulbildung hinausgeht.[291] Universitäten und Fachhochschulen stellen solche Einrichtungen im klassischen Sinn dar.[292] Demzufolge ist auch das Studium an einer Hochschule vom Schutzbereich des Art. 12 Abs. 1 GG umfasst.[293] Geschützt ist die Freiheit der Studenten, zwischen verschiedenen

---

Rn. 179; Strauch, Staatliche und akademische Prüfungsordnungen, 1978, S. 197 f.; *Wulfhorst*, DVBl. 1968, 686 (687).

289 BVerfGE 126, 1; VGH Mannheim, Urt. v. 21.11.2017 – 9 S 1145/16, BeckRS 2017, 133435 Rn. 38.

290 BVerfGE 33, 303 (329); *Glaser*, Der Staat Bd. 47 (2008), S. 213 (225); *Jarass*, in: Jarass/Pieroth, GG, 14. Aufl. 2016, Art. 12 Abs. 95; *Kingreen/Poscher*, Grundrechte – Staatsrecht II, 33. Aufl. 2017, Rn. 947; *Mann*, in: Sachs, GG, 8. Aufl. 2018, Art. 12 Rn. 18, 91 f.; *Ruffert*, in: Epping/Hillgruber, GG, 2. Aufl. 2013, Art. 12 Rn. 46; *Stern*, Staatsrecht, Bd. IV/1, 2006, S. 1824; *Wieland*, in: Dreier, GG, Bd. I, 3. Aufl. 2013, Art. 12 Rn. 47.

291 BVerfGE 33, 303 (329); 41, 251 (261); 59, 172 (205 f.); *Jarass*, in: Jarass/Pieroth, GG, 14. Aufl. 2016, Art. 12 Rn. 94, *Mann*, in: Sachs, GG, 8. Aufl. 2018, Art. 12 Rn. 89; *Manssen*, in: von Mangoldt/Klein/Starck, GG, Bd. 1, 6. Aufl. 2010, Art. 12 Rn. 61.

292 BVerfGE 33, 303 (329); BVerwGE 47, 330 (332); *Jarass*, in: Jarass/Pieroth, GG, 14. Aufl. 2016, Art. 12 Rn. 94; *Mann*, in: Sachs, GG, 8. Aufl. 2018, Art. 12 Rn. 18, 91 f.; *Ruffert*, in: Epping/Hillgruber, GG, 2. Aufl. 2013, Art. 12 Rn. 45; *Wieland*, in: Dreier, GG, Bd. I, 3. Aufl. 2013, Art. 12 Abs. 47.

293 *Geis*, in: ders., Hochschulrecht in Bayern, 2009, 2. Kap. Rn. 34; *Jarass*, in: Jarass/Pieroth, GG, 14. Aufl. 2016, Art. 12 Rn. 95; *Karpen*, Hochschulplanung und Grundgesetz, Bd. 2, 1987, S. 589; *Lindner*, in: Hartmer/Detmer, Hochschulrecht, 3. Aufl. 2017, Kap. 11 Rn. 17; *Ruffert*, in: Epping/Hillgruber, GG, 2. Aufl. 2013, Art. 12 Rn. 46; *Scholz*, in: Maunz/Dürig, GG, Loseblatt, Stand September 2017, Art. 5 Abs. 3 Rn. 179; *Tettinger/Mann*, in: Sachs, GG, 8. Aufl. 2018, Art. 12 Rn. 91; *Wieland*, in: Dreier, GG, Bd. I, 3. Aufl. 2013, Art. 12 Rn. 46; a. A. *Epping*, WissR Bd. 45 (2012), S. 112 (121), der unter Rückgriff auf das BVerfG die Frage nach der Anwesenheit in Lehrveranstaltungen vom Gewährleistungsbereich des Rechts auf freie Wahl der Ausbildungsstätte nicht erfasst sehen will. Als Grund führt er an, dass das BVerfG unter Rückgriff auf die Genese betone, dass die freie Wahl der Ausbildungsstätte „ihrer Natur nach auf

Hochschulen zu wählen, bei den Hochschullehrern ihrer Wahl Veranstaltungen zu besuchen und auch den sonstigen mit dem Studium verbundenen Tätigkeiten nachzukommen.[294]

Die Lern- und Studierfreiheit ist damit als Teil der Ausbildungsfreiheit anzuerkennen und unterfällt dem Schutzbereich des Art. 12 Abs. 1 GG.[295] Dies hat allerdings zur Folge, dass es sich bei der Ausbildungsfreiheit nicht um die Garantie einer spezifischen Studierfreiheit handelt, wie es bei einer Verortung in Art. 5 Abs. 3 GG der Fall wäre.[296] Stattdessen steht die Lern- und Studierfreiheit gleichrangig neben den anderen Schutzgütern des Art. 12 Abs. 1 GG.[297] Hinzu kommt,

---

freien Zugang zu Einrichtungen ziele" (BVerfGE 33, 303 [331, 329]). Der Zugang zu einer Einrichtung werde durch die Festsetzung einer Anwesenheitspflicht gerade nicht beeinträchtigt. *Epping* will stattdessen den Schutzbereich der Berufsfreiheit für eröffnet erklären (WissR Bd. 45 (2012), S. 112 (114)), denn die Aufnahme eines Berufs sei eng mit dem Abschluss eines Studiums verbunden. Alle Regelungen, welche die freie Aufnahme und Ausübung eines Studiums begrenzen, würden dadurch einen Eingriff darstellen. Da es sich bei der Berufsfreiheit aber um ein einheitliches Grundrecht handelt, kann die Frage, welches konkrete Schutzgut betroffen ist, letztlich dahinstehen. Die verfassungsrechtliche Rechtfertigung eines Eingriffs in Art. 12 Abs. 1 GG unterscheidet sich insoweit nämlich nicht.

294 BVerfGE 45, 393 (397 f.); 62, 117 (146); BVerwG NJW 1999, 1728 (1729); *Epping*, WissR Bd. 45 (2012), S. 212 (121); *Glaser*, Der Staat Bd. 47 (2008), S. 213 (225); *Jarass*, in: Jarass/Pieroth, GG, 14. Aufl. 2016, Art. 12 Rn. 95; *Mann*, in: Sachs, GG, 8. Aufl. 2018, Art. 12 Rn. 91; *Ruffert*, in: Epping/Hillgruber, 2. Aufl. 2013, Art. 12 Rn. 46.

295 *Geck*, VVDStRL Bd. 27 (1969), S. 143 (156); *Glaser*, Der Staat Bd. 47 (2008), S. 213 (225); *Haug*, in: von Coelln/Haug, BeckOK Hochschulrecht Baden-Württemberg, 6. Edition, Stand 01.11.2017, § 3 Rn. 18; *Lindner*, in: Hartmer/Detmer, Hochschulrecht, 3. Aufl. 2017, Kap XI Rn. 17; *Mallmann/Strauch*, die Verfassungsgarantie der freien Wissenschaft, 1970, S. 69; *von Münch/Mager*, Staatsrecht II, 6. Aufl. 2014, Rn. 515; *Schemmer*, in: von Coelln/Schemmer, BeckOK Hochschulrecht NRW, 5. Edition, Stand 01.11.2017, § 4 Rn. 18; *W. Schmidt*, NJW 1973, 585 (588); *Scholz*, in: Maunz/Dürig, GG, Loseblatt, Stand September 2017, Art. 12 Rn. 183; *Strauch*, Staatliche und akademische Prüfungsordnungen, 1978, S. 197; a.A: *Köttgen*, das Grundrecht der deutschen Universität, 1959, S. 66.

296 *Glaser*, Der Staat Bd. 47 (2008), S. 213 (225), der aber darauf verweist, dass in zahlreichen Fällen im Ergebnis identischer Grundrechtsschutz erlangt werden wird. Dieser bestehe jedoch nur auf Augenhöhe mit sonstigen Ausbildungsgängen.

297 BVerfGE 33, 300 (329); *Epping*, WissR Bd. 45 (2012), S. 112 (114); *Gärditz*, WissR Bd. 40 (2007), 67 (71); *Glaser*, Der Staat Bd. 47 (2008), S. 213 (224 f.); *Jeremias*, in: Niehues/Fischer/Jeremias, Prüfungsrecht, 6. Aufl. 2014, Rn. 4; *Lindner*, in: Hartmer/Detmer, Hochschulrecht, 3. Aufl. 2017, Kap. 11 Rn. 17; *Reich*, HRG, 11. Aufl. 2012, § 4

dass Beschränkungen der beruflichen Ausbildung oder des schulischen Weges dorthin stets an der Schranke des Art. 12 Abs. 1 S. 2 GG zu messen ist.[298]

## *2. Die geschützten Inhalte der Lern- und Studierfreiheit*

Aus der Erkenntnis, dass die Lern- und Studierfreiheit von Art. 12 Abs. 1 GG umfasst ist, lassen sich jedoch noch keine Rückschlüsse darauf ziehen, ob auch das Fernbleiben von einer akademischen Lehrveranstaltung dem Schutzbereich unterfällt. Die Lern- und Studierfreiheit ist kein absolutes Recht. Vielmehr erfolgt der Grundrechtsschutz primär funktionsbezogen.[299]

„*Lernfreiheit*" der Studenten meint die akademische Freiheit im Sinne der Selbstverantwortlichkeit der Studenten im Hinblick auf die Studiengestaltung.[300] Sie umfasst daher nicht nur die Freiheit zu lernen oder nicht zu lernen,[301] sondern beinhaltet auch eine Vielzahl von Einzelfreiheiten.[302]

Geschützt ist die freie Wahl der Ausbildungsstätte sowie des Studienfachs.[303] Dem Studenten wird das Recht zugesprochen, sein Studium selbstständig und

---

Rn. 29; *Scholz*, in: Maunz/Dürig, GG, Loseblatt, Stand September 2017, Art. 5 Abs. 3 Rn. 113, 179.

298 *Fries*, Die Rechtstellung der Studenten innerhalb der wissenschaftlichen Hochschule, 1974, S. 91 f.; *Glaser*, Der Staat Bd. 47 (2008), S. 213 (225); *Scholz*, in: Maunz/Dürig, GG, Loseblatt, Loseblatt, Stand September 2017, Art. 5 Abs. 3 Rn. 179; *Stern*, Staatsrecht, Bd. IV/1, 2006, S. 1827.

299 *Karpen*, Hochschulplanung und Grundrechte, Bd. 2, 1978, S. 627; *Mallmann/Strauch*, Die Verfassungsgarantie der freien Wissenschaft, 1970, S. 54 f.; *Strauch*, Staatliche und akademische Prüfungsordnungen, 1978, S. 201 f.

300 *Gerber*, Das Recht der wissenschaftlichen Hochschulen, Bd. 1, 1965, S. 121.

301 *Fries*, Die Rechtsstellung des Studenten innerhalb der wissenschaftlichen Hochschule, 1974, S. 53.

302 *Kempen*, in: Hartmer/Detmer, Hochschulrecht, 3. Aufl. 2017, Kap. 1 Rn. 98; *Krause*, in: Flämig/u.a., Handbuch des Wissenschaftsrechts, Bd. 1, 2. Aufl. 1996, S. 551; *Starck*, in: von Mangoldt/Klein/Starck, GG, 6. Aufl. 2010, Bd. 1, Art. 5 Rn. 379; *Thieme*, Deutsches Hochschulrecht, 3. Aufl. 2004, Rn. 848.

303 BVerfGE 33, 303 (329); VG Karlsruhe Urt. v. 17.9.2004 – Az. 7 K 735/03; *Glaser*, Der Staat Bd. 47 (2008), S. 213 (225); *Hauck/Lüthje*, Wissenschaft durch Mitbestimmung, 1970, S. 17; *Rinken*, JuS 1968, 257 (261); *Strauch*, Staatliche und akademische Prüfungsordnungen, 1978, S. 197; *Thieme*, Deutsches Hochschulrecht, 3. Aufl. 2004, S. 99 f. *Karpen*, Hochschulplanung und Grundgesetz, Bd. 2, 1987, S. 589 stellt die Aufnahme an einer Hochschule unter das Erfordernis, die leistungsmäßigen Voraussetzungen zu erfüllen. Eine zahlenmäßige Begrenzung des Hochschulzugangs im Allgemeinen oder des Studiums bestimmter Fächer nur zum Zweck der Studien- und Berufslenkung sei daher unzulässig. So auch BVerfGE 33, 303 (332).

nach eigenen Vorstellungen zu gestalten.[304] Von dieser Gestaltungsfreiheit umfasst ist nicht nur die Wahl der einzelnen Lehrveranstaltungen und Hochschullehrer,[305] sondern auch das Setzen selbstgewählter Schwerpunkte im Rahmen des Studiengangs[306] und die selbstständige Festlegung der Prüfungszeitpunkte.[307] Das Studium muss nicht auf ein anerkanntes Berufsbild hin angelegt werden. Stundenpläne stellen im Allgemeinen nur eine Empfehlung für die Studenten dar.[308] Daher muss der Student auch nur an denjenigen Veranstaltungen teilnehmen, die er für am besten geeignet hält.[309] Ihm steht es sogar frei,

---

304 *Horneber/Penz*, WissR Bd. 47 (2014), S. 150 (165 f.); *Kempen*, in: Hartmer/Detmer, Hochschulrecht, 3. Aufl. 2017, Kap. 1 Rn. 98; *Thieme*, Deutsches Hochschulrecht, 3. Aufl. 2004, Rn. 99.

305 *Aulehner*, in: von Coelln/Lindner, BeckOK Hochschulrecht Bayern, 7. Edition, Stand 01.11.2017, Art. 3 Rn. 17; *Fries*, Die Rechtsstellung des Studenten innerhalb der wissenschaftlichen Hochschule, 1974, S. 53; *Hailbronner*, Die Freiheit der Forschung und Lehre als Funktionsgrundrecht, 1979, S. 204; *Hauck/Lüthje*, Wissenschaft durch Mitbestimmung, 1970, S. 17; *Kempen*, in: Hartmer/Detmer, Hochschulrecht, 3. Aufl. 2017, Kap. 1 Rn. 19, 98; *Krause*, in: Flämig/u.a., Handbuch des Wissenschaftsrechts, Bd. 1, 2. Aufl. 1996, S. 551; *Küchenhoff/Lüthje*, WissR Bd. 2 (1969), S. 226 (235); *Mallmann/Strauch*, Die Verfassungsgarantie der freien Wissenschaft, 1970, S. 87; *M. Müller*, Lernfreiheit und Lehrfreiheit, 1911, S. 251 f., 268 f.; *Rinken*, JuS 1968, 260 (261); *W. Schmidt*, NJW 1973, 585 (588); *Starck*, in: von Mangoldt/Klein/Starck, GG, Bd. 1, 6. Aufl. 2010, Art. 5 Abs. 3 Rn. 380; *Thieme*, Deutsches Hochschulrecht, 3. Aufl. 2004, Rn. 848.

306 *Aulehner*, in: von Coelln/Lindner, BeckOK Hochschulrecht Bayern, 7. Edition, Stand 01.11.2017, Art. 3 Rn. 21; *T. Bauer*, Wissenschaftsfreiheit in Lehre und Studium, 1980, S. 142 ff.; *Fehling*, in: Kahl/Waldhoff/Walter, Bonner Kommentar zum Grundgesetz, Loseblatt, Stand März 2004, Art. 5 Abs. 3 (Wissenschaftsfreiheit) Rn. 100; *M. Müller*, Lernfreiheit und Lehrfreiheit, 1911, S. 251 f.; *Schemmer*, in: von Coelln/Schemmer, BeckOK Hochschulrecht NRW, 5. Edition, Stand 01.11.2017, § 4 Rn. 18.

307 *Kempen*, in: Hartmer/Detmer, Hochschulrecht, 3. Aufl. 2017, Kap. 1 Rn. 98; *Krause*, in: Flämig/u.a., Handbuch des Wissenschaftsrechts, Bd. 1, 2. Aufl. 1996, S. 552 f.

308 Die Bildung zwingender Studienpläne und Prüfungsordnungen steht zu diesen Gewährleistungen in direktem Widerspruch. Daher enthalten die Stundenpläne lediglich grundlegende Regelungen, welche die Konzeption des Studiengangs erläutern; *Kempen*, in: Hartmer/Detmer, Hochschulrecht, 3. Aufl. 2017, Kap. 1 Rn. 98; *Rinken*, JuS 1968, 257 (261).

309 BVerfG NJW 1999, 1728; *Geis*, in: ders., Hochschulrecht im Freistaat Bayern, 2009, Kap. II Rn. 6; *Glaser*, Der Staat Bd. 47 (2008), S. 213 (225).

fachfremde Lehrveranstaltungen zu besuchen.[310] Der verantwortungsvolle Aufbau eines Studiums wird in die Hände des Studenten gelegt.[311]

Die Lern- und Studierfreiheit begründet aber auch ein Abwehrrecht gegen Beeinträchtigungen durch staatliche und universitäre Gewalt.[312] Geschützt sind die aktive Teilnahme des Studenten an der wissenschaftlichen Lehre und das Recht zur Erarbeitung und Äußerung wissenschaftlicher und künstlerischer Meinungen.[313] Die Studenten können die wissenschaftliche Lehre annehmen oder sie ablehnen.[314] Sie sind berechtigt, wissenschaftlich begründbare Kritik zu

---

310 *Schemmer*, in: von Coelln/Schemmer, BeckOK Hochschulrecht NRW, 5. Edition, Stand 01.11.2017, § 4 Rn. 20. *Geis*, in: ders., Hochschulrecht im Freistaat Bayern, 2009, Kap. II Rn. 6, stellt dieses Recht zugleich unter den Vorbehalt der Kapazitätsgrenzen. Nach *Aulehner*, in: von Coelln/Lindner, BeckOK Hochschulrecht Bayern, 7. Edition, Stand 01.11.2017, Art. 3 Rn. 20 beschränkt sich die freie Wahl der Lehrveranstaltung auf die Lehrveranstaltungen des Studiengangs, in dem die Studenten immatrikuliert sind.

311 VG Karlsruhe Urt. v. 17.9.2004 – Az. 7 K 735/03; *Glaser*, Der Staat Bd. 47 (2008), S. 213 (225); *Jarass*, in: Jarass/Pieroth, GG, 14. Aufl. 2016, Art. 12 Rn. 93; *Kempen*, in: Hartmer/Detmer, Hochschulrecht, 3. Aufl. 2017, Kap. 1 Rn. 98; *Köttgen*, Das Grundrecht der deutschen Universität, 1959, S. 65; *Rinken*, JuS 1968, 257 (261); *Thieme*, Deutsches Hochschulrecht, 3. Aufl. 2004, S. 99. Eine Einschränkung erfährt dieses Recht allerdings durch die einschlägigen Studien- und Prüfungsordnungen, *Geis*, in: ders., Hochschulrecht im Freistaat Bayern, 2009, Kap. II Rn. 6; *Kempen*, in: Hartmer/Detmer, Hochschulrecht, 3. Aufl. 2017, Kap. 1 Rn. 98. Nach *Thieme*, Deutsches Hochschulrecht, 3. Aufl. 2004, S. 99 f. ist der Student in einem gewissen Rahmen an ein organisiertes System gebunden, das von bestimmten Studienabschlüssen ausgeht und die einzelnen Elemente des Studiums auf diese Prüfungen hin organisiert.

312 BVerfGE 33, 303 (329); *Manssen*, in: von Mangoldt/Klein/Starck, GG, Bd. 1, 6. Aufl. 2006, Art. 12 Rn. 4 ff.; *Rinken*, JuS 1968, 260 (260 f.); *Wieland*, in: Dreier, GG, Bd. I, 3. Aufl. 2013, Art. 12 Rn. 47.

313 OVG Hamburg NVwZ 1982, 448 f.; *Kempen*, in: Hartmer/Detmer, Hochschulrecht, 3. Aufl. 2017, Kap. 1 Rn. 98; *Starck*, in: von Mangoldt/Klein/Starck, GG, Bd. 1, 6. Aufl. 2010, Art. 5 Abs. 3 Rn. 380; *Thieme*, Deutsches Hochschulrecht, 3. Aufl. 2004, Rn. 848; a.A. *Fehling*, in: Kahl/Waldhoff/Walter, Bonner Kommentar zum Grundgesetz, Loseblatt, Stand März 2004, Art. 5 Abs. 3 (Wissenschaftsfreiheit) Rn. 99; *Glaser*, Der Staat Bd. 47 (2008), S. 213 (222); *Stein*, JA 2002, 253 (256 ff.), allerdings teilweise mit sehr weitreichenden Folgerungen. Auf die Lehrveranstaltungen bezogen, freilich nur zur Begründung einer zulässigen gesetzlichen Beschränkung der Lehrfreiheit, nicht als subjektives Recht der Studenten, BVerfGE 55, 37 (67).

314 *Kempen*, in: Hartmer/Detmer, Hochschulrecht, 3. Aufl. 2017, Kap. 1 Rn. 19.

üben, Fragen zu stellen und Diskussionen zu beginnen.[315] Dies beinhaltet auch die Gelegenheit zur selbstständigen Vertiefung und Vorbereitung.[316]

Im Studium sollen die Studenten ihre eigene Persönlichkeit entwickeln.[317] Aus diesem Grund ist der Student in der Universität als einer Schule des „wissenschaftlichen Verstandesgebrauchs"[318] als eigenverantwortliches, selbstbestimmtes Subjekt im Prozess der Bildung durch Wissenschaft anerkannt.[319]

Diesen Stellenwert besitzt der Student jedoch nicht ohne Einschränkungen. Er verletzt seine akademischen Pflichten, sobald er nicht nur einzelnen Lehrveranstaltungen aus dem Weg geht, sondern sein ganzes Studium vernachlässigt.

---

315 *Geis*, in: ders., Hochschulrecht im Freistaat Bayern, 2009, Kap. II Rn. 38; *Kempen*, in: Hartmer/Detmer, Hochschulrecht, 3. Aufl. 2017, Kap. 1 Rn. 98. Eine Grenze besteht allerdings dahingehend, dass die Lernfreiheit zwar die Teilnahme an der Lehre schützt, sich daraus aber kein Recht auf Mitbestimmung über die Inhalte einer Lehrveranstaltung ableiten lässt. Die Lernfreiheit räumt dem Studenten kein Mitbestimmungsrecht über Form, Methode und Inhalt der Lehrveranstaltung ein. So *Geis*, in: ders., Hochschulrecht im Freistaat Bayern, 2009, Kap. 2 Rn. 38; *Kimminich*, DVBl. 1968, 679 (683); *Pieroth*, Störung, Streik, Aussperrung an der Hochschule, 1976, S. 140 ff.; *H.-H. Trute*, Die Forschung zwischen grundrechtlicher Freiheit und staatlicher Institutionalisierung, 1994, S. 132. Die Ausgestaltung einer Lehrveranstaltung steht grundsätzlich den Dozenten zu. Dieses durch Art. 5 Abs. 3 GG gewährleistete Recht garantiert ihnen, dass sie keinen Vorgaben seitens der Studenten unterliegen, *H.-H. Trute*, Die Forschung zwischen grundrechtlicher Freiheit und staatlicher Institutionalisierung, 1994, S. 131 f.; ergänzend *Rupp*, WissR Bd. 27 (1969), S. 113 (123).

316 *Horneber/Penz*, WissR Bd. 47 (2014), S. 150 (165); *Reich*, HRG, 11. Aufl. 2010, § 4 Rn. 32.

317 In der Regel wird das bestandene Abitur als Zugangsberechtigung zu einem Hochschulstudium vorausgesetzt. Bereits in der Vergangenheit lag der Sinn des Abiturs in der Bestätigung, dass der Student in der Lage sein wird, die Anforderungen eines Studiums bewältigen zu können; *Hauck/Lüthje*, Wissenschaft durch Mitbestimmung, 1970, S. 17; *Löwer*, in: Merten/Papier, Handbuch der Grundrechtechte, Bd. IV 2011, § 99 Rn. 67; *Löwer*, in: Winkler, Festschrift für Meusel, 1997, S. 175 ff.; *Starck*, in: von Mangoldt/Klein/Starck, GG, Bd. 1, 6. Aufl. 2010, Art. 5 Abs. 3, Rn. 380.

318 *Rüegg*, in: Krieg/Rose, Festschrift für *H. H. Schmid*, 1997, S. 155 ff.

319 *Löwer*, in: Merten/Papier, Handbuch der Grundrechte, Bd. IV, 2011, § 99 Rn. 67; einschließlich der historischen Perspektive zuletzt *Glaser*, Der Staat Bd. 47 (2008), S. 212 (213 ff.). Zu beachten ist jedoch, dass wegen des Begriffs des Studiums vom Schutzbereich der Lern- und Studierfreiheit nur bereits immatrikulierte Studenten erfasst sind. Nicht zum Schutzbereich gehört damit die vorgelagerte Frage des Hochschulzugangs, vgl. *Haug*, in: von Coelln/Haug, BeckOK Hochschulrecht Baden-Württemberg, 6. Edition, Stand 01.11.2017, § 3 Rn. 19.

Die Lern- und Studierfreiheit ist „*kein Privileg der Faulen*".[320] Da es niemanden gibt, der den Studenten zum Gehorsam anhält, muss er das Risiko studentischer Faulheit selber tragen. Der Schutz der Lern- und Studierfreiheit steht ihm dann jedoch nicht mehr zu. Geschützt sind die umfassenden Anstrengungen des Studenten, sein Studium erfolgreich zu beenden. Sollte er dennoch scheitern und beendet das Studium nicht mit einem Abschluss, wird ihm der Grundrechtsschutz nicht rückwirkend entzogen.[321]

Ist die Teilnahme an einer Lehrveranstaltung geschützt, muss auch das Recht, der Lehrveranstaltung fern zu bleiben, vom Schutzbereich umfasst sein.[322] Hierfür spricht, dass dem Studenten die Teilnahme an der Lehrveranstaltung sowie das Maß, in dem er sich beteiligen möchte, freisteht.[323] Lehnen Studenten die Lehrmeinung einzelner Lehrender ab und betrachten sie die Lehre als nicht gewinnbringend für ihr Studium, muss es ihnen überlassen bleiben, eine andere Lehrveranstaltung aufzusuchen oder von einer weiteren Teilnahme abzusehen, um sich das Wissen auf andere Weise anzueignen.[324] Auch das Selbststudium unterfällt dem Schutzbereich.[325] Die Festsetzung einer echten Studierpflicht als „obligatio perfecta" wäre mit der Lern- und Studierfreiheit nicht vereinbar.[326]

---

320 *Köttgen*, Das Grundrecht der deutschen Universität, 1959, S. 66.

321 *Köttgen*, Das Grundrecht der deutschen Universität, 1959, S. 65 f.

322 BGH Mannheim, Urt. v. 21.11.2017, 9 S 1145/16, BeckRS 2017, 133435 Rn. 36; *Böttner*, SächsVBl. 2015, 244 (246); *Epping*, WissR Bd. 45 (2012), S. 112.

323 *T. Bauer*, Wissenschaftsfreiheit in Lehre und Studium, 1980, S. 133; *Horneber/Penz*, WissR Bd. 47 (2014), S. 150 (166); *Maack*, DVBl. 1955, 140 (141).

324 *T. Bauer*, Wissenschaftsfreiheit in Lehre und Studium, 1980, S. 142 ff.; *Fehling*, in: Kahl/Waldhoff/Walter, Bonner Kommentar zum Grundgesetz, Loseblatt, Stand März 2004, Art. 5 Abs. 3 (Wissenschaftsfreiheit) Rn. 100; *Horneber/Penz*, WissR Bd. 47 (2014), S. 150 (166); *Kempen*, in: Hartmer/Detmer, Hochschulrecht, 3. Aufl. 2017, Kap. 1 Rn. 98; *M. Müller*, Lernfreiheit und Lehrfreiheit, 1911, S. 251 f.

325 Die Hochschulen sind sogar aufgerufen, Maßnahmen zur Förderung des Selbststudiums zu ergreifen, § 58 Abs. 2 S. 2 HG NRW; § 50 Abs. 1 S: 2 HSchulG BR; § 21 S. 2 HochSchG RP; § 16 Abs. 1 S. 2 SächsHSFG; § 41 Abs. 1 S. 2 ThüHG.

326 *Karpen*, Hochschulplanung und Grundrechte, Bd. 2, 1978, S. 627; *Krause*, in: Flämig/u.a., Handbuch des Wissenschaftsrechts, Bd. 1, 2. Aufl. 1996, S. 552. Dass die Überlegung nicht so abwegig ist, zeigt die Darstellung bei *Schelsky*, Die Arbeit tun die anderen, Klassenkampf und Priesterherrschaft der Intellektuellen, 1975, S. 209 f. zur Fortbildung, Weiterbildung, zum Bildungsurlaub, zur „Grundpflicht auf Bildung".

### *3. Studieren ohne den Hintergrund der Berufsausbildung – Begrenzung des sachlichen Schutzbereichs*

Somit steht jedem Studenten, der ein Studium zum Zwecke seiner Ausbildung aufnimmt, der Schutz der Lern- und Studierfreiheit aus Art. 12 Abs. 1 GG zu.[327] Doch gilt dies auch, wenn den Studenten die Absicht fehlt, in dem Bereich tatsächlich tätig zu werden, auf den das Studium angelegt ist? So könnte die Intention für ein Studium auch in der persönlichen Fortbildung liegen. Andere wiederum studieren möglicherweise allein aus wissenschaftlichem Interesse oder zum bloßen Zeitvertreib. Es stellt sich die Frage, ob der Schutz der Lern- und Studierfreiheit auch den Studenten zusteht, deren Motivation gerade nicht in der beruflichen Ausbildung ihren Schwerpunkt findet.[328]

Art. 12 Abs. 1 GG schützt die gesamte Freiheit der berufsbezogenen Ausbildung[329] und nicht nur die Wahl der Ausbildungsstätte. Als ein sog. „*Abwehrrecht gegen Freiheitsbeschränkungen im Ausbildungsbereich*" geht der Schutz über den Wortlaut des Art. 12 Abs. 1 GG hinaus.[330] Wie das Bundesverfassungsgericht betont, folgt aus Art. 12 Abs. 1 GG nicht nur ein Abwehrrecht gegen jede Form staatlicher Behinderung der berufsbezogenen Ausbildung.[331] Art. 12 Abs. 1 GG vermittelt auch ein Recht auf Teilhabe an den staatlichen Einrichtungen der berufsbezogenen Ausbildung.[332]

In dem Moment, in dem ein Zusammenhang mit der beruflichen Ausbildung nicht mehr besteht, könnte dem Betroffenen allerdings auch der Schutz der Ausbildungsfreiheit versagt sein. In diesem Fall stünde dem Studenten

---

327 Siehe dazu Teil 3 C.

328 Nach *von Coelln*, in: Friauf/Höfling, Berliner Kommentar zum Grundgesetz, 44. Erg.-Lfg. XI/14, Art. 5 Abs. 3 Rn. 100, liegt ein Vorzug, die Lern- und Studierfreiheit als von Art. 5 Abs. 3 GG geschützt anzuerkennen, darin, dass sie einen gleichwertigen Grundrechtsschutz auch solcher Studenten gewährleistet, die ihr Studium „nur" aus wissenschaftlichem Interesse und nicht mit dem Ziel der Berufsvorbereitung betreiben.

329 Art. 12 Abs. 1 GG umfasst nur die berufsbezogene Ausbildung. Während das Bundesverwaltungsgericht dies etwas enger sieht, BVerwGE 47, 330 (332), legen *Stern*, Staatsrecht, Bd. IV/1, 2006, S. 1827; *M. Nolte,* in: Stern/Becker, GG, 2. Aufl. 2015, Art. 12 Rn. 29; *Ruffert*, in: Epping/Hillgruber, GG, 2. Aufl. 2013, Art. 12 Rn. 45; *Wieland*, in: Dreier, GG, Bd. I, 3. Aufl. 2013, Art. 12 Rn. 47 den Schutzbereich weiter aus und erkennen den Schutz des gesamten Ausbildungswesens an.

330 BVerfGE 33, 303 (329); *Jarass*, in: Jarass/Pieroth, GG, 14. Aufl. 2016, Art. 12 Rn. 93.

331 BVerfGE 33, 303 (329).

332 BVerfGE 33, 303 (331); 59, 1 (25); 85, 36 (54).

nur noch der Schutz der allgemeinen Handlungsfreiheit aus Art. 2 Abs. 1 GG zu.[333]

Dieses Grundrecht findet gegenüber Eingriffen in Bildung und Ausbildung Anwendung, wenn und soweit kein spezielles Grundrecht einschlägig ist.[334] Art. 2 Abs. 1 GG schützt jede Art der Bildung – auch die Aus- und Weiterbildung –, sofern der Schutzbereich des Art. 12 Abs. 1 GG nicht eröffnet ist.[335] Da Eingriffe in den Schutzbereich der allgemeinen Handlungsfreiheit leichter zu rechtfertigen sind als bei den speziellen Freiheitsrechten, bieten die speziellen Freiheitsgrundrechte gegenüber der allgemeinen Handlungsfreiheit dem Betroffenen daher einen umfassenderen Schutz.[336]

### *a) Maßstäbe zur Bestimmung des sachlichen Schutzbereichs*

Ob dem Studenten, der nicht zu Ausbildungszwecken studiert, auch der speziellere Schutz des Art. 12 Abs. 1 GG offen steht, hängt damit maßgeblich von der Bestimmung des Schutzgegenstands ab.[337] Dies bereitet jedoch bei den Grundrechten Probleme, die in besonderem Maß mit der Subjektivität des Rechtsinhabers verbunden sind.[338]

Es stellt sich die Frage, wie der Schutzbereich eines Grundrechts zu bestimmen ist.

---

333 *Jarass*, DÖV 1995, 674 (675); *Jarass*, in: Jarass/Pieroth, GG, 14. Aufl. 2016, Art. 12 Rn. 93 f.; *Mann*, in: Sachs, GG, 8. Aufl. 2018, Art. 12 Rn. 89; *von Münch/Mager*, Staatsrecht II, 6. Aufl. 2014, Rn. 515; *Stern*, Staatsrecht, Bd. IV/1, 2006, S. 978.

334 BVerfGE 67, 157 (171); 89, 1 (13); 116, 202 (221); *Cornils*, in: Isensee/Kirchhof, Handbuch des Staatsrechts, Bd. VII, 3. Aufl. 2009, § 168 Rn. 60; *Stern*, Staatsrecht, Bd. IV/1, 2006, S. 978.

335 *Jarass*, in: Jarass/Pieroth, GG, 14. Aufl. 2016, Art. 2 Rn. 31; siehe auch BVerwGE 47, 201 (206); 56, 155 (158), das jedoch allein auf das Recht auf Bildung bei Schülern abstellt. Diese Rechtsprechung lässt sich aber auf die Rechte von Studenten übertragen; zurückhaltender dagegen BVerfGE 53, 185 (203).

336 BVerfGE 6, 32 (37); *Heß*, Grundrechtskonkurrenzen. Zugleich ein Beitrag zur Normenstruktur der Freiheitsrechte, 2000, S. 217 f.; *Manssen*, Staatsrecht II, 14. Aufl. 2017, Rn. 238; *Stern*, Staatsrecht, Bd. IV/1, 2006, S. 978 f.

337 Da der Eintritt grundrechtlicher Rechtsfolgen maßgeblich an den Schutzgegenstand anknüpft, ist Bestimmung des Schutzgegenstandes eines Grundrechts unverzichtbar, *Stern*, Staatsrecht, Bd. III/2, 1994, S. 56.

338 *Höfling*, Offene Grundrechtsinterpretation, 1987, S. 55 f.; *Morlok*, Selbstverständnis als Rechtskriterium, 1993, S. 393; *Stern*, Staatsrecht, Bd. III/2, 1994, S. 56; in Bezug auf die Religionsgemeinschaften: BVerfGE 24, 236 (247).

Ausgangspunkt der Überlegung ist, dass die Grundrechte auf der Grundlage von Art. 1 Abs. 1 GG die personale Selbstbestimmung des Einzelnen schützen sollen.[339] Dies könnte implizieren, dass die Selbstvorstellung des Subjekts der Freiheit maßgeblich für die Schutzbereichsbestimmung ist. Der Einzelne würde also selbst das „*Was*“ und „*Wie*“ des Gebrauchs seiner Freiheit festlegen.[340]

### aa) Die Bestimmung des sachlichen Schutzbereichs nach subjektiven Kriterien

Für die Bestimmung des Schutzbereichs nach subjektiven Kriterien wird angeführt, dass auch individuelle Sonderwege am Grundrechtschutz teilhaben müssten.[341] Die Freiheit einer Handlung lasse sich nicht von der Freiheit im Gegenstand separieren. Der Grund dafür liege in der Sinnbestimmtheit menschlicher Handlungen. Was eine Handlung darstelle, werde von dem ihr subjektiv beigemessenen Sinn bestimmt. Eine sich aus der Sicht des Handelnden als bestimmte Art und Weise der Handlung darstellende Aktivität könne sich aus der Sicht eines Beobachters als eine ganz andere Handlung darstellen. Aufgrund dieser Sinnbestimmtheit des menschlichen Handelns könne daher nicht unabhängig von den Vorstellungen des handelnden Bürgers bestimmt werden, ob seine Handlung eine solche sei, die zum angeschlagenen Grundrechtsthema gehöre.[342]

Lege man eine solche subjektive Bestimmung des Schutzgegenstandes nicht zugrunde, müsse in Kauf genommen werden, die Auffassung des Freiheitssubjekts zu verfehlen. Die subjektive Bestimmung sei daher stets notwendig, wenn ein Grund vorliege, der die subjektive Bedeutsamkeit der geschützten Freiheit gerade für den Inhaber der Freiheit verlange.[343] Grund dafür sei, dass die grundrechtliche Freiheit verfassungsrechtlich nicht um ihrer selbst Willen gewährleistet werde. Der Berechtigte solle nicht bloß in irgendeiner Aktivität frei sein, ihm solle die Freiheit zustehen, sein Leben nach eigenen Vorstellungen zu führen.[344]

---

339 *Höfling,* Offene Grundrechtsinterpretation, 1987, S. 17 ff.; *Morlok,* Selbstverständnis als Rechtskriterium, 1993, S. 393.

340 *Brugger,* JZ 1987, 633 (637 f.); *Morlok,* Selbstverständnis als Rechtskriterium, 1993, S. 393.

341 *Morlok,* Selbstverständnis als Rechtskriterium, 1993, S. 394 f.; *Stern,* Staatsrecht, Bd. III/2, 1994, S. 56.

342 *Morlok,* Selbstverständnis als Rechtskriterium, 1993, S. 393 f.

343 *Morlok,* Selbstverständnis als Rechtskriterium, 1993, S. 394 f.

344 *Morlok,* Selbstverständnis als Rechtskriterium, 1993, S. 396 f.; mit Verweis auf *Alexy,* Theorie der Grundrechte, 1985, S. 309 ff.

Damit die freiheitliche Selbstbestimmung bestmöglich verwirklicht werde, seien grundrechtliche Schutzbereiche grundsätzlich subjektiv zu bestimmen und an den individuellen Vorstellungen des Betroffenen auszurichten. Allein objektiv bestimmte Freiheiten könnten für das Subjekt der Freiheit belanglos sein.[345]

Allerdings halten einige Vertreter der subjektiven Auffassung eine Einschränkung erforderlich, um einer Ausuferung des Grundrechtsschutzes vorzubeugen.[346] Sie empfehlen eine objektive Festlegung des Schutzgegenstandes anhand von Kriterien, die ausreichend offen und inhaltsarm sind.[347] Dadurch könnten alle subjektiven Realisierungsmöglichkeiten eingeschlossen werden, die Grundrechtsschutz gewährleisten.[348] Dies berücksichtige auch, dass sich wegen der Verschiedenartigkeit der Einzelgrundrechte nur schwer allgemeine, auf alle sachlichen Schutzbereiche passende Grundsätze entwickeln ließen.[349]

Spricht man jedoch jedem Grundrechtssubjekt die Definition dessen zu, was vom Schutzbereich umfasst sein soll, führt dies zu nicht zu unterschätzenden Problemen. Es stellt sich vor allem die Frage, wie der Staat den Schutz jener Rechtsgüter gewährleisten soll, die durch die Grundrechtsausübung gefährdet werden. Dies wäre nur möglich, wenn man die Grundrechtsschranken als

---

345 *Häberle*, JZ 1975, 297 – 305; *Morlok*, Selbstverständnis als Rechtskriterium, 1993, S. 396 f.

346 *Morlok*, Selbstverständnis als Rechtskriterium, 1993, S. 397, 400 ff.; *Stern*, Staatsrecht, Bd. III/2, 1994, S. 56. Für die Kunstfreiheit *Nierhaus*, AöR Bd. 116, (1991), 72 (87 ff.).

347 *Höfling*, Offene Grundrechtsinterpretation, 1987; *Morlok*, Selbstverständnis als Rechtskriterium, 1993, S. 393 ff., 412; *Stern*, Staatsrecht, Bd. III/2, 1994, S. 56.

348 So *Stern*, Staatsrecht, Bd. III/2, 1994, S. 56; Im Ergebnis nahezu gleich, wenn auch stärker die subjektive Inhaltsbestimmung akzentuierend: *Höfling*, Offene Grundrechtsinterpretation, 1987, S. 71 (Er geht von einem subjektiven Verständnis aus unter Zugrundelegung der Regel des amtlichen Konkretisierungsprimats, S. 88 ff.); *Morlok*, Selbstverständnis als Rechtskriterium, 1993, S. 395 f., 412 (Er will die Freiheitsgarantie grundsätzlich an individuelle Sinnvorstellungen des Subjekts der Freiheit anknüpfen, S. 309; erkennt aber das Bedürfnis einer Beschränkung dieser Maxime an, S. 400 ff. Sofern hinreichende Gegengründe vorliegen, soll eine objektive Auslegung erfolgen.). Auf die Gefahr, dass dem Staat langsam eine indirekte und kaum bemerkbare Bestimmungskompetenz über individuelle Freiheitsausübung zuwächst, hat auch *Friauf*, DVBl. 1971, 674 (674 f.) hingewiesen. Anders beurteilt die Fragestellung wiederum die Lehre vom Definitionsverbot (*Erbel*, DVBl. 1969, 863 (866); *Höfling*, Offene Grundrechtsinterpretation, 1987, S. 28 m.w.N.) sowie vom Definitionsgebot (Isensee, Wer definiert die Freiheitsrechte? 1980, S. 35).

349 *Merten*, in: Merten/Papier, Handbuch der Grundrechte, Bd. III, 2009, § 56 Rn. 104; *Morlok*, Selbstverständnis als Rechtskriterium, 1993, S. 405; *Stern*, Staatsrecht, Bd. III/2, 1994, S. 57.

objektives Korrektiv heranziehen könnte. Auf diese Weise könnte man großzügig festgelegte Schutzbereiche auf der Ebene der Schranken wieder einschränken und eine Ausuferung des Grundrechtsschutzes durch eine hinreichend strenge Schrankenregelung ausgleichen.[350] Allerdings kann dies nur soweit gelten, wie sich ein Grundrecht einschränken lässt. Bereits hieran zeigen sich erste Probleme einer subjektiven Bestimmung des Schutzbereichs.

#### bb) Die Bestimmung des sachlichen Schutzbereichs nach objektiven Kriterien

Vertreter einer objektiven Theorie befürworten aufgrund der genannten Kritikpunkte die Festlegung des Schutzbereichs anhand objektiver Kriterien, zu deren Festlegung der Staat berechtigt sein soll. Als Argument führen sie an, dass die subjektivierende Betrachtungsweise ausfalle, wenn es um die rechtsstaatliche Aufgabe gehe, die Koordination der Freiheitssubjekte herzustellen. Spannungen zwischen den einzelnen Grundrechtsträgern seien nur zu lösen, wenn der Richter, der über den Vorrang eines Selbstverständnisses zu entscheiden habe, objektivierend vorgehe.[351]

Gegen den Grundrechtssubjektivismus spreche auch, dass sich dieser allein mit Verfahren aufrechterhalten lasse, die dem Grundrechtsträger die Äußerung seines Selbstverständnisses ermöglichen würden. Die Grundrechtsauslegung würde zu einer reinen Verfahrensfrage verkommen, wenn die Grundrechtsinhalte nicht vorgegeben seien und der Einzelne sie ad hoc formulieren könne.[352]

Das Erfordernis einer objektivierenden Auslegung sei zwingend notwendig für die Verwaltung und den Gesetzgeber. Der Staat könne die Grundrechte nur beachten, wenn er in der Lage sei, ihren Schutzumfang zu bestimmen. Anderenfalls würde ihm eine Abwägung von Selbstverständnis gegen Selbstverständnis aufgebürdet werden. Der Staat könne letztlich nur schützen, was er auch definieren könne.[353]

Angeführt wird auch, dass der Grundrechtssubjektivismus unvereinbar mit der Gleichheit sei. Dies zeige sich insbesondere bei der verfahrensmäßigen Durchsetzung: Bestimme sich diese danach, wie jemand sein Selbstverständnis artikulieren könne, verkomme die Auslegung der Grundrechte zu einer Frage der Geschicklichkeit. Aus diesem Grund ist für die Vertreter der objektiven

---

350 *Isensee*, Wer definiert die Freiheitsrechte?, 1980, S. 29 ff.
351 *Isensee*, Wer definiert die Freiheitsrechte?, 1980, S. 31 f.
352 *Isensee*, Wer definiert die Freiheitsrechte?, 1980, S. 34.
353 *Isensee*, Wer definiert die Freiheitsrechte?, 1980, S. 35.

Theorie auch eine Kompromissthese nicht haltbar, nach der die subjektive Betrachtungsweise anzuerkennen sei, wo sie sich praktizieren lasse, und anderenfalls die objektivierende Methode gelte.[354]

### *b) Schlussfolgerung*

Es lässt sich somit festhalten: Um der Allgemeinheit und Gleichheit willen muss dem Staat die Verantwortung für die Grundrechtsauslegung zustehen. Für ihn kann es kein Definitionsverbot geben. Wo immer der Staat Grundrechte berührt, trifft ihn eine Definitionspflicht.[355] Daher kann der Staat Grundrechtsschutz nur gewährleisten, wenn er den Schutzumfang eines Grundrechts bestimmen kann.

Anderenfalls besteht die Gefahr, dass die Grenzen eines Grundrechts soweit ausgedehnt werden, dass eine klare Abgrenzung vom Schutzbereich eines anderen Grundrechts nicht mehr möglich ist. Dies hätte vor allem Auswirkungen auf die Rechtfertigung von Eingriffen. So werden an die Rechtfertigung von Eingriffen in schrankenlos gewährleistete Grundrechte weitaus größere Anforderungen gestellt als an solche, die bereits durch einfache Gesetze eingeschränkt werden können. Würde der Schutzbereich eines Grundrechts allein durch subjektive Kriterien bestimmt werden, so könnte der Betroffene durch geschickte Artikulation seines Selbstverständnisses nicht nur das einschlägige Grundrecht festlegen, sondern würde gleichzeitig auch Einfluss auf die an die Rechtfertigung eines Eingriffs zu stellenden Anforderungen nehmen.

Sofern der Schutzgegenstand eines Grundrechts durch ausreichend offene und inhaltsarme Kriterien festgelegt ist, kann auf die Verschiedenartigkeit der Sachverhalte hinreichend Rücksicht genommen werden. Einer Auslegung des Schutzbereichs nach subjektiven Kriterien braucht es in diesem Fall nicht. So sprechen letztlich die gewichtigeren Argumente für eine Bestimmung des Grundrechtschutzes nach objektiven Kriterien.

Demzufolge steht jedem Studenten bereits mit erfolgter Immatrikulation der Schutz der Lern- und Studierfreiheit zu. Bedeutungslos ist dagegen die Frage, mit welcher Intention sich der Einzelne für ein Studium entschlossen hat. Im Rahmen einer objektiven Bestimmung des Schutzbereichs kommt der Motivation des Einzelnen keine Relevanz zu. Aus diesem Grund können sich beispielsweise auch Seniorenstudenten auf den Schutz der Lern- und Studierfreiheit, die von der Ausbildungsfreiheit umfasst ist, berufen. Dass sie das Studium womöglich

---

354 *Isensee*, Wer definiert die Freiheitsrechte?, 1980, S. 36.
355 *Isensee*, Wer definiert die Freiheitsrechte?, 1980, S. 36.

nicht mehr nutzen werden, um einen daran anknüpfenden Beruf auszuüben, ist unerheblich.

### 4. *Die freiwillige Zugehörigkeit des Studenten zur Hochschule*

Die Funktion von Grundrechten liegt in erster Linie im Schutz der Bürger gegenüber dem Staat.[356] Grundrechte sichern die Freiheitsphäre des Einzelnen vor Eingriffen des Staates,[357] indem sie die öffentliche Gewalt rechtlich einbinden und mäßigen.[358]

Dies gilt für den Studenten jedoch nur, wenn er sich auch als Mitglied der Universität in einer solchen Situation befindet. Anders als der Bürger steht der Student gerade nicht außerhalb der Sphäre eines Hoheitsträgers und wird von diesem zu einem bestimmten Tun verpflichtet. Er hat sich mit der Einschreibung an einer staatlichen Universität vielmehr freiwillig in ein besonderes Näheverhältnis zum Staat begeben, um zu studieren und die Leistungen der Universität in Anspruch nehmen zu können.

Daher erscheint es auch nicht weiter überraschend, wenn die Universität die Inanspruchnahme ihrer Leistungen an die Befolgung bestimmter Regelungen – wie die Pflicht zur Anwesenheit in einzelnen Lehrveranstaltungen – bindet. Dies führt allerdings zu der Frage, ob der konkrete Inhalt eines Grundrechts davon abhängt, in welchem Verhältnis der Träger zum Staat steht.

Ob der Grundrechtsschutz in jeder Lebenssituation uneingeschränkt gilt, war lange Zeit umstritten.[359]

---

356 BVerfGE 7, 198 (204); 50, 290 (337); 68, 103 (205); *Dreier*, in: ders., GG, Bd. 1, 3. Aufl. 2013, Vorb. III Rn. 84; *Kloepfer*, Verfassungsrecht Bd. II, 2010, § 48 Rn. 13; *von Münch/Mager*, Staatsrecht II, 6. Aufl. 2014, Rn. 48; *Vitzthum*, in: Merten/Papier, Handbuch der Grundrechte, Bd. II, 2006, § 48 Rn. 4.

357 *Alexy*, Theorie der Grundrechte, 5. Aufl. 1994, S. 174 ff.; *Dreier*, in: ders., GG, Bd. 1, 3. Aufl. 2013, Vorb. III Rn. 84; *Hofmann*, JZ 1992, 165 ff.; *Kingreen/Poscher*, Grundrechte – Staatsrecht II, 33. Aufl. 2017, Rn. 264; *Starck*, in: von Mangoldt/Klein/Starck, GG, Bd. 1, 6. Aufl. 2010, Art. 1 Abs. 3 Rn. 182 f.; *Vitzthum*, in: Merten/Papier, Handbuch der Grundrechte, Bd. II, 2006, § 48 Rn. 4.

358 *Ipsen*, Staatsrecht II, 20. Aufl. 2017, Rn. 67; *Kloepfer*, Verfassungsrecht Bd. II, 2010, § 48 Rn. 13; *von Münch/Mager*, Staatsrecht II, 6. Aufl. 2014, Rn. 48; *Starck*, in: von Mangoldt/Klein/Starck, GG, Bd. 1, 6. Aufl. 2010, Art. 1 Abs. 3 Rn. 183; *Vitzthum*, in: Merten/Papier, Handbuch der Grundrechte, Bd. II, 2006, § 48 Rn. 4.

359 *Epping*, Grundrechte, 7. Aufl. 2017, Rn. 697; *Peine*, in: Merten/Papier, Handbuch der Grundrechte, Bd. III, 2009, § 65 Rn. 14. Ausführlich zur Entwicklung der engen Bürger-Staat-Beziehungen, *von Münch*, Freie Meinungsäußerung und besondere

### a) *Das besondere Gewaltverhältnis als Ausgangspunkt*

Zurückzuführen ist dies auf den Umstand, dass die Grundrechtsdogmatik auf der Vorstellung beruht, dass sich Staat und Individuum in einem Distanzverhältnis gegenüberstehen.[360] Diese Ausrichtung auf das staatliche Außenverhältnis wirft jedoch dort Anwendungsprobleme auf, wo der Einzelne aus der individuellen Grundrechtsspäre in das Innere des staatlichen Gefüges übertritt.[361]

Aufgrund der besonderen Nähe zum Innenbereich des Staates steht der Einzelne dem Staat gerade nicht mehr als Individuum gegenüber, sondern als Teil der staatlichen Organisation.[362] Dadurch ist er den Verpflichtungen und Bindungen des Staates intensiver und umfassender ausgesetzt als im allgemeinen Gewaltverhältnis.[363] Zu diesen traditionell mit der Rechtsfigur des „*besonderen Gewaltverhältnisses*" umschriebenen Verhältnissen zählt auch die Beziehung der Studenten zum Staat.[364]

### b) *Wandel über das Verständnis des Grundrechtschutzes im Sonderstatusverhältnis*

Dem besonderen Gewaltverhältnis lag ursprünglich die Vorstellung zugrunde, dass staatliche Verfügungen in derartigen Beziehungen prinzipiell nicht auf grundrechtliche Positionen der Betroffenen stoßen.[365] Eine Wendung trat erst

---

Gewaltverhältnisse, 1957, S. 20 ff.; *Wenninger*, Geschichte der Lehre vom besonderen Gewaltverhältnis, 1982.

360 *Epping*, Grundrechte, 7. Aufl. 2017, Rn. 697; *Loschelder*, in: Isensee/Kirchhof, Handbuch des Staatsrechts, Bd. IX, 3. Aufl. 2011, § 202 Rn. 5; *Manssen*, Staatsrecht II, 14. Aufl. 2017, Rn. 44; *Peine*, in: Merten/Papier, Handbuch der Grundrechte, Bd. III, 2009, § 65 Rn. 1.

361 *Fuß*, DÖV 1972, 765 (766); *Loschelder*, in: Isensee/Kirchhof, Handbuch des Staatsrechts, Bd. IX, 3. Aufl. 2011, § 202 Rn. 5; *Peine*, in: Merten/Papier, Handbuch der Grundrechte, Bd. III, 2009, § 65 Rn. 1; *Sachs*, NWVBl. 2004, 209 (210); *Stern*, Staatsrecht, Bd. III/1, 1988, S. 1390 f.

362 *Epping*, Grundrechte, 7. Aufl. 2017, Rn. 697; *Hesse*, Grundzüge des Verfassungsrechts in der Bundesrepublik Deutschland, 20. Aufl. 1995, Rn. 321 ff.; *Peine*, in: Merten/Papier, Handbuch der Grundrechte, Bd. III, 2009, § 65 Rn. 2.

363 *Löwer*, DVBl. 1985, 928 (933); *Sachs*, NWVBl. 2004, 209; *Stern*, Staatsrecht, Bd. III/1, 1988, S. 1381.

364 *Loschelder*, in: Isensee/Kirchhof, Handbuch des Staatsrechts, Bd. IX, 3. Aufl. 2011, § 202 Rn. 1; *Peine*, in: Merten/Papier, Handbuch der Grundrechte, Bd. III, 2009, § 65 Rn. 1; *Sachs*, NWVBl. 2004, 209 (210); *Starck*, in: von Mangoldt/Klein/Starck, GG, Bd. 1, 6. Aufl. 2010, Art. 1 Abs. 3 Rn. 295; *Stern*, Staatsrecht, Bd. III/1, 1988, S. 1391; *Vitzthum*, in: Merten/Papier, Handbuch der Grundrechte, Bd. II, 2009, § 48 Rn. 19.

365 *Loschelder*, in: Isensee/Kirchhof, Handbuch des Staatsrechts, Bd. IX, 3. Aufl. 2011, § 202 Rn. 2; *H. Krüger*, VVDStRL Bd. 15 (1957), S. 109 (112); *Merten*, in: ders., Das

ein, nachdem das Bundesverfassungsgericht 1972 in seiner „*Strafgefangenenentscheidung*" die Grundrechte auch in Sonderstatusverhältnissen[366] für anwendbar erklärte.[367]

Nunmehr betrifft die Frage nach den Grundrechten im Sonderstatus[368] nicht mehr ihre Geltung, sondern die Art und Weise ihrer Wirkung.[369] Um die

---

besondere Gewaltverhältnis, Vorträge des 25. Sonderseminars 1984 der Hochschule für Verwaltungswissenschaften Speyer, 1985, S. 53 (65); *Wolff*, Verwaltungsrecht I, 8. Aufl. 1971, § 32 IV c 3.

366 Zur Terminologie: Das Sonderstatusverhältnis ist aus dem besonderen Gewaltverhältnis hervorgegangen. Trotz aller Veränderungen, die es in der Rechtsprechung und Literatur erfahren hat, stellt sich das Sonderstatusverhältnis nach wie vor als besonderes Gewaltverhältnis dar. In der rechtswissenschaftlichen Terminologie hat sich aber der Ausdruck „Sonderstatusverhältnis" durchgesetzt, so dass diesem gefolgt wird. Letztlich können die Begrifflichkeiten jedoch synoym verwendet werden. So auch *Peine*, in: Merten/Papier, Handbuch der Grundrechte, Bd. III, 2009, § 65 Rn. 15; *Stern*, Staatsrecht, Bd. III/1, 1988, S. 1381; a.A. *Ossenbühl*, DÖV 1977, 801 (802).

367 BVerfGE 33, 1 (9 f.). In der Folgezeit ist dieses Urteil vielfach als Abschied vom besonderen Gewaltverhältnis bezeichnet worden (so explizit *Fuß*, DÖV 1972, 765; *Gönsch*, JZ 1979, 16; *Heckel*, DÖV 1976, 511 (512); *Kiepe*, DÖV 1979, 399 (402 f.); *Umbach*, in: Festschrift für Festschrfit für Hans-Joachim Faller, 1984, S. 111 (116). Dieser Auffassung ist jedoch nicht zutreffend (*Battis*, NJW 1984, 1332; *N. Klein*, DVBl. 1987, 1102 (1104); *Ronellenfitsch*, DÖV 1981, 933 ff.; *ders.* DÖV 1984, 781 ff.; *Stern*, Staatsrecht, Bd. III/1, 1988, S. 1382). Zwar hat das Bundesverfassungsgericht Kritik am Verständnis der Rechtsfigur geübt, die Notwendigkeit gesteigerter Pflichten in einer engeren Staat-Bürger-Beziehung aber anerkannt (*Peine*, in: Merten/Papier, Handbuch der Grundrechte, Bd. III, 2009, § 65 Rn. 33).

368 Die Existenz von Sonderstatusverhältnissen wird als lebensnotwendig für das Funktionieren des staatlichen Gemeinwesens erachtet, *Hesse*, Grundzüge des Verfassungsrechts in der Bundesrepublik Deutschland, 20 Aufl. 1995, Rn. 323; *Peine*, in: Merten/Papier, Handbuch der Grundrechte, Bd. III, 2009, § 65 Rn. 6, 42; *Stern*, Staatsrecht, Bd. III/1, 1988, S. 1381; *Wolff/Bachof/Stober/Kluth*, Verwaltungsrecht, Bd. I, 12. Aufl. 2007, § 32 Rn. 25.

369 *Loschelder*, in: Isensee/Kirchhof, Handbuch des Staatsrechts, Bd. IX, 3. Aufl. 2011, § 202 Rn. 9; *ders.*, in: Merten, Das besondere Gewaltverhältnis, Vorträge des 25. Sonderseminars 1984 der Hochschule für Verwaltungswissenschaften Speyer, 1985, S. 9 (28 f.); *Merten*, in: ders., Das besondere Gewaltverhältnis, Vorträge des 25. Sonderseminars 1984 der Hochschule für Verwaltungswissenschaften Speyer, 1985, S. 9 (28 f.); Sachs, NWVBl. 2004, 209 (210); *Starck*, in: von Mangoldt/Klein/Starck, GG, Bd. 1, 6. Aufl. 2010, Art. 1 Abs. 3 Rn. 298; *Stern*, Staatsrecht, Bd. III/1, 1988, S. 1391; *Vitzthum*, in: Merten/Papier, Handbuch der Grundrechte, Bd. II, 2006, § 48 Rn. 19.

Funktionsfähigkeit der Institution zu erhalten,[370] bedarf es immer noch einer Einschränkung der Grundrechte des Betroffenen bei der Wahrnehmung seiner Pflichten im Sonderstatusverhältnis.[371] Diese erfolgt jedoch auf der Schrankenebene und nicht bereits im Schutzbereich.[372] Grund dafür ist, dass die Grundrechte gerade nicht in der gleichen Weise wie im allgemeinen Gewaltverhältnis wirken.[373] Die Ermächtigungsgrundlage für Grundrechtseingriffe bildet daher die verfassungsrechtliche Institutionalisierung der Sonderrechtsverhältnisse, ohne selbst den Grundrechtseingriff zu bewirken.[374] Der Anstaltszweck ist folglich bei der Rechtfertigung zu berücksichtigen.[375]

### *c) Folgen für das besondere Näheverhältnis in Universitäten*

Der Student, der mit der Einschreibung in ein besonderes Näheverhältnis zum Staat tritt, kann sich somit nur in eingeschränkter Weise auf das Grundrecht berufen.[376] Dies kann allerdings nicht dazu führen, dass dem Studenten der

---

370 *Peine*, in: Merten/Papier, Handbuch der Grundrechte, Bd. III, 2009, § 65 Rn. 47; *Stern*, Staatsrecht, Bd. III/1, 1988, S. 1381.

371 BVerfGE 39, 334 (366); *Loschelder*, in: Isensee/Kirchhof, Handbuch des Staatsrechts, Bd. IX, 3. Aufl. 2011, § 202 Rn. 9; *ders.*, in: Merten, Das besondere Gewaltverhältnis, Vorträge des 25. Sonderseminars 1984 der Hochschule für Verwaltungswissenschaften Speyer, 1985, S. 9 (28 f.); *Merten*, in: ders., Das besondere Gewaltverhältnis, Vorträge des 25. Sonderseminars 1984 der Hochschule für Verwaltungswissenschaften Speyer, 1985, S. 53 (73); *Peine*, in: Merten/Papier, Handbuch der Grundrechte, Bd. III, 2009, § 65 Rn. 44; *Vitzthum*, in: Merten/Papier, Handbuch der Grundrechte, Bd. II, 2006, § 48 Rn. 19.

372 *Fuß*, DÖV 1972, 765 (767); *Peine*, in: Merten/Papier, Handbuch der Grundrechte, Bd. III, 2009, § 65 Rn. 44.

373 BVerfGE 46, 190 (192 f.); *Hesse*, Grundzüge des Verfassungsrechts der Bundesrepublik Deutschland, 20. Aufl. 1995, Rn. 324; *Gallwas*, Faktische Beeinträchtigungen im Bereich der Grundrechte, 1970, S. 128; *Lecheler*, JuS 1992, 473 (474); *Peine*, in: Merten/Papier, Handbuch der Grundrechte, Bd. III, 2009, § 65 Rn. 44.

374 *Hesse*, Grundzüge des Verfassungsrechts der Bundesrepublik Deutschland, 20. Aufl. 1995, Rn. 324; *Peine*, in: Merten/Papier, Handbuch der Grundrechte, Bd. III, 2009, § 65 Rn. 44; *Sachs*, NVWBl. 2004, 209 (213).

375 *Peine*, in: Merten/Papier, Handbuch der Grundrechte, Bd. III, 2009, § 65 Rn. 48.

376 Daran ändert auch der Umstand nichts, dass er sich freiwillig in ein besonderes Näheverhältnis zum Staat begeben hat, *Löwer*, DVBl. 1985, 928 ff.; *Loschelder*, in: Isensee/Kirchhof, Handbuch des Staatsrechts, Bd. IX, 3. Aufl. 2011, § 202 Rn. 39 f.; *Peine*, in: Merten/Papier, Handbuch der Grundrechte, Bd. III, 2009, § 65 Rn. 9.

Schutz der Lern- und Studierfreiheit – vollständig entzogen wird. Ihm steht der Freiheitsschutz lediglich in eingeschränkter Form zu.[377]

### 5. *Zwischenergebnis*

Die Lern- und Studierfreiheit stellt somit ein von Art. 12 Abs. 1 GG geschütztes Grundrecht dar. Dieses Grundrechtrecht umfasst viele Einzelfreiheiten. So wird nicht nur die freie Wahl von Studienort und Studienfach garantiert, sondern auch die freie Gestaltung des Studiums. Die Gestaltungsfreiheit muss dem Studenten umfassend gewährleistet werden, alles andere käme einem Eingriff gleich.

Von dieser Gestaltungsfreiheit umfasst ist auch die Entscheidung des Studenten, ob er an einer Lehrveranstaltung teilnehmen möchte oder ob er von der Teilnahme absieht. Entscheidet er sich für die Teilnahme an einer Lehrveranstaltung, steht dem Studenten auch das Recht auf aktive Teilnahme an einer Lehrveranstaltung zu. Vor allem dem Recht auf aktive Teilnahme an einer Lehrveranstaltung kommt im Hinblick auf die Rechtfertigung von Anwesenheitspflichten besondere Bedeutung zu.

## II. Die Eröffnung des persönlichen Schutzbereichs von Art. 12 Abs. 1 GG

Der Schutz der Lern- und Studierfreiheit steht dem Studenten jedoch nur zu, wenn auch der persönliche Schutzbereich von Art. 12 Abs. 1 GG eröffnet ist.

### 1. *Art. 12 Abs. 1 GG als* „Deutschengrundrecht“

Art. 12 Abs. 1 GG spricht von *„alle(n) Deutschen“*. Es handelt sich um ein sogenanntes Deutschengrundrecht, auf dessen Schutz sich alle deutschen Staatsangehörigen im Sinne des Art. 116 GG stützen können.[378]

---

377 *Loschelder*, in: Isensee/Kirchhof, Handbuch des Staatsrechts, Bd. IX, 3. Aufl. 2011, § 202 Rn. 9.

378 BVerfGE 78, 179 (196 f.); OVG NRW DVBl. 1995, 433; OVG Berlin NVwZ 1987, 720; VHG BW NVwZ 1989, 386 (387); *Epping*, Grundrechte, 7. Aufl. 2017, Rn. 377; *Hofmann*, in: Schmidt-Bleibtreu/Hofmann/Henneke, GG, 14. Aufl. 2018, Art. 12 Abs. 6; *Jarass*, in: Jarass/Pieroth, GG, 14. Aufl. 2016, Art. 12 Rn. 12; *Kämmerer*, in: von Münch/Kunig, GG, Bd. 1, 6. Aufl. 2012, Art. 12 Rn. 10; *Kloepfer*, Verfassungsrecht Bd. II, 2010, S. 463; *Mann*, in: Sachs, GG, 8. Aufl. 2018, Art. 12 Rn. 33; *Tettinger*, AöR Bd. 108 (1993), S. 92 (104); *Wieland*, in: Dreier, GG, Bd. I, 3. Aufl. 2013, Art. 12 Rn. 56; siehe zu dem Begriff des Deutschen nach Art. 116 GG im Überblick: *Kingreen/Poscher*, Grundrechte – Staatsrecht II, 33. Aufl. 2017, Rn. 169.

Dieser Schutz besteht unabhängig vom Alter des Grundrechtsträgers[379] und setzt keinen bestimmten Bildungsstand voraus.[380] Es kommt allein darauf an, dass der Grundrechtsträger ein „*Deutscher*" im Sinne des Grundgesetzes ist.

## *2. Schutz der nichtdeutschen Unionsbürger und Bürger ausländischer Staaten*

Ausweislich des Wortlauts von Art. 12 Abs. 1 GG steht Ausländern und Staatenlosen der Schutz der Berufs- bzw. Ausbildungsfreiheit grundsätzlich nicht zu.[381]

Nun bringen es der Bologna-Prozess und die zahlreichen internationalen Austauschprogramme mit sich, dass an den deutschen Universitäten zunehmend ausländische Studenten eingeschrieben sind.[382] Diese Studenten sind in der Regel nicht Deutsche im Sinne des Grundgesetzes. Für die Dauer ihres Studiums liegt ihr Lebensmittelpunkt aber in der Bundesrepublik, so dass sich die Frage stellt, ob ihnen tatsächlich der Schutz der Lern- und Studierfreiheit versagt werden kann.[383] Da innerhalb der EU andere gesetzliche Grundlagen als im

379 Altersgrenzen stellen einen rechtfertigungsbedürftigen Eingriff dar, so dass sich auch auf den Schutzbereich berufen kann, wer noch minderjährig ist oder sich bereits im Rentenalter befindet. So auch *Stern,* Staatsrecht, Bd. VI/1, 2006, S. 1829; *Hofmann,* in: Schmidt-Bleibtreu/Hofmann/Henneke, GG, 14. Aufl. 2018, Art. 12 Rn. 6; *Jarass,* in: Jarass/Pieroth, GG, 14. Aufl. 2016, Art. 12 Rn. 96. Dazu auch: *Roth,* Die Grundrechte Minderjähriger im Spannungsfeld selbstständiger Grundrechtsausübung, elterlichen Erziehungsrechts und staatlicher Grundrechtsbindung, 2002, S. 11 ff.

380 BVerfGE 78, 179 (196 f.); OVG Berlin NVwZ 1987, 720; VHG BW NVwZ 1989, 386 (387); *Hofmann,* in: Schmidt-Bleibtreu/Hofmann/Henneke, GG, 14. Aufl. 2018, Art. 12 Abs. 6; *Kämmerer,* in: von Münch/Kunig, GG, Bd. 1, 6. Aufl. 2012, Art. 12 Rn. 10; *Kloepfer,* Verfassungsrecht Bd. II, 2010, S. 463; *Stern,* Staatsrecht, Bd IV/1, 2006, S. 1828; *Wieland,* in: Dreier, GG, Bd. I, 3. Aufl. 2013, Art. 12 Rn. 56. Hiervon zu trennen ist jedoch die Frage des Zugangs.

381 OVG NRW DVBl. 1995, 433; OVG Berlin NVwZ 1987, 720; VHG BW NVwZ 1989, 386 (387); *Epping,* Grundrechte, 7. Aufl. 2017, Rn. 377; *Hofmann,* in: Schmidt-Bleibtreu/Hofmann/Henneke, GG, 14. Aufl. 2018, Art. 12 Abs. 6; *Jarass,* in: Jarass/Pieroth, GG, 14. Aufl. 2016, Art. 12 Rn. 96; *Kämmerer,* in: von Münch/Kunig, GG, Bd. 1, 6. Aufl. 2012, Art. 12 Rn. 10; *Kloepfer,* Verfassungsrecht Bd. II, 2010, S. 463, *Stern,* Staatsrecht Bd. IV/1, 2006, S. 1828; *Wieland,* in: Dreier, GG, Bd. I, 3. Aufl. 2013, Art. 12 Rn. 56.

382 Nach Angaben des Statistischen Bundesamtes stieg die Zahl der ausländischen Studenten im Wintersemester 2013/14 verglichen mit dem Vorjahr um 6,8 Prozent auf 301.350, s. https://www.bmbf.de/de/7222.php, zuletzt aufgerufen am 3.7.2015.

383 Der Ausschluss von Ausländern wird oft als unbefriedigend erachtet und daher abgelehnt, *Sachs,* BayVBl. 1990, 385. Es wird unter anderem auf Art. 1 Abs. 1 und 2 GG

internationalen Kontext Anwendung finden, ist eine zwischen Nichtunionsbürgern und nichtdeutschen Unionsbürgern differenzierende Betrachtung erforderlich.

### *a) Der Schutz ausländischer Studenten*

Grundsätzlich wird die Ausübung eines Berufs als ein wesentliches Element der Persönlichkeitsentfaltung jedes Einzelnen anerkannt. Eine Begrenzung des persönlichen Schutzbereichs von Art. 12 Abs. 1 GG auf Deutsche könnte diesem Verständnis zuwiderlaufen[384] und entspricht auch nicht der Intention des Verfassungsgebers. Statt den persönlichen Schutzbereich einzuschränken, wollte er vielmehr einen besonderen Schutz deutscher Staatsangehöriger zum Ausdruck bringen.[385]

Ausländer und Staatenlose können sich daher nicht auf den Schutz des Art. 12 Abs. 1 GG berufen; sie haben keinen grundrechtlich gesicherten Anspruch auf Zugang zum Ausbildungssystem. Ihnen wird die berufliche Betätigungsfreiheit und somit auch der Schutz der Lern- und Studierfreiheit stattdessen durch Art. 2 Abs. 1 GG gewährleistet,[386] der als Auffangtatbestand fungiert.[387]

---

und Art. 19 Abs. 2 GG verwiesen, z. B. *Di Fabio*, in: Maunz/Dürig, GG, Loseblatt, Stand September 2017, Art. 2 Abs. 1 Rn. 28 ff. Grund sei, dass jedes Grundrecht, auch jedes Deutschengrundrecht, einen Menschwürde- und Menschenrechtsgehalt aufweise, der durch Art. 1 Abs. 1 und 2 GG geschützt und als Wesensgehalt zusätzlich durch Art. 19 Abs. 2 GG für unantastbar erklärt worden sei. Dadurch kämen Ausländern die Deutschengrundrechte in ihrem Menschenwürde-, Menschenrechts- und Wesensgehalt zugute, vgl. statt vieler die Ausführungen dazu bei *Kingreen/Poscher*, Grundrechte – Staatsrecht II, 33. Aufl. 2017, Rn. 172 ff.

384 *Stern*, Staatsrecht, Bd. VI/1, 2006, S. 1828; für die Verfassungswidrigkeit solcher Vorbehalte, *Rolvering*, Die Rechtsgarantien für eine politische Betätigung von Ausländern in der Bundesrepublik Deutschland, 1970, S. 113 ff.

385 BVerfGE 32, 311 (316); *Stern*, Staatsrecht, Bd IV/1, 2006, S. 1828 f.

386 Zu berücksichtigen sind ggf. bilaterale und mulitlaterale völkerrechtliche Verpflichtungen, *Rittstieg*, in: Denninger/Hoffmann-Riem/Schneider/Stein, AK-GG, Bd. 1, 3. Aufl. 2001, Art. 12 Rn. 155.

387 BVerfGE 35, 382 (399); 49, 168 (180); 78, 179 (196 f.); *Hofmann*, in: Schmidt-Bleitreu/Hoffmann/Hennecke, GG, 14. Aufl. 2018, Art. 12 Rn. 6; *Kämmerer*, in: von Münch/Kunig, GG, Bd. 1, 6. Aufl. 2012, Art. 12 Rn. 10; *Mann*, in: Sachs, GG, 8. Aufl. 2018, Art. 12 Rn. 33; *Rittstieg*, in: AK-GG, 3. Aufl. 2001, Art. 12 Rn. 55; *Ruffert*, in: Epping/Hillgruber, GG, 2. Aufl. 2013, Art. 12 Rn. 34; a.A. *Manssen*, in: von Mangoldt/Klein/Starck, GG, Bd. 1, 6. Aufl. 2010, Art. 12 Rn. 266, nach dem die grundrechtliche Wertigkeit, die Art. 12 Abs. 1 GG gerade beruflicher Tätigkeit deutscher Grundrechtsträger verleiht, im Rahmen von Art. 2 Abs. 1 GG außer Betracht bleiben müsse, ebenso *Sachs*, BayVBl. 1990, 385 (389); *Scholz*, in: Maunz/Dürig, GG, Loseblatt, Stand September

Um diese Differenzierung auszuräumen, wurde versucht, den ausländischen Studenten den Schutz des Art. 12 Abs. 1 GG durch stufenweises „*Hineinwachsen*“ in den Grundrechtstatbestand zukommen zu lassen. Die Intensität des Schutzes sollte sich wiederum nach der Dauer des Aufenthalts in Deutschland richten.[388] Ob dies für Studenten gelten kann, die nur ein paar Jahre bleiben, um nach dem Studium wieder in ihr Heimatland zurückzukehren, bleibt fraglich. Im Ergebnis ist diese Ansicht aufgrund des eindeutigen Wortlauts des Art. 12 Abs. 1 GG abzulehnen.[389]

#### b) Die Eröffnung des persönlichen Schutzbereichs für nichtdeutsche Unionsbürger

Im Hinblick auf das europäische Diskriminierungsverbot des Art. 18 Abs. 1 AEUV könnte sich die Beantwortung der Frage nach der Eröffnung des persönlichen Schutzbereichs in Bezug auf Bürger der Europäischen Union anders gestalten.

Es wird vertreten, dass sich Unionsbürger ebenso wenig wie nicht aus der EU stammende Ausländer[390] auf das Grundrecht der Berufsfreiheit berufen können. Der Grund dafür wird in dem eindeutigen Wortlaut des Art. 12 Abs. 1 GG gesehen, wonach nur Deutschen der Schutz des Grundrechts gewährt werde.[391] Eine Analogie wird mit dem Hinweis auf eine fehlende Notwendigkeit verneint.[392] Der Schutz der Unionsbürger solle stattdessen erreicht werden, indem das subsidiäre Freiheitsrecht des Art. 2 Abs. 1 GG vor dem Hintergrund des Gleichbehandlungsgebots des Europarechts so auslegt werde, dass für Unionsbürger dasselbe Schutzniveau bestehe wie für Deutsche nach Art. 12 Abs. 1 GG.[393] Dies habe zur Folge, dass Maßnahmen, die die berufliche Freiheit gegenüber Deutschen

---

2017, Art. 12 Rn. 104, der sich für ein exkludierendes Spezialitätsverhältnis zwischen Art. 12 und Art. 2 Abs. 1 GG ausspricht.

388 *Rittstieg*, in: Denninger/Hoffmann-Riem/Schneider/Stein, AK-GG, Bd. 1, 3. Aufl. 2001, Art. 12 Rn. 155.

389 *Mann*, in: Sachs, GG, 8. Aufl. 2018, Art. 12 Rn. 33; *Ruffert*, in: Hillgruber/Epping, GG, 2. Aufl. 2013, Art. 12 Rn. 34.

390 S.o. Teil 3 A II 2 a.

391 *Kämmerer*, in: von Münch/Kunig, GG, Bd. 1, 6. Aufl. 2012, Art. 12 Rn. 10; *Mann*, in: Sachs, GG, 8. Aufl. 2018, Art. 12 Rn. 35; *Scholz*, in: Maunz/Dürig, GG, Loseblatt, Stand September 2017, Art. 12 Rn. 103; nach deren Auffassungen sich die Unionsbürger auf die Grundfreiheiten des AEUV berufen können. Weitere Nachweise bei: *H. Bauer/Kahl*, JZ 1995, 1077 (Fn. 5); *M. Nolte/Tams*, JuS 2006, 31.

392 *Kämmerer*, in: von Münch/Kunig, GG, Bd. 1, 6. Aufl. 2012, Art. 12 Rn. 10.

393 *H. Bauer/Kahl*, JZ 1995, 1077 (1081 ff.); *Epping*, Grundrechte, 7. Aufl. 2017, Rn. 584 f.; *Ipsen*, Grundrechte, 17. Aufl. 2014, Rn. 633; *Manssen*, in: von Mangoldt/Klein/Starck,

unzulässig beschränken würden, auch gegenüber EU-Ausländern verfassungswidrig seien, obwohl deren Grundrechtschutz auf einer anderen rechtlichen Grundlage beruhe.[394]

Aufgrund des europarechtlichen Diskriminierungsverbots des Art. 18 Abs. 1 AEUV[395] ist diese Ansicht jedoch abzulehnen. Im Anwendungsbereich des Gemeinschaftsrechts ist vielmehr eine berufsgrundrechtliche Gleichstellung von Unionsbürgern i.S.d. Art. 20 AEUV geboten[396] und der Schutz des Art. 12 Abs. 1 GG zu gewährleisten.[397]

Das Europarecht nimmt einen immer größeren Platz im deutschen Rechtssystem ein und die Mitgliedsstaaten sind verpflichtet, zum Entstehen und zum Ausbau eines gemeinsamen Binnenmarktes beizutragen. Aus diesem Grund kommt einer Rechtsangleichung der teilweisen höchst unterschiedlichen nationalen Rechtsordnungen besondere Bedeutung zu. Vor diesem Hintergrund erscheint es als eine logische Konsequenz, dass die Deutschengrundrechte auch für die anderen Unionsbürger Geltung erlangen.[398] Dies führt mithin dazu, dass auch Studenten, die Staatsbürger eines Mitgliedsstaates sind, der gleiche grundrechtliche Schutz wie den deutschen Studenten zuteil wird. Folglich steht ihnen der von Art. 12 Abs. 1 GG umfasste Schutz der Lern- und Studierfreiheit zu, was auch das Recht zum Fernbleiben von Lehrveranstaltungen beinhaltet.

---

GG, Bd. 1, 6. Aufl. 2010, Art. 12 Rn. 267; *Manssen*, Grundrechtsdogmatik, 1995, Rn. 186; *Wieland*, in: Dreier, GG, Bd. I, 3. Aufl. 2013, Art. 12 Rn. 58.

394 *H. Bauer/Kahl*, JZ 1995, 1077 (1085); *Epping*, Grundrechte, 7. Aufl. 2017, Rn. 584 f.

395 OVG Münster NWVBl. 1995, 18: Das Diskriminierungsverbot gilt unmittelbar und hat Vorrang vor dem deutschen Verfassungsrecht; *Ehlers*, JZ 1996, 776 (781); *Jarass*, in: Jarass/Pieroth, GG, 14. Aufl. 2016, Art. 12 Rn. 12; *Kluth*, Jura 2001, 371.

396 *Ipsen*, Europäisches Gemeinschaftsrecht, 1972, § 34 II 7; *Mann*, in: Sachs, GG, 8. Aufl. 2018, Art. 12 Rn. 34; auch OVG NRW NWVBl. 1995, 18; *Kluth*, Jura 2001, 371; *Wernsmann*, Jura 2000, 657 ff.; vgl. ferner EuGH NJW 1988, 2165 (2166 f.).

397 *Bleckmann*, DÖV 1984, 565; *Breuer*, in: Isensee/Kirchhof, Handbuch des Staatsrechts, Bd. VIII, 3. Aufl. 2010, § 170 Rn. 43; *Hofmann*, in: Schmidt-Bleibtreu/Hopfauf/Hennecke, GG, 14. Aufl. 2018, Art. 12 Rn. 6; *Ehlers*, JZ 1996, 776 (781); *Jarass*, in: Jarass/Pieroth, GG, 14. Aufl. 2016, Art. 12 Rn. 12, 96; *Kluth*, Jura 2001, 371; *Ruffert*, in: Epping/Hillgruber, GG, 2. Aufl. 2013, Art. 12 Rn. 36; *Stern*, Staatsrecht, Bd. IV/1, 2006, S. 1830 f.

398 EuGH Rspr. 1989, 491; auch *H. Bauer/Kahl*, JZ 1995, 1077; *Bleckmann*, DÖV 1984, 565; *Breuer*, in: Isensee/Kirchhof, Handbuch des Staatsrechts, Bd. VIII, 3. Aufl. 2010, § 170 Rn. 43.

### 3. *Zwischenergebnis*

Folglich kann sich jeder deutsche Student und jeder im Inland studierende Unionsbürger auf den Schutz der Lern- und Studierfreiheit berufen. Alle anderen Studenten sind durch die allgemeine Handlungsfreiheit geschützt. Zu erheblichen Nachteilen führt dies jedoch nicht. An die Rechtfertigung eines Eingriffs in die allgemeine Handlungsfreiheit werden jedoch nicht besonders hohe Anforderungen gestellt.

# Teil 4: Die Anordnung von Anwesenheitspflichten als Eingriff in die Lern- und Studierfreiheit

Nunmehr ist zu untersuchen, ob die Anordnung von Anwesenheitspflichten als Eingriff in den Schutzbereich der Lern- und Studierfreiheit zu qualifizieren ist und ob dieser Eingriff rechtfertigungsfähig ist.

## A. Die Anwesenheitspflicht als ein rechtfertigungsbedürftiger Eingriff

Allein der Umstand, dass den Studenten ein verfassungsrechtlich garantierter Schutz der Lern- und Studierfreiheit aus Art. 12 Abs. 1 GG zusteht, bedeutet nicht, dass dieser nach allen Seiten umfassend ist. Beschränkungen und Verkürzungen können durch Eingriffe erfolgen. Das Bundesverfassungsgericht spricht von einem Eingriff in den Schutzbereich eines betroffenen Grundrechts, wenn staatliche Maßnahmen den Grundrechtsträger in der Ausübung seines Grundrechtes einschränken.[399] Dies führt zu der Frage: Stellt die Festsetzung einer Anwesenheitspflicht einen Eingriff in die Lern- und Studierfreiheit dar?

### I. Der Eingriff als schutzbereichsverkürzende Maßnahme

Nach dem sogenannten „*klassischen Eingriffsbegriff*"[400] stellt ein Rechtsakt einen Eingriff dar, der durch die Merkmale Finalität, Unmittelbarkeit und Imperativität gekennzeichnet ist.[401] Aufgrund der steigenden Zahl an Berührungspunkten von Staat und Individuum und der zunehmenden Bedeutung der Grundrechte für Organisation, Verfahren, Teilhabe und Leistungen reicht nach weit verbreiteter

---

399 *Ipsen*, Staatsrecht II, 20. Aufl. 2017, Rn. 136; *Kingreen/Poscher*, Grundrechte – Staatsrecht II, 33. Aufl. 2017, Rn. 264; *Manssen*, in: von Mangoldt/Klein/Starck, GG, Bd. 1, 6. Aufl. 2010, Art. 12 Rn. 73.

400 Skeptisch gegenüber dieser Kategorie, *Sachs*, in: Stern, Staatsrecht III/2, 1994, S. 103.

401 *Epping*, Grundrechte, 7. Aufl. 2017, Rn. 392; *Hillgruber*, in: Isensee/Kirhhof, Handbuch des Staatsrechts, Bd IX, 3. Aufl. 2011, § 200 Rn. 89; *Hufen*, Staatsrecht II, 6. Aufl. 2017, § 8 Rn. 5; *Ipsen*, Staatsrecht II, 20. Aufl. 2017, Rn. 143 ff.; *Kingreen/Poscher*, Grundrechte – Staatsrecht II, 33. Aufl. 2017, Rn. 292; *Kloepfer*, Verfassungsrecht Bd. II, 2010, § 51 Rn. 25.

Auffassung eine solche Begriffsdefinition jedoch nicht mehr aus, um alle rechtfertigungsbedürftigen Maßnahmen erfassen zu können.[402]

Aus diesem Grund werden nach dem *„erweiterten Eingriffsbegriff“* auch alle faktisch-mittelbaren Auswirkungen staatlichen Handelns, die dem Einzelnen ein grundrechtlich geschütztes Verhalten ganz oder teilweise unmöglich machen, vom Begriff des Eingriffs umfasst.[403] Ein solcher Eingriff kann individuell durch Verwaltungsakt oder Gerichtsurteil erfolgen sowie generell durch Gesetz, Satzung oder Rechtsverordnung.[404]

## II. Der Eingriff in Art. 12 Abs. 1 GG unter Berücksichtigung der berufsregelnden Tendenz

Erkennt man nach dem erweiterten Verständnis auch faktisch-mittelbare Handlungen des Staates als Eingriff an,[405] kann dies dazu führen, dass nahezu jedes staatliche Verhalten als Eingriff zu bewerten ist. Daher werden an solche faktischen Beeinträchtigungen zusätzliche Voraussetzungen geknüpft, um sie als Eingriff qualifizieren zu können.

Faktische Eingriffe in die Berufsfreiheit können daher nur bejaht werden, wenn ein enger Zusammenhang zwischen Beeinträchtigung und Berufsausübung besteht.[406] Nach ständiger Rechtsprechung des Bundesverfassungsgerichts muss das zu untersuchende hoheitliche Verhalten berufsregelnde Tendenz

---

402 *Dreier*, in: Dreier, GG, Bd. I, Vorb. Rdn. 125; *Kloepfer*, Verfassungsrecht Bd. II, 2010, § 51 Rn. 26; *Kingreen/Poscher*, Grundrechte – Staatsrecht II, 33. Aufl. 2017, Rn. 293; *Lübbe-Wolff*, Die Grundrechte als Eingriffsabwehrrechte, S. 69 ff.; *Stern*, Staatsrecht, Bd. III/2, 1994, S. 128 ff.

403 BVerfGE 98, 106 (117); 105, 279 (301); *Epping*, Grundrechte, 7. Aufl. 2017, Rn. 393; *Hillgruber*, in: Isensee/Kirhhof, Handbuch des Staatsrechts, Bd IX, 3. Aufl. 2011, § 200 Rn. 89; *Ipsen*, Staatsrecht II, 20. Aufl. 2017, Rn. 143 ff.; *Kingreen/Poscher*, Grundrechte – Staatsrecht II, 33. Aufl. 2017, Rn. 294.

404 *Hufen*, Staatsrecht II, 6. Aufl. 2017, § 8 Rn. 6; *Kingreen/Poscher*, Grundrechte – Staatsrecht II, 33. Aufl. 2017, Rn. 264; *Manssen*, in: von Mangoldt/Klein/Starck, GG, Bd. 1, 6. Aufl. 2010, Art. 12 Rn. 73; *Michael/Morlok*, Grundrechte, 6. Aufl. 2017, Rn. 494.

405 *Bleckmann/Eckhoff*, DVBl. 1988, 373; *Epping*, Grundrechte, 7. Aufl. 2017, Rn. 396; *Hufen*, Staatsrecht II, 6. Aufl. 2017, § 8 Rn. 9 f.; *Kloepfer*, Verfassungsrecht Bd. II, 2010, § 51 Rn. 10 f.; *Mann*, in: Sachs, GG, 8. Aufl. 2018, Art. 12 Rn. 94 f.; *M. Nolte*, in: Stern/Becker, GG, 2. Aufl. 2015, Art. 12 Rn. 78.

406 BVerfGE 13, 181 (186); 16, 145 (162); 52, 42 (54); 70, 191 (214); 95, 267 (302); *Epping*, Grundrechte, 7. Aufl. 2017, Rn. 400; *Ipsen*, Staatsrecht II, 20. Aufl. 2017, Rn. 658; *Jarass*, in: Jarass/Pieroth, GG, 14. Aufl. 2016, Art. 12 Rn. 14 ff.

aufweisen.[407] Ohne eine Einschränkung könnte nahezu jede Norm Rückwirkungen auf die Berufsfreiheit haben.[408]

Eine berufsregelnde Tendenz liegt vor, wenn die Regelungen *„nach Entstehungsgeschichte und Inhalt im Schwerpunkt Tätigkeiten betreffen, die typischerweise beruflich ausgeübt werden"*,[409] oder wenn eine Regelung die Rahmenbedingungen der Berufsausübung verändert und in der Folge ihrer Gestaltung in einem engen Zusammenhang mit der Ausübung des Berufs steht.[410] Entscheidend ist nicht nur die Zielsetzung, sondern auch die tatsächliche Auswirkung.[411] Außerdem müsste die berufliche Tätigkeit durch die Regelung *„nennenswert behindert"* werden.[412]

Eine Literaturmeinung will demgegenüber auf das Kriterium des engen Zusammenhangs sowie der berufsregelnden Tendenz verzichten und grundsätzlich jede spezifische, rechtliche oder faktisch wirkende Betroffenheit des Bürgers bei seiner beruflichen Betätigung als relevante Grundrechtsbeeinträchtigung ansehen.[413] Es sei kein Grund ersichtlich, warum für Art. 12 Abs. 1 GG eine andere als die allgemeine Grundrechtsdogmatik anzuwenden sei. Daher spreche

---

407 BVerfGE 13, 181 (186); 16, 145 (162); 52, 42 (54); 70, 191 (214); 128, 1 (82); 110, 274 (288); 111, 191 (213); *Epping*, Grundrechte, 7. Aufl. 2017, Rn. 400; *Jarass*, in: Jarass/Pieroth, GG, 14. Aufl. 2016, Art. 12 Rn. 15; *Mann*, in: Sachs, GG, 8. Aufl. 2018, Art. 12 Rn. 95; *M. Nolte*, in: Stern/Becker, GG, 2. Aufl. 2015, Art. 12 Rn. 81; *Ruffert*, in: Epping/Hillgruber, GG, 2. Aufl. 2013, Art. 12 Rn. 55; kritisch zu dieser Rechtsprechung: *Epping*, Die Außenwirtschaftsfreiheit, 1998, S. 68 ff.; *Manssen*, von Mangoldt/Klein/Starck, GG, Bd. 1, 6. Aufl. 2010, Art. 12 Rn. 75.

408 BVerfGE 97, 228 (253 f.).

409 BVerfGE 97, 228 (254).

410 BVerfGE 111, 191 (213); *Epping*, Grundrechte, 7. Aufl. 2017, Rn. 400; *Jarass*, in: Jarass/Pieroth, GG, 14. Aufl. 2016, Art. 12 Rn. 15; *Manssen*, in: von Mangoldt/Klein/Starck, GG, Bd. 1, 6. Aufl. 2010, Art. 12 Rn. 75; *Wieland*, in: Dreier, GG, Bd. I, 3. Aufl. 2013, Art. 12 Rn. 71.

411 BVerfGE 110, 226 (254).

412 BVerfGE 81, 108 (122); 110, 370 (393 f.). Auf die Finalität kommt es dabei zwar nicht entscheidend an, jedoch muss eine besondere Nähe zur beruflichen Tätigkeit bestehen. Ansonsten – sofern nicht andere spezielle Grundrechte einschlägig sind – greift die allgemeine Handlungsfreiheit ein, *Epping*, Grundrechte, 7. Aufl. 2017, Rn. 400; *Jarass*, in Jarass/Pieroth, GG, 14. Aufl. 2016, Art. 12 Rn. 15; *Mann*, in: Sachs, GG, 8. Aufl. 2018, Art. 12 Rn. 95; *Ruffert*, in: Epping/Hillgruber, GG, 2. Aufl. 2013, Art. 12 Rn. 58.

413 *Cremer*, DÖV 2003, 921 (928); *Mann*, in: Sachs, GG, 8. Aufl. 2018, Art. 12 Rn. 98; *Manssen*, in: von Mangoldt/Klein/Starck, GG, Bd. 1, 6. Aufl. 2010, Art. 12 Rn. 74; *Ruffert*, in: Epping/Hillgruber, GG, 2. Aufl. 2013, Art. 12 Rn. 57; *Sodan*, DÖV 1987, 858 (864); zusammenfassend *Breuer*, in: Isensee/Kirchhof, Handbuch des Staatsrechts,

nichts dagegen, dass auch im Rahmen von Art. 12 Abs. 1 GG grundsätzlich Schutz vor jeder materiellen Betroffenheit des Grundrechtsträgers gewährt werde.[414] Sie entspräche auch der in Art. 12 Abs. 1 GG enthaltenen objektiven Wertentscheidung zugunsten des dort garantierten Freiheitsgehalts.[415] Die Rechtsprechung ist jedoch unheitlich. Aussagen, die auf die Anforderung der berufsregelnden Tendenz verzichten wollen,[416] hat das Bundesverfasssungsgericht bislang immer wieder durch die Anwendung der berufsregelnden Tendenz korrigiert.[417]

Das Erfordernis einer berufsregelnden Tendenz kann letztlich als dogmatisches Problem offen bleiben, sofern ein Eingriff auf der Grundlage beider Standpunkte bejaht werden kann. Dies wird für die Anordnung von Anwesenheitspflichten zu prüfen sein.

## III. Die Anwesenheitspflicht als Eingriff in die Lern- und Studierfreiheit

Eingriffe in die Ausbildungsfreiheit liegen vor, wenn sich staatliche Maßnahmen belastend auf die berufliche Ausbildung auswirken.[418] Dazu gehören nicht nur Eingriffe, die durch den Ausschluss von einer bestimmten Ausbildungsstätte den Lebensweg des Betroffenen dahingehend beeinträchtigen, dass er seinem

---

Bd. VIII, 3. Aufl. 2010, § 171 Rn. 44 f., m.w.N.; Stern, Staatsrecht IV/1, 2006, S. 1844 f.; *Manssen*, in: von Mangoldt/Klein/Starck, GG, Bd. 1, 6. Aufl. 2010, Art. 12 Rn. 75.

414 *Gallwas,* Faktische Beeinträchtigungen im Bereich der Grundrechte, 1970, S. 166 These 8; *Manssen,* in: von Mangoldt/Klein/Starck, GG, Bd. 1, 6. Aufl. 2010, Art. 12 Rn. 75; *Papier,* Der Staat Bd. 11 (1972) 483 (494); *Papier,* DVBl. 1984, 801 (805); *Ruffert,* in: Epping/Hillgruber, GG, 2. Aufl. 2013, Art. 12 Rn. 57.

415 *Manssen,* in: von Mangoldt/Klein/Starck, GG, Bd. 1, 6. Aufl. 2010, Art. 12 Rn. 75.

416 BVerfGE 61, 291 (308): Berufsregelnde Tendenz nicht zwingend erforderlich; BVerfGE 109, 64 (85): Berufsregelnde Tendenz nicht erforderlich bei das Arbeitsverhältnis inhaltlich ausgestaltenden Geldleistungspflichten.

417 Zuletzt BVerfGE 95, 267 (302); 97, 228 (253 f.); 111, 191 (213: „Die Berufsfreiheit ist aber dann berührt, wenn sich die Maßnahmen zwar nicht auf die Berufstätigkeit selbst beziehen, aber die Rahmenbedingungen der Berufsausübung verändern und indolge ihrer Gestaltung in einem so engen Zusammenhang mit der Ausübung des Berufs stehen, dass sie objektiv eine berufsregelnde Tendenz haben."); 113, 29 (48 f.: „Art. 12 Abs. 1 GG entfaltet seine Schutzwirkung nur gegenüber solchen Normen, die sich entweder unmittelbar auf die Berufstätigkeit beziehen oder zumindest eine objektiv regelnde Tendenz haben."); *Mann,* in: Sachs, GG, 8. Aufl. 2018, Art. 12 Rn. 98.

418 BVerfGE 58, 257 (273); *Jarass,* in: Jarass/Pieroth, GG, 14. Aufl. 2016, Art. 12 Rn. 97; *Ruffert,* in: Epping/Hillgruber, GG, 2. Aufl. 2013, Art. 12 Rn. 68; *Schneider,* in: Merten/Papier, Handbuch der Grundrechte, Bd. V, 2013, § 113 Rn. 122.

Berufswunsch nicht nachkommen kann und dies seine spätere soziale Rolle negativ beeinflusst.[419] Auch Vorschriften, die für die Aufnahme eines Berufs den Nachweis erworbener Fähigkeiten in Form von Prüfungen verlangen, greifen in den Schutzbereich von Art. 12 Abs. 1 GG ein.[420]

Auch Regelungen, welche die freie Aufnahme und Gestaltung eines Studiums begrenzen, sind als Eingriffe in die Lern- und Studierfreiheit zu qualifizieren.[421] Dies trifft in erster Linie auf die Studien- und Prüfungsordnungen[422] zu.[423] Sie stellen als Grundlage für Prüfungen und andere Nachweise Voraussetzungen für den erfolgreichen Abschluss eines Studiums auf.[424]

Es stellt sich die Frage, ob Anwesenheitspflichten ebenfalls in die Lern- und Studierfreiheit eingreifen. Sofern Anwesenheitspflichten in den Studien- und Prüfungsordnungen festgelegt sind, muss ein Eingriff sicherlich bejaht werden. Grund dafür ist, dass die Verpflichtung zur Teilnahme den Studenten ihr Wahlrecht nimmt, an der Lehrveranstaltung teilzunehmen oder sich die Unterrichtsinhalte im Eigenstudium anzueignen. Sobald in den Studien- und Prüfungsordnungen die Anwesenheitspflicht angeordnet ist, wird die Präsenz

---

419 Vgl. BVerfGE 58, 257 (273); *Jarass*, in: Jarass/Pieroth, GG, 14. Aufl. 2016, Art. 12 Rn. 97; *Ruffert*, in: Epping/Hillgruber, GG, 2. Aufl. 2013, Art. 12 Rn. 68; *Schneider*, in: Merten/Papier, Handbuch der Grundrechte, Bd. V, 2013, § 113 Rn. 122.

420 BVerfGE 84, 34 (45); VGH Mannheim, Urt. v. 21.11.2017 – 9 S 1145/16, BeckRS 2017, 133435 Rn. 39; *Jeremias*, in: Niehues/Fischer/Jeremias, Prüfungsrecht, 6. Aufl. 2014, Rn. 3; *Manssen*, in: Mangoldt/Klein/Starck, GG, Bd. 1, 6. Aufl. 2010, Art. 12 Rn. 227; *Rozek*, NVwZ 1992, 343 (344).

421 BVerfGE 58, 257 (273); *Epping*, WissR Bd. 45 (2012), S. 112 (114); *Jarass*, in: Jarass/Pieroth, GG, 14. Aufl. 2016, Art. 12 Rn. 97; *Jeremias*, in: Niehues/Fischer/Jeremias, Prüfungsrecht, 6. Aufl. 2014, Rn. 3; *Ruffert*, in: Epping/Hillgruber, 2. Aufl. 2013, Art. 12 Rn. 68.

422 Diese legen die für einen erfolgreichen Studienabschluss notwendigen Prüfungen und Nachweise fest, welche gleichzeitig auch als Voraussetzung für die Aufnahme und Ausübung eines späteren Berufs zu qualifizieren sind, siehe dazu Teil 4 C. I. 3. b) cc).

423 VGH Mannheim, Urt. v. 21.11.2017 – 9 S 1145/16, BeckRS 2017, 133435 Rn. 39; *Kempen*, in: Hartmer/Detmer, Hochschulrecht, 3. Aufl. 2017, Kap. 1 Rn. 106; *Scholz*, in: Maunz/Dürig, GG, Loseblatt, Stand September 2017, Art. 12 Rn. 484 f.; *Strauch*, Staatliche und akademische Prüfungsordnungen, 1978, S. 87 ff.; *Thieme*, Deutsches Hochschulrecht, 3. Aufl. 2004, Rn. 381.

424 *Becker*, NJW 1990, 273 (281); *Geck*, Promotionsordnungen und Grundgesetz, 2. Aufl. 1969, S. 23 ff.; *Jarass*, in: Jarass/Pieroth, GG, 14. Aufl. 2016, Art. 12 Rn. 98, 105 ff.; *Krause*, WissR Bd. 3 (1970), S. 18 (132 f.); *Strauch*, Staatliche und akademische Prüfungsordnungen, 1978, S. 87; *Wieland*, in: Dreier, GG, Bd. I, 3. Aufl. 2013, Art. 12 Rn. 76.

zu einer verbindlichen Voraussetzung des Studiums und damit auch für den Erwerb eines zur Berufsausübung berechtigenden Abschlusses. In ihrer striktesten Anordnung kann die Anwesenheitspflicht daher zu einem faktischen Verbot des Selbststudiums führen. Anwesenheitspflichten greifen somit in die einfachgesetzlichen und auch verfassungsrechtlich gewährleisteten Rechte der Studenten ein.[425] Nichts anderes kann daher gelten, wenn die Anwesenheit nicht explizit in den Studien- und Prüfungsordnungen genannt ist, sondern der Hochschullehrer die Pflicht zur Anwesenheit eigenständig festlegt.

Ein Eingriff in die Berufsfreiheit muss ebenfalls bejaht werden, wenn die Anwesenheitspflicht zur Voraussetzung für den Erwerb von Leistungsnachweisen und *Creditpoints* gemacht wird. Ohne den Erwerb solcher Nachweise wird der Student sein Studium nicht beenden können. Der Abschluss des Studiums ist jedoch Voraussetzung für die Aufnahme des angestrebten Berufs.[426] In der Konsequenz bedeutet die Pflicht zur Anwesenheit auch, dass beim Fernbleiben von Lehrveranstaltungen mit Anwesenheitspflichten der entsprechende Leistungsnachweis und die Gutschrift der *Creditpoints* für diese Veranstaltung verweigert werden kann. Insofern gilt für die Anwesenheitspflicht nichts anderes als für die Zulassung zu einer Prüfung oder die Prüfung selbst: Sie greift in das Grundrecht der Berufsfreiheit ein und bedarf einer Legitimation durch den Gesetzgeber.[427]

Hiergegen wird zwar eingewandt, dass Anwesenheitspflichten weder ein Strukturprinzip der Wissenschaft verletzen noch wissenschaftsimmanente Gründe gegen eine solche Pflicht sprechen würden. Somit könne dahinstehen, ob tatsächlich ein Eingriff durch die Anwesenheitspflicht erfolge.[428] Dieser Ansicht ist aus den oben genannten Gründen jedoch nicht zu folgen. Anwesenheitspflichten greifen in die Studierfreiheit der Studenten ein.[429]

---

425 *Epping,* WissR Bd. 45 (2012), S. 112 (123); *Kempen,* in: Hartmer/Detmer, Hochschulrecht, 3. Aufl. 2017, Kap. 1 Rn. 98; *Pieroth*, Störung, Streik und Aussperrung in der Hochschule, 1976, S. 186, 151.

426 VGH Mannheim, Urt. v. 21.11.2017 – 9 S 1145/16, BeckRS 2017, 133435 Rn. 39.

427 *Becker*, NJW 1990, 273 (274 ff.; 281); *Epping*, WissR Bd. 45 (2012), S. 112 (114); *Jeremias,* in: Niehues/Fischer/Jeremias, Prüfungsrecht, 6. Aufl. 2014, Rn. 3; *Manssen,* in: von Mangoldt/Klein/Starck, GG, Bd. 1, 6. Aufl. 2010, Art. 12 Rn. 227; *Rozek*, NVwZ 1992, 343 (344); im Allgemeinen dazu: *Strauch*, Staatliche und akademische Prüfungsordnungen, 1978, S. 91.

428 *Peters,* in: Carstens/Peters, Festschrift für Hermann Jahrreiß, 1965, S. 82; *Pieroth*, Störung, Streik und Aussperrung in der Hochschule, 1976, S. 186, 151.

429 *Epping,* WissR Bd. 45 (2012), S. 112 (123); *Kempen,* in: Hartmer/Detmer, Hochschulrecht, 3. Aufl. 2017, Kap. 1 Rn. 98; *Pieroth*, Störung, Streik und Aussperrung in der Hochschule, 1976, S. 186, 151. So auch *von Coelln*, in: Friauf/Höfling, Berliner

Ein Eingriff in die Berufsfreiheit erfolgt daher nicht nur durch die Studien- und Prüfungsordnungen an sich, sondern auch durch eine in der Studien- und Prüfungsordnung grundsätzlich angelegte Anwesenheitspflicht in Lehrveranstaltungen.[430]

Das Erfordernis der berufsregelnden Tendenz kann in dem Moment bejaht werden, indem der Student auf den Erwerb eines Leistungs- oder Teilnahmescheins angewiesen ist. Ohne entsprechenden Leistungsnachweis kann er keinen ihn für die Ausübung eines Berufs qualifizierenden Abschluss erhalten.

Präsenzpflichten stellen daher rechtfertigungsbedürftige Eingriffe in die durch Art. 12 Abs. 1 GG gewährleistete Lern- und Studierfreiheit dar.[431] Dies gilt auch dann, wenn man das Kriterium der berufsregelnden Tendenz fordert.

## B. Die Rechtfertigung eines Eingriffs in die Lern- und Studierfreiheit aus Art. 12 Abs. 1 GG

Das Vorliegen eines Grundrechtseingriffs ist jedoch noch kein Indiz für die Rechtswidrigkeit der Anwesenheitspflicht. Eingriffe sind zwar rechtfertigungsbedürftig, aber in vielen Fällen auch rechtfertigungsfähig.[432] Ob die Rechtfertigung einer im Einzelfall bestehenden Anwesenheitspflicht gelingt, hängt davon

---

Kommentar zum Grundgesetz, 44. Erg.-Lfg. XI/14, Art. 5 Abs. 3 Rn. 134, der jedoch einen Eingriff in Art. 5 Abs. 3 GG bejaht.

430 Diese Pflicht kann sich sowohl aus der Art der Lehrveranstaltung ergeben als auch durch eine Bestimmung in der Prüfungsordnung, welche die aktive Teilnahme an Modulen vorsieht, *Epping*, WissR Bd. 45 (2012), S. 112 (114 f.).

431 *Epping*, WissR Bd. 45 (2012), S. 112 (114); *Kempen*, in: Hartmer/Detmer, Hochschulrecht, 3. Aufl. 2017, Kap. 1 Rn. 98. *Pieroth*, Störung, Streik und Aussperrung an der Hochschule, 1975, S. 181 f. führt dagegen an, dass die Anwesenheitspflichten als solche nicht existiere. Werde in bestimmte Lehrveranstaltungen die Scheinvergabe davon abhängig gemacht, dass der Student eine bestimmte – meist großzügig bemessene – Anzahl von Sitzungen anwesend war, dann sei die einzige Sanktion für den Fall, dass der Student dem nicht nachkomme, die Nichterteilung eines solchen Scheins. Der Student habe nicht die Gegenleistung für eine angestrebte staatliche Leistung erbracht. Eine Anwesenheitsvoraussetzung dieser Art sei nicht anders zu beurteilen als etwa die Anforderung zur Anfertigung einer Hausarbeit durch den Studenten; werde dem nicht Genüge getan, könne sich der betreffende Student auch nicht auf eine Grundrechtsverletzung berufen. Eine solche Beurteilung erscheint mithin doch nicht nur sehr gekünstelt, sondern auch realitätsfern, so dass dieser Auffassung nicht gefolgt werden kann.

432 *Hillgruber*, in: Isensee/Kirchhof, Handbuch des Staatsrechts, Bd. IX, 3. Aufl. 2011, § 200 Rn. 102; *Ipsen*, Staatsrecht II, 20. Aufl. 2017, Rn. 171; *Kingreen/Poscher*,

ab, ob diese auf einer hinreichenden Rechtsgrundlage beruht und formell sowie materiell verfassungsgemäß ist.[433]

## I. Die verfassungsrechtliche Rechtfertigung

Grundrechte müssen einschränkbar sein. Nur so kann gewährleistet werden, dass der Gebrauch von Grundrechten durch den Einzelnen nicht mit den Grundrechten anderer in verfassungswidriger Weise kollidiert.

Damit der grundrechtliche Schutz des Einzelnen jedoch nicht über über das notwendige Maß hinaus eingeschränkt wird, muss es eine Eingriffsermächtigung geben, die verfassungskonform ausgestaltet ist. Die Festsetzung einer Anwesenheitspflicht ist daher nur gerechtfertigt, wenn sie sich auf eine zulässige Schranke der Berufsfreiheit stützt.

### *1. Der Regelungsvorbehalt des Art. 12 Abs. 1 S. 2 GG*

Das Grundgesetz kennt allerdings keinen abstrakten Schrankenmaßstab, der für die Rechtfertigung eines Eingriffs in Grundrechte verbindlich wäre. Daher ist nach dem Prinzip der grundrechtskonkreten Schrankenbestimmung zunächst die Schrankenformation zu ermitteln.[434]

#### *a) „Regelung durch oder aufgrund eines Gesetzes“*

Gemäß Art. 12 Abs. 1 S. 2 GG kann die Berufsausübung durch oder auf Grund eines Gesetzes *„geregelt“* werden.[435] Dies umfasst sämtliche Formen

---

Grundrechte – Staatsrecht II, 33. Aufl. 2017, Rn. 326; *von Münch/Mager*, Staatsrecht II, 6. Aufl. 2014, Rn. 118.

433 *Epping*, Grundrechte, 7. Aufl. 2017, Rn. 46; *Kingreen/Poscher*, Grundrechte – Staatsrecht II, 33. Aufl. 2017, Rn. 401; *Sachs*, Verfassungsrecht II – Grundrechte, 3. Aufl. 2017, Kap. 10 Rn. 4.

434 *Breuer*, in: Isensee/Kirchhof, Handbuch des Staatsrechts, Bd. VIII, 3. Aufl. 2010, § 171 Rn. 1 ff.; *Hufen*, Staatsrecht II, 6. Aufl. 2017, § 9 Rn. 1 ff.; *Scholz*, in: Maunz/Dürig, GG, Loseblatt, Loseblatt, Stand September 2017, Art. 12 Rn. 304.

435 *Breuer*, in: Isensee/Kirchhof, Handbuch des Staatsrechts, Bd, VIII, 3. Aufl. 2010, § 171 Rn. 1; *Epping*, Grundrechte, 7. Aufl. 2017, Rn. 403; *Hofmann*, in: Schmidt-Bleibtreu/Hofmann/Hopfauf, GG, 14. Aufl. 2018, Art. 12 Rn. 17; *Ipsen*, Staatsrecht II, 20. Aufl. 2017, Rn. 653; *Jarass*, in: Jarass/Pieroth, GG, 14. Aufl. 2016, Art. 12 Rn. 28; *Kämmerer*, in: von Münch/Kunig, GG, Bd. 1, 6. Aufl. 2012, Art. 12 Rn. 53; *Kloepfer*, Verfassungsrecht Bd. II, 2010, § 70 Rn. 65; *Mann*, in: Sachs, GG, 8. Aufl. 2018, Art. 12 Rn. 105; *Manssen*, in: von Mangoldt/Klein/Starck, GG, Bd. 1, 6. Aufl. 2010, Art. 12 Rn. 103; *Wieland*, in: Dreier, GG, Bd. I, Art 12 Rn. 97.

der berufsrechtlichen Regelung, angefangen von der konkretisierenden Ausgestaltung bzw. Grundrechtsprägung bis hin zur Grundrechtseinschränkung. Inhaltlich kann unterschieden werden zwischen berufsbeschränkenden, berufsordnenden, berufslenkenden und berufsfördernden Regelungen.[436]

Aus der Formulierung *„regeln"* folgen jedoch auf keine dogmatischen Besonderheiten. Im Kanon der Grundrechte genießt die Berufsfreiheit aufgrund ihres primär abwehrrechtlichen Charakters keine Sonderstellung.[437] Der Regelungsvorbehalt fungiert sowohl als Schranken- als auch als Gestaltungsvorbehalt.[438] Daraus ergeben sich folgende Überlegungen:

*Erstens:* Die Beeinträchtigung der Berufsfreiheit ist nur auf der Grundlage einer parlamentarischen Entscheidung zulässig. Erforderlich ist ein Gesetz im formellen Sinn,[439] zu dessen Erlass entsprechend der Kompetenzzuweisung der jeweilige Landes- oder der Bundesgesetzgeber befugt ist.[440] Causa dafür ist, dass sich

---

436 *Scholz*, in: Maunz/Dürig, GG, Loseblatt, Stand September 2017, Art. 12 Rn. 314.

437 *Ipsen*, DVBl. 1956, 358 (360); *Kloepfer*, Verfassungsrecht Bd. II, 2010, § 70 Rn. 65f.; so aber BVerfGE 7, 377 (404); *Manssen*, Staatsrecht II, 14. Aufl. 2017, Rn. 626; *Manssen*, in: von Mangoldt/Klein/Starck, GG, Bd. 1, 6. Aufl. 2010, Art. 12 Rn. 103; *Ruffert*, in: Epping/Hillgruber, GG, 2. Aufl. 2013, Art. 12 Rn. 73; *Wieland*, in: Dreier, GG, Bd. I, 3. Aufl. 2013, Art. 12 Rn. 88.

438 *Schneider*, in: Merten/Papier, Handbuch der Grundrechte, Bd. V, 2013, § 113 Rn. 136; *Scholz*, in: Maunz/Dürig, GG, Loseblatt, Stand September 2017, Art. 12 Rn. 314, der in diesem Zusammenhang auf die differenzierende Auffassung des BVerfG verweist. Dies betont in BVerfGE 7, 377 (403), dass der Ermessensspielraum des Gesetzgebers bei Art. 12 Abs. 1 GG nicht weiter sei als bei anderen Grundrechten, vielmehr bedeute „regeln", dass nähere Bestimmungen der Grenzen von innen her getroffen werden müssten. Letztlich hat dieser Gedanke jedoch nur theoretische Bedeutung, da auch das BVerfG Regelungen „von außen" her als prinzipiell zulässig erachtet.

439 BVerfGE 58, 358 (364 f.); 68, 256 (267); *Jarass*, in: Jarass/Pieroth, GG, 14. Aufl. 2016, Art. 12 Rn. 30; *Kämmerer*, in: von Münch/Kunig, GG, Bd. 1, Art. 12 Rn. 53; *Kloepfer*, Verfassungsrecht Bd. II, 2010, § 70 Rn. 68; *Mann*, in: Sachs, GG, 8. Aufl. 2018, Art. 12 Rn. 108; *Manssen*, in: von Mangoldt/Klein/Starck, GG, Bd. 1, 6. Aufl. 2010, Art. 12 Rn. 108; *Ruffert*, in: Epping/Hillgruber, GG, 2. Aufl. 2013, Art. 12 Rn. 75; *Scholz*, in: Maunz/Dürig, GG, Loseblatt, Stand September 2017, Art. 12 Rn. 322; *Stern*, Staatsrecht, Bd. IV/1, 2006, S. 1888; *Umbach*, in: Umbach/Clemens, GG, Bd. I, 2002, Art. 12 Rn. 74; *Wieland*, in: Dreier, GG, Bd. I, 3. Aufl. 2013, Art. 12 Rn. 82.

440 BVerfGE 7, 377 (443); 29, 327 (333); 40, 371 (378); 47, 285 (313); *Breuer*, in: Isensee/Kirchhof, Handbuch des Staatsrechts, Bd. VIII, 3. Aufl. 2010, § 171 Rn. 1; *Jarass*, in: Jarass/Pieroth, GG, 14. Aufl. 2016, Art. 12 Rn. 32; *Mann*, in: Sachs, GG, 8. Aufl. 2018, Art. 12 Rn. 108; *Manssen*, in: von Mangoldt/Klein/Starck, GG, Bd. 1, 6. Aufl. 2010, Art. 12 Rn. 107; *Stern*, Staatsrecht, Bd. IV/1, 2006, S. 1885.

der Gesetzgeber über die Gründe einer Einschränkung im Klaren sein muss. Anders kann ein gerechter Ausgleich zwischen der Berufsfreiheit als Ausdruck des Schutzes menschlicher Persönlichkeit und den Belangen und Grundrechten Dritter nicht gewährleistet werden.[441]

Entgegen des Wortlauts handelt sich bei Art. 12 Abs. 1 S. 2 GG um einen einfachen Gesetzesvorbehalt.[442] Der Wortlaut lässt insoweit keinerlei Spielraum für den Gesetzgeber zur Ausgestaltung.[443] In der Rechtsprechung wird zwar stets betont, dass Art. 12 Abs. 1 GG eine besondere Stellung in der sozialen Ordnung genieße, die der Gesetzgeber seinen Regelungen zugrunde legen müsse.[444] Dies stellt aber keine Besonderheit des Grundrechts dar. Es wird lediglich die Funktion der Grundrechte als aufeinander bezogene Werte- und Normenordnung umschrieben.[445]

*Zweitens:* Der Gesetzesvorbehalt muss sich auf alle Gewährleistungen des Grundrechts erstrecken. Nach dem Text der Verfassung sind zwar nur Regelungen der Berufsausübung vorgesehen.[446] Art. 12 Abs. 1 GG ist aber als ein einheitliches

---

441 BVerfGE 33, 125 (158 f.); 41, 251 (263 f.); 76, 171 (184 f.); *Kämmerer*, in: von Münch/Kunig, GG, Bd. 1, 6. Aufl. 2012, Art. 12 Rn. 45; *Mann*, in: Sachs, GG, 8. Aufl. 2018, Art. 12 Rn. 106 ff.; *Manssen*, in: von Mangoldt/Klein/Starck, GG, Bd. 1, 6. Aufl. 2010, Art. 12 Rn. 117; *Ruffert*, in: Epping/Hillgruber, GG, 2. Aufl. 2013, Art. 12 Rn. 73.

442 BVerfGE 7, 377 (403 f.); 33, 125 (159); 54, 237 (246); *Epping*, Grundrechte, 7. Aufl. 2017, Rn. 403; *Hofmann*, in: Schmidt-Bleibtreu/Hofmann/Hopfauf, GG, 14. Aufl. 2018, Art. 12 Rn. 17; *Jarass*, in: Jarass/Pieroth, GG, 14. Aufl. 2016, Art. 12 Rn. 27; *Kingreen/Poscher*, Grundrechte – Staatsrecht II, 33. Aufl. 2017, Rn. 973; *Mann*, in: Sachs, GG, 8. Aufl. 2018, Art 12 Rn. 106; *M. Nolte*, in: Stern/Becker, GG, 2. Aufl. 2015, Art. 12 Rn. 82; *Rittstieg*, in: Denninger/Hoffmann-Riem/Schneider/Stein, AK-GG, Bd. 1, 3. Aufl. 2001, Art. 12 Rn. 72; *Ruffert*, in: Epping/Hillgruber, GG, 2. Aufl. 2013, Art. 12 Rn. 75; *Schneider*, in: Merten/Papier, Handbuch der Grundrechte, Bd. V, 2013, § 113 Rn. 130; *Umbach*, in: Umbach/Clemens, GG, Bd. I, 2002, Art. 12 Rn. 71; *Wieland*, in: Dreier, GG, Bd. I, 3. Aufl. 2013, Art. 12 Rn. 88.

443 *Schneider*, in: Merten/Papier, Handbuch der Grundrechte, Bd. V, 2013, § 113 Rn. 130; umfassende Darstellung auch bei *Stern*, Staatsrecht, Bd. IV/1, 2006, S. 1881 f.

444 BVerfGE 7, 377 (404); *Kämmerer*, in: von Münch/Kunig, GG, Bd. 1, 6. Aufl. 2012, Art. 12 Rn. 45.

445 *Kämmerer*, in: von Münch/Kunig, GG, Bd. 1, 6. Aufl. 2012, Art. 12 Rn. 45.

446 BVerfGE 103, 172 (183); *Hufen*, Staatsrecht II, 6. Aufl. 2017, § 35 Rn. 26; *Ipsen*, Staatsrecht II, 20. Aufl. 2017, Rn. 653; *Jarass*, in: Jarass/Pieroth, GG, 14. Aufl. 2016, Art. 12 Rn. 27; *Kloepfer*, Verfassungsrecht Bd. II, 2010, § 70 Rn. 65; *Manssen*, in: von Mangoldt/Klein/Starck, GG, Art. 12 Rn. 2, 104; *Wieland*, in: Dreier, GG, 3. Aufl. 2013, Art. 12 Rn. 79. Ausführlich zur Problematik: *Hufen*, NJW 1994, 1293; *Lücke*, Die Berufsfreiheit, 1994, S. 29 ff.

Grundrecht der Berufsfreiheit anerkannt.[447] Auch das Bundesverfassungsgericht spricht in diesem Zusammenhang von einem Gesetzesvorbehalt, ohne zwischen Berufsausübung und Berufswahl zu unterscheiden.[448] Folglich gilt der Regelungsvorbehalt auch für die Wahl der Ausbildungsstätte.[449] Aus diesem Grund sind an die gesetzliche Grundlage der Eingriffsermächtigung die gleichen Anforderungen zu stellen wie an die der Berufsfreiheit.[450]

---

447 BVerfGE 7, 398 (402 f.); 84, 113 (148); *Epping*, Grundrechte, 7. Aufl. 2017, Rn. 403; *Hofmann*, in: Schmidt-Bleibtreu/Hofmann/Hopfauf, GG, 14. Aufl. 2018, Art. 12 Rn. 50; *Hufen*, Staatsrecht II, 6. Aufl. 2017, § 35 Rn. 26; *Jarass*, in: Jarass/Pieroth, GG, 14. Aufl. 2016, Art. 12 Rn. 1; *Kämmerer*, in: von Münch/Kunig, GG, Bd. 1, 6. Aufl. 2012, Art. 12 Rn. 45; *Kloepfer*, Verfassungsrecht Bd. II, 2010, § 70 Rn. 65; *Mann*, in: Sachs, GG, 8. Aufl. 2018, Art. 12 Rn. 14, 107; *Manssen*, in: von Mangoldt/Klein/Starck, GG, Bd. 1, 6. Aufl. 2010, Art. 12 Rn. 104; *von Münch/Mager*, Staatsrecht I, 8. Aufl. 2015, Rn. 583; *M. Nolte*, in: Stern/Becker, GG, 2. Aufl. 2015, Art. 12 Rn. 83; *Rittstieg*, in: Denninger/Hoffmann-Riem/Schneider/Stein, AK-GG, Bd. 1, 3. Aufl. 2001, Art. 12 Rn. 72; *Ruffert*, in: Epping/Hillgruber, GG, 2. Aufl. 2013, Art. 12 Rn. 74; *Schneider*, in: Merten/Papier, Handbuch der Grundrechte, Bd. V, 2013, § 113 Rn. 136; *Stern*, Staatsrecht, Bd IV/1, 2006, S. 1883; *Umbach*, in: Umbach/Clemens, GG, Bd. I, 2002, Art. 12 Rn. 71.

448 BVerfGE 54, 224 (234); 54, 237 (246); 102, 197 (213); so auch die herrschende Meinung: *Stern*, Staatsrecht, Bd. IV/1, 2011, S. 1883 f.; *Hufen*, NJW 1994, 2913; *Jarass*, in: Jarass/Pieroth, GG, 14. Aufl. 2016, Art. 12 Rn. 27; *Kloepfer*, Verfassungsrecht Bd. II, 2010, § 70 Rn. 65; *Manssen*, in: von Mangoldt/Klein/Starck, GG, Bd, 1, 6. Aufl. 2010, Art. 12 Rn. 104; *Ruffert*, in: Epping/Hillgruber, GG, 2. Aufl. 2013, Art. 12 Rn. 74. Anders dagegen *Wieland*, in: *Dreier, GG, Bd. I*, 3. Aufl. 2013, Art. 12 Rn. 79, *ders.*, die Freiheit des Rundfunks, 1984, S. 199 ff., der eine wortgetreue Interpretation von Art. 12 Abs. 1 GG nur als möglich anerkennt, wenn den Schutzbereich des Grundrechts eng interpretiert und ihn lediglich auf die freie Wahl zwischen Berufen in ihrer gesetzlich festgelegten Ausgestaltung, zwischen am Arbeitsmarkt angebotenen Arbeitsplätzen und zwischen vom Staat oder Privaten bereitgestellten Ausbildungsplätzen bezöge.

449 BVerfGE 33, 303 (336); 41, 251 (261 f.); BVerwG NJW 1978, 2258; *Epping*, Grundrechte, 7. Aufl. 2017, Rn. 402; *Hufen*, Staatsrecht II, 6. Aufl. 2017, § 35 Rn. 26; *Jarass*, in: Jarass/Pieroth, GG, 14. Aufl. 2016, Art. 12 Rn. 102; *Kloepfer*, Verfassungsrecht Bd. II, 2010, § 70 Rn. 65; *Lücke*, Die Berufsfreiheit, 1994, S. 26 ff.; *Manssen*, Staatsrecht II, 14. Aufl. 2017, Rn. 622; *von Münch/Mager*, Staatsrecht I, 8. Aufl. 2015, Rn. 583; *W. Schmidt*, AöR Bd. 106 (1981), S. 497 (507 f.); *Stern*, Staatsrecht, Bd IV/1, 2006, S. 1884; *Wieland*, in: Dreier, GG, Bd. I, 3. Aufl. 2013, Art. 12 Rn. 81.

450 BVerfGE 33, 303 (336); 41, 251 (261 f.); *Jarass*, in: Jarass/Pieroth, GG, 14. Aufl. 2016, Art. 12 Rn. 103; *Mann*, in: Sachs, GG, 8. Aufl. 2018, Art. 12 Rn. 107; *Ruffert*, in: Epping/Hillgruber, GG, 2. Aufl. 2013, Art. 5 Rn. 135; *Schneider*, in: Merten/Papier, Handbuch der Grundrechte, Bd. V, 2013, § 113 Rn. 134.

Hinsichtlich der Rechtfertigung von Anwesenheitspflichten bedarf es daher einer gesetzlichen Grundlage, welche den Anforderungen eines Regelungsvorbehaltes im Sinne von Art. 12 Abs. 1 S. 2 GG entspricht.

### *b) Die Grundrechtskollision als Schranke des Art. 12 Abs. 1 GG*

Daneben kann Art. 12 Abs. 1 GG auf Grund von anderen Verfassungsnormen beschränkt werden.[451] Besondere Relevanz kommt in diesem Zusammenhang kollidierenden Grundrechten zu.[452]

Von einer Grundrechtskollision wird gesprochen, wenn die Inanspruchnahme eines Grundrechts mit der Grundrechtsausübung einer anderen Person in diesem oder einem anderen Grundrecht zusammenstößt.[453] Nach dem Grundsatz von der Einheit der Verfassung gelten alle Grundrechte prinzipiell als gleichrangig, so dass ein Ausgleich zwischen den kollidierenden Grundrechten nach dem Prinzip der praktischen Konkordanz erforderlich ist.[454]

Praktische Konkordanz meint die methodische Aufgabe, verfassungsrechtlich geschützte Rechtsgüter so einander zuzuordnen, dass möglichst beide Grundrechte zur optimalen Wirksamkeit gelangen. Insofern kann von

---

451 BVerwGE 87, 37 (45); BVerwG NJW 1996, 3161 (3162); *Hufen,* NJW 1994, 2913 (2917); *Jarass,* in: Jarass/Pieroth, GG, 14. Aufl. 2016, Art. 12 Rn. 27a; *Mann,* in: Sachs, GG, 8. Aufl. 2018, Art. 12 Rn. 124; *Ruffert*, in: Epping/Hillgruber, GG, 2. Aufl. 2013, Art. 12 Rn. 84 f.; *Schneider,* in: Merten/Papier, Handbuch der Grundrechte, Bd. V, 2013, § 113 Rn. 134 f.; *Umbach*, in: Umbach/Clemens, GG, Bd. 1, 2002, Art. 12 Rn. 77.

452 *Hufen*, Staatsrecht II, 6. Aufl. 2017, § 9 Rn. 30; *ders.*, NJW 1994, 2913 (2917); *Jarass,* in: Jarass/Pieroth, GG, 14. Aufl. 2016, Art. 12 Rn. 27a; *Langer*, JuS 1993, 203 (205); *Mann,* in: Sachs, GG, 8. Aufl. 2018, Art. 12 Rn. 124; *Manssen,* in: von Mangoldt/Klein/Starck, GG, Bd. 1, 6. Aufl. 2010, Art. 12 Rn. 106; *M. Nolte,* in: Stern/Becker, GG, 2. Aufl. 2015, Art. 12 Rn. 82; *Schneider,* in: Merten/Papier, Handbuch der Grundrechte, Bd. V, 2013, § 113 Rn. 135; *Scholz,* in: Maunz/Dürig, GG, Loseblatt, Stand September 2017, Art. 12 Rn. 306.

453 *Ipsen*, Staatsrecht II, 20. Aufl. 2017, Rn. 81; *Kloepfer,* Verfassungsrecht Bd. II, 2010, § 52 Rn. 8 ff.; *Kingreen/Poscher*, Grundrechte – Staatsrecht II, 33. Aufl. 2017, Rn. 369 ff.; *Scholz*, in: Maunz/Dürig, GG, Loseblatt, Stand September 2017, Art. 12 Rn. 306.

454 BVerfGE 28, 243 (260 f.); 41, 29 (50); 52, 223 (247 ff.); 97, 391 (401); *Scholz*, in: Maunz/Dürig, GG, Loseblatt, Stand September 2017, Art. 12 Rn. 306; grundlegend dazu *Epping,* Grundrechte, 7. Aufl. 2017, Rn. 91; *Hillgruber,* in: Isensee/Kirchhof, Handbuch des Staatsrechts, Bd. IX, § 201 Rn. 14; *Hufen*, Staatsrecht II, 6. Aufl. 2017, § 9 Rn. 31; *Kämmerer,* in: von Münch/Kunig, GG, Bd. 1, 6. Aufl. 2012, Art. 12 Rn. 65; *Lerche,* Übermaß und Verfassungsrecht, 1961, S. 125 ff., 153.

„*Grundrechtsoptimierung*" oder vom „*Grundsatz des schonenden Ausgleichs*" gesprochen werden.[455]

Erforderlich ist eine solche Prüfung jedoch nur, wenn eine Grundrechtskollision der Lern- und Studierfreiheit mit anderen Grundrechten in Betracht kommt.[456]

Die Lern- und Studierfreiheit könnte zum einen mit der Lehrfreiheit der Professoren aus Art. 5 Abs. 3 GG kollidieren, sofern den Hochschullehrern das Recht zur Anordnung einer Anwesenheitspflicht zusteht.[457] Zum anderen könnte das Recht der Lern- und Studierfreiheit durch das Recht der Hochschule, für eine sachgerechte und vollständige Ausgestaltung des Studiums und des Unterrichts zu sorgen, eine Begrenzung erfahren.[458] Eine Kollision wäre dergestalt denkbar, dass die Universität im Rahmen ihrer Rechtsetzungsbefugnis Studien- und Prüfungsordnungen erlässt, die Anwesenheitspflichten vorsehen. Diese materiellen Rechtsnormen müssten ihrerseits wiederum ihre Grundlage in einem förmlichen Gesetz finden.[459]

## 2. *Die Verfassungen der Länder als Anknüpfungspunkt für Anwesenheitspflichten*

Strukturelement eines jeden Bundesstaates ist die Selbstständigkeit seiner Teileinheiten.[460] Die eigene Staatlichkeit hat zur Konsequenz, dass sowohl der Gesamtstaat als auch die Gliedstaaten Staatsqualität besitzen.[461] Auch die Länder

455 *Epping*, Grundrechte, 7. Aufl. 2017, Rn. 91; *Hesse*, Grundzüge des Verfassungsrechts der Bundesrepublik Deutschland, 20. Aufl. 1995, Rn. 308; *Hufen*, Staatsrecht II, 6. Aufl. 2017, § 9 Rn. 31; *Kloepfer*, Verfassungsrecht Bd. II, 2010, § 51 Rn. 69, § 52 Rn. 8; *Manssen*, Staatsrecht II, 14. Aufl. 2017, Rn. 160.

456 Es wird auch vertreten, dass kollidierendes Verfassungsrecht angesichts der weiten Eingriffsbefugnisse des Gesetzgebers im Rahmen des Art. 12 Abs. 1 S. 2 GG kaum praktische Relevanz erlange, denn auch bei Eingriffen zum Schutz anderer Verfassungsgüter sei eine formell gesetzliche Grundlage erforderlich, vgl. *Manssen*, in: von Mangoldt/Klein/Starck, GG, Bd. 1, 6. Aufl. 2010, Art. 12 Rn. 106.

457 Siehe dazu Teil 5 A. III. 1. a) bb) bbb).

458 *Karpen*, Hochschulplanung und Grundrechte, Bd. 2, 1978, S. 627; *Strauch*, Staatliche und akademische Prüfungsordnungen, 1978, S. 201.

459 *Hufen*, Staatsrecht II, 6. Aufl. 2017, § 9 Rn. 4 ff.; *Kingreen/Poscher*, Grundrechte – Staatsrecht II, 33. Aufl. 2017, Rn. 314.

460 *Bothe*, Die Kompetenzstruktur des modernen Bundesstaates in rechtsvergleichender Sicht, 1977, S. 10; *Dittmann*, in: Isensee/Kirchhof, Handbuch des Staatsrechts, Bd. VI, 3. Aufl. 2008, § 127 Rn. 1; *Sachs*, in: ders., GG, 8. Aufl. 2018, Art. 20 Rn. 55 ff.

461 BVerfGE 1, 14 (34); 13, 54 (74 ff.); 34, 9 (19); 36, 34 (360 f.); *Dittmann*, in: Isensee/Kirchhof, Handbuch des Staatsrechts, Bd. VI, 3. Aufl. 2008, § 127 Rn. 1; *Dörfer*,

der Bundesrepublik genießen eigene, vom Bund anerkannte staatliche Hoheitsmacht.[462] Sie sind aus eigenem Recht befugt, sich Verfassungen zu geben[463] und diese ihren Vorstellungen entsprechend auszugestalten.[464] Dies wird vom Grundgesetz anerkannt und vorausgesetzt.[465]

Somit erscheint es möglich, dass die Länder in ihren Verfassungen Regelungen festsetzen, welche die Rechte und Pflichten der Studenten betreffen.

Ausdrückliche Regelungen zu den Anwesenheitspflichten von Studenten in Lehrveranstaltungen sind in keiner Landesverfassung zu finden. Untersuchungswürdig erscheint in diesem Zusammenhang allein Art. 39 Abs. 3 LVerfRPf.[466] In dieser Norm heißt es:

> *„Jeder Student ist verpflichtet, neben seinem Fachstudium allgemein bildende, insbesondere staatsbürgerkundliche Vorlesungen zu hören."*

---

Bundesverfassungsgericht und Bundesstaat, 2010, S. 40 ff.; *Pieroth*, in: Jarass/Pieroth, GG, 14. Aufl. 2016, Art. 20 Rn. 24; *Roellecke*, in: Umbach/Clemens, GG, Bd. I, 2002, Art. 20 Rn. 34; *Sachs*, in: ders., GG, 8. Aufl. 2018, Art. 20 Rn. 55.

462 BVerfGE 1, 14 (50); 6, 20 (30 ff.) und seitdem ständige Rechtsprechung. Statt vieler auch: *Roellecke*, in: Umbach/Clemens, GG, Bd. I, 2002, Art. 20 Rn. 34.

463 Der Landesverfassungsgeber muss jedoch beachten, dass er auch verantwortlich für die Wahrung der Normativität der Gesamtverfassung ist. Die Homogenität der Verfassungsordnungen ist Voraussetzung für das Funktionieren des Bundesstaatsystems. Gleichzeitig gehört die Autonomie der Landesverfassungen aber auch zu den Konstruktionselementen des grundgesetzlichen Bundesstaats. Dieser verbietet jeden Uniformierungszwang außerhalb der normativ fixierten Homogenitätsregelungen, *Dreier*, in: ders., GG, Bd. II, 3. Aufl. 2015, Art. 28 Rn. 58; *Löwer/Menzel*, WissR Bd. 29 (1996), S. 237 (242); *Löwer*, in: von Münch/Kunig, GG, Bd. 1, 6. Aufl. 2012, Art. 28 Rn. 6; *Tettinger/Schwarz-Kyrill*, in: von Mangold/Klein/Starck, GG, Bd. 2, 6. Aufl. 2010, Art. 28 Rn. 18.

464 BVerfGE 1, 14 (34); 36, 342 (361); 60, 175 (207); *Dreier*, in: ders., GG, Bd. II, 3. Aufl. 2015, Art. 28 Rn. 60; *Hellermann*, in: Epping/Hillgruber, GG, 2. Aufl. 2013, Art. 28 Rn. 2; *Löwer/Menzel*, WissR Bd. 29 (1996), S. 237 (243); *Pieroth*, in: Jarass/Pieroth, GG, 14. Aufl. 2016, Art. 28 Rn. 1; *Roellecke*, in: Umbach/Clemens, GG, Bd. I, 2002, Art. 28 Rn. 18; *Sachs*, in: ders., GG, 8. Aufl. 2018, Art. 20 Rn. 66; *Tettinger/Schwarz-Kyrill*, in: von Mangoldt/Klein/Starck, GG, Bd. 2, 6. Aufl. 2010, Art. 28 Rn. 4 ff.

465 *Dittmann*, in: Isensee/Kirchhof, Handbuch des Staatsrechts, Bd. VI, 3. Aufl. 2008, § 127 Rn. 1; *Maurer*, JuS 1992, 296 (297 f.); *Pieroth*, in: Jarass/Pieroth, GG, 14. Aufl. 2016, Art. 28 Rn. 1; *Roellecke*, in: Umbach/Clemens, GG, Bd. I, 2002, Art. 28 Rn. 18 ff.; *Sachs*, in: Burmeister/Nierhues/Püttner/Sachs, Festschrift Stern zum 65. Geburtstag, 1997 S. 475 (489).

466 *Klaas*, Die Entstehung der Verfassung für Rheinland-Pfalz, 1978, S. 584 f.; *Löwer/Menzel*, WissR Bd. 29 (1996), S. 237 (252).

Es stellt sich zum einen die Frage, wie diese Regelung auszulegen ist. Da das „*Hören*" ohne die Anwesenheit in der Lehrveranstaltung nicht möglich ist, ist „*Hören*" gleichzusetzen mit der Teilnahme an Lehrveranstaltungen. Wird von einem Studenten die Teilnahme an einer Lehrveranstaltung verlangt, bedeutet dies letztlich jedoch nichts anderes als eine Teilnahmeverpflichtung.[467]

Zum anderen ist zu fragen, welche Bedeutung Art. 39 Abs. 3 LVerfRPf im Hinblick auf die Festsetzung einer Anwesenheitspflicht und den mit einer Anwesenheitspflicht verbundenen Eingriff in die grundgesetzlich garantierte Lern- und Studierfreiheit zukommt.

### *a) Die Vereinbarkeit von Art. 39 Abs. 3 LVerfRPf mit Art. 12 Abs. 1 GG*

Die in Art. 39 Abs. 3 LVerfRPf enthaltene Pflicht zur Teilnahme an allgemeinbildenden Lehrveranstaltungen verhält sich konträr zu der in Art. 12 Abs. 1 GG enthaltenen Lern- und Studierfreiheit, die den Studenten die freie Wahl der Lehrveranstaltungen garantiert. Es stellt sich daher die Frage, wie sich landesverfassungsrechtliche Regelungen zum Grundgesetz verhalten.

Bevor allerdings diesem Gedanken weitere Aufmerksamkeit geschenkt werden kann, ist zu klären, wie die Regelung in Art. 39 Abs. 3 LVerfRPf zu qualifiziert ist.

#### aa) Die Rechtsnatur des Art. 39 Abs. 3 LVerfRPf

Art. 39 Abs. 3 LVerfRPf verpflichtet die Hochschulstudenten, neben ihrem Fachstudium allgemeinbildende, insbesondere staatsbürgerkundliche Lehrveranstaltungen zu hören. Es stellt sich die Frage, ob diese Norm als ein Grundrecht qualifiziert werden kann.

Legt man die Entstehung und den Wortlaut der Norm, als diese im Jahr 1950 in die Verfassung aufgenommen wurde, ihrer Auslegung zugrunde, ist die in Rede stehende Bestimmung als eine in der Verfassung verankerte, strikte Verbindlichkeit einzuordnen.[468] Der in dieser Verbindlichkeit liegende Eingriff in

---

467 Zur Umsetzung dieser Norm hatte beispielsweise die Universität Mainz festgelegt, dass alle Studenten ein „Studium Generale" absolvieren müssen. Das hieß, dass sie mindestens drei Semester lang bestimmte allgemeinbildende Vorlesungen und Übungen besuchen sowie nach dem dritten Semester noch in irgendeiner Form neben dem Spezialstudium allgemeinbildende Vorlesungen in verminderter Zahl hören müssen; vgl. *Süsterhenn/Schäfer*, Kommentar der Verfassung für Rheinland-Pfalz, 1950, Art. 39 Anm. 2 b, S. 182.

468 *Dörr*, in: Brocker/Droege/Jutzi, Verfassung für Rheinland-Pfalz, 2014, Art. 39 Rn. 23; *Magiera*, in: Grimm/Caesar, Verfassung für Rheinland-Pfalz, 2000, Art. 39 Rn. 26; *Süsterhenn/Schäfer*, Kommentar der Verfassung für Rheinland-Pfalz, 1950, Art. 39

die Lern- und Studierfreiheit wurde nach damaligem Verständnis als gerechtfertigt angesehen: Unter Ablehnung des einseitigen Spezialistentums sollte der Charakter der Universität als *„universitas litterarum"* bewahrt werden und zugleich sollten die Studenten zum Studium der Probleme des öffentlichen Lebens anhalten werden.[469] Ein solches Verständnis setzt allerdings voraus, dass die Hochschule ein entsprechendes Lehrangebot anbietet.[470]

Gegen die Auffassung, dass es sich bei Art. 39 Abs. 3 LVerfRPf um eine Verbindlichkeit handelt, spricht der Umstand, dass eine allgemeine Pflicht zum ordnungsgemäßen Studium nicht besteht.[471] Daher wurde die Auffassung vertreten, dass es sich allenfalls um eine Obliegenheit handele, die im Fall ihrer Nichtbeachtung mit der Nichtzulassung zur Prüfung sanktioniert werde.[472] Nach dieser Auslegung greift die Norm allerdings in erheblichem Maße in die grundrechtlich geschützte Lern- und Studierfreiheit der Studenten ein.[473] Ob der Erwerb allgemeinbildender und staatsbürgerrechtlicher Kenntnisse über das durch die Hochschulzugangsberechtigung bereits vorhandene Niveau hinaus als Qualifikation für alle akademischen Berufe erforderlich und angemessen ist, erscheint jedoch äußerst zweifelhaft.[474] Daher sollte Art. 39 Abs. 3 LVerfRPfl im Rahmen der Gesetzesauslegung als ein nachdrücklicher Appell an die Studenten gewertet werden, entsprechende Ausbildungsangebote der Hochschulen anzunehmen, um der zunehmenden Spezialisierung der akademischen Ausbildungen zu begegnen.[475]

---

Anm. 2 b, S. 182; Schlussbericht der Kommission zur Bereinigung der Verfassung für Rheinland-Pfalz, 1988, S. 71 f.

469 *Süsterhenn/Schäfer,* Kommentar der Verfassung für Rheinland-Pfalz, 1950, Art. 39 Anm. 2 b.

470 *Magiera,* in: Grimm/Caesar, Verfassung für Rheinland-Pfalz, 2000, Art. 39 Rn. 26.

471 Siehe dazu Teil 4 B. I. 2.

472 *Dörr,* in: Brocker/Droege/Jutzi, Verfassung für Rheinland-Pfalz, 2014, Art. 39 Rn. 23; *Krause,* in: Flämig/u.a., Handbuch des Wissenschaftsrechts, Bd. 1, 2. Aufl. 1996, S. 564; *Magiera,* in: Grimm/Caesar, Verfassung für Rheinland-Pfalz, 2000, Art. 39 Rn. 26; *Salzwedel,* in: Flämig/u.a., Handbuch des Wissenschaftsrechts, Bd. 1, 2. Aufl. 1996, S. 711, 729; a.A. Schlussbericht der Kommission zur Bereinigung der Verfassung für Rheinland-Pfalz, 1988, S. 71 f.

473 Daneben ging eine solche auch erheblich über das bereits in § 7 HRG genannte Studienziel der Befähigung zu „verantwortlichem Handeln in einem freiheitlichen, demokratischen und sozialen Rechtsstaat" hinaus, vgl. *Magiera,* in: Grimm/Caesar, Verfassung für Rheinland-Pfalz, 2000, Art. 39 Rn. 27.

474 BVerfGE 80, 1 (24); 84, 59 (72).

475 *Dörr,* in: Brocker/Droege/Jutzi, Verfassung für Rheinland-Pfalz, 2014, Art. 39 Rn. 23; *Magiera,* in: Grimm/Caesar, Verfassung für Rheinland-Pfalz, Art. 39 Rn. 26; ähnlich

#### bb) Art. 39 Abs. 3 LVerfRPf als Eingriff in Art. 12 Abs. 1 GG

Begründet ein gesetzlich normierter Appell einen Eingriff in ein verfassungsrechtlich geschütztes Gut? Nur wenn diese Frage zu bejahen ist, bedarf es einer Rechtfertigung.

Von einem klassischen Eingriff ist mangels unmittelbarer Rechtswirkung wohl ebenso wenig zu sprechen wie von einem solchen nach der modernen Eingriffsbestimmung. Ein Appell erschwert weder die Grundrechtsausübung noch macht er diese unmöglich.

Möglicherweise führt ein Appell aber zu einer faktischen Grundrechtsbeeinträchtigung. Diese liegt vor, wenn eine nicht gezielte Maßnahme sich so negativ auf die Grundrechtsposition auswirkt, dass sie einem Eingriff gleichkommt. Maßgeblich ist, dass die Beeinträchtigung einen sozialadäquaten Rahmen übersteigt.[476] Der in Art. 39 Abs. 3 LVerfRPf enthaltene Appell müsste eine über das normale Lebensrisiko hinausgehende Belastung darstellen. Durch einen Appell wird dem Studenten das Hören von allgemeinbildenden Vorlesungen zwar nahegelegt. Ob er sich die Teilnahme tatsächlich zur Pflicht macht, bleibt aber letztlich ihm überlassen. Entscheidet sich der Student gegen eine Teilnahme, hat dies keine Sanktionen zur Folge.

Ferner ist auf die zu staatlichen Informationshandeln ergangene Rechtsprechung[477] zu verweisen. Die Frage, wann staatliches Informationshandeln zu einem Eingriff führt, hat Anlass zu vielen Diskussionen gegeben. In diesen Fällen geht es zwar nicht um ein gesetzlich normiertes Verhalten, sondern um ein staatliches Handeln, das zu einer Willensbeeinträchtigung führt. Dennoch sind gewisse Parallelen zu dem hier vorliegenden Fall nicht von der Hand zu weisen. Daher können die Überlegungen zum staatlichen Informationshandeln ergänzend zur Auslegung herangezogen werden.

Staatliches Informationshandeln lässt sich aufteilen in staatliche Warnungen, Hinweise und Empfehlungen. Es stellt sich die Frage, ob ein Appell einer dieser Fallgruppen zugeordnet werden kann.

---

*Krause*, in: Flämig/u.a., Handbuch des Wissenschaftsrechts, Bd. 1, 2. Aufl. 1996, S. 561; a.A. Schlussbericht der Kommission zur Bereinigung der Verfassung für Rheinland-Pfalz, 1988, S. 71 f.

476 *Hufen*, Staatsrecht II, 6. Aufl. 2017, § 8 Rn. 10; *Leidinger*, DÖV 1993, 925 (928).

477 BVerfGE 105, 25 (269); 105, 279 (303); allgemein zu den staatlichen Warnungen *Degenhart*, Staatsrecht I, 33. Aufl. 2017, Rn. 319; *Murswiek*, NVwZ 2003, 1.

#### aaa) Der Appell als Warnung

Warnungen sind auf den Schutz der polizeilichen Rechtsgüter, wie Leben, Gesundheit, Eigentum oder die Rechtsordnung samt ihren Institutionen gerichtet.[478] Damit stellt sich die Warnung als ein Mittel der Gefahrenabwehr dar.[479] Von ihnen geht die größte Einflussnahme von Seiten des Staates aus. Warnungen sind daher als Eingriff zu bewerten, wenn sie in ihrer Zielsetzung und ihren Wirkungen eine staatliche Maßnahme ersetzen, die als Grundrechtseingriff im klassischen Sinn zu qualifizieren wäre.[480] Nach dem Bundesverfassungsgericht greifen allgemeine Warnungen jedoch auch dann nicht in den Schutzbereich eines Grundrechts ein, wenn sie zu Beeinträchtigungen führen. Dies ist zumindest eine der Grundaussagen der viel kritisierten Entscheidung „*Glykolwein*“.[481] Danach sollen Grundrechtsinhaber und Grundrechtsadressaten zu quasi gleichgeordneten Teilnehmern an einem offenen Prozess der Information und Gegeninformation werden. Nachteilige Informationen behandelt das Bundesverfassungsgericht nicht als Grundrechtseingriff.[482] Mit dieser Rechtsprechung verkennt das Bundesverfassungsgericht jedoch, dass Warnmitteilungen unter den Bedingungen der Mediengesellschaft weit schärfere Eingriffe sein können als direkte Gebote oder Verbote.[483]

#### bbb) Die Qualifikation eines Appells als Hinweis

Von geringerer Intensität sind dagegen Hinweise. Sie stellen eine staatliche Wissenserklärung in Bezug auf einen bestimmten Informationsgegenstand

---

478 *Leidinger*, DÖV 1993, 925 (926).

479 *Dolde*, Behördliche Warnungen vor nicht verkehrsfähigen Lebensmitteln, 1987, S. 9; *Gröschner*, DVBl. 1990, 619 (622); *Leidinger*, DÖV 1993, 925 (926); *Philipp*, Staatliche Verbraucherinformation im Umwelt- und Verbraucherrecht, 1990, S. 5.

480 *Gröschner*, DVBl. 1990, 619 (621); *Gusy*, NJW 2000, 977 (982 f.); *Kingreen/Poscher*, Grundrechte – Staatsrecht II, 33. Aufl. 2017, Rn. 299; *Leidinger*, DÖV 1993, 925 (926); *Murswiek*, NVwZ 2003, 1.

481 BVerfGE 105, 253 (265). In diesem Fall ging es um Warnmitteilungen der Bundesregierung vor dem mit der Substanz Glykol belasteten Wein einer Firma. Es war zu erheblichen Nachteilen und Schäden auf Seiten des Betroffenen gekommen. Das Bundesverfassungsgericht hatte zwar den Schutzbereich für eröffnet erklärt, die Warnmitteilung aber als durch den Auftrag der Bundesregierung zur Öffentlichkeitsarbeit gerechtfertigt angesehen und damit scharfe Kritik in der Literatur hervorgerufen. Statt vieler: *Schoch*, DVBl. 1991, 667.

482 BVerfGE 105, 253; *Hufen*, Staatsrecht II, 6. Aufl. 2017, § 8 Rn. 3.

483 *Hufen*, Staatsrecht II, 6. Aufl. 2017, § 6 Rn. 23; *Ossenbühl*, NVwZ 2011, 1357; *Wollenschläger*, VerwArch Bd. 102 (2011), S. 20 ff.

dar. Der Staat informiert zwar auch mit der Intention der Verhaltenssteuerung, ohne jedoch den Adressaten auf eine bestimmte Verhaltensweise festlegen zu können. Um wirksam zu werden, ist der Hinweis noch auf die Mündigkeit und Vernünftigkeit des Adressaten angewiesen. Da dem Adressaten ein eigener Entscheidungsspielraum in vollem Umfang verbleibt, kann von einem Eingriff nicht gesprochen werden.[484] Mit diesen Fallgruppen wird man einen Appell jedoch nicht gleichsetzen können.

ccc) Der Appell als Empfehlung

In Betracht kommt vielmehr ein Vergleich mit den Empfehlungen als dritte Fallgruppe. Empfehlungen zeigen dem Adressaten zwar mehrere Verhaltensalternativen auf, machen aber auch die hoheitliche Präferenz für eine von mehreren Optionen deutlich. Empfehlungen sind alle rechtlich unbedenklich und ungefährlich im Sinne des Polizei- und Ordnungsrechts sind.[485] Ein Eingriff wird durch eine Empfehlung allerdings nur faktisch-mittelbar begründet und dies auch nur, wenn eine konkrete Verhaltensempfehlung ausgesprochen wird.[486]

Der in Art. 39 Abs. 3 LVerfRPf enthaltene Appell könnte als eine gesetzlich normierte Verhaltensempfehlung interpretiert werden. Dies hätte zur Folge, dass die in diesem Zusammenhang erfolgten Überlegungen zu der Frage, ob ein Appell als ein Eingriff eingeordnet werden kann, zu übertragen sind. Teilweise wird davon ausgegangen, dass eine Appellfunktion bereits in begrifflicher Hinsicht nicht mehr als bloße Aufklärung bezeichnet werden kann.[487] Dagegen spricht aber die Intention des Gesetzgebers, die er mit einem Appell verfolgt.

Grundsätzlich sollte einem Appell keine unmittelbare und selbstständige Eingriffsermächtigung zugrunde liegen. Es fehlt an der erforderlichen Bestimmtheit der Eingriffsvoraussetzungen, sofern ein Appell nur ein Prinzip umreißt, welches der Konkretisierung durch weitere Normen bedarf.[488] Aus diesem Grund ist davon auszugehen, dass ein Appell erst einen Eingriff darstellt, wenn der Appell zu einer Entmündigung führt.[489]

---

484 *Gramm,* NJW 1989, 2917 (2925); *Leidinger,* DÖV 1993, 925 (926).

485 *Gröschner,* DVBl. 1990, 619 (621); *Heintzen,* NuR 1991, 301 (305); *Leidinger,* DÖV 1993, 925 (926).

486 *Gröschner,* DVBl. 1990, 619 (622).

487 *Ossenbühl,* Umweltpflege durch behördliche Warnungen und Empfehlungen, 1986, S. 41.

488 *Ossenbühl,* Umweltpflege durch behördliche Warnungen und Empfehlungen, 1986, S. 41 f.

489 So *Gröschner,* DVBl. 1990, 619 (625).

Die Aufforderung zur Teilnahme an allgemeinbildenden Lehrveranstaltungen ist sehr generell formuliert und überlässt den Studenten Verhaltensalternativen. Zudem ist die Teilnahme an allgemeinbildenden Lehrveranstaltungen abhängig von dem Lehrangebot der Universität, auf das der Student keinen Einfluss nehmen kann.

Auch nach einer Auslegung in Anlehnung an staatliches Informationshandeln ist ein Eingriff in die Lern- und Studierfreiheit durch den in Rede stehen Appell im Ergebnis zu verneinen.

#### *b) Zwischenergebnis*

Art. 39 Abs. 3 VerfRPf ist nicht als eine den Studenten landesverfassungsrechtlich auferlegte Verbindlichkeit zu bewerten. Stattdessen ist die Norm als ein Appell zu begreifen, mit dem der zunehmenden Spezialisierung begegnet werden soll. Ein Eingriff in die Lern- und Studierfreiheit ist daher im Ergebnis zu verneinen.

### *3. Die Systematik der Rechtsgrundlagen unterhalb der Ebene von Verfassungsrang*

Um Normwidersprüchen vorzubeugen, wird die Vielzahl an bestehenden Rechtsnormen in eine systematische Ordnung gebracht.[490] Die einzelnen Regelungen stehen nicht gleichrangig nebeneinander, ihnen kommt nach dem Grad ihrer Wesentlichkeit ein unterschiedlicher Bedeutungsgehalt zu.[491] Dadurch zeichnet sich eine Stufenfolge ab:[492] An oberster Stelle stehen die jeweiligen Verfassungen als Grundlage der Rechtsordnungen. Ihnen folgen hierarchisch

---

490 Es wird zunächst zwischen den verschiedenen Rechtskreisen unterschieden. Dies richtet sich danach, wer die Normen erlassen hat. Innerhalb eines Rechtskreises erfolgt die Einteilung anhand der verschiedenen Stufen von Rechtssätzen, *Ipsen,* Staatsrecht I, 29. Aufl. 2017, Rn. 779 ff; *Kloepfer,* Verfassungsrecht Bd. II, 2011, § 10 Rn. 100; *Maurer,* Staatsrecht I, 6. Aufl. 2010, § 17 Rn. 17 f.; *von Münch/Mager,* Staatsrecht I, 8. Aufl. 2016, Rn. 372.

491 *Ehlers,* in: Ehlers/Pünder, Allgemeines Verwaltungsrecht, 15. Aufl. 2015, § 2 Rn. 19; *Ipsen,* Staatsrecht I, 29. Aufl. 2017, Rn. 779; *Stern,* Staatsrecht, Bd. II, 1980, S. 574, 644; Zur Wesentlichkeitstheorie: *Kisker,* NJW 1977, 1317 ff.; *Pieske,* DVBl. 1977, 673; *Wank,* Grenzen richterlicher Rechtsfortbildung, 1978, S. 233 f.

492 *Ehlers,* in: Ehlers/Pünder, Allgemeines Verwaltungsrecht, 15. Aufl. 2015, § 2 Rn. 19, 35; *Gröpl,* Staatsrecht I, 9. Aufl. 2017, Rn. 140; *Ipsen,* Staatsrecht I, 29. Aufl. 2017, Rn. 779; *Kloepfer,* Verfassungsrecht Bd. I, 2011, § 10 Rn. 102; *Maurer,* Staatsrecht I, 6. Aufl. 2010, § 8 Rn. 21; *Stern,* Staatsrecht, Bd. I, 2. Aufl. 1984, S. 105; *Wolff/Bachof/Stober/Kluth,* Verwaltungsrecht I, 12. Aufl. 2007, § 26 Rn. 14.

geordnet Gesetze im formellen Sinn,[493] Rechtsverordnungen[494] und Satzungen.[495] Der Vorteil dieser Normenhierarchie liegt darin, dass eine im Rang niedrigere Rechtsnorm an einer höherrangigen gemessen werden kann. So lässt sich feststellen, ob die Rechtsnorm verfassungsgemäß erlassen wurde.[496]

Wie bereits dargelegt, findet sich eine ausdrückliche Regelung zu den Anwesenheitspflichten in den Landesverfassungen nicht. Der Landesgesetzgeber kann Anwesenheitspflichten aber auch in formellen Gesetzen regeln. Außerdem kann der durch die Anwesenheitspflicht erfolgende Eingriff auch in Rechtsverordnungen oder Satzungen festgelegt werden.

### *a) Die Hochschulgesetze der Länder*

Eine einfachgesetzliche Ausgestaltung hat das Hochschulwesen durch die als Landesrecht erlassenen Hochschulgesetze erfahren. In diesen Gesetzen treffen die Länder wesentliche Regelungen zu den Rechtsfragen des Studiums. Davon umfasst sind unter anderem Qualifikationsvoraussetzungen für ein Studium, die Hochschulzulassung, das Studienverhältnis und die damit verbundenen Rechte und Pflichten der Studenten, die Studienstruktur und die studienbezogenen Abgaben.[497]

---

493 Diese müssen vom parlamentarischen Gesetzgeber selbst präzise und differenziert getroffen werden, BVerfGE 47, 46 (78); 58, 257 (268).

494 Diese sind vom Gesetzgeber in Grundzügen zu regeln, was insbesondere in Form einer Verordnungsermächtigung nach Art. 80 Abs. 1 S. 2 GG, bzw. auf landesverfassungsrechtlicher Ebene aufgrund einer entsprechenden Verordnungsermächtigung des Landes erfolgt. *Degenhart*, Staatsrecht I, 33. Aufl. 2017, Rn. 346 ff.; *Ipsen*, Staatsrecht I, 29. Aufl. 2017, Rn. 788 ff.; *Maurer*, Staatsrecht I, 7. Aufl. 2018, § 17 Rn. 7; *Pieroth*, in: Jarass/Pieroth, GG, 14. Aufl. 2016, Art. 80 Rn. 13 ff.; *Wallrabenstein*, in: von Münch/Kunig, GG, Bd. 2, 6. Aufl. 2012, Art. 80 Rn. 36 ff.

495 Unwesentliche Angelegenheiten werden letztlich durch die Verwaltung in Form von Verwaltungsvorschriften getroffen, *Degenhart*, Staatsrecht I, 33. Aufl. 2017, Rn. 361 ff.; *Gröpl*, Staatsrecht I, 9. Aufl. 2017, Rn. 141 f.; *Kloepfer*, Verfassungsrecht Bd. I, 2011, § 7 Rn. 213; *Maurer*, Staatsrecht I, 7. Aufl. 2018, § 8 Rn. 21; *Ossenbühl*, in: Isensee/Kirchhof, Handbuch des Staatsrechts, Bd. V, 3. Aufl. 2007, § 105 Rn. 1.

496 *Ehlers*, in: Ehlers/Pünder, Allgemeines Verwaltungsrecht, 15. Aufl. 2015, § 2 Rn. 98; *Gröpl*, Staatsrecht I, 9. Aufl. 2017, Rn. 142; *Ipsen*, Staatsrecht I, 29. Aufl. 2017, Rn. 779; *Kloepfer*, Verfassungsrecht Bd. II, 2011, § 10 Rn. 101; *Röhl/Röhl*, Allgemeine Rechtslehre, 3. Aufl. 2008, S. 585 f.; *Stern*, Staatsrecht, Bd. I, 2. Aufl. 1984, S. 105; *Wahl*, Der Staat, Bd. 20 (1981), S. 485.

497 *Lindner*, in: Hartmer/Detmer, Hochschulrecht, 3. Aufl. 2017, Kap. 11 Rn. 44; *Thieme*, Deutsches Hochschulrecht, 3. Aufl. 2004, Rn. 104.

Dies führt zu der Frage, ob die Länder in diesen Gesetzen ausdrückliche Regelungen zum Erlass von Anwesenheitspflichten getroffen haben oder – sollte dem nicht so sein – stattdessen die Hochschulen bzw. Fakultäten zur Normierung ermächtigen.

aa) Ausdrückliche Ermächtigungen zum Erlass von Anwesenheitspflichten in den Hochschulgesetzen der Länder

Jedes Land hat von seiner Gesetzgebungskompetenz Gebrauch gemacht und ein eigenes Hochschulgesetz erlassen. Aus diesem Grund können die gleichen Sachverhalte eine unterschiedliche gesetzliche Ausgestaltung erfahren haben. Eine Untersuchung hinsichtlich aller 16 Hochschulgesetze ist daher geboten.

aaa) Direkte Erlaubnisnormen – Fehlanzeige

Wer glaubt, dass die Pflicht zur Festsetzung von Anwesenheitspflichten in den Hochschulgesetzen der Länder eine ausdrückliche Regelung erfahren hat, sucht vergeblich nach einer entsprechenden Norm. In keinem Hochschulgesetz findet sich eine Regelung, die den Hochschulen oder Fakultäten die Festsetzung von Anwesenheitspflichten unmittelbar vorschreibt.

Möglicherweise gibt es aber Regelungen, die die Festsetzung von Anwesenheitspflichten zulassen könnten.

Zu verweisen ist zunächst auf § 22 Abs. 2 Nr. 5 BerlHG. Nach dieser Norm haben Hochschulen Studiengänge und Prüfungen so zu organisieren und einzurichten, dass Möglichkeiten zugelassen werden, Studienleistungen in unterschiedlichen Formen zu erbringen. Die Anwesenheit kann eine solche Studienleistung darstellen.[498] Da aus der Norm selbst dies nicht hervorgeht, muss in den Prüfungs- oder Studienordnungen festgelegt werden, was als Studienleistung erfasst ist.

Nach § 49 Abs. 1 BremHG haben alle Studierenden das Recht, an jeglichen Lehrveranstaltungen der Hochschule teilzunehmen, soweit nicht der Besuch einzelner Lehrveranstaltungen beschränkt oder von einem fortgeschrittenen Stand des Studiums abhängig gemacht ist, wenn dies zur ordnungsgemäßen Durchführung der Lehrveranstaltung und zur vorrangigen Berücksichtigung der Studenten des betreffenden Studiengangs geboten ist. Den Umstand, dass die Teilnahme an einer Lehrveranstaltung von einem gewissen Stand des Studiums abhängig gemacht wird, kann man mit dem Erfordernis einer hinreichenden Teilnahme an einer Lehrveranstaltung gleichsetzen. Was wiederum eine

---

498 Allerdings wird in diesem Zusammenhang hinsichtlich der aktiven und passiven Teilnahme zu differenzieren sein. Siehe dazu auch Teil 3 B. II. 2. e) cc).

hinreichende Teilnahme voraussetzt, ist in den Studien- und Prüfungsordnungen zu regeln bzw. kann durch den Hochschullehrer festgelegt werden. Hierzu kann insbesondere das Recht, eine Teilnahmepflicht anzuordnen, gehören.

Eine mit § 49 Abs. 1 BremHG vergleichbare Regelung findet sich auch in § 30 Abs. 5 LHG BW sowie § 54 Abs. 3 UG SA.

Die § 38 Abs. 2 Nr. 5 LHG M-V und § 26 Abs. 2 Nr. 7 HSchGRPf verlangen, dass die Voraussetzungen sowie Art und Zahl von Vorleistungen für die Zulassung zur Prüfung in den Prüfungsordnungen festgelegt werden. Die Anwesenheitspflicht könnte als eine Voraussetzung für die Zulassung zur Prüfung angeordnet werden.

Es ist daher festzuhalten, dass sich in den Landeshochschulgesetzen durchaus Normierungen finden, auf deren Grundlage die Festsetzung von Anwesenheitspflichten möglich erscheint.

#### bbb) Die Verbotsnorm in Nordrhein-Westfalen

Eine gegenteilige Regelung findet sich im Hochschulgsetz des Landes Nordrhein-Westfalens.

##### (1) Die Begründung der Landesregierung für den Erlass des § 64 Abs. 2a HG NRW

Seit dem Wintersemester 2014/2015 ist die verpflichtende Teilnahme der Studenten an Lehrveranstaltungen als Teilnahmevoraussetzung für Prüfungsleistungen gesetzlich ausgeschlossen. Mit dem neu erlassenen § 64 Abs. 2a HG NRW wollte die nordrhein-westfälische Regierung[499] auf die an den Hochschulen zu beobachtende Praxis der Festsetzung von Anwesenheitspflichten in Lehrveranstaltungen auf Grundlage der Prüfungsordnungen reagieren.

Ihrer Ansicht nach sind solche Regelungen, die allgemein und unabhängig von den Besonderheiten der einzelnen Lehrveranstaltung den Besuch einer Mindestzahl von Veranstaltungsterminen zur Voraussetzung für die Teilnahme oder das Bestehen der Prüfung machen, weder hochschulpolitisch sinnvoll noch verfassungs- und hochschulrechtlich hinnehmbar.[500]

---

499 http://www.wissenschaft.nrw.de/fileadmin/Medien/Dokumente/Hochschule/Gesetze/Anwesenheitspflicht_im_Hochschulgesetz_Begr%C3%BCndung.pdf, letzter Aufruf am 8.11.2015.

500 Bereits nach der alten Rechtslage stellte nach Auffassung des Landesregierung NRWdie Anwesenheitspflicht einen rechtfertigungsbedürftigen Eingriff in Art. 12 Abs. 1 und Art. 2 Abs. 1 GG sowie § 4 Abs. 2 S. 2 HG NRW dar. Die dadurch erforderliche Rechtfertigungsprüfung habe jedoch zu erheblichen Rechtsunsicherheiten geführt. So musste zur Darlegung der Rechtmäßigkeit einer Anwesenheitsobliegenheit eine

Mit § 64 Abs. 2a HG NRW sollte diesem Umstand Abhilfe geschaffen werden. Aus Gründen der Rechtsklarheit ordnet die Norm die grundsätzliche Unzulässigkeit der hochschulischen Regelung einer Anwesenheitspflicht an. Zur Begründung verwies die Landesregierung darauf, dass durch das Verbot der Anwesenheitspflicht die Eigenverantwortlichkeit der Studenten gestärkt und die Gemeinschaft von Lehrenden und Lernenden gefördert werden solle. Zugleich werde auf die immer stärker werdende Vielfalt der Studenten Rücksicht genommen. Insbesondere einkommensschwachen Studenten und Studenten mit Kindern werde die notwendige Flexibilität zum Nebenerwerb und der Kindeserziehung nicht mehr durch Anwesenheitspflichten genommen.

Zudem führt das gesetzliche Verbot nach Auffassung des Ministeriums zu einer Stärkung der Qualität in der Lehre. Wenn den Studenten die Teilnahme an den Lehrveranstaltungen freigestellt werde, ließen sich daraus Rückschlüsse auf die Qualität der Lehre ziehen. So gelte die Vermutung, dass eine qualitativ hochwertige Lehre eine Anwesenheit der Studenten von selbst bewirken könne.

Dennoch erkennt das Ministerium an, dass es Lehrveranstaltungen gibt, bei denen eine dem Verhältnismäßigkeitsprinzip genügende Beziehung zwischen Lernziel und Lehrveranstaltung die Anordnung einer Anwesenheit rechtfertigt. Aus diesem Grund sehe § 64 Abs. 2a HG NRW Ausnahmeregelungen vor. Nicht als Ausnahme anerkannt sei jedoch das Seminar. Grund dafür sei, dass sich die Einübung des wissenschaftlichen Diskurses als erklärtes Lernziel auf vielfältige Weise erreichen lasse.[501]

Doch auch in den Fällen der gesetzlich zulässigen Ausnahmen seien die Hochschulen gehalten, die Verhältnismäßigkeit im Einzelfall zu prüfen. Auch wenn der Student nicht an der gesamten Lehrveranstaltung tatsächlich teilgenommen

---

dem Verhältnismäßigkeitsprinzip genügende Beziehung zwischen dem konkreten Lernziel der konkreten Lehrveranstaltung auf der einen Seite und dem Erfordernis der Anwesenheit auf der anderen Seite dargelegt werden. Bei dieser Verhältnismäßigkeitsprüfung bestand jedoch kein Beurteilungsspielraum fachwissenschaftlicher Art. Zudem reichte die bloße Befugnis der Hochschule, ihre Angelegenheiten durch Ordnung zu regeln, keineswegs bereits alleine hin, eine Rechtmäßigkeit der Anwesenheitsobliegenheit zu begründen.

501 Dies gelte wiederum nicht für Seminare, deren Teilnehmerzahl unter 30 Personen liege. Es werde vielmehr davon ausgegangen, dass unter Einhaltung dieses Erfordernisses die Einübung des wissenschaftlichen Diskurses möglich sei. In einem solchem Fall könne ebenfalls die Anordnung einer Anwesenheitspflicht erfolgen, sofern sich das Lernziel nicht auf einem anderen Weg erreichen lasse und verhältnismäßig sei.

habe, sei die rechtliche Anwesenheit zu bejahen, solange das Lernziel erreicht werden könne.[502]

Die Ausführungen des Ministeriums sind im Hinblick auf die dieser Arbeit zugrundeliegende Fragestellung der Vereinbarkeit von Anwesenheitspflichten mit dem geltenden Recht von hoher Relevanz. Insbesondere im Rahmen der Verhältnismäßigkeitsprüfung wird auf die genannten Argumente zu verweisen und zu prüfen sein, ob diese mit dem legitimen Zweck einer Anwesenheitspflicht in einem angemessenen Verhältnis stehen.

(2) Die zukünftige Ausgestaltung der Anwesenheitspflicht in Nordrhein-Westfalen

Am 14. Mai 2017 wurde in Nordrhein-Westfalen ein neuer Landtag gewählt. Die regierende Koalition aus SPD und Grünen verlor die Mehrheit. Die CDU wurde mit 33 % der Zweitstimmen stärkste Partei. In der Folge löste eine schwarz-gelbe Koalition die rot-grüne Landesregierung Ende Juni 2017 ab.

Zu den Plänen der neuen Landesregierung gehört die Novellierung des Hochschulgesetzes, dessen Eckpunkte das Kabinett am 30. Januar 2018 beschlossen hat. Im Mittelpunkt des bevorstehenden Gesetzgebungsverfahren soll das Verhältnis zwischen Land und Hochschule, die interne Hochschulorganisation und der Bereich von Studium und Lehre stehen.[503] Es ist vorgesehen, das derzeitige Verbot von Anwesenheitspflichten zu streichen. Stattdessen sollen die Lehrenden und Lernenden vor Ort über diese Fragen in den Hochschulgremien gemeinschaftlich selbst entscheiden. Die Anwesenheit soll nur vorgesehen sein, wenn sie mit Blick auf den angestrebten Lernerfolg sachgerecht erscheint, und umgekehrt nicht angeordnet werden, wenn die Anwesenheit – wie bei Vorlesungen – wenig sinnvoll erscheint.[504]

Am 18. Dezember 2018 hat das Kabinett den Regierungsentwurf beschlossen, der anschließend in den Landtag eingebracht wurde. Es ist geplant, dass die Gesetzesnovelle zum Wintersemester 2019/2020 in Kraft tritt.

Da es zum derzeitigen Zeitpunkt jedoch noch nicht zu einer Novellierung gekommen ist, so dass § 64 Abs. 2a HG NRW weiterhin Anwendung findet und als Untersuchungsgegenstand dieser Arbeit zugrunde gelegt wird.

---

502 Bei seminaristisch angelegten Lehrveranstaltungen sei dies der Fall, wenn die Abwesenheit unter einem Drittel liege der Dauer der Veranstaltung liege.

503 Siehe dazu https://www.mkw.nrw/hochschule/hochschulrecht/hochschulgesetz/; letzter Aufruf am 16.02.2018.

504 Punkt 3.1.1. des Eckpapiers zur Änderung des HG NRW.

#### ccc) Der Umgang mit der Anwesenheitspflicht im sächsischen Hochschulgesetz

Anwesenheitspflichten sind im sächsischen Hochschulgesetz nicht gesetzlich geregelt. Aus einem Plenarprotokoll des sächsischen Landtages zum Hochschulgesetz geht allerdings hervor, dass die Festsetzung von Anwesenheitsobliegenheiten im Freistaat Sachsen ohne jede Ausnahme untersagt ist.[505] Das Führen von Anwesenheitslisten zur Ermittlung, ob Studierende regelmäßig Lehrveranstaltungen, Seminare oder andere Lehrveranstaltungen besuchen, sei nur auf freiwilliger Basis zulässig.

Mangels gesetzlicher Grundlage im sächsischen Hochschulgesetz dürfe ein solcher Nachweis nicht zur Voraussetzung der Zulassung zu Hochschulprüfungen in den Studien- und Prüfungsordnungen gemacht werden. Dies führe zu einem Verstoß gegen die Wesentlichkeitstheorie. Die sächsische Staatsregierung spricht sich daher gegen das Bestehen einer Anwesenheitspflicht aus – eine gesetzliche Ausgestaltung ist bislang jedoch unterblieben.

Einer Überprüfung am Maßstab des Sächsischen Hochschulgesetzes hält die Auffassung der Staatsregierung jedoch nicht stand. § 4 S. 4 SächsHG setzt die Freiheit des Studiums voraus. Nach Auffassung der Literatur ist der Student trotz dieser Freiheit allerdings verpflichtet, ein ordnungsgemäßes Studium zu absolvieren und bestimmte Studienleistungen zu erbringen.[506] Dass der Student etwas leisten muss, ist auch die Intention des Gesetzgebers gewesen. So bestehe nicht nur eine Handlungspflicht der Hochschulen, die Studenten auf eine berufliche Tätigkeit vorzubereiten und sie in der Anwendung wissenschaftlicher Kenntnisse und wissenschaftlicher Methoden zu schulen. In Fortführung dieses

505 Plenarprotokoll 5/6 des sächsischen Landtags, S. 390 f., einzusehen unter https://www.google.de/url?sa=t&rct=j&q=&esrc=s&source=web&cd=1&ved=0CB4QFjAAahUKEwip0-KK94DJAhVCdg8KHfgcBVc&url=https%3A%2F%2Fwww.landtag.sachsen.de%2Fde%2Faktuelles%2Ftagesordnungen-protokolle-des-plenums%2Fprotokoll%2F408&usg=AFQjCNGQCFCadbd5eHXhJHrrwUT2pGRqng, letzter Aufruf am 8.11.2015. *Birnbaum*, in: von Coelln/Schemmer, BeckOK Hochschulrecht NRW, 5. Edition, Stand 01.11.2017, § 4 Rn. 51.1, der darauf verweist, dass es sich nur um die persönliche Meinungsäußerung der damals zuständigen Staatsministerin gehandelt habe.

506 *Brüggen,* in: Brüggen, Handbuch des Sächsischen Hochschulrechts, 2011, § 4 Rn. 62; *Nolden,* in: Nolden/Rottmann/Brinktrine/Kurz, Sächsiches Hochschulgesetz, 2010, § 4 S. 16.

Rechtsgedankens seien auch die Studenten verpflichtet, dem Anspruch wissenschaftlicher Arbeit durch die Aufnahme besonderer Anstrengungen gerecht zu werden.[507]

Daher wird vertreten, dass bestimmte Lehrveranstaltungen in den Studien- und Prüfungsordnungen zur Sicherung dieser Ziele als Pflichtveranstaltungen ausgewiesen werden können.[508] Unterstrichen werde dies durch die in § 22 Abs. 2 Nr. 2 SächsHG für den Studenten enthaltene Obliegenheit, sein Studium anhand der Studien- und Prüfungsleistungen so zu organisieren, dass er seine Prüfungen in der vorgesehenen Zeit ablegen könne.[509] Daher stehe der Freiheit des Studiums die Verpflichtung gegenüber, ein ordnungsgemäßes Studium zu absolvieren.[510]

Ein ausdrückliches gesetzliches Verbot zur Festsetzung von Anwesenheitspflichten liegt dem Hochschulgesetz Sachsen folglich nicht zugrunde. Die Freiheit des Studiums steht allerdings unter dem Vorbehalt der Studien- und Prüfungsordnungen. Durch entsprechende Vorgaben können die Studenten zu einem ordnungsgemäßen Studium angehalten werden. Es spricht vieles dafür, dass die Anordnung einer Anwesenheitspflicht dem sächsischen Hochschulgesetz immanent ist. Der Auffassung der damaligen sächsischen Staatsministerin für Wissenschaft und Kunst kann im Zusammenhang mit der gesetzlichen Ausgestaltung daher nicht richtig sein.

ddd) Keine Normierung der Anwesenheitspflicht in Hamburg

Eine ähnliche gesetzliche Ausgestaltung findet sich auch im Hochschulgesetz des Landes Hamburg. In § 50 Abs. 1 HmbHG wird die Freiheit des Studiums mit dem Ziel garantiert, Studenten zu wissenschaftlicher und künstlerischer Arbeit zu befähigen.

In diesem Zusammenhang wird vertreten, dass dieses Ziel durch eine komplett verschulte Ausbildung mit durchgängigen Anwesenheitspflichten, einem starren Lehrplan und auf reproduktives Lernen ausgerichtete Prüfungsordnungen nicht erreicht werden könne. Um das wissenschaftliche bzw. künstlerische

---

507 *Brüggen*, in: Brüggen, Handbuch des Sächsischen Hochschulrechts, 2011, § 4 Rn. 62.

508 BayVGH BayVBl. 1989, 114 (115); VGH München WissR Bd. 26 (1993), S. 137 (140 f.); *Nolden*, in: Nolden/Rottmann/Brinktrine/Kurz, Sächsisches Hochschulgesetz, 2010, § 4 S. 16.

509 *Brüggen*, in: Brüggen, Handbuch des Sächsischen Hochschulrechts, 2011, § 4 Rn. 62, § 22 Rn. 367; *Nolden*, in: Nolden/Rottmann/Brinktrine/Kurz, Sächsisches Hochschulgesetz, 2010, § 22 S. 142.

510 VG Ansbach, Urteil vom 4.9.2001 – AN 2 K 00.00306 – Rn. 37, zit. nach Juris; *Brüggen*, in: Brüggen, Handbuch des Sächsischen Hochschulrechts, 2011, § 4 Rn. 62.

Arbeiten einzuüben, müsse den Studenten vielmehr Raum für individuelles Lernen und Erkennen zustehen.[511] Daher enthalte das durch § 50 Abs. 1 Nr. 1 HmbHG gewährleistete Recht zum Besuch von Lehrveranstaltungen auch das Recht zum Fernbleiben. Dies sei auf den Umstand zurückzuführen, dass Lehre und Studium dialogisch im Sinne eines wissenschaftlichen Kommunikationsprozesses zwischen Lehrenden und Lernenden aufeinander bezogen wären. Die Freiheit der Studierenden, den Lehrveranstaltungen fernzubleiben, stelle die äußerste Ausprägung dieses Austauschverhältnisses dar.[512]

Eine solche Auffassung verkennt jedoch, dass sich die Mehrzahl der Lehrveranstaltungen als einseitige Informationsvermittlung darstellt. Von einem wissenschaftlichen Dialog zwischen Lehrenden und Lernenden kann nicht mehr ausgegangen werden. Folglich kann der oben aufgezeigten Auslegung des § 50 Abs. 1 HmbHG auch nicht in Gänze zugestimmt werden. Der vollständige Ausschluss der Anwesenheitspflicht ist nicht umsetzbar. Dem entspricht auch die oben aufgezeigte Ansicht. Anwesenheitspflichten sollen zulässig sein, wenn der Lernerfolg aus der Natur der Sache heraus nur bei Anwesenheit erreicht werden könne.[513]

#### eee) Die gesetzliche Ausgestaltung der Anwesenheitspflicht in Niedersachsen

Das am 14.12.2015 vom Niedersächsischen Landtag beschlossene Hochschulgesetz trifft nunmehr eine Regelung zu den Anwesenheitspflichten.

§ 7 Abs. 4 S. 1 NdsHG sieht vor, dass Studien- und Prüfungsordnungen eine Verpflichtung der Studenten zur Anwesenheit in Lehrveranstaltungen nur vorsehen dürfen, wenn diese erforderlich ist, um das Ziel einer Lehrveranstaltung zu erreichen. Diese Regelung war in dem vorherigen Regierungsentwurf[514] noch nicht enthalten. Der neue § 7 Abs. 4 S. 1 NdsHG beruht auf einem Änderungsvorschlag der Fraktion der SPD und der Fraktion Bündnis 90/Die Grünen[515] und wurde vom federführenden Ausschuss für Wissenschaft und Kultur im Zuge der

---

511 *Baasch,* in: Neukirchen/Reußow/Schomburg, Hamburgisches Hochschulgesetz, 2. Aufl. 2017, § 50 Rn. 3.

512 *Baasch,* in: Neukirchen/Reußow/Schomburg, Hamburgisches Hochschulgesetz, 2. Aufl. 2017, § 50 Rn. 8.

513 *Baasch,* in: Neukirchen/Reußow/Schomburg, Hamburgisches Hochschulgesetz, 2. Aufl. 2017, § 50 Rn. 8.

514 Niedersächsischer Landtag Drs. 17/3949, v. 21.7.2015, S. 2 f.

515 Die Entwicklung sowie eine kurze Begründung lässt sich dem schriftlichen Bericht zum Entwurf des Gesetzes zur Stärkung der Beteiligungskultur innerhalb der Hochschulen entnehmen, Niedersächsischer Landtag Drs. 17/4810, v. 10.12.2015, S. 3.

Ausschussberatungen[516] in die Beschlussempfehlung aufgenommen[517] und vom Landtag beschlossen.[518]

Somit ist – anders als in Nordrhein-Westfalen – die Anordnung einer Anwesenheitspflicht nicht grundsätzlich verboten. Die Anordnung unterliegt jedoch dem Erfordernis der Verhältnismäßigkeit. Sie ist somit auf die Fälle beschränkt, in denen die persönliche Anwesenheit vor Ort tatsächlich für die Vermittlung der Inhalte der Lehrveranstaltung erforderlich ist.

Nach Auffassung in der Literatur ist das Fehlen einer Präsenzpflicht wissenschaftsrechtspolitisch uneingeschränkt zu begrüßen. Dies begegne Studierenden mit einem Vertrauensvorschuss und sei von der Überzeugung getragen, dass Studierende als erwachsene Persönlichkeiten selbst am besten in der Lage seien, mit dem gebotenen Maß an Verantwortungsbewusstsein die für ihren individuellen Studienerfolg richtigen Entscheidungen zu treffen.[519]

#### fff) Die Verbotsnorm in Schleswig-Holstein

Als bislang letztes Land hat nunmehr auch Schleswig-Holstein eine Reglung zu den Anwesenheitspflichten getroffen. In § 52 Abs. 12 HSG S-H[520] heißt es, dass eine verpflichtende Teilnahme der Studierenden an Lehrveranstaltungen als Teilnahmevoraussetzung für Prüfungsleistungen nicht geregelt werden darf, es sei denn, bei der Lehrveranstaltung handelt es sich um eine Exkursion, einen Sprachkurs, ein Praktikum, eine praktische Übung oder eine vergleichbare Lehrveranstaltung. Damit hat der Gesetzgeber Schleswig-Holsteins die Regelung in § 64 Abs. 2a HG NRW wortgenau übernommen. Auch in Schlwesig-Holstein ist somit die Anordnung einer Anwesenheitspflicht gänzlich verboten mit Ausnahme der genannten Lehrveranstaltungen. Ob auch diese Regelung den verfassungsrechtlichen Anforderungen an die Schranken-Schranken entspricht, ist fraglich. Dies wird ebenfalls im Rahmen einer umfassenden Verhältnismäßigkeitsprüfung zu untersuchen sein.[521]

---

516 Niedersächsischer Landtag Drs. 17/4768, v. 02.12.2015, S. 4.

517 Niedersächsischer Landtag Drs. 17/4768, v. 02.12.2015, S. 4.

518 Nds. GVBl. S. 384; siehe dazu auch *Lackner,* in: von Coelln/Pautsch, BeckOK Hochschulrecht Niedersachsen, 6. Edition, Stand 01.12.2017, § 7 Rn. 25.

519 *Lackner,* in: von Coelln/Pautsch, BeckOK Hochschulrecht Niedersachsen, 6. Edition, Stand 01.12.2017, § 7 Rn. 25.

520 Hochschulgesetz Schleswig-Holstein in der Fassung vom 05.02.2016, GVOBl. 2016.39.

521 Siehe dazu Teil 4 B. II. 2. b) ff. Die dortigen Ausführungen beziehen sich zwar hauptsächlich auf die Prüfung von § 64 Abs. 2a HG NRW. Aufgrund der wortgenauen Übernahme der Reglung in das HSG S-H gelten die Ausführugnen aber auch für die materielle Verfassungsmäßigkeit von § 52 Abs. 12 HSG S-H. Als erste Regelung dieser

#### ggg) Die gesetzliche Festsetzung von Anwesenheitspflichten im Hochshulgesetz von Thüringen

Jüngstes Beispiel in der Debatte um die Einführung von Anwesenheitspflichten ist Thüringen. Der Thüringer Landtag hat in seiner Sitzung am 27.04.2018 das Thüringer Gesetz zur Stärkung der Mitbestimmung an Hochschulen sowie zur Änderung weiterer hochschulrechtlicher Vorschriften beschlossen, mit dem das Thüringer Hochschulgesetz umfassend novelliert worden ist. Das Gesetz ist am 24.05.2018 in Kraft getreten.[522]

Zu den wesentlichen Änderungen gehören unter anderem Maßnahmen zur besseren Studierbarkeit und Erhöhung des Einflusses der Studierenden auf das Lehr- und Studierangebot. Im für das Studium relevanten Bereich wurden zahlreiche Klarstellungen, Anpassungen und Änderungen getroffen. Hierzu zählt auch die Aufnahme von Regelungen zu den Anwesenheitspflichten.

§ 55 Abs. 2 Nr. 17 ThürHG regelt, dass Prüfungsordnungen insbesondere festlegen müssen, für welche Lehrveranstaltungen die verpflichtende Teilnahme als Prüfungsvoraussetzung gilt. § 55 Abs. 3 Hs. 1 ThürHG präzisiert § 55 Abs. 2 Nr. 17 ThürHG dahingehend, dass eine verpflichtende Teilnahme der Studierenden an Lehrveranstaltungen als Prüfungsvoraussetzung nur geregelt werden darf, wenn das Lernziel der Lehrveranstaltung nur durch die Anwesenheit der Studierenden erreicht werden kann. Nach Hs. 2 ist dies insbesondere bei einer Exkursion, einem Sprachkurs, einem Praktikum, einer praktischen Übung oder einer vergleichbaren Lehrveranstaltung gegeben.

In der Begründung des Gesetzesentwurfs – der später gleichlautend verabschiedet worden ist – weist die Landesregierung darauf hin, dass durch den Bezug des § 55 Abs. 2 Nr. 17 ThürHG auf den § 55 Abs. 3 ThürHG folgt, dass Anwesenheitspflichten als Prüfungsvoraussetzung nur ausnahmsweise geregelt werden dürfen. Die Festlegung, ob Anwesenheitspflichten gemessen an den in Absatz 3 genannten Grundsätzen für die Erreichung des Lernziels erforderlich, angemessen und verhältnismäßig seien, solle in den Prüfungsordnungen geregelt werden.[523]

---

Art hat die in NRW getroffene Normierung jedoch für deutlich mehr Medienpräsenz gesorgt, so dass sich auch viele Stimmen in der Literatur zur Verfassungsmäßigkeit der Norm geäußert haben.

522 ThürGVBl. 2018, S. 149.

523 http://www.thueringen.de/mam/th6/wissenschaft/gesetzestext_gesetzentwurf_thurhg_mit_ begrundung_endfassung_2.kd_12.09.17.pdf, S. 155, letzter Aufruf am 27.05.2019.

Zudem weist die Landesregierung in Beug auf den § 55 Abs. 3 ThürHG darauf hin, dass die in § 8 Abs. 4 geregelte allgemeine Studierfreiheit unter dem Vorbehalt der maßgeblichen Studien- und Prüfungsordnungen steht. Einschränkungen in Form von Anwesenheitspflichten oder Regelungen, die an die Nichtanwesenheit Sanktionen knüpfen, seien wegen der durch Art. 12 Abs. 1 GG geschützten Ausbildungsfreiheit nur zulässig, wenn das mit der Veranstaltung verfolgte Lernziel allein bei Teilnahme der Studenten an der Lehrveranstaltung erreicht werden könne. Dies sei für die konkrete Lehrveranstaltung unter Beachtung des Grundsatzes der Verhältnismäßigkeit zu prüfen.[524] Der neu eingefügte § 55 Abs. 3 nennt in nicht abschließender Weise Regelbeispiele für Lehrveranstaltungen, bei denen eine Anwesenheitspflicht in Frage kommt.

Anders als in Nordrhein-Westfalen ist die Anwesenheitspflicht in Thüringen nach dem Gesetzeswortlaut des § 55 abs. 2 Nr. 17, Abs. 3 ThürHG nicht als Verbot mit Erlaubnisvorbehalt ausgestaltet, auch wenn man dies aufgrund Begründung der Landesregierung vermuten könnte („*Anwesenheitspflichten als Prüfungsvoraussetzung dürfen nur ausnahmsweise geregelt werden*“[525]).

Als Prüfungsvoraussetzungen sollen Anwesenheitspflichten zulässig sein, wenn sie in der Prüfungsordnung festgelegt sind und ihre Anordnung verhältnismäßig ist. Mit diesen Erfordernissen werden zum einen der Vorbehalt des Gesetzes gewahrt und zum anderen die grundrechtlichen Anforderungen berücksichtigt. Nur wenn das Lernziel ohne die Anwesenheit der Studenten nicht mehr erreicht werden kann, dürfen sie zur Teilnahme verpflichtet werden. In § 55 Abs. 3 Hs. 2 ThürHG ist beispielhaft aufgeführt, welche Veranstaltungen ohne die persönliche Teilnahme undenkbar sind. Die Entscheidung, wann

524 Seminare seien regelmäßig keine vergleichbare Lehrveranstaltung. Werde jedoch unter Beachtung des Grundsatzes der Verhältnismäßigkeit im konkreten Fall festgestellt, dass das Lernziel des Seminars, das in der Regel darin besteht, den wissenschaftlichen Diskurs einzuüben, nur bei Anwesenheit erreicht werden könne, könne auch das Seminar eine vergleichbare Lehrveranstaltung sein. Dies werde mit Blick auf das Kursziel eher in solchen Fällen zu bejahen sein, in denen eine Seminarveranstaltung aufgrund der Begrenzung der Teilnehmerzahl auf eine solche Zahl beschränkt sei, die den wissenschaftlichen Diskurs und dessen Übung überhaupt möglich mache, das hieße also in der Regel bei weniger als 20 bis 30 Studierenden, vgl. http://www.thueringen.de/mam/th6/wissenschaft/gesetzestext_gesetzentwurf_thurhg_mit_ begrundung_endfassung_2.kd_12.09.17.pdf, S. 155, letzter Aufruf am 27.05.2019.

525 http://www.thueringen.de/mam/th6/wissenschaft/gesetzestext_gesetzentwurf_thurhg_mit_ begrundung_endfassung_2.kd_12.09.17.pdf, S. 155, letzter Aufruf am 27.05.2019.

Anwesenheitspflichten verhältnismäßig sind, trifft die Hochschule jedoch im Einzelfall.

#### bb) Ermächtigungen zum Erlass von Studien- und Prüfungsordnungen als Anknüpfungspunkt für Anwesenheitspflichten

In den Hochschulgesetzen werden nicht nur das Studium betreffende Rechtsfragen geregelt, die Landesgesetzgeber gestalten auch das Verhältnis von Hochschule und Staat aus und grenzen die gegenseitigen Interessen voneinander ab.[526] Charakteristisch ist, dass den Hochschulen autonome Rechte, mit und teilweise ohne Genehmigungsvorbehalt, durch die Hochschulgesetze zugesprochen werden.[527]

Die Hochschulen nehmen grundsätzlich die ihnen obliegenden Aufgaben als Selbstverwaltungsaufgaben wahr.[528] Sie sind gesetzlich ermächtigt, zur Erfüllung ihrer Aufgaben im Bereich der Lehre die erforderlichen Regelungen unter anderem in Prüfungs- und Studienordnungen zu erlassen.[529] Gerade in diesen Ordnungen könnten Anwesenheitspflichten eine gesetzliche Ausgestaltung erfahren. Um den damit verbundenen Eingriff in die Berufsfreiheit rechtfertigen zu können, müsste die in den Studien- und Prüfungsordnungen liegende Eingriffsermächtigung aber ihrerseits verfassungskonform sein.[530]

---

526 *Menzel*, JZ 1964, 166 (167); *Reiß*, Rechtsetzungsbefugnis der Universität, 1979, S. 56; *Stieler*, Satzungsgebung der Universitäten, 1985, S. 29 f. Siehe dazu auch Teil 4 A. II. 1. b) cc) bbb).

527 *Boppel/Kollenberg*, DUZ 1972, 656 (657), die darauf verweisen, dass dem Grad der übertragenen Regelungsfreiheit ein unterschiedliches Ausmaß verliehen wird, das dem Föderalismus geschuldet ist. *Karpen/Freund*, Hochschulgesetzgebung und Hochschulautonomie, 1992, S. 33 ff. (in Bezug auf die Satzungsautonomie); *Oppermann*, in: Flämig/u.a., Handbuch des Wissenschaftsrechts, Bd. 1, 2. Aufl. 1996, S. 1010 ff.; *Reiß*, Rechtsetzungsbefugnis der Universität, 1979, S. 56.

528 Siehe dazu Teil 4 A. II. 1. b).

529 Die Organkompetenz für den Erlass dieser Satzungen richtet sich nach dem Landeshochschulgesetz, *Geis*, in: Merten/Papier, Handbuch der Grundrechte, Bd. IV, 2011, § 100 Rn. 32; *Leuze*, DöD 1993, 1 (2); *Lindner*, in: Hartmer/Detmer, Hochschulrecht, 3. Aufl. 2017, Kap. 11 Rn. 173; *Oppermann*, in: Flämig/u.a., Handbuch des Wissenschaftsrechts, Bd. 1, 2. Aufl. 1996, S. 1025 f.; *Thieme*, Deutsches Hochschulrecht, 3. Aufl. 2004, Rn. 185 ff.

530 BVerfGE 86, 28 (40); *Epping*, WissR Bd. 45 (2012), S. 112 (114); *Jeremias*, in: Niehues/Fischer/Jeremias, Prüfungsrecht, 6. Aufl. 2014, Rn. 4; *Ruffert*, in: Epping/Hillgruber, GG, 2. Aufl. 2013, Art. 12 Rn. 86; *Seebass*, NVwZ 1992, 609 (611); *Thieme*, Deutsches Hochschulrecht, 3. Aufl. 2004, Rn. 381.

#### aaa) Die Notwendigkeit einer gesetzlichen Grundlage für den Erlass von Studien- und Prüfungsordnungen

Könnte die Verwaltung nach ihrem Ermessen ohne Bindung an eine gesetzliche Ermächtigung tätig werden, wäre ihre Bindung an das Gesetz gegenstandslos.[531] Aus diesem Grund verlangt der in Art. 20 Abs. 3 GG vorausgesetzte Vorbehalt des Gesetzes, dass Entscheidungen der Verwaltung, die im Einzelfall durch Verwaltungsakt oder allgemein in Rechtsnormen getroffen werden, auf ein formelles Gesetz zurückzuführen sind.[532] Damit wird der Vorbehalt des Gesetzes zum Garanten einer sachlichen-inhaltlichen Legitimation staatlichen Tätigwerdens.[533]

Doch die Frage, wann dem Vorbehalt des Gesetzes Rechnung zu tragen ist, bleibt unbeantwortet.[534] Die versuchte Einführung eines Totalvorbehalts[535] war nicht mit dem Grundsatz der Gewaltenteilung in Einklang zu bringen.[536] Auch

531 BVerfGE 40, 237 (248 f.); 101, 1 (34); *Degenhart,* Staatsrecht I, 33. Aufl. 2017, Rn. 313; *Gröpl,* Staatsrecht I, 9. Aufl. 2017, Rn. 455; *Jarass,* in: Jarass/Pieroth, GG, 14. Aufl. 2016, Art. 20 Rn. 54; *Ossenbühl,* in: Isensee/Kirchhof, Handbuch des Staatsrechts, Bd. V, 3. Aufl. 2007 § 101 Rn. 46 ff.

532 BVerfGE 98, 218 (251); *Achterberg,* Allgemeines Verwaltungsrecht, 2. Aufl. 1986, § 18 Rn. 1; *Badura,* Staatsrecht, 6. Aufl. 2015, D Rn. 56; *Degenhart,* Staatsrecht I, 33. Aufl. 2017, Rn. 313, 318; *Ehlers,* in: Ehlers/Pünder, Allgemeines Verwaltungsrecht, 15. Aufl. 2015, § 2 Rn. 41; *Erichsen,* Jura 1995, 550 ff.; *Huster/Rux,* in: Epping/Hillgruber, GG, 2. Aufl. 2013, Art. 20 Rn. 173; *Lerche,* in: Merten/Papier, Handbuch der Grundrechte, Bd. III, 2009, § 62 Rn. 10; *Sachs, in*: ders., GG, 8. Aufl. 2018, Art. 20 Rn. 113; *Stern,* Staatsrecht, Bd. I, 2. Aufl. 1984, S. 805 f.

533 *Gröpl,* Staatsrecht I, 9. Aufl. 2017, Rn. 455, 271; *Kloepfer,* Verfassungsrecht Bd. I, 2011, § 10 Rn. 112; *Ossenbühl,* in: Isensee/Kirchhof, Handbuch des Staatsrechts, Bd. V, 3. Aufl. 2007, § 101 Rn. 11 ff.; *Stern,* Staatsrecht, Bd. I, 2. Aufl. 1984, S. 808.

534 *Achterberg,* Allgemeines Verwaltungsrecht, 2. Aufl. 1986, § 18 Rn. 1; *M. Müller,* Die Rechtsform der wissenschaftlichen Hochschule, 2014, S. 110; *Stern,* Staatsrecht, Bd. I, 2. Aufl. 1984, S. 809.

535 *Jesch,* Gesetz und Verwaltung, 1961, S. 171 f.; *Rupp,* Grundfragen der heutigen Verwaltungsrechtslehre, 2. Aufl. 1991, S. 115 f. Zur Darstellung und Kritik der Ansichten: *Ossenbühl,* Verwaltungsvorschriften und Grundgesetz, 1968, S. 210 ff.

536 BVerfGE 68, 1 (86); 98, 218 (252); *Achterberg,* Allgemeines Verwaltungsrecht, 2. Aufl. 1986, § 18 Rn. 23 ff.; *Ehlers,* in: Ehlers/Pünder, Allgemeines Verwaltungsrecht, 15. Aufl. 2015, § 2 Rn. 44; *Ipsen,* Staatsrecht I, 29. Aufl. 2017, Rn. 799; *Kloepfer,* JZ 1984, 685 (686); *Kuhl,* Der Kernbereich der Exekutive, 1993, S. 82 ff.; *Ohler,* AöR Bd. 131 (2006), S. 336 (344); *Ossenbühl,* in: Isensee/Kirchhof, Handbuch des Staatsrechts, Bd. V, 3. Aufl. 2007, § 101 Rn. 23, 28; *Stern,* Staatsrecht, Bd. I, 2. Aufl. 1984, S. 808; *Stern* JZ 1960, 523 f.

die Verwaltung ist gemäß Art. 20 Abs. 2 GG demokratisch legitimierte Staatsgewalt.[537] Um handeln zu können, muss sie über eigene Entscheidungsbefugnisse verfügen und ermächtigt sein, die Organisation an die sich stetig wandelnden Gegebenheiten anzupassen.[538] Zunächst umfasste der Vorbehalt des Gesetzes alle klassischen Grundrechtseingriffe.[539] Dies ist auf ein Verständnis der Staatsrechtslehre des 19. und 20. Jahrhunderts zurückzuführen. Der Vorbehalt war auf Eingriffe in Freiheit und Eigentum begrenzt[540] und wurde als ein unbestrittener Bestandteil des in Art. 20 Abs. 3 GG festgelegten Prinzips der Gesetzmäßigkeit der Verwaltung vorausgesetzt.[541] Dieses Verständnis erwies sich in der Praxis jedoch als zu eng.[542] Der Anwendungsbereich sollte weiter ausgedehnt werden, damit auch die Leistungsverwaltung und faktisch- mittelbare Grundrechtseingriffe vom Vorbehalt des Gesetzes umfasst werden.[543] Gleiches sollte für organisatorisch-institutionelle Maßnahmen gelten, die dem Vorbehalt in der Regel ebenfalls nicht unterlagen.[544]

Möglich wurde die erforderliche Ausdehnung des Vorbehalts des Gesetzes durch eine stärkere Betonung des demokratischen Elements.[545] Im Vorbehalt des

---

537 *Eberle*, DÖV 1984, 485 (489); *Krebs*, Jura 1979, 304 (307). Siehe auch BVerfGE 49, 89 (125 f.); 68, 1 (88).

538 BVerfGE 8, 155 (168); 49, 89 (140); 131, 152 (195); *Kuhl*, Der Kernbereich der Exekutive, 1993, S. 98, 147; *Ossenbühl*, Verwaltungsvorschriften und Grundgesetz, 1968, S. 265.

539 *Jarass*, in: Jarass/Pieroth, GG, 14. Aufl. 2016, Art. 20 Rn. 45; *Michael/Morlok*, Grundrechte, 6. Aufl. 2017, Rn. 488, 559; *Sachs*, in: ders., GG, 8. Aufl. 2018, Art. 20 Rn. 114.

540 So noch BVerfGE 8, 155 (167). Zur Entwicklung des Vorbehalts des Gesetzes, *Hermes*, Der Bereich des Parlamentsgesetzes, 1988, S. 15 ff.; *Seiler*, Der einheitliche Parlamentsvorbehalt, 2000, S. 40 ff.

541 *Degenhart*, Staatsorganisationsrecht, 33. Aufl. 2017, Rn. 313.

542 BVerfGE 8, 155 (167); 40, 237 (249); 47, 46 (79); 49, 89 (126); 77, 170 (230 f.); 84, 212 (226); 101, 1 (34); *Ossenbühl*, in: Isensee/Kirchhof, Handbuch des Staatsrechts, Bd. V, 3. Aufl. 2007, § 101 Rn. 31.

543 *Badura*, Staatsrecht, 6. Aufl. 2015, D Rn. 56; *Hoffmann-Riem*, AöR Bd. 130 (2005), S. 5 (10 f.); *Kloepfer*, JZ 1985, 685 (687); *Lerche*, in: Merten/Papier, Handbuch der Grundrechte, Bd. III, 2009, § 62 Rn. 56; *H.-H. Trute*, Forschung zwischen grundrechtlicher Freiheit und staatlicher Institutionalisierung, 1994, S. 235; *Stern*, Staatsrecht, Bd. I, 2. Aufl. 1984, S. 810; siehe dazu auch *Ohler*, AöR Bd. 131 (2006), S. 336 (341 ff.).

544 *Kloepfer*, JZ 1985, 685 (688); *Ossenbühl*, in: Isensee/Kirchhof, Handbuch des Staatsrechts, Bd. V, 3. Aufl. 2007, § 101 Rn. 43.

545 *Badura*, Staatsrecht, 6. Aufl. 2015, F Rn. 13; *Böckenförde*, NJW 1999, 1235; *Kloepfer*, JZ 1984, 685 (689); *Ossenbühl*, in: Götz/Klein/Starck, Die öffentliche Verwaltung zwischen Gesetzgebung und richterlicher Kontrolle, 1985, S. 9, 18; *ders.*, in: Isensee/

Gesetzes wurde nicht mehr nur eine Grundlage für Eingriffe gesehen, sondern auch eine Möglichkeit, das Volk über das gewählte Parlament zu beteiligen.[546] Diese unmittelbare demokratische Legitimation verhalf dem Parlament zu einer herausragenden Stellung bei der Ausübung der Staatsgewalt.[547] Das Bundesverfassungsgericht vertritt in diesem Zusammenhang, dass sich nur mit Blick auf den jeweiligen Sachbereich und die Intensität der geplanten und getroffenen Regelung ermitteln lasse, ob staatliches Handeln einer Rechtsgrundlage im förmlichen Gesetz bedürfe.[548]

Für die Universitäten bzw. Fakultäten hat dies zur Folge, dass die Studien- und Prüfungsordnungen auf ein formelles Gesetz zurückzuführen sein müssen. Dies gilt insbesondere vor dem Hintergrund, dass die Ordnungen in den grundrechtlichen Bereich eingreifen. Daher können sie nur aufgrund spezieller, dem Bestimmtheitsgebot genügender gesetzlicher Grundlagen erlassen werden.[549] Nur wenn diese Voraussetzung gewahrt ist, können Anwesenheitspflichten in den Studien- und Prüfungsordnungen angeordnet werden. Anderenfalls liegt bereits keine hinreichende Rechtsgrundlage vor und die Frage nach der Verhältnismäßigkeit erübrigt sich.

#### bbb) § 4 Abs. 4 HRG als Auslegungshilfe

Vor der Föderalismusreform hatte der Bundesgesetzgeber die Freiheit des Studiums ebenfalls einfachgesetzlich festgeschrieben. Die in § 4 Abs. 4 HRG normierte Studierfreiheit gehörte zu den bestimmenden Merkmalen des Hochschulwesens in Deutschland.[550] Daher verwundert es nicht, dass fast alle Landesgesetzgeber diese Regelung nahezu wortgleich in ihre Hochschulgesetze aufgenommen haben.[551]

---

Kirchhof, Handbuch des Staatsrechts, Bd. V, 3. Aufl. 2007, § 101 Rn. 41; *Stern*, Staatsrecht, Bd. I, 2. Aufl. 1984, S. 803.

546 *Ossenbühl*, in: Isensee/Kirchhof, Handbuch des Staatsrechts, Bd. V, 3. Aufl. 2007, § 101 Rn. 49; *Starck*, NJW 1972, 1489 (1490).

547 *Gröpl*, Staatsrecht I, 9. Aufl. 2017, Rn. 271.

548 BVerfGE 49, 89 (127).

549 BVerfGE 111, 191 (216 ff.); *Ossenbühl*, in: Isensee/Kirchhof, Handbuch des Staatsrechts, Bd. V, 3. Aufl. 2007, § 101 Rn. 29.

550 BT-Drs. 7/1328, S. 33.

551 § 3 Abs. 4 LHG BW; Art. 3 Abs. 4 BayHSchG; § 5 Abs. 3 BerlHG; § 4 Abs. 3 BdgHG; § 50 Abs. 2 HmbHG; § 7 Abs. 4 BremHG; § 1 Abs. 2 HessHG; § 5 Abs. 4 LHG M-V; § 4 Abs. 4 HG NRW; § 3 Abs. 4 HSchGRPf; § 3 Abs. 4 SA UG; § 4 S. 4 SächsHG; § 4 Abs. 5 HSG LSA; § 4 Abs. 5 HSG SH; § 7 Abs. 4 ThürHG.

Auch die einfachgesetzlich normierte Studierfreiheit umfasst vor allem die freie Wahl von Lehrveranstaltungen, das Recht, innerhalb eines Studiengangs Schwerpunkte nach eigener Wahl zu setzen sowie die Erarbeitung wissenschaftlicher Meinungen.[552] Eine abschließende Regelung wollte der Gesetzgeber aber dennoch nicht treffen, wie das Wort *„insbesondere"* zeigt. Es sollten vielmehr nur die wichtigsten Gesichtspunkte genannt werden.[553] Wie bereits dargelegt, gehört zu den geschützten Freiheiten auch die Entscheidung, Lehrveranstaltungen im Rahmen der Studien- und Prüfungsordnungen fernzubleiben.[554]

§ 4 Abs. 4 HRG reicht – ebenso wie die entsprechenden landesrechtlichen Regelungen – weiter als Art. 12 Abs. 1 GG, denn die einfachgesetzliche Norm macht die Gewährung der Rechte nicht davon abhängig, dass der Student Deutscher im Sinne von Art. 116 GG ist.[555]

Doch bereits die Norm selbst stellt durch den Vorbehalt der Studien- und Prüfungsordnungen[556] klar, dass das Recht, Studium und Prüfungen zu regeln, die Freiheit des Studiums nicht verletzt.[557] Eine Beeinträchtigung erfolgt allerdings durchaus. Grund dafür ist, dass die einfachgesetzlich gewährleistete Lern- und Studierfreiheit nicht absolut garantiert wird, sondern den Einschränkungen der Studien- und Prüfungsordnungen unterliegt. Dieser Vorbehalt findet seine

---

552 *Lüthje*, in: Denninger, HRG, 1984, § 3 Rn. 45; *Nolden*, in: Nolden/Rottmann/Brinktrine/Kurz, Sächsisches Hochschulgesetz, 2010, S. 16; *Peine/Richter*, in: Kopp/Peine/Topel, Brandenburgisches Hochschulrechtgesetz, 3. Aufl. 2018, § 4 Rn. 51 f.; *Sandberger*, Landeshochschulgesetz Baden-Württemberg, 2013, § 3 Rn. 5.

553 *Epping*, WissR Bd. 45 (2012), S. 112 (122); *Reich*, HRG, 11. Aufl. 2012, § 4 Rn. 29, der darauf verweist, dass der Gesetzgeber nur die typischen Gesichtspunkte nennen wollte.

554 *Epping*, WissR Bd. 45 (2012), S. 112 (123).

555 *Schemmer*, in: von Coelln/Schemmer, BeckOK Hochschulrecht NRW, 5. Edition, Stand 01.11.2017, § 4 Rn. 18.

556 Unter Prüfungsordnungen sind nicht nur die Hochschulprüfungsordnungen i.S.v. § 16 HRG gemeint, sondern auch die staatlichen und kirchlichen Prüfungsordnungen, nach denen Prüfungen im Sinn des § 15 Abs. 1 S. 1 HRG abgelegt werden können. Unter Studienordnungen sind Satzungen, nicht aber die Studienplanungen oder anderweitigen Entscheidungen zu verstehen. Auf die Bezeichnung „Studienordnung" kommt es allerdings nicht an, wenn nur die Regelung den Charakter einer Studienordnung besitzt, OVG Münster KMK-HSchR 1983, 471; *Reich*, HRG, 11. Aufl. 2012, § 4 Rn. 34.

557 *Nolden*, in: Nolden/Rottmann/Brinktrine/Kurz, Sächsisches Hochschulgesetz, 2010, S. 17; *Peine/Richter*, in: Kopp/Peine/Topel, Brandenburgisches Hochschulrechtgesetz, 3. Aufl. 2018, § 4 Rn. 55; *Reich*, HRG, 11. Aufl. 2012, § 4 Rn. 34; *Starck*, in: von Mangoldt/Klein/Starck, GG, Bd. 1, 6. Aufl. 2010, Art. 5 Abs. 3 Rn. 379.

Rechtsgrundlage nicht nur im HRG, sondern wird auch durch die Ermächtigungsnormen, die der jeweilige Landesgesetzgeber explizit im Hochschulgesetz festschreibt, zum Ausdruck gebracht.[558]

#### ccc) Die Normierung von Studien- und Prüfungsordnungen in den Hochschulgesetzen

In allen Landeshochschulgesetzen ist geregelt, dass die Hochschulen Prüfungsordnungen erlassen, auf deren Grundlage die Hochschulprüfungen abgelegt werden.[559] Daneben enthalten die meisten Landeshochschulgesetze einen Katalog mit Regelungsbereichen, die von den Hochschulen in den Prüfungsordnungen umzusetzen sind.[560] Bei diesen handelt es sich jedoch nicht um eine abschließende Ausgestaltung. Die Aufzählungen zeigen lediglich Mindestanforderungen auf, denen ein beispielhafter und typenbildender Charakter zukommt.[561]

Keine Vorgaben zu den wesentlichen Inhalten der Prüfungsordnungen enthalten die Hochschulgesetze der Länder Brandenburg und Sachsen-Anhalt.[562] Den Hochschulen steht dadurch ein weitaus größerer Gestaltungsspielraum bei der Ausgestaltung der Prüfungsordnungen zu. Allerdings müssen auch diese Prüfungsordnungen einen gewissen Mindestinhalt aufweisen, um dem Gebot der Rechtsstaatlichkeit gerecht zu werden.[563] Sie müssen sicherstellen, dass die

---

558 VGH München DVBl. 1989, 110 (111); *Epping*, WissR Bd. 45 (2012), S. 112 (124); *Reich*, HRG, 11. Aufl. 2012, § 4 Rn. 34; wohl auch *Pieroth*, Störung, Streik und Aussperrung in der Hochschule, 1976, S. 137 f.

559 Art. 61 BayHSchG; § 34 LHG BW; § 31 BerlHG; § 62 BremHG; § 21 BdgHG; § 60 HmbHG; § 20 HessHG; § 38 LHG M-V; § 7 NdsHG; § 64 HG NRW; § 26 HSchGRPf; § 59 UG SA; § 34 SächsHG; § 13 HSG SA; § 52 HSG SH; § 49 ThürHG.

560 § 32 Abs. 4 Nr. 4 LHG BW; Art. 61 Abs. 3 Nr. 3 BayHSchG; § 31 Abs. 2 Nr. 4 BerlHG; § 23 Abs. 1 Nr. 15 BdgHG; § 62 Abs. 2 Nr. 3 BremHG; § 60 Abs. 2 Nr. 2 HmbHG; § 20 Abs. 2 Nr. 7 HessHG; § 38 Abs. 2 Nr. 5 LHG M-V; § 7 Abs. 3 S. 2 NdsHG; § 64 Abs. 2 HG NRW; § 26 Abs. 2 Nr. 7 HSchGRPf; § 59 Abs. 3 Nr. 5 UG SA; § 34 Abs. 1 Nr. 5 SächsHG; § 52 Abs. 2 Nr. 6 HSG SH; § 49 Abs. 2 ThürHG.

561 *Baasch/Delfs*, in: Neukirchen/Reußow/Schomburg, Hamburgisches Hochschulgesetz, 2. Aufl. 2017, § 60 Rn. 4; *Reich*, Bayerischs Hochschulgestz, 5. Aufl. 2007, Art. 61 Rn. 16 f.; *Sandberger*, in: Hauck, Landeshochschulgesetz Baden-Württemberg, 2013, § 34 Rn. 2.

562 § 23 BdgHG; § 13 HSG LSA.

563 BVerfGE 62, 203; 80, 1 (21 f.); BVerwGE 57, 130; 65, 323 (325 f.); OVG Münster DVBl. 1990, 543 (544); *Guhl*, Prüfungen im Rechtsstaat, 1978; *Herrmann*, in: Knopp/Peine/Topel, Brandenburgisches Hochschulgesetz, 3. Aufl. 2018, § 22 Rn. 14; *Pietzcker*, Verfassungsrechtliche Anforderungen an die Ausgestaltung staatlicher Prüfungen, 1975; *Salzwedel*, in: Flämig/u.a., Handbuch des Wissenschaftsrechts, Bd. 1, 2. Aufl. 1996, S. 715.

Prüfungen in einem förmlich geordneten und nachprüfbaren Verfahren abgenommen werden. Der unmittelbare Prüfungsvorgang und die wissenschaftliche Beurteilung der Prüfungsleistung sind allerdings nur in ihrem äußeren Ablauf rechtlich zu erfassen.[564]

Daneben sind die Hochschulen auch berechtigt, eigene Anforderungen in ihren Prüfungsordnungen aufstellen. Die Festsetzung von Anwesenheitspflichten erscheint in diesem Zusammenhang nicht ausgeschlossen, sei es als Voraussetzung zur Zulassung zur Prüfung oder als Bestandteil der Prüfung selbst. Wie genau die Augestaltung von Anwesenheitspflichten in den Prüfungsordnungen erfolgen kann, ist eine Frage der Verhältnimäßigkeit. Entscheidend ist zunächst, dass der Erlass von Prüfungsordnungen auf eine gesetzliche Grundlage in den Landeshochschulgesetzen zurückzuführen ist.

In einigen Hochschulgesetzen ist auch der Erlass von Studienordnungen geregelt.[565] Zum Teil ist lediglich festgelegt, dass die Studienordnungen allgemeine Anforderungen über Inhalt und Aufbau der einzelnen Studiengänge enthalten sollen.[566] Überwiegend wird den Universitäten aber auch vorgeschrieben, in den Studienordnungen die für einen erfolgreichen Studienabschluss erforderlichen Studienleistungen zu bezeichnen.[567] Unter der Prämisse, dass die Anwesenheit in einer Lehrveranstaltung als eine solche Studienleistung anzuerkennen ist, können sie in den Studienordnungen geregelt werden. Ihre Rechtsgrundlage finden die Studienordnungen wiederum in den entsprechenden Normierungen der Landeshochschulgesetze. Zu verweisen ist beispielsweise auf § 23 Abs. 1 i.V.m. § 19 Abs. 1 BdgHG und § 47 Abs. 1 S. 4 ThürHG. Während § 23 Abs. 1 i.V.m. § 19 Abs. 1 BdgHG festlegt, dass die Studienordnung Bestimmungen über Lehr- und Lernformen enthalten muss, sollen nach § 47 Abs. 1 S. 4 ThürHG die Studienordnungen unterschiedliche Studienleistungen vorsehen.

Diese Regelungen machen deutlich, dass eine Studienleistung eben nicht nur im Ablegen einer Prüfung liegen kann. Gleichzeitig heben sie hervor, dass auch die Anwesenheit als eine Studienleistung anzuerkennen ist. Dies zeigt sich auch

564 *Salzwedel*, in: Flämig/u.a., Handbuch des Wissenschaftsrechts, Bd. 1, 2. Aufl. 1996, S. 715; *Schnellenbach*, in: Hartmer/Detmer, Hochschulrecht, 3. Aufl. 2017, Kap. 12 Rn. 14 ff.; *Thieme*, Deutsches Hochschulrecht, 3. Aufl. 2004, Rn. 382 f.

565 Art. 58 BayHSchG; § 31 BerlHG; § 23 BdgHG i.V.m. § 19 BdgHG; § 60 HmbHG; § 39 LHG M-V; § 54 UG SA; § 36 SächsHG; § 47 ThürHG.

566 § 31 Abs. 1 S. 1 BerlHG; § 23 Abs. 1 BdgHG; § 60 Abs. 2 Nr. 1 HmbHG; § 39 Abs. 1 LHG M-V.

567 Art. 58 Abs. 1 S. 3 BayHSchG; § 39 Abs. 2 Nr. 4 LHG M-V; § 54 Abs. 3 UG SA; § 36 Abs. 4 SächsHG; § 47 Abs. 2 ThürHG.

in § 47 Abs. 3 ThürHG, wonach der Zugang zu Veranstaltungen vom Besuch anderer Veranstaltungen abhängig gemacht werden darf. Die Konsequenz ist, dass das Studium nur bei entsprechender Teilnahme fortgeführt werden kann. Dies ist im Ergebnis nichts anderes als eine Pflicht zur Anwesenheit.[568]

Insgesamt lässt sich festhalten, dass die Hochschulen durch die Landeshochschulgesetze zum Erlass von Studien- und Prüfungsordnungen ermächtigt werden. Auf dieser Grundlage können sie Regelungen zur Festsetzung von Anwesenheitspflichten treffen.

#### ddd) Anwesenheitspflichten in der Struktur von Bachelor-und Masterstudiengängen

Ob basierend auf diesen Normen Anwesenheitspflichten angeordnet werden können, kann allerdings dahinstehen, wenn die Hochschulgesetze festlegen, dass im Rahmen modularisierter Studiengänge[569] in den Prüfungsordnungen eine Ausgestaltung in Module erfolgen soll.[570] Die Prüfungsordnungen müssen die Voraussetzungen für die Teilnahme an den Modulen bestimmen, wozu auch der aktive Besuch einer Lehrveranstaltung gehören kann.[571] Eine explizite Regelung ist nicht notwendig – das Anwesenheitserfordernis kann sich auch aus einem Verweis in der Prüfungsordnung auf Modulhandbücher und Studienordnungen ergeben.[572] Es kann zwar eingewandt werden, dass es den Studenten grundsätzlich möglich sein soll, die für ihr Studium maßgeblichen Prüfungsrechtsbestimmungen ausschließlich der Prüfungsordnung zu entnehmen.[573]

---

568 Eine ähnliche Regelung findet sich auch in § 39 Abs. 3 LHG M-V und § 54 Abs. 3 UG SA. Diese Normen sehen allerdings vor, dass der Zugang zu Studienabschnitten von bestimmten Studienleistungen abhängig gemacht werden kann.

569 Von einem modularisierten Studiengang spricht man, wenn sich eine Lehreinheit im Bachelor-/Masterstudiengang aus mehreren Lehrveranstaltungen zu einem gemeinsamen Teilgebiet zusammensetzt. Jeder Bestandteil eines Moduls, wozu auch schriftliche und mündliche Modulabschlussprüfungen gehören, wird entsprechend dem mit der Teilnahme verbundenen Zeitaufwand mit *Creditpoints* gewichtet, *Lindner*, in: Hartmer/Detmer, Hochschulrecht, 3. Aufl. 2017, Kap. 11, Rn. 193 Fn. 396.

570 § 32 Abs. 4 Nr. 1 LHG BW; § 31 Abs. 2 Nr. 3 BerlHG; § 23 Abs. 1 Nr. 5 BdgHG; § 54 S. 4 BremHG; § 52 Abs. 4 S. 1 HmbHG; § 20 Abs. 2 Nr. 2 HessHG; § 38 Abs. 2 Nr. 6 LHG M-V; § 26 Abs. 2 Nr. 5 HSchGRPf; § 50 Abs. 3 UG SA; § 34 Abs. 1 Nr. 6 SächsHG; § 52 Abs. 2 Nr. 5 HSG SH.

571 *Epping*, WissR Bd. 45 (2012), S. 112 (116); *Weber*, in: Leuze/Epping, HG NRW, Loseblatt, Stand Februar 2007, § 64 Rn. 28.

572 Z.B. § 60 Abs. 2 Nr. 1 HmbHG.

573 *Epping*, WissR Bd. 45 (2012), S. 112 (116).

Eine entsprechende Umsetzung ist jedoch gerade im Hinblick auf solche Prüfungsordnungen, die mehrere Studiengänge erfassen, nicht immer möglich. Verweise auf Studienordnungen und Modulhandbücher, aus denen sich auch eine Anwesenheitsverpflichtung ergeben kann, erscheinen daher unvermeidbar.[574]

#### cc) Zwischenergebnis

Derzeit wird die Festsetzung von Anwesenheitspflichten nur in wenigen Hochschulgesetzen untersagt. In Nordrhein-Westfalen ist allerdings geplant, dass zum Wintersemester 2019/2020 ein neues Hochschulgesetz in Kraft tritt. Dieses wird ein Verbot von Anwesenheitspflichten nicht mehr enthalten.

Eine ausdrückliche Ermächtigung zur Festsetzung von Anwesenheitspflichten findet sich demgegenüber in den übrigen Hochschulgesetzen zwar auch nicht, dennoch können auf der Grundlage bestehender Normen Anwesenheitspflichten festgesetzt werden. Zurückzuführen ist dies auf den Umstand, dass Anwesenheitspflichten als Eingriff in die Lern- und Studierfreiheit den Anforderungen von Art. 12 Abs. 1 GG entsprechen müssen. Deshalb sind die maßgeblichen Leistungsanforderungen und Bewertungskriterien gesetzlich zu regeln. Alle Landeshochschulgesetze enthalten daher eine Ermächtigung zum Erlass von Studien- und Prüfungsordnungen. In diesen Ordnungen kann die Regelung von Anwesenheitspflichten erfolgen.

### *b) Gesetze im materiellen Sinn als Grundlage für die Festsetzung von Anwesenheitspflichten*

Durch die Verleihung autonomer Rechtsetzungsgewalt sind die Universitäten und Fakultäten ermächtigt, ihre eigenen Angelegenheiten verbindlich zu regeln. Wird die Universität als mittelbare Staatsverwaltung tätig, erfolgt die Rechtsetzung nicht durch Parlamentsgesetz, sondern durch Satzung.[575]

---

574 *Baasch/Delfs*, in: Neukirchen/Reußow/Schomburg, Hamburgisches Hochschulgesetz, 2. Aufl. 2017, § 60 Rn. 5 (Verweis auf gesonderte Ordnungen); *Epping*, WissR Bd. 45 (2012), S. 112 (116), *Herrmann*, in: Knopp/Peine/Topel, Brandenburgisches Hochschulgesetz, 3. Aufl. 2018, § 22 Rn. 14 f., sowie ergänzend § 23 Rn. 10 ff.

575 OVG Brandenburg, Beschl. v. 7.11.2011 – Az. 10 N 21.09 und 10 N 48.09; *Degenhart*, Staatsrecht I, 33. Aufl. 2017, Rn. 361; *Gröpl*, Staatsrecht I, 9. Aufl. 2017, Rn. 1223; *Morlok/Michael*, Staatsorganisationsrecht, 3. Aufl. 2017, Rn. 948; *von Münch/Mager*, Staatsrecht I, 8. Aufl. 2016, Rn. 423; *Ossenbühl*, in: Isensee/Kirchhof, Handbuch des Staatsrechts, Bd. V, 3. Aufl. 2007, § 105 Rn. 8.

### aa) Die Satzung als Teil des Selbstverwaltungsrechts der Universitäten

Das den Universitäten durch Art. 5 Abs. 3 GG gewährleistete Recht zur Selbstorganisation umfasst die Befugnis, die Voraussetzungen von Forschung und Lehre und deren Betrieb im Rahmen der Gesetze durch eigene Rechtsetzung zu regeln.[576] Ausdruck findet diese grundrechtlich fundierte Selbstverwaltungsgarantie der Hochschule nach heute überwiegender, wenn auch nicht unbestrittener Auffassung,[577] vor allem in ihrer einfach-gesetzlich garantierten Satzungsautonomie.[578] Zum Teil wird dies landesverfassungsrechtlich explizit klargestellt.[579]

Zur Selbstverwaltungsgarantie der Hochschulen gehört auch die Satzungsgewalt. Satzungsgewalt meint nicht die Delegation staatlicher Befugnisse,[580] sondern die Fähigkeit zur Erschließung einer neuen Rechtsquelle.[581]

---

576 *Achterberg*, Allgemeines Verwaltungsrecht, 2. Aufl. 1986, § 16 Rn. 63; *Degenhart*, Staatsrecht I, 33. Aufl. 2017, Rn. 361; *Gärditz*, Hochschulorganisation und verwaltungsrechtliche Systembildung, 2009, S. 393; *Gröpl*, Staatsrecht I, 9. Aufl. 2017, Rn. 1223; *Kempen*, in: Hartmer/Detmer, Hochschulrecht, 3. Aufl. 2017, Kap. 1 Rn. 129; *Knemeyer*, in: Flämig/u.a., Handbuch des Wissenschaftsrechts, Bd. 1, 2. Aufl. 1996, S. 237 (251 f.); *Ossenbühl*, in: Isensee/Kirchhof, Handbuch des Staatsrechts, Bd. V, 3. Aufl. 2007, § 105 Rn. 2.

577 Gegen eine verfassungsunmittelbare Satzungsgewalt, *Dallinger*, in: Dallinger/Bode/Dellian, HRG, 1978, § 58 Rn. 8; *Sandberger*, WissR Bd. 35 (2002), S. 125 (135). Siehe dazu auch Teil 5 A. II. 1. b) aa).

578 *Gärditz*, Hochschulorganisation und verwaltungsrechtliche Systembildung, 2009, S. 393; *Gröpl*, Staatsrecht I, 9. Aufl. 2017, Rn. 1225; *Kahl*, Hochschule und Staat, 2004, S. 71; *Kempen*, in: Hartmer/Detmer, Hochschulrecht, 3. Aufl. 2017, Kap. 1 Rn. 129; *Kühne*, DÖV 1997, 1 (3); *Leuze*, DÖD 1993, 1 (2); *Lindner*, in: Hartmer/Detmer, Hochschulrecht, 3. Aufl. 2017, Kap. 11 Rn. 46; *Reinhardt*, WissR Bd. 1 (1968), S. 6 (11); *Tettinger*, in: Anderbrügge/Epping/Löwer, Festschrift für Dieter Leuze zum 70. Geburtstag, 2003, S. 539 (553).

579 Art. 20 Abs. 2 VerfBW; Art. 16 Abs. 1 NRWVerf; Art. 107 Abs. 2 S. 1 SächsVerf, freilich jeweils mit der Einschränkung auf die „staatlich anerkannten Satzungen".

580 *Schneider*, in: Hefermehl/Nipperdey, Festschrift für Möhring, 1965, S. 521 (523 f.). *Reiß*, Die Rechtssetzungsbefugnis, 1979, S. 58 und *Thieme*, Deutsches Hochschulrecht, 2. Aufl. 1986, Rn. 110 sprechen insofern von einem Typ abgeleiteter Rechtsetzungsmacht.

581 BVerfGE 10, 20 (50); *Degenhart*, Staatsrecht I, 33. Aufl. 2017, Rn. 361; *Ehlers*, in: Ehlers/Pünder, Allgemeines Verwaltungsrecht, 15. Aufl. 2015, § 2 Rn. 59; *Gröpl*, Staatsrecht I, 9. Aufl. 2017, Rn. 1226; *Karpen/Freund*, Hochschulgesetzgebung und Hochschulautonomie, 1992, S. 5.

Das Recht der Universitäten zum Erlass von Satzungen wurde früher aus dem gesamtdeutschen Gewohnheitsrecht und aus überpositivem, vorkonstitutionellem Naturrecht abgeleitet.[582] Heute wird dagegen vertreten, dass eigenständigen innerstaatlichen Verbänden eine Rechtsetzungsmacht nur zugesprochen werden kann, wenn eine staatliche Ermächtigung in Ausprägung eines Rechtssatzes vorliegt.[583] Es liegt auf der Hand, dass nichtstaatliche Stellen bei der autonomen Rechtsetzung bestimmten Grenzen unterworfen sein müssen.[584] Hochschulsatzungen unterliegen daher in der Regel auch einem staatlichen Genehmigungsvorbehalt.[585] Dies stellt ihre Qualität als autonome Satzung jedoch nicht in Frage, denn ein Initiativ- und Gestaltungsrecht begründet die Genehmigung nicht. Es soll lediglich sichergestellt werden, dass die Satzungen ihren formell-gesetzlichen Rahmen nicht verlassen.[586] Die Unterordnung der Satzungen unter den Rahmen der Gesetze ist dem Vorrang des Gesetzes geschuldet.[587] Danach steht

582 *Karpen/Freund,* Hochschulgesetzgebung und Hochschulautonomie, 1992, S. 4; *Kluge,* Die Universitäts-Selbstverwaltung, 1958, S. 218 ff.; S. 224 Fn. 22 (Gewohnheitsrecht); *Thieme,* Deutsches Hochschulrecht, 1. Aufl. 1956, S. 72; *ders.* JZ 1964, 85 (Gewohnheitsrecht); *von Lübtow,* Autonomie oder Heteronomie, 1966, S. 10, 20 (Naturrecht); *Asche,* Hochschulautonomie – Wissenschaftsfreiheit im Abseits?, 1975, S. 54 (bereits die Herleitung aus dem Naturrecht anzweifelnd); ablehnend *Reiß,* Die Rechtsetzungsbefugnis der Universität, 1979, S. 53 f. (Gewohnheitsrecht), S. 55 (Naturrecht).

583 *Erichsen/Martens,* Allgemeines Verwaltungsrecht, 8. Aufl. 1988, S. 106 f.; *Kämmerer*, in: von Münch/Kunig, GG, Bd. 1, 6. Aufl. 2012, Art. 12 Rn. 54; *Karpen/Freund,* Hochschulgesetzgebung und Hochschulautonomie, 1992, S. 5; *Reiß,* Die Rechtsetzungsbefugnis, 1979, S. 58, 61; *Schneider,* in: Hefermehl/Nipperdey, Festschrift für Philipp Möhring, 1965, S. 521 (523); *Schneider,* in: Merten/Papier, Handbuch der Grundrechte, Bd. V, 2013, § 113 Rn. 143; zur verfassungsrechtlichen Legitimation hinsichtlich des staatlichen Rechtsetzungsmonopols, *Starck,* AöR Bd. 92 (1967), S. 449 (477, 1. These); *Thieme,* Deutsches Hochschulrecht, 2. Aufl. 1986, S. 110.

584 BVerfGE 111, 191 (216); *Gröpl*, Staatsrecht I, 9. Aufl. 2017, Rn. 1231; *Starck*, AöR Bd. 92 (1967), S. 499 (455 f.).

585 *Achterberg*, Allgemeines Verwaltungsrecht, 2. Aufl. 1986, § 16 Rn. 66; *Ehlers*, in: Ehlers/Pünder, Allgemeines Verwaltungsrecht, 15. Aufl. 2015, § 2 Rn. 61; *Reiß,* Die Rechtssetzungsbefugnis der Universität, 1979, S. 77; *Schneider,* in: Merten/Papier, Handbuch der Grundrechte, Bd. V, 2013, § 113 Rn. 143; *Thieme,* Deutsches Hochschulrecht, 3. Aufl. 2004, Rn. 194.

586 *Kämmerer*, in: von Münch/Kunig, GG, Bd. 1, 6. Aufl. 2012, Art. 12 Rn. 54; *Kempen*, in: Hartmer/Detmer, Hochschulrecht, 3. Aufl. 2017, Kap. 1 Rn. 130; *Reiß,* Die Rechtssetzungsbefugnis der Universität, 1979, S. 77.

587 Siehe dazu Teil 4 C. II. 1. d). *Gröpl*, Staatsrecht I, 9. Aufl. 2017, Rn. 1229 ff.; *Ipsen*, Staatsrecht I, 29. Aufl. 2017, Rn. 798; *Jarass,* in: Jarass/Pieroth, GG, 14. Aufl. 2016, Art. 20 Rn. 53; *Sachs,* in: ders., GG, 8. Aufl. 2018, Art. 20 Rn. 114; *Schneider,* in: Merten/

es autonomer Rechtsetzung nicht zu, sich über die formellen Gesetze hinwegzusetzen. Formell und materiell gesetzeswidrige Satzungen von Hochschulen sind damit per se nichtig und unwirksam.[588]

bb) Satzungen und der Vorbehalt des Gesetzes

Greift die Satzungsvorschrift in grundrechtliche Freiheiten ein, unterliegt sie den strengen Voraussetzungen des Vorbehalts des Gesetzes.[589] Der Gesetzgeber darf sich nicht seiner Verantwortung entziehen, indem er autonomen Verbänden das Recht zu eigenverantwortlicher Wahrnehmung der übertragenen Aufgaben einräumt. Dies gilt umso mehr, wenn der Selbstverwaltungsträger zu Eingriffen in Grundrechte ermächtigt wird.[590]

Für Regelungen, die sich als „*Eingriffe in den Grundrechtsbereich*" darstellen, folgt also die Zuständigkeit des parlamentarischen Gesetzgebers aus dem „*spezifisch kompetenzrechtlichen Gehalt*" des den Grundrechten beigefügten Vorbehalt des Gesetzes.[591] Das Parlament als „*Hüter des Gemeinwohls gegenüber Gruppeninteressen*"[592] muss Eingriffsregelungen und wesentliche Entscheidungen entweder

---

Papier, Handbuch der Grundrechte, Bd. V, 2013, § 113 Rn. 143; *Stern*, Staatsrecht, Bd. I, 2. Aufl. 1984, S. 805.

588 *Degenhart*, Staatsrecht I, 33. Aufl. 2017, Rn. 361 ff.; *Gröpl*, Staatsrecht I, 9. Aufl. 2017, Rn. 1237; *Kempen*, in: Hartmer/Detmer, Hochschulrecht, 3. Aufl. 2017, Kap. 1 Rn. 131; *Thieme*, Deutsches Hochschulrecht, 3. Aufl. 2004, Rn. 194; *Wolff/Bachof/Stober/Kluth*, Verwaltungsrecht I, 12. Aufl. 2007, § 26 Rn. 19.

589 BVerfGE 33, 125 (157); *Degenhart*, Staatsrecht I, 33. Aufl. 2017, Rn. 361 f.; *Ehlers*, in: Ehlers/Pünder, Allgemeines Verwaltungsrecht, 15. Aufl. 2015, § 2 Rn. 59; *Häberle*, DVBl. 1972, 909 (911); *Kloepfer*, Verfassungsrecht Bd. II, 2010, § 70 Rn. 71; *Manssen*, in: von Mangoldt/Klein/Starck, GG, Bd. 1, 6. Aufl. 2010, Art. 12 Rn. 119; *M. Nolte*, in: Stern/Becker, GG, 2. Aufl. 2015, Art. 12 Rn. 84; *Ruffert*, in: Epping/Hillgruber, GG, 2. Aufl. 2013, Art. 12 Rn. 76; *Ossenbühl*, in: Isensee/Kirchhof, Handbuch des Staatsrechts, Bd. V, 3. Aufl. 2007, § 105 Rn. 29; *Starck*, AöR Bd. 92 (1967), S. 449 ff.; *ders.* NJW, 1972, 1489 (1490); *Stern*, Staatsrecht, Bd. IV/1, 2006, S. 1884.

590 BVerfGE 33, 125 (158); *Degenhart*, Staatsrecht I, 33. Aufl. 2017, Rn. 362; *Gröpl*, Staatsrecht I, 9. Aufl. 2017, Rn. 1230; *Kloepfer*, Verfassungsrecht Bd. II, 2010, § 70 Rn. 71; *M. Nolte*, in: Stern/Becker, GG, 2. Aufl. 2015, Art. 12 Rn. 84; *Wolff/Bachof/Stober/Kluth*, Verwaltungsrecht I, 12. Aufl. 2007, § 25 Rn. 61.

591 *Bethge*, NVwZ 1983, 577 (579); *Ehlers*, in: Ehlers/Pünder, Allgemeines Verwaltungsrecht, 15. Aufl. 2015, § 2 Rn. 59; *Hofmann*, in: Schmidt-Bleibtreu/Hofmann/Hopfauf, GG, 14. Aufl. 2018, Art. 12 Rn. 51; *Ossenbühl*, in: Isensee/Kirchhof, Handbuch des Staatsrechts, Bd. V, 3. Aufl. 2007, § 105 Rn. 30; *Starck*, NJW 1972, 1489 (1490).

592 BVerfGE 33, 125 (159); 101, 312 (323); 111, 191 (216).

selbst treffen oder den Inhalt maßgeblich vorgeben.[593] Dennoch sind Satzungen mit grundrechtlichem Inhalt nicht generell unzulässig.[594] Der parlamentarische Gesetzgeber muss nur dem Umstand Rechnung tragen, dass bei der Verleihung und Ausübung der Satzungsautonomie der grundgesetzliche „*Schutzauftrag des parlamentarischen Gesetzes*“[595] ausreichend Beachtung findet.[596] Der geforderte Grad der Bestimmtheit richtet sich wiederum nach der Intensität des grundrechtlichen Eingriffs.[597]

### cc) Satzungen im Bereich der Lehre

Auch wenn wegen der fehlenden Durchbrechung des Gewaltenteilungsprinzips Art. 80 Abs. 1 GG keine Anwendung findet,[598] besteht eine Reihe von spezifischen

---

593 BVerwGE 64, 308 (310 f.); *H. Bauer*, DÖV 1983, 53 ff.; *Bethge*, NVwZ 1983, 577; *Häberle*, DVBl. 1972, 909 (911); *Hofmann*, in: Schmidt-Bleibtreu/Hofmann/Hopfauf, GG, 14. Aufl. 2018, Art. 12 Rn. 51; *Jarass*, in: Jarass/Pieroth, GG, 14. Aufl. 2016, Art. 20 Rn. 71; *Manssen*, in: von Mangoldt/Klein/Starck, GG, Bd. 1, 6. Aufl. 2010, Art. 12 Rn. 119; *Ruffert*, in: Epping/Hillgruber, GG, 2. Aufl. 2013, Art. 12 Rn. 76; *Starck*, AöR Bd. 92 (1967), S. 449 (456).

594 *Mann*, in: Sachs, GG, 8. Aufl. 2018, Art. 12 Rn. 110; *Manssen*, in: von Mangoldt/Klein/Starck, GG, Bd. 1, 6. Aufl. 2010, Art. 12 Rn. 117; *Ossenbühl*, in: Isensee/Kirchhof, Handbuch des Staatsrechts, Bd. V, 3. Aufl. 2007, § 105 Rn. 30.

595 *Arnim*, AöR Bd. 113 (1988), S. 1 (21); *Schmidt-Aßman*, Die kommunale Rechtsetzung im Gefüge der administrativen Handlungsformen und Rechtsquellen, 1981, S. 8.

596 *Bethge*, NVwZ 1983, 577 (578); *Achterberg*, Allgemeines Verwaltungsrecht, 2. Aufl. 1986, § 16 Rn. 65; *Gröpl*, Staatsrecht I, 9. Aufl. 2017, Rn. 1235; *Ossenbühl*, in: Isensee/Kirchhof, Handbuch des Staatsrechts, Bd. V, 3. Aufl. 2007, § 105 Rn. 30; *Schneider*, in: Merten/Papier, Handbuch der Grundrechte, Bd. V, 2013, § 113 Rn. 143.

597 BVerfGE 101, 312 (323); *Degenhart*, Staatsrecht I, 33. Aufl. 2017, Rn. 313, 362; *Ossenbühl*, in: Isensee/Kirchhof, Handbuch des Staatsrechts, Bd. V, 3. Aufl. 2007, § 105 Rn. 30; *Schneider*, in: Merten/Papier, Handbuch der Grundrechte, Bd. V, 2013, § 113 Rn. 143.

598 BVerfGE 33, 125 (157 ff.); BGH Mannheim, Urt. v. 21.11.2017 – 9 S 1145/16, BeckRS 2017, 133435 Rn. 26; *Degenhart*, Staatsrecht I, 33. Aufl. 2017, Rn. 361; *Ehlers*, in: Ehlers/Pünder, Allgemeines Verwaltungsrecht, 15. Aufl. 2015, § 2 Rn. 59; *Hesse*, Grundzüge des Verfassungsrechts der Bundesrepublik Deutschland, 1967, S. 190; *H. Klein*, in: Schnur, Festschrift für Ernst Forsthoff, 1972, S. 165 (183); *Ossenbühl*, in: Erichsen/Martens, Allgemeines Verwaltungsrecht, 8. Aufl. 1988, S. 107; *Reich*, HRG, 11. Aufl. 2012, § 58 Rn. 3; *Remmert*, in: Maunz/Dürig, GG, Loseblatt, Stand September 2017, Art. 80 Rn. 48; *Starck*, AöR Bd. 92 (1967), S. 449 (456); *Stern*, Staatsrecht, Bd. I, 2. Aufl. 1984, S. 820; *Wolff/Bachof/Stober/Kluth*, Verwaltungsrecht I, 12. Aufl. 2007, § 25 Rn. 60.

Maßgaben, denen die Universitäten und Fakultäten Rechnung tragen müssen. Grenzen der Satzungskompetenz ergeben sich nicht nur aus ihrer Zweckbestimmung,[599] sondern vor allem aus dem Rechtsstaats- und Demokratieprinzip.[600]

Universitäten und Fakultäten dürfen Satzungen ausschließlich zur Regelung ihrer eigenen Angelegenheiten erlassen.[601] Diese Satzungen stehen unter dem Vorbehalt, dass sie nur für die einer rechtlich verselbstständigten Einheit angehörigen und unterworfenen Personen eine rechtsverbindliche Wirkung entfalten.[602] Satzungsvorschriften müssen daher das Ergebnis eines demokratischen Willensbildungsprozesses im Inneren des Selbstverwaltungsträgers sein.[603] Dies setzt die Möglichkeit der Einflussnahme auf das satzungsgebende Organ von Seiten der Mitglieder voraus.

Regelmäßig in Satzungsform erlassen werden die Studien- und Prüfungsordnungen sowie ergänzende Festlegungen zum Hochschulzugang.[604]

---

599 BVerwGE 32, 308 (310 f.); *Karpen/Freund*, Hochschulgesetzgebung und Hochschulautonomie, 1992, S. 5; *Thieme*, Deutsches Hochschulrecht, 3. Aufl. 2004, Rn. 183.

600 BVerfGE 33, 125 (157); *Bethge*, NVwZ 1983, 577; *Gärditz*, Hochschulorganisation und verwaltungsrechtliche Systembildung, 2009, S. 394; *Gröpl*, Staatsrecht I, 9. Aufl. 2017, Rn. 1231; *Häberle*, DVBl. 1972, 909 (911); *Schneider*, in: Merten/Papier, Handbuch der Grundrechte, Bd. V, 2013, § 113 Rn. 143; *Wolff/Bachof/Stober/Kluth*, Verwaltungsrecht I, 12. Aufl. 2007, § 25 Rn. 60.

601 *Achterberg*, Allgemeines Verwaltungsrecht, 2. Aufl. 1986, § 16 Rn. 64; *Degenhart*, Staatsrecht I, 33. Aufl. 2017, Rn. 361; *Gröpl*, Staatsrecht I, 9. Aufl. 2017, Rn. 1233; *Stern*, Staatsrecht, Bd. I, 2. Aufl. 1984, S. 820.

602 BVerfGE 33, 125 (156); *Achterberg*, Allgemeines Verwaltungsrecht, 2. Aufl. 1986, § 16 Rn. 64 f.; *Gärditz*, Hochschulorganisation und verwaltungsrechtliche Systembildung, 2009, S. 394; *Schneider*, Gesetzgebung, 3. Aufl. 2002, § 10 Rn. 276 f.; *Thieme*, Deutsches Hochschulrecht, 3. Aufl. 2004, Rn. 186 f. Dies gilt insbesondere, soweit Grundrechte wie die Berufsfreiheit der Studenten betroffen sind, in die nur auf der Grundlage einer hinreichend bestimmten Ermächtigung eingegriffen werden darf, BVerfGE 33, 303 (347); BayVerfGHE 24, 1 (19); *Gerber*, DVBl. 1954, 657 (656 ff.); *Scheuner*, DVBl. 1955, 137 (138); *Wolff*, Die Rechtsgestalt der Universität, 1956, S. 25.

603 Das Beschlussorgan, das die Satzung erlässt, muss nach demokratischen Grundsätzen gebildet werden, *Gröpl*, Staatsrecht I, 9. Aufl. 2017, Rn. 1234; *Ehlers*, in: Ehlers/Pünder, Allgemeines Verwaltungsrecht, 15. Aufl. 2015, § 2 Rn. 60.

604 *Karpen/Freund*, Hochschulgesetzgebung und Hochschulautonomie, 1992, S. 7; *Lindner*, in: Hartmer/Detmer, Hochschulrecht, 3. Aufl. 2017, Kap. 11 Rn. 46; *von Mangoldt*, Universität und Staat, 1979, S. 199, 217; *Reich*, HRG, 11. Aufl. 2012, § 58 Rn. 3; *Stieler*, Satzungsgebung der Universitäten, 1985, S. 51 f., 53 f.; *Thieme*, Deutsches Hochschulrecht, 3. Aufl. 2004, Rn. 191.

#### aaa) Prüfungsordnungen

Formelle Bundes- und Landesgesetze regeln das Prüfungswesen nur in den Grundzügen.[605] So findet sich in den Hochschulgesetzen der Länder zwar die gesetzliche Grundlage für den Erlass von Prüfungsordnungen.[606] Die Ausformung des Hochschulprüfungsrechts nach Verfahren und Inhalten erfolgt aber in den Hochschulprüfungsordnungen.[607] Die Prüfungsordnungen werden von den Hochschulen als Satzungen[608] erlassen.[609] Obwohl das Satzungsrecht[610] Ausfluss des Selbstverwaltungsrechts der Hochschulen ist[611] und es sich um eine

605 *Guhl,* Prüfungen im Rechtsstaat, 1978, S. 302 ff.; *Strauch,* Staatliche und akademische Prüfungsordnungen, 1978, S. 29 ff.; *Thieme,* Deutsches Hochschulrecht, 3. Aufl. 2004, Rn. 380.

606 § 49 ThürHG; § 52 HSG SH; § 13 HSG LSA; § 34 SächsHG; § 59 UG SA; § 26 HSchG RPf; § 7 NdsHG; § 38 LHG M-V; § 31 BerlHG; Art. 61 BayHSchG; § 20 HessHG; § 60 HmbHG; § 22 BdgHG; § 32 LHG BW.

607 *Salzwedel,* in: Flämig/u.a., Handbuch des Wissenschaftsrechts, Bd. 1, 2. Aufl. 1996, S. 712; *Schnellenbach*, in: Hartmer/Detmer, Hochschulrecht, 3. Aufl. 2017, Kap. 12 Rn. 17; *Thieme,* Deutsches Hochschulrecht, 3. Aufl. 2004, Rn. 380. Nach *Becker*, NJW 1990, 273 (276 f.); *Manssen*, in: von Mangoldt/Klein/Starck, GG, Bd. 1, 6. Aufl. 2010, Art. 12 Rn. 122, müssen alle wesentlichen Entscheidungen über Prüfungsziele, Prüfungsanforderungen, den Prüfungsstoff und das Prüfungsverfahren ebenfalls vom formellen Gesetzgeber getroffen werden.

608 Vereinzelt wird die Auffassung vertreten, dass Prüfungsordnungen, wie etwa Diplomprüfungsordnungen, die faktisch subjektive Zulassungsvoraussetzungen umschreiben, wegen ihrer Bedeutung für den Prüfling nicht als Satzung ergehen dürfen. Begründet wird dieses Ergebnis unter Hinweis auf den sog. „Facharzt-Beschluss" des BVerfG (BVerfGE 33, 125 [157 ff.]), Darstellung bei *Salzwedel,* in: Flämig/u.a., Handbuch des Wissenschaftsrechts, Bd. 1, 2. Aufl. 1996, S. 719, der diese Schlussfolgerung jedoch mit der Hochschulautonomie für unvereinbar hält.

609 *Guhl,* Prüfungen im Rechtsstaat, 1978, S. 310 ff.; *Lennartz,* in: Denninger, HRG, 1974, § 16 Rn. 3; *Salzwedel,* in: Flämig/u.a., Handbuch des Wissenschaftsrechts, Bd. 1, 2. Aufl. 1996, S. 719; *Schnellenbach*, in: Hartmer/Detmer, Hochschulrecht, 3. Aufl. 2017, Kap. 12 Rn. 17; *Stieler,* Satzungsgebung der Universitäten, 1985, S. 52; *Strauch,* Staatliche und akademische Prüfungsordnungen, 1978, S. 59 ff.; *Thieme,* Deutsches Hochschulrecht, 3. Aufl. 2004, Rn. 380.

610 Das Rechtsstaats- und das Demokratieprinzip begründen keine Pflicht des Gesetzgebers, mehr als die Leitlinien des (Hochschul-)Prüfungsrechts selbst festzulegen. Dazu BVerfGE 62, 203 (209 ff.); 80, 1 (20 ff.).

611 *Schnellenbach,* in: Hartmer/Detmer, Hochschulrecht, 3. Aufl. 2017, Kap. 12 Rn. 17.

klassische akademische Angelegenheit handelt,[612] bedürfen die Prüfungsordnungen regelmäßig einer staatlichen[613] Genehmigung.[614] Grundsätzlich richtet sich dies nach dem jeweiligen Landeshochschulgesetz.[615]

---

612 *Guhl*, Prüfungen im Rechtsstaat, 1978, S. 316; *Strauch*, Staatliche und akademische Prüfungsordnungen, 1978, S. 74 ff.; *Thieme*, Deutsches Hochschulrecht, 3. Aufl. 2004, Rn. 380.

613 Das Landesrecht kann hier eine ministerielle Genehmigung vorsehen; es kann die in Frage stehende Aufgabe aber auch dem Rektor (Präsidenten) der Hochschule im Wege der Organleihe übertragen. Bei der Ausfertigung einer als Satzung erlassenen universitären Prüfungsordnung muss die Erteilung der staatlichen Genehmigung nicht dokumentiert werden, BVerwG SächsVBl. 2000, 263.

614 BremStHG DÖV 1975, 352 f.; *Leuze*, DÖD 1993, 1 (6); *Lüthje*, in: Denninger, HRG, 1974, § 60 Rn. 9; *Oppermann*, Kulturverwaltungsrecht, 1969, S. 361; *Raiser*, Die Universität im Staat, 1956, S. 30 ff.; *Reinhard*, WissR Bd. 1 (1968), S. 7 ff. Im Zusammenhang mit einer Genehmigung einer Prüfungsordnung darf die nach Landesrecht zuständige Stelle grundsätzlich nur Rechtmäßigkeits-, nicht aber Zweckmäßigkeitserwägungen anstellen. Anderenfalls würde sie in unzulässiger Weise in das Selbstverwaltungsrecht der Hochschule eingreifen; *Oebbecke*, NWVBl. 1995, 243; *Reich*, HRG, 11. Aufl. 2012, § 16 Rn. 2, 6; *Salzwedel*, in: Flämig/u.a., Handbuch des Wissenschaftsrechts, Bd. 1, 2. Aufl. 1996, S. 720 f.; *Schnellenbach*, in: Hartmer/Detmer, Hochschulrecht, 3. Aufl. 2017, Kap. 12 Rn. 17. Umstritten ist in diesem Zusammenhang auch, wie der Genehmigungsvorbehalt zu bewerten ist. Zum Teil wird darin ein Fall des Zusammenwirkens von Land und Hochschule gesehen, so *Leuze*, DöD 1993, 1 (6); *Waldeyer*, in: Hailbronner, HRG, Stand Februar 1992, § 16 Rn. 14. Zum Teil wird aber auch angenommen, dass es sich um eine Maßnahme vorweggenommener Rechtsaufsicht handele, *Oppermann*, in: Flämig/u.a., Handbuch des Wissenschaftsrechts, Bd. 1, 2. Aufl. 1996, S. 394; *Reich*, HRG, 11. Aufl. 2012, § 16 Rn. 2. Bedeutung erlangt dies insbesondere im Hinblick auf Inhalte und Grenzen der Hochschulautonomie.

615 *Thieme*, Deutsches Hochschulrecht, 3. Aufl. 2004, Rn. 380; *Waldeyer*, in: Hailbronner/Geis, Hochschulrecht in Bund und Ländern, Bd. 1, Loseblatt, Stand September 2004, § 16 Rn. 10 ff.: Innerhalb der Hochschule sind grundsätzlich die Fachbereiche für den Erlass von Prüfungsordnungen zuständig, da es sich um eine fachbezogene Angelegenheit handelt; *Schrimpf*, in: Denninger, HRG, 1974, § 63 Rn. 31, 37 ff.; *Strauch*, Staatliche und akademische Prüfungsordnungen, 1978, S. 204 ff.; *Thieme*, Deutsches Hochschulrecht, 3. Aufl. 2004, Rn. 380. Nach landesrechtlicher Regelung könne aber auch der Senat Träger des Satzungsrechts sein. Soweit es sich um unmittelbar die Lehre betreffende Angelegenheiten handele, müsse der Senat jedoch eine professorale Mehrheit besitzen. Der Senat dürfe sich im Hinblick auf Art. 5 Abs. 3 GG nur über Entscheidungen des Fachbereichs hinwegsetzen, wenn es sich nicht um fachspezifische Fragen handele, *Schnellenbach*, in: Hartmer/Detmer, Hochschulrecht, 3. Aufl. 2017, Kap. 12 Rn. 17. Ausführlicher zu dieser Thematik, siehe dazu Teil 5 II. 3. a) aa).

In den Prüfungsordnungen sollen Regelungen zu allen prüfungsrelevanten Fragen getroffen werden. Es ist daher erforderlich, dass die Prüfungsordnung das Ziel des Studiums und den Zweck der Prüfung, die Voraussetzungen für die Zulassung zur Prüfung, die Form, Zahl, Art und Umfang der Prüfungsleistungen und die Anrechnung von studienbegleitenden Leistungsnachweisen nennt.[616] Unter diese Inhalte lässt sich auch die Anwesenheitspflicht fassen. So kann diese beispielsweise als eine Zulassungsvoraussetzung zur Prüfung genannt sein oder einen studienbegleitenden Leistungsnachweis darstellen.

Um nicht gegen Art. 12 Abs. 1, Art. 3 Abs. 1 GG und das Rechtsstaatsprinzip zu verstoßen, müssen die Regelungen in den Prüfungsordnungen abschließender Natur sein.[617] Die in den Prüfungsordnungen genannten Prüfungsleistungen, -inhalte und -maßstäbe müssen zudem in Relation zu dem angestrebten Prüfungszweck stehen und dem Grundsatz der Verhältnismäßigkeit entsprechen.[618] Allerdings ist von Seiten der Rechtsprechung anerkannt, dass die Prüflinge einen

> *„gewissen, sich in vernünftigen Grenzen haltenden Überschuss an Ausbildungs- und Prüfungsanforderungen, wie er durch den Zuwachs an beruflichem und sozialem Ansehen in gewissen Sinne kompensiert wird“,*

hinnehmen müssen.[619] Dem Normgeber steht dadurch ein weiter Gestaltungsspielraum beim Erlass von Prüfungsordnungen zu, der sich lediglich an die Grenzen des Übermaßverbotes halten muss.[620] Auch unter Berücksichtigung

---

616 *Karpen,* in: Flämig/u.a., Handbuch des Wissenschaftsrechts, Bd. 1, 2. Aufl. 1996, S. 663 f.; *Krause,* in: Flämig/u.a., Handbuch des Wissenschaftsrechts, Bd. 1, 2. Aufl. 1996, S. 562; *Lennartz,* in: Denninger, HRG, 1974, § 16 Rn. 10 ff.; *Salzwedel,* in: Flämig/u.a., Handbuch des Wissenschaftsrechts, Bd. 1, 2. Aufl. 1996, S. 715; *Stieler,* Satzungsgebung der Universitäten, 1985, S. 51; *Thieme,* Deutsches Hochschulrecht, 3. Aufl. 2004, Rn. 382; *Waldeyer,* in: Hailbronner/Geis, Hochschulrecht in Bund und Ländern, Bd. 1, Loseblatt, Stand September 2004, § 16 Rn. 21.

617 *Guhl,* Prüfungen im Rechtsstaat, 1978, S. 302 f.; *Waldeyer,* in: Hailbronner/Geis, Hochschulrecht in Bund und Ländern, Bd. 1, Loseblatt, Stand September 2004, § 16 Rn. 21.

618 *Salzwedel,* in: Flämig/u.a., Handbuch des Wissenschaftsrechts, Bd. 1, 2. Aufl. 1996, S. 712, 719.

619 BVerfGE 13, 97 (118); 25, 236 (248). *Rittstieg,* in: Denninger/Hoffmann-Riem/Schneider/Stein, AK-GG, Bd. 1, 3. Aufl. 2001, Art. 12 Rn. 93.

620 Ein solcher Verstoß liegt beispielsweise vor, wenn die Prüfungsordnung Anforderungen stellt, die von einem durchschnittlichen Studenten nicht erwartet werden können, oder wenn es zu einer Verschulung des Studiums kommt, so dass die Ausbildung ihren Charakter als wissenschaftliche Ausbildung verliert. In diesem Fall muss das Ausbildungsniveau dem Prüfungsniveau angepasst werden, so *Krause,* in: Flämig /u.a.,

dieser Erfordernisse ist es daher nicht ausgeschlossen, die Festsetzung von Anwesenheitspflichten in den Prüfungsordnungen zu regeln.

Aufgrund der Tatsache, dass die Ausbildungsgänge der Universität auf einem Prüfungswesen aufgebaut sind, können Ungeeignete durch Rechtsakt in Form von Prüfungsentscheidungen bei endgültigem Nichtbestehen von Berufen ausgeschlossen werden.[621] Bei den berufsbezogenen akademischen Prüfungsordnungen handelt es sich daher um Vorschriften, die

> *„infolge ihrer tatsächlichen Auswirkungen geeignet sind, die Freiheit der Berufswahl mittelbar zu beeinträchtigen“.*[622]

Prüfungsordnungen sind daher zuvörderst an Art. 12 Abs. 1 GG zu messen.[623] Ist der Nachweis eines erfolgreichen Studienabschlusses die gesetzliche Voraussetzung für die Berufsaufnahme, berührt nicht nur die einzelne Prüfungsentscheidung, sondern auch der Normbestand, der diese Entscheidung regelt, unmittelbar das Grundrecht der Berufsfreiheit.[624] Die grundrechtliche Relevanz des Prüfungsrechts bedingt, dass Prüfungsordnungen auf eine gesetzliche Grundlage zurückführbar sein müssen.[625]

Nicht mit der gleichen Deutlichkeit zeigt sich dies, wenn subjektive Zulassungsvoraussetzungen zu einem späteren Beruf nicht bestehen und der Abschluss eines Studiums zur Berufsausübung nur „*nützlich*“ ist.[626] In diesem Fall wird jedoch das Recht auf ein „*ordnungsgemäßes Zuendeführen-Können*“ des Studiums als Teil der Ausbildungsfreiheit beeinträchtigt.[627]

---

Handbuch des Wissenschaftsrechts, Bd. 1, 2. Aufl. 1996, S. 553; *Salzwedel*, in: Flämig/u.a., Handbuch des Wissenschaftsrechts, Bd. 1, 2. Aufl. 1996, S. 712.

621 *Strauch*, Staatliche und akademische Prüfungsordnungen, 1978, S. 87.

622 BVerfGE 13, 181 (186); *Strauch,* Staatliche und akademische Prüfungsordnungen, 1978, S. 87.

623 *Geck,* Promotionsordnung und Grundgesetz, 1966, S. 23 ff.; *Krause*, WissR Bd. 3 (1970), S. 118 (132 f.); *Krause*, in: Flämig/u.a., Handbuch des Wissenschaftsrechts, Bd. 1, 2. Aufl. 1996, S. 562; *Schöner*, Das Recht der akademischen Grade, 1969, S. 88 ff.; *Strauch*, Staatliche und akademische Prüfungsordnungen, 1978, S. 87.

624 *Strauch*, Staatliche und akademische Prüfungsordnungen, 1978, S. 87.

625 *Salzwedel*, in: Flämig/u.a., Handbuch des Wissenschaftsrechts, Bd. 1, 2. Aufl. 1996, S. 712, 719 f.; *Thieme,* Deutsches Hochschulrecht, 3. Aufl. 2004, Rn. 381; *Waldeyer,* in: Hailbronner/Geis, Hochschulrecht in Bund und Ländern, Bd. 1, Loseblatt, Stand September 2004, § 16 Rn. 22.

626 Dies wird zum Teil in den Studienordnungen so formuliert.

627 *Geck*, Promotionsordnung und Grundgesetz, 2. Aufl. 1969, S. 53; *Prahl,* RdJ 1965, 217 (218); *Thieme,* NJW 1954, 743.

Insgesamt greifen alle in den Prüfungsordnungen festgelegten Anforderungen, die den Abschluss des Studiums erschweren, in die Lern- und Studierfreiheit ein. Dies gilt auch für Anwesenheitspflichten. Daher setzt die Rechtmäßigkeit ihrer Anordnung zunächst voraus, dass auch die Prüfungsordnung, auf deren Grundlage die Anwesenheitspflicht angeordnet wird, ihrerseits den verfassungsrechtlichen Anforderungen entspricht.

bbb) Studienordnungen

In den meisten Landeshochschulgesetzen finden sich auch Rechtsgrundlagen zum Erlass von Studienordnungen,[628] die ebenfalls als Satzungen[629] erlassen werden.[630] Die Organkompetenz für den Erlass von Studienordnungen richtet sich nach dem jeweiligen Landeshochschulgesetz.[631] Sofern das jeweilige Landeshochschulgesetz keine ausdrückliche Regelung festlegt,[632] steht den Hochschulen der Erlass von Studienordnungen auch als ein Bestandteil ihrer Autonomie zu.[633]

Die Studienordnung regelt Inhalt und Aufbau des Studiums auf der Grundlage der Prüfungsordnungen und unter Berücksichtigung der fachlichen und hochschuldidaktischen Entwicklung und der Anforderungen der beruflichen Praxis. Dies bedingt, dass die Studienordnungen Studienziele, Studienstruktur, Studieninhalte, die Art der Lehrveranstaltung und die Studienleistungen, die für den erfolgreichen Abschluss des Studiums erforderlich sind, beinhalten.[634]

---

628 § 47 ThürHG; § 36 Abs. 4 SächsHG; § 54 Abs. 1 UG SA; § 39 LHG M-V; § 60 Abs. 2 Nr. 1 HmbGH; § 19 BdgHG; § 31 BerlHG; Art. 58 Abs. 1 BayHSchG.

629 Z.B. Art. 58 BayHSchG, wonach die Hochschule eine Studienordnung durch Satzung aufstellen soll, soweit dies für die Planung des Studiums erforderlich ist.

630 *Lindner*, in: Hartmer/Detmer, Hochschulrecht, 3. Aufl. 2017, Kap. 11 § 173; *Salzwedel*, in: Flämig/u.a., Handbuch des Wissenschaftsrechts, Bd. 1, 2. Aufl. 1996, S. 724; *Thieme*, Deutsches Hochschulrecht, 3. Aufl. 2004, Rn. 349.

631 Da es sich um Angelegenheiten der von Art. 5 Abs. 3 GG geschützten Lehre handelt, muss das für den Erlass zuständige Organ mit Professorenmehrheit besetzt sein, BVerfGE 35, 79; 111, 333.

632 § 47 ThürHG; § 36 Abs. 4 SächsHG; § 54 Abs. 1 UG SA; § 39 LHG M-V; § 60 Abs. 2 Nr. 1 HmbHG; § 19 BdgHG; § 31 BerlHG; Art. 58 Abs. 1 BayHSchG.

633 Das Recht zum Erlass von Studienordnungen hat die herrschende Meinung stets dem Autonomiebereich der Hochschule zugerechnet, *Herrmann*, in: Knopp/Peine/Topel, Brandenburgisches Hochschulgesetz, 3. Aufl. 2018, § 19 Rn. 6; *Köttgen*, Das Grundrecht der Deutschen Universität, 1959, S. 327 ff.; *Thieme*, Deutsches Hochschulrecht, 2. Aufl. 1986, Rn. 308.

634 *Geis*, in: ders., Hochschulrecht im Freistaat Bayern, 2009, Kap. 2 Rn. 98; *Herrmann*, in: Knopp/Peine/Topel, Brandenburgisches Hochschulgesetz, 3. Aufl. 2018, § 19 Rn. 5; *Reich*, Bayerisches Hochschulgesetz, 5. Aufl. 2007, Art. 72 Rn. 3; *Rottmann/Jedding*,

Studieninhalte sollen so ausgewählt werden, dass das Studium in der Regelstudienzeit abgeschlossen werden kann.[635] Darüber hinaus muss gewährleistet sein, dass der Gesamtumfang der erforderlichen Lehrveranstaltungen so bemessen ist, dass den Studenten Gelegenheit zur selbstständigen Vorbereitung und Vertiefung des Stoffes und zur Teilnahme an zusätzlichen, insbesondere auch an fächerübergreifenden Lehrveranstaltungen nach eigener Wahl verbleibt.[636] Insgesamt soll die Studienordnung dem Studenten Orientierung und Informationen für die individuelle Studienplanung geben.[637]

Allerdings kann in der Studienordnung auch die verpflichtende Teilnahme an einer Lehrveranstaltung angeordnet werden, sofern sie für das Erreichen des Studienziels unabdingbar ist.[638] Daher können Studienordnungen grundsätzlich auch Regelungen zu den Anwesenheitspflichten treffen, indem sie vorsehen, dass die Studienleistung in der Anwesenheit liegt. Daneben können Anwesenheitspflichten im Zusammenhang mit der Art der Lehrveranstaltung geregelt werden. So gibt es Lehrveranstaltungen, denen die verpflichtende Teilnahme immanent

in: Nolden/Rottmann/Brinktrine/Kurz, Sächsisches Hochschulgesetz, 2010, § 36 S. 195; *Salzwedel*, in: Flämig/u.a., Handbuch des Wissenschaftsrechts, 2. Aufl. 1996, S. 723; *Thieme*, Deutsches Hochschulrecht, 3. Aufl. 2004, Rn. 350.

635 *Reich*, Bayerisches Hochschulgesetz, 5. Aufl. 2007, Art. 72 Rn. 8; *Rottmann/Jedding*, in: Nolden/Rottmann/Brinktrine/Kurz, Sächsisches Hochschulgesetz, 2010, § 36 S. 197; *Reich*, HRG, 11. Aufl. 2012, § 10 Rn. 8; *Thieme*, Deutsches Hochschulrecht, 3. Aufl. 2004, Rn. 350.

636 *Oehler*, DUZ 1977, 270 ff.; *Reich*, HRG, 11. Aufl. 2012, § 10 Rn. 8; *Reich*, Bayerisches Hochschulgesetz, 5. Aufl. 2007, § 58 Rn. 2; *Rottmann/Jedding*, in: Nolden/Rottmann/Brinktrine/Kurz, Sächsisches Hochschulgesetz, 2010, § 36 S. 197; *Strauch*, Staatliche und akademische Prüfungsordnungen, 1978, S. 205; *Thieme*, Deutsches Hochschulrecht, 3. Aufl. 2004, Rn. 350.

637 *Karpen*, in: Flämig/u.a., Handbuch des Wissenschaftsrechts, Bd. 1, 2. Aufl. 1996, S. 665; *Reich*, Bayerisches Hochschulgesetz, 5. Aufl. 2007, Art. 72 Rn. 1; *Salzwedel*, in: Flämig/u.a., Handbuch des Wissenschaftsrechts, Bd. 1, 2. Aufl. 1996. S. 723; *Thieme*, Deutsches Hochschulrecht, 3. Aufl. 2004, Rn. 351.

638 *Nolden*, in: Nolden/Rottmann/Brinktrine/Kurz, Sächsisches Hochschulgesetz, 2010, S. 16; *Reich*, HRG, 11. Aufl. 2012, § 4 Rn. 30; *Reich*, Bayerisches Hochschulgesetz, 5. Aufl. 2007, Art. 3 Rn. 30; BayVGH NVwZ-RR 1993, 190 (190 f.). BayVGH BayVBl 1989, 114 (115) geht noch weiter und stellt nicht nur die freie Gestaltung des Studiums unter den Vorbehalt der Studien- und Prüfungsordnung, sondern stellt diese auch unter den Vorbehalt der vom Leiter der jeweiligen Lehrveranstaltung festgelegten inhaltlichen Anforderungen.

ist.[639] Ob die Anwesenheitspflicht tatsächlich notwendig ist, ist wiederum eine Frage der Verhältnismäßigkeit.[640]

#### ccc) Die rechtliche Verknüpfung von Studien- und Prüfungsordnung

Die Studien- und Prüfungsordnungen stehen in einem engen inhaltlichen Zusammenhang: Das Ablegen einer Prüfung dient dem Nachweis, dass der Student das innerhalb eines Studienabschnitts erforderliche Studienziel erreicht hat. Die Prüfungsordnung muss also auf das in der Studienordnung formulierte Studienziel inhaltlichen Bezug nehmen.[641] Entgegen dem ersten Anschein bedeutet dies aber nicht, dass sich die Prüfungsordnung nach der Studienordnung richten muss. Stattdessen muss sich die inhaltliche Ausgestaltung des Studiums an den Erfordernissen der Prüfungsordnung orientieren. Nur so kann garantiert werden, dass von den Studenten in der Prüfung nichts verlangt wird, was sie nicht in der Lehrveranstaltung erlernt haben.[642]

Gemein ist den Ordnungen, dass Inhalt und Zielrichtung vorrangig an dem Grundrecht der Studenten auf Berufsfreiheit zu messen sind.[643] Eine Kollision mit dem Grundrecht der Lehrfreiheit ist dagegen allenfalls insoweit denkbar, als von den gestellten Leistungsanforderungen Rückwirkungen auf die inhaltliche und methodische Gestaltung der Lehrveranstaltungen ausgehen.[644]

### dd) Zusammenfassung

Die Lern- und Studierfreiheit wird durch die Prüfungs- und Studienordnungen der Hochschulen begrenzt. Eine gesetzliche Ermächtigung zum Erlass dieser Ordnungen findet sich in den Hochschulgesetzen der Länder.

In den Prüfungs- und Studienordnungen werden unter anderen die Anforderungen festgelegt, denen ein Student nachkommen muss, um sein Studium erfolgreich abzuschließen. So kann in den Prüfungs- und Studienordnungen vorgesehen werden, dass in einzelnen Lehrveranstaltungen, die nach dem Ziel des Studiums unabdingbar sind, die Teilnahme zwingende Voraussetzung für den Abschluss eines Studiums ist. In diesem Zusammenhang können auch

---

639 Beispielweise Praktika oder Exkursionen.

640 Siehe dazu Seite Teil 4 B. II. 2.

641 *Salzwedel*, in: Flämig/u.a., Handbuch des Wissenschaftsrechts, Bd. 1, 2. Aufl. 1996, S. 711.

642 *Salzwedel*, in: Flämig/u.a., Handbuch des Wissenschaftsrechts, Bd. 1, 2. Aufl. 1996, S. 712; *Stieler*, Satzungsgebung der Universitäten, 1985, S. 53.

643 *Herrmann*, in: Knopp/Peine/Topel, Brandenburgisches Hochschulgesetz, 3. Aufl. 2018, § 19 Rn. 8.

644 BVerwG NVwZ 1991, 1082 f.; *Herrmann*, in: Knopp/Peine/Topel, Brandenburgisches Hochschulgesetz, 3. Aufl. 2018, § 19 Rn. 8.

Anwesenheitspflichten in den Prüfungs- und Studienordnungen angeordnet werden. Daneben können Anwesenheitspflichten beispielsweise als Leistungsnachweis dienen oder eine Zulassungsvoraussetzung zu einer Prüfung darstellen.

Allerdings sind die Hochschulen in der Ausgestaltung der Satzungen nicht gänzlich frei. So müssen sie sicherstellen, dass die Regelungen den verfassungsrechtlichen Anforderungen entsprechen. Studien- und Prüfungsordnungen müssen den Vorbehalt des Gesetzes wahren und in einem angemessenen Verhältnis zur Lern- und Studierfreiheit stehen. Eine Kollision mit der Lehrfreiheit der Hochschullehrer ist dagegen nur denkbar, soweit von den gestellten Leistungsanforderungen Rückwirkungen auf die inhaltliche und methodische Gestaltung der Lehrveranstaltung ausgehen.[645]

### *4. Exkurs: Akkreditierung und Anwesenheitspflicht*

Praxisrelevant wird die Frage nach der Zulässigkeit einer Anwesenheitsverpflichtung auch in Hinsicht auf die Akkreditierung von Studiengängen. Erfolgte die Akkreditierung eines Studiengangs auf der Grundlage von Anwesenheitspflichten, ist fraglich, wie sich das gesetzliche Verbot von Anwesenheitspflichten auf die bereits erfolgte Akkreditierung auswirkt. Eine mögliche Konsequenz könnte sein, dass die Akkreditierung nachträglich wieder entzogen wird.

In Nordrhein-Westfalen ist genau dies der Fall: Die Akkreditierungsagenturen sind dazu aufgefordert, das grundsätzliche Verbot der Anordnung von Anwesenheitsobliegenheiten zu beachten. So darf nach Ansicht des nordrhein-westfälischen Ministeriums für Innovation, Wissenschaft und Forschung das Akkreditat nicht davon abhängig gemacht werden, dass eine Anwesenheitsobliegenheit über die rechtlich zulässigen Ausnahmen hinaus angeordnet wird.[646]

Der Versagung der Akkreditierung eines Studiengangs sowie der Entzug nach bereits erfolgter Akkreditierung könnte jedoch einen Eingriff in die Lern- und Studierfreiheit der Studenten begründen.

Als Beispiel soll ein Studiengang an der Philosophischen Fakultät der Heinrich-Heine Universität Düsseldorf dienen. Dort wurde ein System entwickelt, das Leistungen vorsieht, die zwar nicht benotet werden, aber die aktive Teilnahme voraussetzen. Dadurch sollen Prüfungen entlastet werden.[647] Umgesetzt wurde

---

645 BVerwG DÖV 2006, 518.

646 Siehe Begründung des Ministeriums zu Innovation, Wissenschaft und Forschung des Landes Nordrhein-Westfalen zu § 64 Abs. 2a, S. 4, abzurufen unter http://www.wissenschaft.nrw.de/fileadmin/Medien/Dokumente/Hochschule/Gesetze/Anwesenheitspflicht_im_Hochschulgesetz_Begr%C3%BCndung.pdf, letzter Aufruf am 18.11.2015.

647 http://www.phil-fak.uni-duesseldorf.de/sozwiss/allgemeine-information/reformstudiengang/, letzter Aufruf v. 6.4.2016.

dies in dem preisgekrönten Bachelor-Studiengang Sozialwissenschaften. Dieser Studiengang wurde durch die Gesetzesänderung jedoch zur Makulatur.[648]

### *a) Ziel und Zweck der Akkreditierung*

Im Zuge des Bologna-Prozess sollte ein europäischer Hochschulraum geschaffen werden, in dem Transparenz und Gleichwertigkeit der Studiengänge und Abschlüsse herrscht. Damit einher ging die nachhaltige Umstrukturierung des deutschen Hochschulsystems, welche eine hohe Eigendynamik entwickelte.[649] Der Akkreditierung kommt als Teil dieses Prozesses eine Sicherungsfunktion zu.[650] Doch was meint Akkreditierung? Eine Definition von „*Akkreditierung*" durch den deutschen Gesetzgeber fehlt bislang.[651]

Akkreditierung leitet sich von „*accredere*" ab, was soviel heißt wie „*Glauben schenken*". Im Allgemeinen wird mit Akkreditierung daher ein Verfahren umschrieben, durch das ein Angebot dahingehend überprüft wird, ob es bestimmten Qualitätsanforderungen genügt.[652] Die Akkreditierung von Studiengängen umfasst deren staatsunabhängige Begutachtung hinsichtlich bestimmter Struktur- und Qualitätsansprüche[653] und der Qualität von Einrichtungen und Studienangeboten.[654]

---

648 *B. Müller*, Rheinische Post v. 23.10.2014, http://www.rp-online.de/panorama/wissen/bildung/das-ist-doch-realsatire-aid-1.4614281, letzter Aufruf v. 18.11.2015.

649 *Lege*, JZ 2005, 698 (699); *Lindner*, in: Hartmer/Detmer, Hochschulrecht, 3. Aufl. 2017, Kap XI Rn. 36; *Sandberger*, in: Haug, Das Hochschulrecht in Baden-Württemberg, 2. Aufl. 2009, Kap. 3 Rn. 812.

650 *Lege*, JZ 2005, 698 (699); *Martini*, WissR Bd. 41 (2008), S. 232 (233).

651 In den Landeshochschulgesetzen wird „Akkreditierung" in der Regel als die qualitative Bewertung von Studiengängen beschrieben, z.B. § 6 Abs. 2 S. 2 NdsHG, § 9 Abs. 4 S. 4 LHSG SA. Darüber hinaus wird „Akkreditierung" als feststehenden Rechtsbegriff ebenso vorausgesetzt wie die Existenz sogenannter „anerkannter Stellen", *Pautsch*, WissR Bd. 38 (2005), S. 200 (206 f.).

652 *Lege*, JZ 2005, 698 (700); *Lindner*, in: Hartmer/Detmer, Hochschulrecht, 3. Aufl. 2017, Kap. 11 Rn. 198; *Martini*, WissR Bd. 41 (2008), S. 232 (233); *Pautsch*, WissR Bd. 38 (2005), S. 200 (204); *Wilhelm*, Verfassungsrechtliche Fragen der Akkreditierung von Studiengängen, 2009, S. 58.

653 Allerdings sollte bei der Prüfung der Umstand Berücksichtigung finden, dass es Qualität als solche nicht gibt. Diese muss vielmehr in einen Zusammenhang mit dem verfolgten Zweck gesetzt werden. Qualität ist im Gegensatz zu Quantität mehr als eine messbare Variable. Eine Qualitätsentscheidung kann daher auch nicht ohne die Festlegung von Standards und Kriterien getroffen werden, so *Erichsen*, in: Benz/Kohler, Handbuch Qualität in Studium und Lehre, 2004, F 1.1, 6; *Stüber*, Akkreditierung von Studiengängen, 2009, S. 42; *Wex*, Bachelor und Master, 2005, S. 65.

654 *Lindner*, in: Hartmer/Detmer, Hochschulrecht, 3. Aufl. 2017, Kap. 11 Rn. 198; *Pautsch*, WissR Bd. 38 (2005), S. 200 (205); *Stüber*, Akkreditierung von Studiengängen, 2009,

Es wird zwischen zwei Verfahren unterschieden: Der Programmakkreditierung und der Systemakkreditierung. Die Programmakkreditierung ist ein Verfahren der formellen Anerkennung fachlicher und inhaltlicher Mindeststandards konkreter Studiengänge und bedingt die Prüfung eines Studiengangs durch eine externe Akkreditierungsagentur.[655] Sie ist derzeit die Standardform der Akkreditierung in Deutschland. Im Gegensatz dazu verlangt die Systemakkreditierung den Aufbau hochschuleigener Systeme der Qualitätssicherung und hat zur Folge, dass alle Studiengänge der Hochschule das Qualitätssiegel des Akkreditierungsrates erhalten.[656]

*b) Rechtliche Grundlagen der Akkreditierung*

Das Verfahren der Akkreditierung beruhte im Wesentlichen auf Beschlüssen der Hochschulrektorenkonferenz und der Kultusministerkonferenz.[657] Die gesetzliche Grundlage für das Akkreditierungsverfahren wurde mit dem nordrhein-westfälischen Gesetz zur Errichtung der „*Stiftung zur Akkreditierung von Studiengängen in Deutschland*“ geschaffen.[658] Zu den Aufgaben der durch dieses Landesgesetz errichteten rechtsfähigen Stiftung des öffentlichen Rechts gehört insbesondere, bundesweit die Akkreditierungsagenturen zu akkreditieren und

S. 42; *Wilhelm*, Verfassungsrechtliche Fragen der Akkreditierung von Studiengängen, 2009, S. 59 f.

655 Siehe Beschluss der Kultusministerkonferenz vom 13.12.2007; *Brinktrine*, WissR Bd. 42 (2009), S. 164 (179); *Pautsch*, WissR Bd. 38 (2005), S. 200 (205); *Stüber*, Akkreditierung von Studiengängen, 2009, S. 42; *Wex*, Bachelor und Master, S. 273.

656 *Brinktrine*, WissR Bd. 42 (2009), S. 164 (180); *Lindner*, in: Hartmer/Detmer, Hochschulrecht, 3. Aufl. 2017, Kap. 11 Rn. 205; *Sandberger*, in: Haug, Das Hochschulrecht in Baden-Württemberg, 2. Aufl. 2009, Kap. 3 Rn. 816.

657 Es handelt sich um folgende KMK-Beschlüsse: 1. „Weiterentwicklung des Bologna-Prozesses“ vom 15.10.2009; 2. „Ländergemeinsame Strukturvorgaben gemäß § 9 Abs. 2 HRG für die Akkreditierung von Bachelor- und Masterstudiengängen“ vom 10.10.2003 i.d.F. vom 4.2.2010; 3. „Eckpunkte für die Weiterentwicklung der Akkreditierung in Deutschland“ vom 16.12.2004; 4. „Vereinbarung zur Stiftung Akkreditierung von Studiengängen in Deutschland“ vom 16.12.2004 sowie eine diesbezügliche Erklärung vom 15.12.2005; 5. „Einführung in die Systemakkreditierung“ vom 13.12.2007.

658 NRWGVBl. 2005, S. 45, v. 15.2.2005.

zu reakkreditieren (§ 7 AkkStiftG) und Mindestanforderungen für das Akkreditierungsverfahren festzulegen.[659]

Daneben finden sich gesetzliche Regelungen in § 9 HRG und § 19 HRG[660] sowie in den Landeshochschulgesetzen, die sich jedoch in ihrer Ausgestaltung unterscheiden.[661] Es gibt Regelungen, die die Akkreditierung von Studiengängen als eine Pflicht der Hochschule festlegen,[662] und solche, die die Akkreditierung zwar als Instrument der Qualitätssicherung ansehen, die Einführung von Studiengängen rechtlich aber nicht ausdrücklich an die Durchführung der Akkreditierung binden.[663] Maßgeblich ist diese Unterscheidung im Hinblick auf die Rechtsnatur des Akkreditats. Ist die Akkreditierung eines Studiengangs im Hochschulgesetz vorgesehen, so entfaltet diese Regelung Rechtswirkung, mit der Folge, dass nicht akkreditierte Studiengänge nicht begonnen werden dürfen. Das Akkreditat ist als Verwaltungsakt zu qualifizieren.[664] Anders gestaltet sich die Rechtslage, wenn die Einführung von Studiengängen nicht ausdrücklich an die Durchführung der Akkreditierung gebunden ist. In diesem Fall kann von einer rein privatrechtlichen Rechtsbeziehung ausgegangen werden, so dass

---

659 *Heitsch*, DÖV 2007, 700 (771); *Lege*, JZ 2005, 698 (700); *Lindner*, in: Hartmer/Detmer, Hochschulrecht, 3. Aufl. 2017, Kap. 11 Rn. 201, der in Fn. 407 darauf verweist, dass das Gesetz insoweit bereits mangels Gesetzgebungskompetenz des Landes NRW verfassungswidrig sei. Das einzelne Land NRW habe keine Kompetenz, die Akkreditierung für alle Länder verbindlich zu regeln. Etwas anderes gelte nur für die in NRW selbst ansässigen Agenturen. Diese Problematik kann an dieser Stelle jedoch nicht vertieft werden.

660 Die rechtlichen Voraussetzungen zur Einführung eines solchen Qualitätssicherungsmittels ermöglichte allerdings erst die 4. Novelle des Hochschulrahmengesetzes. Die Regelungen des HRG gelten auch nach der Föderalismusreform nach Art. 125a, 125b HRG fort, vgl. *Stüber*, Akkreditierung von Studiengängen, 2009, S. 44.

661 § 30 Abs. 4 LHG BW; § 18 Abs. 1 S. 5, Abs. 5 BdgHG; § 53 Abs. 4 und 6 BremHG; § 52 Abs. 8 HmbHG; § 28 Abs. 5 LHG M-V; § 6 Abs. 2 NdsHG; § 5 Abs. 5 HSchGRPf; § 50 Abs. 5 UG SA; § 9 Abs. 4 HSG LSA; § 49 Abs. 6 S. 2 HSG SH; § 43 ThürHG; allgemein dazu *Pautsch*, WissR Bd. 38 (2005), S. 200 (206).

662 Z.B. § 7 Abs. 1 HG NRW; § 30 Abs. 3 LHG BW; § 50 Abs. 2 UG SA.

663 Z.B. Art. 10 Abs. 4 BayHSchG. *Lindner*, in: Hartmer/Detmer, Hochschulrecht, 3. Aufl. 2017, Kap. 11 Rn. 202; eine ausführliche Darstellung findet sich bei *Brinktrine*, WissR Bd. 42 (2009), S. 164 (166 ff.).

664 Mit der Folge, dass dieser nur rechtmäßig ist, wenn die Akkreditierungsagentur wirksam beliehen wurde. Dies ist bislang jedoch nicht gerichtlich entschieden, vgl. *Lindner*, in: Hartmer/Detmer, Hochschulrecht, 3. Aufl. 2017, Kap. 11 Rn. 203 Fn. 412.

das staatliche Einvernehmen auch dann erteilt werden kann, wenn eine positive Akkreditierung nicht vorliegt.[665]

Zu verweisen ist in diesem Zusammenhang auf den Beschluss des Bundesverfassungsgerichts vom 17.2.2016.[666] In diesem Beschluss hatte das Bundesverfassungsgericht entschieden, dass der Gesetzgeber wesentliche Entscheidungen zur Akkreditierung von Studiengängen nicht anderen Akteuren überlassen dürfe, da die Akkreditierung mit schwerwiegenden Eingriffen in die Wissenschaftsfreiheit verbunden sei. Um dem Vorbehalt des Gesetzes zu genügen, müsse der Gesetzgeber die für die Akkreditierung notwendigen gesetzlichen Regelungen vielmehr selbst treffen. Das Gericht gab daher dem betroffenen Gesetzgeber auf, eine Neuregelung zu schaffen, welche diesen verfassungsrechtlichen Anforderungen Rechnung trägt.[667]

Das rechtliche Fundament des Akkreditierungssystems bilden nunmehr der Staatsvertrag über die Organisation eines gemeinsamen Akkreditierungssystems zur Qualitätssicherung in Studium und Lehre an deutschen Hochschulen, die Musterrechtsverordnung vom 07.12.2017 und das Gesetz zur Sicherung der Akkreditierung von Studiengängen in Nordrhein-Westfalen vom 17.10.2017.[668]

### *c) Studieren ohne Akkreditierung und ihre möglichen Folgen*

Für Studenten erlangt die Akkreditierung von Studiengängen insbesondere im Hinblick auf das Ziel der Qualitätssicherung an Bedeutung.

Die Qualitätssicherung steht in einem engen Zusammenhang mit den Bestrebungen, durch die Akkreditierung Verfahrenssicherheit und

---

665 *Lindner*, in: Hartmer/Detmer, Hochschulrecht, 3. Aufl. 2017, Kap. 11 Rn. 203, der zugleich darauf hinweist, dass der Aspekt der Faktizität nicht verkannt werden dürfe. Selbst wenn das staatliche Einvernehmen zur Einführung eines Studiengangs hochschulrechtlich auch dann erteilt werden könne, wenn der Studiengang nicht akkreditiert sei, dürfe das Fehlen des Akkreditats faktisch oder im Rahmen der Ermessensausübung dazu führen, dass der Staat das Einvernehmen verweigere.

666 BVerfG NVwZ 2016, 675.

667 Die in dem konkreten Normenkontrollverfahren vorgelegten Normen des HG NRW erwiesen sich nach Auffassung des Bundesverfassungsgerichts als unvereinbar mit den Anforderungen des Art. 5 Abs. 3 GG in Verbindung mit dem Demokratiegebot und dem Rechtsstaatsprinzip, da ohne hinreichende Rechtsgrundlage für die Akkreditierung der diesbezügliche Vorbehalt vor Aufnahme des Studienbetriebs den verfassungsrechtlichen Anforderungen nicht genüge, BVerfG NVwZ 2016, 675.

668 Siehe dazu www.akkreditierungsrat.de/index.php?id=system, letzter Aufruf am 28.05.2019.

internationale wie nationale Anerkennung der Abschlüsse zu gewährleisten.[669] Für die Studenten bringt dies den Vorteil, dass sie sich auf einer internationalen Ebene mit anderen Studenten messen können und so in einem direkten Wettbewerb stehen.

Der Frage, ob sich die möglicherweise rechtswidrige Anordnung von Anwesenheitspflichten negativ auf die Akkreditierung auswirkt, kommt somit einige Bedeutung zu.

#### aa) Die Aufnahme des Lehrbetriebs ohne Genehmigung

Unabhängig von einer erfolgten Akkreditierung ist zunächst daran zu denken, dass die Universität den Lehrbetrieb aufnimmt, ohne dass die Genehmigung des Studiengangs von Seiten der nach Landesrecht zuständigen Stelle vorliegt.[670]

Ausgangspunkt für die Beurteilung dieser Rechtslage muss eine Auseinandersetzung mit dem Grundsatz der Gesetzmäßigkeit der Verwaltung sein, dessen Ursprung im Rechtsstaatsprinzip liegt und der seine Ausprägung in den Prinzipien des Vorrangs und des Vorbehalts des Gesetzes findet.[671] Als eine öffentliche Einrichtung unterliegt die Universität der unmittelbaren Grundrechtsbindung.[672] Die Universitäten sind daher verpflichtet, den Gesetzen entsprechend zu handeln und keine gegen Gesetze verstoßenden Maßnahmen zu treffen.[673] Zudem muss dem Vorbehalt des Gesetzes dahingehend Rechnung getragen werden,

---

669 *Martini*, WissR Bd. 41 (2008), S. 232 (233).

670 Beispielhaft für diesen Umstand OVG Hamburg WissR Bd. 35 (2002), S. 180 ff.: Obwohl die Behörde für Wissenschaft und Forschung noch keine Genehmigung für den neu eingerichteten Studiengang „Medienkultur“ erteilt hatte, erfolgte die Zulassung der Studenten und die Aufnahme des Lehrbetriebs. Das OVG Hamburg begründete diese Entscheidung damit, dass die Behörde ihre Zustimmung allein aus formalen Gründen verweigert habe. Es grenze daher an bloßem Formalismus, die Zulassung zum Studium an der fehlenden Genehmigung scheitern zu lassen.

671 BVerfGE 80, 137 (161); *Sachs*, in: ders., GG, 8. Aufl. 2018, Art. 20 Rn. 110 ff.; *Schnapp*, in: v. Münch/Kunig, GG, Bd. 1, 6. Aufl. 2012, Art. 20 Rn. 59 ff.; *Sommermann*, in: v. Mangoldt/Klein/Starck, GG, Bd. 2, 6. Aufl. 2010, Art. 20 Rn. 260; *Stern*, Staatsrecht, Bd. I, 2. Aufl. 1984, S. 633 ff.

672 *Enders*, in: Stern/Becker, GG, 2. Aufl. 2015, Art. 1 Rn. 106; *Hillgruber*, in: Epping/Hillgruber, 2. Aufl. 2013, Art. 1 Rn. 67; *Jarass*, in: Jarass/Pieroth, GG, 14. Aufl. 2016, Art. 1 Rn. 36; *Stern*, Staatsrecht, Bd. III/I, 1988, S. 1340.

673 *Maurer/Waldhoff*, Allgemeines Verwaltungsrecht, 19. Aufl. 2017, § 6 Rn. 2; *Peine*, Allgemeines Verwaltungsrecht, 11. Aufl. 2014, Rn. 136; *Stüber*, Akkreditierung von Studiengängen, 2009, S. 99.

dass jede belastende staatliche Maßnahme einer ausreichenden Ermächtigungsgrundlage bedarf.[674]

Das Hochschulrecht der Länder sieht vor, dass der Lehrbetrieb erst aufgenommen werden kann, wenn eine Genehmigung der Prüfungsordnung durch die nach Landesrecht zuständigen Stelle erfolgt ist.[675] Prüfungsordnungen stellen eine zwingende Voraussetzung[676] für fehlerfreie Prüfungen dar.[677] Der Grund dafür ist – nach wie vor -, dass berufsqualifizierende Prüfungen grundrechtsrelevant und daher an Art. 12 Abs. 1 GG zu messen sind.[678] Folglich muss auch der Vorbehalt des Gesetzes berücksichtigt werden.[679] Die als Satzungen erlassenen Prüfungsordnungen sind jedoch keine Parlamentsgesetze, sondern Gesetze im materiellen Sinn.[680] Zu den vom Gesetzgeber zu treffenden Entscheidungen gehören jedoch nicht solche über den Prüfungsstoff, die Bestehensvoraussetzungen, das Prüfungssystem und die Einzelheiten des Prüfungsverfahrens.[681] Insoweit darf der Gesetzgeber Regelungen in wesentlichen Bereichen des Prüfungsrechts auf den Satzungsgeber übertragen.[682] Prüfungen, bei denen es an einer wirksamen Prüfungsordnung fehlte, wurden dennoch für wirksam erklärt.

---

674 BVerfGE 40, 237 (248); 49, 89 (126); *Hofmann*, in: Schmidt-Bleibtreu/Hofmann/Henneke, GG, 14. Aufl. 2018, Art. 20 Rn. 69; *Huster/Rux*, in: Epping/Hillgruber, GG, 2. Aufl. 2013, Art. 20 Rn. 173; *Jarass*, in: Jarass/Pieroth, GG, 14. Aufl. 2016, Art. 20 Rn. 71 f.

675 Die Ausgestaltung ist den Ländern überlassen. Denkbar sind drei Möglichkeiten der Gestaltung: 1. eine ministerielle Genehmigung ist erforderlich, 2. die Genehmigung kann als Staatsaufgabe auf den Rektor der Hochschule übertragen werden, 3. der Erlass kann landesgesetzlich dem Selbstverwaltungsbereich der Hochschule zugewiesen werden, *Schnellenbach*, in: Hartmer/Detmer, Hochschulrecht, 3. Aufl. 2017, Kap. 12 Rn. 16.

676 Z.B. § 31 BerlHG; § 62 BremHG; § 7 Abs. 3 NdsHG; § 59 Abs. 2 HmbHG.

677 OVG Münster DÖV 1979, 418; *Kämmerer*, in: von Münch/Kunig, GG, Bd. 1, 6. Aufl. 2012, Art. 12 Rn. 54; *Seebass*, NVwZ 1992, 609 (611); *Wex*, Bachelor und Master, 2005, S. 202; *Wieland*, in: Dreier, GG, Bd. I, 3. Aufl. 2013, Art. 12 Rn. 154.

678 BVerfGE 37, 352 f.; *Kämmerer*, in: von Münch/Kunig, GG, Bd. 1, 6. Aufl. 2012, Art. 12 Rn. 43; *Rittstieg*, in: Denninger/Hoffmann-Riem/Schneider/Stein, AK-GG, Bd. 1, 3. Aufl. 2001, Art. 12 Rn. 143 ff.; *Ruffert*, in: Epping/Hillgruber, GG, 2. Aufl. 2013, Art. 12 Rn. 125; *Thieme*, Deutsches Hochschulrecht, 3. Aufl. 2004, Rn. 381.

679 Siehe dazu Teil 4 B. II. 1.

680 *Maurer/Waldhoff*, Allgemeines Verwaltungsrecht, 19. Aufl. 2017, § 4 Rn. 24 ff.

681 BVerwGE 65, 323 (326); 68, 69; OVG Münster NVwZ-RR 1990, 493.

682 *Stüber*, Akkreditierung von Studiengängen, 2009, S. 100.

Der Gleichheitsgrundsatz, das Gewohnheitsrecht und der Vertrauensgrundsatz wurden als ausreichende Rechtsgrundlagen erachtet.[683]

Diese Grundsätze gelten jedoch nur im Bereich von Diplomstudiengängen. Auf das Bachelor-Master-System lassen sie sich aufgrund fehlender Vergleichbarkeit nur schwer übertragen. Die Unterschiede zeigen sich zum einen hinsichtlich der Prüfungen: In Diplomstudiengängen werden Fächer geprüft, in Bachelor- oder Masterstudiengängen dagegen Module. Zum anderen bestehen Unterschiede insbesondere hinsichtlich der Prüfungstermine. Während die Abschlussarbeiten der Diplomstudiengänge stets in der Mitte und am Ende des Semesters geschrieben werden, findet eine Abfragung der Module im gestuften System erst am Ende des Semesters statt. Ein vergleichbares Prüfungsverfahren besteht somit nicht.[684] Gleichzeitig fehlt es am Vertrauensschutz.[685] Ist der Bachelor- oder Masterstudiengang nicht genehmigt, kann keine Zulassung der Studenten erfolgen[686] und mangels Zulassung können keine Prüfungen stattfinden.[687]

Die Frage nach der Zulässigkeit von Anwesenheitspflichten stellt sich in diesem Zusammenhang gar nicht erst. Anwesenheitspflichten werden in den Prüfungsordnungen geregelt; fehlt es aber bereits an einer Prüfungsordnung, können auch keine Regelungen über die Pflicht zur Teilnahme an den Lehrveranstaltungen in der Prüfungsordnung getroffen werden.

---

683 VG Münster WissR 1977, 84 f. Dies gelte allerdings nur, solange die Prüfungen nur als Übergangslösung praktiziert werden, BVerwG NVwZ 1993, 681 (685); BVerwG KMK-HSchR 1989, 327.

684 *Stüber,* Akkreditierung von Studiengängen, 2009, S. 100; *Wex,* Bachelor und Master, 2005, S. 204.

685 Der Vertrauensschutz knüpft unmittelbar an den Tatbestand an, der das Vertrauen begründet, *Grabitz,* DVBl. 1973, 675 ff.; *Haueisen,* DVBl. 1964, 710; *Maurer/Waldhoff,* Allgemeines Verwaltungsrecht, 19. Aufl. 2017, § 11 Rn. 22; *Ossenbühl,* DÖV 1972, 25 ff.

686 Während Prüfungen, bei denen es an einer wirksamen Prüfungsordnung fehlte, in Diplomstudiengängen aus Gründen des Vertrauensschutzes weder unwirksam noch aufhebbar waren, gelte dies jedoch für das gestufte Studiensystem nicht mehr. Bachelor- und Masterstudiengänge würden sich grundlegend von Diplomprüfungen unterscheiden, so dass ein vertrauensvoller Rückgriff auf das alte System nicht gestattet werden könne, so *Stüber,* Akkreditierung von Studiengängen, 2009, S. 98 f. Allgemein zur Abgrenzung Bedingung – Auflage: *Erbguth/Guckelberger,* Allgemeines Verwaltungsrecht, 9. Aufl. 2018, § 18 Rn. 9 ff.; *Maurer/Waldhoff,* Allgemeines Verwaltungsrecht, 19. Aufl. 2017, § 12 Rn. 12.

687 *Stüber,* Akkreditierung von Studiengängen, 2009, S. 99 f.

#### bb) Die Aufnahme des Lehrbetriebs trotz fehlender oder verweigerter Akkreditierung

Wesentlich schwieriger zu beantworten ist dagegen die Frage, wie es sich auf die Aufnahme eines Studiengangs auswirkt, wenn die Akkreditierung fehlt oder verweigert wurde, weil der Studiengang Anwesenheitspflichten vorsieht. Ferner könnte sich auch der Umstand, dass in der Prüfungsordnung vorgeschriebene Anwesenheitspflichten aufgrund einer Gesetzesänderung unzulässig geworden sind, negativ auf die Reakkreditierung auswirken.

Wie die Aufnahme des Studiengangs im Fall fehlender oder verweigerter Genehmigung zu bewerten ist, hängt jedoch maßgeblich von der gesetzlichen Grundlage der Akkreditierung ab, die im jeweiligen Landesrecht geregelt ist.

##### aaa) Akkreditierung als hochschulgesetzlich vorgesehene Pflicht

Wie bereits dargestellt, legen einige Landeshochschulgesetze die Pflicht der Hochschulen fest, Studiengänge akkreditieren zu lassen.[688] Die fehlende oder versagte Akkreditierung hat zur Folge, dass der Studiengang nicht begonnen werden darf.[689] Die Entscheidung, die Akkreditierung zu versagen, entfaltet Rechtskraft und dürfte daher als Verwaltungsakt anzusehen sein.[690]

Ist im Landeshochschulgesetz die Akkreditierung in dem einzelnen Genehmigungsverfahren als Voraussetzung formuliert, stellt die Durchführung einer Akkreditierung eine Bedingung für die Erteilung der Genehmigung dar. Wird die Akkreditierung nicht erteilt, hat dies die Nichterfüllung einer Bedingung zur Folge.[691] Eine bereits erfolgte Genehmigung wird dadurch rechtswidrig. Anders als bei rechtswidrigen Rechtsnormen oder rechtswidrigen Verträgen führt die Rechtswidrigkeit eines Verwaltungsakts aber nicht zu dessen Unwirksamkeit.[692] Etwas anderes würde nur gelten, wenn man Nichtigkeit im Sinne des § 44 VwVfG annähme.

Sofern die Genehmigung des Studiengangs erfolgt ist, hat die fehlende Akkreditierung eines Studiengangs zunächst keine negativen Folgen für den eingeschriebenen Studenten. Da die Genehmigung als rechtswidriger Verwaltungsakt weiterhin wirksam bleibt, kann das Studium fortgeführt werden. Legt

---

688 So z.B. § 30 Abs. 3 S. 4 LHG BW; § 22 Abs. 3 S. 1 BerlHG; § 49 Abs. 6 S. 1 HSG S-H; wohl auch nach § 8 Abs. 6 BdgHG; § 53 Abs. 4 S. 2 BremHG.

689 *Pautsch*, WissR Bd. 38 (2005), S. 200 (205); *Stüber*, Akkreditierung von Studiengängen, 2009, S. 101.

690 *Lindner*, in: Hartmer/Detmer, Hochschulrecht, 3. Aufl. 2017, Kap. 11 Rn. 202 f.

691 *Stüber*, Akkreditierung von Studiengängen, 2009, S. 101.

692 *Maurer/Waldhoff*, Allgemeines Verwaltungsrecht, 19. Aufl. 2017, § 10 Rn. 6.

man jedoch zugrunde, dass die der Akkreditierung zugrundeliegende Qualitätssicherung des Hochschulstudiums der Förderung der in Art. 12 Abs. 1 GG verfassungsrechtlich geschützten Berufsfreiheit dient, könnte die Verweigerung der Akkreditierung als Eingriff in Art. 12 Abs. 1 GG zu bewerten sein. Hierfür spricht, dass ein Hochschulabschluss den Berufszugang nur ermöglichen kann, wenn das Studium bestimmte Qualifikationen vermittelt, potentielle Arbeitgeber dessen Qualität anerkennen und der Abschluss auf einem Arbeitsmarkt mit anderen Abschlüssen verglichen werden kann.[693]

Ein solcher Eingriff könnte aber dadurch gerechtfertigt sein, dass der von der Hochschule verliehene Titel im Fall, dass der Studiengang ohne die vorgesehene Akkreditierung genehmigt wurde, dennoch geführt werden darf. Insoweit würde auch die Verweigerung der Akkreditierung eines Studiengangs aufgrund der Tatsache, dass der Studiengang Anwesenheitspflichten vorsieht, keinen rechtfertigungspflichtigen Eingriff in die Lern- und Studierfreiheit begründen.

Anders könnte es sein, wenn Anwesenheitspflichten zunächst einen rechtmäßigen Bestandteil in einem akkreditierten Studiengang bilden, ihre Festsetzung aber in Folge einer Gesetzesänderung rechtswidrig wird.[694] Dies könnte sich auf die Reakkreditierung auswirken. Da die Festsetzung der Anwesenheitspflicht nunmehr gegen eine hochschulrechtliche Regelung verstößt, wird die Reakkreditierung nicht oder nur unter der Bedingung erfolgen, dass der durch die Anwesenheitspflicht verursachte Rechtsverstoß behoben wird. In diesen Zusammenhang ist die Reakkreditierung als ein zusätzliches Korrektiv zur Ausführung der Hochschulgesetze zu bewerten.[695] Sieht das Hochschulgesetz dagegen eine die Anwesenheitspflicht regelnde Norm nicht vor, kann eine Anwesenheitspflicht nicht per se als rechtswidrig bewertet werden. Folglich kann die Anordnung einer Anwesenheitspflicht auch keine Auswirkungen auf die Reakkreditierung haben.

#### bbb) Akkreditierung zum Zweck der Qualitätssicherung

In anderen Hochschulgesetzen ist festgelegt, dass die Akkreditierung zu Zwecken der Qualitätssicherung erfolgt, die Einführung von Studiengängen rechtlich aber nicht an die Durchführung der Akkreditierung gebunden ist.[696] In diesem Fall

693 BVerfG NVwZ 2016, 675.

694 Zu verweisen ist an dieser Stelle erneut auf die Gesetzeslage in Nordrhein-Westfalen, § 64 Abs. 2a HG NRW.

695 Dies gilt jedoch nicht, wenn die Norm, welche die Anordnung von Anwesenheitspflichten regelt, für verfassungswidrig erklärt wird.

696 So z.B. Art. 10 Abs. 4 BayHSchG.

kann die Genehmigung auch dann erteilt werden, wenn kein Akkreditat vorliegt. Die oben aufgezeigten Probleme stellen sich insofern nicht.

Da tatsächlich jedoch nicht zu erwarten ist, dass nicht akkreditierte Studiengänge durchgeführt oder vom Staat genehmigt werden, bleibt die Akkreditierung insoweit unselbstständiger Bestandteil der staatlichen Entscheidung.[697] Zu den Konsequenzen dieses Umstandes kann auf die bereits erfolgte Darstellung verwiesen werden.

### *d) Zusammenfassende Betrachtung*

Die Pflicht zur Akkreditierung stellt einen schwerwiegenden Eingriff in die Wissenschaftsfreit dar.[698]

Für den Studenten ist diese Anordnung jedoch von wenig Relevanz. Die Akkreditierung stellt einen Verwaltungsakt dar,[699] der infolge des Verstoßes gegen den Vorbehalt des Gesetzes zwar rechtswidrig, aber wirksam ist. Ein Verwaltungsakt bleibt auch wirksam, wenn nach Erteilung des Akkreditats eine für die Erteilung wesentliche Voraussetzung – wie die Anwesenheitspflicht – aufgrund einer Gesetzesänderung untersagt wird. Hierfür spricht auch der Umstand, dass sich eine Gesetzesänderung, wie sie in NRW durch § 64 Abs. 2a HG NRW erfolgt ist, nicht ex tunc auswirkt.[700]

Entscheidend ist letztlich, dass der Akkreditierung ein Studiengang und nicht die einzelne Lehrveranstaltung zugrunde gelegt wird. Ob die Festsetzung von Anwesenheitspflichten daher rechtmäßig ist, beziehungsweise ob sie in rechtswidriger Weise in die Lern- und Studierfreiheit der Studenten eingreift, ist unabhängig von der Akkreditierung zu bewerten. Dies beurteilt sich nicht nur nach der aktuellen satzungsrechtlichen und hochschulgesetzlichen Situation des einzelnen Landes, sondern auch nach dem Verfassungsrecht.

---

697 *Martini*, WissR Bd. 41 (2008), S. 244.

698 BVerfG NVwZ 2016, 675.

699 *Frank*, in: Bloehs/Frank, Akkreditierungsrecht, 2015, Art. 3 Rn. 9.

700 Es handelt sich höchstens um einen Fall der unechten Rückwirkung. Zur unechten Rückwirkung von Gesetzen *Gröpl*, Staatsrecht I, 9. Aufl. 2017, Rn. 496 f.; *Maurer*, Staatsrecht I, 6. Aufl. 2010, § 17 Rn. 101 ff.; *von Münch/Mager*, Staatsrecht I, 8. Aufl. 2016, Rn. 660 ff.

## II. Die Verfassungsmäßigkeit des einschränkenden Gesetzes. Die Prüfung der Schranken-Schranken

Aufgrund des einfachen Gesetzesvorbehalts ist der Gesetzgeber berechtigt, selbst in Grundrechte einzugreifen oder die Verwaltung zu Eingriffen in die Grundrechte zu ermächtigen.[701] Die Erlaubnis, dem Grundrechtsgebrauch Schranken zu ziehen, steht ihm jedoch nicht uneingeschränkt offen.[702] Der Begriff der Schranken-Schranken fasst die Beschränkungen zusammen, die für den Gesetzgeber gelten, wenn er grundrechtsbeschränkend tätig wird.[703]

### 1. *Die formelle Verfassungsmäßigkeit des einschränkenden Gesetzes*

Die formelle Verfassungsmäßigkeit eines die Schranken konkretisierenden Gesetzes setzt voraus, dass dem tätig werdenden Gesetzgeber die Gesetzgebungskompetenz zukommt und das Gesetz im ordnungsgemäßen Gesetzgebungsverfahren erlassen wird.[704]

701 *Epping*, Grundrechte, 7. Aufl. 2017, 43; *Kingreen/Poscher*, Grundrechte – Staatsrecht II, 33. Aufl. 2017, Rn. 305, 314; *Sachs*, Verfassungsrecht II – Grundrechte, 3. Aufl. 2017, Kap. 9 Rn. 1.

702 *Epping*, Grundrechte, 7. Aufl. 2017, Rn. 46; *Hillgruber*, in: Isensee/Kirchhof, Handbuch des Staatsrechts, Bd. IX, 3. Aufl. 2011, § 201 Rn. 34; *Hufen*, Staatsrecht II, 6. Aufl. 2017, § 9 Rn. 14; *Ipsen*, Staatsrecht II, 20. Aufl. 2017, Rn. 182; *Kloepfer*, Verfassungsrecht Bd. II, 2010, § 51 Rn. 71; *Ruffert*, in: Epping/Hillgruber, GG, 2. Aufl. 2013, Art. 12 Rn. 86.

703 *Epping*, Grundrechte, 7. Aufl. 2017, Rn. 46; *Hillgruber*, in: Isensee/Kirchhof, Handbuch des Staatsrechts, Bd. IX, 3. Aufl. 2011, § 201 Rn. 35; *Ipsen*, Staatsrecht II, 20. Aufl. 2017, Rn. 183; *Kingreen/Poscher*, Grundrechte – Staatsrecht II, 33. Aufl. 2017, Rn. 326; *Kloepfer*, Verfassungsrecht Bd. II, 2010, § 51 Rn. 71; *von Münch/Mager*, Staatsrecht II, 6. Aufl. 2014, Rn. 124 ff.; *Schneider*, in: Merten/Papier, Handbuch der Grundrechte, Bd. V, 2013, § 113 Rn. 139; *Stern*, Staatrecht, Bd. III/2, 1994, S. 711.

704 BVerfGE 6, 31 (38); 41, 116 (117 ff.); *Epping*, Grundrechte, 7. Aufl. 2017, Rn. 47; *Hillgruber*, in: Isensee/Kirchhof, Handbuch des Staatsrechts, Bd. IX, 3. Aufl. 2011, § 201 Rn. 37; *Kloepfer*, Verfassungsrecht Bd. II, 2010, § 51 Rn. 72; *Lücke*, DÖV 2002, 93; *von Münch/Mager*, Staatsrecht II, 6. Aufl. 2014, Rn. 125; *Manssen*, Staatsrecht II, 14. Aufl. 2017, Rn. 174; *Manssen*, in: von Mangoldt/Klein/Starck, GG, Bd. 1, 6. Aufl. 2010, Art. 12 Rn. 107; *von Münch/Mager*, Staatsrecht I, 8. Aufl. 2015, Rn. 371 ff.; *Ruffert*, in: Epping/Hillgruber, GG, 2. Aufl. 2013, Art. 12 Rn. 86; *Scholz*, in: Maunz/Dürig, GG, Loseblatt, Stand September 2017, Art. 12 Rn. 240 ff., 334; *Stern*, Staatrecht, Bd. III/2, 1994, S. 711 ff.

### a) Der Gesetzesvorbehalt und seine Ausgestaltung im Hochschulrecht

Wie bereits dargelegt, setzt die Rechtfertigung des Eingriffs in die Lern- und Studierfreiheit durch Anwesenheitspflichten voraus,[705] dass die Anordnung auf eine gesetzliche Grundlage zurückzuführen ist.

Gerade die das Hochschulrecht betreffenden Rechtsquellen unterhalb des Verfassungsrechts sind zahlreich und mitunter in unterschiedlichen Normschichten verteilt.[706] Neben den noch geltenden Vorschriften des Hochschulrahmengesetzes finden sich die studienspezifischen Rechtsvorschriften überwiegend in den Hochschulgesetzen der Länder wieder. Zudem sind die einzelnen Hochschulen aufgrund ihres autonomen Satzungsrechts oder spezieller gesetzlicher Ermächtigung berechtigt, Satzungen zu erlassen.[707]

Damit die Rechtfertigung von Anwesenheitspflichten gelingen kann, bedarf es einer gesetzlichen Grundlage.[708] Ferner muss diese Norm den Anforderungen des Gesetzesvorbehalts im Sinne von Art. 12 Abs. 1 S. 2 GG entsprechen.

### b) Die Ermöglichung der Grundrechtsbegrenzung: Grundlegendes zum einfachen Gesetzesvorbehalt

Bislang wurde stets davon gesprochen, dass Art. 12 Abs. 1 S. 1 GG einem einfachen Gesetzesvorbehalt unterliegt.[709] Was dies bedeutet, wurde hingegen nicht dargelegt; es ist aber von nicht zu unterschätzender Relevanz. Abzugrenzen ist der Gesetzesvorbehalt insbesondere vom Vorbehalt des Gesetzes. Die Begrifflichkeiten werden nicht selten synonym verwendet, was mitunter zu zahlreichen Unstimmigkeiten führt.

Ein einfacher Gesetzesvorbehalt liegt bei Grundrechten vor, die an Eingriffe das Erfordernis stellen, dass sie durch Gesetz oder aufgrund eines Gesetzes

---

705 *Hillgruber*, in: Isensee/Kirchhof, Handbuch des Staatrsrechts, Bd. IX, 3. Aufl. 2011, § 200 Rn. 104.

706 *Lindner*, in: Hartmer/Detmer, Hochschulrecht, 3. Aufl. 2017, Kap. 11 Rn. 43; *Manssen*, in: von Mangoldt/Klein/Starck, GG, Bd. 1, 6. Aufl. 2010, Art. 12 Rn. 117; *Menzel*, JZ 1964, 166 (167); *Streinz*, in: Geis, Hochschulrecht im Freistaat Bayern, 2009, Kap. 1 Rn. 54; *Thieme*, Deutsches Hochschulrecht, 3. Aufl. 2004, Rn. 73.

707 *Lindner*, in: Hartmer/Detmer, Hochschulrecht, 3. Aufl. 2017, Kap. 11 Rn. 44 – 46; *Thieme*, Deutsches Hochschulrecht, 3. Aufl. 2004, Rn. 73. Explizit für das Land Baden-Württemberg: *Eiselstein*, in: Haug, Das Hochschulrecht in Baden-Württemberg, 2. Aufl. 2009, Kap. 1 Rn. 106 (S. 36).

708 *Haug*, in: von Coelln/Haug, BeckOK, Hochschulrecht Baden-Württemberg, 6. Edition, Stand 01.11.2017, § 3 Abs. 20.

709 Siehe dazu Tel 4 B. I. 1. a.

erfolgen müssen.[710] Der Gesetzgeber hat durch die Bindung an die Grundrechte diesem Erfordernis Folge zu leisten.[711] Da der einfache Gesetzesvorbehalt an das eingreifende Gesetz keine besonderen Anforderungen stellt, bleibt dem Gesetzgeber die Bestimmung des Eingriffszwecks und des eingesetzten Handlungsinstruments überlassen.[712]

Hiervon zu trennen ist der Vorbehalt des Gesetzes, der weder hinsichtlich der normativen Grundaussage noch hinsichtlich der Normadressaten mit dem Gesetzesvorbehalt etwas gemein hat.[713] Anders als der Gesetzesvorbehalt, der als eine Erlaubnisnorm für die Gesetzgebung zu an sich verbotenen Staatshandeln zu verstehen ist, stellt der Vorbehalt des Gesetzes eine Verbotsnorm dar. Aufgrund dieser ist es der vollziehenden Gewalt verboten, ohne wirksam gewordene Grundlage tätig zu werden.[714]

710 Statt vieler: *Hillgruber*, in: Isensee/Kirchhof, Handbuch des Staatsrechts, Bd. IX, 3. Aufl. 2011, § 201 Rn. 12.

711 *Hofmann*, in: Schmidt-Bleibtreu/Hofmann/Hopfauf, GG, 14. Aufl. 2018, Art. 12 Rn. 50; *Hufen*, Staatsrecht II, 6. Aufl. 2017, § 9 Rn. 2; *Kämmerer*, in: von Münch/Kunig, GG, Bd. 1, 6. Aufl. 2012, Art. 12 Rn. 45; *Kloepfer*, Verfassungsrecht Bd. II, 2010, § 70 Rn. 68; *Manssen*, in: von Mangoldt/Klein/Starck, GG, Bd. 1, 6. Aufl. 2010, Art. 12 Rn. 108 ff.; *Manssen*, Staatsrecht II, 14. Aufl. 2017, Rn. 628 f.; *Scholz*, in: Maunz/Dürig, GG, Loseblatt, Stand September 2017, Art 12 Rn. 311 ff.; *Stern*, Staatsrecht, Bd. IV/1, 2006, S. 1884.

712 *Degenhart*, in: Merten/Papier, Handbuch der Grundrechte, Bd. III, 2009, § 61 Rn. 66; *Hillgruber*, in: Isensee/Kirchhof, Handbuch des Staatsrechts, Bd. IX, 3. Aufl. 2011, § 201 Rn. 12; *Hufen*, Staatsrecht II, 6. Aufl. 2017, § 9 Rn. 9; *Kingreen/Poscher*, Grundrechte – Staatsrecht II, 33. Aufl. 2017, Rn. 305; *Sachs*, in: ders., GG, 8. Aufl. 2018, vor Art. 1 Rn. 101 ff., insb. 115.

713 *Axer*, Normsetzung der Exekutive in der Sozialversicherung, 2000, S. 313 f.; *Horn*, LKRZ 2012, 1 (3 ff.); *Sachs*, in: ders., GG, 8. Aufl. 2018, Art. 20 Rn. 113; *Stern*, Staatsrecht, Bd. III/2, 1994, S. 373, insb. Fn. 9.

714 BVerfGE 40, 237 (248); 49, 89 (126); *Degenhart*, Staatsrecht I, 33. Aufl. 2017, Rn. 317; *Epping*, Grundrechte, 7. Aufl. 2017, Rn. 404; *Grzeszick*, in: Maunz/Dürig, GG, Loseblatt, Stand September 2017, Art. 20 Abs. 3 Rn. 98; *Ipsen*, Staatsrecht I, 29. Aufl. 2017, Rn. 799; *Lerche*, in: Merten/Papier, Handbuch der Grundrechte, Bd. III, 2009, § 62 Rn. 10; *Maurer*, Staatsrecht I, 6. Aufl. 2010, § 8 Rn. 19; *Ossenbühl*, in: Isensee/Kirchhof, Handbuch des Staatsrechts, Bd. V, 3. Aufl., 2007, § 101 Rn. 21; *Roellecke*, in: Umbach/Clemens, GG, Bd. I, 2002, Art. 20 Rn. 73 f.; *Sachs*, in: ders., GG, 8. Aufl. 2018, Art. 20 Rn. 113; *Schulze-Fielitz*, in: Dreier, GG, Bd. II, 3. Aufl. 2015, Art. 20 (Rechtsstaat) Rn. 105.

Eine Gemeinsamkeit der beiden Begrifflichkeiten besteht nur dahingehend, dass Staatshandeln ohne gesetzliche Grundlage ausgeschlossen ist – aber eben durch den Vorbehalt des Gesetzes und trotz der Gesetzesvorbehalte.[715]

### c) *Die Verteilung der Gesetzgebungskompetenz zwischen Bund und Ländern im Hochschulrecht*

Bevor man sich mit einzelnen gesetzlichen Regelungen auseinandersetzen kann, ist festzustellen, wer überhaupt zur Gesetzgebung befugt ist.

Im föderalen System der Bundesrepublik Deutschland sind sowohl der Bund als auch die Länder für die Gesetzgebung zuständig. Wem im Konkreten die Gesetzgebungskompetenz zusteht, richtet sich nach dem Grundgesetz. Nach der Grundsatznorm der Art. 30, 70 GG liegt die Befugnis zur Gesetzgebung bei den Ländern, soweit nicht das Grundgesetz dem Bund Gesetzgebungsbefugnisse verleiht.[716]

Seit dem Wegfall der Rahmengesetzgebungskompetenz nach Art. 75 GG a. F.[717] liegt die Gesetzgebungskompetenz für den Bereich des Hochschulrechts grundsätzlich[718] bei den Ländern.[719] Mangels Kompetenztitel steht dem Bund

---

715 *Epping*, Grundrechte, 7. Aufl. 2017, Rn. 404; *Sachs*, in: ders., GG, 8. Aufl. 2018, Art. 20 Rn. 113.

716 *Degenhart*, Staatsrecht I, 33. Aufl. 2017, Rn. 162 ff.; *Gröpl*, Staatsrecht I, 9. Aufl. 2017, Rn. 1072 ff.; *Ipsen*, Staatsrecht I, 29. Aufl. 2017, Rn. 544 ff.; *Kloepfer*, Verfassungsrecht Bd. II, 2011§ 9 Rn. 130 ff.; *Maurer*, Staatsrecht I, 6. Aufl. 2010, § 17 Rn. 23 f.; *von Münch/Mager*, Staatsrecht I, 8. Aufl. 2015, Rn. 375; *Umbach/Clemens*, in: Umbach/Clemens, GG, Bd. I, 2002, Art. 70 Rn. 2 f.

717 52. Gesetz zur Änderung des Grundgesetzes vom 28.8.2006, BGBl. I, S. 2034.

718 Zu den Ausnahmen gehören zuförderst die Hochschulen der Bundeswehr, die der ausschließlichen Gesetzgebungskompetenz des Bundes nach Art. 73 Abs. 1 Nr. 1 GG unterfallen; *Degenhart*, in: Sachs, GG, 8. Aufl. 2018, Art. 74 Rn. 128; *Pieroth*, in: Jarass/Pieroth, GG, 14. Aufl. 2016, Art. 74 Rn. 83; *Sannwald*, in: Schmidt-Bleibtreu/Hofmann/Henneke, GG, 14. Aufl. 2018, Art. 74 Rn. 382; *Wittreck*, in: Dreier, Bd. II, 3. Aufl. 2015, Art. 74 Rn. 153. Zu den von Art. 74 Abs. 1 Nr. 33 GG erfassten Hochschulen siehe *Regeling*, in: Isensee/Kirchhof, Handbuch des Staatsrechts, Bd. VI, 3. Aufl. 2008, § 135 Rn. 316.

719 *von Coelln*, in: Hartmer/Detmer, Hochschulrecht, 3. Aufl. 2017, Kap. 7 Rn. 4; *Eiselstein*, in: Haug, Hochschulrecht in Baden-Württemberg, 2. Aufl. 2009, Kap. 1 Rn. 77; *Sannwald*, in: Schmidt-Bleibtreu/Hofmann/Henneke, GG, 14. Aufl. 2018, Art. 74 Rn. 380. Anders dagegen die Einschätzung von *J. J. Nolte*, DVBl. 2010, 84 ff., der auf den Kompetenztitel in Art. 74 Abs. 1 Nr. 13 GG („Förderung der wissenschaftlichen Forschung") verweist.

keine ausschließliche Gesetzgebungskompetenz zu.[720] Im Rahmen der konkurrierenden Gesetzgebung kann der Bund dagegen im Bereich der Hochschulzulassung und Hochschulabschlüsse Normen erlassen. Ein entsprechender Kompetenztitel ergibt sich aus Art. 72, 74 Abs. 1 Nr. 33 GG.[721]

Der Bund hat jedoch von dem Kompetenztitel „*Hochschulabschlüsse*" bislang keinen Gebrauch gemacht.[722] Dieser Kompetenztitel umfasst auch inhaltliche und strukturbezogene Fragestellungen, deren Beantwortung sich auf die Studieninhalte auswirkt. Dadurch könnte der Bund mittelbar durch die Ausübung seiner Kompetenz Einfluss auf die Qualität der Ausbildung und die Gestaltung des Studiums nehmen.[723] Ob der Bund über diesen Umweg auch Regelungen über Anwesenheitspflichten treffen könnte, bleibt zweifelhaft. Eine nähere Auseinandersetzung mit diesem Gedanken ist jedoch entbehrlich, da es derzeit keine Bestrebungen des Bundes gibt, Normierungen in Bereich der Hochschulabschlüsse vorzunehmen.

---

720 *Burgi,* in: Erichsen/Ehlers, Allgemeines Verwaltungsrecht, 14. Aufl. 2010, § 7 Rn. 21; *Erbgut/Schubert,* in: Sachs, GG, 8. Aufl. 2018, Art. 30 Rn. 6 f. Zur Verteilung der Gesetzgebungskompetenzen siehe auch: *Degenhart,* Staatsrecht I, 33. Aufl. 2017, Rn. 163.

721 S. dazu auch *Gröpl*, Staatsrecht I, 9. Aufl. 2017, Rn. 1096; *Kloepfer*, Verfassungsrecht Bd. I, 2011, § 21 Rn. 67 ff.; *Lenk,* WissR Bd. 42 (2009), S. 49 (55); *Rengeling,* in: Isensee/Kirchhof, Handbuch des Staatsrechts, Bd. VI, 3. Aufl. 2008, § 135 Rn. 315; *Sannwald*, in: Schmidt-Bleibtreu/Hofmann/Henneke, GG, 14. Aufl. 2018, Art. 387 ff.; *Uhle*, in: Maunz/Dürig, GG, Loseblatt, Stand September 2017, Art. 72 Rn. 78.

722 BT-Drs. 16/813, S. 14: Mit der Zuständigkeit für Hochschulabschlüsse soll die Einheitlichkeit der Abschlussniveaus und Regelstudienzeiten gewährleistet werden.

723 *Degenhart*, in: Sachs, GG, 8. Aufl. 2018, Art. 74 Rn. 129; *Hansalek*, NVwZ 2006, 668 (669); *Kluth*, in: ders. Föderalismusreformgesetz 2007, Art. 74 Rn. 31; *J. J. Nolte,* DVBl. 2010, 84 (90); *Oeter,* in: von Mangoldt/Klein/Starck, GG, Bd. 2, 6. Aufl. 2010, Art. 74 Abs. 1 Nr. 33 Rn. 197; *Pieroth*, in: Jarass/Pieroth, GG, 14. Aufl. 2016, Art. 74 Rn. 85. Der angesprochene Gedanke beinhaltet zwar gewisse Probleme und die Reichweite der Befugnisse des Bundes ist in qualitativer Hinsicht nicht geklärt, aber dies relativiert sich im Hinblick auf die Abweichungsmöglichkeit der Länder nach Art. 72 Abs. 3 S. 1 Nr. 6 GG. Siehe dazu: BT-Drs. 16/813, S. 11; *Degenhart*, Staatsrecht I, 33. Aufl. 2017, Rn. 194 ff.; *Franzius*, NVwZ 2008, 492; *Gröpl*, Staatsrecht I, 9. Aufl. 2017, Rn. 1096 f.; *Haug*, DÖV 2008, 851; *Ipsen*, Staatsrecht I, 29. Aufl. 2017, Rn. 579 f.; *Kloepfer,* Verfassungsrecht Bd. I, 2011, § 21 Rn. 110 ff.; *von Münch/Mager*, Staatsrecht I, 8. Aufl. 2015, Rn. 385 f.; *Oeter,* in: von Mangoldt/Klein/Starck, GG, Bd. 2, 6. Aufl. 2010, Art. 74 Abs. 1 Nr. 33 Rn. 197; *Sannwald*, in: Schmidt-Bleibtreu/Hofmann/Henneke, GG, 14. Aufl. 2018, Art. 74 Rn. 391.

Die den Bereich des Studiums und der Lehre betreffenden Vorschriften des HRG (§§ 7 – 20 HRG) gelten nach Art. 125 b Abs. 1 GG fort.[724] Die Länder haben jedoch die Möglichkeit (ohne Angabe von Gründen) von den bundesrechtlich geltenden Normen abweichende Regelungen zu erlassen, Art. 72 Abs. 3 S. 1 Nr. 6 GG.[725] Für den Bereich des Hochschulzugangs, des Statusrechts der Studenten und der Ausgestaltung des Studienrechtsverhältnisses und der Studiengebühren liegt die alleinige Gesetzgebungskompetenz dagegen bei den Ländern.[726] Dies schließt auch die Regelung von Anwesenheitspflichten ein, so dass eine Regelung durch den Bund ausgeschlossen werden kann.

#### *d) Die Regelung eines Eingriffs durch oder aufgrund eines Gesetzes*

Eingriffe in die Lern- und Studierfreiheit können nur gerechtfertigt werden, wenn sie durch oder aufgrund eines Gesetzes erfolgen. Das Vorliegen eines formellen oder materiellen Gesetzes stellt somit eine zwingende Voraussetzung für Staaatshandeln dar. Zu der Frage, wann etwas zwingend durch das Parlament zu regeln ist, sagt die Verfassung jedoch nicht ausdrücklich etwas aus.

Ob und unter welchen Voraussetzungen etwas durch das Parlement geregelt werden muss, wird unter dem Begriff des Vorbehalts des Gesetzes erörtert.[727]

Der Vorbehalt des Gesetzes wird aus dem in Art. 20 Abs. 3 GG niedergelegten Rechtsstaatsprinzip sowie dem in Art. 20 Abs. 1, 2 GG verankerten Demokratieprinzip abgeleitet. Daneben kommt allerdings auch der Grundsatz der

---

724 *Degenhart*, in: Sachs, GG, 8. Aufl. 2018, Art. 125b Rn. 2; *Degenhart*, Staatsrecht I, 33. Aufl. 2017, Rn. 197; *Henneke*, in: Schmidt-Bleibtreu/Hofmann/Henneke, GG, 14. Aufl. 2018, Art. 125b Rn. 2; *Jarass*, in: Jarass/Pieroth, GG, 14. Aufl. 2016, Art. 125b Rn. 2; *Lindner*, in: Hartmer/Detmer, Hochschulrecht, 3. Aufl. 2017, Kap. 11 Rn. 172; *Maurer*, Staatsrecht I, 6. Aufl. 2010, § 17 Rn. 73 f. Ergänzend dazu: BVerfG NVwZ-RR 2008, 33 f.; *Kloepfer*, Verfassungsrecht Bd. I, 2011, § 21 Rn. 133 ff.

725 *von Coelln*, in: Hartmer/Detmer, Hochschulrecht, 3. Aufl. 2017, Kap. 7 Rn. 4; *Degenhart*, in: Sachs, GG, 8. Aufl. 2018, Art. 72 Rn. 40 f.; *Franzius*, NVwZ 2008, 492; *Kirn*, in: von Münch/Kunig, GG, Bd. 2, 6. Aufl. 2012, Art. 125a Rn. 1; *Langrock*, in: Umbach/Clemens, GG, Bd. II, 2002, Art. 125a Rn. 2; *Lindner*, in: Hartmer/Detmer, Hochschulrecht, 2. Aufl. 2011, Kap. 11 Rn. 12; *Pieroth*, in: Jaras/Pieroth, GG, 14. Aufl. 2016, Art. 72 Rn. 29; *Sannwald*, in: Schmidt-Bleibtreu/Hofmann/Henneke, GG, 14. Aufl. 2018, Art. 125b Rn. 5; *Wittreck*, in: Dreier, Bd. II, 3. Aufl. 2015, Art. 72 Rn. 33.

726 *Degenhart*, in: Sachs, GG, 8. Aufl. 2018, Art. 74 Rn. 129; *Lindner*, in: Hartmer/Detmer, Hochschulrecht, 3. Aufl. 2017, Kap. 11 Rn. 14; *Wittreck*, in: Dreier, Bd. II, 3. Aufl. 2015, Art. 74 Rn. 153.

727 *von Münch/Mager*, Staatsrecht I, 8. Aufl. 2016, Rn. 212.

Gewaltenteilung nach Art. 20 Abs. 2 S. 2 GG zur Anwendung.[728] Obwohl den Ländern durch die Homogenitätsklausel des Art. 28 Abs. 1 GG Eigenstaatlichkeit und Verfassungsautonomie zugesprochen wird, sind sie durch diese Vorschrift aber auch an die grundlegenden Verfassungsprinzipien und die demokratischen Vorgaben des Grundgesetzes gebunden.[729] Auch im Hinblick auf die Rechtmäßigkeit der Anordnung von Anwesenheitspflichten dürfen sie nicht unbeachtet bleiben.[730]

#### aa) Das Ende des besonderen Gewaltverhältnisses

Der Vorbehalt des Gesetzes galt jedoch nicht immer ausnahmslos. Gerade im 20. Jahrhundert kam dem Vorbehalt im sogenannten „*besonderen Gewaltverhältnis*" keine Relevanz zu.[731] Wie bereits dargelegt, behielt sich die Exekutive gegenüber dem Mitwirkungsanspruch des Parlaments einen eigenständigen, nicht der Gesetzbindung unterworfenen Bereich vor. Kennzeichen dieses Verhältnisses war, dass der Bürger aus dem „*allgemeinen Gewaltverhältnis*" der Gesellschaft in den staatlichen Bereich wechselte und so als Teil des Staates zählte.[732] Auch der Student befand sich ab dem Zeitpunkt der Einschreibung an

---

728 *Degenhart*, Staatsrecht I, 33. Aufl. 2017, Rn. 313; *Epping*, Grundrechte, 7. Aufl. 2017, Rn. 404; *Hofmann*, in: Schmidt-Bleibtreu/Hofmann/Henneke, GG, 14. Aufl. 2018, Art. 20 Rn. 69; *Huster/Rux*, in: Epping/Hillgruber, GG, 2. Aufl. 2013, Art. 20 Rn. 104, 164 ff.; *Kämmerer*, in: von Münch/Kunig, GG, Bd. 1, 6. Aufl. 2012, Art. 12 Rn. 53; *von Münch/Mager*, Staatsrecht I, 8. Aufl. 2016, Rn. 212; *Ohler*, AöR Bd. 131 (2006), S. 336 (341, 350); *Roellecke*, in: Umbach/Clemens, GG, Bd. I, 2002, Art. 20 Rn. 70.

729 *Dreier*, BayVBl. 1999, 513 (514); *Dreier*, in: ders., GG, Bd. II, 3. Aufl. 2015, Art. 28 Rn. 49; *Hellermann*, in: Epping/Hillgruber, GG, 2. Aufl. 2013, Art. 28 Rn. 1; *Henneke*, in: Schmidt-Bleibtreu/Hofmann/Henneke, GG, 14. Aufl. 2018, Art. 28 Rn. 5; *P. Huber*, AöR Bd. 126 (2001), S. 165 (170); *Kloepfer*, Verfassungsrecht Bd. II, 2011, § 9 Rn. 188; *Löwer*, in: von Münch/Kunig, GG, Bd. 2, 6. Aufl. 2012, Art. 28 Rn. 2, 4; *Mehde*, in: Maunz/Dürig, GG, Loseblatt, Stand September 2017, Art. 28 Rn. 47. In den meisten Landesverfassungen sind die Verfassungsprinzipien bereits unmittelbar geregelt, so dass die Bindung an das Grundgesetz nicht zwingend notwendig wäre. So z.B. Art. 1, 2 LVerf NRW.

730 Die Grundrechte des Grundgesetzes, denen in der zugrunde liegenden Frage eine elementare Rolle zuteil wird, finden in den Ländern über Art. 1 Abs. 3 GG unmittelbare Geltung, *Enders*, in: Stern/Becker, GG, 2. Aufl. 2015, Art. 1 Rn. 101 ff.

731 Siehe dazu Teil 2 C. I. 4.

732 *Loschelder*, in: Isensee/Kirchhof, Handbuch des Staatsrechts, Bd. IX, 3. Aufl. 2011, § 202 Rn. 1; *Luthe*, DVBl. 1986, 440; *Schenke*, JuS 1982, 906.

einer Universität in solch einem besonderen Gewaltverhältnis.[733] Auswirkungen hatte dies für ihn dahingehend, dass der für den Eingriff geltende Gesetzesvorbehalt keine Anwendung fand.[734] Erst 1972 stellte das Bundesverfassungsgericht klar, dass auch im besonderen Gewaltverhältnis Eingriffe in Grundrechte einer Rechtfertigung bedürfen.[735] Somit sind Grundrechtseingriffe in der Universität nur auf der Grundlage und unter Beachtung der allgemeinen Beschränkungen zulässig.[736] Dies hat zur Folge, dass Eingriffe in die Lern- und Studierfreiheit der Studenten nicht mehr allein aufgrund einer Universitätssatzung erfolgen können. Sie müssen eine Legitimation in formellen Gesetzen finden. Mithin gilt dies auch für die Anwesenheitspflichten. Sofern Anwesenheitspflichten nicht unmittelbar in einem formellen Gesetz geregelt sind, muss in einem solchen die Möglichkeit zur Festsetzung auf einer anderen gesetzlichen Grundlage normiert sein.

### bb) Beschränkungen durch Gesetz im Sinne der Wesentlichkeitstheorie

Grundrechtseingriffe müssen sich in jedem Fall auf ein förmliches Gesetz zurückführen lassen. Dies bedeutet allerdings nicht, dass der Grundrechtseingriff auch abschließend durch ein Parlamentsgesetz geregelt sein muss. Er kann

---

733 *Badura*, Staatsrecht, 6. Aufl. 2015, C Rn. 26; *Dreier*, in: ders., GG, Bd. I, 3. Aufl. 2013, Art. 1 III, Rn. 65; *Starck*, in: von Mangoldt/Klein/Starck, GG, Bd. 1, Art. 1 Rn. 295; *Stern*, Staatsrecht, Bd. III/1, 1988, S. 1376.

734 *Dreier*, in: ders., GG, Bd. I, 3. Aufl. 2013, Art. 1 III, Rn. 65; *Hufen*, Staatsrecht II, 6. Aufl. 2017, § 9 Rn. 3; *Lerche*, in: Merten/Papier, Handbuch der Grundrechte, Bd. III, 2009, § 62 Rn. 54; *Starck*, in: von Mangoldt/Klein/Starck, GG, Bd. 1, Art. 1 Rn. 295; *Starck*, ZRP 1969, 147 ff.; *Starck*, JZ 1972, 360; *Werner*, JZ 1954, 557 (560 f.).

735 BVerfGE 33, 1 (9 f.); *Dreier*, in: ders., GG, Bd. 1, 3. Aufl. 2013, Art. 1 III, Rn. 65; *Fuß*, DÖV 1972, 765; *Loschelder*, Vom besonderen Gewaltverhältnis zur öffentlich-rechtlichen Sonderbindung, 1982, S. 1 f. mit Fn. 5; *Ronellenfitsch*, in: Merten, Das besondere Gewaltverhältnis, Vorträge des 25. Sonderseminars 1984 der Hochschule für Verwaltungswissenschaften Speyer, 1985, S. 33 (34 ff.); Gleichwohl hat es Versuche gegeben, das „besondere Gewaltverhältnis" unter anderen Bezeichnungen am Leben zu erhalten. So war beispielsweise vom „Sonderstatusverhältnis" die Rede. Angesichts der eindeutigen Rechtsprechung des BVerfG mussten diese Versuche allerdings scheitern; siehe dazu *Kielmansegg*, JA 2012, 881; *Loschelder*, in: Isensee/Kirchhof, Handbuch des Staatsrechts, Bd. IX, 3. Aufl. 2011, § 202 Rn. 2; *Sachs*, NWVBl. 2004, 209.

736 BVerfGE 34, 162 (192); 41, 251 (259); 45, 400 (417); 47, 46 (78); *Ehlers*, in: Ehlers/Pünder, Allgemeines Verwaltungsrecht, 15. Aufl. 2015, § 2 Rn. 47; *Hufen*, Staatsrecht II, 6. Aufl. 2017, § 9 Rn. 3; *Mann*, in: Sachs, GG, 8. Aufl. 2018, Art. 12 Rn. 113; *Manssen*, Staatsrecht II, 14. Aufl. 2017, Rn. 167, 629; *H. Maurer*, Staatsrecht I, 6. Aufl. 2010, § 8 Rn. 22.

auch durch Gesetze im materiellen Sinn ausgestaltet sein.[737] Aus diesem Grund bedarf es der Klärung, was genau der Gesetzgeber selbst regeln muss und was er delegieren darf.[738]

Das Bundesverfassungsgericht hat in diesem Zusammenhang ausgeführt, dass im Bereich der Grundrechtsausübung der Parlamentsgesetzgeber alle wesentlichen Entscheidungen durch ein formelles Gesetz regeln müsse.[739] Das Dilemma dieser Aussage liegt allerdings darin, dass nicht genau festgelegt werden kann, welche Angelegenheiten wesentlich sind.[740] Nach Ansicht des BVerfG ist wesentlich, was für die Verwirklichung der Grundrechte von erheblicher Bedeutung ist.[741]

Es bildete sich der Begriff der „*Wesentlichkeitstheorie*" heraus.[742] Nach dieser hängt die Notwendigkeit eines Parlamentsgesetzes von der Bedeutsamkeit einer

---

737 BVerfGE 20, 383 (295); 21, 72 f.; 33, 125 (156); 51, 166 (173); 65, 248 (258); *Hufen*, Staatsrecht II, 6. Aufl. 2017, § 35 Rn. 27; *Jarass*, in: Jarass/Pieroth, GG, 14. Aufl. 2016, Art. 12 Rn. 30; *Kämmerer*, in: von Münch/Kunig, GG, Bd. 1, 6. Aufl. 2012, Art. 12 Rn. 53; *Kloepfer*, Verfassungsrecht Bd. II, 2010, § 70 Rn. 68; *Mann*, in: Sachs, GG, 8. Aufl. 2018, Art. 12 Rn. 110 ff.; *Manssen*, in: von Mangoldt/Klein/Starck, GG, Bd. 1, 6. Aufl. 2010, Art. 12 Rn. 117; *Schneider*, in: Merten/Papier, Handbuch der Grundrechte, Bd. V, 2013, § 113 Rn. 136; *Scholz*, in: Maunz/Dürig, GG, Loseblatt, Stand September 2017, Art. 12 Rn. 326; *Stern*, Staatsrecht, Bd. IV/1, 2006, S. 1885; *Umbach*, in: Umbach/Clemens, GG, Bd. I, 2002, Art. 12 Rn. 74.

738 *Eberle*, DÖV 1984, 485 (486); *Epping*, Grundrechte, 7. Aufl. 2017, Rn. 405; *Hillgruber*, in: Isensee/Kirchhof, Handbuch des Staatsrechts, Bd. IX, 3. Aufl. 2011, § 201 Rn. 30; *Hufen*, Staatsrecht II, 6. Aufl. 2017, § 9 Rn. 2; *Roellecke*, NJW 1976, 1776 (1778).

739 BVerfGE 49, 89 (126); 61, 260 (275); 77, 170 (230 f.).

740 *Degenhart*, Staatsrecht I, 33. Aufl. 2017, Rn. 330.; *Gröpl*, Staatsrecht I, 9. Aufl. 2017, Rn. 288; *Ossenbühl*, in: Isensee/Kirchhof, Handbuch des Staatsrechts, Bd. V, 3. Aufl. 2007, § 101 Rn. 56 f.; *Sommermann*, in: von Mangoldt/Klein/Starck, GG, Bd. 2, 6. Aufl. 2010, Art. 20 Rn. 275; *Scholz*, in: Maunz/Dürig, GG, Loseblatt, Stand September 2017, Art. 12 Rn. 324; *Stern*, Staatsrecht, Bd. IV/1, 2006, S. 1888.

741 Ständige Rechtsprechung vgl. BVerfGE 34, 165 (192); 40, 237 (248 f.); 41, 251 (260 f.); 47, 46 (79); So auch *Hömig*, in: Schmidt-Aßmann, Festgabe 50 Jahre Bundesverwaltungsgericht, 2003, S. 273 ff.; *Hufen*, Staatsrecht II, 6. Aufl. 2017, § 9 Rn. 4 f.; § 35 Rn. 27; *Jarass*, in: Jarass/Pieroth, GG, 14. Aufl. 2016, Art. 20 Rn. 72; *Kingreen/Poscher*, Grundrechte – Staatsrecht II, 33. Aufl. 2017, Rn. 316; *Kloepfer*, Verfassungsrecht Bd. I, 2011, § 7 Rn. 213; *H. Maurer*, Staatsrecht I, 6. Aufl. 2010, § 8 Rn. 21; *Roellecke*, in: Umbach/Clemens, GG, Bd. I, 2002, Art. 20 Rn. 77 f.; *Sachs*, in: ders., GG, 8. Aufl. 2018, Art. 20 Rn. 117. Kritisch zur Aussagekraft des Kriteriums *Ossenbühl*, in: Isensee/Kirchhof, Handbuch des Staatsrechts, Bd. V, 3. Aufl. 2007, § 101 Rn. 57.

742 Besonders *Oppermann* hat den Begriff der Wesentlichkeitstheorie nachhaltig geprägt, Gutachten C für den 51. Juristentag, 1976, S. C 46, 49, 52 ff. Daneben: *Armin*, DVBl.

Regelung für das jeweilige Grundrecht ab.[743] Die Pflicht zum Tätigwerden des Gesetzgebers besteht insbesondere in mehrdimensionalen, komplexen Grundrechtskonstellationen, in denen miteinander konkurrierende Freiheitsrechte aufeinander treffen und diese nur schwer voneinander abzugrenzen sind.[744] Aufgrund des abstrakt-generellen Charakters der Normen wird sich die Entscheidung über die Wesentlichkeit einer Maßnahme letztlich aber allein nach dem Einzelfall und der Ansicht des zuständigen Organs richten.[745]

Das Schrifttum hat die Wesentlichkeitstheorie daher zum Teil heftig kritisiert.[746] Anstatt auf die Wesentlichkeitskeitstheorie Bezug zu nehmen, ist nach ihrer Auffassung an die Bedeutung und Intensität der Regelung für den Bürger anzuknüpfen.[747]

Insgesamt gilt aber: Je intensiver die Grundrechte betroffen sind, desto genauer und ausdifferenzierter muss das Gesetz formuliert sein.[748]

---

1987, 1241 ff.; *Degenhart,* in: Merten/Papier, Handbuch der Grundrechte, Bd. III, 2009, § 61 Rn. 74; *Mann,* in: Sachs, GG, 8. Aufl. 2018, Art. 12 Rn. 110; *Nierhaus,* in: Burmeister/Nierhaus/Püttner/Sachs, Festschrift für Klaus Stern, 1997, S. 717; *Papier,* VSSR 1990, 123 (126 ff.); *Schulze-Fielitz,* Theorie und Praxis parlamentarischer Gesetzgebung, 1988, S. 162 ff.

743 BVerfGE 139, 19; VGH Mannheim, Urt. v. 21.11.2017 – 9 S 1145/16, BeckRS 2017, 133435 Rn. 26; *Bethge,* NVwZ 1983, 577; *Eberle,* DÖV 1984, 485 (486); *Degenhart,* Staatsrecht I, 33. Aufl. 2017, Rn. 330; *Erichsen,* VerwArchiv Bd. 67 (1976) S. 993 (997 f.); *Hufen,* Staatsrecht II, 6. Aufl. 2017, § 9 Rn. 4; *Jarass,* in: Jarass/Pieroth, GG, 14. Aufl. 2016, Art. 20 Rn. 72; *Erichsen,* in: Wilke, Festschrift zum 125-jährigen Bestehen der Juristischen Gesellschaft zu Berin, 1984, S. 113 ff.; *Krebs,* Jura 1979, 304 (311); *Lerche,* in: Merten/Papier, Handbuch der Grundrechte, Bd. III, 2009, § 62 Rn. 9; *Mann,* in: Sachs, GG, 8. Aufl. 2018, Art. 12 Rn. 110; *Ossenbühl,* in: Isensee/Kirchhof, Handbuch des Staatsrechts, Bd. V, 3. Aufl. 2007, § 101 Rn. 14.

744 VGH Mannheim, Urt. v. 21.11.2017 – 9 S 1145/16, BeckRS 2017, 133435 Rn. 26.

745 *Gröpl,* Staatsorganisationsrecht I, 9. Aufl. 2017, Rn. 288; *Kloepfer,* Verfassungsrecht Bd. I, 2011, § 10 Rn. 122; *Kloepfer,* JZ 1984, 685 (692); *Scholz,* in: Maunz/Dürig, GG, Loseblatt, Stand September 2017, Art. 12 Rn. 324.

746 Kritik an der Wesentlichkeitstheorie bei *Reimer,* in: Hoffmann-Riem/Schmidt-Aßmann/Voßkuhle, Grundlagen des Verwaltungsrechts, Bd. I, 2. Aufl. 2012, § 9 Rn. 57 ff. Siehe auch *Kloepfer,* JZ 1984, 685 (692 ff.); *Krebs,* Jura 1979, 304 (308). Eine Übersicht zu den verschiedenen Ansichten bezüglich der Erweiterung des Eingriffsvorbehalts bei *Kuhl,* Der Kernbereich der Exekutive, 1993, S. 77 ff.

747 *Heußner,* in: Avenarius, Festschrift für Erwin Stein zum 80. Geburtstag, 1983, S. 111 (124); *Ossenbühl,* in: Issensee/Kirchhof, Handbuch des Staatsrechts, Bd. V, 3. Aufl. 2007, § 101 Rn. 56 ff.

748 BVerfGE 49, 168 (181); 59, 104 (114); 86, 288 (311); 87, 287 (316 f.); *Eberle,* DÖV 1984, 485 (487); *Epping,* Grundrechte, 7. Aufl. 2017, Rn. 405; *Hillgruber,* in: Isensee/

#### cc) Bedeutung des Gesetzesvorbehaltes für Selbstverwaltungskörperschaften – Beschränkung auf Grund eines Gesetzes

Das Bundesverfassungsgericht hat die „*Wesentlichkeitstheorie*" auch benutzt, um klarzustellen, dass Satzungen der Selbstverwaltungskörperschaften nicht ohne gesetzliche Grundlage in die Rechte der Mitglieder eingreifen dürfen.[749]

Aus der Selbstverwaltungskompetenz lässt sich keine Befugnis zum Eingriff in Grundrechte ableiten.[750] Daher können Selbstverwaltungskörperschaften nur grundrechtseingreifend tätig werden, wenn sie auf Grund eines Gesetzes handeln.[751] Die Verwaltung ist zwar zu eigenen grundrechtseingreifenden Regelungen ermächtigt, jedoch nur, soweit die materiellen Gesetze ihrerseits eine gesetzliche Grundlage in einem formellen Gesetz finden.[752]

Aus der Wesentlichkeitstheorie folgt somit nicht nur, ob ein bestimmter Gegenstand gesetzlich zu regeln ist, sondern auch wie genau diese Regelungen im Einzelnen ausgestaltet sein müssen.[753] Allerdings müssen die gesetzlichen

---

Kirchhof, Handbuch des Staatsrechts, Bd. IX, 3. Aufl. 2011, § 201 Rn. 31; *Kingreen/Poscher*, Grundrechte – Staatsrecht II, 33. Aufl. 2017, Rn. 319; *Kloepfer*, Verfassungsrecht Bd. I, 2011, § 10 Rn. 122; *Manssen*, Staatsrecht II, 14. Aufl. 2017, Rn. 629; *Manssen*, in: von Mangoldt/Klein/Starck, GG, Bd. 1, 6. Aufl. 2010, Art. 12 Rn. 118; *Maurer*, Staatsrecht I, 6. Aufl. 2010, § 8 Rn. 21; *Starck*, NJW 1972, 1489 (1491); *Stern*, Staatsrecht, Bd. IV/1, 2006, S. 1888. Vertreten wird mithin auch, dass neben der Intensität der beabsichtigten Entscheidung das Merkmal der Kontroversen Indiz für die Zuständigkeit des Parlaments sein soll. So *Degenhart*, Staatsrecht I, 33. Aufl. 2017, Rn. 331.

749 BVerfGE 33, 125; 11, 191 (213).

750 *Gröpel*, Staatsrecht I, 7. Aufl. 2015, Rn. 1358; *Hufen*, Staatsrecht II, 6. Aufl. 2017, § 9 Rn. 5; *Stern*, Staatsrecht, Bd. IV/1, 2006, S. 1885 f.

751 Etwas Ähnliches gilt auch im Hinblick auf Rechtsverordnungen. Ein Rückgriff auf die Wesentlichkeitstheorie ist jedoch nicht erforderlich, da sich die Notwendigkeit einer hinreichend bestimmten Rechtsgrundlage bereits aus Art. 80 Abs. 1 GG ergibt, *Hufen*, Staatsrecht II, 6. Aufl. 2017, § 9 Rn. 6. Allgemein hierzu: *Mann*, in: Sachs, GG, 8. Aufl. 2018, Art. 12 Rn. 116; *Manssen*, Staatsrecht II, 14. Aufl. 2017, Rn. 629.

752 *Hermes*, in: Merten/Papier, Handbuch der Grundrechte, Bd. III, 2009, § 63 Rn. 3; *Kingreen/Poscher*, Grundrechte – Staatsrecht II, 33. Aufl. 2017, Rn. 315; *Mann*, in: Sachs, GG, 8. Aufl. 2018, Art. 12 Rn. 116; *Manssen*, in: von Mangoldt/Klein/Starck, GG, Bd. 1, 6. Aufl. 2010, Art. 12 Rn. 118. Zugleich weist *Hermes* darauf hin, dass der kompetenzrechtliche Aussagegehalt der Unterscheidung zwischen Eingriffen, die durch Gesetz ermöglicht werden, und solchen, die auf Grund eines Gesetzes zulässig sind, gering oder sogar zu vernachlässigen ist, *Hermes*, in: Merten/Papier, Handbuch der Grundrechte, Bd. III, 2009, § 63 Rn. 40; so auch *Starck*, NJW 1972, 1489 (1490).

753 Das Erfordernis der hinreichenden Bestimmtheit der Ermächtigungsgrundlage bei der Delegation einer Entscheidung auf den Verordnungs- und Satzungsgeber stellt

Vorgaben auf die grobe Umschreibung der Aufgaben oder auf die Formulierung von Zielen beschränkt sein. Anderenfalls würde die Selbstverwaltung um ihren Sinn gebracht. Dem Gesetzesvorbehalt wird somit eine inhaltliche Grenze durch die Reichweite der Selbstverwaltung gesetzt.[754]

Gleiches gilt auch für die Universitäten. Diese sind aufgrund von Art. 5 Abs. 3 GG zwar zur Selbstverwaltung ermächtigt, sie können jedoch nur grundrechtseingreifend tätig werden, wenn sich ihr Handeln auf ein formelles Gesetz zurückführen lässt.

### dd) Die Beschränkung des Gesetzvorbehalts auf verhältnismäßige Gesetze

Im Zusammenhang mit dem Dargestellten drängt sich die Frage auf, ob die Möglichkeit des Gesetzgebers, die Grundrechte durch den Erlass von förmlichen Gesetzen einzuschränken, nicht zu einem Leerlauf der grundrechtlichen Freiheitsgewährleistungen führt. Dem tritt das Bundesverfassungsgericht entgegen, indem es justiziable verfassungsrechtliche Anforderungen an grundrechtseinschränkende Gesetze aufgestellt hat.[755]

Nur solche Gesetze können den Grundrechtsschutz wirksam einschränken, die ihrerseits formell und materiell rechtmäßig sind.[756] So steht die mit Art. 12 Abs. 1 GG verfolgte Lern- und Studierfreiheit zwar unter einem Gesetzesvorbehalt, aber nur unter dem Vorbehalt der Verfassungsgemäßheit des die Lern- und Studierfreiheit einschränkenden Gesetzes. In diesem Zusammenhang muss vornehmlich der Grundsatz der Verhältnismäßigkeit Berücksichtigung finden.[757]

---

insoweit eine notwendige Ergänzung und Konkretisierung des Gesetzesvorbehalts und des Grundsatzes der Gesetzmäßigkeit der Verwaltung dar, so VGH Mannheim, Urt. v. 21.11.2017 – 9 S 1145/16, BeckRS 2017, 133435 Rn. 26.

754 *Oppermann*, Kulturverwaltungsrecht, 1969, S. 349 ff.; *Ossenbühl*, in: Isensee/Kirchhof, Handbuch des Staatsrechts, Bd. V, 3. Aufl. 2007, § 101 Rn. 70.

755 *Hillgruber*, in: Isensee/Kirchhof, Handbuch des Staatsrechts, Bd. IX, 3. Aufl. 2011, § 201 Rn. 34; *Lerche*, in: Merten/Papier, Handbuch der Grundrechte, Bd. III, 2009, § 62 Rn. 13.

756 BVerfGE 115, 118 (139); *Degenhart*, in: Merten/Papier, Handbuch der Grundrechte, Bd. III, 2009, § 61 Rn. 74; *Hillgruber*, in: Isensee/Kirchhof, Handbuch des Staatsrechts, Bd. IX, 3. Aufl. 2011, § 201 Rn. 35.

757 BVerfGE 6, 32 (41); *Degenhart*, in: Merten/Papier, Handbuch der Grundrechte, Bd. III, 2009, § 61 Rn. 74; *Hillgruber*, in: Isensee/Kirchhof, Handbuch des Staatsrechts, Bd. IX, 3. Aufl. 2011, § 201 Rn. 36; *Kingreen/Poscher*, Grundrechte – Staatsrecht II, 33. Aufl. 2017, Rn. 321 ff.; *Lerche*, in: Merten/Papier, Handbuch der Grundrechte, Bd. III, 2009, § 63 Rn. 13; *Schlink*, EuGRZ 1984, 457 (459 f.).

## 2. *Die materielle Verfassungsmäßigkeit des einschränkenden Gesetzes*

Im Rahmen der materiellen Verfassungsmäßigkeit sind die inhaltlichen Beschränkungen zu prüfen, denen ein einschränkendes Gesetz unterliegt.[758] Zu nennen sind insbesondere die Anforderungen des Art. 19 Abs. 1 und 2 GG, konkret also das Zitiergebot, das Verbot von Einzelfallgesetzen und die Wesensgehaltsgarantie.[759] Jeder Eingriff in ein Freiheitsgrundrecht muss außerdem dem Grundsatz der Verhältnismäßigkeit genügen.[760] Dieser Grundsatz stellt eines der entscheidenden Elemente der Grundrechtsdogmatik dar,[761] so dass auch der Schwerpunkt auf der Verhältnismäßigkeitsprüfung liegen wird. Die Untersuchung der übrigen Anforderungen wird mangels streitiger Anknüpfungspunkte dagegen nur im Überblick erfolgen.

### a) *Die Verhältnismäßigkeitsprüfung unter besonderer Berücksichtigung der Dreistufen-Theorie*

Der Grundsatz der Verhältnismäßigkeit setzt voraus, dass Grundrechtseingriffe einen legitimen Zweck verfolgen, der geeignet, erforderlich und angemessen ist.[762] Mit dieser Anforderung an die Rechtfertigung soll sichergestellt werden,

---

758 *Hillgruber*, in: Isensee/Kirchhof, Handbuch des Staatsrechts, Bd. IX, 3. Aufl. 2011, § 201 Rn. 49; *Kloepfer*, Verfassungsrecht Bd. II, 2010, § 51 Rn. 71.

759 *Hufen*, Staatsrecht II, 6. Aufl. 2017, § 9 Rn. 26 ff.; *Ipsen*, Staatsrecht II, 20. Aufl. 2017, Rn. 196 ff.; *Kingreen/Poscher*, Grundrechte – Staatsrecht II, 33. Aufl. 2017, Rn. 327 ff.; *Kloepfer*, Verfassungsrecht Bd. II, 2010, § 51 Rn. 71 ff.; *Manssen*, Staatsrecht II, 14. Aufl. 2017, Rn. 174 ff.; *von Münch/Mager*, Staatsrecht II, 6. Aufl. 2014, Rn. 126 ff.; *Ruffert*, in: Epping/Hillgruber, GG, 2. Aufl. 2013, Art. 12 Rn. 86; *Umbach*, in: Umbach/Clemens, GG, Bd. I, 2002, Art. 12 Rn. 79 f.

760 BVerfGE 16, 194 (201 f.); *Epping*, Grundrechte, 67. Aufl. 2017, Rn. 48; *Hillgruber*, in: Isensee/Kirchhof, Handbuch des Staatsrechts, Bd. IX, 3. Aufl. 2011, § 201 Rn. 51; *Ipsen*, Staatsrecht II, 20. Aufl. 2017, Rn. 182; *Kloepfer*, Verfassungsrecht Bd. II, 2010, § 51 Rn. 85 ff.; *Manssen*, Staatsrecht II, 14. Aufl. 2017, Rn. 192 ff.; *Schnapp*, JuS 1983, 850 (851); *Stern*, Staatsrecht, Bd. III/2, 1994, S. 775 ff.

761 *Epping*, Grundrechte, 7. Aufl. 2017, Rn. 49; *Ipsen*, Staatsrecht II, 20. Aufl. 2017, Rn. 182; *Manssen*, Staatsrecht II, 14. Aufl. 2017, Rn. 192; *Hufen*, Staatsrecht II, 6. Aufl. 2017, § 9 Rn. 15 f.; *Kloepfer*, Verfassungsrecht Bd. II, 2010, § 51 Rn. 85; *Kloepfer*, Gleichheit als Verfassungsfrage, 1980, S. 58 ff.; *Ruffert*, in: Epping/Hillgruber, GG, 2. Aufl. 2013, Art. 12 Rn. 87; *Stern*, Staatrecht, Bd. III/2, 1994, S. 764; *Umbach*, in: Umbach/Clemens, GG, Bd. I, 2002, Art. 12 Rn. 81.

762 BVerfGE 118, 168 (193); *Epping*, Grundrechte, 7. Aufl. 2017, Rn. 48; *Hillgruber*, in: Isensee/Kirchhof, Handbuch des Staatsrechts, Bd. IX, 3. Aufl. 2011, § 201 Rn. 51; *Ipsen*, Staatsrecht II, 20. Aufl. 2017, Rn. 184; *Ipsen*, JuS 1990, 634 (636 ff.); *Kingreen/*

dass jeder Bürger Eingriffe in seine Freiheitssphäre von Seiten der öffentlichen Gewalt nur hinnehmen muss, wenn dies für den Schutz öffentlicher Interessen unvermeidbar ist.[763] In seiner die individuelle Rechts- und Freiheitssphäre verteidigenden Funktion kommt dem Verhältnismäßigkeitsgrundsatz daher auch im Rahmen von Art. 12 Abs. 1 GG eminente Bedeutung zu.[764]

Allerdings erfährt die Prüfung der Verhältnismäßigkeit im Rahmen von Art. 12 Abs. 1 GG gewisse Modifikationen. Im sogenannten Apothekenurteil vom 11. Juni 1958 hat das Bundesverfassungsgericht zur berufsfreiheitsspezifischen Strukturierung der Verhältnismäßigkeit die Dreistufen-Theorie entwickelt.[765] Ersetzt wird die Verhältnismäßigkeitsprüfung durch diese Theorie jedoch nicht.[766]

---

*Poscher*, Grundrechte – Staatsrecht II, 33. Aufl. 2017, Rn. 330 ff.; *Kloepfer*, Verfassungsrecht Bd. II, 2010, § 51 Rn. 90; *Manssen*, Staatsrecht II, 14. Aufl. 2017, Rn. 187 ff.; *Sachs*, Verfassungsrecht II, 3. Aufl. 2017, Kap. 10 Rn. 36 ff.

763 BVerfGE 19, 342 (348 f.); 43, 101 (106); 76, 1 (50 f.); *Hillgruber*, in: Isensee/Kirchhof, Handbuch des Staatsrechts, Bd. IX, 3. Aufl. 2011, § 201 Rn. 51; *M. Nolte*, in: Stern/Becker, GG, 2. Aufl. 2015, Art. 12 Rn. 86; *Starck*, in: ders., Bundesverfassungsgericht und Grundgesetz, Festgabe aus Anlass des 25jährigen Bestehens des Bundesverfassungsgerichts, Bd. 2, 1976, S. 480 (482); *Stern*, Staatsrecht, Bd. III/2, 1994, S. 785 f.

764 BVerfGE 81, 310 (338); *Breuer*, in: Isensee/Kirchhof, Handbuch des Staatsrechts, Bd. VIII, 3. Aufl. 2010, § 170 Rn. 117; *Hillgruber*, in: Isensee/Kirchhof, Handbuch des Staatsrechts, Bd. IX, 3. Aufl. 2011, § 201 Rn. 51; *Merten*, in: Merten/Papier, Handbuch der Grundrechte, Bd. III, 2009, § 68, Rn. 3; *Ruffert*, in: Epping/Hillgruber, GG, 2. Aufl. 2013, Art. 12 Rn. 87.

765 BVerfGE 7, 377 (405 ff.). Ausführlich zur Rechtsprechung des BVerfG zur Berufsfreiheit *Tettinger*, AöR Bd. 108 (1983), S. 92 ff.; allgemein zur Dreistufen-Theorie: BVerfGE 25, 1 (11 f.); *Breuer*, in: Isensee/Kirchhof, Handbuch des Staatsrechts, Bd. VIII, 2010, § 171 Rn. 14; *Czybulka*, NVwZ 1991, 145 ff.; *Ipsen*, JuS 1990, 634 ff.; *Jarass*, in: Jarass/Pieroth, GG, 14. Aufl. 2016, Art. 12 Rn. 33; *Langer*, JuS 1993, 293 ff.; *Manssen*, in: von Mangoldt/Klein/Starck, GG, Bd. 1, 6. Aufl. 2010, Art. 12 Rn. 125; *M. Nolte*, in: Stern/Becker, GG, 2. Aufl. 2015, Art. 12 Rn. 86; *Ossenbühl*, AöR Bd. 115 (1990), S. 1 (8 f.); *Ruffert*, in: Epping/Hillgruber, GG, 2. Aufl. 2013, Art. 12 Rn. 93; *Schwabe*, DÖV 1969, 734 ff.; *Wieland*, in: Dreier, GG, Bd. I, 3. Aufl. 2013, Art. 12 Rn. 92.

766 BVerfGE 7, 377 (401, 403, 405 ff.); *Kingreen/Poscher*, Grundrechte – Staatsrecht II, 33. Aufl. 2017, Rn. 974; *Kloepfer*, Verfassungsrecht Bd. II, 2010, § 51 Rn. 94; *Manssen*, in: von Mangoldt/Klein/Starck, GG, Bd. 1, 6. Aufl. 2010, Art. 12 Rn. 125; *M. Nolte*, in: Stern/Becker, GG, 2. Aufl. 2015, Art. 12 Rn. 86.

### aa) Die Auswirkungen der Dreistufen-Theorie auf die Prüfung der Verhältnismäßigkeit

Je nachdem, auf welche Art und Weise und mit welcher Motivation in die berufliche Tätigkeit des Einzelnen eingegriffen wird, ergeben sich unterschiedliche Anforderungen an die Rechtfertigung der Beeinträchtigung.[767]

Grundlage der Dreistufen-Theorie bildet zunächst die Unterscheidung von Eingriffen in Berufsausübungsregelungen sowie subjektive und objektive Berufswahlregelungen.[768] Da diese Eingriffe unterschiedlich schwer wiegen, steigt mit zunehmender Eingriffsintensität auch das Maß des Rechtfertigungsbedarfs, dem der Gesetzgeber gerecht werden muss.[769] So liegt bereits in der Stufenfolge ein Element des Übermaßverbots. Der Gesetzgeber ist angehalten, Regelungen auf der Stufe vorzunehmen, die den geringsten Eingriff mit sich bringt.[770] Nach Auffassung des Bundesverfassungsgerichts ist das Übermaßverbot aber auch für Regelungen auf den einzelnen Stufen anzuwenden:

---

767 *Gröpl*, in: Gröpl/Windthorst/von Coelln, Studienkommentar GG, 3. Aufl. 2017, Art. 12 Rn. 53; *Umbach*, in: Umbach/Clemens, GG, Bd. I, 2002, Art. 12 Rn. 82.

768 BVerfGE 7, 377 (402); *Epping*, Grundrechte, 7. Aufl. 2017, Rn. 409; *Hofmann*, in: Schmidt-Bleibtreu/Hofmann/Henneke, GG, 14. Aufl. 2018, Art. 12 Rn. 50; *Jarass*, in: Jarass/Pieroth, GG, 14. Aufl. 2016, Art. 12 Rn. 34, 37; *Kingreen/Poscher*, Grundrechte – Staatsrecht II, 33. Aufl. 2017, Rn. 975; *Manssen*, in: von Mangoldt/Klein/Starck, GG, Bd. 1, 6. Aufl. 2010, Art. 12 Rn. 139; *M. Nolte*, in: Stern/Becker, GG, 2. Aufl. 2015, Art. 12 Rn. 86; *Wieland*, in: Dreier, GG, Bd. I, 3. Aufl. 2013, Art. 12 Rn. 92.

769 BVerfGE 7, 377; 13, 97; 13, 181; 19, 337; 33, 125; 33, 303; 54, 301; *Hofmann*, in: Schmidt-Bleibtreu/Hofmann/Henneke, GG, 14. Aufl. 2018, Art. 12 Rn. 50; *Kämmerer*, in: von Münch/Kunig, GG, Art. 12 Rn. 60; *Kingreen/Poscher*, Grundrechte – Staatsrecht II, 33. Aufl. 2017, Rn. 984; *Mann*, in: Sachs, GG, 8. Aufl. 2018, Art. 12 Rn. 125; *Manssen*, in: von Mangoldt/Klein/Starck, GG, Bd. 1, 6. Aufl. 2010, Art. 12 Rn. 140; *Ruffert*, in: Epping/Hillgruber, GG, 2. Aufl. 2013, Art. 12 Rn. 93; *Umbach*, in: Umbach/Clemens, GG, Bd. I, 2002, Art. 12 Rn. 82; *Wieland*, in: Dreier, GG, Bd. I, 3. Aufl. 2015, Art. 12 Rn. 101.

770 BVerfGE 7, 377 (408); 19, 336; *Breuer*, in: Isensee/Kirchhof, Handbuch des Staatsrechts, Bd. VIII, 3. Aufl. 2010, § 171, Rn. 15; *Hofmann*, in: Schmidt-Bleibtreu/Hofmann/Hopfauf, GG, 14. Aufl. 2018, Art. 12 Rn. 52; *Kämmerer*, in: von Münch/Kunig, GG, Bd. 1, 6. Aufl. 2012, Art. 12 Rn. 62; *Kingreen/Poscher*, Grundrechte – Staatsrecht II, 33. Aufl. 2017, Rn. 975; *Manssen*, Staatsrecht II, 14. Aufl. 2017, Rn. 631; *Stern*, Staatsrecht, Bd. III/2, 1994, S. 802; *Wieland*, in: Dreier, GG, Bd. I, 3. Aufl. 2013, Art. 12 Rn. 93.

> *„Das Prinzip der Verhältnismäßigkeit (gilt) in dem Sinn, dass die vorgeschriebenen subjektiven Voraussetzungen zu dem angestrebten Zweck der ordnungsgemäßen Erfüllung der Berufstätigkeit nicht außer Verhältnis stehen dürfen“.*[771]

Eine relativ geringe Beeinträchtigung erfährt die Berufsfreiheit durch Berufsausübungsregelungen, da der Gesetzgeber lediglich die Art und Weise der Berufstätigkeit festlegt.[772] Solche Regelungen können bereits durch jede vernünftige Erwägung des Allgemeinwohls gerechtfertigt werden.[773] Der Gesetzgeber darf Gesichtspunkte der Zweckmäßigkeit in den Vordergrund stellen.[774] Der Grundrechtschutz beschränkt sich insoweit auf die Abwehr verfassungswidriger Auflagen.[775]

Subjektive Berufswahlregelungen sind solche Bestimmungen, die an die Berufsausübung das Vorliegen bestimmter Eigenschaften und Fähigkeiten knüpfen.[776] Ihre Erfüllung liegt im Verantwortungsbereich des

---

771 BVerfGE 7, 377 (407); *Stern*, Staatsrecht, Bd. III/2, 1994, S. 802.

772 BVerfGE 7, 377 (405 f.); 39, 210 (225); 46, 246 (256 f.); *Epping*, Grundrechte, 7. Aufl. 2017, Rn. 411; *Hufen*, Staatsrecht II, 6. Aufl. 2017, § 35 Rn. 18; *Jarass*, in: Jarass/Pieroth, GG, 14. Aufl. 2016, Art. 12 Rn. 34; *Kingreen/Poscher*, Grundrechte – Staatsrecht II, 33. Aufl. 2017, Rn. 984; *Mann*, in: Sachs, GG, 8. Aufl. 2018, Art. 12 Rn. 79; *Manssen*, in: von Mangoldt/Klein/Starck, GG, Bd. 1, 6. Aufl. 2010, Art. 12 Rn. 140; *Ruffert*, in: Epping/Hillgruber, GG, 2. Aufl. 2013, Art. 12 Rn. 94; *Umbach*, in: Umbach/Clemens, GG, Bd. I, 2002, Art. 12 Rn. 83; *Wieland*, in: Dreier, GG, Bd. I, 3. Aufl. 2013, Art. 12 Rn. 92.

773 BVerfGE 28, 374; 37; 18; 39, 225; 47, 116; 93, 235; *Epping*, Grundrechte, 7. Aufl. 2017, Rn. 419; *Hofmann*, in: Schmidt-Bleibtreu/Hofmann/Henneke, GG, 14. Aufl. 2018, Art. 12 Rn. 52; *Manssen*, in: von Mangoldt/Klein/Starck, GG, Bd. 1, 6. Aufl. 2010, Art. 12 Rn. 141; *Rittstieg*, in: Denninger/Hoffmann-Riem/Schneider/Stein, AK-GG, Bd. 1, 3. Aufl. 2001, Art. 12 Rn. 73; *Ruffert*, in: Epping/Hillgruber, GG, 2. Aufl. 2013, Art. 12 Rn. 94; *Umbach*, in: Umbach/Clemens, GG, Bd. I, 2002, Art. 12 Rn. 83; *Wieland*, in: Dreier, GG, Bd. I, 3. Aufl. 2013, Art. 12 Rn. 93.

774 BVerfGE 77, 308 (332); *Ipsen*, Staatsrecht II, 20. Aufl. 2017, Rn. 654; *Jarass*, in: Jarass/Pieroth, GG, 14. Aufl. 2016, Art. 12 Rn. 45; *Mann*, in: Sachs, GG, 8. Aufl. 2018, Art. 12 Rn. 127.

775 BVerfGE 7, 377 (406); 77, 308 (332); *Breuer*, in: Isensee/Kirchhof, Handbuch des Staatsrechts, Bd. VIII, 3. Aufl. 2010, § 171 Rn. 15; *Ipsen*, Staatsrecht II, 20. Aufl. 2017, Rn. 654; *Jarass*, in: Jarass/Pieroth, GG, 14. Aufl. 2016, Art. 12 Rn. 45; *Mann*, in: Sachs, GG, 8. Aufl. 2018, Art. 12 Rn. 127.

776 Darunter fallen etwa ein bestimmtes Alter (BVerfGE 9, 338 (344 f.); 64, 72 (84)), die berufsbezogene Eignung und Zuverlässigkeit oder das Bestehen von Prüfungen oder erbrachte Leistungen (BVerfGE 13, 97 (106 f.); 34, 71 (77 f.). *Epping*, Grundrechte, 7. Aufl. 2017, Rn. 413; *Hufen*, Staatsrecht II, 6. Aufl. 2017, § 35 Rn. 21; *Jarass*, in: Jarass/Pieroth, GG, 13. Aufl. 2014, Art. 12 Rn. 35; *Kingreen/Poscher*, Grundrechte – Staatsrecht

Grundrechtsträgers.[777] Die Legitimation subjektiver Berufswahlregelungen beruht auf dem Umstand, dass viele Berufe bestimmte, nur durch theoretische und praktische Schulung erwerbbare technische Kenntnisse und Fertigkeiten erfordern, ohne die die Ausübung des Berufs entweder unmöglich wäre oder zu Schäden der Allgemeinheit führen könnte.[778] Subjektive Berufswahlbeschränkungen sind daher nur zum Schutz besonders wichtiger Gemeinschaftsgüter zulässig.[779] Dabei kann es sich um relative, vom Gesetzgeber nach seinen wirtschafts-, sozial- und gesellschaftspolitischen Vorstellungen (sachgerecht) festgelegte Güter bzw. Interessen handeln.[780] Sie dürfen jedoch nicht außer Verhältnis zu dem angestrebten Zweck der ordnungsgemäßen Erfüllung der Berufstätigkeit stehen.[781]

---

II, 33. Aufl. 2017, Rn. 960; *Manssen*, Grundrechte II, 12. Aufl. 2015, Rn. 637; *Manssen*, in: von Mangoldt/Klein/Starck, GG, Bd. 1, 6. Aufl. 2010, Art. 12 Rn. 147; *Ruffert*, in: Epping/Hillgruber, GG, 2. Aufl. 2013, Art. 12 Rn. 97; *Schneider*, in: Merten/Papier, Handbuch der Grundrechte, Bd. V, 2013, § 113 Rn. 149; *Wieland*, in: Dreier, GG, Bd. I, 3. Aufl. 2013, Art. 12 Rn. 93.

777 *Kämmerer*, in: von Münch/Kunig, GG, Bd. 1, 6. Aufl. 2012, Art. 12 Rn. 61; *Mann*, in: Sachs, GG, 8. Aufl. 2018, Art. 12 Rn. 131; *Manssen*, Grundrechte II, 12. Aufl. 2015, Rn. 637; *Umbach*, in: Umbach/Clemens, GG, Bd. I, 2002, Art. 12 Rn. 85; *Wieland*, in: Dreier, GG, Bd. I, 3. Aufl. 2013, Art. 12 Rn. 66 f.

778 Subjektive Zulassungsbeschränkungen in Gestalt von Befähigungsnachweisen erweisen sich deshalb „als das adäquate Mittel zur Verhütung möglicher Nachteile und Gefahren“, so BVerfGE 7, 377 (406 f.). So auch *Stern*, Staatsrecht, Bd. IV/1, 2006, S. 1891; *Manssen*, in: von Mangoldt/Klein/Starck, GG, Bd. 1, 6. Aufl. 2010, Art. 12 Rn. 147; *Wieland*, in: Dreier, GG, Bd. I, 3. Aufl. 2013, Art. 12 Rn. 105 ff.

779 BVerfGE 69, 209 (218); 103, 172 (183); *Epping*, Grundrechte, 7. Aufl. 2017, Rn. 420; *Hofmann*, in: Schmidt-Bleibtreu/Hofmann/Henneke, GG, 14. Aufl. 2018, Art. 12 Rn. 56; *Hufen*, Staatsrecht II, 6. Aufl. 2017, § 35 Rn. 21; *Jarass*, in: Jarass/Pieroth, GG, 13. Aufl. 2014, Art. 12 Rn. 46; *Kämmerer*, in: von Münch/Kunig, GG, Bd. 1, 6. Aufl. 2012, Art. 12 Rn. 61; *Kingreen/Poscher*, Grundrechte – Staatsrecht II, 33. Aufl. 2017, Rn. 984; *Mann*, in: Sachs, GG, 8. Aufl. 2018, Art. 12 Rn. 131; *Manssen*, Grundrechte II, 12. Aufl. 2015, Rn. 637; *Ruffert*, in: Epping/Hillgruber, GG, 2. Aufl. 2013, Art. 12 Rn. 97; *Schneider*, in: Merten/Papier, Handbuch der Grundrechte, Bd. V, 2013, § 113 Rn. 149; *Umbach*, in: Umbach/Clemens, GG, Bd. I, 2002, Art. 12 Rn. 85; *Wieland*, in: Dreier, GG, Bd. I, 3. Aufl. 2013, Art. 12 Rn. 93.

780 BVerfGE 13, 97 (107); *Jarass*, in: Jarass/Pieroth, GG, 13. Aufl. 2014, Art. 12 Rn. 46.

781 BVerfGE 7, 377 (406 f.); *Schneider*, in: Merten/Papier, Handbuch der Grundrechte, Bd. V, 2013, § 113 Rn. 149; *Wieland*, in: Dreier, GG, Bd. I, 3. Aufl. 2013, Art. 12 Rn. 93.

Beeinträchtigungen der Berufsfreiheit durch objektive Zulassungsvoraussetzungen wiegen besonders schwer.[782] Sie beeinflussen die Berufswahl einschließlich der Entscheidung über die Fortsetzung der Tätigkeit anhand objektiver Kriterien, die weder mit den Eigenschaften des Betroffenen in Zusammenhang stehen, noch von ihm beeinflusst werden können.[783] Objektive Berufswahlregelungen sind nur zulässig, wenn sie zur Abwehr nachweisbarer oder höchst wahrscheinlicher, schwerer Gefahren für ein überragend wichtiges Gemeinschaftsgut zwingend geboten sind.[784] In der Regel muss es sich um ein Rechtsgut handeln, das selbst durch die Verfassung geschützt ist.[785]

Die Anwendung der Dreistufen-Theorie ist jedoch nicht unumstritten.[786] Das Bundesverfassungsgericht verfestigte die Dreistufen-Theorie zunächst in seinen

782 *Breuer*, in: Isensee/Kirchhof, Handbuch des Staatsrechts, Bd. VIII, 3. Aufl. 2010, § 171 Rn. 15; *Jarass*, in: Jarass/Pieroth, GG, 14. Aufl. 2016, Art. 12 Rn. 36; *Kämmerer*, in: von Münch/Kunig, GG, Bd. 1, 6. Aufl. 2012, Art. 12 Rn. 61; *Kingreen/Poscher*, Grundrechte – Staatsrecht II, 33. Aufl. 2017, Rn. 984; *Ruffert*, in: Epping/Hillgruber, GG, 2. Aufl. 2013, Art. 12 Rn. 99.

783 BVerfGE 7, 377 (407 f.); *Epping*, Grundrechte, 7. Aufl. 2017, Rn. 414; *Hufen*, Staatsrecht II, 6. Aufl. 2017, § 35 Rn. 23; *Jarass*, in: Jarass/Pieroth, GG, 13. Aufl. 2014, Art. 12 Rn. 36; *Kämmerer*, in: von Münch/kunig, GG, Bd. 1, 6. Aufl. 2012, Art. 12 Rn. 61; *Mann*, in: Sachs, GG, 8. Aufl. 2018, Art. 12 Rn. 131; *Kingreen/Poscher*, Grundrechte – Staatsrecht II, 33. Aufl. 2017, Rn. 954, 984; *Manssen*, Grundrechte II, 12. Aufl. 2015, Rn. 642; *Schneider*, in: Merten/Papier, Handbuch der Grundrechte, Bd. V, 2013, § 113 Rn. 149; *Umbach*, in: Umbach/Clemens, GG, Bd. I, 2002, Art. 12 Rn. 88; *Wieland*, in: Dreier, GG, Bd. I, 3. Aufl. 2013, Art. 12 Rn. 62.

784 BVerfGE 7, 377 (407 f.); 75, 284 (296); 102, 197 (214); 126, 112 (141); *Breuer*, in: Isensee/Kirchhof, Handbuch des Staatsrechts, Bd. VIII, 2010, § 171 Rn. 73; *Epping*, Grundrechte, 7. Aufl. 2017, Rn. 421; *Hofmann*, in: Schmidt-Bleibtreu/Hofmann/Henneke, GG, 14. Aufl. 2018, Art. 12 Rn. 55; *Jarass*, in: Jarass/Pieroth, GG, 13. Aufl. 2014, Art. 12 Rn. 48; *Mann*, in: Sachs, GG, 8. Aufl. 2018, Art. 12 Rn. 133; *Manssen*, Grundrechte II, 12. Aufl. 2015, Rn. 643; *Umbach*, in: Umbach/Clemens, GG, Bd. I, 2002, Art. 12 Rn. 100; *Wieland*, in: Dreier, GG, Bd. I, 3. Aufl. 2013, Art. 12 Rn. 93.

785 BVerfGE 7, 377 (408); *Epping*, Grundrechte, 7. Aufl. 2017, Rn. 421; *Häberle*, AöR Bd. 95 (1970), S. 86 (100); *Hufen*, Staatsrecht II, 6. Aufl. 2017, § 35 Rn. 23; *Kingreen/Poscher*, Grundrechte – Staatsrecht II, 33. Aufl. 2017, Rn. 954; *Manssen*, Grundrechte II, 12. Aufl. 2015, Rn. 643; *Manssen*, in: von Mangoldt/Klein/Starck, GG, Bd. 1, 6. Aufl. 2010, Art. 12 Rn. 141; *Ruffert*, in: Epping/Hillgruber, GG, 2. Aufl. 2013, Art. 12 Rn. 99; *Umbach*, in: Umbach/Clemens, GG, Bd. I, 2002, Art. 12 Rn. 100 f.

786 *Czybulka*, NVwZ 1991, 145 (146 f.); *Gusy*, JA 1992, 257 (263 f.); *Hufen*, NJW 1994, 2913 (2917); *Leiser*, DVBl. 1989, 1025 (1029); *Mann*, in: Sachs, GG, 8. Aufl. 2018, Art. 12 Rn. 152 f.; *Manssen*, in: von Mangoldt/Klein/Starck, GG, Bd. 1, 6. Aufl. 2010,

Entscheidungen[787] und bezeichnete sie ausdrücklich als

> *„das Ergebnis strikter Anwendung des Prinzips der Verhältnismäßigkeit bei dem vom Gemeinwohl her gebotenen Eingriff in die Berufsfreiheit“.*[788]

In jüngerer Zeit wurde die Stufentheorie allerdings stetig spezifiziert, ausgebaut und sukzessiv in eine Verhältnismäßigkeitsprüfung überführt.[789]

Zurückzuführen ist dies auf den Umstand, dass die Bedeutung des Übermaßverbots als eine rechtsstaatlich zwingend vorgegebene Direktive vom Bundesverfassungsgericht 1958 noch nicht realisiert worden war. Das Übermaßverbot wurde erst in späteren Entscheidungen ausdrücklich als Verfassungsprinzip herausgestellt[790] und die Stufentheorie als Ableitung aus diesem Grundsatz deklariert.[791] Zwar wird immer noch festgestellt, auf welcher Stufe ein Eingriff erfolgt und daran der legitimierende Gemeinwohlbelang bestimmt.[792] Daran anknüpfend prüft das Bundesverfassungsgericht nur noch, ob die gesetzliche Regelung dem Verhältnismäßigkeitsprinzip entspricht.[793]

---

Art. 12 Rn. 143; *Ruffert*, in: Epping/Hillgruber, GG, 2. Aufl. 2013, Art. 12 Rn. 102; *Rupp*, AöR Bd. 92 (1967), S. 212 (237); *Schlink*, Abwägung im Verfassungsrecht, 1976, S. 58 f.; *Schwabe*, DÖV 1969, 734 (738); *Wieland*, in: Dreier, GG, Bd. I, 3. Aufl. 2013, Art. 12 Rn. 111.

787 BVerfGE 11, 30 (40 f.); 16, 147 (162).

788 BVerfGE 13, 97 (104); 19, 330 (336); 25, 1 (12); 30, 292 (315); 46, 120 (138).

789 BVerfGE 16, 286 (297); 22, 380 (385); 23, 50 (60); 30, 292 (316 f.); 64, 72 (82); 70, 1 (28); 77, 308 (106 ff.); *Hufen*, NJW 1994, 2913 (2918); *Kämmerer*, in: von Münch/Kunig, GG, Bd. 1, 6. Aufl. 2012, Art. 12 Rn. 57; *Mann/Worthmann*, JuS 2013, 385 (390); *Stern*, Staatsrecht, Bd. III/2, 1994, S. 802; *Tettinger*, AöR Bd. 108 (1983), S. 92 (117 ff.).

790 BVerfGE 28, 243 (260 f.).

791 BVerfGE 19, 330 (337); 46, 120 (138); *Mann*, in: Sachs, GG, 8. Aufl. 2018, Art. 12 Rn. 138.

792 BVerfGE 30, 292 (312 ff.); 75, 246 (267); 75, 284 (292); 77, 84 (106 ff.); 81, 70 (80 f.); *Kämmerer*, in: von Münch/Kunig, GG, Bd. 1, 6. Aufl. 2012, Art. 12 Rn. 67; *Stern*, Staatsrecht, Bd. III/2, 1994, S. 803.

793 Erstmals ohne Erwähnung der Stufentheorie: BVerfGE 30, 292 (315); dann findet sie allerdings wieder Berücksichtigung in BVerfGE 46, 120 (138). Besonders deutlich zum Verhältnismäßigkeitsprinzip: BVerfGE 61, 291 (312); 68, 272 (282); 71, 162 (172); 76, 196 (207); 77, 84 (106 ff.); 81, 70 (89); *Ipsen*, JuS 1990, 634 ff.; *Schneider*, VVDStRL 43 (1985), S. 7 (37); *Stern*, Staatsrecht, Bd. III/2, 1994, S. 803; *Tettinger*, AöR Bd. 108 (1983), S. 92 (122 ff.). Zur Prüfung der Verhältnismäßigkeit: *Hufen*, NJW 1994, 2913 (2918).

Die Dreistufen-Theorie kann somit als spezifische Modifizierung des allgemeinen Verhältnismäßigkeitsgrundsatzes im Rahmen des Grundrechts der Berufsfreiheit bezeichnet werden.[794]

### bb) Die Dreistufen-Theorie im Rahmen der Berufsausbildungsfreiheit

An jeden Eingriff in ein Schutzgut des Art. 12 Abs. 1 GG werden die gleichen Anforderungen gestellt, um diesen rechtfertigen zu können.[795]

Daher muss auch jede Beschränkung der Lern- und Studierfreiheit verhältnismäßig sein[796] und den Anforderungen der Dreistufen-Theorie genügen.

### cc) Die Anwesenheitspflicht als subjektive Berufswahlregelung

Bislang wurde lediglich festgestellt, dass Anwesenheitspflichten in die durch Art. 12 Abs. 1 GG geschützte Lern- und Studierfreiheit eingreifen, sofern diese für den Erwerb von Leistungsnachweisen und *Creditpoints* und folglich auch für den Studienabschluss eine notwendige Voraussetzung sind.[797] Auch wenn sich die Abgrenzung zwischen objektiven und subjektiven Berufswahlregelungen sowie zwischen Berufswahl- und Berufsausübungsregeln oftmals als schwierig

---

794 *Kunig*, Das Rechtsstaatsprinzip, 1986, S. 357 f.; *Stern*, Staatsrecht, Bd. III/2, 1994, S. 801. *Jakobs*, Der Grundsatz der Verhältnismäßigkeit, 1985, S. 116 f. weist zugleich auf den Charakter der Stufentheorie als „Grobraster" hin. Einschränkend dazu *Wendt*, AöR Bd. 104 (1979), S. 413 (440), der bzgl. der Berufsfreiheit von „strengen schrankenrechtlichen Anforderungen" ausgeht, die durch den Maßstab der Verhältnismäßigkeit im Rahmen der Zulässigkeitsprüfungen einer gesetzlichen Bestimmung nur ergänzt werden.

795 BVerfGE 33, 303 (336); BVerwG NJW 1978, 2258; *Epping*, WissR Bd. 45 (2012), S. 112 (114); *Jarass*, in: Jarass/Pieroth, GG, 13. Aufl. 2014, Art. 12 Rn. 102; *Jeremias*, in: Niehues/Fischer/Jeremias, Prüfungsrecht, 6. Aufl. 2014, Rn. 3; *Kempen*, in: Hartmer/Detmer, Hochschulrecht, 3. Aufl. 2017, Kap. 1 Rn. 106; *Mann*, in: Sachs, GG, 8. Aufl. 2018, Art. 12 Rn. 99; *Schneider*, in: Merten/Papier, Handbuch der Grundrechte, Bd. V, 2013, § 113 Rn. 82; *Strauch*, Staatliche und akademische Prüfungsordnungen, 1978, S. 87; *Wieland*, in: Dreier, GG, Bd. I, 3. Aufl. 2013, Art. 12 Rn. 98; zur Kritik daran siehe *Lücke*, Die Berufsfreiheit, 1994, S. 26 ff.

796 *Jarass*, in: Jarass/Pieroth, GG, 13. Aufl. 2014, Art. 12 Rn. 104; *Kingreen/Poscher*, Grundrechte – Staatsrecht II, 33. Aufl. 2017, Rn. 975 f.; *Manssen*, in: von Mangoldt/Klein/Starck, GG, Bd. 1, 6. Aufl. 2010, Art. 12 Rn. 139 f.; *Ruffert*, in: Epping/Hillgruber, GG, 2. Aufl. 2013, Art. 12 Rn. 136; *Wieland*, in: Dreier, GG, Bd. I, 3. Aufl. 2013, Art. 12 Rn. 107.

797 *Epping*, WissR Bd. 45 (2012), S. 112 (114); *Kempen*, in: Hartmer/Detmer, Hochschulrecht, 3. Aufl. 2017, Kap. 1 Rn. 98.

gestaltet,[798] ist nunmehr zu prüfen, auf welcher Stufe der Eingriff durch die Verpflichtung zur Anwesenheit erfolgt. Dies ist notwendig, um die Anforderungen bestimmen zu können, die an die Festlegung des legitimen Zwecks und an die Prüfung der Verhältnismäßigkeit zu stellen sind.

Der Schutz der Berufsausübung („*wie*") umfasst die gesamte berufliche Tätigkeit, insbesondere Form, Mittel, Umfang sowie Inhalt der beruflichen Betätigung.[799] Anwesenheitspflichten im Studium liegen jedoch in der Berufsausbildung. Aufgrund des Umstands, dass erst mit dem erfolgreichen Studienabschluss der Weg in die Berufsausübung eröffnet ist, kommt ein Eingriff in die Berufsausübungsfreiheit damit nicht in Betracht.[800]

Anwesenheitspflichten sind vielmehr als Berufswahlregelungen zu bewerten: Es liegt in der Entscheidung des Studenten, „*ob*" er mittels Anwesenheit in den Lehrveranstaltungen Leistungsnachweise und *Creditpoints* erwerben möchte. Diese benötigt er für den Abschluss seines Studiums, der wiederum für die Aufnahme eines Berufs erforderlich ist.[801]

Offen bleibt jedoch, ob es sich um subjektive oder um objektive Berufswahlregelungen handelt. Wie bereits dargelegt, knüpfen subjektive Berufswahlregelungen den Zugang zu einem Beruf an Qualifikationen, die in der Person des Bewerbers liegen.[802] Sehen Lehrveranstaltungen Anwesenheitspflichten als eine Voraussetzung für den Erhalt von *Creditpoints* vor, die für den Studienabschluss erforderlich sind, können die Studenten ihr Studium nur erfolgreich beenden,

---

798 *Langer*, JuS 1993, 203 (209); *Manssen*, in: von Mangoldt/Klein/Starck, GG, Bd. 1, 6. Aufl. 2010, Art. 12 Rn. 141; *Ossenbühl*, AöR Bd. 115 (1990), S. 1 (10 ff.).

799 *Breuer*, in: Isensee/Kirchhof, Handbuch des Staatsrechts, Bd. VIII, 3. Aufl. 2010, § 171 Rn. 15; *Stern*, Staatsrecht, Bd. IV/1, 2006, S. 1891; *Kämmerer*, in: von Münch/Kunig, GG, 6. Aufl. 2012, Art. 12 Rn. 61.

800 *Epping*, WissR Bd. 45 (2012), S. 112 (116 f.).

801 *Breuer*, in: Isensee/Kirchhof, Handbuch des Staatsrechts, Bd. VIII, 3. Aufl. 2010, § 171 Rn. 15; *Epping*, WissR Bd. 45 (2012), S. 112 (116); *Jeremias*, in: Niehues/Fischer/Jeremias, Prüfungsrecht, 6. Aufl. 2014, Rn. 3; *Kämmerer*, in: von Münch/Kunig, GG, Bd. 1, 6. Aufl. 2012, Art. 12 Rn. 73; *Kempen*, in: Hartmer/Detmer, Hochschulrecht, 3. Aufl. 2017, Kap. 1 Rn. 106; *Schneider*, in: Merten/Papier, Handbuch der Grundrechte, Bd. V, 2013, Art. 12 Rn. 82; *Strauch*, Staatliche und akademische Prüfungsordnungen, 1978, S. 87; *Wieland*, in: Dreier, GG, Bd. I, 3. Aufl. 2013, Art. 12 Rn. 93.

802 BVerfGE 9, 338 (345); 64, 72 (82); 13, 97 (106); 34, 71 (77); 55, 185 (196); 69, 209 (218); 80, 1 (23 f.); 117, 126 (138); *Stern*, Staatsrecht, Bd. IV/1, 2006, S. 1891 f.; *Jarass*, in: Jarass/Pieroth, GG, 13. Aufl. 2014, Art. 12 Rn. 35; *Mann*, in: Sachs, GG, 8. Aufl. 2018, Art. 12 Rn. 130; *Manssen*, in: von Mangoldt/Klein/Starck, GG, Bd. 1, 6. Aufl. 2010, Art. 12 Rn. 147.

indem sie dieser Pflicht auch tatsächlich nachkommen.[803] Es liegt daher in ihrem Verantwortungsbereich, ob sie Zugang zu der von ihnen angestrebten beruflichen Betätigung erhalten. Anwesenheitspflichten sind somit nicht als objektive, sondern als subjektive Berufswahlregelungen zu qualifizieren.[804]

### *b) Der legitime Zweck der Anordnung von Anwesenheitspflichten*

Die Trias des Übermaßverbots – Geeignetheit, Erforderlichkeit, Angemessenheit – ist nicht voraussetzungslos anwendbar, weil ihr die Frage nach dem „*wozu*“ – nach dem gesetzgeberischen Zweck – logisch vorausgehen muss.[805] Erste Voraussetzung dafür, dass ein die Lern- und Studierfreiheit einschränkendes Gesetz mit Art. 12 Abs. 1 GG vereinbar ist, muss deswegen die Verfolgung eines legitimen Zwecks sein.[806]

Der Gesetzgeber genießt in der Festsetzung der von ihm verfolgten Zwecke weitgehende Freiheit. Vorgaben, was genau als Gemeinwohl zu qualifizieren ist, sind in einer pluralistischen Demokratie kaum möglich.[807] Der Zweck darf jedoch nicht generell verfassungwidrig sein.[808]

---

803 OVG Rheinland-Pfalz DVBl. 1997, 1191 ff.; *Epping*, WissR Bd. 45 (2012), S. 112 (117); zustimmend auch *Horneber/Penz*, WissR Bd. 47 (2014), S. 150 (169).

804 VGH Mannheim, Urt. v. 21.11.2017 – 9 S 1145/16, BeckRS 2017, 133435 Rn. 39; *Epping*, WissR Bd. 45 (2012), S. 212 (117).

805 *Epping*, Grundrechte, 7. Aufl. 2017, Rn. 50; *Kloepfer*, Verfassungsrecht Bd. II, 2010, § 51 Rn. 93; *Manssen*, Staatsrecht II, 14. Aufl. 2017, Rn. 192; 631; *von Münch/Mager*, Staatsrecht II, 6. Aufl. 2014, Rn. 131.

806 *Hillgruber*, in: Isensee/Kirchhof, Handbuch des Staatsrechts, Bd. IX, 3. Aufl. 2011, § 201 Rn. 52; *Ipsen*, Staatsrecht II, 20. Aufl. 2017, Rn. 673; *Kingreen/Poscher*, Grundrechte – Staatsrecht II, 33. Aufl. 2017, Rn. 331, 976; *Merten*, in: Merten/Papier, Handbuch der Grundrechte, Bd. III, 2009, § 68 Rn. 53 ff.; *von Münch/Mager*, Staatsrecht II, 6. Aufl. 2014, Rn. 131; *Ruffert*, in: Epping/Hillgruber, GG, 2. Aufl. 2013, Art. 12 Rn. 89; *Sachs*, Verfassungsrecht II, 3. Aufl. 2017, Kap. 10 Rn. 37.

807 BVerfGE 7, 377 (408); 11, 168 (183); 80, 137 (159); *Epping*, Grundrechte, 7. Aufl. 2017, Rn. 50; *Hillgruber*, in: Isensee/Kirchhof, Handbuch des Staatsrechts, Bd. IX, 3. Aufl. 2011, § 201 Rn. 54; *Hufen*, NJW 1994, 2913 (2918); *Ipsen*, JuS 1990, 636; *Ipsen*, Staatsrecht II, 20. Aufl. 2017, Rn. 673; *Manssen*, Staatsrecht II, 14. Aufl. 2017, Rn. 192 ff.; *Tettinger*, NJW 1987, 294.

808 Von den Gemeinschaftsinteressen ausgeschlossen sind daher lediglich reine Individual- und Gruppeninteressen, so *Hufen*, NJW 1994, 2913 (2918); *Kloepfer*, Verfassungsrecht Bd. II, 2010, § 51 Rn. 93; *Tettinger*, NJW 1987, 294. Siehe im Allgemeinen auch: BVerfGE 124, 300 (331); *Hillgruber*, in: Isensee/Kirchhof, Handbuch des Staatsrechts, Bd. IX, 3. Aufl. 2011, § 201 Rn. 54.

#### aa) Der legitime Zweck unter besonderer Berücksichtigung der Dreistufen-Theorie

Im Rahmen von Art. 12 Abs. 1 GG richtet sich der legitime Zweck nach dem anhand der Dreistufen-Theorie zu bemessenden legitimierenden Gemeinwohl.[809] Da Anwesenheitspflichten in die subjektive Berufsausübungsfreiheit eingreifen, müssen diese dem Schutz eines wichtigen Gemeinschaftsguts dienen.[810]

Als schutzwürdig gelten zum einen „*absolute*" Gemeinschaftsgüter. Dies sind solche, die allgemein anerkannt und von der jeweiligen Politik des Gemeinschaftswesens unabhängig sind wie beispielsweise die Volksgesundheit.[811]

Zum anderen kann der Gesetzgeber aber auch Gemeinschaftsinteressen zum Anlass nehmen, die ihm nicht in diesem Sinn „*vorgegeben*" sind. Er selbst kann diese in den Rang wichtiger Gemeinschaftsinteressen heben, sofern sie seinen besonderen wirtschafts-, sozial- und gesellschaftspolitischen Vorstellungen und Zielen entsprechen.[812]

Diese öffentlichen Interessen müssen jedoch von so hohem Rang sein, dass die Einschränkung der Berufswahl gerechtfertigt werden kann. Erst wenn die Anschauungen des Gesetzgebers offensichtlich falsch oder mit der Wertordnung unvereinbar sind, wird die Anerkennung von Seiten des Bundesverfassungsgerichts versagt.[813]

#### bb) Die Festsetzung der Anwesenheitspflicht zum Schutz wichtiger Gemeinschaftsgüter

Ein solches Gemeinschaftsgut wird in der Regel in den in der Prüfungsordnung beschriebenen Zielen des Studiums liegen. Das Studium soll die Grundlagen und wesentlichen Forschungsergebnisse in dem studierten Fach vermitteln

---

809 BVerfGE 36, 47 (59); *Manssen*, in: von Mangoldt/Klein/Starck, GG, Bd. 1, 6. Aufl. 2010, Art. 12 Rn. 126; *Sachs*, Verfassungsrecht II, 3. Aufl. 2017, Kap. 24 Rn. 36, 41 f.; *Stern*, Staatsrecht, Bd. III/2, 1994, S. 803.

810 Vgl. BVerfGE 30, 292 (323 f.); 59, 302 (316 f.); 73, 301 (316); 116, 202 (223).

811 *Engel*, in: Brugger/Kirste/Anderheiden, Gemeinwohl in Deutschland, Europa und der Welt, 2002, S. 103 ff.; *Merten*, in: Merten/Papier, Handbuch der Grundrechte, Bd. III, 2009, § 68 Rn. 59 – 61; *Sachs*, Verfassungsrecht II, 3. Aufl. 2017, Kap. 24 Rn. 41.

812 BVerfGE 31, 210 (225); *Hillgruber*, in: Isensee/Kirchhof, Handbuch des Staatsrechts, Bd. IX, 3. Aufl. 2011, § 201 Rn. 54; *Merten*, in: Merten/Papier, Handbuch der Grundrechte, Bd. III, 2009, § 68 Rn. 62; *Sachs*, Verfassungsrecht II, 23. Aufl. 2017, Kap. 24 Rn. 42.

813 BVerfGE 13, 97 (107); *Manssen*, Staatsrecht II, 14. Aufl. 2017, Rn. 192 ff.; *Sachs*, Verfassungsrecht II, 3. Aufl. 2017, Kap. 24 Rn. 43.

und die Studenten in der Anwendung fachwissenschaftlicher Methoden schulen.[814] Durch das Erlernen von Kenntnissen und Fähigkeiten, die sich unter dem Begriff der Lernziele zusammenfassen lassen, sollen die Studenten auf die spätere Ausübung des angestrebten Berufes vorbereitet werden. So wird gewährleistet, dass ein gewisser Leistungsstandard und eine hinreichende Bereitschaft zur Leistungsfähigkeit im jeweiligen Berufsbild erreicht und gehalten wird.[815]

Das Erreichen der in den Prüfungsordnungen festgelegten Lernziele weisen die Studenten durch das Ablegen einer Prüfung nach.[816] Nur wer die Prüfungen (und damit auch das Studium) bestanden hat, gilt als befähigt, den angestrebten Beruf ordnungsgemäß ausüben zu können.[817] Ist eine Prüfung nicht möglich oder vorgesehen, können Anwesenheitspflichten diese Nachweisfunktion übernehmen. Es fällt leichter, einem Studenten, der zur regelmäßigen Teilnahme angehalten ist, die Aneignung der vermittelten Inhalte zu unterstellen, als einem, der nie eine Lehrveranstaltung besucht hat.[818] Folglich eignen sich Anwesenheitspflichten, die Fähigkeit zur wissenschaftlichen Arbeit zu schulen. Durch die Pflicht zur regelmäßigen Teilnahme wird gleichzeitig dem Entstehen von Wissenslücken durch Abwesenheit vorgebeugt. Anwesenheitspflichten stellen somit eine gewisse Kontrollinstanz hinsichtlich des angestrebten Lernerfolges dar. Zudem bereiten sie den Studenten auf den Leistungsnachweis in der jeweiligen Lehrveranstaltung vor und leisten dadurch einen Beitrag zur Prüfungsfähigkeit.

Studenten, die mangels hinreichenden Kenntnisstandes ihr Studium nicht zum Abschluss bringen, werden im studierten Bereich auch nicht berufstätig werden können. In vielen Berufszweigen ist ein abgeschlossenes Studium die Voraussetzung für die Berufsausübung. Dies liegt auch im Interesse der

---

814 OVG Koblenz DVBl. 1997, 1191; *Epping*, in: Hailbronner/Geis, Hochschulrecht in Bund und Ländern, Bd. 1, Loseblatt, Stand Dezember 2000, § 7 HRG Rn. 13; *Epping*, WissR Bd. 45 (2012), S. 112 (117); *Jarass*, in: Jarass/Pieroth, GG, 13. Aufl. 2014, Art. 12 Rn. 94; *Thieme*, Deutsches Hochschulrecht, 3. Aufl. 2004, Rn. 848.

815 OVG Rheinland-Pfalz, Urt. v. 13.3.1997 – Az. 2 A 13091/95.

816 Dass die Studenten in einer Prüfung anwesend sein müssen, versteht sich demgegenüber von selber. Die Zulässigkeit einer Anwesenheitspflicht in Prüfungen ist daher auch unstreitig. Da die Anwesenheit in einem unmittelbaren und untrennbaren Zusammenhang mit der Prüfung steht, ist der durch die Verpflichtung zur Anwesenheit bedingte Eingriff bereits von der Rechtfertigung einer Prüfung umfasst.

817 *Bewart*, BayVBl. 2005, 648; *Lindner*, in: Hartmer/Detmer, Hochschulrecht, 3. Aufl. 2017, Kap. 11 Rn. 221 f.; *Schnellenbach*, in: Hartmer/Detmer, Hochschulrecht, 3. Aufl. 2017, Kap. 12 Rn. 1 f.; *Thieme*, Deutsches Hochschulrecht, 3. Aufl. 2004, Rn. 856.

818 Auch wenn die Möglichkeit besteht, dass sich einige Teilnehmer während der Lehrveranstaltung mit anderen Dingen beschäftigen, wird dies eher eine Ausnahme bleiben.

Allgemeinheit, die in vielen Bereichen auf Fachkräfte angewiesen ist. Von Nutzen ist jedoch nur der Absolvent, der eine ausreichende Qualifikation besitzt. Nicht ausreichend ausgebildete Fachkräfte stellen dagegen eine Gefahr für die Allgemeinheit dar. Dies zeigt sich insbesondere in sozialen Berufen oder solchen Berufen, die einen Bezug zu Gütern von Verfassungsrang aufweisen.

Da Anwesenheitspflichten einen Beitrag zum Erreichen der in den Studien- und Prüfungsordnungen festgelegten Lernziele leisten, dienen sie somit auch dem Schutz des Volkes als besonders wichtiges „*absolutes*" Gemeinschaftsgut.[819]

Daneben kann ein legitimer Zweck auch in Gründen der Universität gesehen werden: Die Pflicht zur Teilnahme an Lehrveranstaltungen dient dazu, dass die Studenten sich mit den vermittelten Inhalten bereits im Vorfeld einer Prüfung auseinandersetzen müssen. Dies kann sich nicht nur auf das Prüfungswesen dahingehend positiv auswirken, dass die Durchfallquoten verringert werden. Es führt letztlich auch dazu, dass das Hochschulwesen nicht durch eine unangemessen lange Studiendauer und eine Vielzahl von zu wiederholenden Prüfungen belastet wird.[820] Dies hält die Funktionsfähigkeit der Universität aufrecht und wird damit auch den Anforderungen gerecht, die an die Rechtfertigung von Eingriffen zu stellen sind.[821]

### cc) Die Schulpflicht als Vergleichsmaßstab der Verhältnismäßigkeitsprüfung

Bekannt ist die Pflicht zur Anwesenheit in Bildungseinrichtungen zuvörderst aus der Schule.[822] An Schulen herrscht grundsätzlich Schulpflicht.[823]

---

819 BVerfGE 19, 330 (337 ff.); 25, 236 (247) mit Hinweis auf BVerfGE 7, 407; 19, 336 ff.; 28, 364 (374); VGH Mannheim, Urt. v. 21.11.2017 – 9 S 1145/16, BeckRS 2017, 133435 Rn. 46; *Böttner*, SächsVBl. 2015, 244 (246).

820 *Geis*, Hochschulrecht in Bayern, 2. Aufl. 2017, 2. Kap. Rn. 35; *Kalous*, in: Haug, Das Hochschulrecht in Baden-Württemberg, 2. Aufl. 2009, Kap. 3 Rn. 585.

821 BVerfGE 33, 1 (16); 41, 251 (266); 58, 257 (280 f.); 69, 1 (21); *Leisner*, DVBl. 1960, 617 (624); *Peine*, in: Merten/Papier, Handbuch der Grundrechte, Bd. III, 2009, § 65 Rn. 63; *Ronellenfitsch*, in: VerwArch. Bd. 73 (1982), S. 245 (250); *Starck*, in: von Mangoldt/Klein/Starck, GG, Bd. 1, 6. Aufl. 2010, Art. 1 Abs. 3 Rn. 299; *Stern*, Staatsrecht, Bd. III/1, 1988, S. 1390 ff.

822 Schulen im Sinn von Art. 7 Abs. 1 GG sind Einrichtungen der Bildung und Ausbildung, die auf Dauer angelegt sind und ein bestimmtes Erziehungsziel durch planmäßig aufgebauten und ein konsistentes Programm verfolgenden Unterricht verwirklichen, vgl. *Badura*, in: Maunz/Dürig, GG, Loseblatt, Stand September 2017, Art. 7 Rn. 11; *Heckel*, Deutsches Privatschulrecht, 1955, S. 218; *Thiel*, in: Sachs, GG, 8. Aufl. 2018, Art. 7 Rn. 11 ff.

823 Von der Schulpflicht zu unterscheiden ist die Unterrichtsteilnahmepflicht an weiterführenden Schulen, für die eine Schulpflicht nicht mehr besteht, vgl. *Jarass*, in: Jarass/

Diese umfasst die regelmäßige Teilnahme am Unterricht und an den übrigen verbindlichen Veranstaltungen in der Schule.[824] Gewisse Parallenen zwischen der Schulpflicht und den Anwesenheitspflichten in Lehrveranstaltungen sind somit nicht von der Hand zu weisen. Es stellt sich die Frage, ob sich die verfassungsrechtliche Rechtfertigung der Schulpflicht auf die Zulässigkeit von Anwesenheitspflichten übertragen lässt.

Der Schulpflicht wird eine hohe staats- und gesellschaftspolitische Bedeutung zugesprochen. Die in den meisten Landesverfassungen ausdrücklich angeordnete Schulpflicht[825] dient der Umsetzung des bundesrechtlich *„verfassungsrechtlich anerkannten staatlichen Erziehungsauftrag"*, also aus Art. 7 Abs. 1 GG.[826] Ferner kann die verfassungsrechtliche Legitimation der Schulpflicht in der Integrationsfunktion der Schule gesehen werden.[827] Dieser Funktion kommt

---

Pieroth, GG, 13. Aufl. 2014, Art. 7 Rn. 6; *Thiel,* in: Sachs, GG, 8. Aufl. 2018, Art. 7 Rn. 11.

824 *Avenarius,* Schulrechtskunde, 8. Aufl. 2010, S. 351.

825 Eine ausdrückliche Anordnung der Schulpflicht findet sich in Art. 4 Abs. 1 BW Verf; Art. 129 Abs. 1 BayVerf; Art. 30 Abs. 1 BBGVerf; Art. 30 BremVerf; Art. 56 Abs. 1 S. 1 HessVerf; Art. 15 Abs. 2 S. 2 M-VVerf; Art. 4 Abs. 2 S. 1 NdsVerf; Art. 8 Abs. 2 VerfNRW; Art. 102 Abs. 1 S. 2 SächsVerf; Art. 8 Abs. 1 SHVerf; Art. 25 Abs. 2 VerfLSA; Art. 23 Abs. 1 ThürVerf. Daneben sind die Voraussetzungen und Grenzen der Schulpflicht sowie die Art ihrer Erfüllung in allen Ländern durch formell-gesetzliche Vorschriften festgelegt, *Avenarius,* Schulrechtskunde, 8. Aufl. 2010, S. 346.

826 BVerfG RdJB 1993, 113. Auch das Bundesverwaltungsgericht spricht von „der durch Art. 7 Abs. 1 GG gedeckten Begründung einer allgemeinen Schulpflicht", BVerwGE 94, 82 (84); BVerwG NVwZ 1992, 370; so auch BayVerfGH BayVBl. 2003, 236. In der Literatur ist dies ebenfalls als unproblematisch dargestellt worden, *Beaucamp,* DVBl. 2009, 220; *Fetzer*, RdJB 1993, 91; *Hebeler/J. Schmidt,* NVwZ 2005, 1368; *Hufen,* JuS 1993, 156; *Isensee*, DÖV 1982, 609 (617 f.); *Jarass*, in: Jarass/Pieroth, GG, 13. Aufl. 2014, Art. 7 Rn. 6; *Theuersbacher,* NVwZ 1993, 631 (633); *Thurn/Reimer,* NVwZ 2008, 718 m.w.N.; kritisch dem gegenüber *Heinz,* NWVBl. 2007, 128.

827 *Thiel,* in: Sachs, GG, 8. Aufl. 2018, Art. 7 Rn. 13 f. Zunächst wurde mit der im 18. Jahrhundert eingeführten Schulpflicht der Zweck verfolgt, das historische Monopol der Kirche im Schulbereich zu zerbrechen, denn der absolute Staat beanspruchte die Bestimmungsgewalt über die Bildungseinrichtungen für sich. Mit der Einführung einer Schulpflicht sollte gewährleistet werden, dass die Untertanen über eine einheitliche Grundbildung verfügen, die sich durch den Erwerb von nützlichen Kenntnissen und Fähigkeiten auszeichnete. Im 19. Jahrhundert erhielt die Schulpflicht dann ein zusätzliches demokratisches Begründungselement. Mit Aufhebung der

aufgrund der stetig pluralistischer werdenden Gesellschaft eine immer stärker werdende Bedeutung zu.[828] Kenntnis, Toleranz und Verständnis können nur gefördert werden, wenn durch die Integration eine möglichst weitgehende Vermischung sozialer und gesellschaftlicher Gruppen erreicht wird. Gleichzeitig beugt dies sozialen Konflikten vor, was letztlich Ausdruck der sozialstaatlichen Verantwortung der Schule ist.[829]

Doch nicht nur die Bewahrung von Kindern vor ihrer Ausgrenzung aus der Gesellschaft liegt im Allgemeininteresse einer pluralistischen Demokratie. Vielmehr steht jedem einzelnen Kind der Anspruch zu, nicht *„in der Erziehung begründete Unmündigkeit"* erleiden zu müssen, sondern sich durch den Schulbesuch zu einer eigenverantwortlichen Persönlichkeit in der Gesellschaft zu entwickeln. Daher ist auch das allgemeine Persönlichkeitsrecht des Kindes als Verfassungsgut heranzuziehen, welches die allgemeine Schulpflicht rechtfertigt.[830]

Universitäten sind als wissenschaftliche Ausbildungsstätten anerkannt,[831] jedoch nicht als Teil des Schulwesens.[832] Anders als in der Schule liegt der Schwerpunkt eines Studiums nicht in der Vermittlung von Grundkenntnissen und sozialen Fähigkeiten. Studenten erlernen in ihrem Studium stattdessen wissenschaftliche Methoden, um sich eigenständig mit verschiedenen Problemstellungen auseinandersetzen zu können. Eine Integrationsfunktion kommt dem Studium nicht zu: Ziel ist allein die Vorbereitung auf die spätere Berufsausübung. Zwar vermitteln auch allgemeinbildende Schulen für die spätere berufliche Tätigkeit relevantes Wissen, doch geht die von ihnen angestrebte *„Lebensbildung"* über die Vorbereitung auf eine berufliche Tätigkeit hinaus.[833]

---

Adelsprivilegien sollte eine einheitliche Bildungsbasis für das ganze Volk geschaffen werden, vgl. *Avenarius,* Schulrechtskunde, 8. Aufl. 2010, S. 345; *Hufen,* JuS 1993, 156 (157).

828 *Uhle,* NVwZ 2014, 541 (548).

829 *Robbers,* in: von Mangoldt/Klein/Starck, GG, Bd. 1, 6. Aufl. 2010, Art. 7 Rn. 223.

830 *Thurn/Reimer,* NVwZ 2008, 718 (719).

831 BVerfGE 33, 303 (329); 59, 172 (205); *Jarass,* in: Jarass/Pieroth, GG, 13. Aufl. 2014, Art. 12 Rn. 94; *Mann,* in: Sachs, GG, 8. Aufl. 2018, Art. 12 Rn. 89; *Wieland,* in: Dreier, GG, Bd. I, 3. Aufl. 2013, Art. 12 Rn. 47.

832 BVerfGE 37, 314 (320); *Badura,* in: Maunz/Dürig, GG, Loseblatt, Stand September 2017, Art. 7 Rn. 14; *Boysen,* in: von Münch/Kunig, GG, Bd. 1, 6. Aufl. 2012, Art. 7 Rn. 49; *Thiel,* in: Sachs, GG, 8. Aufl. 2018, Art. 7 Rn. 8.

833 *Kämmerer,* in: von Münch/Kunig, GG, Bd. 1, 6. Aufl. 2012, Art. 12 Rn. 35; *Manssen,* in: von Mangoldt/Klein/Starck, GG, Bd. 1, 6. Aufl. 2010, Art. 12 Rn. 62; *Stern,* Staatsrecht, Bd. IV/1, 2006, S. 1827.

So ist festzustellen, dass sich Schulen und Hochschulen nicht nur in ihrem Wesen unterscheiden, sondern auch verschiedene Zielrichtungen verfolgen. Die Schulpflicht dient besonders in den ersten Schuljahren der Integration und dem Erlernen von sozialen Grundkenntnissen. Angestrebt wird zudem, dass jeder Schüler über einen gewissen Kenntnisstand verfügt, der sich mit „*Grundbildung*" umschreiben lässt. Das Studium setzt dies jedoch als gegeben voraus und findet seine Berechtigung allein in der Vorbereitung auf die spätere berufliche Tätigkeit.

Aus diesem Grund kann die Legitimation der Schulpflicht und die davon umfasste Anwesenheitspflicht im Schulunterricht als Vergleichsmaßstab nicht herangezogen werden, um eine Anwesenheitspflicht in der Universität zu rechtfertigen.

### *c) Die Geeignetheit von Anwesenheitspflichten*

Die erste Voraussetzung der Verhältnismäßigkeit liegt in der Geeignetheit.

#### aa) Das Erfordernis der Zweckerreichung

Geeignetheit meint die abstrakte Möglichkeit, den mit dem Eingriff beabsichtigten Zweck zu erreichen.[834] Dies ist der Fall, wenn durch das Mittel der gewünschte Erfolg zumindest gefördert wird.[835] Mitunter wird auch von der Zwecktauglichkeit gesprochen.[836]

834 BVerfGE 68, 157 (175); *Badura*, Staatsrecht, 6. Aufl. 2015, C 28; *Epping*, Grundrechte, 7. Aufl. 2017, Rn. 53; *Hillgruber*, in: Isensee/Kirchhof, Handbuch des Staatsrechts, Bd. IX, 3. Aufl. 2011, § 201 Rn. 62; *Ipsen*, Staatsrecht II, 20. Aufl. 2017, Rn. 189; *Jakobs*, Der Grundsatz der Verhältnismäßigkeit, 1985, S. 59 f.; *Kingreen/Poscher*, Grundrechte – Staatsrecht II, 33. Aufl. 2017, Rn. 334, 976; *Merten*, in: Merten/Papier, Handbuch der Grundrechte, Bd. III, 2009, § 68 Rn. 65; *Schnapp*, JuS 1983, 850 (852).

835 BVerfGE 30, 292 (316); 33, 171 (187); 39, 210 (230); 40, 196 (222); 63, 88 (115); 67, 157 (173); 70, 278 (286); 77, 84 (108); 78, 38 (50); 81, 156 (192); *Hillgruber*, in: Isensee/Kirchhof, Handbuch des Staatsrechts, Bd. IX, 3. Aufl. 2011, § 201 Rn. 61; *Ipsen*, Staatsrecht II, 20. Aufl. 2017, Rn. 189; *Kingreen/Poscher*, Grundrechte – Staatsrecht II, 33. Aufl. 2017, Rn. 336 f., 979; *Kloepfer*, Verfassungsrecht Bd. II, 2010, § 51 Rn. 98; *Manssen*, Staatsrecht II, 14. Aufl. 2017, Rn. 195; *Manssen*, in: von Mangoldt/Klein/Starck, GG, Bd. 1, 6. Aufl. 2010, Art. 12 Rn. 132; *Merten*, in: Merten/Papier, Handbuch der Grundrechte, Bd. III, 2009, § 68 Rn. 65; *von Münch/Mager*, Staatsrecht II, 6. Aufl. 2014, Rn. 131; Sachs, Verfassungsrecht II, 3. Aufl. 2017, Kap. 10 Rn. 40; *Stern*, Staatsrecht, Bd. III/2, 1994, S. 777.

836 BVerfGE 16, 147 (181); 30, 250 (263); *Lerche*, Übermaß und Verfassungsrecht, 1961, S. 76; *Merten*, in: Merten/Papier, Handbuch der Grundrechte, Bd. III, 2009, § 68 Rn. 65.

Dem Gesetzgeber wird die Befugnis zur sachgerechten und vertretbaren Prognose eingeräumt,[837] weshalb sich auch die Nachprüfung darauf beschränkt, ob das eingesetzte Mittel „*objektiv untauglich*“[838] oder „*objektiv*“ bzw. „*schlechthin ungeeignet*“[839] ist. Eine Volleignung wird nicht verlangt.[840] Die Prüfung der Geeignetheit wird daher nur in Ausnahmefällen zur Feststellung der Verfassungswidrigkeit eines Eingriffs führen.[841]

### bb) Die Anwesenheitspflicht als eine geeignete Maßnahme zur Erreichung des legitimen Zwecks

Die meisten Studenten entschließen sich zur Aufnahme eines Studiums, nachdem sie die Schule beendet haben. Während der Schulzeit waren sie in feste Strukturen eingebunden und nur in einem geringen Rahmen frei, eigene Entscheidungen zu treffen. Das Verlassen dieser vorgegebenen Strukturen mit dem Wechsel an die Universität kann zu Orientierungslosigkeit unter den Studenten führen. Feste Stundenpläne und Anwesenheitspflichten könnten dem entgegenwirken. Durch die verpflichtende Teilnahme an den einzelnen Lehrveranstaltungen wird dem Studenten ein Rahmen vorgegeben, an dem er sein Studium ausrichten kann. Ergänzt wird dies oftmals durch pädagogische Hilfestellung und didaktisch durchdachte stufenweise Einführung in wissenschaftliche Hilfsmittel und Arbeitsmethoden.[842] Auf diese Art und Weise wird nicht nur die

---

837 BVerfGE 77, 84 (106); 90, 145 (173); 109, 279 (336); *Epping*, Grundrechte, 7. Aufl. 2017, Rn. 53; *Kingreen/Poscher*, Grundrechte – Staatsrecht II, 33. Aufl. 2017, Rn. 334; *Ruffert*, in: Epping/Hillgruber, GG, 2. Aufl. 2013, Art. 12 Rn. 90.

838 BVerfGE 16, 147 (181); 30, 250 (263).

839 BVerfGE 17, 306 (317); 19, 119 (126 f.); 30, 250 (263).

840 *Gentz*, NJW 1968, 1600 (1603); *Merten*, in: Merten/Papier, Handbuch der Grundrechte, Bd. III, 2009, § 68 Rn. 65; *Stern*, Staatrecht, Bd. III/2, 1994, S. 776.

841 *Ipsen*, JuS 1990, 634 (637), verweist allerdings darauf, dass die Prüfung der Geeignetheit nur in Ausnahmefällen zur Feststellung der Verfassungswidrigkeit eines Eingriffs führen werde. Die verfassungsmäßigen Sicherungen zur Beachtung des Verfassungsrechts würden im Allgemeinen gewährleisten, dass jedenfalls keine evident ungeeigneten Maßnahmen Gesetz würden. So auch BVerfGE 30, 250 (263 f.); *Gentz*, NJW 1968, 1600 (1603); *Jakobs*, Der Grundsatz der Verhältnimäßigkeit, 1985, S. 61 f.; *Epping*, Grundrechte, 7. Aufl. 2017, Rn. 53; *Kloepfer*, Verfassungsrecht Bd. II, 2010, § 51 Rn. 98. *Merten*, in: Merten/Papier, Handbuch der Grundrechte, Bd. III, 2009, § 68 Rn. 65 weist auch darauf hin, dass nicht nachgeprüft wird, ob es außer dem vom Gesetzgeber gewählten konkreten Mittel auch andere geeignete Maßnahmen gegeben hätte.

842 *Menke-Glückert*, Lernfreiheit und Studienordnung, 1964, S. 13; *Winter*, Das neue Studieren, HoF-Arbeitsberichte, 1/2009, S. 77.

Voraussetzung für eine rationale und vernünftige Anlage des Studiums geschaffen, sondern auch eine Gradlinigkeit des Studierens erreicht. Dies fördert das Erreichen der Lernziele, denn der Studienbeginner verliert keine Zeit, um sich in seiner neuen Rolle als Student zurechtzufinden. Dieser Umstand spricht somit für die Geeignetheit von Anwesenheitspflichten.

Doch Anwesenheitspflichten sind nicht nur zu Beginn des Studiums geeignet, das Erreichen der Lernziele zu fördern. Die Verpflichtung zur regelmäßigen Teilnahme erleichtert in jedem Studienabschnitt das Bestehen einer Prüfung und damit das Erlangen einer entsprechenden wissenschaftlichen Berufsqualifikation. Vor allem in Lehrveranstaltungen, deren Schwerpunkt auf dem wissenschaftlichen Diskurs liegt, tragen Anwesenheitspflichten dazu bei, dass ein solcher überhaupt entstehen kann. Im Rahmen eines wissenschaftlichen Gesprächs lassen sich wissenschaftliche Methoden erproben und einüben mit der Folge, dass Lernziele tatsächlich erreicht werden. Hiergegen lässt sich zwar einwenden, dass nicht garantiert werden kann, ob die Studenten den Inhalten des Lehrenden tatsächlich folgen werden und die vermittelten Kenntnisse erwerben. Eine solche Garantie besteht jedoch auch bei der freiwilligen Teilnahme nicht. Hierauf kommt es bei der Geeignetheit aber auch nicht an. Entscheidend ist allein, dass eine abstrakte Möglichkeit zur Zweckerreichung besteht.[843] Dies ist zu bejahen. So helfen Anwesenheitspflichten nicht nur in Seminaren dabei, die Lernziele zu erreichen, sondern auch in jeder anderen Lehrveranstaltung.

Darüber hinaus kann die Geeignetheit von Anwesenheitspflichten nicht nur bei einer lückenlosen Teilnahme angenommen werden. Anwesenheitspflichten sind zur Erreichung der Lernziele bereits geeignet, wenn die Teilnahme lediglich bei einer vergleichsweise geringen Zahl von Veranstaltungsterminen erfolgt (z.B. 2/3 aller Vorlesungen).

Zum anderen soll durch die Anwesenheitspflicht zumindest mittelbar die Funktionsfähigkeit der Universität gefördert werden. Wie bereits dargelegt, sorgt die Pflicht zur Anwesenheit für ein Minimum an Auseinandersetzung mit dem Prüfungsstoff im Vorfeld einer Prüfung. Somit leistet sie einen Beitrag zur Prüfungsreife der Studenten, indem diese sich nicht gänzlich unvorbereitet der Prüfung stellen. Das schützt nicht nur die Studenten vor der eigenen Nachlässigkeit, sondern führt auch zu einer Reduzierung der Zahl nicht bestandener

---

843 *Schleiermacher*, in: E. Müller, Gelegentliche Gedanken über Universitäten, 1990, S. 159 (188) verweist darauf, dass auch viele an die Universität kommen, die eigentlich nicht für die Wissenschaft tauglich seien und die Lernziele daher nicht erreichen würden.

Prüfungen. Das ist mitunter nicht nur für die Studenten förderlich, sondern spart öffentliche Mittel ein und kommt der Universität zugute.

Im Ergebnis sind Anwesenheitspflichten geeignet, das Erreichen der Lernziele durch die Studenten zu fördern sowie die Funktionsfähigkeit der Universität zu stärken.

### *d) Die Erforderlichkeit von Anwesenheitspflichten*

Anwesenheitspflichten sind also geeignet, damit Studenten ihre Lernziele erreichen und die Universitäten eine Entlastung erfahren. Doch sind sie auch erforderlich, um diese Zwecke zu erreichen?

#### aa) Die Anwesenheitspflicht als ein milderes Mittel gleicher Wirkung

An der Erforderlichkeit fehlt es, wenn der Zweck durch ein anderes, gleich wirksames, aber weniger einschränkendes Mittel erreicht werden kann.[844] Der Gesetzgeber ist daher angehalten, dass Mittel zu wählen, das das Grundrecht nicht oder am wenigsten stark belastet.[845]

Dem Gesetzgeber steht bei der Beurteilung möglicher in Betracht kommender Mittel ein weiter Einschätzungs- und Prognosespielraum zu.[846] So verneint das Bundesverfassungsgericht die Erforderlichkeit auch nur, wenn

---

844 BVerfGE 30, 292 (316); 75, 246 (369); 78, 38 (50); 78, 232 (245 f.); 80, 1 (30); *Genz*, NJW 1968, 1600 (1603); *Epping*, Grundrechte, 7. Aufl. 2017, Rn. 55; *Ipsen*, Staatsrecht II, 20. Aufl. 2017, Rn. 191; *Jakobs*, Der Grundsatz der Verhältnismäßigkeit, 1985, S. 66; *Kingreen/Poscher*, Grundrechte – Staatsrecht II, 33. Aufl. 2017, Rn. 336; *Manssen*, in: von Mangoldt/Klein/Starck, GG, Bd. 1, 6. Aufl. 2010, Art. 12 Rn. 132; *Manssen*, Staatsrecht II, 14. Aufl. 2017, Rn. 197 f. *Stern*, Staatsrecht, Bd. III/2, 1994, S. 779. Zu den verschiedenen Formulierungen in Rechtsprechung und Literatur siehe *Dechsling*, Das Verhältnismäßigkeitsgebot, 1989, S. 51 ff.; *Hirschberg*, Zum Grundsatz der Verhältnismäßigkeit, 1981, S. 56 f.

845 *Epping*, Grundrechte, 7. Aufl. 2017, Rn. 55; *Hillgruber*, in: Isensee/Kirchhof, Handbuch des Staatsrechts, Bd. IX, 3. Aufl. 2011, § 201 Rn. 63 f.; *Ipsen*, JuS 1990, 634 (637); *ders.*, Staatsrecht II, 17. Aufl. 2014, Rn. 191; *Kingreen/Poscher*, Grundrechte – Staatsrecht II, 33. Aufl. 2017, Rn. 338, 979; *Kloepfer*, Verfassungsrecht Bd. II, 2010, § 51 Rn. 100; *Kraus*, Der Grundsatz der Verhältnismäßigkeit, 1955, S. 18; *Lerche*, Übermaß und Verfassungsrecht, 1961, S. 19; *von Münch/Mager*, Staatsrecht II, 6. Aufl. 2014, Rn. 131; *Schnapp*, JuS 1983, 850 (852); *Stern*, Staatsrecht, Bd. III/2, 1994, S. 779.

846 BVerfGE 77, 84 (109); 102, 197 (218); 103, 197 (218); 110, 114 (157); 117, 163 (189); *Epping*, Grundrechte, 7. Aufl. 2017, Rn. 55; *Hillgruber*, in: Isensee/Kirchhof, Handbuch des Staatsrechts, Bd. IX, 3. Aufl. 2011, § 201 Rn. 66; *Kingreen/Poscher*, Grundrechte – Staatsrecht II, 33. Aufl. 2017, Rn. 338; *Manssen*, in: von Mangoldt/Klein/Starck, GG, Bd. 1, 6. Aufl. 2010, Art. 12 Rn. 137; *von Münch/Mager*, Staatsrecht II, 6. Aufl. 2014,

> *„die sachliche Gleichwertigkeit zur Zweckerreichung (...) bei dem als Alternative vorgeschlagenen geringeren Eingriff in jeder Hinsicht eindeutig“*

feststeht.[847] Nach Auffassung des Gerichts lässt sich aber nie ganz exakt bestimmen, welche Kenntnisse zum Schutz wichtiger Gemeinschaftsgüter erforderlich sind. Daher hält es einen sich in vernünftigen Grenzen haltenden Überschuss an Ausbildungs- und Prüfungsanforderungen mit Art. 12 Abs. 1 GG und dem Verhältnismäßigkeitsprinzip vereinbar.[848] Dem Einzelnen werde in Gestalt einer formalen Ausbildung nur etwas zugemutet, was er grundsätzlich der Sache nach ohnehin auf sich nehmen müsse, um die im Beruf gestellten Anforderungen ordnungsgemäß umsetzen zu können.[849]

Dieser Ansicht werden allerdings von *J. Wieland* Bedenken entgegengebracht. Gerade im Bereich der Erforderlichkeit dürften Prüfungsanforderungen nicht über das für die spätere Berufstätigkeit Notwendige hinausgehen. Überschießende Anforderungen seien schon aus ihrer Definition heraus nicht erforderlich und deshalb mit dem Grundsatz der Verhältnismäßigkeit unvereinbar.[850] Um einem unaufhörlichen Ausreizen der noch erforderlichen Prüfungsanforderungen vorzubeugen, ist der Auffassung *J. Wielands* zuzustimmen.

Da Anwesenheitspflichten auch als Prüfungsanforderungen qualifiziert werden können, ist der Gedanke *J. Wielands* auf die Festsetzung von Anwesenheitspflichten zu übertragen. Erforderlich wären Anwesenheitspflichten daher nur, wenn das Lernziel im Rahmen der beruflichen Qualifizierung allein durch die persönliche Teilnahme gewährleistet werden kann.[851] Diese Auffassung lässt sich zunächst einmal gut hören. Ob ihr tatsächlich zugestimmt werden kann, hängt von einer weiteren Prüfung – insbesondere im Hinblick auf die verschiedenen Formen von Lehrveranstaltungen – ab.

#### bb) Das Erreichen der Lernziele trotz Abwesenheit

Erkennt man an, dass aus der Lern- und Studierfreiheit das Recht folgt, sich wissenschaftliche Meinungen zu erarbeiten, muss den Studenten auch die

---

Rn. 131; *Ruffert*, in: Epping/Hillgruber, GG, 2. Aufl. 2013, Art. 12 Rn. 91; *Sachs*, Verfassungsrecht II, 3. Aufl. 2017, Kap. 42. Vertiefend *Raabe*, Grundrechte und Erkenntnis, 1998.

847 BVerfGE 30, 292 (319); 90, 145 (173); 105, 17 (36).

848 BVerfGE 13, 97 (117 f.); 25, 236 (248); 54, 301 (330 f.); 55, 185 (196 f.).

849 BVerfGE 7, 377 (407); *Epping*, WissR Bd. 45 (2012), S. 112 (117 f.).

850 *Wieland*, in: Dreier, GG, Bd. I, 3. Aufl. 2013, Art. 12 Rn. 110.

851 *Horneber/Penz*, WissR Bd. 47 (2014), S. 150 (170).

Möglichkeit zur selbstständigen Vorbereitung und Vertiefung eingeräumt werden.[852]

Daneben soll es ihnen freistehen, an anderen, nicht studienrelevanten Lehrveranstaltungen teilzunehmen und sich andere wissenschaftliche Meinungen außerhalb der Lehrveranstaltung zu erarbeiten.[853] Dies setzt jedoch voraus, dass den Studenten ausreichend Freiraum zur eigenen Gestaltung ihres Studiums verbleibt. Durch feste Stundenpläne, enge Zeitvorgaben und die Pflicht zur Anwesenheit besteht allerdings die Gefahr, dass die Lern- und Studierfreiheit unterlaufen wird.[854] Die Studenten müssen in der Entscheidung frei bleiben, ob und inwiefern sie sich an einzelnen Lehrveranstaltungen beteiligen.[855]

Es drängt sich die Frage auf, ob es tatsächlich Anwesenheitspflichten bedarf, welche die Studenten zum Erreichen der Lernziele anhalten. Möglicherweise stellt das Eigenstudium ein gegenüber der Anwesenheitspflicht milderes Mittel zum Erreichen der Lernziele dar.

#### aaa) Das Eigenstudium – Privileg oder Hindernis?

Empfinden die Studenten die Lehrveranstaltung als einseitig oder nicht gewinnbringend für ihr Studium oder lehnen sie die dargestellten Meinungen des Lehrenden ab, könnte das Eigenstudium als ein der Anwesenheitspflicht gegenüberstehendes milderes Mittel gleicher Wirksamkeit eine Alternative bieten.[856]

---

852 *T. Bauer*, Wissenschaftsfreiheit in Lehre und Studium, 1980, S. 142 ff.; *Fehling*, in: Kahl/Waldhoff/Walter, Bonner Kommentar zum Grundgesetz, Loseblatt, Stand März 2004, Art. 5 Abs. 3 (Wissenschaftsfreiheit) Rn. 100; *Kempen*, in: Hartmer/Detmer, Hochschulrecht, 3. Aufl. 2017, Kap. 1 Rn. 98; *Lüthje*, in: Denninger, HRG, 1974, § 3 Rn. 48 ff.; *Reich*, HRG, 11. Aufl. 2012, § 4 Rn. 32.

853 *T. Bauer*, Wissenschaftsfreiheit in Lehre und Studium, 1980, S. 136 ff.; *Fehling*, in: Kahl/Waldhoff/Walter, Bonner Kommentar zum Grundgesetz, Loseblatt, Stand März 2004, Art. 5 Abs. 3 (Wissenschaftsfreiheit) Rn. 100; *Kempen*, in: Hartmer/Detmer, Hochschulrecht, 3. Aufl. 2017, Kap. 1 Rn. 98; *Küchenhoff/Lüthje*, WissR Bd. 2 (1969), S. 234 (234 f.); *Lüthje*, in: Denninger, HRG, 1974, § 3 Rn. 48.

854 *Horneber/Penz*, WissR Bd. 47 (2014), S. 150 (165).

855 *T. Bauer*, Wissenschaftsfreiheit in Lehre und Studium, 1980, S. 133, *Maack*, DVBl. 1955, 140 (141).

856 Zu denken wäre auch noch an die Teilnahme an einer parallelen Lehrveranstaltung. Aufgrund von Kapazitätsgründen oder dem fehlenden Angebot kann dies jedoch nicht immer möglich sein.

### (1) Das Eigenstudium als einfachgesetzlich festgelegtes Recht

In einigen Hochschulgesetzen ist bereits festgelegt, dass Studienleistungen so zu bemessen sind, dass den Studenten Gelegenheit zur selbstständigen Vorbereitung und Vertiefung des Lehrstoffes sowie zur Teilnahme an zusätzlichen Lehrveranstaltungen nach eigener Wahl bleiben muss.[857] So sieht § 16 Abs. 1 S. 2 SächsHG beispielweise vor:

> *„Die Möglichkeit des Selbststudiums ist zu fördern."*

Dies zeigt zum einen, dass das Selbststudium einen Bestandteil des Studiums bildet. Zum anderen lässt sich daraus ableiten, dass die Universitäten zur Förderung des Selbststudiums angehalten sind, indem sie den Studenten die Möglichkeit zur selbstständigen wissenschaftlichen oder künstlerischen Arbeit geben müssen.[858] Im Zuge der Modularisierung der Studiengänge und der Einführung eines Leistungspunktesystems wurde dieses Erfordernis im sächsischen Hochschulrecht auch hinreichend transparent gemacht.[859] Das Selbststudium bezeichnet den Anteil am studentischen Arbeitsaufwand (workload),[860] der für die eigenständige Erarbeitung und Aneignung von Studieninhalten (Vor- und Nachbereitung, Lektüre, Hausarbeiten, Prüfungsvorbereitung) aufgewandt werden muss.[861]

§ 16 Abs. 1 S. 2 SächsHG steht in einer engen Beziehung zu § 36 Abs. 4 S. 3 SächsHG.[862] Dieser besagt:

> *„Der Gesamtumfang der erforderlichen Lehrveranstaltungen ist so zu bemessen, dass den Studenten Gelegenheit zur selbstständigen Vorbereitung und Vertiefung des Stoffes und zur Teilnahme an zusätzlichen Lehrveranstaltungen nach eigener Wahl verbleibt."*

---

857 So bspw.: § 41 Abs. 1 ThürHG; § 20 HSchGRPfl; § 54 Abs. 2 UG SA; § 36 Abs. 4 SachsHG; § 39 Abs. 2 LHG M-V.

858 *Brüggen*, in: Brüggen, Handbuch des sächsischen Hochschulrechts, 2011, § 36 Rn. 488.

859 *Deschauer*, in: Nolden/Rottmann/Brinktrine/Kurz, Sächsisches Hochschulgesetz, 2010, S. 110.

860 Vgl. die Ländergemeinsamen Strukturvorgaben für die Akkreditierung von Bachelor- und Masterstudiengängen, Beschluss der Kultusministerkonferenz vom 10.10.2003 i.d.F. v. 4.2.2010, Anlage: Rahmenvorgaben für die Einführung von Leistungspunktesystemen und die Modularisierung von Studiengängen, S. 2.

861 Hierbei müssen nicht nur Phasen des Selbststudiums eingeplant, sondern auch Anleitungen dazu vorgesehen sowie Räume und Materialien bereitgestellt werden, *Deschauer*, in: Nolden/Rottmann/Brinktrine/Kurz, Sächsisches Hochschulgesetz, 2010, S. 110; *Post/Schmidt/Zirpel*, Hochschulrecht Sachsen, 1998, Rn. 31.

862 *Brüggen*, in: Brüggen, Handbuch des sächsischen Hochschulrechts, 2011, § 36 Rn. 488.

Um den Studenten Gelegenheit zur Vor- und Nachbereitung zu geben, ist somit eine Begrenzung des Lernstoffes geboten. Dadurch soll letztlich auch der Studienerfolg gefördert werden.[863] Außerdem soll der Student nicht darin beschränkt werden, Lehrveranstaltungen eigener Wahl zu besuchen. Darüber hinaus steht es ihm frei, Lehrveranstaltungen eines anderen Studiengangs zu hören.[864] Mit dieser Norm vergleichbare Regelungen finden sich auch in anderen Hochschulgesetzen.[865]

Dies zeigt, dass der sächsische Gesetzgeber den Studenten Freiraum für das Eigenstudium zusprechen wollte. Diese Möglichkeit wäre jedoch ausgeschlossen, wenn der Student an einen festen Stundenplan und Anwesenheitspflichten gebunden wäre, der ihm keinerlei Gestaltungsfreiraum zuspricht.

Allerdings lässt sich aus dieser Regelung nicht ableiten, dass der Student von der Teilnahme an einer Lehrveranstaltung gänzlich absehen kann. Das Eigenstudium bezieht sich vielmehr auf den Umstand, dass er das in der Lehrveranstaltung vermittelte Wissen eigenständig vorbereiten und vertiefen kann. Grundsätzlich wird von einer Teilnahme der Studenten an den Lehrveranstaltungen ausgegangen: So wird bei der Bemessung der Leistungspunkte eines Moduls auch die Belastung des Unterrichts selbst zugrunde gelegt.[866]

Die beispielhaft angeführten Regelungen im sächsischen Hochschulgesetz zeigen, dass das Selbststudium als Teil des Studiums durchaus anerkannt ist. Allerdings geht aus den gesetzlichen Regelungen auch hervor, dass das Eigenstudium eine Lehrveranstaltung nur ergänzen soll.

Die Ergänzungsfunktion, die der Gesetzgeber dem Eigenstudium zuspricht, macht deutlich, dass das Eigenstudium nicht als ein gegenüber der Anwesenheitspflicht milderes Mittel anerkannt wird.

---

863 *Brüggen*, in: Brüggen, Handbuch des sächsischen Hochschulrechts, 2011, § 36 Rn. 488; *Deschauer*, in: Nolden/Rottmann/Brinktrine/Kurz, Sächsisches Hochschulgesetz, 2010, § 36 S. 197; *Reich*, HRG, 11. Aufl. 2012, § 10 Rn. 8; *Reich*, Bayerisches Hochschulgesetz, 4. Aufl. 1999, Art. 72 Rn. 11.

864 *Deschauer*, in: Nolden/Rottmann/Brinktrine/Kurz, Sächsisches Hochschulgesetz, 2010, S. 110; *Reich*, Bayerisches Hochschulgesetz, 5. Aufl. 2007, Art. 58 Rn. 2.

865 §§ 47 Abs. 1 S. 3, 41 Abs. 1 S. 2 ThürHG; § 39 Abs. 2 LGH M-V; § 20 HSchGRPfl; § 54 Abs. 2 UG SA.

866 Leistungspunkte beschreiben das „quantitative Maß für die Gesamtbelastung des Studierenden", wobei sowohl der Unterricht selbst als auch die Zeit für die Vor- und Nachbereitung („Präsenz- und Selbststudium") sowie der „Prüfungsaufwand" und die Prüfungsvorbereitungen einschließlich der Abschluss- und Studienarbeiten und ggf. Praktika zu berücksichtigen sind, so *Lindner*, in: Hartmer/Detmer, Hochschulrecht, 3. Aufl. 2017, Kap. 11 Rn. 193 Fn. 396.

(2) Der individuelle Charakter des Lernens als Argument für das Eigenstudium als mildere Maßnahme

Doch reicht es aus, den Studenten lediglich Gelegenheit zur selbstständigen Vorbereitung und Vertiefung zu geben? Sollte es ihnen nicht vielmehr auch überlassen werden, sich den gesamten Inhalt einer Lehrveranstaltung im Eigenstudium anzueignen?

Hieran anknüpfend stellt sich die Frage, ob Anwesenheitspflichten überhaupt erforderlich sind, damit die Studenten ihre Lernziele erreichen. Möglicherweise gelingt ihnen dies auch, wenn es ihnen überlassen bleibt, wann und wie sie sich die Inhalte der Lehrveranstaltung aneignen. In diesem Fall wäre das Eigenstudium als milderes Mittel durchaus anzuerkennen.

Anwesenheitspflichten können zur Folge haben, dass der Student Zeit verschenkt, die er im Selbststudium effektiver nutzen könnte, um sich auf die Teilnahme an der Prüfung vorzubereiten. Einen besonderen Zwangscharakter könnte die Anwesenheitspflicht in diesem Zusammenhang durch die Bindung der Studenten an eine gewisse Lerngeschwindigkeit entfalten, welche von Seiten des Dozenten festgelegt wird. Vor dem Hintergrund, dass nicht alle Studenten die gleiche Auffassungsgabe haben, wird dieser Zwangscharakter noch verstärkt.[867] So besteht eine Zeitdifferenz unter den Lernenden bei der Aufnahme neuer Informationen von bis zu 100 %.[868] Dies führt dazu, dass diejenigen, die ihre Lerngeschwindigkeit nicht dem Vortragstempo anpassen können, entweder ohne Lernerfolg bleiben[869] oder sich unterfordert fühlen.[870]

Im Eigenstudium kann sich der Student die Lerngeschwindigkeit dagegen frei einteilen und den Zeitrahmen seiner Studien selbstständig festlegen. Entsprechendes gilt auch für den Schwierigkeitsgrad, auf den der Student in der Lehrveranstaltung ebenfalls keinen Einfluss nehmen kann. Kann er stattdessen die

---

867 *T. Bauer,* Wissenschaftsfreiheit in Lehre und Studium, 1980, S. 142 f.; *Horneber/Penz,* WissR Bd. 47 (2014), S. 150 (166); *Seiffert,* Hochschuldidaktik und Hochschulpolitik, 1969, S. 103.

868 *T. Bauer,* Wissenschaftsfreiheit in Lehre und Studium, 1980, S. 143; *Dilcher,* Neue didaktische Aspekte in der Juristenausbildung, 1970, S. 106.

869 Der Fall eines zu schnellen Vortrags kann für den Studenten dahingehend nachteilig sein, dass Text der Vorlesung verloren geht. Zudem kann dies dazu führen, dass Daten, Namen und Tatsachen in der Mitschrift nicht genau erfasst werden oder der Zusammenhang der Darstellung nicht erfasst werden kann, so *Seiffert,* Hochschuldidaktik und Hochschulpolitik, 1993, S. 103.

870 *Dilcher,* JZ 1970, 214 (215); *Seiffert,* Hochschuldidaktik und Hochschulpolitik, 1969, S. 103 f.

Lehrinhalte im Eigenstudium erarbeiten, ist es seiner Entscheidung überlassen, welche Intensität er den Inhalten zukommen lässt.[871]

Zudem ist belegt, dass Gehörtes zu ca. 20 % und Gelesenes bis zu 30 % im Gedächtnis verbleibt.[872] Die Pflicht zur Anwesenheit würde daher für mehr als die Hälfte der Studenten bedeuten, auf eine für sie weniger geeignete Art lernen zu müssen.[873] Das Aufzwingen der von Lehrenden für richtig befundenen Lerngeschwindigkeit käme folglich einer Negation der Lern- und Studierfreiheit gleich.[874]

Es spricht folglich viel dagegen, den Studenten einen solchen Zwang zu wenig effektiven Lernverhalten aufzuerlegen. Als selbstständiger und selbstverantwortlicher Mitbürger[875] sollte es der Mentalität des Studenten überlassen bleiben, ob er sich den Besuch und die Mitarbeit in den Lehrveranstaltungen als Pflicht auferlegt.[876]

Das Eigenstudium könnte somit eine im Einzelfall geeignete Möglichkeit sein, damit die Studenten die Lehrinhalte erarbeiten und ihre Lernziele erreichen. In diesem Fall wäre das Eigenstudium daher als ein gegenüber der Anwesenheitspflicht in Lehrveranstaltungen milderes Mittel gleicher Wirkung anzuerkennen und Anwesenheitspflichten als ungeeignet abzulehnen.

Es darf aber nicht übersehen werden, dass das Eigenstudium auch gewisse Risiken bereithält.

So bringt das Eigenstudium aus Büchern die Gefahr mit sich, dass Informationen einseitig oder falsch ausgewählt werden und dies zur Entstehung und Stärkung von Vorurteilen führt. Intensiviert wird dieser Prozess durch den fehlenden wissenschaftlichen Diskurs mit Dritten, der zur Objektivierung des eigenen Wissens beiträgt.[877] Zu berücksichtigen ist auch, dass der Student gerade

871 *Seiffert*, Hochschuldidaktik und Hochschulpolitik, 1969, S. 103.

872 *Hasselhorn*, Wirkungsvoller lernen und arbeiten, 1973, S. 96 (96 f.); *Seiffert*, Hochschuldidaktik und Hochschulpolitik, 1969, S. 101 f.

873 *T. Bauer*, Wissenschaftsfreiheit in Lehre und Studium, 1980, S. 143; *Thieme*, Deutsches Hochschulrecht, 1. Aufl. 1965, S. 212. *Seiffert*, Hochschuldidaktik und Hochschulpolitik, 1969, S. 101 ff., spricht sich allgemein zu den Vorzügen individuellen Lernens mit Mitteln, die objektivierte Aussageformen enthalten, aus.

874 *Horneber/Penz*, WissR Bd. 47 (2014), S. 150 (166).

875 *W. Schmidt*, Die Freiheit der Wissenschaft, 1929, S. 140; *Thieme*, Hochschulrecht, 1. Aufl. 1956, S. 212.

876 *Peters*, Festschrift Jahrreiss, S. 85 f.; *W. Schmidt*, Die Freiheit der Wissenschaft, 1929, S. 140.

877 *T. Bauer*, Wissenschaftsfreiheit in Lehre und Studium, 1980, S. 144.

zu Beginn seines Studiums noch nicht in hinreichendem Maß mit den wissenschaftlichen Methoden vertraut ist, um sich eigenständig mit verschiedenen Problemen auseinandersetzen zu können.

Gerade das Erlernen von wissenschaftlichen Methoden stellt ein entscheidendes Charakteristikum des Studiums dar. Studenten sollen sich nicht nur neues Wissen aneignen. Sie sollen lernen, das erlangte Wissen anzuwenden und wie sie sich eigenständig in unbekannte Sachverhalte einarbeiten. So können sie sich später eigenständig mit verschiedenen Problemen auseinandersetzen und diese zufriedenstellend lösen.

Aus diesen Gründen stellt das Eigenstudium als solches kein milderes Mittel gleicher Wirkung dar, insbesondere im Hinblick auf die mit einer Anwesenheitspflicht verfolgten legitimen Zwecke.

(3) Das Eigenstudium als Mittel zur Vorbeugung der Gefahr, sich fremde Meinungen aufzwingen zu lassen

Möglicherweise begründet aber der Umstand, dass sich der Student im Eigenstudium Wissen unbeeinflusst von den Ansichten des Hochschullehrers aneignen kann, ein milderes Mittel gleicher Wirkung.

Zur Erklärung: Der Hochschullehrer ist in der Lehre grundsätzlich frei.[878] Daher kann er sowohl wissenschaftlich widerlegte Aussagen in seiner Lehrveranstaltung treffen als auch wissenschaftliche Lehräußerungen von einem bestimmten weltanschaulichen Standpunkt aus darlegen.[879] Die Schwerpunkte seiner Lehre kann der Hochschullehrer selbst festlegen. Er ist weder an Vorgaben von Seiten der Universität gebunden noch muss er seine Lehre an studentischen Erfordernissen ausrichten.[880]

Ist der Student zur Teilnahme verpflichtet, wird es ihm zum einen unmöglich gemacht, eine Lehrveranstaltung mit einem ihm widersprechenden Inhalt zu meiden und stattdessen eine andere inhaltsgleiche Lehrveranstaltung zu

---

878 *Britz*, in: Dreier, GG, Bd. I, 3. Aufl. 2013, Art. 5 III (Wissenschaftsfreiheit) Rn. 29 f.; *Fehling*, in: Kahl/Waldhoff/Walter, Bonner Kommentar zum Grundgesetz, Loseblatt, Stand März 2004, Art. 5 Abs. 3 (Wissenschaftsfreiheit) Rn. 84 ff.; *Starck*, in: von Mangoldt/Klein/Starck, GG. Bd. 1, 6. Aufl. 2010, Art. 5 III Rn. 375.

879 *Kempen*, in: Hartmer/Detmer, Hochschulrecht, 3. Aufl. 2017, Kap I Rn. 88; *Löwer*, in: Merten/Papier, Handbuch des Staatsrechts, Bd. IV, 2011, § 99 Rn. 53; *Mager*, in: Isensee/Kirchhof, Handbuch des Staatsrechts, Bd. VII, 3. Aufl. 2009, § 166 Rn. 14.

880 *T. Bauer*, Wissenschaftsfreiheit in Lehre und Studium, 1980, S. 142.

hören.[881] Zum anderen hat es für den Studenten auch zur Folge, dass er eine veraltete oder wiederlegte Lehraussage eines Hochschullehrers anhören oder an einem Unterricht teilnehmen muss, dessen Weltanschauung er nicht teilt. Die Festsetzung einer Anwesenheitspflicht steht daher im Wiederspruch zur Entscheidungsfreiheit der Studenten.[882] Es ist gerade die Aufgabe der Studenten, zu lernen, gute von schlechter Wissenschaft zu unterscheiden.[883]

Im Hinblick auf die mit einer Anwesenheitspflicht verfolgten legitimen Zwecke stellt das Eigenstudium als Schutz vor aufoktroyierten Meinungen kein milderes Mittel gleicher Wirkung dar. Mit der Anwesenheitspflicht soll sichergestellt werden, dass Studenten ihre Lernziele erreichen und sich auf die spätere Berufsausübung vorbereiten. Überlässt man den Studenten aber die Entscheidung, ob sie an einer Lehrveranstaltung teilnehmen, könnte dies zu vorschnellen Entscheidungen hinsichtlich der Teilnahme an einer Lehrveranstaltung führen. Gerade zu Beginn des Studiums fehlt den Studenten oftmals die notwendige Einsicht, um wissenschaftlich relevante Lehraussagen eines Professors von widerlegten oder inhaltslosen Aussagen zu unterscheiden.

Im Ergebnis kann dies zur Folge haben, dass die Entscheidung über die Teilnahme an einer Lehrveranstaltung – gerade im Hinblick auf das Eigenstudium – ohne jegliche Umsicht getroffen wird.[884] Zugleich besteht die Gefahr, dass der Student sich im Eigenstudium nur einseitig schult oder seinem Studium einen überholten Kenntnisstand zugrunde legt.

Der Umstand, dass der Student die vertretene Meinung des Hochschullehrers nicht teilt, begründet somit kein milderes Mittel gleicher Wirkung

(4) Zwischenergebnis

Dem Wohle der Allgemeinheit dient nur der Student, der tatsächlich über die in einer Lehrveranstaltung vermittelten Inhalte Kenntnis erlangt hat. Um dies gewährleisten zu können, stellt die Anordnung von Anwesenheitspflichten ein erforderliches Mittel dar. Durch die regelmäßige Anwesenheit kann Anleitung

881 Nahezu ausgeschlossen sei dies auch, wenn der Fachbereich durch entsprechende Berufungen eine weltanschaulich-politische Homogenisierung des Lehrkörpers anstrebt, *T. Bauer,* Wissenschaftsfreiheit in Lehre und Studium, 1980, S. 142.

882 Anders gestaltet sich die Situation beim Selbststudium. Hier obliegt dem Studenten nicht nur die Auswahl der Literatur, sondern auch die Entscheidungsmacht, welche Inhalte er auswählt. *T. Bauer,* Wissenschaftsfreiheit in Lehre und Studium, 1980, S. 142 f.; *Horneber/Penz,* WissR Bd. 47 (2014), S. 150 (166).

883 VGH Baden-Württemberg, Urteil vom 1.7.1975 – Az.: IV 951/73, S. 20.

884 *T. Bauer,* Wissenschaftsfreiheit in Lehre und Studium, 1980, S. 144.

zur frei mitschaffenden geistigen Tätigkeit gegeben werden, die als ein unmittelbarer Bestandteil des Studiums anerkannt ist.[885]

Zwar lässt sich hiergegen einwenden, dass die Präsenz in einer Lehrveranstaltung nichts über die tatsächliche Qualifikation aussagt. Mehr Aussagekraft über die Befähigung eines Studenten haben Leistungsnachweise in Form von Klausuren oder mündlichen Prüfungen. Unter diesem Gesichtspunkt ist die Anwesenheitspflicht allenfalls in entferntem Sinn als „Leistung" zu verstehen. Daher ist es durchaus zweifelhaft, ob Anwesenheitspflichten erforderlich sind, damit die Studenten ihre Lernziele erreichen. Auch im Eigenstudium können die Lernziele erreicht werden, was sich wiederum durch eine Prüfung nachweisen lässt.

Eine Reduzierung des Studiums auf die Erbringung konkreter Leistungsnachweise entspricht jedoch nicht dem Sinn und Zweck von Anwesenheitspflichten. Anwesenheitspflichten sollen auch dafür Sorge tragen, dass der Student sein Studium dem Lernplan entsprechend absolviert. Dies ist jedoch nicht gewährleistet, wenn der Student die erforderlichen Leistungsnachweise am Ende des Semesters erbringt und sich die Lehrinhalte ansonsten im Eigenstudium aneignet.

Nur am Rande sei aufgezeigt, dass diese Handhabung auch nicht mit den Gedanken Humboldts vereinbar wäre. Ein gegenseitiges Lernen wird in dem Moment vereitelt, in dem der Student nicht mehr an den Lehrveranstaltungen teilnimmt. Anwesenheitspflichten verpflichten den Studenten somit auch zur Teilnahme am wissenschaftlichen Diskurs. Auch dieser Umstand spricht somit für die Erforderlichkeit ihrer Anordnung. Außerdem zeigt der Umstand, dass der Student durch Anwesenheitspflichten dazu angehalten werden muss, sein Studium dem Lehrplan entsprechend zu absolvieren, deutlich auf, dass die Lern- und Studierfreiheit dem Schutzbereich von Art. 12 Abs. 1 GG zuzuordnen ist.

#### bbb) Differenzierung nach Form und Art der Lehrveranstaltung

Vorlesungen, Seminare und Übungen haben als herkömmliche Formen von Lehrveranstaltungen eine lange Tradition an den Universitäten. Obwohl es im Laufe der Jahre zu einer Vermehrung des Unterrichtsstoffes, einer Veränderung der akademischen Berufsbilder und gestiegenen Studentenzahlen gekommen ist, blieben diese Instrumentarien des akademischen Unterrichts im Wesentlichen konstant.[886]

An diesem Umstand konnte die Einführung von pädagogisch-didaktischen Unterweisungen, Einführungskursen in wissenschaftliche Arbeitsweisen oder auch von methodischen Arbeitskolloquien ebenso wenig etwas ändern wie das

885 *Maack*, Grundlagen studentischen Disziplinarrechts, 1956, S. 108.
886 *Menke-Glückert*, Lernfreiheit und Studienordnung, 1964, S. 13.

Recht des Hochschullehrers, von den herkömmlichen Lehrveranstaltungsarten abzuweichen und Zwischentypen zu entwickeln.[887] Die klassischen Unterrichtsformen bilden nach wie vor den Kern des akademischen Unterrichts.

Da sich diese Lehrveranstaltungen durch unterschiedliche Charakteristika auszeichnen, kann die Frage, ob eine Anwesenheitspflicht erforderlich ist, nicht pauschal beantwortet werden. Es muss vielmehr eine zwischen den einzelnen Formen der Lehrveranstaltungen differenzierende Prüfung erfolgen.

(1) Die Vorlesung

Die älteste Form der Wissensvermittlung an den Universitäten ist die Vorlesung. Noch heute bildet sie einen unentbehrlichen Bestandteil des akademischen Lehrbetriebs.[888] Sie zeichnet sich durch Frontalunterricht aus, bei dem der Dozent oftmals aus seinem Skript vorträgt und nur gelegentlich Rückfragen der Studenten zulässt. Die Diskussion gehört aus diesem Grund auch nicht zu den naturgemäßen Bestandteilen einer Vorlesung.[889]

Für die Erforderlichkeit einer Anwesenheitspflicht in der klassischen Vorlesung gegenüber dem Eigenstudium spricht zunächst, dass die mündliche Vermittlung den Prozess des Verstehens erleichtern kann und durch die persönliche Einfärbung des Vortrags der Inhalt für die Studenten besser zugänglich wird.[890] Daneben kann der Lehrende in seinem Vortrag auf aktuelle Fragestellungen und Ereignisse eingehen. Ein Buch kann dagegen nur bis zu einem bestimmten Zeitpunkt mögliche Inhalte berücksichtigen.[891]

Ein weiterer Vorteil der Vorlesung gegenüber dem Eigenstudium könnte darin liegen, dass sie die Kommunikation unter den Studenten fördert.[892] Dagegen lässt sich jedoch einwenden, dass die Diskussion in der Vorlesung vom Lehrenden in der Regel nicht zugelassen wird. Für gewöhnlich werden die Teilnehmer weder im Rahmen eines wissenschaftlichen Diskurses noch auf andere Weise in die Vorlesung einbezogen. Trägt der Hochschullehrer lediglich aus seinem Skript vor, spricht vieles dafür, dass sich jeder Einzelne die in der Vorlesung vermittelten Inhalte auch im Selbststudium verschaffen kann.

---

887 *Thieme,* Hochschulrecht, 1. Aufl. 1956, S. 209.

888 *Menke-Glückert,* Lernfreiheit und Studienordnung, 1964, S. 13 f.

889 *Avenarius,* Hochschule und Reformgesetzgebung, 1979, S. 31; *Horneber/Penz,* WissR Bd. 47 (2014), S. 150 (167); *Menke-Glückert,* Lernfreiheit und Studienordnung, 1964, S. 13; *Seiffert,* Hochschuldidaktik und Hochschulpolitik, 1993, S. 78.

890 *Seiffert,* Hochschuldidaktik und Hochschulpolitik, 1993, S. 105.

891 *Seiffert,* Hochschuldidaktik und Hochschulpolitik, 1993, S. 106.

892 *Seiffert,* Hochschuldidaktik und Hochschulpolitik, 1993, S. 104.

Hiergegen kann wiederum angeführt werden, dass die Pflicht zur Anwesenheit immerhin ein Mindestmaß an geistiger Befassung mit der Materie erzwingt, während das Selbststudium auch ganz ausfallen könnte. Haltbar ist dieses Argument jedoch nur in den Fällen, in denen die Erreichung der Lernziele nicht abgeprüft wird.

Findet dagegen eine Prüfung studienbegleitend statt, lässt sich in deren Rahmen unproblematisch nachweisen, ob der Inhalt einer Vorlesung im Eigenstudium erschlossen wurde.[893] Auf die tatsächliche Teilnahme kommt es nicht mehr an, wenn die Prüfung bestanden wurde. *C. Jeremias* wendet zwar ein, dass der Nachweis über die strikte Anwesenheit der Studenten in einer Vorlesung als Voraussetzung für die Zulassung zur Prüfung[894] zu rechtfertigen sei, wenn diese ausschließlich studienbegleitend erfolge. Grund dafür sei, dass ohne die vorherige persönliche Kontaktnahme eine solche „*Begleitung*" kaum realisierbar sei.[895]

Dieses Argument überzeugt jedoch nicht. Charakteristikum der Vorlesung ist der persönliche Vortrag des Lehrenden. Dieser stützt sich letztlich auf die bloße Wissensvermittlung durch das gesprochene Wort ohne aktive Beteiligung der Anwesenden. Es muss den Studenten daher freistehen, sich den Lehrstoff aus Büchern oder auf andere Weise anzueignen, zum Beispiel bei einem privaten Repetitor. Erfolgt der Leistungsnachweis allein durch die bestandene Prüfung, muss die Entscheidung über die Teilnahme an einer Vorlesung den Studenten überlassen bleiben. Letztlich obliegt es ihrer Verantwortung, mit dem Prüfungsstoff hinreichend vertraut zu sein.[896] Dem studentischen Recht auf Lern- und Studierfreiheit steht kein gleichrangiges Interesse der Universität oder der Allgemeinheit auf tatsächlichen Besuch der Vorlesung gegenüber.[897]

Das universitäre Studium lebt Eigeninitiative, eigenständigem Denken und Selbstverantwortung. Durch eine Anwesenheitspflicht wird den Studenten ein

893 *Horneber/Penz,* WissR Bd. 47 (2014), S. 150 (167); a.A. *Jeremias,* in: Niehues/Fischer/Jeremias, Prüfungsrecht, 6. Aufl. 2014, Rn. 162.

894 Verlangen die maßgeblichen Rechtsvorschriften als Voraussetzung für die Zulassung zur Prüfung nicht nur einen formellen Nachweis der Teilnahme an einer Lehrveranstaltung, sondern die erfolgreiche Teilnahme, so ist die betreffende Bescheinigung nur ein Indiz für das Vorliegen dieser Zulassungsvoraussetzung, OVG NRW, Beschl. v. 26.4.1982 – 15 D 949/82 – und – 15 B 796/82; *Jeremias,* in: Niehues/Fischer/Jeremias, Prüfungsrecht, 6. Aufl. 2014, Rn. 162.

895 *Jeremias,* in: Niehues/Fischer/Jeremias, Prüfungsrecht, 6. Aufl. 2014, Rn. 162.

896 *Horneber/Penz,* WissR Bd. 47 (2014), S. 150 (167).

897 *T. Bauer,* Wissenschaftsfreiheit, 1980, S. 144; *Seiffert,* Hochschuldidaktik und Hochschulpolitik, 1993, S. 78.

Stück ihrer Lehrfreiheit genommen, die aber Charakteristikum des wissenschaftlichen Studiums ist.

(2) Das Seminar

Neben Vorlesungen gehören seit Mitte des 18. Jahrhunderts Seminare zum festen Bestandteil der Lehre an Universitäten. Zwar wird unter der Bezeichnung „*Seminar*" nicht überall das Gleiche verstanden, da die Traditionen der Fakultäten voneinander abweichen.[898] Dennoch hat sich ein allgemein anerkanntes und tradiertes Verständnis des Seminars gebildet.[899] Danach zeichnet sich das Seminar im Unterschied zur klassischen Vorlesung durch einen kleinen Kreis von Teilnehmern, dem hohen wissenschaftlichen Anspruch und dem wissenschaftlichen Diskurs zwischen Lehrendem und Lernendem aus.[900] Von den Studenten wird ein aktiver Beitrag[901] gefordert, so dass sie selbstständig tätig werden

898 *Epping*, WissR Bd. 45 (2012), S. 112 (115); *Thieme*, Deutsches Hochschulrecht, 2. Aufl. 1986, Rn. 316.

899 „Die Einrichtung von Seminaren begann in der Wissenschaft der Philologie. Es waren praktische Überlegungen, die zur Form des selbstständigen Seminars im Universitätsverband und zu neuen Formen akademischen Unterrichts führten. Das höhere Schulwesen, das im 18. Jahrhundert die Lateinschule ablöste, verlangte in großer Zahl wissenschaftlich vorgebildete Lehrkräfte, vor allem in den den Lehrplan zu zwei Dritteln beherrschenden alten Sprachen. Ein gründliches Eindringen in den Geist der alten Sprachen war nur bei Arbeiten im kleinen Kreis möglich. Dies veranlasste den Rektor der Leipziger Thomasschule, Johann Mathias Gessner, als er 1734 an die eben gegründete Universität Göttingen gerufen wurde, das erste philologische Seminar zu gründen, das dann für viele andere das Modell abgegeben und eine exakte philologische Schule der Textkritik und Textedition begründet hat. Andere Disziplinen übernahmen die Form des Universitätsseminars mit Übungen im kleinen Kreis und mit besonders intensivem Lehrgespräch zwischen Professoren und Studenten. Eines der in der ganzen Welt berühmten Seminare war das Ranke-Seminar in Berlin, dessen akademische Arbeitsmethode unter anderem die Bildung des Typs der amerikanischen graduate-school mit beeinflusst hat", so *Menke-Glückert,* Lernfreiheit und Studienordnung, 1964, S. 15.

900 *Avenarius,* Hochschule und Reformgesetzgebung, 1979, S. 31; *Epping*, WissR Bd. 45 (2012), S. 112 (115); *Horneber/Penz,* WissR Bd. 47 (2014), S. 150 (168); *Menke-Glückert*, Lernfreiheit und Studienordnung, 1964, S. 15; *Thieme*, Deutsches Hochschulrecht, 2. Aufl. 1986, Rn. 316.

901 Oftmals gebe der Lehrende dem Studenten ein bestimmtes wissenschaftliches Spezialthema, das mit dem Rahmenthema der Seminarübung in engem Zusammenhang stehe, zur selbständigen Bearbeitung und Lösung, so *Menke-Glückert*, Lernfreiheit und Studienordnung, 1964, S. 15; *Thieme*, Deutsches Hochschulrecht, 3. Aufl. 2004, Rn. 366.

müssen.[902] Indem vortragende Studenten ihre Thesen darlegen, erläutern und auf Rückfragen eingehen oder als Zuhörer Fragen stellen, Kritik äußern oder ihre Zustimmung aussprechen, lernen sie, sich an einer wissenschaftlichen Dikussion zu beteiligen. Das Seminar zeigt somit in aller Deutlichkeit die Aufgabe der Universität auf, durch wissenschaftliche Arbeitsweise auf das Erlangen eines akademischen Abschlusses vorzubereiten.

Ohne die Teilnahme der Studenten ist das Seminar daher weder durchführbar, noch kann das Ziel der Lehrveranstaltung erreicht werden.[903] Das Entstehen eines wissenschaftlichen Gesprächs setzt die Anwesenheit von Lehrenden und Lernenden zwingend voraus.[904] Anwesenheitspflichten können demzufolge zur Erreichung der Lernziele erforderlich sein.[905] In notwendiger Konsequenz hat dies zur Folge, dass beim Fernbleiben von einem Seminar auch der entsprechende Leistungsnachweis und die Gutschrift der *Creditpoints* für diese Veranstaltung verweigert werden können.[906]

Auf der anderen Seite ist aber zu beachten, dass sich die mit einem Seminar verfolgten Ziele nur bei überschaubaren Teilnehmerzahlen umsetzen lassen.[907] Bei einer Teilnehmerzahl von 100 oder mehr Studenten kann die selbstständige Mitwirkung an einer gemeinsamen Aufgabe, die dialogische Arbeitsform

902 *Epping*, WissR Bd. 45 (2012), S. 112 (115); *ders.*, F&L 2012, 458 (459); *Menke-Glückert*, Lernfreiheit und Studienordnung, 1964, S. 15; *Thieme*, Deutsches Hochschulrecht, 3. Aufl. 2004, Rn. 876.

903 *Epping*, WissR Bd. 45 (2012), S. 112 (115); *Menke-Glückert*, Lernfreiheit und Studienordnung, S. 15; *Thieme*, Hochschulrecht, 3. Aufl. 2004, Rn. 876.

904 Siehe insoweit auch BVerfGE 55, 37 (67 f.). Der Student ist jedenfalls kein Schüler und nicht bloßes Objekt der Wissenschaftsvermittlung, sondern er soll ein selbständig arbeitendes, an der wissenschaftlichen Erörterung beteiligtes Mitglied der Hochschule sein; das Studium an der Universität ist auf aktive Teilnahme am Wissenschaftsprozess hin angelegt (BVerfGE 35, 79 (125). … Aktive Beteiligung die Studierenden an wissenschaftlichen Lehrveranstaltungen kann nur verwirklicht werden, wenn die Studenten – wie dies im Bereich von Seminaren, Kolloquien und Übungen ohnehin üblich ist – soweit wie möglich in den Ablauf der Lehrveranstaltung einbezogen werden.".

905 Die Landesregierung Nordrhein-Westfalen tritt dem mit dem nicht ganz überzeugenden Argument gegenüber, dass der wissenschaftliche Diskurs mithilfe der heutigen Medien auch ohne körperliche Anwesenheit möglich sei, LT-Drs. 16/5410, S. 367 f.; *Jeremias*, in: Niehues/Fischer/Jeremias, Prüfungsrecht, 6. Aufl. 2014, Rn. 162.

906 *Epping*, WissR Bd. 45 (2012), S. 112 (115); *Epping*, F&L 2012, 458 (459).

907 *Menke-Glückert*, Lernfreiheit und Studienordnung, S. 15; *Thieme*, Deutsches Hochschulrecht, 2. Aufl. 1986, Rn. 316.

im kleinen Kreis und die dichte pädagogische Arbeitsatmosphäre nicht erreicht werden und das Seminar würde zum bloßen Ableger[908] der Vorlesung reduziert.[909]

In diesem Zusammenhang ist auf die amtliche Begründung zum Gesetzentwurf des § 64 Abs. 2a HG NRW Bezug zu nehmen. Danach soll in Seminaren eine Anwesenheitspflicht nicht vorgesehen werden. Eine Ausnahme könne aber bei Seminaren gemacht werden, *„die auf eine Teilnahme von weniger als 20 oder 30 Studierenden angelegt sind"*, sofern eine sorgfältige Einzelfallprüfung erfolgt ist. Die Hochschulen beschränken die Seminare daher oftmals auf 30 Teilnehmer. Eine Beschränkung der Teilnehmerzahl an Seminaren ist nur unter den in § 59 Abs. 2 HG NRW genannten Voraussetzungen möglich und kann nur nach Maßgabe der Prüfungsordnungen vorgenommen werden. Eine Beschränkung der Teilnehmerzahl nach eigenem pädagogischen Ermessen des Hochschullehrers als Argument für die Notwendigkeit der Pflichtteilnahme erscheint nur schwer möglich, ohne dabei die gesetzlichen Anforderungen des § 59 HG NRW zu unterlaufen. Zugleich wird im Falle, dass für ein Seminar zum Zwecke der Kapazitätsberechnung eine bestimmte Gruppengröße in Ansatz gebracht wurde, die erlaubte Teilnehmerzahl nicht hinter dieser Zahl zurückblieben dürfen.[910]

Erneut gilt also: Soll die Anwesenheit lediglich Voraussetzung für die Zulassung zur Prüfung sein, ohne dass eine Beteiligung am wissenschaftlichen Diskurs verlangt wird, ist die Anwesenheitspflicht nicht erforderlich. In diesem Fall ist die bloße Anwesenheit nicht als Nachweis für die notwendige Qualifikation anzuerkennen.[911] Anders ist es zu beurteilen, wenn die Zulassung zur Prüfung nur bei aktiver Beteiligung erfolgt.[912] In diesem Fall wird die Anwesenheit die notwendige Folge sein.

---

908 Der Grund dafür wird in der fehlenden didaktischen Kenntnis des Dozenten gesehen, eine Diskussion unter Beteiligung aller Teilnehmenden zu steuern. Daher würden nur diejenigen mit sozialem Durchsetzungsvermögen gefördert, während die Schwerfälligen und weniger Intelligenten nicht angeleitet und die Zurückhaltenden oder Gehemmten nicht ermutigt werden würden, *Seiffert,* Hochschuldidaktik und Hochschulpolitik, 1969, S. 114 f.

909 *Böttner*, SächsVBl. 2015, 244 (246); *Horneber/Penz,* WissR Bd. 47 (2014), S. 150 (168); *Menke-Glückert,* Lernfreiheit und Studienordnung, S. 15.

910 *Birnbaum*, in: von Coelln/Schemmer, BeckOK Hochschulrecht NRW, 5. Edition Stand 1.11.2017, § 64 Rn. 57.1.

911 *Horneber/Penz,* WissR Bd. 47 (2014), S. 150 (169), die drauf verweisen, dass die Anwesenheitspflicht zur Folge hätte, dass der Lehrende durch entsprechende Bezeichnung seiner Veranstaltung eine Anwesenheitspflicht einführen könne.

912 *Thieme,* Deutsches Hochschulrecht, 2. Aufl. 1986, Rn. 316.

Anders gestaltet sich die Sachlage auch, wenn sich die vermittelten Kenntnisse in einer Prüfung nicht adäquat abfragen lassen. Dann besteht ein überwiegendes Interesse derjenigen, die auf die Qualifikation des Hochschulabsolventen vertrauen müssen, darin, dass die vermittelten Kenntnisse auch tatsächlich erworben wurden. Dies wiederum kann nur mit einer Anwesenheitspflicht sichergestellt werden.[913]

(3) Die weiteren Formen von Lehrveranstaltungen

Neben Vorlesungen und Seminaren stellen Übungen, Tutorien, Praktika, Arbeitsgemeinschaften, Sprachkurse und Exkursionen weitere Formen von Lehrveranstaltungen dar. Diese Lehrveranstaltungen ergänzen und begleiten Vorlesungen oder sie dienen der Einführung in einen bestimmten Problembereich.[914]

Unter der Bezeichnung „*Übung*" werden Lehrveranstaltungen angekündigt, die eine Einführung in Methoden, Techniken und Formen wissenschaftlichen Arbeitens geben. Im Gegensatz zum Seminar ist das Ziel der Übung nicht das Erstellen einer eigenständigen wissenschaftlichen Leistung, sondern das Erproben und Vertiefen wissenschaftlichen Arbeitens.[915]

Nach einer vertretenen Auffassung ist die Übung daher lediglich als ein Angebot zu sehen, den theoretischen Wissensstoff der Vorlesung unter Anleitung anzuwenden.[916] Ähnlich wie im Fall der Vorlesung müsse es dem Studenten daher freistehen, ob sie dieses Angebot wahrnehmen oder die Inhalte im Eigenstudium erlernen.[917]

Wird diese Interpretation zugrunde gelegt, ist die Erforderlichkeit der Anwesenheitspflicht in einer Übung zu verneinen. Allerdings wird man einwenden müssen, dass mit der Übung ein anderer Zweck als mit der Vorlesung verfolgt wird. Die Studenten erhalten Gelegenheit, das in der Vorlesung Gesagte mit wissenschaftlicher Hilfestellung aufzuarbeiten. Zudem werden sie in der

913 *T. Bauer,* Wissenschaftsfreiheit in Lehre und Studium, 1980, S. 144; *W. Schmidt,* Die Freiheit der Wissenschaft, 1929, S. 139 f.

914 *Menke-Glückert*, Lernfreiheit und Studienordnung, 1964, S. 16.

915 *Menke-Glückert,* Lernfreiheit und Studienordnung, 1964, S. 16.

916 *Birnbaum*, in: von Coelln/Schemmer, BeckOK Hochschulrecht NRW, 5. Edition Stand 1.11.2017, § 64 Rn. 56.1; *Böttner*, SächsVBl. 2015, 244 (246); *Horneber/Penz,* WissR Bd. 47 (2014), S. 150 (167 f.).

917 *Böttner*, SächsVBl. 2015, 244 (246); *Horneber/Penz,* WissR Bd. 47 (2014), S. 150 (167 f.), die als Beispiel auf geisteswissenschaftliche Studiengänge und das Jurastudium verweisen. Gerade im Jurastudium zeige sich dies durch den Besuch eines privaten Repititoriums.

Anwendung des Erlernten geschult. Somit geht der mit der Übung verfolgte Zweck weit über ein bloßes Angebot hinaus, das Erlernte unter Anleitung anzuwenden. Die Erforderlichkeit einer Anwesenheitspflicht ist aus diesem Grund auch zu bejahen.

Hiergegen lässt sich allerdings einwenden, dass das Aufarbeiten der in der Vorlesung vermittelten Inhalte schwerfallen wird, wenn der Student an der Vorlesung nicht teilgenommen hat. Man sollte jedoch nicht den Fehler machen und diesen Umstand als ein Argument gegen die Erforderlichkeitder Anwesenheitspflicht in Übungen werten.

Entscheidet sich ein Student gegen die Teilnahme an einer Vorlesung, bedeutet dies nicht, dass er nicht zum Vor- und Nachbereiten der vermittelten Inhalte verpflichtet wäre. Dies entspricht auch nicht dem Sinn des Eigenstudiums. Das Eigenstudium entlässt den Studenten nicht aus der Pflicht, die in der Vorlesung besprochenen Inhalte selbstständig zu erlernen. Die Teilnahme an einer Übung ermöglicht ihm nicht nur die Kontrolle über den erreichten Wissensstand. Sie bietet auch die Gelegenheit, Rückfragen zu stellen und sich mit den anderen Teilnehmern auszutauschen. Diese Umstände sprechen somit vielmehr für die Erforderlichkeit der Anwesenheit in Übungen.

Praktika und Exkursionen dienen demgegenüber der praktischen Anwendung wissenschaftlicher Methoden, der Vermittlung fachtechnischer Fertigkeiten und der Einsicht in die Funktionsabläufe. Die Studenten sollen auf diese Weise Erfahrungen im Umgang mit den theoretischen Kenntnissen erlangen. Exkursionen sind Lehrveranstaltungen an außeruniversitären Standorten, wie Unternehmen oder Museen.[918] Praktika werden größtenteils im naturwissenschaftlichen Bereich angeboten und dienen überwiegend der Erprobung von Experimentier- und Messtechniken. Mithilfe von Demonstrationen soll den Studenten der Inhalt der Lehrveranstaltung veranschaulicht werden.[919]

Ohne die Teilnahme an diesen Lehrveranstaltungen können bestimmte Fähigkeiten nicht vermittelt werden, entweder weil sie nur an einem bestimmten Ort durchgeführt werden können oder weil sie ein bestimmtes Anschauungsmaterial

918 *Birnbaum*, in: von Coelln/Schemmer, BeckOK Hochschulrecht NRW, 5. Edition Stand 1.11.2017, § 64 Rn. 56.1.

919 VG Düsseldorf, Beschl. v. 23.10.2003 – Az. 15 L 3899/03 Rn. 4; *Birnbaum*, in: von Coelln/Schemmer, BeckOK Hochschulrecht NRW, 5. Edition Stand 1.11.2017, § 64 Rn. 56.1; *Epping*, in: Leuze/Epping, HG NRW, Loseblatt, Stand Februar 2008, § 59 Rn. 14; *Menke-Glückert*, Lernfreiheit und Studienordnung, 1964, S. 16.

erfordern. Es ist daher auch unbestritten, dass die vermittelten Kenntnisse im Eigenstudium nicht erlernt werden können.[920]

(4) Zwischenergebnis

Eine Anwesenheitspflicht ist in dem Moment erforderlich, in dem sich die Lernziele nur durch die Teilnahme an der Lehrveranstaltung erreichen lassen.[921] Das maßgebliche Kriterium für die Anordnung einer Anwesenheitspflicht liegt somit im Lernerfolg. Allerdings wird man allein aus der Anwesenheit kaum ableiten können, dass die Lernziele einer Lehrveranstaltung stets erreicht werden.

Die Anwesenheit kann daher nicht generell als eine Leistung im Sinne des Prüfungsrechts anerkannt werden, sondern nur in Kombination mit einer weiteren Leistung wie etwa Zuhören, Zusehen, Mitarbeit, Beteiligung am Dialog oder einer praktischen Tätigkeit.[922] Dies zeigt aber auch, dass eine Anwesenheitspflicht nicht beliebig angeordnet werden kann. Sie muss aus didaktischen Gründen vertretbar sein, wie dies beispielsweise bei Seminaren oder Arbeitsgemeinschaften der Fall ist. Ohne Anwesenheit kann keine Mitarbeit, gleich welcher Art, erfolgen.

Werden in der Lehrveranstaltung nur solche Erkenntnisse vermittelt, die der Student auch im Eigenstudium erlernen kann, stellen Anwesenheitspflichten nicht das mildeste Mittel gleicher Wirkung dar. Nur wenn die in der Lehrveranstaltung vermittelten Inhalte gerade nicht eigenständig erlernt oder in einer Prüfung adäquat abgefragt werden können, kann insoweit die Pflicht zum Besuch dieser Lehrveranstaltung den Erwerb der vermittelten Kenntnisse sicherstellen.[923]

---

920 *Aulehner,* in: von Coelln/Lindner, BeckOK Hochschulrecht Bayern, 7. Edition Stand 1.11.2017, Art. 3 Rn. 19.1; *Birnbaum*, in: von Coelln/Schemmer, BeckOK Hochschulrecht NRW, 5. Edition Stand 1.11.2017, § 64 Rn. 56.1; *Böttner*, SächsVBl. 2015, 244 (246); *von Coelln*, in: Friauf/Höfling, Berliner Kommentar zum Grundgesetz, 44. Erg.-Lfg. XI/14, Art. 5 Abs. 3 Rn. 134; *Horneber/Penz,* WissR Bd. 47 (2014), S. 150 (168); *Thieme*, Deutsches Hochschulrecht, 3. Aufl. 2004, Rn. 854. Bestes Beispiel für diesen Umstand ist das Medizinstudium: Es ist nachvollziehbar, dass angehende Ärzte einen menschlichen Körper in Augenschein genommen haben sollten, bevor sie praktisch tätig werden.

921 *Haug,* in: von Coelln/Haug, BeeckOK Hochschulrecht Baden-Württemberg, 6. Edition Stand 01.11.2017, § 3 Rn. 20.1.

922 VGH Mannheim, Urt. v. 21.11.2017 – 9 S 1145/16, BeckRS 2017, 133435 Rn. 47.

923 *Baasch*, in: Neukirchen/Reußow/Schomburg, Hamburgisches Hochschulgesetz, 2. Aufl. 2017, § 50 Rn. 8; *T. Bauer,* Wissenschaftsfreiheit in Lehre und Studium, 1980, S. 143 f.; *Kempen,* in: Hartmer/Detmer, Hochschulrecht, 3. Aufl. 2017, Kap. 1 Rn. 98; *W. Schmidt,* Die Freiheit der Wissenschaft, 1929, S. 139 f.; *Thieme,* Deutsches Hochschulrecht, 3. Aufl. 2004, Rn. 854.

Somit ist in diesen Fällen kein anderes Mittel gleicher Wirkung – insbesondere nicht das Selbststudium – ersichtlich, das milder als die Anordnung von Anwesenheitspflichten zu qualifizieren ist. Die Anordnung von Anwesenheitspflichten ist erforderlich im Sinne der Verhältnismäßigkeit.[924]

Gerade bei solchen Lehrveranstaltungen, die nicht mit einer Abschlussprüfung beendet werden, können Anwesenheitspflichten sicherstellen, dass die Studenten die Lernziele erreichen. Ohne Abschlussprüfung kann eine abschließende Überprüfung des Wissenstandes nicht erfolgen. Den einzigen Beweis, dass der Student über die in der Lehrveranstaltung vermittelten Kenntnisse verfügt, liegt in dem Vertrauen auf die eigenständige Aneignung der Lehrinhalte. Dies erscheint jedoch unter dem Gesichtspunkt der Gefahr falscher Schwerpunktsetzung und der fehlenden Anwendung schwierig. Anwesenheitspflichten sind in diesen Lehrveranstaltungen daher erforderlich. Obwohl es Ausnahmen geben mag, stellen sie die einzige Möglichkeit dar, um gewährleisten zu können, dass die Inhalte verstanden wurden.

#### ccc) Praxisbeispiel Nordrhein-Westfalen unter Zugrundelegung einer eigenen Stellungnahme

Das Verbot von Anwesenheitspflichten im Hochschulgesetz Nordrhein-Westfalen hat in den Medien reichlich Aufmerksamkeit gefunden. Es kann nur spekuliert werden, ob dies auch ein Grund für die umfassende Begründung der Reformen des Hochschulgesetzes in Nordrhein-Westfalen[925] sowie die ausführlichen Erläuterungen des Wissenschafsministeriums[926] gewesen sind.[927]

---

924 VGH Mannheim, Urt. v. 21.11.2017 – 9 S 1145/16, BeckRS 2017, 133435 Rn. 47; *T. Bauer,* Wissenschaftsfreiheit in Lehre und Studium, 1980, S. 144; *von Coelln,* in: Friauf/Höfling, Berliner Kommentar zum Grundgesetz, 44. Erg.-Lfg. XI/14, Art. 5 Abs. 3 Rn. 134.

925 HZG NRW vom 16.09.2014 mit Begründung, GV NRW Nr. 27, S. 547.

926 http://www.wissenschaft.nrw.de/hochschule/hochschulrecht/hochschulzukunftsgesetz/verbot-der-allgemeinen-anwesenheitspflicht-in-lehrveranstaltungen/; letzter Aufruf vom 03.01.2017.

927 Anders gestaltet sich die Situation dagegen in Niedersachsen. Auch dort hat der Gesetzgeber eine Regelung zu den Anwesenheitspflichten im Hochschulgesetz getroffen. Anders als in Nordrhein-Westfalen enthält die Norm aber kein Verbot. Es wird vielmehr dem Ermessen der Lehrenden überlassen, ob sie die Anwesenheit zur Pflicht erklären. Das Hochschulgesetz des Landes Schleswig-Holstein enthält dagegen die gleiche Regelung wie das HG NRW. Anders als die Landesregierung Nordrhein-Westfalens hat die Landesregierung Schleswig-Holstein die Normierung der Anordnung von Anwesenheitspflichten nicht derart ausführlich begründet.

Nach Ansicht der Landesregierung Nordrhein-Westfalens kann bei den in § 64 Abs. 2a HG NRW genannten Ausnahmen[928] eine Anwesenheitspflicht angeordnet werden, wenn eine dem Verhältnismäßigkeitsprinzip genügende Beziehung zwischen dem konkreten Lernziel der entsprechenden Lehrveranstaltung auf der einen Seite und dem Erfordernis der Anwesenheit auf der anderen Seite typischerweise ohne jeden Zweifel vermutet werden kann. Zugleich müsse das Erfordernis der Anwesenheit für jeden Durchschnittsbeobachter unmittelbar einsichtig und somit offensichtlich unabdingbar sein.[929]

Die Begründung der Landesregierung Nordrhein-Westfalens lässt an dieser Stelle zwar Raum für Interpretationen. Es ist aber davon auszugehen, dass die Landesregierung das Erlernen spezieller Techniken und Fähigkeiten ebenfalls als einen Grund für das Erfordernis von Ausnahmeregelungen anerkannt hat.

Eine gänzlich neue Rechtslage entsteht durch die Normierung des § 64 Abs. 2a HG NRW damit nicht. Auch bereits vor dieser Regelung fiel die Begründung für die Zulässigkeit von Anwesenheitspflichten vor allem in Vorlesungen erkennbar schwer. Dennoch oblag den Universitäten die Entscheidung über die Anordnung einer Anwesenheitspflicht. Es stellt sich daher die Frage, ob das gesetzlich geregelte Verbot in gerechtfertigter Weise in die Rechte der Universitäten, Fakultäten und Hochschullehrer eingreift.

Ferner ergibt sich aus dem Gesetz nicht eindeutig, ob sich die Regelungswirksamkeit von § 64 Abs. 2a HG NRW auf Hochschulstudiengänge beschränkt oder ob auch Teilnahmeverpflichtungen an Lehrveranstaltungen in Examensstudiengängen ausgeschlossen sein sollen. Gerade in den Examensstudiengängen stellt die Teilnahmepflicht eine gebräuchliche Übung dar, welche üblicherweise in der Studienordnung dergestalt vorgesehen ist, dass von der Teilnahme an der studienbegleitenden Prüfung ausgeschlossen wird, wer mehr als 10 %, 15 % oder 20 % der Lehrveranstaltung versäumt. § 64 Abs. 2a HG NRW spricht von „*Regelung*“, und der Regelungsort nach Abs. 1 und nach Abs. 2 ist die Hochschulprüfungsordnung. Diese gibt es jedoch in den Examenstudiengängen nicht. Darin könnte eine Beschränkung der Wirksamkeit von § 64 Abs. 2a HG NRW auf die Prüfungsordnungen für Hochschulstudiengänge liegen. Allerdings wird in § 64 Abs. 3 HG NRW auch von „*Ordnung*“ als Regelungsort gesprochen, was dafür spricht, dass auch die Studienordnungen in den Examensstudiengängen

928 GV NRW Nr. 27, S. 543 ff.

929 Dazu die vollständige Begründung des Hochschulzukunftsgesetzes, S. 263, abzurufen unter http://www.wissenschaft.nrw.de/hochschule/hochschulrecht/hochschulzukunftsgesetz, letzter Aufruf am 8.9.2015.

mitumfasst sein sollen. Folglich ist nicht der Regelungsort, sondern der Ausschluss der Teilnahmeverpflichtung der erkennbare Bezugspunkt des Normbefehls. Daraus folgt, dass auch die Examensstudiengänge von § 64 Abs. 2a HG NRW erfasst sind.[930] Eine klarere Formulierung der Norm wäre dennoch wünschenswert gewesen.

Nicht haltbar erscheint allerdings die Ansicht der Landesregierung Nordrhein-Westfalens, dass Seminare nicht von der Ausnahmeregelung erfasst sind.[931] Mit dem Verweis, dass die meisten Seminare primär der Vermittlung fachlicher Kompetenzen und Fähigkeiten dienen, verkennt er das allgemeine Verständnis von dieser Lehrveranstaltung.[932]

Doch auch in den Fällen der gesetzlich zulässigen Ausnahmen soll anhand des Einzelfalls zu entscheiden sein, ob die Anwesenheitspflicht tatsächlich erforderlich sei. Nach Auffassung der Landesregierung Nordrhein-Westfalen kann die Anwesenheit bei einer zeitlich nicht für die Gesamtdauer der Lehrveranstaltung gegebenen tatsächlichen Anwesenheit nicht verneint werden, wenn gleichwohl das Lernziel erreicht wird.[933] Als Grund für die Zulässigkeit von Fehlzeiten führt die Landesregierung an, dass Studienleistungen, bei denen eine körperliche Anwesenheit erforderlich ist, weiterhin erbracht werden können. Bei diesen Leistungen[934] käme es gerade nicht auf die ständige körperliche Anwesenheit an, sondern auf die aktive Teilnahme. Pflichten zur aktiven Teilnahme stünden jedoch mit einer Anwesenheitspflicht nicht im Zusammenhang. Auch bei einmaliger Teilnahme könne sich ein Student aktiv beteiligen.[935]

Hier übersieht die Landesregierung jedoch, dass sich aktive Teilnahme und Anwesenheit nicht ohne weiteres voneinander trennen lassen. Beide stehen

---

930 Birnbaum, in: von Coelln/Schemmer, BeckOK Hochschulrecht NRW, 5. Edition Stand 01.11.2017, § 64 Rn. 55.

931 Siehe dazu die vollständige Begründung des Hochschulzukunftsgesetzes, S. 263, abzurufen unter http://www.wissenschaft.nrw.de/hochschule/hochschulrecht/hochschulzukunftsgesetz, letzter Aufruf am 8.9.2015.

932 Dass durch den Ausschluss des Seminars ein gewisser Missstand entsteht, erkennt aber scheinbar auch der Gesetzgeber Nordrhein-Westfalens und versucht dies durch das Zugeständnis von Ausnahmen auszuräumen. So sollen Anwesenheitspflichten auch in Seminaren angeordnet werden können, die auf eine Teilnahme von weniger als 20 oder 30 Studenten angelegt sind und zugleich die Voraussetzungen dafür vorliegen, dass ein wissenschaftlicher Diskurs eingeübt werden kann. Die Erforderlichkeit einer Anwesenheitspflicht wird somit an den Einzelfall geknüpft.

933 Dies solle insbesondere für seminaristisch angelegte Lehrveranstaltungen gelten.

934 Als Beispiele nennt der Gesetzgeber Nordrhein-Westfalens Referate und Essays.

935 HG NRW v. 16.9.2014 (GV NRW Nr. 27, S. 547), S. 263.

in einem direkten Zusammenhang. Zwar kann der Student einen aktiven Beitrag trotz nur einmaliger Teilnahme leisten. Dies bedeutet jedoch nicht, dass zwangsläufig auch das Lernziel erreicht wird. Das Lernziel eines Seminars liegt im wissenschaftlichen Diskurs. Dieser kann aber nicht entstehen, wenn jeder Teilnehmer nur einmalig der Veranstaltung beiwohnt. Insofern steht die Auffassung des Gesetzgebers Nordrhein-Westfalens in direktem Widerspruch zu den Lernzielen eines Seminars. Im Ergebnis muss die Anwesenheitspflicht in einem Seminar daher ebenso wie die gesetzlich genannten Ausnahmefälle als erforderlich angesehen werden. Lediglich im Einzelfall, wenn aufgrund der äußeren Umstände der wissenschaftliche Diskurs nicht erreicht wird, kann von einer Anwesenheitspflicht abgesehen werden.[936]

#### cc) Die unterschiedlichen Möglichkeiten zur Ausgestaltung einer Anwesenheitspflicht unter dem Gesichtspunkt der Erforderlichkeit

Die Verpflichtung zur Anwesenheit kann allerdings in unterschiedlichen Formen erfolgen, so dass auch in Bezug auf ihre Ausgestaltung eine differenziertere Beurteilung erfolgen muss. Zum einen könnte bereits das einmalige Fernblieben zu Sanktionen führen, zum anderen könnten dem Studenten aber auch gewisse Fehlzeiten zugestanden werden. Die Spanne dieser Fehlzeiten lässt sich mithin relativ breit aufstellen. Es stellt sich daher die Frage, in welchem Ausmaß Fehlzeiten der Erforderlichkeit von Anwesenheitspflichten zuwiderlaufen.

##### aaa) Die Anwesenheit in Lehrveranstaltungen als Pflicht ohne Ausnahme

So lässt sich kaum argumentieren, dass eine Anwesenheitspflicht, die keine Fehlzeiten erlaubt, das mildeste Mittel gleicher Wirkung zum Erreichen der Lernziele darstellt. Gegen eine solche Anordnung spricht bereits das Wesen der universitären Ausbildung. Während des Studiums sollen die Studenten einen gewissen Grad an Selbstständigkeit erlernen.

Hierin liegt auch der wesentliche Unterschied zur schulischen Bildung. Dem schulischen Unterricht darf nur fernbleiben, wer eine zulässige Entschuldigung vorweisen kann. Dieses Erfordernis soll dazu beitragen, dass die Schüler ein gewisses Verantwortungs- und Pflichtbewusstsein entwickeln, und sicherstellen, dass das Fernbleiben vom schulischen Unterricht die Ausnahme bleibt.[937]

936 Ob diese Regelung auch mit der Lehrfreiheit und dem Selbstverwaltungsrecht der Universitäten vereinbar ist, soll an späterer Stelle untersucht werden.

937 *Avenarius*, Schulrechtskunde, 8. Aufl. 2010, S. 346 ff.

Diese Aspekte lassen sich jedoch auf das Studium und die dort verankerte Lern- und Studierfreiheit nicht übertragen. Eine ausnahmslose Pflicht zur Anwesenheit ist daher als mildestes Mittel gleicher Wirkung zu verneinen.

#### bbb) Das Zugeständnis von Fehlzeiten als milderes Mittel gleicher Wirkung

Ein legitimer Zweck der Anwesenheitspflicht liegt darin, dass durch die Pflicht zur Teilnahme das Erreichen der Lernziele gefördert wird und die Studenten die notwendigen Fähigkeiten für die Ausübung eines späteren Berufs erlernen. Lernziele, welche die persönliche Präsenz voraussetzen, werden sich aber auch noch bei Säumnis einzelner Termine erreichen lassen. Somit erscheint eine Anwesenheitspflicht, die Fehlzeiten einräumt, ein gegenüber der totalen Anwesenheitspflicht milderes Mittel gleicher Wirkung zu sein.

Wie hoch die Anzahl der erlaubten Fehlstunden jedoch sein kann, ohne dass die Erforderlichkeit wegfällt, ist fraglich. Unter Berücksichtigung unterschiedlicher Lerngeschwindigkeiten und ungleichmäßiger Aufnahmefähigkeiten unter den Studenten fällt die Festlegung einer „*starren*" Anzahl schwer. Eine individuelle Festlegung möglicher Fehlzeiten ist jedoch nicht nur aufgrund des enormen Verwaltungsaufwandes nicht praktikabel. Es besteht insbesondere die Gefahr, dass der Grundsatz der prüfungsrechtlichen Chancengleichheit verletzt wird.

Dieser Grundsatz verlangt, dass für vergleichbare Prüflinge so weit wie möglich vergleichbare Prüfungsbedingungen und Bewertungsmaßstäbe gelten.[938] Eine uneinheitliche Praxis bei der Festlegung der Mindestpräsenz würde diesem Grundsatz nicht gerecht werden. Es darf daher nicht dem Ermessen des Hochschullehrers überlassen bleiben, wie oft ein Student innerhalb einer Lehrveranstaltung fehlen darf. Um dem Grundsatz der prüfungsrechtlichen Chancengleichheit gerecht zu werden, muss für den Studenten daher nicht nur erkennbar sein, inwieweit die Anwesenheit zur Feststellung der Erreichung des Prüfungszwecks beitragen kann und welchen Bezug eine Anwesenheitspflicht zu der mit dem Studium verbundenen Qualifikation hat. Es muss auch festgelegt sein, wie oft er mindestens in der Lehrveranstaltung anwesend sein muss.[939] Dies zugrunde gelegt, ist festzuhalten, dass bei einzelnen Fehlterminen Lernziele noch erreichbar sind.

---

938 BVerfGE 84, 34 (52); BVerwG, Urt. v. 15. März 2017 – 6 C 46/15 –, zitiert nach juris Rn. 25; VGH Mannheim, Urt. v. 21.11.2017 – 9 S 1145/16, BeckRS 2017, 133435 Rn. 67.

939 VGH Mannheim, Urt. v. 21.11.2017 – 9 S 1145/16, BeckRS 2017, 133435 Rn. 67.

Davon zu trennen ist die Frage, ob Fehlzeiten, die über einzelne Termine hinausgehen (etwa eine Festlegung einer relativen Anzahl von Fehlterminen, wie z.B. 1/3 der Gesamtzahl der Lehrveranstaltungen) noch als erforderlich erachtet werden können. Das Zugeständnis, vergleichsweise viele Termine zu versäumen, wird vielmehr ein Indiz dafür sein, dass das Erreichen der Lernziele eben doch nicht von der persönlichen Anwesenheit abhängt. Eine solche Ausgestaltung der Anwesenheitspflicht wäre folglich nicht mehr erforderlich und damit unverhältnismäßig.

#### ccc) Der Krankheitsfall als Ausnahmeregelung

In diesem Zusammenhang ist auch zu fragen, wie sich der Krankheitsfall auf die Erforderlichkeit der Anwesenheitspflicht auswirkt. Es stellt sich die Frage, ob einem Studenten, der aus Krankheitsgründen nicht an der vorausgesetzten Anzahl von Lehrveranstaltungen teilnimmt, der Erwerb von Leistungsnachweisen verwehrt werden kann. Entscheidend wird sein, ob die Anwesenheitsverpflichtung während der Veranstaltungen dem Nachweis zur dauerhaften wissenschaftlichen Arbeit dienen soll oder ob es letztlich nur auf den Nachweis von erworbenen wissenschaftlichen Fähigkeiten[940] ankommt. In diesem Fall könnte es unter Berücksichtigung des Grundsatzes der Verhältnismäßigkeit geboten sein, den Studenten die Möglichkeit des Ausgleichs zu geben. Fehlstunden aufgrund einer Erkrankung hätten dann nicht zur Folge, dass die gesamte Lehrveranstaltung als nicht erbracht bewertet wird. Sofern dies organisatorisch möglich ist, stellt eine entsprechende Kompensation ein milderes Mittel gleicher Wirkung dar.[941]

Eine solche Ausgleichsregelung bietet sich insbesondere an, wenn das Lernziel in dem erfolgreichen Bestehen einer Prüfung liegt und sich das vermittelte Wissen auch ohne Teilnahme an der Lehrveranstaltung erreichen lässt. Die Prüfung zu bestehen, ist letztlich das pragmatische Ziel jedes Studenten. Sie indiziert den Studienerfolg und gibt die beruflich und gesellschaftlich verwertbare Bescheinigung über das absolvierte wissenschaftliche Studium.[942] Dieser Umstand wird

940 Diese können in Form von Hausarbeiten, Referaten oder ähnlichen Nachweisen verlangt werden.

941 Gedanke beruht auf einem Rechtsgutachten durch RA Achelpöhler für den AStA der Ruhr-Universität Bochum von Dezember 2010, S. 19; abzurufen unter http://webcache.googleusercontent.com/search?q=cache:VlkyFxdO56AJ:fsvkbo.de/wp-content/uploads/2011/10/Rechtsgutachten-zur-Frage-der-Studierfreiheit-und-Anwesenheitspflicht-bei-Lehrveranstaltungen.pdf+&cd=2&hl=de&ct=clnk&gl=us. Letzter Aufruf am 20.10.2015.

942 *Karpen*, in: Flämig/u.a., Handbuch des Wissenschaftsrechts, Bd. 1, 2. Aufl. 1996, S. 658; *Thieme*, Deutsches Hochschulrecht 2. Aufl. 1986, Rn. 301.

letztlich auch dafür sprechen, dass die Studenten trotz Abwesenheit das Erreichen des Studienziels anstreben werden.

Anders gestaltet sich jedoch die Rechtslage, wenn das Lernziel in dem wissenschaftlichen Diskurs liegt.[943] Dann liegen die Voraussetzungen für die Erforderlichkeit von Anwesenheitspflichten vor, denn der Lernerfolg resultiert gerade aus der Lehrveranstaltungsteilnahme. Ein milderes Mittel gleicher Wirksamkeit ist nicht ersichtlich. Es ist auf die Konnexität von Lehrveranstaltungsteilnahme und Lernerfolg abzustellen, nicht auf das Verschulden. Daher kann es keinen Unterschied machen, ob der Student aufgrund einer Erkrankung oder aus anderen Gründen das Lernziel nicht erreicht.[944] Die Folge ist, dass auch bei längerem, entschuldigtem Fehlen die Prüfungszulassung oder die Teilnahmebescheinigung versagt werden kann.[945]

Im Hinblick auf das Erfordernis des Bestimmtheitsgebots ist in diesem Zusammenhang zu berücksichtigen, dass die Rechtsfolgen von Fehlzeiten aus wichtigem Grund normativ geregelt sind. Für den Studenten muss ersichtlich sein, ob ihm in Krankheitsfällen nur die Möglichkeit der Wiederholung im nächsten Semester offensteht oder auch die Möglichkeit der Kompensation durch Ersatzleistungen vorgesehen ist. Der VGH Mannheim hat in diesem Zusammenhang deutlich gemacht, dass eine bloße Empfehlung durch den Dozenten eine fehlende Normierung in der Prüfungsordnung nicht ersetzt. Zudem könne ein Regelungsdefizit auch nicht durch eine Auslegung der Prüfungsordnung geheilt werden.[946]

---

943 *Karpen*, in: Flämig/u.a., Handbuch des Wissenschaftsrechts, Bd. 1, 2. Aufl. 1996, S. 658.

944 *Birnbaum*, in: von Coelln/Schemmer, BeckOK Hochschulrecht NRW, 5. Edition Stand 1.11.2017, § 64 Rn. 59, der im Zusammenhang auf § 64 Abs. 2a HG NRW darauf hinweist, dass es bei einem Versäumnis nicht auf das Verschulden des Lehrveranstaltungsteilnehmers ankommen kann, da sich ansonsten die merkwürdige Konsequenz ergäbe, dass trotz Akkumulierung einer beachtlichen Anzahl von entschuldigten Fehlterminen der Student an der Prüfung teilnehmen dürfte, sein sich nicht entschuldigender Kommilitone trotz identischem Lernausfall aber nicht.

945 *Baasch*, in: Neukirchen/Reußow/Schomburg, HmbHG, 2. Aufl. 2017, § 50 Rn. 8; *Böttner*, SächsVBl. 2015, 244 (246); *ders.*, NJ 2015, 157 (159); *Thieme*, Deutsches Hochschulrecht, 3. Aufl. 2004, Rn. 854.

946 VGH Mannheim, Urt. v. 21.11.2017 – 9 S 1145/16, BeckRS 2017, 133435 Rn. 58.

#### dd) Die Entlastung der Universitäten im Hinblick auf das Prüfungswesen

Anwesenheitspflichten könnten auch in Vorlesungen erforderlich sein, wenn man das legitime Ziel zugrunde legt, auf mangelhafte Vorbereitung beruhende Fehlversuche in Prüfungen zu vermeiden, um so die Universitäten zu entlasten. Die Anordnung einer Anwesenheitspflicht könnte aber dazu beitragen, die Zahl der nicht bestandenen Prüfungen zu reduzieren.

##### aaa) Der Stellenwert des Studiums als Anreiz zur Vorbereitung auf die Prüfung

Dem Prüfungswesen nimmt einen hohen Stellenwert im Studium ein. Der Prüfling muss beweisen, dass er die in der Lehrveranstaltung erworbenen Kenntnisse und Fähigkeiten verstanden hat sowie umsetzen und anwenden kann.[947] In dem Bestehen einer Prüfung, über das ein zuständiges Prüfungsgremium nach allgemein gültigen Bewertungsmaßstäben unabhängig entscheidet, liegt das eigentliche Ziel des Studiums.[948] Prüfungen dienen dem Nachweis erworbener Kenntnisse und Fähigkeiten und werden zur Voraussetzung für die Aufnahme eines späteren Berufs gemacht. Auf diesen Umstand ist es zurückzuführen, dass viele Studenten ihre persönliche und berufliche Entwicklung wesentlich vom Erfolg der geforderten Prüfungen abhängig machen.[949]

Dies zeigt die Wichtigkeit und die besondere Relevanz des Prüfungswesens für die Studenten auf. Prüfungen können einen Anreiz für Studenten setzen, sich gewissenhaft auf das Ablegen einer Prüfung vorzubereiten – auch wenn die Studenten von einer Teilnahme an der Lehrveranstaltung absehen. Ausschließen lässt sich dennoch nicht, dass sich auch gänzlich unvorbereitete oder falsch vorbereitete Studenten zur Prüfung anmelden. Bestehen diese die Klausur nicht, steht ihnen die Möglichkeit zu, die Prüfung zu wiederholen. Dies ist bei

---

947 *Jeremias,* in: Niehues/Fischer/Jeremias, Prüfungsrecht, 6. Aufl. 2014, Rn. 3; *Theis*, Ausbildungs- und Wissenschaftsfreiheit, 1987, S. 142.

948 *Karpen,* in: Flämig/u.a., Handbuch des Wissenschaftsrechts, Bd. 1, 2. Aufl. 1996, S. 662; *Theis*, Ausbildungs- und Wissenschaftsfreiheit, 1987, S. 142; *Thieme*, Deutsches Hochschulrecht, 2. Aufl. 1986, Rn. 320.

949 *Jeremias,* in: Niehues/Fischer/Jeremias, Prüfungsrecht, 6. Aufl. 2014, Rn. 1. Darüber hinaus würden Prüfungen normativ Studium und Beruf verknüpfen und hätten damit eine pädagogische, prognostische, wirtschaftliche und gesellschaftliche Funktion, *Karpen,* in: Flämig/u.a., Handbuch des Wissenschaftsrechts, Bd. 1, 2. Aufl. 1996, S. 662; *Strauch*, Staatliche und akademische Prüfungsordnungen, 1978, S. 11.

berufsrelevanten Prüfungen verfassungsrechtlich geboten, anderenfalls würde das Grundrecht auf freie Berufswahl übermäßig eingeschränkt.[950]

#### bbb) Wiederholungsprüfungen als besondere Belastung für den Staat und Universitäten

Die Pflicht zur Durchführung von Wiederholungsprüfungen führt mitunter zu zusätzlichen Belastungen der Universität: Zunächst einmal müssen weitere Prüfungstermine angesetzt werden. Dadurch entsteht nicht nur ein zusätzlicher Verwaltungsaufwand, sondern führt auch zu deutlich mehr Arbeitsaufwand auf Seiten der Prüfer. Sie sind es letztlich, die dem Umstand Rechnung tragen müssen, dass die Prüfung wiederholt werden muss: Eine neue Aufgabenstellung muss entwickelt, die Prüfung abgenommen und die Klausur korrigiert werden. Dies nimmt Kapazitäten des Prüfers in Anspruch, die oftmals bereits ausgereizt sind. Wiederholungsprüfungen ist somit ein gewisser Arbeitsaufwand immanent, der menschliche und sachliche Ressourcen fordert, die an anderer Stelle fehlen können. Gerade im Zeitalter von Massenuniversitäten und zahlenmäßig starken Jahrgängen trägt eine hohe Zahl an Wiederholungsprüfungen zu einer verstärkten Überlastung der Universitäten bei.[951]

Daneben stellen zusätzliche Prüfungen auch in finanzieller Hinsicht eine Belastung dar. Die Ausbildung eines Studenten an der Universität kostet den Staat im Jahr im Durchschnitt rund 8000 Euro; für ein Studium an der Fachhochschule werden durchschnittlich rund 4300 Euro pro Student und Jahr aufgewandt.[952] Stellt sich ein Student der Prüfung und besteht diese nicht, muss er eine Widerholungsprüfung ablegen und die Dauer seines Studiums kann sich

---

950 So auch in der Tendenz BVerfGE 80, 1; *Fischer*, in: Niehues/Fischer/Jeremias, Prüfungsrecht, 6. Aufl. 2014, Rn. 766; *Scholz*, in: Maunz/Dürig, GG, Loseblatt, Stand September 2017, Art. 12 Rn. 484 f.

951 Während im Jahr 2002/2003 noch rund 1939233 Studenten eingeschrieben waren, lag die Zahl im Wintersemester 2014/2015 bei 2 698 000 Studenten, Statistisches Bundesamt, https://www.destatis.de/DE/PresseService/Presse/Pressemitteilungen/2014/11/PD14_419_213.html, letzter Abruf am 10.9.2015.

952 „Teure Ausbildung: Von der Grundschule bis zum Diplom 118.000 Euro" – Artikel auf Spiegel Online vom 1.9.2003, http://www.spiegel.de/unispiegel/studium/teure-ausbildung-von-der-grundschule-bis-zum-diplom-fuer-118-000-euro-a-263275.html, letzter Aufruf am 10.9.2015. Es wird zusätzlich darauf verwiesen, dass die Kosten nicht nur von Studiengang zu Studiengang, sondern auch hinsichtlich der einzelnen Bundesländer variieren.

verlängern. Dies wiederum führt zur Entstehung von zusätzlichen Kosten, die vom Staat getragen werden müssen.[953]

#### ccc) Die Anwesenheit als ein Indiz für einen hinreichenden Kenntnisstand der Studenten

Anwesenheitspflichten können jedoch nicht ausschließen, dass auch Studenten, die an der Lehrveranstaltung teilgenommen haben, Prüfungen nicht bestehen. An den entstandenen Mehrkosten für die Inanspruchnahme von Wiederholungsprüfungen ändert der Umstand, ob ein Student an der Lehrveranstaltung teilgenommen hat oder nicht, letztlich nichts. Dennoch laufen die genannten Argumente letztlich nicht ins Leere, wenn die Teilnahme die Gefahr des Nichtbestehens verringern sollte.

Die bloße Präsenz in der Lehrveranstaltung sagt im Ergebnis noch nichts über den tatsächlichen Wissensstand des Anwesenden aus. Ist der Student lediglich „*körperlich*" anwesend, wird er ebenso wie der abwesende Student keinerlei inhaltlichen Nutzen aus der Teilnahme ziehen. Dieser Umstand kann auch ein Grund dafür sein, dass es nach *H. Peters*

> *„der Mentalität der jungen Studenten überlassen sein muss, sich den Besuch und die Mitarbeit in den selbstgewählten Vorlesungen und Übungen zur Pflicht zu machen".*[954]

Doch reicht das aus, um sicherzustellen, dass die Studenten über die für den Abschluss notwendigen Kenntnisse verfügen? Nachweise in Form von Klausuren

---

953 Die Kosten für ein Studium werden in Deutschland für die staatlichen Hochschulen ganz überwiegend vom Staat durch Finanzierung aus den Landeshaushalten getragen (*Lindner*, in: Hartmer/Detmer, Hochschulrecht, 3. Aufl. 2017, Kap. 11 Rn. 210). Allerdings wurde bereits frühzeitig festgestellt, dass eine Beteiligung des Bundes an der Hochschulfinanzierung unter gesamtstaatlichen Aspekten unerlässlich ist. Nur die Grundausstattung der staatlichen Hochschulen mit Personal und Sachmitteln ist Ländersache (*Schuster*, in: Flämig/u.a., Handbuch des Wissenschaftsrechts, Bd. 1, 2. Aufl. 1996, S. 1064 f.).

954 *Peters*, in: Carstens/Perters, Festschrift für Jahrreiß zum 70. Geburtstag, 1964, S. 319 (334), der auch darauf verweist, dass die Überlastung der Stundenpläne zugleich zutage treten würde, wenn die Studenten an allen Veranstaltungen teilnehmen müssten. Dann würde auch noch deutlicher der Grad der Überfüllung auch derjenigen Fakultäten sichtbar, in denen ein sehr großer Teil von Studenten die Ausbildung außerhalb der Universität erwirbt (Fn. 59).

oder anderen Leistungen müssen letztlich nur erbracht werden, damit die Studenten ihre Fähigkeiten und ihr Wissen beweisen können.[955]

Gegen eine solche Reduzierung des Studiums auf die Erbringung konkreter Leistungsnachweise könnte aber der Sinn und Zweck eines Studiums sprechen. Dem Studenten soll eine der Studienordnung und dem vorgegebenen Curriculum entsprechende Ausbildung ermöglicht werden.[956] Dies begründet jedoch nicht nur Ansprüche der Studenten auf Erbringung gewisser Leistungen von Seiten der Universitäten. Zugleich stellt dies auch Anforderungen an die Studenten dahingehend auf, an den vorgesehenen Lehrveranstaltungen teilzunehmen.

Ein geordnetes, das vorgegebene Curriculum abdeckende Studium ist nicht mehr gewährleistet, wenn die Studenten nur an wenigen Ausbildungswochen des Semesters tatsächlich teilnehmen oder lediglich die geforderten Leistungsnachweise am Semesterende erbringen.[957] Auch wenn eine Präsenzpflicht in den Lehrveranstaltungen nicht besteht, wird eine gewisse Teilnahme an den Lehrveranstaltungen zu erwarten sein. Mit einer tatsächlichen Pflicht zur Anwesenheit wird dem Studenten zwar ein Stück Verantwortung genommen, aber zugleich die ordnungsmäße Ausbildung gefördert. Dies führt wiederum zu einer Reduzierung der Wiederholungsprüfungen und spricht für die Erforderlichkeit der Anwesenheitspflicht zur Erreichung dieses legitimen Zwecks.

#### ddd) Zusammenfassung

Anwesenheitspflichten sind erforderlich, um die Universitäten im Hinblick auf das Prüfungswesen zu entlasten. Dies gilt jedoch nur, soweit man der hier vertretenen Ansicht folgt, dass sich die Lern- und Studierfreiheit aus Art. 12 Abs. 1 GG ableitet.

Zu einer anderen Lösung käme man, wenn man die Lern- und Studierfreiheit als ein in Art. 5 Abs. 3 GG verankertes Grundrecht anerkannt. Die Wissenschaftsfreiheit stellt ein vorbehaltloses Grundrecht dar, das nur auf der Grundlage von kollidierendem Verfassungsrecht eingeschränkt werden kann. Es ist jedoch nicht ersichtlich, welches Gut von Verfassungsrang damit geschützt wird, dass die Hochschule den Prüfungsantritt unvorbereiteter Kandidaten begrenzt.

---

955 *Jeremias,* in: Fischer/Niehues/Jeremias, Prüfungsrecht, 6. Aufl. 2014, Rn. 2; *Schnellenbach,* in: Hartmer/Detmer, Hochschulrecht, 3. Aufl. 2017, Kap. 12 Rn. 1; *Strauch*, Staatliche und akademische Prüfungsordnungen, 1978, S. 2 f.

956 Nach OVG NRW, Beschl. v. 19.10.2007 – Az. 13 C 144/0, gelte dies auch in zulassungsbeschränkten Studiengängen, für welche die Ausschöpfung der knappen Ausbildungskapazität gefordert werde.

957 OVG NRW Beschl. v. 19.10.2007 – Az. 13 C 144/07.

Zu denken wäre lediglich an die durch Art. 5 Abs. 3 GG geschützte Funktionsfähigkeit der Hochschule. Es müsste jedoch der Nachweis erbracht werden, dass die Funktionsfähigkeit der Hochschule durch eine übergroße Zahl unvorbereiteter Kandidaten gefährdet wird. Das dürfte erhebliche Schwierigkeiten bereiten.

### ee) Zwischenergebnis

Wird zunächst das legitime Ziel in den Blick genommen, dass Studenten ihre Lernziele erreichen sollen, kann die Anwesenheitspflicht nicht uneingeschränkt für erforderlich gehalten werden. So gibt es Lehrveranstaltungen, deren Inhalte sich auch im Selbststudium[958] erlernen lassen. Das Selbststudium bietet den Vorteil, dass der individuelle Charakter des Lernens berücksichtigt wird. Dies führt nicht nur zu mehr Effektivität, sondern verhindert auch den Zwang zu ungeeignetem Lernverhalten.

Allerdings stellt das Selbststudium kein milderes Mittel gleicher Wirkung gegenüber jeder Form von Lehrveranstaltungen dar. So gibt es Lehrveranstaltungen, deren Inhalte sich nicht im Eigenstudium erlernen lassen oder bei denen mangels Abschlussprüfung keine Kontrollinstanz hinsichtlich des erreichten Wissensstandes der Studenten besteht. Gerade an einer hinreichenden Kontrolle wird die Allgemeinheit ein großes Interesse haben. Sie muss auf die Kenntnisse des ausgebildeten Studenten vertrauen können, beispielweise wenn sie von einem Arzt behandelt oder einem Anwalt vertreten wird. Ob das Eigenstudium daher als ein milderes Mittel gleicher Wirkung zu bewerten ist, hängt von der Art der Lehrveranstaltung ab.

Während die Anwesenheit in einer Vorlesung mangels wissenschaftlichen Diskurses nicht verlangt werden kann, ist ihre Erforderlichkeit in einem Seminar zu bejahen. Dies gilt jedenfalls, solange die wissenschaftliche Auseinandersetzung im Vordergrund steht oder sich die vermittelten Kenntnisse in einer Prüfung nicht abfragen lassen. Auszuschließen ist die Notwendigkeit der Anwesenheitspflicht daher nur, wenn sie lediglich eine Voraussetzung der Zulassung zur Prüfung darstellt.

Eine Anwesenheitspflicht in Vorlesungen kann allenfalls als erforderlich erachtet werden, wenn die Entlastung der Universitäten hinsichtlich des

958 Gemeint ist in diesem Zusammenhang nicht das teilweise vom Gesetz vorgeschriebene Selbststudium, durch das dem Studenten die selbstständige Vorbereitung und Vertiefung der vermittelten Inhalte ermöglicht werden soll. Dieses Recht muss dem Studenten unabhängig davon eingeräumt werden, ob eine Anwesenheitspflicht angeordnet ist oder nicht.

Prüfungswesens als legitimes Ziel zugrunde gelegt wird. Es erscheint nicht ausgeschlossen, dass mit der Verpflichtung zur Teilnahme an der Lehrveranstaltung die Zahl der nicht bestandenen Prüfungen reduziert wird.

*e) Die Angemessenheit von Anwesenheitspflichten*

Der Grundsatz der Verhältnismäßigkeit setzt neben der Geeignetheit und Erforderlichkeit noch die Angemessenheit als Erfordernis voraus. Ein Eingriff gilt als angemessen, wenn eine Gesamtabwägung zwischen der Schwere und dem Gewicht des Eingriffs sowie der Dringlichkeit des mit dem Eingriff verfolgten Ziels ergibt, dass sie in einem gewichteten und wohl abgewogenen Verhältnis zueinander stehen.[959] Diese Mittel-Zweck-Relation erfordert, dass die Grenze der Zumutbarkeit noch gewahrt wird und sie den Betroffenen nicht übermäßig belastet.[960] Je einschneidender der Eingriff ist, desto schwerer müssen die gesetzgeberischen Ziele wiegen, die ihn rechtfertigen sollen.[961]

Für die zu Grunde liegende Fragestellung bedeutet dies, dass die hinzunehmende Einschränkung der Studenten in ihrer Lern- und Studierfreiheit nicht außer Verhältnis zur Bedeutung der Gemeinwohlzwecke stehen darf, welche in der Erreichung der Lernziele und der Entlastung der Universität liegen. Das Maß der die Studenten treffenden Belastungen muss vielmehr in einem angemessenen Verhältnis zu den der Allgemeinheit erwachsenen Vorteilen stehen.[962]

Es wurde bereits herausgearbeitet, dass eine Anwesenheitspflicht im Hinblick auf die Vorlesung bereits aufgrund der fehlenden Erforderlichkeit nicht

---

959 BVerfGE 67, 157 (173, 175, 178); 90, 145 (173); 96, 10 (23); *Epping*, Grundrechte, 7. Aufl. 2017, Rn. 57; *Erichsen*, Jura 1980, 551 (550); *Hillgruber*, in: Isensee/Kirchhof, Handbuch des Staatsrechts, Bd. IX, 3. Aufl. 2011, § 201 Rn. 72; *Ipsen*, JuS 1990, 634 (637); *Ipsen*, Staatsrecht II, 20. Aufl. 2017, Rn. 193; *Kingreen/Poscher*, Grundrechte – Staatsrecht II, 33. Aufl. 2017, Rn. 340; *Kloepfer*, Verfassungsrecht Bd. II, 2010, § 51 Rn. 102; *Manssen*, Staatsrecht II, 14. Aufl. 2017, Rn. 200; *Stern*, Staatsrecht, Bd. III/2, 1994, S. 782 f.

960 BVerfGE 90, 145 (173); 92,277 (327); 105, 17 (36); 115, 320 (346); 118, 138 (195); *Badura*, Staatsrecht, 6. Aufl. 2015, C 28; *Epping*, Grundrechte, 7. Aufl. 2017, Rn. 57; *Hillgruber*, in: Isensee/Kirchhof, Handbuch des Staatsrechts, Bd. IX, 3. Aufl. 2011, § 201 Rn. 72; *von Münch/Mager*, Staatsrecht II, 6. Aufl. 2014, Rn. 131.

961 *Epping*, Grundrechte, 7. Aufl. 2017, Rn. 57; *Ipsen*, JuS 1990, 634 (637); *Sachs*, Verfassungsrecht II, 3. Aufl. 2017, Kap. 10 Rn. 43 f.; *Stern*, Staatsrecht, Bd. III/2, 1994, S. 783.

962 BVerfGE 76, 1 (51); *Hillgruber*, in: Isensee/Kirchhof, Handbuch des Staatsrechts, Bd. IX, 3. Aufl. 2011, § 201 Rn. 72; *Kloepfer*, Verfassungsrecht Bd. II, 2010, § 51 Rn. 103; *Merten*, in: Merten/Papier, Handbuch der Grundrechte, Bd. III, 2009, § 68 Rn. 71; *Sachs*, Verfassungsrecht II, 3. Aufl. 2017, Kap. 10 Rn. 44.

verhältnismäßig im Sinne des Übermaßverbots ist. Es besteht in diesem Fall keine Notwendigkeit, die Angemessenheit von Anwesenheitspflichten zu prüfen. Für alle anderen Arten von Lehrveranstaltungen stellt sich dennoch die Frage, ob die Anordnung der Anwesenheit den Erfordernissen der Angemessenheit genügt und die Verhältnismäßigkeit im Ergebnis zu bejahen ist oder ob diese nicht vielmehr als unangemessen im Sinne der Verhältnismäßigkeit zu bewerten ist.

###### aa) Die Lern- und Studierfreiheit im Verhältnis zur Pflicht, Lernziele zu erreichen

Können Anwesenheitspflichten dazu führen, dass die Studenten ihre Lernziele leichter erreichen kann? Oder hängt dies allein von der Einstellung des Studenten ab? Die Beantwortung dieser Fragestellungen ist von entscheidender Relevanz im Hinblick auf die Prüfung der Angemessenheit. Nur wenn die Anwesenheitspflichten die Studenten in ihrer Lern- und Studierfreiheit nicht in unangemessenem Maße beeinträchtigen, ist ihre Festsetzung letztlich auch verhältnismäßig.

###### aaa) Der Verlust von Selbstständigkeit als Einschnitt in die Lern- und Studierfreiheit

Anwesenheitspflichten stehen in erster Linie in der Kritik, weil sie einen Beitrag zur Verschulung des Studiums leisten. Mit zunehmender Verschulung kann die Universität nicht mehr als ein Ort der Wissenschaft anerkannt werden, an dem jeder als ein gleichberechtigtes Mitglied nach der Wahrheit sucht. Durch vorgegebene Studienpläne wird dem Studenten die Möglichkeit genommen, sich die Grundlagen seiner Disziplin selbstständig zu erarbeiten oder sich mit bestimmten Gegenständen vertieft zu beschäftigen.[963]

Dies gehört aber zu den primären Inhalten der Lern- und Studierfreiheit. Sollen die von Humboldt verfolgten Ideale als Bestandteil der Lern- und Studierfreiheit aufrechterhalten bleiben, muss den Studenten auch ein gewisser Grad an Selbstständigkeit zugesprochen werden. Nur so ist gewährleistet, dass sie zu eigenständigen Persönlichkeiten heranwachsen und befähigt werden, freie Entscheidungen zu treffen.[964]

---

963 *Menke-Glückert*, Lernfreiheit und Studienordnung, 1964, S. 19.

964 Daher dürfe das dahinter liegende Ideal zweckfreier Wissenschaft und Forschung nicht bedeutungslos werden, auch wenn das Verhältnis von Lehrenden und Lernenden nicht mehr dasselbe wie zu Zeiten Humboldts sein möge, so VG Frankfurt JZ 1960, 212 (213); *Horneber/Penz*, WissR Bd. 47 (2014), S. 150 (164); *H. Klein*, Demokratisierung der Universität?, 1968, S. 37 ff.

#### bbb) Negative Folgen ihrer Verantwortungslosigkeit erfolgen nur für die Studenten

Allerdings ist einzugestehen, dass die Mehrheit der Studenten das Studium nicht mehr mit dem Ringen um wissenschaftliche Erkenntnis gleichsetzt. Die Aufnahme eines Studiums erfolgt vielmehr, um die Voraussetzungen für das Ergreifen eines akademischen Berufes zu erwerben.[965] Der Student versteht sich heute überwiegend als Konsument wissenschaftlicher Lehre.[966] Daher wird auch vertreten, dass der Student allein zu seinem privaten Nutzen studiere, der Hochschule nur vorübergehend verbunden sei und

> *„keine weitere Verantwortung, als allenfalls für den rechten Gebrauch dieser Freiheit"*

trage.[967] Ihm stehe die Möglichkeit einer Ausbildung zur Verfügung, ohne zur Gegenleistung verpflichtet zu sein.[968] Ob er den Pflichten des Studiums in hinreichender Weise nachkomme, müsse er daher allein vor sich selbst rechtfertigen. Er sei weder der Hochschule, dem Staat oder der Gesellschaft zur Rechenschaft schuldig.[969]

Die Lern- und Studierfreiheit garantiert dem Studenten auch, dass das bloße Nichtstudium keinen unmittelbar sanktionsfähigen Rechtsverstoß zur Folge hat.[970] Allerdings muss der Student die Nachteile eines unterlassenen Studiums selbst verantworten.[971]

Man kann sich daher auf den Standpunkt stellen, dass der Student im Fall des regelmäßigen Fernbeliebens von den Lehrveranstaltungen seine Lernziele und damit seinen Studienabschluss nicht erreichen wird. In diesem Fall entstehen der Allgemeinheit keine unmittelbaren Nachteile. Denken könnte man lediglich

---

965 *Krause*, in: Flämig/u.a., Handbuch des Wissenschaftsrechts, Bd. 1, 2. Aufl. 1996, S. 548; *Zacher*, Hochschulrecht und Verfassung, 1973, S. 28.

966 *Krause*, in: Flämig/u.a., Handbuch des Wissenschaftsrechts, Bd. 1, 2. Aufl. 1996, S. 548; *Zacher*, Hochschulrecht und Verfassung, 1973, S. 32.

967 *Krause*, in: Flämig/u.a., Handbuch des Wissenschaftsrechts, Bd. 1, 2. Aufl. 1996, S. 548; *Zacher*, Hochschulrecht und Verfassung, 1973, S. 28, 100.

968 *Geck*, VVDStRL Bd. 27 (1969), S. 143 (170 ff.); *Krause*, in: Flämig/u.a., Handbuch des Wissenschaftsrechts, Bd. 1, 2. Aufl. 1996, S. 548; *Rupp*, VVDStRL 27 (1969), 113 (132).

969 *Geck*, VVDStRL Bd. 27 (1969), S. 143 (172); *Krause*, in: Flämig/u.a., Handbuch des Wissenschaftsrechts, Bd. 1, 2. Aufl. 1996, S. 548; *Rupp*, VVDStRL Bd. 27 (1969), S. 113 (132).

970 *Pieroth*, Störung, Streik und Aussperrung an der Hochschule, 1975, S. 180 ff, 186 f.

971 *Geck*, VVDStRL Bd. 27 (1969), S. 143 (170 ff.); *Krause*, in: Flämig/u.a., Handbuch des Wissenschaftsrechts, Bd. 1, 2. Aufl. 1996, S. 548; *Rupp*, VVDStRL Bd. 27 (1969), S. 113 (132).

daran, dass die Allgemeinheit mit Mehrkosten belastet wird, wenn die Studenten von der Teilnahme an Lehrveranstaltungen absehen. Dies ist aber nur der Fall, dass durch ihr Fernbleiben ein zusätzlicher Finanzierungs- und Verwaltungsaufwand entsteht, der mit Steuergeldern finanziert werden muss.

Da die Mehrbelastung der Allgemeinheit aufgrund fehlender Anwesenheit von Studenten in Lehrveranstaltungen von vielen Faktoren abhängig ist, kann diesem Umstand nicht so große Bedeutung beigemessen werden, dass er einen Eingriff in die Lern- und Studierfreiheit rechtfertigen könnte. Eine mögliche Verantwortungslosigkeit der Studenten reicht daher nicht aus, um die Anwesenheitspflicht für angemessen zu halten.

#### ccc) Die Eigenarten der Wissenschaft als Grenzen studentischer Freiheiten

Dies kann jedoch nicht uneingeschränkt gelten. Der Student muss sich den Anforderungen stellen, welche die Universität an den Erwerb eines Studienabschlusses knüpft. Es kann dahinstehen, welche Stellung der Student im System der Universität einnimmt. Der Umstand, dass er keine Verantwortung trägt, hat nicht zur Folge, dass er sich nicht an die Vorgaben der Universitäten halten muss. Die Freiheit, vom Besuch der Lehrveranstaltungen abzusehen, findet ihre Begrenzung in der Pflicht zur ordnungsgemäßen Durchführung des Studiums.

Diese aus dem akademischen Bürgerrecht abgeleitete Pflicht obliegt den Studenten, auch wenn ein Großteil von ihnen nicht mehr an der Wissenschaft in ihrer reinen Form interessiert ist und lediglich Ausbildung sucht. Eine rechtliche Billigung folgt daraus nicht.[972] Der Student muss gewisse Einschränkungen in seiner Lern- und Studierfreiheit hinnehmen.

Zu berücksichtigen ist auch, dass das Lernen, wie es der Student aus der Schule kennt, an der Universität nicht mehr ausreicht. Der Grund dafür liegt in der Eigenart von Wissenschaft. Diese entwickelt sich stets weiter und führt nie zu einem fertigen Ergebnis.[973] Der Student muss das Lernen lernen. Aus diesem Grund wird er von Beginn seines Studiums an zu eigener Mitarbeit und zu

---

972 *Kimminich*, DVBl. 1968, 679 (683); *H. Klein*, Demokratisierung der Universität?, 1968, S. 38.

973 *Menke-Glückert*, Lernfreiheit und Studienordnung, 1964, S. 13; *Winter*, Das neue Studieren, HoF-Arbeitsberichte, 1/2009, S. 77; *Knöpfle*, in: Leibholz, Festschrift für Willi Geiger zum 65. Geburtstag, 1974, S. 591 (597) verweist darauf, dass das Erlernen solcher Fähigkeiten eine besondere Bedeutung auch aufgrund der explosionsartigen Entwicklungen in der Wissenschaft erhalte. Während ein Universitätsstudium früher ein „Rüstzeug" vermittelt habe, auf das ein ganzes Berufsleben lang zurückgegriffen werden konnte, reiche die einmalige Vermittlung eines soliden Fundus an Erkenntnissen heute nicht mehr aus.

kritischer Reflexion angeleitet und seine Fähigkeit zum selbstständigen Erarbeiten methodisch fundierter Lösungen und neuer Probleme entwickelt.[974]

Anwesenheitspflichten wirken in dieser Hinsicht als eine Kontrollinstanz. Durch die Anordnung zur regelmäßigen Teilnahme wird sichergestellt, dass der Student die in der Lehrveranstaltung vermittelten Fähigkeiten auch tatsächlich erlernt.

Es lässt sich zwar nicht abstreiten, dass dem Studenten durch Anwesenheitspflichten ein gewisser Grad an Selbständigkeit entzogen wird. Die Argumentation, dass durch die Anwesenheitspflicht eine Art Bevormundung entsteht, die sich nicht nur konträr zur Lern- und Studierfreiheit verhält, sondern sich auch für die Studenten in der freien Wirtschaft nachteilig auswirken könnte, reicht nicht aus, um die Angemessenheit von Anwesenheitspflichten zu verneinen.

Eine solche Interpretation verkennt, dass die Studenten die neuen Erkenntnisse der Wissenschaft oftmals nur schwerlich im Selbststudium erlernen können. Aus diesem Grund empfiehlt sich eine Anknüpfung an die Prüfung der Erforderlichkeit mit Blick auf die Art der Lehrveranstaltung.[975] Soll der Student in der Lehrveranstaltung praktische Erfahrungen sammeln oder in die Diskussion mit anderen Studenten treten, ist eine Anwesenheitspflicht als angemessen zu erachten. Der Student erlernt unter Anleitung Inhalte, die sich auf andere Weise nicht einstudieren lassen. Gerade im Hinblick auf Lehrveranstaltungen, die nicht mit einer Prüfung abgeschlossen werden, dienen Anwesenheitspflichten als ein Indiz, dass der Student die vermittelten Kenntnisse erlangt hat.

Anwesenheitspflichten leisten damit einen Beitrag zum Erreichen der Lernziele und fördern den erfolgreichen Studienabschluss eines jeden Studenten. Dies liegt auch im Interesse der Allgemeinheit, da sie auf Fachkräfte mit akademischem Abschluss angewiesen ist.

#### ddd) Schlussgedanke zum geprüften Verhältnis

Entscheidend muss letztlich aber sein, dass sich der Student aus freien Stücken für die Aufnahme eines Studiums entschieden hat. Er kann sich im Vorfeld mit den Anforderungen eines Studiengangs auseinandersetzen und sich überlegen, ob er diesen Anforderungen Folge leisten möchte. Die Pflicht des Lernens verletzt die Studenten daher nicht in unangemessener Weise in ihrer Lern- und Studierfreiheit.[976] Anderes ergibt sich möglicherweise nur aus dem Grenzfall

---

974 *Knöpfle*, in: Leibholz, Festschrift für Willi Geiger zum 65. Geburtstag, 1974, S. 591 (597, 599).

975 *Epping*, WissR Bd. 45 (2012), S. 212 (118).

976 *Pieroth*, Störung, Streik und Aussperrung an der Hochschule, 1976, S. 151.

der völligen Verschulung des Studiums.[977] Von dieser kann bislang aber keine Rede sein.

#### bb) Die Anwesenheitspflicht als angemessenes Maß zur Entlastung der Universität

Möglicherweise steht die mit der Anwesenheitspflicht verfolgte Entlastung der Universität aber außer Verhältnis zum Eingriff in die Lern- und Studierfreiheit der Studenten.

Indem sie die Entscheidungsfreiheit der Studenten verkürzen, die Wahl der zu besuchenden Lehrveranstaltungen einschränken und zusätzliche Prüfungsanforderungen aufstellen, greifen Anwesenheitspflichten nicht nur in die Lern- und Studierfreiheit ein. Gleichzeitig geben sie der akademischen Lehre auch einen schulischen Charakter, was der ursprünglichen Idee Humboldts von einer Universität widerspricht. Nach seiner Vorstellung suchten Studenten und Professoren in selbstzweckhafter Distanz von der bürgerlichen Wirklichkeit gemeinsam nach wissenschaftlichen Erkenntnissen.[978] Der Gedanke an Anwesenheitspflichten lag fern.

Doch unter dem Einfluss der modernen Wissenschaften und der sich ändernden Forschungs- und Arbeitsmethoden verloren diese Ideale jedoch zunehmend an Bedeutung.[979] Die „*Verwissenschaftlichung der Praxis*“ hat Rückwirkungen im Sinne einer „*Vergesellschaftung der Universität*“ gezeigt.[980] Von Seiten des Staates und der Gesellschaft wurde der Ruf nach dem Ausstoß möglichst vieler, vielseitig ausgebildeter Akademiker laut. Dies bedroht die Universität nach wie vor mit der Verschulung und dem Rückfall in jenen Zustand, aus dem sie die

---

977 *Pieroth,* Störung, Streik und Aussperrung an der Hochschule, 1976, S. 151.

978 VG Frankfurt JZ 1960, 212 (213); *Glaser,* Der Staat Bd. 47 (2008), S. 213 (223); *Hesse,* Grundzüge des Verfassungsrechts der Bundesrepublik Deutschland, 20. Aufl. 1999, Rn. 402; *Horneber/Penz,* WissR Bd. 47 (2014), S. 150 (164); *H. Klein,* Demokratisierung der Universität?, 1968, S. 26 f.; *Köttgen,* Das Grundrecht der deutschen Universität. 1959, S. 9 f., 28; *Schelsky,* Einsamkeit und Freiheit, 1960, S. 26 ff.; *Schelsky,* Einsamkeit und Freiheit, 1963, S. 186 ff., 204 ff.; *Scholz,* in Maunz/Dürig, GG, Loseblatt, Stand Loseblatt, Stand September 2017, Art. 5 Abs. 3 Rn. 113; *Ziedek,* Bologna-Prozess in Deutschland, 2013, S. 186.

979 VG Frankfurt JZ 1960, 212 (213); *Horneber/Penz,* WissR Bd. 47 (2014), S. 150 (164); *H. Klein,* Demokratisierung der Universität?, 1968, S. 37 ff.

980 *H. Klein,* Demokratisierung der Universität?, 1968, S. 26 f.; *Schelsky,* Einsamkeit und Freiheit, 1963, S. 204 ff.; auch *Köttgen,* Das Grundrecht der deutschen Universität. 1959, S. 9 f., 28.

Humboldtsche Reform herausgeführt hatte.[981] Die zunehmende Vergesellschaftung führte zwangsläufig dazu, dass die Universitäten zur akademischen Berufsausbildung berufen wurden.[982] Um dem Verlangen der Gesellschaft gerecht zu werden, waren die Universitäten gezwungen, die Lehrinhalte und -methoden an die Erfordernisse der Gegenwart anpassen.[983] Die Einführung von Anwesenheitspflichten erschien daher als ein adäquates Mittel, die Studenten auf direktem Weg zum Studienabschluss zu führen. Gestützt wurde dies auf die Annahme, dass sich die Studenten aufgrund der Verpflichtung zur Teilnahme an den Lehrveranstaltungen intensiver mit den Lehrinhalten auseinandersetzen. Dies wiederum legte die Vermutung nahe, dass die Studenten ihre Studienziele schneller erreichen können und weniger Prüfungsversuche in Anspruch nehmen müssen. Gleichzeitig sollte dies auch zu einer Entlastung der Universitäten führen.

Doch letztlich sind es die Studenten selbst, die nach einer möglichst raschen und vollständigen Ausbildung streben. Dieser Umstand mag die Lehre dazu verleitet haben, die Vermittlung fertigen und erprobten Wissens an die Stelle des Vortrags stets neu reflektierter Gedankengänge zu setzen. Es besteht die Gefahr, dass die von Humboldt angestrebte gleichberechtigte Gelehrtengeselligkeit von Professoren und Studenten zum Lehrer-Schüler-Verhältnis denatuiert. Der Student wird nicht mehr zu kritischer Mitarbeit angeregt, sondern zur passiven Stoffaufnahme veranlasst.[984] In diesem Fall wird man das Studium auch nicht mehr als ein *„Streben nach wissenschaftlicher Erkenntnis"* beschreiben können.[985]

Der Student hat gewisse Einschränkungen seiner Lern- und Studierfreiheit hinzunehmen, sollen auch im Zeitalter der Vermassung der Universitäten möglichst viele Studenten die Gelegenheit zum Studium erhalten. Die Universität ist gezwungen, nach Möglichkeiten der Entlastung zu suchen.

---

981 *H. Klein*, Demokratisierung der Universität?, 1968, S. 27; *Schelsky*, Einsamkeit und Freiheit, 1963, S. 207 ff.

982 BVerwGE 7, 287 (290); *Gerlach*, Forschung und Erziehung als Aufgaben der Hochschule, 1953; *Heimpel*, Probleme und Problematik der Hochschulreform, 1956, S. 14 f.; *Hesse*, Grundzüge des Verfassungsrechts der Bundesrepublik Deutschland, 20. Aufl. 1999, Rn. 402; *Schelsky*, Einsamkeit und Freiheit, 1960, S. 26 ff.; *ders.* Einsamkeit und Freiheit, 1063, S. 186 ff.; *Thieme*, Recht und Pflicht der wissenschaftlichen Hochschule zur sozialen Fürsorge für ihre Studenten, 1963, S. 8.

983 *Knöpfle*, in: Leibholz, Festschrift für Willi Geier zum 65. Geburtstag, 1974, S. 591 (597).

984 *H. Klein*, Demokratisierung der Universität?, 1968, S. 27 f.; *Thieme*, RWS 1961, 259 ff.

985 *Denninger*, HGR, Das Kernstück einer Bildungsreform, 1972, S. 83 ff. *Fries*, Die Rechtstellung des Studenten inerhalb der wissenschaftlichen Hochschule, 1974, S. 74 ff.; *Theis*, Ausbildungs- und Wissenschaftsfreiheit, 1986, S. 136 f.

Anwesenheitspflichten erscheinen daher als eine angemessene Maßnahme, um diesem Streben Abhilfe leisten zu können. Sie verlangen von den Studenten letztlich nur etwas, was diese sowieso auf sich nehmen müssten.

#### cc) Differenzierung zwischen aktiver und passiver Teilnahme

Ferner ist zu fragen, ob die Differenzierung zwischen aktiver und passiver Teilnahme an der Lehrveranstaltung etwas an ihrer Angemessenheit ändert.

Die passive Teilnahme verlangt von den Studenten nur die körperliche Anwesenheit während einer Lehrveranstaltung. Im Gegensatz dazu umfasst die aktive Teilnahme den Einbezug der Studenten in die jeweilige Lehrveranstaltung. Dies kann auf unterschiedliche Art und Weise erfolgen. Klassischerweise wird der aktive Beitrag in einem Referat liegen; zu denken ist aber auch an Wortbeiträge sowie die Teilnahme an Diskussionsrunden oder Laborversuchen. Die Besonderheit einer aktiven Teilnahme besteht darin, dass sie zugleich als eine selbstständige, von Anwesenheitspflichten rechtlich zu trennende Teilnahmevoraussetzung für die Zulassung zu Prüfungsleistungen qualifiziert werden kann.

Soweit eine Prüfungsordnung nur die Teilnahmebescheinigung verlangt, eine sogenannten „*Sitzschein*", folgt daraus zwangsläufig die entsprechende Teilnahmepflicht.[986] Diese Verpflichtung ist auch angemessen, denn die Lehrveranstaltung wird nicht mit einer Prüfung abgeschlossen. Die von dem Studenten zu erbringende Leistung besteht ausschließlich in der Teilnahme an der Lehrveranstaltung. Da eine Kontrolle des Erlernten nicht stattfindet, liegt die regelmäßige Präsenz nicht außerhalb dessen, was man von einem Studenten erwarten kann.[987]

Zu einem anderen Ergebnis gelangt man auch nicht, wenn die Lehrveranstaltung mit einer Prüfung endet. Auch in diesem Fall wird man die Angemessenheit einer Anwesenheitspflicht bei passiver Teilnahme bejahen müssen. Außer der regelmäßigen Teilnahme an der Lehrveranstaltung werden keine weiteren Anforderungen an die Studenten gestellt. Eine Ausnahme stellt nur die Prüfungsleistung dar. Allein aufgrund der körperlichen Teilnahme werden die Studenten sicherlich nur schwerlich die Lernziele erreichen können. Mit der Pflicht zur Teilnahme kann aber die Bereitschaft der Studenten gesteigert werden, sich mit den Inhalten der Lehrveranstaltung zu befassen. Dies wiederum

---

986 *Haug,* in: von Coelln/Haug, BeeckOK Hochschulrecht Baden-Württemberg, 6. Edition Stand 01.11.2017, § 3 Rn. 20.1.

987 *Birnbaum,* in: von Coelln/Schemmer, BeckOK Hochschulgesetz NRW, 5. Edition Stand 01.11.2017, § 64 Rn. 53.

fördert nicht nur das Erreichen der Lernziele, sondern kann sich auch auf die anschließende Prüfung positiv auswirken. Somit stehen die passiven Anwesenheitspflichten auch in einem angemessenen Verhältnis zu dem legitimen Zweck, die Universitäten im Hinblick auf das Prüfungswesen zu entlasten.

Gegen die Angemessenheit von Anwesenheitspflichten könnte das Erfordernis der aktiven Teilnahme sprechen. Studenten können sich auch aktiv beteiligen, wenn sie nicht regelmäßig in den Lehrveranstaltungsstunden anwesend sind. Dies gilt insbesondere, wenn der Leistungsnachweis am Ende der Lehrveranstaltung das Substrat aus den im Verlauf der Lehrveranstaltung erbrachten Nachweisen (z.B. Referate, Kolloquien) bildet oder maßgeblich von den dort erzielten Ergebnissen abhängt. Der Student könnte das jeweils von ihm verlangte Testat erbringen und ansonsten der Veranstaltung fernbleiben.[988] Insofern scheint eine Anwesenheitspflicht in keinem angemessenen Verhältnis zur Lern- und Studierfreiheit zu stehen. Allerdings ist in diesem Zusammenhang auch zu berücksichtigen, dass die unregelmäßige Teilnahme an Lehrveranstaltungen, in denen ein aktiver Beitrag gefordert wird, die Lehrfreiheit beeinträchtigen kann. Für die Hochschullehrer kann die Durchführung eines Seminars oder einer Arbeitsgemeinschaft wesentlich erschwert oder unmöglich gemacht werden, wenn die eingeschriebenen Studenten nur unregelmäßig an der Veranstaltung teilnehmen. Gerade die wissenschaftliche Diskussion erscheint nur schwer möglich, wenn nicht ausreichend Teilnehmer anwesend sind oder wenn unter den Teilnehmern ein unterschiedlicher Kenntnisstand besteht.

Anwesenheitspflichten sind somit auch als angemessen zu bewerten, wenn die aktive Teilnahme verlangt wird. Dies gilt insbesondere für Lehrveranstaltungen wie die Seminare, die auf Diskussionsbeiträge ausgerichtet sind. Gerade in Seminaren ist das Erfordernis der Anwesenheit angemessen, denn nur bei regelmäßiger Anwesenheit der Studenten kann eine Diskussion zustande kommen. Die Diskussion stellt nicht nur die Grundlage eines Seminars dar, sondern in ihr liegt auch das Lernziel dieser Lehrveranstaltung. Gleiches gilt für Praktika und Arbeitsgemeinschaften, denn ihre Inhalte lassen sich nicht nur in einer einzelnen Veranstaltung vermitteln. Die einzelnen Lehreinheiten sind so miteinander verknüpft, dass vorangegangene Inhalte für das weitere Verständnis benötigt werden. Somit spricht vieles dafür, dass auch die Festsetzung von aktiven Anwesenheitspflichten als angemessen zu bewerten.

---

988 *Birnbaum,* in: von Coelln/Schemmer, BeckOK Hochschulgesetz NRW, 5. Edition Stand 01.11.2017, § 64 Rn. 53.

### dd) Die Flexibilität des Studiums als Argument gegen die Angemessenheit von Anwesenheitspflichten

Als Argument gegen Anwesenheitspflichten führt das Wissenschaftsministerium Nordrhein-Westfalen an, dass das Studium immer förmlicher und weniger flexibel werde. Dies sei besonders nachteilig für die immer vielfältiger werdende Studierendenschaft. Gerade für einkommensschwache Studenten und Studenten mit Kindern stelle die fehlende Flexibilität einen enormen Nachteil dar.[989] Es ist fraglich, ob ein solcher Verweis ausreichen kann, um die Angemessenheit von Anwesenheitspflichten zu verneinen.

#### aaa) Folgen der Pflicht zur Anwesenheit für einkommensschwache Studenten

Anwesenheitspflichten können gerade für einkommensschwache Studenten schwerwiegende Nachteile haben, wenn fehlende Flexibilität zur Unvereinbarkeit von Studium und Nebenjob führt. Ein verzögerter Studienabschluss oder der vorzeitige Abbruch des Studiums könnten die Folge sein. In diesem Fall würden Anwesenheitspflichten in unangemessener Weise in die Lern- und Studierfreiheit eingreifen.

Jeder Studienplatz kostet Geld. Die Kosten eines Studiums werden in Deutschland für die staatlichen Hochschulen allerdings nicht vom Studenten, sondern ganz überwiegend vom Staat getragen. Die Finanzierung erfolgt in der Regel aus den Landeshaushalten.[990]

Teilweise wurden auch Studiengebühren[991] erhoben, um einen Studienplatz zu finanzieren. Seit dem Wintersemester 2014/2015 werden jedoch keine Studiengebühren mehr erhoben.[992] Die bloße Belastung der Studenten mit Studiengebühren und -beiträgen wäre aber auch nicht ausreichend, um die Anwesenheitspflicht als unangemessen zu bezeichnen. Hiergegen spricht

---

989 Begründung zum HG NRW v. 16.9.2014 (GV NRW Nr. 27, S. 542), S. 262.

990 *Lindner*, in: Hartmer/Detmer, Hochschulrecht, 3. Aufl. 2017, Kap. 11 Rn. 210.

991 Grundsätzich ist gegen die Erhebung von Studiengebühren nichts einzuwenden, denn es bestehe kein Anspruch auf ein unentgeltliches Studium, BVerfGE 102, 142 (146 f.); 112, 226 (245); 115, 32 (36 f.); BVerwGE 115, 32 (37); *Gärditz*, WissR Bd. 38 (2005), S. 157 ff.; *Kugler*, Allgemeine Studiengebühren und die Grundrechte der Studierenden, 2009, S. 35; *Mann*, in: Sachs, GG, 8. Aufl. 2018, Art. 12 Rn. 164.

992 Eine Ausnahme bilden die berufsbegleitenden Studiengänge in Bayern. Daneben können Studiengebühren für Langzeitstudenten erhoben werden. Zu weiterführender Literatur im Zusammenhang mit den Studiengebühren siehe: *Haug*, WissR Bd. 33 (2000), S. 1 ff.; *Kugler*, Allgemeine Studiengebühren und die Grundrechte der Studierenden, 2009; *Waldhoff*, JuS 2005, 391 ff.

bereits, dass der Staat angehalten ist, Ausgleichstatbestände zu schaffen. Nur solange und soweit sachlich gebotene, dem Gleichbehandlungsgrundsatz genügende Befreiungstatbestände, ein Stipendienwesen oder ein anderweitiges System zur sozialen Verträglichkeit zur Verfügung stehen, sind Studiengebühren und –beiträge überhaupt mit Art. 12 Abs. 1 GG, mit dem Grundsatz auf Chancengleichheit und dem Sozialstaatsprinzip vereinbar.[993] So wird sichergestellt, dass Studierwillige nicht aus materiellen Gründen faktisch vom Studium ausgeschlossen werden.[994]

Derzeit muss der Student nur für die Kosten aufkommen, die während seines Studiums anfallen. Diese setzen sich aus den üblichen Lebenshaltungskosten und den Kosten, die im Rahmen des Studiums entstehen, zum Beispiel für Bücher und Lehrmaterialien, zusammen. Sie belaufen sich ungefähr auf 800 Euro im Monat.[995] Da der Student – anders als ein Auszubildender – keine Vergütung erhält, ist er auf anderweitige Finanzierung seines Lebensunterhalts angewiesen. Ein Anspruch darauf, dass ihm die Hochschule die zur Ausbildung erforderlichen Instrumentarien kostenlos zur Verfügung stellt, hat der Student nicht.[996] Sofern Studenten nicht über ausreichende Rücklagen verfügen oder von ihren Eltern unterstützt werden,[997] werden sie ihr Studium daher durch Nebenerwerb finanzieren müssen.[998]

Für einkommensschwache Studenten können Anwesenheitsplichten folglich schwerwiegende Nachteile haben: Fehlt die Flexibilität in der Studiengestaltung, kann dies zur Unvereinbarkeit von zielgerichtetem Studium und

---

993 BVerfGE 112, 226 (245); BVerwG NWVBl. 2009, 429 ff; VG Ansbach WissR Bd. 41 (2008), S. 368; *Kugler,* Allgemeine Studiengebühren und die Grundrechte der Studierenden, 2009, S. 35 – 38.

994 Die Ausbildungsfreiheit und das Sozialstaatsprinzip lassen es nicht zu, dass die Finanzierung des Studiums zu einer unüberwindbaren sozialen Barriere werde und nur noch diejenigen studieren, die es sich leisten können würden, *Haug,* WissR Bd. 33 (2000), S. 1 (9); *Kramer/Mai,* WissR Bd. 38 (2005), S. 313 (321); *Kugler,* Allgemeine Studiengebühren und die Grundrechte der Studierenden, 2009, S. 45 f.; *Lindner,* in: Hartmer/Detmer, Hochschulrecht, 3. Aufl. 2017, Kap. 11 Rn. 212.

995 *Nagel,* Studiengebühren und ihre sozialen Auswirkungen, 2003, S. 35; *H. Reich,* F&L 2006, 12.

996 BVerfGE NJW 1997, 2465; *Peine/Richter,* in: Knopp/Peine/Topel, Brandenburgisches Hochschulgesetz, 3. Aufl. 2018, § 4 Rn. 54.

997 *Rinkens,* F&L 2006, 14; *Nagel,* Studiengebühren und ihre sozialen Auswirkungen, 2003, S. 35 – 37, der seine Ausführung in einen engen Zusammenhang mit der Gewährleistung von BAFöG setzt.

998 Näheres dazu sogleich.

Studienfinanzierung führen. Der Verzicht auf Anwesenheitspflichten fördert nach Auffassung der Landesregierung Nordrhein-Westfalen daher die Chancengleichheit in der Bildung.

Gegen diese Argumentation ist jedoch einzuwenden, dass vermögensschwachen Studenten die Möglichkeit offen steht, Ausbildungshilfen zu beantragen. Durch das Bundesausbildungsförderungsgesetz (BAföG)[999] wird versucht, finanzielle Hindernisse aus dem Weg zu räumen, die einer qualifizierten Ausbildung und einem sozialen Aufstieg entgegenstehen. Ist dem Bürger der Zugang zu Bildungseinrichtungen aus finanziellen Gründen nicht möglich, gehört es zu den wesentlichen Aufgaben eines demokratischen Staates, die Ausbildung durch Geldleistungen zu fördern[1000] und ihm eine besonders qualifizierte Ausbildung seiner Wahl zu ermöglichen.[1001] Die Ausbildungsförderung findet in Art. 12 Abs. 1 GG eine verfassungsrechtliche Absicherung, die durch das Sozialstaatsprinzip, das den Staat zur Sorge für soziale Gerechtigkeit verpflichtet,[1002] und das Demokratieprinzip ergänzt wird.[1003]

Somit geht die Begründung der Landesregierung Nordrhein-Westfalens dahingehend, dass Anwesenheitspflichten einkommensschwache Studenten unangemessen benachteiligen, fehl. Anwesenheitspflichten sind nicht als ein unangemessener Eingriff in die Lern- und Studierfreiheit zu qualifizieren.

#### bbb) Anwesenheitspflichten und Kinderbetreuung

Anwesenheitspflichten könnten auch als unangemessen zu bewerten sein, da der mit ihnen einhergehende Flexibilitätsverlust Studenten mit Kindern die Kinderbetreuung erschwert. Nur wenn die Kindesbetreuung sichergestellt ist, können die Eltern an den verpflichtenden Lehrveranstaltungen teilnehmen.

---

999 Bundesgesetz über individuelle Förderung der Ausbildung vom 26.08.1971 (BGBl.I S. 1409), in der Fassung der Bekanntmachung vom 06.06.1983 (BGBl. I S. 645, ber. 1680), zuletzt geändert durch Art. 4 Abs. 9 des Gesetzes zur Neuorganisation und Schaffung eines Refinanzierungsregisters vom 22.09.2005 (BGBl. I S. 2809, 2811).

1000 *Kugler,* Allgemeine Studiengebühren und die Grundrechte der Studierenden, 2009, S. 39; *Rüfner,* ZRP 1980, 114 (116).

1001 Begründung der Regierungserklärung zum BAFöG, BT.- Drs. VI/1975, S. 19; *Blanke,* FamRZ, 1981, 226; *Kugler,* Allgemeine Studiengebühren und die Grundrechte der Studierenden, 2009, S. 39.

1002 *Jarass,* in: Jarass/Pieroth, GG, 14. Aufl. 2016, Art. 20 Rn. 117; *Sachs,* in: ders., GG, 8. Aufl. 2018, Art. 20 Rn. 46 f.

1003 *Kugler*, Allgemeine Studiengebühren und die Grundrechte der Studierenden, 2009, S. 39.

Kann die Kinderbetreuung während der Vorlesungszeit nicht gewährleistet werden, könnte darin ein klassischer Fall der Pflichtenkollision liegen. Ob diese aus dem Strafrecht bekannte Begrifflichkeit in diesem Zusammenhang die Richtige ist, ist zwar zweifelhaft,[1004] die dahinter stehende Intention wird jedoch deutlich: Für Studenten mit Kindern kann die Festsetzung von Anwesenheitspflichten dazu führen, dass sie ihren Pflichten, die in der Kinderbetreuung und in der ordnungsgemäßen Durchführung ihres Studiums liegen, nicht gleichermaßen nachkommen können. Die Kollision dieser beiden Pflichten ist die Folge.

Die Kinderbetreuung stellt einen wesentlichen Bestandteil des durch Art. 6 Abs. 2 GG gewährleisteten Elternrechts dar.[1005] Dieses Grundrecht umfasst die freie Entscheidung der Eltern über Pflege[1006] und Erziehung[1007] ihrer Kinder.[1008] Dazu gehört auch die Entscheidung, in welchem Ausmaß und mit welcher Intensität sich die Eltern dieser Aufgabe widmen.[1009] Es steht ihnen frei, die

---

1004 Die Pflichtenkollision ist ein besonderer Rechtfertigungsgrund bei Unterlassungsdelikten im deutschen Strafrecht. Sie liegt vor, wenn der vermeintliche Unterlassungstäter gleichzeitig mehreren handlungspflichten nachzukommen hat, aber nur einer davon genügen kann, *Frister*, Strafrecht AT, 7. Aufl. 2015, Rn. 61; *Neumann*, in: Kindhäuser/Neumann/Paeffgen, StGB, Bd. 1, 5. Aufl. 2017, § 34 Rn. 124 ff.; *Perron*, in: Schönke/Schröder, StGB, 29. Aufl. 2014, § 34 Rn. 4.

1005 *Badura*, in: Maunz/Dürig, GG, Loseblatt, Stand September 2017, Art. 6 Rn. 109; *Brosius-Gersdorf*, in: Dreier, Bd. I, 3. Aufl. 2013, Art. 6 Rn. 141; *von Coelln*, in: Sachs, GG, 8. Aufl. 2018, Art. 6 Rn. 53; *Coester-Waltjen*, in: von Münch/Kunig, GG, Bd. 1, 6. Aufl. 2012, Art. 6 Rn. 57 ff.

1006 Dies umfasst die Sorge für das körperliche Wohl, Ernährung, Gesundheit und Vermögen, vgl. *Badura*, in: Maunz/Dürig, GG, Loseblatt, Stand September 2017, Art. 6 Rn. 107; *Coester-Waltjen*, in: von Münch/Kunig, GG, Bd. I, 6. Aufl. 2012, Art. 6 Rn. 63.

1007 Erziehung meint die Sorge für die seelische und geistige Entwicklung, um die Vermittlung von Wissen und Werteorientierung, vgl. *Brosius-Gersdorf*, in: Dreier, Bd. I, 3. Aufl. 2013, Art. 6 Rn. 159; *Jestaedt*, in: Kahl/Waldhoff/Walter, Bonner Kommentar zum Grundgesetz, Loseblatt, Stand Dezember 1995, Art. 6 Abs. 2 und 3 Rn. 102.

1008 BVerfGE 52, 223 (235 f.); 93, 1 (17); 108, 282 (301); BVerwGE 116, 359 (361 f.); *von Coelln*, in: Sachs, GG, 8. Aufl. 2018, Art. 6 Rn. 60; *Jarass*, in: Jarass/Pieroth, GG, 13. Aufl. 2014, Art. 6 Rn. 42; *Jestaedt*, in: Kahl/Waldhoff/Walter, Bonner Kommentar zum Grundgesetz, Loseblatt, Stand Dezember 1995, Art. 6 Abs. 2 und 3 Rn. 102 f.; *Robbers*, in: von Mangoldt/Klein/Starck, GG, Bd. 1, 6. Aufl. 2010, Art. 6 Rn. 144; *Uhle*, in: Epping/Hillgruber, GG, 2. Aufl. 2013, Art. 6 Rn. 51.

1009 BSGE 68, 171 (176 f.); BAGE 81, 68 (75); *Brosius-Gersdorf*, in: Dreier, Bd. I, 3. Aufl. 2013, Art. 6 Rn. 156; *Jarass*, in: Jarass/Pieroth, GG, 13. Aufl. 2014, Art. 6 Rn. 42; *Robbers*, in: von Mangoldt/Klein/Starck, GG, Bd. 1, 6. Aufl. 2010, Art. 6 Rn. 156.

Pflege und Erziehung ihres Kindes teilweise an Dritte zu übertragen.[1010] Nicht mehr geschützt ist allerdings die negative Freiheit.[1011] Eltern können sich ihren Pflichten als Eltern nicht entziehen. Ihre Wahrnehmung ist vielmehr ein wesensbestimmender Bestandteil des Elternrechts.[1012]

Aus diesem Grund müssen sie ihrer Betreuungspflicht nachkommen, auch wenn ihnen zur gleichen Zeit durch Anwesenheitspflichten die Teilnahme an Lehrveranstaltungen vorgeschrieben ist. Das mit der Anordnung von Anwesenheitspflichten zu erreichende Ziel müsste folglich gegenüber dem Erziehungsrecht der Eltern zurücktreten. Es lässt sich allerdings einwenden, dass Universitäten dem Umstand, dass Studenten mit Kindern besonderer Rücksichtnahme bedürfen, durch spezielle Maßnahmen Rechnung tragen müssen. So gibt es nicht nur eine gesonderte Beratungsstelle für Studenten mit Kindern an jeder Universität. Daneben wird an vielen Universitäten Kinderbetreuung in Form von Kindertagesstätten angeboten. Unabhängig davon haben Studenten mit Kindern stets Anspruch auf ein Urlaubssemester. Zudem bestehen zahlreiche Möglichkeiten, finanzielle Zuschüsse zu erhalten.[1013] Auf diese Weise kann ebenfalls die Kinderbetreuung erleichtert werden.

Im Ergebnis kann das Erfordernis der Kinderbetreuung ebenfalls nicht zur Unangemessenheit der Anwesenheitspflichten führen.

#### ee) Kapazitätsrecht

Grundsätzlich gilt: Erfüllt der Bewerber die für den angestrebten Studiengang normativ festgelegten Zugangsvoraussetzungen, hat er aus Art. 12 Abs. 1 GG einen grundrechtlichen Anspruch auf Zulassung zu diesem Studiengang an der von ihm gewählten Hochschule.[1014] Haben sich für den gewählten Studiengang

---

1010 BVerfGE 99, 216 (234); *Jarass*, in: Jarass/Pieroth, GG, 13. Aufl. 2014, Art. 6 Rn. 42; *Jestaedt*, in: Kahl/Waldhoff/Walter, Bonner Kommentar zum Grundgesetz, Loseblatt, Stand Dezember 1995, Art. 6 Abs. 2 und 3 Rn. 103.

1011 BVerfGE 24, 119 (143 f.); *Brosius-Gersdorf*, in: Dreier, Bd. I, 3. Aufl. 2013, Art. 6 Rn. 156; *von Coelln*, in: Sachs, GG, 8. Aufl. 2018, Art. 6 Rn. 53; *Jarass, in*: Jarass/Pieroth, GG, 13. Aufl. 2014, Art. 6 Rn. 42; *Stern*, Staatsrecht, Bd. IV/1, 2006, S. 510; *Uhle*, in: Epping/Hillgruber, GG, 2. Aufl. 2013, Art. 6 Rn. 48.

1012 BVerfGE 108, 82 (103); 24, 119 (143); 103, 89 (107); 121, 69 (92); *von Coelln*, in: Sachs, GG, 8. Aufl. 2018, Art. 6 Rn. 53.

1013 Zum Beispiel Elterngeld, Kinderzuschlag, Betreuungsgeld, Bafög. S. dazu http://www.studieren-mit-kind.org/finanzielle-unterstutzung/, letzter Aufruf am 6.3.2016.

1014 BVerfGE 33, 303 (329 ff.); *Scholz*, in: Maunz/Dürig, GG, Loseblatt, Stand September 2017, Art. 12 Rn. 453.

nicht mehr Studienanfänger beworben, als der Hochschule Studienplätze zur Verfügung stehen, ist dies unproblematisch. Oftmals ist das allerdings gerade nicht der Fall, so dass sich die Frage stellt, wie die zur Verfügung stehenden Studienplätze auf die Zahl der Studienbewerber verteilt werden.[1015]

Liegen für einen Studiengang mehr Studienbewerbungen vor, als Studienplätze zur Verfügung stehen, werden nach Maßgabe des Landesrechts durch Rechtsverordnung des Ministeriums oder durch Satzung der Hochschule Zulassungszahlen festgesetzt.[1016] Zahlungszahlen meinen die *„Zahl der von der einzelnen Hochschule höchstens aufzunehmenden Bewerber für einen Studiengang.“*[1017] Sie sind so festzulegen, dass nach Maßgabe der haushaltsrechtlichen Vorgaben und unter Berücksichtigung der räumlichen und fachspezifischen Gegebenheiten eine erschöpfende Nutzung der Ausbildungskapazität erreicht wird.[1018] Dies steht jedoch unter dem Vorbehalt, dass die Qualität in Forschung und Lehre und die geordnete Wahrnehmung der weiteren Aufgaben der Hochschule gewährleistet werden müssen, Art. 6 Abs. 2 StV.[1019]

Die Grundsätze für die Bestimmung der Aufnahmekapazität regelt Art. 6 Abs. 3 StV. Diese Norm sieht vor, dass die drei Kriterien – *„Lehrangebot“*, *„Ausbildungsaufwand“* und *„weitere kapazitätsbestimmende Kriterien“* – zugrunde gelegt werden müssen. Das Lehrangebot wiederum bestimmt sich nach den Stellen für das hauptamtlich tätige wissenschaftliche Personal, soweit diesem eine Lehrverpflichtung übertragen ist, nach den Lehraufträgen und den dienstrechtlichen Lehrverpflichtungen.[1020]

Der Ausbildungsaufwand ist der Aufwand, der für die ordnungsgemäße Ausbildung eines Studenten erforderlich ist. Festgelegt wird dies durch einen studiengangspezifischen Normwert, der eine *„erschöpfende und gleichmäßige*

---

1015 *Lindner*, in: Hartmer/Detmer, Hochschulrecht, 3. Aufl. 2017, Kap. 11 Rn. 97.

1016 *Bode/Weber*, in: Flämig/u.a., Handbuch des Wissenschaftsrechts, Bd. 1, 2. Aufl. 1996, S. 683; *Zimmerling/Brehm*, Hochschulkapazitätsrecht, 2003, S. 57 ff.

1017 Art. 6 Abs. 1 S. 2 StV.

1018 *Bode/Weber*, in: Flämig/u.a., Handbuch des Wissenschaftsrechts, Bd. 1, 2. Aufl. 1996, S. 685 ff.; *Lindner*, in: Hartmer/Detmer, Hochschulrecht, 3. Aufl. 2017, Kap. 11 Rn. 125; *Streinz*, in: Geis, Hochschulrecht im Freistaat Bayern, 2009, Kap. 1 Rn. 92; *Zimmerling/Brehm*, NVwZ 2008, 1303 (1308).

1019 *Bode/Weber*, in: Flämig/u.a., Handbuch des Wissenschaftsrechts, Bd. 1, 2. Aufl. 1996, S. 682; *Lindner*, in: Hartmer/Detmer, Hochschulrecht, 3. Aufl. 2017, Kap. 11 Rn. 125.

1020 *Bode/Weber*, in: Flämig/u.a., Handbuch des Wissenschaftsrechts, Bd. 1, 2. Aufl. 2007, S. 685 f.; *Lindner*, in: Hartmer/Detmer, Hochschulrecht, 3. Aufl. 2017, Kap. 11 Rn. 127.

*Auslastung der Hochschule zu gewährleisten*" (Art. 6 Abs. 3 S. 5 StV) hat. Dieser sog. „*Curricularnormwert*" soll zum Ausdruck bringen, wieviel Lehraufwand, in Deputatsstunden gemessen, für die ordnungsgemäße Ausbildung eines Studenten im jeweiligen Studiengang erforderlich ist. Die Ausfüllung dieses Wertes erfolgt durch den jeweiligen Fachbereich, der die personellen und räumlichen Gegebenheiten und inhaltlichen Schwerpunkte teilweise berücksichtigen kann. Daneben fließen der Gesamtumfang des Studiums in Semesterwochenstunden, die Lehrveranstaltungsarten einschließlich der Studien- und Abschlussarbeiten mit unterschiedlichen Betreuungsintensitäten und den Anteilen dieser Veranstaltungsarten am Gesamtcurriculum als Parameter in die Festlegung des Normwertes ein.[1021] Je niedriger dieser Wert ist, umso höher fallen die Zulassungszahlen aus und umgekehrt.[1022] Ob dieser staatlich festgesetzte Wert den jeweiligen fachlichen Ausbildungsaufwand unter Berücksichtigung der anderen Hochschulaufgaben angemessen wiederspiegelt, beantwortet sich dadurch jedoch nicht.[1023]

Eine Überprüfung des nach den Kriterien der personellen Aufnahmekapazität und dem Ausbildungsaufwand ermittelten Wertes erfolgt durch weitere kapazitätsbestimmende Kriterien. Diese richten sich nach Art. 6 Abs. 3 S. 7 StV.[1024]

In Fächern mit Zulassungsbeschränkung ist es entscheidend, dass die vorhandenen Kapazitäten voll ausgeschöpft werden. Grund dafür ist, dass abgewiesenen Bewerbern die Möglichkeit offensteht, sich in einen Studienplatz einzuklagen.[1025] Im Wege einer solchen Studienplatzklage wird regelmäßig geltend gemacht, dass

---

1021 *Bode/Weber*, in: Flämig/u.a., Handbuch des Wissenschaftsrechts, Bd. 1, 2. Aufl. 2007, S. 686; *Würtenberger/Fehling*, JZ 2000, 173 (174).

1022 *Lindner*, in: Hartmer/Detmer, Hochschulrecht, 3. Aufl. 2017, Kap. 11 Rn. 128; Würtenberger/Fehling, JZ 2000, 173.

1023 *Bode/Weber*, in: Flämig/u.a., Handbuch des Wissenschaftsrechts, Bd. 1, 2. Aufl. 1996, S. 687.

1024 Dies seien vor allem die räumlichen und sachlichen Gegebenheiten an einer Hochschule, zusätzliche Belastungen auf Grund der bisherigen Entwicklung der Studienanfängerzahl mit der Zahl der Studierenden, die Ausstattung mit nicht wissenschaftlichem Personal, das Verbleibeverhalten der Studierenden und besondere Begebenheiten in medizinischen Studiengängen, so *Bode/Weber*, in: Flämig/u.a., Handbuch des Wissenschaftsrechts, Bd. 1, 2. Aufl. 1996, S. 687 f.; *Lindner*, in: Hartmer/Detmer, Hochschulrecht, 3. Aufl. 2017, Kap. 11 Rn. 130.

1025 *Bode/Weber*, in: Flämig/u.a., Handbuch des Wissenschaftsrechts, Bd. 1, 2. Aufl. 1996, S. 689.

die Zahl der Studienplätze zu niedrig,[1026] und daher nicht kapazitätserschöpfend festgesetzt wurde.[1027] Ziel ist die Zulassung zu einem Studium außerhalb der festgesetzten Kapazität.[1028]

Im Rahmen der Studienplatzklage wird stets davon ausgegangen, dass alle Studenten das Lehrangebot wahrnehmen und somit alle Kapazitäten der Lehrperson ausgeschöpft werden. Wird die Anwesenheitspflicht nun gesetzlich verboten, führt dies zu der Frage, wie es unter dem Kapazitätseffekt zu bewerten ist, wenn aus diesem Grund von möglicher, eher wahrscheinlicher „*Unterauslastung*" der Lehrpersonen auszugehen wäre.[1029]

Bleiben die Studenten aufgrund der abgeschafften Anwesenheitspflicht den Lehrveranstaltungen fern, könnte dies zu Folge haben, dass die Kapazitäten der Lehrpersonen nicht mehr gänzlich ausgeschöpft werden.[1030] Man könnte sich nun auf den Standpunkt stellen, dass die Universitäten dies bei der Festlegung des Curricularnormwertes zugrunde legen müssen. Erreichen können sie die vollständige Ausschöpfung dann nur, wenn sie die Kapazitäten aufstocken oder die Zulassungsbegrenzung für die betroffenen Lehrveranstaltungen generell aufheben. Beide Möglichkeiten haben jedoch ihren Preis: Wird die Kapazität um den jeweils zu erwartenden fehlenden Anteil aufgestockt, kann dies bei vollständiger Anwesenheit aller angemeldeten Teilnehmer dazu führen, dass ein Teil aufgrund fehlender Kapazität nicht an der Lehrveranstaltung teilnehmen kann. Wird dagegen die Möglichkeit aufgehoben, die Teilnahme an Lehrveranstaltungen zu begrenzen, macht dies die Umsetzung der in der Lehrveranstaltung festgelegten Ziele unmöglich oder wird wesentlich erschwert. Dies hätte

---

1026 Zum Problem des Abbaus von Hochschulkapazitäten s. *Brehm/Zimmerling*, WissR Bd. 33 (2000), S. 22.

1027 *Bode/Weber*, in: Flämig/u.a., Handbuch des Wissenschaftsrechts, Bd. 1, 2. Aufl. 1996, S. 689; *Lindner*, in: Hartmer/Detmer, Hochschulrecht, 3. Aufl. 2017, Kap. 11 Rn. 148; *Zimmerling/Brehm*, DÖV 2009, 239 ff.

1028 *Bode/Weber*, in: Flämig/u.a., Handbuch des Wissenschaftsrechts, Bd. 1, 2. Aufl. 1996, S. 690; *Lindner*, in: Hartmer/Detmer, Hochschulrecht, 3. Aufl. 2017, Kap. 11 Rn. 148.

1029 Diese Frage wird aufgeworfen von *Turner*, in: Der Tagesspiegel, v. 20.04.2015, Nr. 2377, S. 21.

1030 *Peters*, in: Carstens/Peters, Festschrift für Jahrreis zum 70. Geburtstag, 1964, S. 319 (334 Fn. 59) sieht dies jedoch genau anders, wenn er anführt: „Die Überlastung der Stundenpläne würde zugleich zutage treten, wenn die Studenten an allen Veranstaltungen teilnehmen müssten. Dann würde auch der Grad der Überfüllung an denjenigen Fakultäten sichtbar, in denen sein sehr großer Teil von Studenten die Ausbildung außerhalb der Universität erwirbt.".

gleichzeitig zur Folge, dass das Erreichen der Lernziele nicht mehr sichergestellt werden kann.

Aus diesen Gründen sprechen auch kapazitätsrechtliche Erwägungen für die Angemessenheit von Anwesenheitspflichten. Ist die Festsetzung von Anwesenheitspflichten untersagt, entfällt ein wichtiger Faktor bei der Festsetzung des Curricularnormwertes. Dies kann zur Folge haben, dass zu viele Studenten zu einem Studiengang zugelassen werden. In überfüllten Seminaren ist die angemessene Vermittlung von Lehrinhalten jedoch nicht mehr gewährleistet. Ohne hinreichend auf die Prüfung vorbereitet zu werden, wird es den Studenten unangemessen schwer gemacht, ihre Studienziele zu erreichen. Gleichzeitig trägt dieser Umstand nicht dazu bei, dass die Universität eine Entlastung erfährt.

### ff) Das Zeitalter der neuen Medien

Immer mehr Dozenten nutzen die Möglichkeit des Internets und kombinieren ihre Lehrveranstaltungen mit neuen Medien und digitalen Netzwerken.[1031] Beispiele finden sich nahezu an jeder Hochschule,[1032] Unterschiede bestehen jedoch hinsichtlich der Ausgestaltung und der Intensität der Nutzung. Von einem „*radikalen*" Veränderungsprozess für die akademische Ausbildung sprach etwa die Leuphana-Universität Lüneburg, als sie im Januar 2013 eine eigene Internetplattform, die sogenannte „*Digital School*", gründete.[1033] Dort werden Studieninhalte und Lehrmaterialien speziell für Teilnehmer im Internet aufbereitet und präsentiert, so dass die Studenten weltweit und von jedem Ort jederzeit auf die Studieninhalte der Universität zugreifen können.[1034]

---

1031 Siehe dazu *C. Müller*, Spiegel Online, 30.01.2013, http://www.spiegel.de/unispiegel/studium/deutsche-hochschulen-online-mehr-als-vorlesung-im-netz-a-879736.html, letzter Aufruf v. 04.12.2015.

1032 So hat das E-Learning beispielweise an der Juristischen Fakultät der Universität zu Köln durch verschiedene Möglichkeiten eine Ausgestaltung erfahren, siehe http://www.jura.uni-koeln.de/elearning.html, letzter Aufruf v. 04.12.2015. Am Hasso-Plattner-Institut (HPI) starte im September 2012 der erste kostenlose offene Online-Kurs, vgl. https://open.hpi.de/pages/about, letzter Aufruf v. 04.12.2015.

1033 Siehe dazu unter: http://www.leuphana.de/news/meldungen/titelstories/2013/digital-school-startet-in-91-laendern.html, letzter Aufruf v. 04.12.2015.

1034 Siehe dazu http://www.leuphana.de/news/meldungen/titelstories.html; sowie *C. Müller*, Spiegel Online, 30.01.2013, http://www.spiegel.de/unispiegel/studium/deutsche-hochschulen-online-mehr-als-vorlesung-im-netz-a-879736.html, letzter Aufruf v. 04.12.2015.

Mittlerweile verfügen fast alle Hochschulen über Lernmanagementsysteme.[1035] Schätzungen zufolge werden an vielen deutschen Universitäten zwischen 30 und 50 Prozent aller in einem Semester angebotenen Lehrveranstaltungen von einem Lernmanagement begleitet. Ein solches Lernmanagement dient als „*Anreicherung von Präsenzveranstaltungen*".[1036] Doch die Spannweite digitaler Medien reicht weiter und entwickelt sich unaufhaltsam fort. Die Vermutung drängt sich auf, dass es für das studentische Lernen möglicherweise bald keine „*verortete Hochschule*" mehr braucht.[1037]

Doch welche Bedeutung hat diese Erkenntnis für die Frage nach der Angemessenheit von Anwesenheitspflichten? Die Umstellung auf E-Learning Methoden könnte unter gleichzeitiger Abschaffung der Lehrveranstaltungen mit einer Anwesenheitspflicht zu einer Entlastung der Universitäten führen und eine im Hinblick auf den Eingriff in die Lern- und Studierfreiheit angemessenere Form darstellen. Ein Absehen von der Präsenzpflicht könnte auch der im Zeitalter der Massenuniversität zunehmenden Überfüllung von Hörsälen entgegenwirken, wenn man zugrunde legt, dass ein Großteil der Studenten die digitalen Angebote nutzen wird. Im Hinblick auf die IT-Infrastruktur ist allerdings von einer enormen Belastung auszugehen. So erfordert es zusätzliche Mittel, um die Versorgung mit der aktuellen Technik sicherzustellen und die Informationskompetenz der Lehrenden und ihrer Mitarbeiter angesichts des rasanten Technikwandels langfristig aufrecht zu erhalten. Gerade im Hinblick auf das legitime Ziel der Entlastung der Universitäten kann das Ausweichen auf digitale Angebote nicht als hinreichend effektiv bewertet werden.

---

1035 Bei diesen handelt es sich um Online-Plattformen, über die nicht nur die Sprechzeiten von Professoren oder Prüfungstermine abrufbar sind. Lernveranstaltungen können virtuell abgebildet und Materialien können bereitgestellt werden zum Vor- und Nachbereiten, sowie um die Studenten zur aktiven virtuellen Zusammenarbeit anzuregen etwa in Wikis, Foren oder virtuellen Lerngruppen.

1036 So Dr. Anne Thillosen, Projektleiterin von e-teaching.org, zitiert in: *C. Müller*, Spiegel Online, 30.01.2013, http://www.spiegel.de/unispiegel/studium/deutsche-hochschulen-online-mehr-als-vorlesung-im-netz-a-879736.html, letzter Aufruf v. 04.12.2015.

1037 So verweist auch der Gesetzgeber von Nordrhein-Westfalen in seiner Begründung zu § 64 Abs. 2a HG NRW darauf, dass sich das mit Seminaren oftmals verfolgte Ziel der Einübung in den wissenschaftlichen Diskurs auf vielfältige Weise und angesichts heutiger Medien nicht ausschließlich bei Anwesenheit vor Ort erreichen lasse, vgl. http://www.wissenschaft.nrw.de/hochschule/hochschulrecht/hochschulzukunftsgesetz/verbot-der-allgemeinen-anwesenheitspflicht-in-lehrveranstaltungen/, letzter Aufruf v. 04.12.2015.

Es spricht viel dafür, dass Präsenzpflichten im Zusammenhang mit E-Learning nicht mehr zeitgemäß und damit unangemessen sind. Doch es sollte nicht übersehen werden, dass nach wie vor die Studenten lieber die Lehrveranstaltungen besuchen, wenn es um das Ablegen einer Abschlussprüfung geht.[1038] Somit stellt die Nutzung von E-Learning noch keine Alternative zur Präsenzuniversität dar und die Angemessenheit der Anwesenheitspflichten ist auch in dieser Hinsicht nicht in Frage zu stellen.

### gg) Zusammenfassung der Angemessenheitsprüfung

Unter der Prämisse, dass die Anwesenheit nicht ausnahmslos in jeder Lehrveranstaltung angeordnet wird, ist die Anwesenheitspflicht angemessen im Sinne der Verhältnismäßigkeit.

Zwar gibt es durchaus Argumente, die gegen die Angemessenheit der Anwesenheitspflicht sprechen, wie etwa der mit der Anwesenheit einhergehende Verlust von Flexibilität. Im Rahmen einer Gesamtabwägung reichen diese Argumente reichen jedoch nicht aus, um Anwesenheitspflichten als einen unangemessenen Eingriff in die Lern- und Studierfreiheit zu bewerten. Der Schutz der Lern- und Studierfreiheit muss hinter den mit einer Anwesenheitspflicht verfolgten legitimen Zwecken zurückstehen.

Es darf vor allem nicht außer Acht gelassen werden, dass der Freiheit des Studiums die Verpflichtung zum ordnungsgemäßen Absolvieren eines Studiums gegenübersteht.[1039] Entscheidet sich der Student für die Aufnahme eines Studiums, liegt darin zugleich das freiwillige Einverständnis zur Übernahme solcher Verpflichtungen, die mit dem Studium notwendigerweise verknüpft sind. Die Universitäten versuchen die Studenten durch pädagogische Hilfestellung und didaktische stufenweise Einführung hierbei zu unterstützen. Trotz ihres Erziehungsauftrages sind die Universitäten dazu angehalten, den Studenten nicht mehr Anstrengungen zuzumuten als notwendig erscheint.[1040] Um diese

---

1038 *C. Müller,* Spiegel Online, 30.01.2013, http://www.spiegel.de/unispiegel/studium/deutsche-hochschulen-online-mehr-als-vorlesung-im-netz-a-879736.html, letzter Aufruf v. 04.12.2015. HRK-Experte Metzer warnt jedoch davor, jedes digitale Bildungsangebot mit der tatsächlichen Hochschulqualität auf eine Ebene zu stellen.

1039 *Nolden,* in: Nolden/Rottmann/Brinktrine/Kurz, Sächsisches Hochschulgesetz, 2010, S. 16; *Starck,* in: von Mangoldt/Klein/Starck, GG, Bd. 1, 6. Aufl. 2010, Art. 5 Abs. 3 Rn. 380.

1040 OVG Berlin WissR Bd. 8 (1975), S. 183 (185); BVerwG JZ 1978, 470; *Reich,* Hochschulrahmengesetz, 11. Aufl. 2012, § 4 Rn. 29; zum Leistungsprinzip *Knöpfle,* in: Leibholz, Festschrift für Willi Geiger zum 65. Geburtstag, 1974, S. 591 (604).

Erfordernisse in Ausgleich zu bringen, werden in den Lehrveranstaltungen daher in der Regel nur Kenntnisse vermittelt, die die Studenten zum erfolgreichen Abschluss des Studiums benötigen und sie auf das spätere Berufsleben vorbereiten.[1041]

Mit der Anwesenheitspflicht wird auch der legitime Zweck verfolgt, dass der Student zum Schutz der Allgemeinheit die mit dem Studium verfolgten Ziele erreicht. Eine Möglichkeit, zu überprüfen, ob die Ziele erreicht werden, liegt sicherlich in der Abschlussprüfung. Allerdings lassen sich nicht alle in einer Lehrveranstaltung vermittelten Inhalte in einer Prüfung abfragen. Dies gilt in erster Linie für die in einem Seminar erlernte Fähigkeit, Diskussionen zu führen. Anwesenheitspflichten geben eine Bestätigung, dass die Studenten die vermittelten Inhalte tatsächlich aufgenommen haben, die sich in einer Prüfung nicht abfragen lassen. Zudem wird gewährleistet, dass eine Auseinandersetzung mit wissenschaftlichen Theorien erfolgt und die Studenten zur eigenverantwortlichen Arbeit auf theoretischem, empirischem und praktischem Gebiet befähigt werden.[1042]

#### *f) Die Entlastung der Universität und erreichte Lernziele als die Verhältnismäßigkeit wahrende legitime Mittel*

Anwesenheitspflichten stellen einen rechtfertigungsfähigen Eingriff in die Lern- und Studierfreiheit dar. Ihre Anordnung ist verhältnismäßig im Sinne des allgemeinen Verhältnismäßigkeitsgrundsatz.

Die Anordnung von Anwesenheitspflichten gehört zu den traditionellen wissenschaftlichen Methoden der Erarbeitung von Wissen und der wissenschaftlichen Auseinandersetzung. Verhältnismäßig sind sie jedoch nur bei Seminaren, Praktika und Übungen oder diesen vergleichbaren Lehrveranstaltungen. Anders als Vorlesungen dienen diese Lehrveranstaltungen nicht der reinen Wissensvermittlung und können nicht durch das Selbststudium ersetzt werden.

Das Recht der Studenten auf freie Gestaltung des Studiums muss im Rahmen einer Abwägung hinter dem Interesse der Allgemeinheit, dass der Student seine Lernziele erreicht und über die dem jeweiligen Studiengang zugrunde liegende berufliche wissenschaftliche Qualifikation verfügt, zurücktreten.

---

1041 BVerwG JZ 1978, 470; *Knöpfle,* in: Leibholz, Festschrift für Willi Geiger zu. 65. Geburtstag, 1974, S. 591 (597).

1042 *Epping,* WissR Bd. 45 (2012), S. 112 (118 f.).

## C. Gesamtergebnis

Die Lern- und Studierfreiheit wird von Art. 12 Abs. 1 GG geschützt. Dieses Ergebnis lässt sich zwar in Frage stellen, stellt man die Besonderheit des Studiums als eine wissenschaftliche Ausbildung zu sehr in den Vordergrund. Der Umstand, dass Studenten sich mit wissenschaftlichen Fragestellungen auseinandersetzen, reicht jedoch nicht aus, um die Lern- und Studierfreiheit als ein Schutzgut des Art. 5 Abs. 3 GG anzuerkennen. Während des Studiums leisten die Studenten noch keinen eigenen Beitrag zur Wissenschaft. Dies entspricht für gewöhnlich auch nicht ihren Bestrebungen. Sie sehen das Studium stattdessen als eine Vorbereitung auf die spätere Berufsausübung an.

Doch nicht nur aus subjektiver Sicht, vor allem aus einem objektiven Blickwinkel ist die Lern- und Studierfreiheit als Schutzgut der Berufsfreiheit anzuerkennen. Dies zeigt sich vor allem an dem vorherrschenden Rollenbild in der Universität. Die Hochschullehrer nehmen die Aufgabe der Wissensvermittlung wahr. Ihnen gegenüber stehen die Studenten, die als Schüler auf die Vermittlung der Erkenntnisse von Seiten der Hochschullehrer angewiesen sind. Sie stehen in einem gewissen Abhängigkeitsverhältnis, in dem jedoch kein Raum für gemeinsames Lehren und Lernen bleibt. Geprägt wird dieses Verständnis insbesondere auch von dem verschulten Bachelor-Master-System. Durch immer enger gefasste Prüfungs- und Studienordnungen bleibt den Studenten kaum Raum für Vertiefung und Diskussion. Für einen objektiven Beobachter ergibt sich kein anderes Bild. Die Universität zeigt sich als ein Ort der Wissensvermittlung, der durch Leistung in Form von bestandenen Prüfungen und erlangten Abschlüssen geprägt ist und die Studenten auf das spätere Berufsleben vorbereiten soll.

Auf diesen Zusammenhang zwischen akademischer Ausbildung und späterer Berufsausübung ist auch zurückzuführen, dass die Lern- und Studierfreiheit als ein Schutzgut der Berufsausbildungsfreiheit anzuerkennen ist. Die Lern- und Studierfreiheit garantiert auf der Ebene des Schutzbereichs die freie Gestaltung des Studiums. Es obliegt der Entscheidung jedes Studenten, ob er an den Lehrveranstaltungen teilnehmen oder ob er die vermittelten Kenntnisse stattdessen im Eigenstudium erlernen möchte und von der Teilnahme an einer Lehrveranstaltung absieht.

Anwesenheitspflichten greifen damit unmittelbar in die Freiheit der Studenten ein. Als rechtfertigungsbedürftiger Eingriff in die Lern- und Studierfreiheit sind Anwesenheitspflichten aber auch rechtfertigungsfähig.

In den Prüfungs- und Studienordnungen, zu deren Erlass die Universitäten durch die Hochschulgesetze als formelle Gesetze ermächtigt werden, liegt in der Regel die gesetzliche Grundlage für die Anordnung der Anwesenheitspflichten.

Im Hinblick auf die Verhältnismäßigkeit von Anwesenheitspflichten ist allerdings danach zu differenzieren, in welcher Lehrveranstaltung sie angeordnet werden. Die Anordnung von Anwesenheitspflichten soll den Studenten das Erreichen ihrer Studienziele erleichtern und die Universitäten entlasten. An der Geeignetheit dieser legitimen Ziele bestehen keine Zweifel. Die Erforderlichkeit kann indes nur bejaht werden, wenn keine milderen Mittel gleicher Wirkung ersichtlich sind.

Das Eigenstudium könnte als ein milderes Mittel gleicher Wirkung anzuerkennen sein. Der Vorteil des Eigenstudiums liegt darin, dass die Studenten ihr Studium an ihren individuellen Bedürfnissen ausrichten können und sich der individuelle Charakter des Lernens frei entfalten kann.

Bei Vorlesungen, die der reinen Wissensvermittlung dienen, ist Erforderlichkeit von Anwesenheitspflichten daher zu verneinen. Im Übrigen hängt die Frage der Erforderlichkeit maßgeblich von der Art der Lehrveranstaltung sowie der Möglichkeit der Lernkontrolle ab. Werden Kenntnisse vermittelt, die sich in einer Prüfung abfragen lassen, spricht dies gegen die Erforderlichkeit von Anwesenheitspflichten.

Anwesenheitspflichten sind im Rahmen ihrer Erforderlichkeit auch angemessen. Der durch sie erfolgende Eingriff in die Lern- und Studierfreiheit steht nicht außer Verhältnis zu dem verfolgten Zweck, dass die Studenten ihre Lernziele erreichen und die Universitäten entlastet werden.

Unter diesen Prämissen greifen Anwesenheitspflichten nicht in ungerechtfertigter Weise in die Lern- uns Studierfreiheit ein. Universitäten dürften demzufolge weiterhin Anwesenheitspflichten anordnen.

# Teil 5: Die Zulässigkeit eines Verbots von Anwesenheitspflichten

Nicht berücksichtigt wurde bislang die Frage, ob das gesetzlich festgeschriebene Verbot von Anwesenheitspflichten den verfassungsrechtlichen Grundsätzen genügt. Es drängt sich insbesondere der Gedanke auf, dass der Gesetzgeber mit dem Verbot von Anwesenheitspflichten in unzulässiger Weise in die grundrechtlich geschützten Rechte der Universitäten, Fakultäten und Hochschullehrer eingreift. Eine Auseinandersetzung mit diesen Aspekten ist jedoch unumgänglich.

Während die Hochschulgesetze in den frühen sechziger Jahren nur ein Minimum an organisatorischen Angaben enthielten,[1043] schränkten bereits die nachfolgenden, auf das HRG gestützten Hochschulgesetze das Selbstverwaltungsrecht ein.[1044] Auch die Hochschulgesetze der Länder enthalten zahlreiche Vorgaben, denen nicht nur die Universitäten, sondern auch die Fakultäten und Hochschullehrer Folge leisten müssen.

Immer lauter wurden die Klagen der Hochschulen über wachsende Reglementierungen durch Gesetze, Verordnungen, Richtlinien und Weisungen[1045] von Seiten des Staates. Die Universitäten sehen sich der Gefahr ausgesetzt, dass die Freiheit der Hochschulen vor staatlicher Einflussnahme nicht mehr existent oder doch zumindest weitgehend eingeschränkt ist. So kam *Hans Heinrich Rupp* bereits in den achtziger Jahren nach einer Betrachtung der Hochschulwirklichkeit zu dem Ergebnis, dass es schwerfalle, noch an das Überleben und den Sinn hochschulischer Selbstverwaltung zu glauben.[1046] Diese Einschätzung spiegelt sich einmal mehr in dem Verbot, Anwesenheitspflichten anzuordnen.

---

1043 *H. Klein*, AöR Bd. 90 (1965), S. 129 (147); *Lepsius*, in: Schulz, Was wird aus der Universität?, 1969, S. 179 ff.; *Schelsky*, Abschied von der Hochschulpolitik oder die Universität im Fadenkreuz des Versagens, 1969, S. 135 ff.

1044 *Knemeyer*, in: Flämig/u.a., Handbuch des Wissenschaftsrechts, Bd. 1, 2. Aufl. 1996, S. 237; *Zeh*, Finanzverfassung und Autonomie der Hochschule, Hochschulfinanzierung im Spannungsfeld von Wissenschaft, Gesellschaft und Staat, 1973, S. 87, mit dem Hinweis, auf die faktischen Kompetenzverluste der Selbstverwaltungsgremien.

1045 *Schiedermair*, WissR Bd. 21 (1988), S. 1 (15); *Knemeyer*, in: Flämig/u.a., Handbuch des Wissenschaftsrechts, Bd. 1, 2. Aufl. 1996, S. 237.

1046 *Rupp*, in: von Mutius, Festgabe zum 70. Geburtstag von Georg Christoph von Unruh 1983, S. 919 (926 ff., 930).

# A. Das Verbot von Anwesenheitspflichten durch ein förmliches Gesetz

Die Festsetzung von Anwesenheitspflichten greift in die Lern- und Studierfreiheit der Studenten ein. Um diesem Eingriff vorzubeugen, scheint das Verbot von Anwesenheitspflichten das logisch zwingende Mittel zu sein. Doch darf nicht übersehen werden, dass ein solches Verbot seinerseits einen Eingriff in die bestehenden universitären Strukturen darstellen kann.

So könnte das Verbot von Anwesenheitspflichten in die verfassungsrechtlich garantierten Rechte von Universitäten, Fakultäten und Hochschullehrern eingreifen, indem ihnen die eigenständige Festsetzung von Anwesenheitspflichten gesetzlich versagt wird. Das ist jedoch nur möglich, sofern das Recht, Anwesenheitspflichten auszusprechen, verfassungsrechtlich geschützt ist.

## I. Die derzeitige gesetzliche Lage

Das Verbot einer Festsetzung von Anwesenheitspflichten kann zunächst durch ein förmliches Gesetz erfolgen. Zu denken ist an eine Ausgestaltung in den Hochschulgesetzen der Länder.

Wie bereits dargestellt, haben bislang lediglich die Länder Nordrhein-Westfalen, Niedersachsen, Schleswig-Holstein und Thüringen gesetzliche Regelungen zu den Anwesenheitspflichten getroffen: Während im Hochschulgesetz Nordrhein-Westfalen und Schleswig-Holstein ein Verbot zum Erlass von Anwesenheitspflichten ausdrücklich gesetzlich festgeschrieben ist, dürfen nach § 7 Abs. 4 S. 1 NdsHG Studien- und Prüfungsordnungen eine Verpflichtung der Studenten zur Anwesenheit in Lehrveranstaltungen nur vorsehen, wenn diese erforderlich ist, um das Ziel einer Lehrveranstaltung zu erreichen.[1047] Ähnlich ist die Ausgestaltung im Hochschulgesetz Thüringens. Nach § 54 Abs. 2 Nr. 17, Abs. 3 ThürHG darf eine Anwesenheitspflicht festgesetzt werden, wenn das Lernziel nur durch die Anwesenheit der Studenten erreicht werden kann.

Es ist jedoch nicht gänzlich auszuschließen, dass auch andere Länder vergleichbare Regelungen zukünftig verabschieden werden. So gab es bereits Anfragen an die jeweiligen Landesregierungen der Länder Hessen[1048] und Sachsen[1049]

---

1047 Siehe dazu für NRW: Teil 4 B. I. 3. a) aa) bbb); für Niedersachen: Teil 4 B. I. 3. a) aa) eee); für Schleswig-Holstein: Teil 4 B. I. 3. a) aa) fff); für Thüringen: Teil 4 B. I. 3. a) aa) ggg).

1048 Hessischer Landtag, Drs. 18/6290, v. 29.11.2012.

1049 Sächsischer Landtag, Plenarprotokoll 5/6, v. 10.12.2009.

zur Zulässigkeit von Anwesenheitspflicht als Zulassungskriterium zu einer Prüfung oder als Prüfungskriterium. Dabei unterscheiden sich die Auffassungen der Länder erheblich.

Im Hessischen Landtag erwiderte die Ministerin für Wissenschaft und Kunst, dass aufgrund entsprechender Festlegungen der Hochschulen keinerlei Bedenken hinsichtlich der Rechtssicherheit der Anwesenheitsverpflichtung bestünden.[1050] Dies sei auch nicht der Fall, wenn die Anwesenheit als Teilnahmevoraussetzung für eine Modulprüfung oder zumindest für die Vergabe von *Creditpoints* im Rahmen von Studienleistungen, die wiederum für die Zulassung zu Prüfungen nachgewiesen werden müssen, gelte.

Von der sächsischen Regierung wird eine Anwesenheitspflicht dagegen als unzulässig erachtet. Grund sei, dass es eine der Wesentlichkeitstheorie entsprechende gesetzliche Ermächtigungsgrundlage im sächsischen Hochschulgesetz nicht gebe.[1051]

Somit herrscht länderübergreifend bislang wenig Einigkeit über die Frage nach der Zulässigkeit von Anwesenheitspflichten. Es bleibt abzuwarten, ob auch andere Länder die Anwesenheitspflichten gesetzlich regeln werden.

## II. Das Verbot von Anwesenheitspflichten als rechtfertigungsbedürftiger Eingriff in die grundrechtlich geschützten Rechte der Universitäten und Fachbereiche

### 1. *Die grundrechtliche Stellung der Universitäten*

Zunächst stellt sich die Frage, ob die Universitäten überhaupt Grundrechte in Anspruch nehmen dürfen und die Wissenschaftsfreiheit tatsächlich als das „*Grundrecht der Universität*" bezeichnet werden kann. Des Weiteren besteht bis dato noch keine Einigkeit darüber, inwiefern Art. 5 Abs. 3 GG den Universitäten das Recht zur akademischen Selbstverwaltung garantiert. Gerade für den Fall, dass von staatlicher Seite Anwesenheitspflichten gesetzlich verboten werden, ist die Frage der grundrechtlichen Stellung von Universitäten von nicht unerheblicher Bedeutung.

---

1050 Verwiesen wird auf die allgemeinen Prüfungsbestimmungen, Studien- und Prüfungsordnungen, Modulhandbücher akkreditierter Studiengänge und Gesetzes- und Verordnungsregelungen, Hessischer Landtag, Drs. 18/6290, v. 29.11.2012, S. 3.

1051 Sächsischer Landtag, Plenarprotokoll 5/6, v. 10.12.2009, S. 390 f.

### *a) Die Universitäten als Grundrechtsträger*

Eine unmittelbare Grundrechtsträgerschaft[1052] wird man der Universität im Hinblick auf den primären Schutzzweck des Art. 5 Abs. 3 GG nicht zuordnen können.[1053] Grundsätzlich können juristische Personen des öffentlichen Rechts nicht Träger von Grundrechten sein.[1054] Eine Ausnahme hat das Bundesverfassungsgericht aber für solche juristische Personen des öffentlichen Rechts anerkannt, die von ihrer Aufgabenstellung her einem grundrechtlich geschützten Lebensbereich unmittelbar zugeordnet sind und in einem vom Staat unabhängigen Bereich tätig werden.[1055]

Daran angelehnt hat das Bundesverfassungsgericht ausgeführt:

> *„In der Regel können zwar weder der Staat noch seine Einrichtungen Grundrechte als subjektiv öffentliche Rechte in Anspruch nehmen, insofern sie nicht gleichzeitig Träger und Adressat von Grundrechten sein können. Dieser Grundsatz gilt jedoch dann nicht, wenn Einrichtungen des Staates Grundrechte in einem Bereich verteidigen, in dem sie vom Staat unabhängig sind. Das ist insbesondere bei den deutschen Universitäten der Fall, die zwar in der Regel vom Staat gegründet sind und auch von ihm unterhalten werden, aber in Wissenschaft, Forschung und Lehre frei sind.“*[1056]

---

1052 *Dickert*, Naturwissenschaften und Forschungsfreiheit, 1991, S. 309 verweist darauf, dass die systematische und inhaltliche Anknüpfung aller Grundrechte an die Fundamentalgarantie der Menschenwürde deutlich mache, dass sich das Wertesystem der Grundrechte auf Würde und Freiheit des einzelnen Menschen beziehe. Die juristische Person sei demgegenüber aber nur eine organisatorische Hülle, welche erst durch die in ihr und durch sie handelnden Menschen Leben vermittelt werde.

1053 So aber *Köttgen*, Das Grundecht der deutschen Universität, 1959, S. 26 ff.; *Redeker*, DÖV 1986, 947 (947 f.); *Theis*, Ausbildungs- und Wissenschaftsfreiheit, 1986, S. 188. Eine unmittelbare Ableitung des Grundrechtsschutzes aus Art. 5 Abs. 3 GG, sei jedoch wenig überzeugend, so *Gärditz*, Hochschulorganisation und verwaltungsrechtliche Systembildung, 2009, S. 372.

1054 *von Coelln*, in: Friauf/Höfling, Berliner Kommentar zum Grundgesetz, 44. Erg.-Lfg. XI/14, Art. 5 Abs. 3 Rn. 103.

1055 BVerfGE 31, 314 (322) „Rundfunkanstalten“; 42, 312 (321 f.) „Kirchen“ einerseits, BVerfGE 39, 302 (314) „Sozialversicherungsträger“; 61, 82 (102 f.) „Gemeinden“ andererseits. Siehe auch *Bethge*, in: von Mutius, Festgabe zum 70. Geburtstag für Georg Christoph von Unruh, 1983, S. 149 (154); *Kimminich*, in: Flämig/u.a., Handbuch des Wissenschaftsrecht, Bd. 1, 2. Aufl. 1996, S. 133.

1056 BVerfGE 15, 256 (262). In der Begründetheitsprüfung hat das Gericht aber eindeutig offengelassen, ob Art. 5 Abs. 3 GG ein selbstständiges Grundrecht der Universitäten und Fakultäten enthält, BVerfGE 15, 256 (264).

Auch nach herrschender Auffassung in der Literatur können sich die staatlichen Hochschulen über Art. 19 Abs. 3 GG auf die Wissenschaftsfreiheit nach Art. 5 Abs. 3 GG berufen.[1057]

Universitäten befinden sich als Teil des Lebensbereichs „*Wissenschaft*" in einer dem Verhältnis von Staat und Bürger vergleichbaren Situation.[1058] Um für einen Schutz der in der Universität wissenschaftlich Tätigen Sorge tragen zu können, muss den Hochschulen ein gewisser Grad an Unabhängigkeit zustehen. Somit bestimmt sich die Grundrechtsträgerschaft der Universität nicht erst durch eine mögliche Selbstverwaltungsgarantie.[1059] Dieses Recht hat lediglich Auswirkungen auf Inhalt und Ausmaß der grundrechtlichen Gewährleistungen.[1060] Durch den Schutz des Art. 5 Abs. 3 GG über Art. 19 Abs. 3 GG können sich die Universitäten aber auch gegen staatliche Eingriffe organisatorischer Art wehren.[1061]

---

1057 *Bethge*, in: Sachs, GG, 8. Aufl. 2018, Art. 5 Rn. 210; *Bettermann*, NJW 1969, 1321 (1323); *von Coelln*, in: Friauf/Höfling, Berliner Kommentar zum Grundgesetz, 44. Erg.-Lfg. XI/14, Art. 5 Abs. 3 Rn. 103; *Fehling*, in: Kahl/Waldhoff/Walter, Bonner Kommentar zum Grundgesetz, Loseblatt, Stand März 2004 Art. 5 Abs. 3 (Wissenschaftsfreiheit) Rn. 124; *Geis*, in: Hailbronner/Geis, Hochschulrecht in Bund und Ländern, Bd. 1, Loseblatt, Stand Mai 2001, § 58 Rn. 33; *Jarass*, in: Jarass/Pieroth, GG, 14. Aufl. 2016, Art. 5 Rn. 141; *Kimminich*, in: Flämig/u.a., Handbuch des Wissenschaftsrechts, Bd. 1, 2. Aufl. 1996, S. 133 ff; *Scholz*, in: Maunz/Dürig, GG, Loseblatt, Stand September 2017, Art. 5 Abs. 3 Rn. 124; *Stern*, Staatsrecht, Bd. IV/2, 2011, S. 804 f.; *Thieme*, Deutsches Hochschulrecht, 3. Aufl. 2014, Rn. 149. Ausführlich *Tomerius*, Die Hochschulautonomie und ihre Einschränkungen beim Zusammenwirken von Land und Hochschule, 1998, S. 88 ff.; *H.-H. Trute*, Die Forschung zwischen grundrechtlicher Freiheit und staatlicher Institutionalisierung, 1994, S. 366. A. A: *Groß*, DVBl. 2002, 1182 (1194); *Kühne*, in: Wendt/Höfling/Karpen/Oldiges, Festschrift für Karl Friauf, 1996, S. 361 (361 f.).

1058 BVerfGE 68, 193 (207); 75, 192 (196); *Kempen*, in Hartmer/Detmer, Hochschulrecht, 3. Aufl. 2017, Kap. 1 Rn. 22. 30; *Tomerius*, Die Hochschulautonomie und ihre Einschränkungen beim Zusammenwirken von Land und Hochschule, 1998, S. 91; *M. Müller*, Die Rechtsform der wissenschaftlichen Hochschule, 2014, S. 50 f.

1059 Die Mehrheit der Stimmen gerade in der älteren Literatur stellt aber genau darauf ab. Dahingehend beispielsweise *Bethge*, in: Sachs, GG, 8. Aufl. 2018, Art. 5 Rn. 211, *Pernice*, in: Dreier, GG, 2. Aufl. 2004, Art. 5 Abs. 3 Rn. 35.

1060 *M. Müller*, Die Rechtsform der wissenschaftlichen Hochschule, 2014, S. 51; *Starck*, in: von Mangoldt/Klein/Starck, GG, Bd. 1, 6. Aufl. 2010, Art. 5 Rn. 363.

1061 BVerfGE 85, 360 (384); Fehling, in: Kahl/Waldhoff/Walter, Bonner Kommentar zum Grundgesetz, Loseblatt, Stand März 2004, Art. 5 Abs. 3 (Wissenschaftsfreiheit) Rn. 125. Auch wenn dem Staat über die Finanzierung der Universitäten eine gewisse Einflussmöglichkeit auf die Universitäten möglich ist, kann dies nicht pauschal gegen

Dennoch verbleibt in einem bestimmten Umfang eine gewisse Möglichkeit der Einflussnahme beim Staat,[1062] wie sich dies unter anderem am Beispiel der staatlichen Aufsichtsrechte zeigt.[1063]

### *b) Das autonome Rechtsetzungsrecht der Hochschule aufgrund der Selbstverwaltungsgarantie*

Hochschulautonomie und akademische Selbstverwaltung werden oft als Synonyme bezeichnet,[1064] sie sind jedoch nicht deckungsgleich.[1065] In einem wortlautorientierten Sinn lässt sich Autonomie als die Eigengesetzlichkeit der Wissenschaft sowohl als Faktum als auch als rechtliches Postulat beschreiben.[1066]

In einem erweiterten Sinn kann Autonomie darüber hinaus auch als die Fähigkeit von Einrichtungen interpretiert werden, vom Staat in legislativer, exekutiver und judikativer Hinsicht unabhängig zu sein. Demzufolge umschreibt sie den allgemeinen Grad der Unabhängigkeit vom Staat.[1067]

Demgegenüber wird das akademische Selbstverwaltungsrecht als die eigenverantwortliche, weisungsfreie Wahrnehmung der wissenschaftsrelevanten Angelegenheiten verstanden und ist als die rechtliche Konsequenz der

---

die Grundrechtsträgerschaft der Universität angeführt werden; so aber *Groß*, WissR Bd. 35 (2002), S. 313 (330).

1062 BVerfGE 15, 256 (264); *M. Müller*, Die Rechtsform der wissenschaftlichen Hochschule, 2014, S. 51, die auf die allgemeine Grundrechtsdogmatik verweist. Nicht der Eingriff als solches sei verfassungswidrig, sondern nur der nicht gerechtfertigte Eingriff.

1063 Siehe dazu Teil 4 A. II. 1. b) cc) aaa).

1064 *Kempen*, in: Hartmer/Detmer, Hochschulrecht, 3. Aufl. 2017, Kap. 1 Rn. 117; *Thieme*, Deutsches Hochschulrecht, 3. Aufl. 2004, S. 110; *Tomerius*, Die Hochschulautonomie und ihre Einschränkungen beim Zusammenwirken von Land und Hochschule, 1998, S. 8.

1065 *Bethge*, in: Achterberg/Püttner/Würtenberger, Besonderes Verwaltungsrecht, Bd. 1, 2. Aufl. 2000, § 13 Rn. 82; *Geis*, VVDStRL Bd. 69 (2010), S. 364 (368 f.); *Knemeyer*, in: Flämig/u.a., Handbuch des Wissenschaftsrechts, Bd. 1, 2. Aufl. 1996, S. 237, 242; *Leuze*, DÖD 1993, 1 (1 ff.); *Schmidt-Aßmann*, Die kommunale Rechtssetzung im Gefüge der kommunalen Handlungsformen und Rechtsquellen, 1981, S. 7; *Stieler*, Satzungsgebung der Universitäten, 1985, S. 25.

1066 *Geis*, in: Merten/Papier, Handbuch der Grundrechte, Bd. IV, 2011, §§ 100 Rn. 7.

1067 *Geis*, in: Merten/Papier, Handbuch der Grundrechte, Bd. IV, 2011, §§ 100 Rn. 7; *Kempen*, in: Hartmer/Detmer, Hochschulrecht, 3. Aufl. 2017, Kap. 1 Rn. 118; *Knemeyer*, in: Handbuch des Wissenschaftsrechts, Bd. 1, 2. Aufl. 1996, S. 241.

Hochschulautonomie zu bewerten.[1068] Sie kommt insbesondere durch autonome Rechtsetzung und Normvollzug zum Ausdruck.[1069]

Die grundlegende Funktion der Selbstverwaltung liegt im Schutz und in der Förderung der Wissenschaftsfreiheit.[1070] Diese soll sich an der wissenschaftlichen Hochschule als dem Ort entfalten können, an dem hauptsächlich wissenschaftliche Forschung und damit verbundene akademische Lehre betrieben werden. Eine so verstandene Zielsetzung der Selbstverwaltung muss jedoch hinreichend konkretisiert werden. Nur so wird deutlich, welche Konsequenzen die grundrechtssichernde Aufgabe der akademischen Selbstverwaltung für die funktionsgerechte Ausgestaltung des Wissenschaftsbetriebs im Einzelnen fordert. Damit sind verfassungsrechtliche Aspekte angesprochen, die sowohl Auswirkungen auf das Verhältnis der Universität zum Staat als auch auf inneruniversitäre Verhältnisse haben können.[1071]

Das Verbot, Anwesenheitspflichten anzuordnen, könnte somit in das akademische Selbstverwaltungsrecht der Universitäten eingreifen. Dies setzt jedoch voraus, dass dieses Recht auch eine tatsächliche verfassungsrechtliche Verankerung erfahren hat.

#### aa) Die dogmatische Herleitung des Selbstverwaltungsrechts der Hochschulen

Das akademische Recht zur Selbstverwaltung wird den Hochschulen durch das Grundgesetz an keiner Stelle ausdrücklich zugewiesen. Auch das Bundesverfassungsgericht hat bislang offen gelassen, ob Art. 5 Abs. 3 GG ein solches Recht beinhaltet.[1072] Stattdessen verweist es auf die in den Landesverfassungen enthaltenen Selbstverwaltungsgarantien.[1073] Dies hat jedoch wenig

---

1068 *Geis*, in: Merten/Papier, Handbuch der Grundrechte, Bd. IV, 2011, § 100 Rn. 7; *Oppermann*, in: Flämig/u.a., Handbuch des Wissenschaftsrechts, Bd. 1, 2. Aufl. 1996, S. 1020.

1069 *Geis*, in: Merten/Papier, Handbuch der Grundrechte, Bd. IV, 2011, Kap. 100 Rn. 7; *Groß*, DVBl. 2006, 721 (722); *Kempen*, in: Hartmer/Detmer, Hochschulrecht, 3. Aufl. 2017, Kap. 1 Rn. 118.

1070 BVerfGE 35, 79 (115 f.); *Geis*, in: Merten/Papier, Handbuch der Grundrechte, Bd. IV, 2011, Kap. 100 Rn. 8; *Starck*, in: von Mangoldt/Klein/Starck, GG, Bd. 1, 6. Aufl. 2010, Art. 5 Rn. 380 ff.

1071 *Tomerius*, Die Hochschulautonomie und ihre Einschränkungen beim Zusammenwirken von Land und Hochschule, 1996, S. 77 f.

1072 BVerfGE 35, 79 (116).

1073 Art. 20 Abs. 2 VerfBW; 138 Abs. 2 S. 1 BayVerf; 60 Abs. 1 S. 1 HeLVf; 16 Abs. 1 NRW Verf; 9 Abs. 1 S. 2 RPf Verf; Art. 33 Abs. 2 SaarlVerf; 7 Abs. 1 SchHl; zu den

Durchschlagskraft: Die in den Landesverfassungen enthaltenen Selbstverwaltungsrechte können eine solche Gewährleistung durch Art. 5 Abs. 3 GG nicht ersetzen.[1074] Für diese Annahme spricht bereits der Umstand, dass nicht allen Landesverfassungen eine Selbstverwaltungsgarantie der Hochschulen immanent ist.[1075]

In der Literatur wird demgegenüber mehrheitlich vertreten, dass die Garantie der akademischen Selbstverwaltung aus Art. 5 Abs. 3 GG abzuleiten ist.[1076] Uneinig ist man sich jedoch über die dogmatische Herleitung. Es wird vertreten, dass das Recht der akademischen Selbstverwaltung Teil der in Art. 5 Abs. 3 GG verbürgten institutionellen Garantie ist.[1077] Andere wiederum leiten das Selbstverwaltungsrecht aus der objektiven Wertordnung der Wissenschaftsfreiheit ab.[1078]

---

landesverfassungsrechtlichen Grundlagen *Knemeyer*, in: Flämig/u.a., Handbuch des Wissenschaftsrechts, Bd. 1, 2. Aufl. 1996, S. 239; *Rupp*, in: von Mutius, Selbstverwaltung im Staat der Industriegesellschaft, Festgabe zum 70. Geburtstag von Georg Christoph von Unruh, 1983, S. 919 (926, 930).

1074 Eine solche Tendenz liegt jedoch BVerfGE 35, 79 (116) im Ansatz zugrunde.

1075 So etwa Berlin, Hamburg und Bremen.

1076 *Britz*, in: Dreier, GG, Bd. I, 3. Aufl. 2013, Art. 5 III (Wissenschaftsfreiheit) Rn. 21, 35, 57; *Fehling*, in: Kahl/Waldhoff/Walter, Bonner Kommentar zum Grundgesetz, Loseblatt, Stand März 2004, Art. 5 Abs. 3 (Wissenschaftsfreiheit) Rn. 26; *Geis*, WissR Bd. 37 (2004), S. 2 (15); *Geis*, in: Merten/Papier, Handbuch der Grundrechte, Bd. IV, 2011, § 100 Rn. 8; *Kempen*, in: Hartmer/Detmer, Hochschulrecht, 3. Aufl. 2017, Kap. 1 Rn. 123; *Kluth*, Funktionale Selbstverwaltung, 1997, S. 40; *Kahl*, AöR Bd. 130 (2005), S. 225 (246 f.); *Lorenz*, WissR Bd. 11 (1978), S. 1 (3); *Mager*, VVDStRL Bd. 65 (2006), S. 274 (281); *Schmidt-Aßmann*, in: Becker/Bull/Seewald, Festschrift für Werner Thieme zum 70. Geburtstag, 1993, 697 (710); *Starck*, in: Mangoldt/Klein/Starck, GG, Bd. 1, 6. Aufl. 2010, Art. 5 Abs. 3 Rn. 363; *H.-H. Trute*, Die Forschung zwischen grundrechtlicher Freiheit und staatlicher Institutionalisierung, 1994, S. 275 ff.; *Wendt*, in: von Münch/Kunig, GG, Bd. 1, 6. Aufl. 2012, Art. 5 Abs. 3 Rn. 112; a.A. *Krausnick*, Staat und Hochschule im Gewährleistungsstaat, 2012, S. 118; *Rollecke*, JZ 1969, 726 (728).

1077 *Gallas*, Die Staatsaufsicht über die wissenschaftlichen Hochschulen, 1976, S. 81; *Lorenz*, WissR Bd. 11 (1978), S. 1 (3); *Oppermann*, in: Isensee/Kirchhof, Handbuch des Staatsrechts, Bd. VI, 1989, § 145 Rn. 18 f.; *Scholz*, in: Maunz/Dürig, GG, Loseblatt, Stand September 2017, Art. 5 Abs. 3 Rn. 4; *Starck*, in: von Mangoldt/Klein/Starck, GG, Bd. 1, 6. Aufl. 2010, Art. 5 Abs. 3 Rn. 293.

1078 *Denninger*, in: Denninger/Hoffmann-Riem/Schneider/Stein, AK-GG, 3. Aufl. 2001, Art. 5 Abs. 3 Rn. 21, 22, 66; *Erichsen/Scherzberg*, NVwZ 1990, 8 (9 ff.); *Fehling*, Die Verwaltung Bd. 35 (2002), S. 399 f.; *Fehling*, in: Kahl/Waldhoff/Walter, Bonner Kommentar zum Grundgesetz, Loseblatt, Stand März 2004, Art. 5 Abs. 3

Art. 5 Abs. 3 GG könnte zusätzlich als institutionelle Garantie der akademischen Selbstverwaltung verstanden werden, wenn das Grundrecht die Organisationsform „*Selbstverwaltung*" für den Wissenschaftsbetrieb über das Gebot der funktionsgerechten Einrichtung hinaus als verbindlich vorschreibt. Ob Art. 5 Abs. 3 GG eine solche institutionelle Garantie enthält, ist somit im Hinblick auf den qualitativen Gehalt der akademischen Selbstverwaltung klärungsbedürftig.[1079]

aaa) Die akademische Selbstverwaltung als institutionelle Garantie

Die Vertreter der Auffassung, dass es sich bei der akademischen Selbstverwaltung um eine institutionelle Garantie handelt, nennen den objektiv-rechtlichen Charakter des Art. 5 Abs. 3 GG als Anknüpfungspunkt der Gewährleistung der akademischen Selbstverwaltung.[1080] Diese objektiv-rechtliche Wertentscheidung begründe die Pflicht des Staates, Einrichtungen zu schaffen, deren organisatorische Voraussetzungen keinem staatlichen Einfluss unterliegen.[1081] Nur in einem

(Wissenschaftsfreiheit) Rn. 29 ff.; *M. Müller*, Die Rechtsform der wissenschaftlichen Hochschule, 2014, S. 53.

1079 Ließe sich diese unmittelbar aus Art. 5 Abs. 3 GG ableiten, wäre der Handlungsspielraum des Bundesgesetzgebers insbesondere in Bezug auf das Hochschulorganisationsrecht sehr viel eingeschränkter, als wenn Art. 5 Abs. 3 GG lediglich die Vorgabe einer in ihren Erscheinungsformen variablen wissenschaftsadäquaten Organisation aufstellen würde, so *Tomerius*, Die Hochschulautonomie und ihre Einschränkungen beim Zusammenwirken von Land und Hochschule, 1998, S. 77 f.

1080 *Bethge*, in: Sachs, GG, 8. Aufl. 2018, Art. 5 Rn. 202; *Geis*, in: Merten/Papier, Handbuch des Staatsrechts, Bd. IV, 2011, § 100 Rn. 9; *Lorenz*, JZ 1981, 113 (114 f.); *von Lübtow*, Autonomie und Heteronomie der Universität, 1966, S. 16 f.; *Oppermann*, in: Isensee/Kirchhof, Handbuch des Staatsrechts, Bd. VI, 1989, § 145 Rn. 18; *Schiedermaier*, WissR Bd. 21 (1988), S. 1 (20); *Schulze-Fielitz*, in: Benda/Mayhofer/Vogel, Handbuch des Verfassungsrechts, § 27 Rn. 8; *Starck*, in: von Mangoldt/Klein/Starck, GG, Bd. 1, 6. Aufl. 2010, Art. 5 Rn. 293; *Stern*, Staatsrecht, Bd. III/1, 1988, S. 804 ff.; *Reinhardt*, WissR Bd. 1 (1968), S. 6 (10); *Sauer*, Verfassungsrechtliche Grundlagen des Selbstverwaltungsrechts und der Autonomie der Hochschule, 1973, S. 154; *Weber*, in: Kaser, Max, Festschrift für Wilhelm Felgentraeger zum siebzigsten Geburtstag, 1969, S. 225 (230); *H. Klein*, AöR Bd. 90 (1965), S. 129 (137 ff.); *Weber*, Die Rechtsstellung des deutschen Hochschullehrers, 2. Aufl. 1965, S. 27 ff.

1081 *Leuze*, DÖD 1993, 1 (2); *Lorenz*, JZ 1981, 113 (114); *Reinhardt*, WissR Bd. 1 (1968), S. 6 (9 f.); *Starck*, in: von Mangoldt/Klein/Starck, GG, Bd. 1, 6. Aufl. 2010, Art. 5 Abs. 3 Rn. 292.

Raum geistiger und organisatorisch-institutioneller Selbstbestimmung könnten sich Wissenschaft, Forschung und Lehre frei und effektiv entfalten.[1082]

Dies wiederum erfordere eine maßgebliche Teilhabe der betroffenen Sachkundigen.[1083] Damit sei die akademische Selbstverwaltung ein unverzichtbarer Bestandteil der institutionellen Garantie und diene der optimalen Verwirklichung der Freiheit von Forschung und Lehre.[1084] In ihrer Eigenschaft als organisationsrechtliche Sicherung stärke sie zugleich das in Art. 5 Abs. 3 GG enthaltende Individualgrundrecht.[1085] Akademische Selbstverwaltung und Wissenschaftsfreiheit hingen „*zwecknotwendig*" zusammen und die Selbstverwaltung sei somit als Bestandteil der verfassungsrechtlichen Verbürgung der Wissenschaftsfreiheit anzuerkennen.[1086] Eine Grenze sei jedoch erreicht, wenn ein rein „*individualzentriertes Wissenschaftsverständnis*" entstehen würde.[1087]

---

1082 *Geis*, in: Merten/Papier, Handbuch der Grundrechte, Bd. IV, 2011, § 100 Rn. 10; *Lorenz*, JZ 1981, 113 (114 f.); *Oldiges*, in: Becker/Bull/Seewald, Festschrift für Werner Thieme zum 70. Geburtstag, 1993, S. 647 (650); *Starck*, in: von Mangold/Klein/Starck, GG, Bd. 1, 6. Aufl. 2010, Art. 5 Abs. 3 Rn. 293; Entsprechends für den Bereich der Kunstfreiheit: *Hufen*, Die Freiheit der Kunst in staatlichen Institutionen, 1982, S. 404 ff.

1083 *Geis*, in: Merten/Papier, Handbuch der Grundrechte, Bd. IV, 2011, § 100 Rn. 10; *Geis*, in: Hailbronner/Geis, Hochschulrecht in Bund und Ländern, Bd. 1, Loseblatt, Stand Mai 2001, § 58 HRG Rn. 28.

1084 *Gallas*, Die Staatsaufsicht über die wissenschaftlichen Hochschulen, 1976, S. 81; *Geis*, in: Merten/Papier, Handbuch der Grundrechte, Bd. IV, 2011, § 100 Rn. 10; *Geis*, in: Hailbronner/Geis, Hochschulrecht in Bund und Ländern, Bd. 1, Loseblatt, Stand Mai 2001, § 58 HRG Rn. 28; *Lorenz*, WissR Bd. 11 (1978), S. 1 (3); *Jestaedt*, Demokratieprinzip und Kondomialverwaltung, 1993, S. 351; *Reinhardt*, WissR Bd. 1 (1968), S. 6 (10).

1085 *Classen*, in: Classen/u.a., In einem vereinten Europa dem Frieden der Welt zu dienen – Liber amicorum Oppermann, 2001, S. 857 (870); *Hufeld*, DÖV 2002, S. 309 (312); *Oldiges*, in: Becker/Bull/Seewald, Festschrift für Werner Thieme zum 70. Geburtstag, 1993, S. 647 (651); *Scholz*, in: Maunz/Dürig, GG, Loseblatt, Stand September 2017, Art. 5 Abs. 3 Rn. 133.

1086 *von Lübtow*, Autonomie und Heteronomie der Universität, 1966, S. 16 f., der darüber hinaus die Wissenschaftsfreiheit und die durch den Grundsatz der „Natur der Sache" mit ihr verbundene Selbstverwaltung als naturrechtlich verbürgt ansieht, (S. 17); *Oppermann*, in: Flämig/u.a., Handbuch des Wissenschaftsrechts, Bd. 1, 2. Aufl. 1996, S. 1009 (1021 f.); *Tomerius,* Die Hochschulautonomie und ihre Einschränkungen beim Zusammenwirken von Land und Hochschule, 1998, S. 81.

1087 *Geis*, in: Merten/Papier, Handbuch der Grundrechte, Bd. IV, 2011, § 100 Rn. 12.

Begründet wird die institutionelle Garantie zumeist mit der historischen Entwicklung der Wissenschaftsfreiheit. Die Hochschulen seien über die Jahrhunderte hinweg mitsamt ihrer Autonomie gewachsen und dies hätte sich in Form der Selbstverwaltung durchgesetzt. Der Verfassungsgesetzgeber von 1949 habe diese Struktur der Universität beibehalten wollen. Mit dem wenig geänderten Wortlaut des Art. 142 WRV habe er die darin verbürgte Interpretation einer institutionellen Garantie der akademischen Selbstverwaltung übernehmen wollen.[1088]

#### bbb) Die Herleitung der akademischen Selbstverwaltung aus der objektiven Wertordnung

Demgegenüber wird von anderen Stimmen eine institutionelle Bestandsgarantie abgelehnt.[1089] Sie leiten das Recht der Universitäten auf akademische Selbstverwaltung stattdessen aus der objektiven Wertordnung der Wissenschaftsfreiheit ab.[1090]

---

1088 *H. Klein*, AöR Bd. 90 (1965), S. 129 (137 ff.); *Rogal*, Hochschulautonomie und Zielvereinbarungen, 2008, S. 41; *Rupp*, in: von Mutius, Festgabe zum 70. Geburtstag von Georg Christoph von Unruh, 1983, S. 919 (921); *Tomerius*, Die Hochschulautonomie und ihre Einschränkungen beim Zusammenwirken von Land und Hochschule, 1998, S. 79 f.; *Weber*, in: Kaser, Festschrift für Wilhelm Felgentraeger zum siebzigsten Geburtstag, 1969, S. 225 (230); *Weber*, Die Rechtsstellung des deutschen Hochschullehrers, 2. Aufl. 1965, S. 27 ff. *Rogal*, Hochschulautonomie und Zielvereinbarungen, 2008, S. 41, weißt weiter darauf hin, dass eine ausdrückliche Nennung des Rechtes auf akademische Selbstbestimmung nicht zwingend erforderlich gewesen sei, denn bis zur Einführung des HRG 1969 sei die Selbstverwaltung auch nicht zur Disposition des einfachen Gesetzgebers gestellt worden.

1089 *Dickert*, Naturwissenschaften und Forschungsfreiheit, 1991, S. 147 ff.; *Erichsen/Scherzberg*, NVwZ 1990, 8 (9); *Gallas*, Die Staatsaufsicht über die wissenschaftlichen Hochschulen, 1976, S. 83 f.; *Kimminich*, in: Flämig/u.a., Handbuch des Wissenschaftsrechts, Bd. 1, 2. Aufl. 1996, S. 128 f.; *Roellecke*, JZ 1969, 726 (727); *Schlink*, DÖV 1973, 541; *H.-H. Trute*, Die Forschung zwischen grundrechtlicher Freiheit und staatlicher Institutionalisierung, 1994, S. 275; *Zwirner*, AöR Bd. 98 (1973), S. 313 (338 f.).

1090 *Denninger*, in: Denninger/Hoffmann-Riem/Schneider/Stein, AK-GG, 3. Aufl. 2001, Art. 5 Abs. 3 Rn. 21, 22, 26; *Erichsen/Scherzberg*, NVwZ 1990, 8 (9 ff.); *Fehling*, Die Verwaltung Bd. 35 (2002), S. 399 (399 f.); *Fehling*, in: Kahl/Waldhoff/Walter, Bonner Kommentar zum Grundgesetz, Loseblatt, Stand März 2004, Art. 5 Abs. 3 (Wissenschaftsfreiheit) Rn. 29 ff.; *Gallas*, Die Staatsaufsicht über die wissenschaftlichen Hochschulen, 1976, S. 83 f.; *M. Müller*, Die Rechtsform der wissenschaftlichen Hochschule, 2014, S. 52 f.; *Schlink*, DÖV 1973, 541 (541); *Zwirner*, AöR Bd. 98 (1973), S. 313 (338 f.). *Knemeyer*, in: Flämig/u.a., Handbuch des Wissenschaftsrechts, Bd. 1, 2. Aufl. 1996, S. 237 (238 ff.), der das Selbstverwaltungsrecht der Universität ohne

Es sei allgemein anerkannt und verfassungsgerichtlich festgestellt, dass die Wissenschaftsfreiheit eine objektive Wertordnung[1091] bzw. eine wertentscheidende Grundsatznorm[1092] beinhalte. Diese verpflichte den Staat zur Ermöglichung und Förderung der freien Wissenschaft durch finanzielle, personelle und organisatorische Mittel. Außerdem habe der Staat dafür Sorge zu tragen, dass die individuelle Wissenschaftsfreiheit des einzelnen Wissenschaftlers nur soweit eingeschränkt werde, wie es die legitimen Aufgaben der Wissenschaftsfreiheit und die Grundrechte anderer Betroffener erfordern würden.[1093] Schließlich stelle sich die Wissenschaftsfreiheit in erster Linie als ein individuelles Abwehrrecht des einzelnen Wissenschaftlers dar, das ihn vor staatlichen Eingriffen in seine wissenschaftliche Tätigkeit schütze.[1094] Somit sei die objektiv-rechtliche Wertordnung als eine Erweiterung der individuellen Abwehrfunktion des Art. 5 Abs. 3 GG zu verstehen, welche den Staat bei der organisatorischen Ausgestaltung der Wissenschaftsfreiheit binde und aktives grundrechtsgeschütztes Verhalten fordere.[1095]

Für die Universitäten folge aus diesem Verständnis die Gewährleistung einer freien und wissenschaftsadäquaten Hochschulorganisation, welche die Anerkennung eines grundrechtlich geschützten Aufgabenbestandes umfasse.[1096] Indem die Universität gewisse Aufgaben selbstständig und frei von staatlicher

---

Bezugnahme auf eine dogmatische Herleitung dem Schutz des Art. 5 Abs. 3 GG unterstellt.

1091 Dies hat das Bundesverfassungsgericht bereits in seiner Lüth-Entscheidung im Jahr 1958 festgestellt, BVerfGE 7, 198 (205).

1092 BVerfGE 35, 79 (114); 43, 242 (267); 93, 85 (95); 111, 333 (353); 127, 87 (114); *Kempen*, BayVBl. 1999, 454 (457); *Ossenbühl*, in: Dörr/Fink/Hillgruber/Kempen/Murswiek, Festschrift für Hartmut Schiedermair, 2001, S. 505 (508 f.); *Wendelin*, Der Hochschulverfassungsstreit, 2010, S. 13.

1093 BVerfGE 35, 79 (114 f.); 43, 242 (267); 93, 85 (95); 111, 333 (353); 127, 87 (114); *Gallas*, Die Staatsaufsicht über die wissenschaftlichen Hochschulen, 1976, S. 80 f.; *Zwirner*, AöR Bd. 98 (1973), S. 313 (339).

1094 BVerfGE 43, 242 (267); 90, 1 (11 f.); 111, 333 (354); 122, 89 (105); 128, 1 (40).

1095 *Gärditz*, Hochschulorganisation und verwaltungsrechtliche Systembildung, 2009, S. 313, 319; *Jarass*, in: Merten/Papier, Handbuch der Grundrechte, Bd. II, 2006, § 38 Rn. 7; *M. Müller*, Die Rechtform der wissenschaftlichen Hochschule, 2014, S. 33.

1096 *Erichsen/Scherzberg*, NVwZ 1990, 8 (9 f.); *Kempen*, in: Hartmer/Detmer, Hochschulrecht, 3. Aufl. 2017, Kap. 1 Rn. 123; *H.-H. Trute*, Die Forschung zwischen grundrechtlicher Freiheit und staatlicher Institutionalisierung, 1994, S. 370; *Zwirner*, AöR Bd. 98 (1973), S. 313 (339).

Einflussnahme wahrnehme,[1097] könne auch der Wissenschaftler seinen Aufgaben innerhalb der Universität selbstbestimmend nachgehen.[1098]

Art. 5 Abs. 3 GG gewährleiste den Universitäten daher auch die Abwehr staatlicher Maßnahmen.[1099] Ein aus der objektiven Wertordnung abgeleitetes und an die individuelle Freiheit gekoppeltes Selbstverwaltungsrecht der Universität sehe eine Wahrnehmung der wissenschaftlichen Aufgabe in Eigenverantwortung der Universität als notwendig an, um die individuelle Wissenschaftsfreiheit des einzelnen Hochschullehrers zu verwirklichen.[1100]

Nach diesem Ansatz geht das Selbstverwaltungsrecht der Universitäten aus der individuellen Wissenschaftsfreiheit hervor und bedingt, dass Organisation und Verwaltung der Universitäten an den individuellen Rechten des Art. 5 Abs. 3 GG auszurichten sind.[1101] Weiterhin folgt daraus, dass die Universitäten ihre Rechte nur gegenüber dem Staat und nicht gegenüber ihren Angehörigen geltend machen können.[1102]

#### ccc) Stellungnahme

Die Befürworter einer institutionellen Garantie der akademischen Selbstverwaltung begründen ihre Ansicht hauptsächlich mit der Entstehungsgeschichte des

---

1097 BVerfGE 35, 79 (122 f.); *Hailbronner/Callies*, DÖV 1996, 345 (347).

1098 *Oldiges*, in: Becker/Bull/Seewald, Festschrift für Werner Thieme zum 70. Geburtstag, 1993, S. 431 (513); *Lorenz,* JZ 1981, 113 (114 f.); *Rupp*, in: von Mutius, Festgabe zum 70. Geburtstag von Georg Christoph von Unruh, 1983, S. 919 (921 f.); *Lüthje*, in: Denninger, HRG, 1984, vor § 58 Rn. 5; *M. Schröder*, Grundlagen und Anwendungsbereich des Parlamentsrechts, 1979, S. 456.

1099 *Fonk*, Die Verwaltung Bd. 6 (1973), S. 459 (467); *M. Müller,* Die Rechtsform der wissenschaftlichen Hochschule, 2014, S. 53.

1100 *Gallas*, Die Staatsaufsicht über die wissenschaftlichen Hochschulen unter besonderer Berücksichtigung der Staatsaufsicht über die Studentenschaft, 1976, S. 80 f.; *M. Müller*, Die Rechtsform der wissenschaftlichen Universität, S. 53; *Zwirner*, AöR Bd. 9 (1973), S. 313 (338 f.).

1101 *Erichsen/Scherzberg*, NVwZ 1990, 8 ff.; *Gallas*, Die Staatsaufsicht über wissenschaftliche Hochschulen, 1976, S. 80; *Geis*, in: Merten/Papier, Handbuch der Grundrechte, Bd. IV, 2011, § 100 Rn. 10; *Hailbronner/Callies*, DÖV 1996, 345 (347); *Knemeyer,* BayVwBl. 1982, 513 (514 f.); *Köttgen*, Das Grundrecht der deutschen Universität, 1959, S. 45; *Oldiges*, in: Becker/Bull/Seewald, Festschrift für Werner Thieme zum 70. Geburtstag, 1993, S. 647 (650); *Smend*, VVDStRL Bd. 4 (1929), S. 44 (56 f.); *H.-H. Trute*, Die Forschung zwischen grundrechtlicher Freiheit und staatlicher Institutionalisierung, 1994, S. 372 f.

1102 *Gärditz*, Hochschulorganisation und verwaltungsrechtliche Systembildung, 2009, S. 382; *Geis*, VVDStRL Bd. 69 (2010), S. 364 (398 f.).

Art. 5 Abs. 3 GG.[1103] Dass aus der Anlehnung des Art. 5 Abs. 3 GG an Art. 142 WRV eine institutionelle Gewährleistung abgeleitet werden kann, ist jedoch abzulehnen. Dies zeigt sich bereits daran, dass der Parlamentarische Rat einen entsprechenden Antrag der Deutschen Partei ausdrücklich abgelehnt hatte.[1104] Daraus lässt sich schließen, dass in erster Linie das klassische Freiheitsrecht der individuellen wissenschaftlichen Betätigung gewährleistet werden sollte.[1105] Auch der Umstand, dass sich der Verfassungsgeber für das den Ländern vorbehaltene Hochschulorganisationswesen als nicht zuständig erklärte, spricht für dieses Verständnis.[1106] Eine Verbürgung spezieller Universitätsstrukturen im Text des Art. 5 Abs. 3 GG ist daher nicht zu finden; dies war zur Wahrung der Kulturhoheit der Länder auch nicht gewollt.[1107]

Art. 5 Abs. 3 GG umfasst in erster Linie den Schutz der individuellen Wissenschaftsfreiheit. Um diesen Vorrang der Individualfreiheitsgarantie vor objektiven Gewährleistungen sicherstellen zu können, kann dem Selbstverwaltungsrecht der Universität eine nur dienende Funktion zukommen.[1108] Dem wird man aber schnell nicht mehr gerecht, wenn man statt des wissenschaftlich

---

1103 *Scholz*, in: Maunz/Dürig, GG, Loseblatt, Stand September 2017, Art. 5 Abs. 3 Rn. 131. Als heute unbestritten konnte diese institutionelle Deutung vor 1968 noch *Oppermann*, Kulturverwaltungsrecht: Bildung, Wissenschaft, Kunst, 1969, S. 307, darstellen. A.A. dagegen: *Gärditz*, Hochschulorganisation und Systembildung, 2009, S. 381; *Kühne*, DÖV 1997, 1 (5); *ders.*, in: Wendt, Festschrift für Karl Friauf zum 65. Geburtstag, 1996, S. 361 (362).

1104 Antrag der Deutschen Partei vom 19.11.1948, Parl. Rat Drs. Nr. 298, S. 3; vgl. dazu von Doemming/Füßlein/Matz, JöR Bd. 1 (1951), S. 90; *Zwirner*, AöR Bd. 98 (1973), S. 334.

1105 *Dickert*, Naturwissenschaften und Forschungsfreiheit, 1991, S. 149; *Tomerius,* Die Hochschulautonomie und ihre Einschränkungen beim Zusammenwirken von Land und Hochschule, 1998, S. 83.

1106 *Rupp*, in: von Mutius, Festgabe zum 70. Geburtstag von Georg Christoph von Unruh, 1983, S. 919 (921); *Tomerius,* Die Hochschulautonomie und ihre Einschränkungen beim Zusammenwirken von Land und Hochschule, 1998, S. 83.

1107 Vgl. DP-Antrag, Drs. Nr. 298 v. 19.11.1948, S. 3; *Dörisch*, DÖV 2003, 583 (584); *Kühne*, in: Wendt, Festschrift für Karl Friauf zum 65. Geburtstag, 1996, S. 361 (361); *Kühne*, NWVBl. 1996, 325 (328 Fn. 39); *Mager*, in: Isensee/Kirchhof, Handbuch des Staatsrechts, Bd. VI, 3. Aufl. 2009, § 166 Rn. 27; *H.-H. Trute*, Die Forschung zwischen grundrechtlicher Freiheit und staatlicher Institutionalisierung, 1994, S. 41.

1108 *Gärditz*, Hochschulorganisation und Systembildung, 2009, S. 381; *Mager*, in: Isensee/Kirchhof, Handbuch des Staatsrechts, Bd. VI, 3. Aufl. 2009, § 166 Rn. 28.

tätigen Individuums *„die Sache“* der Wissenschaft in den Vordergrund[1109] stellt und anerkennt, dass sich Art. 5 Abs. 3 GG zuvörderst als eine institutionelle Garantie freier Wissenschaft statt der Universität darstellt.[1110]

Gegenwärtige Vertreter der institutionellen Sichtweise versuchen diesem Umstand Rechnung zu tragen, indem sie die Garantie nur komplementär verstehen.[1111] Wissenschaft ist aber durch Bindungslosigkeit und Offenheit gekennzeichnet. Aus diesem Grund muss auch die Wissenschaftsverwaltung offen und flexibel auf veränderte Bedingungen reagieren können.[1112] Eine Festschreibung der traditionellen Struktur der Wissenschaftsorganisation birgt jedoch die Gefahr, dass es zu einer Versteinerung der Universitätsstrukturen kommt.[1113] Auch der institutionelle Grundtypus der Universität muss wandlungs- und gestaltungsfähig bleiben.[1114] Nimmt man diese Wandlungsfähigkeit der Institution ernst, ist die Bezeichnung *„institutionelle Garantie“* nur ein anderer Ausdruck für den objektiv-rechtlichen grundrechtsschützenden Gehalt der Wissenschaftsfreiheit.[1115] Einen Rückgriff auf die historisch

---

1109 so vor allem *Köttgen*, in: Neumann/Nipperdey/Scheuner, Grundrechte, Bd. 2, S. 302 f.; stärker auf die Universität bezogen dagegen, *ders.* Das Grundrecht der deutschen Universität, 1959, S. 23 ff.

1110 *Dickert*, Naturwissenschaften und Forschungsfreiheit, 1991, S. 347 ff.; *Fehling*, in: Kahl/Waldhoff/Walter, Bonner Kommentar zum Grundgesetz, Loseblatt, Stand März 2004, Art. 5 Abs. 3 (Wissenschaftsfreiheit) Rn. 31; *Gärditz*, Hochschulorganisation und Systembildung, 2009, S. 381; *Mager*, in: Isensee/Kirchhof, Handbuch des Staatsrechts, Bd. VI, 3. Aufl. 2009, § 166 Rn. 28; Schmidt-Aßmann, in: Becker/Bull/Seewald, Festschrift für Werner Thieme zum 70. Geburtstag, 1993, S. 697 (703 ff.); *Schmitt-Glaeser*, WissR Bd. 7 (1974), S. 125 ff.

1111 *e*R Bd. 27 (1994), S. 126 (135 f.); *Weber*, VVDStRL Bd. 27 (1969), S. 193 (193 ff.); *Scholz,* in: Maunz/Dürig, GG, Loseblatt, Stand September 2017, Art. 5 Abs. 3 Rn. 4, 82, 133.

1112 *Tomerius,* Die Hochschulautonomie und ihre Einschränkungen beim Zusammenwirken von Land und Hochschule, 1998, S. 85.

1113 *Fehling*, in: Kahl/Waldhoff/Walter, Bonner Kommentar zum Grundgesetz, Loseblatt, Stand März 2004, Art. 5 Abs. 3 (Wissenschaftsfreiheit) Rn. 30.

1114 *Dickert*, Naturwissenschaften und Forschungsfreiheit, 1991, S. 149; *Fehling*, in: Kahl/Waldhoff/Walter, Bonner Kommentar zum Grundgesetz, Loseblatt, Stand März 2004, Art. 5 Abs. 3 (Wissenschaftsfreiheit) Rn. 29; *Hendler*, Selbstverwaltung als Ordnungsprinzip, 1984, S. 211.

1115 *Dickert*, Naturwissenschaften und Forschungsfreiheit, 1991, S. 151; *Losch*, Wissenschaftsfreiheit, Wissenschaftsschranken, Wissenschaftsverantwortung, 1993, S. 159 ff; *insb.* 162 f.; *Oppermann*, JZ 1973, 434 (434 ff.); *Kimminich*, Wiss Bd. 4 (1973),

überkommene Figur der institutionellen Garantie der Universität braucht es nicht.[1116]

Aus diesem Grund erscheint es nur folgerichtig, das Selbstverwaltungsrecht der Universitäten als Teil einer objektiven Wertordnung anzuerkennen.[1117] Die Universitäten können so die von der Selbstverwaltungsgarantie erfassten Angelegenheiten nach eigenem Ermessen und durch eigene Organe wahrnehmen und staatliche Eingriffe in diesem Bereich abwehren.[1118] Durch die objektiv-rechtliche Bedeutung ist der Gesetzgeber unmittelbar gebunden und in seiner Gestaltungsfreiheit begrenzt.[1119]

Diesem Umstand muss der Staat auch im Zusammenhang mit dem Verbot von Anwesenheitspflichten Rechnung tragen. Die konkrete Fragestellung wird somit sein, ob der Gesetzgeber die Anordnung von Anwesenheitspflichten in verfassungsrechtlich gerechtfertigter Weise gesetzlich verbieten kann.

#### bb) Der Bedeutungsgehalt der Selbstverwaltungsgarantien der Länderverfassungen im Verhältnis zu Art. 5 Abs. 3 GG

Offen bleibt die Frage nach der Bedeutung der in den Landesverfassungen geregelten Selbstverwaltungsgarantien. Da Art. 5 Abs. 3 GG keine institutionelle Garantie der akademischen Selbstverwaltung enthält, sind die landesverfassungsrechtlichen Selbstverwaltungsgarantien als verfassungskräftige, rechtsstaatliche Sicherungen gegen die Aushöhlung dieses Rechtes durch den Landesgesetzgeber zu verstehen.[1120] Sie enthalten nicht nur eine Garantie der

---

S. 196 (205); *Menger*, VerwArch Bd. 65 (1974), S. 75 (80); *Fehling*, in: Kahl/Waldhoff/Walter, Bonner Kommentar zum Grundgesetz, Loseblatt, Stand März 2004, Art. 5 Abs. 3 (Wissenschaftsfreiheit) Rn. 32.

1116 *Fehling*, in: Kahl/Waldhoff/Walter, Bonner Kommentar zum Grundgesetz, Loseblatt, Stand März 2004, Art. 5 Abs. 3 (Wissenschaftsfreiheit) Rn. 32; *Schlink*, DÖV 1973, 541; *Mager*, Einrichtungsgarantien, 2003, S. 271 ff.; *Mager*, in: Isensee/Kirchhof, Handbuch des Staatsrechts, Bd. VI, 3. Aufl. 2009, § 166 Rn. 27.

1117 *Gärditz*, Hochschulorganisation und Systembildung, 2009, S. 381; *Rogal*, Hochschulautonomie und Zielvereinbarungen, 2008, S. 42; *Tomerius*, Die Hochschulautonomie und ihre Einschränkungen beim Zusammenwirken von Land und Hochschule, 1996, S. 84; *M. Müller*, Die Rechtsform der wissenschaftlichen Hochschule, 2014, S. 54.

1118 *Fonk*, Verwaltung Bd. 6 (1973), S. 459 (467); *Müller*, Die Rechtsform der wissenschaftlichen Hochschule, 2014, S. 59.

1119 *Tomerius*, Die Hochschulautonomie und ihre Einschränkungen beim Zusammenwirken von Land und Hochschule, 1996, S. 84.

1120 *Leuze*, DÖD 1993, 1 (3); *Tomerius*, Die Hochschulautonomie und ihre Einschränkungen beim Zusammenwirken von Land und Hochschule, 1996, S. 84.

Einrichtung „*Universität*",[1121] sondern der Hochschule steht ein eigenes subjektives Recht auf eigenverantwortliche Wahrnehmung ihrer Aufgaben zu.[1122]

Dies zeigt sich insbesondere in einer „*subjektiven Rechtsstellung*" der Universität.[1123] Eine von staatlicher Seite erfolgte Bestands- und Aufgabenwahrnehmung ist aus diesem Grund nur aus wichtigen Gründen zu rechtfertigen.[1124] Die in den Landesverfassungen enthaltenen Selbstverwaltungsgarantien sind daher ausschlaggebend für die Bestimmung von Inhalt und Umfang der akademischen Selbstverwaltung.[1125]

### cc) Der Umfang des Selbstverwaltungsrechts der Hochschulen

#### aaa) Keine Gewährleistung einer Universalkompetenz

Anders als die kommunale Selbstverwaltung der Gemeinden aus Art. 28 Abs. 2 GG enthält die akademische Selbstverwaltung der Universitäten keine „*Universalkompetenz*".[1126] Die eigenständige Regelung aller Angelegenheiten steht den Hochschulen nicht zu.[1127] Stattdessen ist die verfassungsrechtlich geforderte Reichweite der Hochschulselbstverwaltung von vornherein gegenständlich begrenzt.[1128]

---

1121 Diese ist jedoch nur institutionell gewährleistet, d.h. die einzelne Universität wird nicht geschützt, *Erichsen*, Die Universität im Spannungsfeld zwischen Staat und Gesellschaft, 1988, S. 11; *Gallas*, Die Staatsaufsicht über die wissenschaftlichen Hochschulen, 1976, S. 84 f.

1122 *Erichsen*, Die Universität im Spannungsfeld zwischen Staat und Gesellschaft, 1988, S. 10 f.

1123 *Erichsen/Scherzberg*, NVwZ 1990, 8 (12), in Anlehnung an die durch Art. 28 Abs. 2 GG und Art. 78 Abs. 1 VerfNRW ebenfalls institutionell gewährleisteten Kommunen.

1124 BVerfGE 50, 195 (202); *Reich*, HRG, 11. Aufl. 2012, § 58 Rn. 3; *Tomerius*, Die Hochschulautonomie und ihre Einschränkungen beim Zusammenwirken von Land und Hochschule, 1996, S. 85.

1125 *Tomerius*, Die Hochschulautonomie und ihre Einschränkungen beim Zusammenwirken von Land und Hochschule, 1996, S. 85.

1126 *Scholz*, in: Maunz/Dürig, GG, Loseblatt, Stand September 2017, Art. 5 Abs. 3 Rn. 138; *Fehling*, in: Kahl/Waldhoff/Walter, Bonner Kommentar zum Grundgesetz, Loseblatt, Stand März 2004, Art. 5 Abs. 3 (Wissenschaftsfreiheit) Rn. 206; *Stern*, Staatsrecht, Bd. IV/2, 2011, S. 764; *Erichsen/Scherzberg*, NVwZ 1990, 8 (9); *Thieme*, Deutsches Hochschulrecht, 3. Aufl. 2004, Rn. 200.

1127 *Bley*, Die Universitätskörperschaft als Vermögensträger, 1963, S. 39; *Leuze*, DÖD 1993, 1 (3).

1128 Nicht vom Selbstverwaltungsrecht umfasst ist eine Personal- und Finanzautonomie, *Fehling*, in: Kahl/Waldhoff/Walter, Bonner Kommentar zum Grundgesetz, Loseblatt, Stand März 2004, Art. 5 Abs. 3 (Wissenschaftsfreiheit) Rn. 206; *Fehling*, Die

Die akademische Selbstverwaltung unterliegt jedoch nicht in jeder Hinsicht der staatlichen Steuerung.[1129] Sie gestaltet sich vielmehr als eine funktionale Autonomie, die sich durch die eigenverantwortliche und weisungsfreie Wahrnehmung von wissenschaftlichen Kommunikations- und Handlungszusammenhängen kennzeichnet.[1130] Dies umfasst alle Tätigkeiten, deren Bezugspunkte Wissenschaftsrelevanz aufweisen und die mit dem Sachbereich der Wissenschaftsgarantie des Art. 5 Abs. 3 GG eng verknüpft sind.[1131] So soll eine effektive Wahrnehmung des Individualgrundrechts der Wissenschaftsfreiheit von Hochschullehrern geschaffen werden.[1132]

Dem Gesetzgeber ist daher die gesetzliche Ausgestaltung in Bereichen untersagt, die sich unmittelbar auf Forschung und Lehre beziehen. Solange die Freiheit der Wissenschaft und ihre Eigenständigkeit nicht angetastet werden, steht ihm Gestaltungsspielraum zu.[1133] Der Umfang der akademischen Selbstverwaltung ist somit von vornherein grundgesetzlich auf Bereiche beschränkt, die für die freie wissenschaftliche Tätigkeit unerlässlich sind.[1134]

---

Verwaltung Bd. 35 (2002), S. 399 (401). Allgemein: *Erichsen/Scherzberg*, NVwZ 1990, 8 (9).

1129 *Stern*, Staatsrecht, Bd. IV/2, 2011, S. 764.

1130 *Fehling*, Die Verwaltung Bd. 35 (2002), S. 399 (402); *Jestaedt*, Demokratieprinzip und Kondominialverwaltung, 1993, S. 530 ff., insb. 538 ff.; *H.-H. Trute*, Die Forschung zwischen grundrechtlicher Freiheit und staatlicher Institutionalisierung, 1994, S. 377.

1131 OVG Münster OVGE 24, 82 (86); OVG Kassel WissR Bd. (1981), S. 75 (77); *von Coelln*, in: Friauf/Höfling, Berliner Kommentar zum Grundgesetz, 44. Erg.-Lfg. XI/14, Art. 5 Abs. 3 Rn. 89; *Geis*, WissR Bd. 37 (2004), S. 2 (16); *Groß*, DVBl. 2006, 721 (722); *Lorenz*, WissR Bd. 11 (1978), S. 1 (2 f.); *von Lübtow*, Autonomie und Heteronomie der Universitäten, 1959, S. 17 f.; *Oppermann*, in: Flämig/u.a., Handbuch des Wissenschaftsrechts, Bd. 1, 2. Aufl. 1996, S. 1020; *H.-H. Trute*, Die Forschung zwischen grundrechtlicher Freiheit und staatlicher Institutionalisierung, 1994, S. 377.

1132 *Geis*, WissR Bd. 37 (2004), S. 2 (16); *Kimminich*, in: Flämig/u.a., Handbuch des Wissenschaftsrechts, Bd. 1, 2. Aufl. 1996, S. 145 ff.; *H.-H. Trute*, Die Forschung zwischen grundrechtlicher Freiheit und staatlicher Institutionalisierung, 1994, S. 377.

1133 *Geis*, WissR Bd. 37 (2004), S. 2 (12); *Leuze*, DÖD 1993, 1 (2).

1134 BVerfGE 15, 256 (264); *von Coelln*, in: Friauf/Höfling, Berliner Kommentar zum Grundgesetz, 44. Erg.-Lfg. XI/14, Art. 5 Abs. 3 Rn. 88; *Fehling*, in: Kahl/Waldhoff/Walter, Bonner Kommentar zum Grundgesetz, Loseblatt, Stand März 2004, Art. 5 Abs. 3 (Wissenschaftsfreiheit) Rn. 207; *Kimminich*, in: Flämig/u.a., Handbuch des Wissenschaftsrechts, Bd. 1, 2. Aufl. 1996, S. 145 ff.; *Scholz*, in: Maunz/Dürig, GG, Loseblatt, Stand September 2017, Art. 5 Abs. 3 Rn. 138; *Stern*, Staatsrecht, Bd. IV/2, 2011, S. 764.

Was dies für Tätigkeiten sind, lässt sich jedoch aufgrund der Wandelbarkeit des Wissenschaftsbegriffs nicht abschließend feststellen. Dies kann nicht nur Probleme bei der Bestimmung der Reichweite des Selbstverwaltungsrechts im Einzelnen bereiten,[1135] sondern auch bei der Frage, inwiefern der Gesetzgeber den Universitäten die Anordnung von Anwesenheitspflichten verbieten kann.

#### bbb) Die Verteilung der Zuständigkeiten im Rahmen der Hochschulaufgaben

Die Aufgaben der Hochschule lassen sich in drei Bereiche aufteilen, in denen das Selbstverwaltungsrecht der Universität in unterschiedlicher Intensität staatlicher Verfügungsgewalt ausgesetzt ist:[1136] der Kern-, Kondomial- und Außenbereich. Die Abgrenzung ist allerdings weder präzise noch frei von Konflikten.[1137]

Vom sogenannten Kernbereich der akademischen Selbstverwaltung werden grundsätzlich alle Aufgaben erfasst, die sich unmittelbar mit der Forschung oder der Lehre befassen.[1138] Hierzu zählen etwa die Forschungs- und Lehrplanung sowie Entscheidungen in Promotions- und Habilitationsverfahren.[1139] Sie obliegen der uneingeschränkten Selbstbestimmung der Universitäten – dem Staat steht grundsätzlich keine Verfügungsgewalt zu.[1140] Sofern in diesem Bereich

---

1135 *Fehling*, Die Verwaltung Bd. 35 (2002), S. 399 (406); *Geis*, in: Hailbronner/Geis, Hochschulrecht in Bund und Ländern, Bd. 1, Loseblatt, Stand Mai 2001, § 58 Rn. 49, 57; *Oppermann*, in: Handbuch des Wissenschaftsrechts, Bd. 1, 2. Aufl. 1996, S. 1020; *Thieme*, Deutsches Hochschulrecht, 3. Aufl. 2004, Rn. 204; *Tomerius*, Die Hochschulautonomie und ihre Einschränkungen beim Zusammenwirken von Land und Hochschule, 1996, S. 119, 122.

1136 Dazu grundlegend *Schuster/Stenbock-Fermor*, WissR Bd. 1 (1968), S. 28 (33 ff.); auch *Knemeyer*, in: Flämig/u.a., Handbuch des Wissenschaftsrechts, Bd. 1, 2. Aufl. 1996, S. 247–251; *Oppermann*, in: Flämig/u.a., Handbuch des Wissenschaftsrechts, Bd. 1, 2. Aufl. 1996, S. 1022 f.

1137 *Fehling*, Die Verwaltung Bd. 35 (2002), S. 399 (407 ff.); *Schröder*, WissR Bd. 18 (1985), S. 199 (205); *Stern*, Staatsrecht, Bd. IV/2, 2011, S. 797; *Reinhardt*, WissR Bd. 1 (1968), S. 6 (7 ff.).

1138 *Fehling*, in: Kahl/Waldhoff/Walter, Bonner Kommentar zum Grundgesetz, Loseblatt, Stand März 2004, Art. 5 Abs. 3 (Wissenschaftsfreiheit) Rn. 210, 221; *Hendler*, Selbstverwaltung als Ordnungsprinzip, 1984, S. 214; *Knemeyer*, in: Flämig/u.a., Handbuch des Wissenschaftsrechts, Bd. 1, 2. Aufl. 1996, S. 247; *Lorenz*, WissR Bd. 11 (1978), S. 1 (4); *Mager*, VVDStRL Bd. 65 (2006), S. 274 (283); *Oppermann*, in: Flämig/u.a., Handbuch des Wissenschaftsrechts, Bd. 1, 2. Aufl. 1996, S. 1023; *Schuster/Stenbock-Fermor*, WissR 1 (1968), S. 28 (33); *Stern*, Staatsrecht, Bd. IV/2, 2011, S. 796.

1139 *Mager*, VVDStRL Bd. 65 (2006), S. 274 (283); *Oppermann*, in: Flämig/u.a., Handbuch des Wissenschaftsrechts, Bd. 1, 2. Aufl. 1996, S. 1023; *Leuze*, DÖD 1993, 1 (2).

1140 *Mager*, VVDStRL Bd. 65 (2006), S. 274 (283); *Lorenz*, WissR Bd. (1978), S. 1 (4); *Schuster/Stenbock-Fermor*, WissR Bd. 1 (1968), S. 27 (33); *Stern*, Staatsrecht, Bd. IV/2,

allgemeine Regelungen erforderlich sind, können die Universitäten auch die Satzungsautonomie beanspruchen.[1141] Allerdings sind die Übergänge zum Kondomialbereich fließend.[1142]

Dem sogenannten Kondomialbereich[1143] unterfallen dagegen Angelegenheiten, die wegen ihres Wissenschaftsbezugs sowohl einen Bestandteil der Selbstverwaltung bilden als auch eine gewisse Nähe zum Staat aufweisen.[1144] Die Erfüllung dieser – vor allem koordinierenden – Tätigkeiten berührt die Interessen von Staat und Allgemeinheit in so hohem Maße, dass sich der Staat eine gewisse Einflussnahme vorbehalten kann.[1145] Der Staat muss seine Einflussmöglichkeiten allerdings auf ein differenziertes Zusammenwirken von Hochschule und Staat ausrichten.[1146] Dies betrifft vor allem die Errichtung, Aufhebung und

---

2011, S. 796; *Tomerius*, Die Hochschulautonomie und ihre Einschränkungen beim Zusammenwirken von Land und Hochschule, 1996, S. 124.

1141 *Avenarius*, Hochschulen und Reformgesetzgebung, 1979, S. 128; *Fehling*, in: Kahl/Waldhoff/Walter, Bonner Kommentar zum Grundgesetz, Loseblatt, Stand März 2004, Art. 5 Abs. 3 (Wissenschaftsfreiheit) Rn. 210; *Hendler*, Selbstverwaltung als Ordnungsprinzip, 1984, S. 214; *Starck*, in: von Mangoldt/Klein/Starck, GG, Bd. 1, 6. Aufl. 2010, Art. 5 Abs. 3 Rn. 400; *H.-H. Trute*, Die Forschung zwischen grundrechtlicher Freiheit und staatlicher Institutionalisierung, 1994, S. 378.

1142 *Avenarius*, Hochschulen und Reformgesetzgebung, 1979, S. 131; *Oppermann*, in: Flämig/u.a., Handbuch des Wissenschaftsrechts, Bd. 1, 2. Aufl. 1996, S. 1023; *Schuster/Stenbock-Femor*, WissR Bd. 1 (1968), S. 28 (32).

1143 Dieser Bereich wird auch als „Kooperationsbereich“ bezeichnet (*Schuster/Stenbock-Fermor*, WissR Bd. 1 (1968), S. 27 (34); *Wolff/Bachof*, Verwaltungsrecht II, 4. Aufl. 1976, § 93 IV d 2, S. 203) oder als „staatlich-korporatives Kondominium“ (*Dallinger*, in: Dallinger/Bode/Dellian, HRG, 1978, § 59 Rn. 1).

1144 *Hendler*, Selbstverwaltung als Ordnungsprinzip, 1984, S. 215; *Knemeyer*, in: Flämig/u.a., Handbuch des Wissenschaftsrechts, Bd. 1, 2. Aufl. 1996, S. 247; *Lorenz*, WissR Bd. 11 (1978), S. 1 (4); *Mager*, VVDStRL Bd. 65 (2006), S. 274 (283); *Schuster/Stenbock-Fermor*, WissR Bd. 1 (1968), S. 27 (33); *Stern*, Staatsrecht, Bd. IV/2, 2011, S. 797; *Tomerius*, Die Hochschulautonomie und ihre Einschränkungen beim Zusammenwirken von Land und Hochschule, 1996, S. 124.

1145 *Stern*, Staatsrecht, Bd. IV/2, 2011, S. 798; *Fehling*, in: Kahl/Waldhoff/Walter, Bonner Kommentar zum Grundgesetz, Loseblatt, Stand März 2004, Art. 5 Abs. 3 (Wissenschaftsfreiheit) Rn. 210, 221; *Schuster/Stenbock-Fermor*, WissR 1 (1968), S. 28 (34) sieht die Möglichkeit der Einflussnahme des Staates im Kondomialbereich insbesondere dadurch bestätigt, dass der Staat als Hochschulträger die finanziellen Konsequenzen tragen müsse, die mit Maßnahmen in diesem Bereich einhergingen.

1146 *Oppermann*, in: Flämig/u.a., Handbuch des Wissenschaftsrechts, Bd. 1, 2. Aufl. 1996, S. 1023. So sollen Staat und Hochschule grundsätzlich gemeinsam tätig werden, im Einzelfall kann aber je nach der „Wissenschaftsrelevanz“ des konkreten Gegenstandes ein Alleinentscheidungsrecht der Hochschule notwendig oder aber des Staates unbedenklich sein, *Lorenz*, WissR Bd. 11 (1978), S. 1 (4).

Änderung von Fachbereichen,[1147] das Berufungsverfahren[1148] sowie das Satzungsrecht bezüglich akademischer Angelegenheiten.[1149] Inwiefern diese Rechte aber in Konflikt mit einem möglicherweise bestehenden Recht der Fakultäten zum Erlass von Studien- und Prüfungsordnungen stehen, wird an späterer Stelle noch zu untersuchen sein.[1150]

Im Außenbereich sind letztlich Angelegenheiten angesiedelt, die der Hochschule vom Staat übertragen werden und deren Erfüllung für die Freiheit der Forschung und Lehre weitgehend indifferent ist.[1151] Zu diesen staatlichen Angelegenheiten gehören herkömmlich insbesondere die Personal-, Wirtschafts-, Haushalts- und Finanzverwaltung.[1152]

(1) Anwesenheitspflichten im Zusammenhang der Zuständigkeitsverteilung

Um die verfassungsrechtlichen Anforderungen eines Verbots von Anwesenheitspflichten festlegen zu können, ist zunächst klärungsbedürftig, welchem Bereich staatlicher Einflussnahme Anwesenheitspflichten zugeordnet werden können.

Die Anordnung von Anwesenheitspflichten erfolgt in den Studien- und Prüfungsordnungen. Der Erlass solcher Satzungen steht zum einen in einem engen Bezug zur Wissenschaftsfreiheit der Universitäten, denn durch Art. 5 Abs. 3 GG wird ihnen auch die Satzungsautonomie gewährleistet.[1153] Zum anderen ist der Staat durch Art. 12 Abs. 1 GG verpflichtet, die Berufsausbildung zu gewährleisten und die maßgebliche Verantwortung in diesem Bereich zu übernehmen.[1154] So

---

1147 *Avenarius*, Hochschulen und Reformgesetzgebung, 1979, S. 132.

1148 *Grupp*, in: Stober, Festschrift für Gerd Roellecke zum 70. Geburtstag, 1997, S. 97 (103); *Kersten*, DVBl. 1999, 1704 (1706); *Mager*, VVDStRL Bd. 65 (2006), S. 274 (282); *Rogal*, Hochschulautonomie und Zielvereinbarungen, 2008, S. 56 f.

1149 Umfasst sind bspw. die Festlegung und Durchführung von Studien- und Prüfungsordnungen, sowie die Ausbildung und Hochschulprüfungen, *Groß*, DVBl. 2006, 721 (724); *Kempen*, in: Hartmer/Detmer, Hochschulrecht, 3. Aufl. 2017, Kap. 1 Rn. 126; *Stern*, Staatsrecht, Bd. IV/2, 2011, S. 798; *Thieme*, Deutsches Hochschulrecht, 3. Aufl. 2004, Rn. 209.

1150 Siehe dazu Teil 5 A. II. 4.

1151 *Hendler*, Selbstverwaltung als Ordnungsprinzip, 1984, S. 215 f.; *Knemeyer*, in: Flämig/u.a., Handbuch des Wissenschaftsrechts, Bd. 1, 2. Aufl. 1996, S. 248; *Lorenz*, WissR Bd. 11 (1978), S. 1 (4); *Oppermann*, in: Flämig/u.a., Handbuch des Wissenschaftsrechts, Bd. 1, 2. Aufl. 1996, S. 1023; *Schuster/Stenbock-Fermor*, WissR Bd. 1 (1968), S. 28 (34).

1152 *Mager*, VVDStRL Bd. 65 (2006), S. 274 (282); *Kersten*, DVBl. 1999, 1704 (1706); *Stern*, Staatsrecht, Bd. IV/2, 2011, S. 798; *Kirchhof*, JZ 1998, 275 (276).

1153 Siehe dazu Teil 5 A. II. 1. b) cc) bbb).

1154 *Bethge*, in: Achterberg/Püttner/Würtenberger, Besonderes Verwaltungsrecht, Bd. I, 2. Aufl. 2000, S. 1080; *Fehling*, in: Kahl/Waldhoff/Walter, Bonner Kommentar

darf der Staat gerade im Bereich von Prüfungsordnungen seine Verantwortung nicht an die Universitäten delegieren. Ihm stehen im Bereich der Berufs- und Ausbildungsfreiheit über das normale Maß hinausgehende Mitwirkungsrechte zu.[1155] Dies bedingt sich durch den Charakter von Hochschulprüfungen als subjektive Berufszulassungsvoraussetzung.[1156]

Das Selbstverwaltungsrecht der Universitäten findet seine Grenze somit auch in der Berufsausbildungsfreiheit der Studenten.[1157] Art. 12 Abs. 1 GG stellt eine verfassungsimmanente Schranke des Selbstverwaltungsrechts der Universität aus Art. 5 Abs. 3 GG dar.[1158] Wissenschaftliche Belange und der Anspruch der Studenten auf eine effiziente Berufsausbildung müssen in einen schonenden Ausgleich gebracht werden.[1159] Dies führt zu einer Lösung praktischer Konkordanz dergestalt, dass dem Staat neben der Hochschule gleichrangige, kooperative Kompetenzen zufallen.[1160] Hochschule und Staat sind daher im Studien- und Prüfungsbereich zu Kooperation verpflichtet.[1161]

---

zum Grundgesetz, Loseblatt, Stand März 2004, Art. 5 Abs. 3 (Wissenschaftsfreiheit) Rn. 210, 221; *Gallas*, Die Staatsaufsicht über Hochschulen, 1976, S. 149 ff.; *Geis*, in: Merten/Papier, Handbuch des Staatsrechts, 2011, § 100 Rn. 33; *Scholz*, in: Maunz/Dürig, GG, Loseblatt, Stand September 2017, Art. 5 Abs. 3 Rn. 140.

1155 *Scholz*, in: Maunz/Dürig, GG, Loseblatt, Stand September 2017, Art. 5 Abs. 3 Rn. 136.

1156 *Hailbronner/Callies*, DÖV 1996, 345 (347); *von Mangoldt*, Universität und Staat, 1979, S. 14 ff.; *Oppermann*, in: Flämig/u.a., Handbuch des Wissenschaftsrechts, Bd. 1, 2. Aufl. 1996, S. 1026; *Thies*, Ausbildungs- und Wissenschaftsfreiheit, 1986, S. 387 ff. Im Übrigen siehe dazu: Teil 4 B. II. 2. a) cc).

1157 *Fehling*, Die Verwaltung Bd. 35 (2002), S. 399 (402); *Krausnick*, Staat und Hochschule im Gewährleistungsstaat, 2011, S. 148; *Thieme*, WissR Bd. 22 (1989), S. 1 (2 f.).

1158 *Epping*, NWVBl. 1997, 92 (94); *Groß*, WissR Bd. 35 (2002), S. 313 (328); *Jaestedt*, Demokratieprinzip und Kondomialverwaltung, 1993, S. 533; *Stern*, Staatsrecht, Bd. IV/2, S. 766.

1159 BVerfGE 35, 79 (121 f. u. 125 f.); *Fehling*, Die Verwaltung Bd. 35 (2002), S. 399 (402 f.); *ders.*, in: Kahl/Waldhoff/Walter, Bonner Kommentar zum Grundgesetz, Loseblatt, Stand März 2004, Art. 5 Abs. 3 (Wissenschaftsfreiheit) Rn. 221; *Scholz*, in: Maunz/Dürig, GG, Loseblatt, Stand September 2017, Art. 5 Abs. 3 Rn. 140; *H.-H. Trute*, Die Forschung zwischen grundrechtlicher Freiheit und staatlicher Institutionalisierung, 1994, S. 368 f.

1160 *H. Klein*, AöR Bd. 90 (1965), S. 129 (138 f., 169); *Oppermann*, in: Flämig/u.a., Handbuch des Wissenschaftsrechts, Bd. 1, 2. Aufl. 1996, S. 1022; *Reinhardt*, WissR Bd. 1 (1968), S. 1 (7 ff.); *Scholz*, in: Maunz/Dürig, GG, Loseblatt, Stand September 2017, Art. 5 Abs. 3 Rn. 137; *Thies*, Ausbildungs- und Wissenschaftsfreiheit, 1986, S. 387.

1161 *Oppermann*, in: Flämig/u.a., Handbuch des Wissenschaftsrechts, Bd. 1, 2. Aufl. 1996, S. 1026; *Thies*, Ausbildungs- und Wissenschaftsfreiheit, 1986, S. 387 ff.

Der Erlass von Studien- und Prüfungsordnungen stellt folglich eine Angelegenheit des Kondomialbereichs dar.[1162]

(2) Die Konsequenzen dieser Einordnung

Der Staat ist bei der Ausübung seines Einflusses im Studien- und Prüfungsbereich jedoch an den Grundsatz der Verhältnismäßigkeit gebunden.[1163] Daraus folgt, dass der staatliche Einfluss umso mehr zu beschränken ist, je weiter eine Angelegenheit nach rein wissenschaftlichen Kriterien zu beurteilen ist. Auf der anderen Seite muss das Autonomieprinzip aber auch umso mehr hinter der Prärogative des Staates zurücktreten, je stärker Rechte Dritter oder Gemeinwohlinteressen betroffen sind.[1164]

So stehen dem Staat im Hinblick auf den Erlass von Studien- und Prüfungsordnungen wegen Art. 12 Abs. 1 GG zwar über das Normale hinausgehende Mitwirkungsrechte zu.[1165] Die primäre Regelungskompetenz verbleibt aber bei den Hochschulen.[1166]

### *c) Zusammenfassung der Ergebnisse*

Den Hochschulen steht das Recht zur akademischen Selbstverwaltung zu, was unter anderem in der Satzungsautonomie Ausdruck findet. Die Satzungsautonomie berechtigt die Hochschulen zur Rechtsetzung im Bereich der Studien- und Prüfungsangelegenheiten. In diesen Bereich fällt auch die Anordnung von Anwesenheitspflichten.

---

1162 Bei Promotion und Habilitation gilt dies nur, soweit sie Ausbildungsabschlüsse darstellen. Dies werde jedoch nur selten der Fall sein, so *Oppermann*, in: Flämig/u.a., Handbuch des Wissenschaftsrechts, Bd. 1, 2. Aufl. 1996, S. 1022.

1163 *Scholz*, in: Maunz/Dürig, GG, Loseblatt, Loseblatt, Stand September 2017, Art. 5 Abs. 3 Rn. 139.

1164 *Hailbronner/Callies*, DÖV 1996, 345 (347); *Lorenz*, JZ 1981, 113 ff.; *Oppermann*, in: Flämig/u.a., Handbuch des Wissenschaftsrechts, Bd. 1, 2. Aufl. 1996, S. 102; *Rogal*, Hochschulautonomie und Zielvereinbarungen, 2008, S. 57; *Scholz*, in: Maunz/Dürig, GG, Loseblatt, Stand September 2017, Art. 5 Abs. 3 Rn. 139; *Schröder*, WissR 18 (1985), S. 199 (200 ff.).

1165 *Oppermann*, in: Flämig/u.a., Handbuch des Wissenschaftsrechts, Bd. 1, 2. Aufl. 1996, S. 1026.

1166 *Fehling*, in: Kahl/Waldhoff/Walter, Bonner Kommentar zum Grundgesetz, Loseblatt, Stand März 2004, Art. 5 Abs. 3 (Wissenschaftsfreiheit) Rn. 221; *Scholz*, in: Maunz/Dürig, GG, Loseblatt, Stand September 2017, Art. 5 Abs. 3 Rn. 140; zur entsprechenden Einschränkung der Lehrfreiheit siehe auch *Denninger*, in: Denninger/Hoffmann-Riem/Schneider/Stein, AK-GG, Bd. 1, 3. Aufl. 2001, Art. 5 Rn. 33, 39.

Doch gänzlich unabhängig vom Staat sind die Hochschulen in diesem Bereich nicht. Gerade in Belangen, welche die Berufsausbildung betreffen, stehen dem Staat über die Rechtsaufsicht hinausgehende Mitwirkungsrechte zu. Diese Mitwirkungsrechte ermöglichen dem Staat die Einflussnahme auf die Entscheidungen der Universitäten und verpflichten die Universitäten zur Kooperation. Aus den Mitwirkungsrechten des Staates folgt jedoch keine Berechtigung, den Hochschulen den Erlass von Regelungen in akademischen Angelegenheiten zu verbieten.

### 2. *Das gesetzliche Verbot von Anwesenheitspflichten als Eingriff in die Rechte der Fakultäten*

Möglicherweise nehmen aber nicht die Universitäten, sondern die Fakultäten bzw. Fachbereiche als eigenständige organisatorische Einheiten die Aufgaben der akademischen Angelegenheiten innerhalb der Universität wahr. Dies setzt allerdings voraus, dass auch die Fakultäten grundrechtsberechtigt sind.

Nur wenn ihnen ein eigener Schutz der Wissenschaftsfreiheit aus Art. 5 Abs. 3 GG zukommt,[1167] können sie sich in hinreichendem Maße und unabhängig von der Hochschule gegen die Einflussnahme des Staates zur Wehr setzen und die ungestörte Ausübung der akademischen Lehre sichern und fördern.

Die Rechtstellung der Fakultät ist somit grundlegend für die Frage, ob das gesetzliche Verbot von Anwesenheitspflichten in ihre Rechte eingreift.

#### a) *Die Fakultät als organisatorische Grundeinheit der Hochschule*

Die Fakultät[1168] ist die selbstständige organisatorische Grund- und Teileinheit der Hochschule.[1169] Unter der Fakultätsebene gibt es grundsätzlich keine aus eigenem

1167 BVerfGE 15, 256 (261 f.); 85, 360 (384); 93, 85 (95); 111, 333 (352); *Bethge*, in: Sachs, GG, 8. Aufl. 2018, Art. 5 Rn. 211; *P. Huber*, in: von Mangoldt/Klein/Starck, GG, Bd. 1, 6. Aufl. 2010, Art. 19 Abs. 3 Rn. 260; *Lindner*, WissR Bd. 40 (2007), S. 254 (277); *Maurer*, WissR Bd. 10 (1977), S. 193 (215).

1168 Mancherorts wird anstelle von Fakultät auch von Fachbereichen gesprochen. Die Entscheidung darüber, welche Bezeichnung genutzt wird, trifft der Landesgesetzgeber. Aus rechtlicher Sicht ist unter den Begrifflichkeiten allerdings das gleiche zu verstehen, nur im tatsächlichen stellen Fakultäten tendenziell die größere Einheit dar, *von Coelln*, in: Hartmer/Detmer, Hochschulrecht, 3. Aufl. 2017, Kap. 7 Rn. 85; *Thieme*, Deutsches Hochschulrecht, 3. Aufl. 2004, Rn. 1027.

1169 Z.B. Art. 27 Abs. 1 S. 1 BayHSchG für Fakultäten; § 26 Abs. 1 S. 2 HG NRW für Fachbereiche; *T. Bauer*, Wissenschaftsfreiheit in Lehre und Studium, 1980, S. 104; *von Coelln*, in: Hartmer/Detmer, Hochschulrecht, 3. Aufl. 2017, Kap. 7 Rn. 84; *Knemeyer*, in: Dörr/Fink/Hillgruber/Kempen/Murswiek, Festschrift für Hartmut Schiedermair,

Recht entscheidungsbefugten organisatorischen Einheiten mehr, die Aufgaben in Forschung und Lehre wahrnehmen können.[1170]

### aa) Die (Teil-) Rechtsfähigkeit der Fakultät als Voraussetzung für ihre Grundrechtsträgerschaft

Damit ist jedoch nur wenig über die Grundrechtsträgerschaft der Fakultäten gesagt. Als organisatorische Teileinheiten der Hochschule besitzen die Fakultäten keine umfassende Rechtsfähigkeit, welche für die rechtliche Selbstständigkeit Voraussetzung ist. Art. 19 Abs. 3 GG will seinem Wortlaut nach die Grundrechte nur auf juristische Personen anwenden. Das würde nach den allgemeinen Regeln voraussetzen, dass den Fakultäten aufgrund öffentlichen oder privaten Rechts Rechtsfähigkeit zugesprochen wird.[1171]

Überwiegen wird allerdings vertreten, dass Art. 19 Abs. 3 GG nicht nur an den überkommenen zivilrechtlichen Begriff der Rechtsfähigkeit anknüpft, sondern sich nach grundrechtlich-funktionalen Zurechnungskonzepten bestimmt.[1172] Auch Teilrechtsfähigkeit müsse daher für die Grundrechtsberechtigung ausreichen, solange sie ein Mindestmaß organisatorischer Verfestigung erreicht.[1173] In diesem Fall beschränke sich die Rechtsordnung darauf, dass sie bestimmten Vereinigungen nicht generell, sondern im Blick auf einzelne Rechtsbereiche oder sogar nur auf einzelne Rechtssätze Rechtsfähigkeit verleihe.[1174]

---

2001, S. 539 (542); *Lindner*, WissR Bd. 40 (2007), S. 254 (255); *Maurer*, WissR Bd. 10 (1977), S. 193; *Thieme*, Deutsches Hochschulrecht, 3. Aufl. 2004, Rn. 1027; *ders.*, in: Flämig/u.a., Handbuch des Wissenschaftsrechts, Bd. 1, 2. Aufl. 1996, S. 819.

1170 *von Coelln*, in: Hartmer/Detmer, Hochschulrecht, 3. Aufl. 2017, Kap. 7 Rn. 86.

1171 *Remmert*, in: Maunz/Dürig, GG, Loseblatt, Stand September 2017, Art. 19 Abs. 3 Rn. 37; *Sachs*, in: ders., GG, 8. Aufl. 2018, Art. 19 Rn. 59; *Stern*, Staatsrecht, Bd. III/1, 1988, S. 1130.

1172 *Gärditz*, Hochschulorganisation und verwaltungsrechtliche Systembildung, 2009, S. 377; *Gschwendtner*, Der Begriff der juristischen Person im Verfassungsrecht und die Stellung des Art. 19 Abs. 3 GG im Wertsystem der Grundrechte, 1968, S. 34 ff., 178 f.; *Ladeur*, in: Denninger/Hofmann-Riem/Schneider/Stein, AK-GG, 2. Aufl. 2001, Art. 19 Abs. 3 Rn. 28 f.

1173 *Dreier*, in: ders., GG Bd. I, 3. Aufl. 2013, Art. 19 III Rn. 46, 54; *Gärditz*, Hochschulorganisation und verwaltungsrechtliche Systembildung, 2009, S. 377; *Herzog*, Die Grundrechtssubjektivität überindividueller privatrechtlicher und öffentlich-rechtlicher Funktionseinheiten, 1969, S. 43 ff.; *Sachs*, in: ders., GG, 8. Aufl. 2018, Art. 19 Rn. 62 ff.; a.A. dagegen *Dülp*, Die Berufung juristischer Personen des öffentlichen Rechts auf Grundrechte, 1964, S. 111 f.

1174 BVerfGE 6, 273 (277); *Bachof*, AöR Bd. 83 (1958), S. 208 (259 ff.).

In Rechtsprechung[1175] und Literatur[1176] spricht sich die Mehrheit der Stimmen dafür aus, die Fakultäten als „*teilrechtsfähige Körperschaften der Hochschule*" zu qualifizieren.[1177] Grund hierfür sei, dass Fakultäten eine körperliche Struktur aufweisen, ihre Aufgaben eigenständig wahrnehmen würden und ihnen ein eigenes Satzungsrecht zustehe.[1178]

aaa) Die Organisation der Fakultät

Die Fakultäten teilen die körperschaftliche Struktur der Universität.[1179] Auf der Fakultätsebene stellen die Fakultäten eigenständige Einheiten mit

---

1175 BVerfGE 68, 193 (207); 75, 192 (196); 93, 85 (93); 111, 333 (352); BVerwGE 45, 39 (41 f.); OVG Münster WissR Bd. 8 (1975), S. 265; BayVerfGH WissR Bd. 41 (2008), S. 160 (161).

1176 *von Coelln*, in: Friauf/Höfling, Berliner Kommentar zum Grundgesetz, 44. Erg.-Lfg. XI/14, Art. 5 Abs. 3 Rn. 104; *Dreier*, in: ders., GG, Bd. I, 3. Aufl. 2013, Art. 19 III Rn. 60; *Franzke*, DÖV 1972, 851 (853); *Hufen/Geis*, in: Bull/Seewald/Becker, Festschrift für Werner Thieme zum 70. Geburtstag, *1993*, S. 621 (623); *Kempen*, in: Hartmer/Detmer, Hochschulrecht, 3. Aufl. 2017, Kap. 1 Rn. 25; *Kirchhof*, JZ 1998, 275 (278); *Lindner*, WissR Bd. 40 (2007), S. 254 (277); *Maurer*, WissR Bd. 10 (1977), S. 193 (215); *Schmidt-Aßmann*, in: Bull/Seewald/Becker, Festschrift für Werner Thieme zum 70. Geburtstag, 1993, S. 697 (705); *Tomerius*, Die Hochschulautonomie und ihre Einschränkungen beim Zusammenwirken von Land und Hochschule, 1998, S. 92 ff.; *Scholz*, in: Maunz/Dürig, GG, Loseblatt, Stand September 2017, Art. 5 Abs. 3 Rn. 124; *Wolff/Bachof*, Verwaltungsrecht II, 4. Aufl. 1976, § 93 V c 1.

1177 Nach anderer Ansicht in der Literatur sollen die Fakultäten nur rechtlich unselbstständige Teile der Körperschaft Universität sein. Die einzelnen Aufgaben der Fakultäten würden keine Zuständigkeiten aus eigenem Recht begründen. Die Hochschule als alleiniger Rechtsträger erfülle vielmehr auch die Aufgaben auf der Zentral- und Fachbereichsebene. So *Schrimpf*, in: Denninger, HRG, 1974, § 64 Rn. 5, 7; *Dallinger*, in: Dallinger, HRG, 1964, § 64 Rn. 4; *Köttgen*, Deutsches Universitätsrecht, 1933, S. 174; *Kluge*, Die Universitäts-Selbstverwaltung, 1958, S. 120 f.; *Reich*, HRG, 11. Aufl. 2012, § 64 Rn. 2.

1178 *Fittschen*, VerwArch Bd. 85 (1994), S. 317 (356); *Franzke*, DÖV 1972, 851 (852); *Hänsch*, Die Rechtsstellung der Fakultäten / Fachbereiche in der Hochschule, 1996, S. 147; *Maurer*, WissR Bd. 10 (1977), S. 193 (208 f.); *Perschel*, in: Bachof/Heigl/Redeker, Verwaltungsrecht zwischen Freiheit, Teilhabe und Bindung, Festgabe aus Anlaß des 25jährigen Bestehens des Bundesverwaltungsgerichts, 1978, S. 471 (495); *Tomerius*, Die Hochschulautonomie und ihre Einschränkungen beim Zusammenwirken von Land und Hochschule, 1998, S. 93. Im Übrigen erfolge eine dogmatische Herleitung dieses Ansatzes jedoch kaum, *Gärditz*, Hochschulorganisation und verwaltungsrechtliche Systembildung, 2009, S. 377.

1179 *Maurer*, WissR Bd. 10 (1977), S. 193 (205 f.); *Tomerius*, Die Hochschulautonomie und ihre Einschränkungen beim Zusammenwirken von Land und Hochschule, 1998,

jeweils eigenen Organen und einer in sich geschlossenen Organisation dar.[1180]

Den organisatorischen Kern der Fakultät bilden der Fakultätsrat[1181] und der Dekan[1182].[1183] Durch diese wird die Fakultät handlungsfähig und kann einen

---

S. 93. Sie verweisen darauf, dass die körperschaftliche Struktur der Fachbereiche stärker als bei den Universitäten sei, da auf der Zentralebene die anstaltlichen Elemente stärker ausgeprägt seien.

1180 *Hänsch*, Die Rechtsstellung der Fakultäten/Fachbereich in der Hochschule, 1996, S. 50; *Knemeyer*, in: Dörr/Fink/Hillgruber/Kempen/Murswiek, Festschrift für Hartmut Schiedermair, 2001, S. 539 (542); *Lindner*, WissR Bd. 40 (2007), S. 254 (260); *Maurer*, WissR Bd. 10 (1977), S. 193 (207).

1181 Der Fakultätsrat ist das Hauptbeschlussorgan der Fakultät (*Maurer*, WissR Bd. 10 (1977), S. 193; *Bethge*, in: Achterberg/Püttner/Würtenberger, Besonderes Verwaltungsrecht, Bd. 1, 2. Aufl. 2000, Kap. 4 Rn. 140, S. 1095). Seine Zusammensetzung bestimmt sich nach den allgemeinen Mitwirkungsregeln. Dies erfordert, dass den Hochschullehrern bei Entscheidungen im Bereich der Lehre ein maßgebender und im Bereich der Forschung ein ausschlaggebender Einfluss zugesprochen werden muss (BVerfGE 35, 79 (131); *von Coelln*, in: Hartmer/Detmer, Hochschulrecht, 3. Aufl. 2017, Kap. 7 Rn. 91; *Lindner*, WissR Bd. 40 (2007), S. 254 (279); *Mager*, in: Isensee/Kirchhof, Handbuch des Staatsrechts, Bd. VII, 3. Aufl. 2009, § 166 Rn. 38). Soweit über Fragen der Lehre abgestimmt wird, müssen die Professorenvertreter daher über mindestens 50 % der Stimmen verfügen (*von Coelln*, in: Hartmer/Detmer, Hochschulrecht, 3. Aufl. 2017, Kap. 7 Rn. 91; *Thieme*, Deutsches Hochschulrecht, 3. Aufl. 2004, Rn. 1040 mit Fn. 45, will noch weitergehen und fordert für Abstimmungen in Fragen der Lehre eine absolute Mehrheit der Professoren. Zur Problematik abweichender Stimmenverhältnisse hinsichtlich der Bewertung der Lehre, siehe auch: *von Coelln*, in: Hartmer/Detmer, Hochschulrecht, 3. Aufl. 2017, Kap. 7 Rn. 55.).

1182 Die Leitung der Fakultät obliegt dem Dekan, der gleichzeitig als vollziehendes Organ der Fakultät agiert (*Bethge*, in: Achterberg/Püttner/Würtenberger, Besonderes Verwaltungsrecht, Bd. 1, 2. Aufl. 2000, Kap. 4 Rn. 141, S. 1095; *von Coelln*, in: Hartmer/Detmer, Hochschulrecht, 3. Aufl. 2017, Kap. 7 Rn. 95; *Lindner*, WissR Bd. 40 (2007), S. 254 (260); *Maurer*, WissR Bd. 10 (1977), S. 193; *Thieme*, Deutsches Hochschulrecht, 3. Aufl. 2004, Rn. 1041). Er vertritt die Fakultät nach innen und nach außen und führt die Beschlüsse des Fakultätsrats aus. Ihm steht auch die Dienst- und Rechtsaufsicht zu (*Thieme*, Deutsches Hochschulrecht, 3. Aufl. 2004, Rn. 1044; *Bethge*, in: Achterberg/Püttner/Würtenberger, Besonderes Verwaltungsrecht, Bd. 1, 2. Aufl. 2000, Kap. 4 Rn. 141, S. 1095; *von Coelln*, in: Hartmer/Detmer, Hochschulrecht, 3. Aufl. 2017, Kap. 7 Rn. 93, der insgesamt darauf verweist, dass die Zuständigkeit des Dekans in den letzten Jahren erheblich ausgeweitet worden sei. Zur Vereinbarkeit stärkerer monokratischer Strukturen in diesem Bereich mit dem Verfassungsrecht siehe bereits BVerfGE 93, 85 (96 ff.).

1183 *von Coelln*, in: Hartmer/Detmer, Hochschulrecht, 3. Aufl. 2017, Kap. 7 Rn. 84; *Herberger*, in: Haug, Das Hochschulrecht in Baden-Württemberg, 2. Aufl. 2009, Kap. 2

eigenen, körperschaftlich begründeten Willen äußern.[1184] Daneben kann die Fakultät sich selbst eine Satzung geben.[1185]

So ist die Fakultät zwar in der Universität angesiedelt, verfügt aber über eine in sich geschlossene, eigenständige Organisation und ist deutlich von der Universität abzugrenzen.

bbb) Funktion und Aufgabe der Fakultät

Auch die klare Trennung der Zuständigkeiten von Universität und Fakultäten spricht für eine eigene Rechtsträgerschaft der Fakultäten.[1186]

Die Fakultäten sind für die Pflege der Wissenschaften in Forschung und Lehre verantwortlich.[1187] Zu ihren Aufgaben zählen unter anderem die Gewährleistung der Vollständigkeit des Lehrangebots, die Ordnung und Koordination der Aufgaben in der Lehre, die Heranbildung und Förderung des wissenschaftlichen Nachwuchses, die Durchführung von Promotions- und Habilitationsverfahren, die Studienberatung, der Erlass von Studien- und Prüfungsordnungen und die

Rn. 413; *Lindner*, WissR Bd. 40 (2007), S. 254 (260); *Maurer*, WissR Bd. 10 (1977), S. 193 (207); *Thieme*, Deutsches Hochschulrecht, 3. Aufl. 2004, Rn. 1039 ff.

1184 *Herberger*, in: Haug, Das Hochschulrecht in Baden-Württemberg, 2. Aufl. 2009, Kap. 2 Rn. 413; *Maurer*, WissR Bd. 10 (1977), S. 193 (206); *Thieme*, in: Flämig/u.a., Handbuch des Wissenschaftsrechts, Bd. 1, 2. Aufl. 1996, S. 817.

1185 *Maurer*, WissR Bd. 10 (1977), S. 193 (207); *Tomerius*, Die Hochschulautonomie und ihre Einschränkungen beim Zusammenwirken von Land und Hochschule, 1998, S. 93.

1186 *Maurer*, WissR Bd. 10 (1977), S. 193 (208), der gleichzeitig darauf verweist, dass es im Einzelnen immer wieder zu Überschneidungen komme und sich Gemeinsamkeiten ergeben würden.

1187 *Bethge*, in: Achterberg/Püttner/Würtenberger, Besonderes Verwaltungsrecht, Bd. 1, 2. Aufl. 2000, Kap. 4 Rn. 138, S. 1095; *Maurer*, WissR Bd. 10 (1977), S. 193 (208); *Thieme*, Deutsches Hochschulrecht, 3. Aufl. 2004, Rn. 1033 ff., Universitäten seien demgegenüber für Aufgaben im Bereich der Personal- und Wirtschaftsangelegenheiten zuständig und übernähmen solche Wissenschaftsangelegenheiten, die einer fachbereichsübergreifenden und koordinierenden Regelung bedürfen.

Verleihung von wissenschaftlichen Graden.[1188] Die nähere Ausgestaltung der Aufgaben erfolgt mit kleineren Abweichungen durch das jeweilige Landesrecht.[1189] Gemeinsam ist aber allen Hochschulgesetzen, dass sie diese Aufgaben ausdrücklich und ausschließlich den Fachbereichen zuweisen.[1190] Die Fakultäten sind daher gewissermaßen die „*Herzkammern*",[1191] in denen Forschung und Lehre maßgeblich stattfinden und koordiniert werden.[1192] Der Schwerpunkt der akademischen Selbstverwaltung liegt bei ihnen.[1193]

So erscheint es als notwendige Folge, dass die Fakultäten ihre Aufgaben nicht für die Universität, sondern als eigene Angelegenheiten ausüben. Nur die Fakultäten besitzen die erforderliche, fachspezifische wissenschaftliche Qualifikation, um wissenschaftsrelevante Entscheidungen sachgerecht treffen zu können.[1194] Um eine wissenschaftsgerechte Beurteilung dieser Angelegenheiten zu gewährleisten und sachfremde Eindrücke auszuschließen, sollten daher die Vertreter des jeweiligen Fachbereichs ihre Aufgaben selbstständig und alleine erledigen.[1195]

---

1188 *von Coelln*, in: Hartmer/Detmer, Hochschulrecht, 3. Aufl. 2017, Kap. 7 Rn. 88; *Lindner*, WissR Bd. 40 (2007), S. 254 (259); *Maurer*, WissR Bd. 10 (1977), S. 193 (208); *Tomerius*, Die Hochschulautonomie und ihre Einschränkungen beim Zusammenwirken von Land und Hochschule, 1998, S. 93.

1189 So etwa § 69 Abs. 1 S. 1 BerlHG; § 26 HG NRW; Art. 27 Abs. 1 BayHSchG; *von Coelln*, in: Hartmer/Detmer, Hochschulrecht, 3. Aufl. 2017, Kap. 7 Rn. 88; *Lindner*, WissR Bd. 40 (2007), S. 254 (259).

1190 *Maurer*, WissR Bd. 10 (1977), S. 193 (208).

1191 *Lindner*, WissR Bd. 40 (2007), S. 254 (259).

1192 BVerwG NJW 1965, 1100, mit Anmerkung *Waibel*, WissR 8 (1975), Seite 86 (87); *Gärditz*, Hochschulorganisation und verwaltungsrechtliche Systembildung, 2009, S. 377; *Lindner*, WissR Bd. 40 (2007), S. 254 (259); *Thieme*, Deutsches Hochschulrecht, 3. Aufl. 2004, Rn. 1034.

1193 *Maurer*, WissR Bd. 10 (1977), S. 193 (208 f.).

1194 *Tomerius*, Die Hochschulautonomie und ihre Einschränkungen beim Zusammenwirken von Land und Hochschule, 1998, S. 93. *Maurer*, WissR Bd. 10 (1977), S. 193 (209), führt weiter aus, dass an diesem Umstand auch die im HRG und in einigen Landeshochschulgesetzen aufgenommene Formel nichts ändere, dass der Fachbereich seine Aufgaben „unbeschadet der Gesamtverantwortung der Hochschule" erfülle. Diese weise nur auf die gesetzlich festgelegten Zuständigkeiten der zentralen Hochschulorgane hin, die den Gesamtbelangen der Universität dienen würden und von den Fachbereichen zu beachten seien. Sie würden aber keine zusätzliche Ersatz- oder Generealkompetenz begründen.

1195 *Tomerius*, Die Hochschulautonomie und ihre Einschränkungen beim Zusammenwirken von Land und Hochschule, 1998, S. 93.

#### ccc) Das Satzungsrecht der Fakultät

Ein weiteres Indiz für die Teilrechtsfähigkeit der Fachbereiche ist die Befugnis zum Erlass von Satzungen.[1196] Nicht nur den Universitäten, sondern auch den Fakultäten steht das Satzungsrecht zu. Sie sind berechtigt, autonomes Fachbereichsrecht, namentlich Prüfungsordnungen, Promotions- und Habilitationsordnungen, zu erlassen. Als Rechtsnormen binden diese Satzungen nicht nur Fachbereichsangehörige, sondern auch „*Außenstehende*". Wird die Fakultät satzungsgebend tätig, bringt sie damit ihre organisatorische Eigenständigkeit zum Ausdruck.[1197]

### bb) Wesensmäßige Anwendbarkeit des Art. 5 Abs. 3 GG

Als organisatorisch verselbständigte Untergliederung der Universität muss den Fakultäten Teilrechtsfähigkeit zugesprochen werden.[1198] Da die Fakultäten ihre Aufgaben in Forschung und Lehre selbstständig wahrnehmen, befinden sie sich in einer „*grundrechtstypischen Gefährdungslage*".[1199] Daher muss den Fakultäten ebenso wie die Universitäten über Art. 19 Abs. 3 GG der Schutz der Wissenschaftsfreiheit zustehen.[1200]

---

1196 *Bethge*, in: Sachs, GG, 8. Aufl. 2018, Art. 5 Rn. 211; *Maurer*, WissR Bd. 10 (1977), S. 193 (207).

1197 *Maurer*, WissR Bd. 10 (1977), S. 193 (210).

1198 *Maurer*, WissR Bd. 10 (1977), S. 193 (215) stellt sogar in Frage, ob die einschränkende Kennzeichnung als teilrechtsfähige Körperschaft geboten sei. Grund dafür sei, dass es in öffentlich-rechtlicher Hinsicht ohnehin nur Teilrechtsfähigkeit gebe.

1199 VG Kassel KMK-HSchR 1982, 832 (836); *Gärditz*, Hochschulorganisation und verwaltungsrechtliche Systembildung, 2009, S. 378; *Geis*, WissR Bd. 37 (2004), S. 2 (21); *Fittschen*, VerwArchiv Bd. 85 (1994), S. 317 (356 Anm. 132); *Franzke*, DÖV 1972, 851 (852); *Maurer*, WissR Bd. 10 (1977), S. 193 (210); *Perschel*, in: Bachof/Heigl/Redeker, Verwaltungsrecht zwischen Freiheit, Teilhabe und Bindung, Festgabe aus Anlaß des 25jährigen Bestehens des Bundesverwaltungsgerichts, 1978, S. 471 (495).

1200 BVerfGE 15, 256 (262); 68, 193 (207); 75, 192 (196); 93, 85 (93); 111, 333 (352); *Bethge*, in: Sachs, GG, 8. Aufl. 2018, Art. 5 Rn. 211; *Jarass*, in: Jarass/Pieroth, GG, 13. Aufl. 2014, Art. 5 Rn. 125; *H.-H. Trute*, Die Forschung zwischen grundrechtlicher Freiheit und staatlicher Institutionalisierung, 1994, S. 367. Nach *Lindner*, WissR Bd. 40 (2007), S. 254 (277) müsse die Grundrechtsträgerschaft der Fakultät jedenfalls so weit reichen, wie die Fakultät über Angelegenheiten entscheide, die – könne darüber der einzelne Wissenschaftler entscheiden – vom Grundrecht des Art. 5 Abs. 3 GG umfasst wären. Ausführlich auch zur Grundrechtsfähigkeit einzelner Organe der Universität, *Gärditz*, Hochschulorganisation und verwaltungsrechtliche Systembildung, 2009, S. 377 ff.; *Hufen/Geis*, in: *Becker/Bull/Seewald*, Festschrift für Werner

Zugleich stehen die Fakultäten durch die Wahrnehmung von akademischen Angelegenheiten in unmittelbarer Nähe zur Freiheitsentfaltung des einzelnen Wissenschaftlers. Damit den Wissenschaftlern ihre fachspezifischen Entfaltungschancen nicht genommen werden, bedürfen diese einer Absicherung sowohl gegenüber dem Staat als auch gegenüber der Hochschule als Gesamtgebilde. Die Fakultäten können den Grundrechtsschutz des einzelnen Grundrechtsträgers aber nur gewährleisten, wenn ihnen Grundrechtsfähigkeit im Schutzbereich des Art. 5 Abs. 3 GG zugesprochen wird.[1201]

Daher muss den Fakultäten auch ein Recht auf Existenz und Schutz eigener Selbstverwaltungsräume[1202] nicht nur gegenüber dem Staat, sondern auch gegenüber der Universität zustehen.[1203]

### *b) Zur rechtlichen Selbstständigkeit der Fakultäten „nur" im Rahmen der Universität*

Fraglich ist jedoch, ob die Rechtsfähigkeit der Fakultäten nur im Innenverhältnis der Universität besteht oder ob die Fakultät ihre rechtliche Selbstständigkeit auch extern geltend machen kann.

---

Thieme zum 70. Geburtstag, 1993, S. 621 (623); *Kirchhof*, JZ 1998, 275 (278); *Kluth*, Funktionale Selbstverwaltung, 1997, S. 425 ff.

1201 *Gärditz*, Hochschulorganisation und verwaltungsrechtliche Systembildung, 2009, S. 378. *Tomerius*, Die Hochschulautonomie und ihre Einschränkungen beim Zusammenwirken von Land und Hochschule, 1998, S. 94 f., als Beleg für die Grundrechtsfähigkeit der Fakultät führt sie folgenden Fall an: „Wird in Nordrhein-Westfalen ein Fachbereich durch Senatsbeschluss mit ministerieller Genehmigung aufgehoben, so kann der einzelne Grundrechtsträger hiergegen nicht vorgehen, da individuelle Rechte bei einem den Fachbereich treffenden Organisationsakt als nicht verletzt angesehen werden können. Eine Verletzung der wissenschaftsbezogenen korporativen Kompetenzen des Fachbereichs durch die organisatorische Entscheidung ist dagegen gut vorstellbar. Da eine Gegenwehr der einzelnen Wissenschaftler ausgeschlossen ist, muss es in diesem Fall zumindest dem Fachbereich möglich sein, sich gerichtlich durch Berufung auf Art. 5 Abs. 3 GG zu verteidigen.".

1202 *Bethge*, in: Sachs, GG, 8. Aufl. 2018, Art. 5 Rn. 211; *Mager*, in: Isensee/Kirchhof, Handbuch des Staatsrechts, Bd. VII, 3. Aufl. 2009, § 166 Rn. 37 ff.; *Scholz*, in: Maunz/Dürig, GG, Loseblatt, Stand September 2017, Art. 5 Abs. 3 Rn. 124; *Starck*, in: von Magoldt/Klein/Starck, GG, Bd. 1, 6. Aufl. 2010, Art. 5 Abs. 3 Rn. 389.

1203 *Geis*, WissR Bd. 37 (2004), S. 2 (21); dieser Grundrechtsbindung könne sich die Universität auch nicht durch eine privatrechtliche Rechtsform entziehen, *Battis/Grigoleit,* ZRP 2002, 65 (69).

Es wird vertreten, dass Fakultäten zwar universitätsinterne Rechte haben, die Universität nach außen aber als Ganzes auftritt.[1204] Dadurch seien die Fakultäten nur Subjekte des Innenrechts und könnten ihre Organrechte lediglich gegenüber anderen Organen der Universität geltend machen.[1205] Im Außenverhältnis wären sie mangels Rechtsfähigkeit dagegen auf die Vertretung durch die Universität angewiesen.[1206]

Diese Ansicht übersieht jedoch, dass die Fakultäten nicht nur Teile des universitätsinternen Aufbaus darstellen, sondern auch in vielfältiger Weise unmittelbare Kontakte nach außen haben.[1207] Es bestehen nicht nur Außenrechtsbeziehungen zu Studenten;[1208] insgesamt sind die Fakultäten konkreter und dichter mit korrespondierenden Bereichen in Staat und Gesellschaft verbunden als die Universitäten.[1209]

Bereits aus rechtlichen Erwägungen wäre es nicht vertretbar, wenn sich alle Kontakte auf die Universität als Ganzes beziehen würden. Eine solche Zwischenschaltung der Universität würde eine Entmündigung der Fakultäten bedeuten, die mit ihrer gesetzlich anerkannten Eigenverantwortlichkeit nicht zu vereinbaren wäre. Die Fakultäten müssen ihre eigene Willensbildung entfalten und nach außen artikulieren können, denn anderenfalls macht die Zuweisung eigenverantwortlicher Aufgabenerfüllung keinen Sinn.

Damit die Fakultäten ihre Aufgaben eigenverantwortlich wahrnehmen können, muss ihr daher die entsprechende Außenrechtsfähigkeit zugesprochen werden.[1210]

---

1204 *Hoffmann-Becking*, DVBl. 1972, 299 (303 f.); *Heinrich*, Verwaltungsgerichtliche Streitigkeiten im Hochschulinnenbereich, 1975, S. 97; *Schmitt-Glaeser*, Die Rechtsstellung der Studentenschaft, 1974, S. 26.

1205 Der Fakultätsrat und der Dekan wären dann Unterorgane des Organs Fakultät. Ob man eine selbst nicht handlungsfähige, sondern erst durch (Unter)Organe handlungsfähig werdende Institution als Organ qualifizieren könne, ist nach *Maurer*, WissR Bd. 10 (1977), S. 193 (211) sehr zweifelhaft. Dies soll hier aber dahingestellt bleiben.

1206 *Maurer*, WissR Bd. 10 (1977), S. 193 (211).

1207 *Maurer*, WissR Bd. 10 (1977), S. 193 (212); *Tomerius*, Die Hochschulautonomie und ihre Einschränkungen beim Zusammenwirken von Land und Hochschule, 1998, S. 93 f.; *Weber*, in: Carstens/Peters, Festschrift für Hermann Jahrreiß zum 70. Geburtstag, 1964, S. 473 (481).

1208 OVG Hamburg MDR 1965, 76 f.; *Fuß*, WissR Bd. 5 (1972), S. 97 (98 insb. Fn. 5).

1209 *Weber*, Gedanken zu Kritik an der Struktur der Universität, Studium generale, 1963, S. 193 (195 f.); *ders.*, in: Carstens/Peters, Festschrift für Hermann Jahrreiß zum 70. Geburtstag, 1964, S. 473 (481 f.).

1210 *Maurer*, WissR Bd. 10 (1977), S. 193 (212).

### c) *Zwischenergebnis*

Die Fakultäten sind (teil-) rechtsfähig. Als Träger von Rechten und Pflichten nehmen sie die ihnen zugewiesenen Aufgaben als eigene Rechte wahr. Fakultäten sind vor allem für die Pflege der Wissenschaft in Forschung und Lehre verantwortlich. Um diese Aufgabe umfassend wahrnehmen zu können, steht den Fakultäten auch Satzungsautonomie zu. So kann sichergestellt werden, dass die festgelegten Maßstäbe von den Mitgliedern der Universität auch eingehalten werden. In ihren Satzungen können die Fakultäten auch Anwesenheitspflichten anordnen.

## 3. *Die Satzungsautonomie*

Die Hochschulselbstverwaltung kommt vor allem durch die Satzungsautonomie zum Ausdruck.[1211] Die Satzungsautonomie berechtigt die Hochschulen dazu, innerhalb des gesetzlichen Aufgabenkreises alle Angelegenheiten im Rahmen der Gesetze durch eigene Rechtsetzung zu regeln.[1212] Von dieser Rechtsetzungsbefugnis umfasst ist auch der Erlass von Studien- und Prüfungsordnungen.[1213]

Als Prüfungsleistung darf praktisch alles abverlangt werden, was zur ordnungsgemäßen Berufstätigkeit nicht ganz außer Verhältnis steht.[1214] Der Normgeber überschreitet seinen Spielraum erst, wenn die Prüfungsanforderungen mit der Berufsausübung nichts mehr zu tun haben.[1215] Aus diesem Grund sind

---

1211 *Karpen/Freund*, Hochschulgesetzgebung und Hochschulautonomie, 1992, S. 5 f.; *Krausnick*, in: Geis, Hochschulrecht in Bayern, 2. Aufl. 2017, 1. Kap. Rn. 190.

1212 Die Beschränkung auf den gesetzlich zugewiesenen Aufgabenkreis ergibt sich bereits aus dem Grundrecht der Wissenschaftsfreiheit, *Kempen*, in: Hartmer/Detmer, Hochschulrecht, 3. Aufl. 2017, Kap. 1 Rn. 126.

1213 BayVerfGH BayVBl. 1994, 526 (527); VGH Kassel DVBl. 1973, 278; *Karpen/Freund*, Hochschulgesetzgebung und Hochschulautonomie, 1992, S. 5; *Leuze*, DÖD 1993, 1 (6); *Reich*, Bayerisches Hochschulgesetz, 5. Aufl. 2007, Art. 61 Rn. 7; *Salzwedel*, in: Flämig/u.a., Handbuch des Wissenschaftsrechts, Bd. 1, 2. Aufl. 1996, S. 719; *Stieler*, Satzungsgebung der Universitäten, 1985, S. 52; *Thieme*, Deutsches Hochschulrecht, 2. Aufl. 1986, Rn. 110; *Weber*, in: Leuze/Epping, HG NRW, 4. EGL (Februar 2007), § 64 Rn. 1; *Waldeyer*, in: Hailbronner/Geis, Hochschulrecht in Bund und Ländern, Bd. 1, Loseblatt, Stand September 2004, § 16 Rn. 6; a.A. OVG Münster NJW 1967, 949; DÖV 1979, 421.

1214 BVerfG NJW 1958, 1035 (1038); NJW 1985, 1949; NVwZ 1989, 850 (851); *Herrmann*, in: Knopp/Peine/Topel, Brandenburgisches Hochschulgesetz, 3. Aufl. 2018, § 22 Rn. 9.

1215 BVerwG DVBl. 1987, 1223 (1224); *Herrmann*, in: Knopp/Peine/Topel, Brandenburgisches Hochschulgesetz, 3. Aufl. 2018, § 22 Rn. 10.

Studien- und Prüfungsordnungen das Medium, durch das Regelungen zu den Anwesenheitspflichten von Seiten der Hochschule getroffen werden.

#### *a) Die Zuständigkeit für den Erlass von Studien- und Prüfungsordnungen im Innenverhältnis der Universität*

Sowohl den Universitäten als auch den Fakultäten steht Satzungsautonomie zu. Bislang wurde jedoch noch nicht dargestellt, wem – der Hochschule oder der Fakultät – die Befugnis zum Erlass von Studien- und Prüfungsordnungen und damit auch zur Anordnung von Anwesenheitspflichten zusteht. Eine genaue Zuordnung erscheint jedoch notwendig, will man Interessenkonflikte vermeiden.

Je nachdem, in wessen Rechte durch das gesetzliche Verbot von Anwesenheitspflichten eingegriffen wird, kann dies Auswirkungen auf die Rechtfertigung von Eingriffen in die Satzungsautonomie haben. Eine hinreichende Differenzierung in Bezug auf Konflikte im universitären Innenverhältnis ist daher unerlässlich.

##### aa) Verfassungsrechtliche Vorgaben

Der Erlass von Studien- und Prüfungsordnungen stellt eine wissenschaftsrelevante Angelegenheit dar.[1216] Da Forschung und Lehre unmittelbar berührt sind, darf das hochschulinterne Entscheidungsverfahren den Anforderungen des Art. 5 Abs. 3 GG nicht zuwiderlaufen. Es muss wissenschaftsgerecht ausgestaltet werden.[1217]

###### aaa) Die individuelle Wissenschaftsfreiheit als Ausgangspunkt

Die Selbstverwaltung in der Wissenschaft versteht sich als Grundrechtsschutz durch Partizipation der sachkundig Betroffenen.[1218] Dieser grundsätzlichen

---

1216 BVerfGE 35, 123; *Britz*, in: Dreier, GG, Bd. I, 3. Aufl. 2013, Art. 5 III (Wissenschaftsfreiheit) Rn. 29; *Fehling*, in: Kahl/Waldhoff/Walter, Bonner Kommentar zum Grundgesetz, Loseblatt, Stand März 2004, Art. 5 Abs. 3 (Wissenschaftsfreiheit) Rn. 89; *Kempen*, in: Hartmer/Detmer, Hochschulrecht, 3. Aufl. 2017, Kap. 1 Rn. 93; *Köttgen*, Grundrechte II, 1954, S. 327 f.; *Scholz*, in: Maunz/Dürig, GG, Loseblatt, Stand September 2017, Art. 5 Abs. 3 Rn. 163.

1217 *Herberger*, in: Haug, Das Hochschulrecht in Baden-Württemberg, 2. Aufl. 2009, Kap. 2 Rn. 431; *Waldeyer*, in: Hailbronner/Geis, Hochschulrecht in Bund und Ländern, Bd. 1, Loseblatt, Stand September 2004, § 16 Rn. 7.

1218 *Britz*, in: Dreier, GG, Bd. I, 3. Aufl. 2013, Art. 5 III (Wissenschaftsfreiheit) Rn. 59; *Geis*, WissR Bd. 37 (2004), S. 2 (17); *Geis*, Merten/Papier, Handbuch der Grundrechte Bd. IV, 2011, § 100 Rn. 44; *Hufeld*, DÖV 2002, 309 (312); *Fehling*, Die Verwaltung Bd. 35 (2002), S. 399 (402/417); *Menger*, VerwArch Bd. 65 (1974), S. 75 (80 f.);

Zielsetzung, freie wissenschaftliche Betätigung des Hochschullehrers zu garantieren, muss die akademische Selbstverwaltung durch eine funktionsgerechte Ausgestaltung Rechnung tragen.[1219] Nur wenn die individuelle Freiheit des Hochschullehrers in der Ausübung seiner Aufgaben gewahrt wird, kann auch die Freiheit der Lehre gesichert werden.[1220]

Doch jede von außen gesetzte Norm und jede Kooperation innerhalb der Hochschule verkürzt die individuelle Lehrfreiheit.[1221] In den Kernbereich der Lehrfreiheit darf zwar nicht eingegriffen werden.[1222] Entscheidungen, die den weiteren Schutzbereich der Lehrfreiheit berühren, sind jedoch nicht ausgeschlossen. Ein Eingriff erfolgt beispielsweise durch die Studien- und Prüfungsordnungen, deren Erfüllung die Hochschullehrer nachkommen müssen.[1223] Die mit der Hochschulorganisation verbundene Disposition des wissenschaftlichen Kollektivs oder der Institution darf die Lehrfreiheit aber nicht mehr als notwendig beeinträchtigen oder gänzlich aufheben. Art. 5 Abs. 3 GG schützt die Freiheit der Lehre somit auch vor Maßnahmen akademischer Organe, die ebenfalls öffentliche Gewalt ausüben.[1224] Um dies bestmöglich gewährleisten zu können,

---

*Oppermann*, JZ 1973, 433 (435); a.A. *Fehling*, Die Verwaltung Bd. 35 (2002), S. 399 (402 f.), der einen solchen Ansatz die Mitwirkungsrechte von Studenten und nichtwissenschaftlichen Mitarbeitern als systemfremd, wenn nicht sogar verfassungswidrig erachtet. Eine solche Sichtweise sei jedoch zu einseitig auf den wissenschaftlichen Kernbereich fixiert.

1219 *T. Bauer*, Wissenschaftsfreiheit in Lehre und Studium, 1980, S. 106; *Britz*, in: Dreier, GG, Bd. I, 3. Aufl. 2013, Art. 5 III (Wissenschaftsfreiheit) Rn. 87; *Geis*, in: Merten/Papier, Handbuch der Grundrechte Bd. IV, 2011, § 100 Rn. 44; *Scholz*, in: Maunz/Dürig, GG, Loseblatt, Stand September 2017, Art. 5 Abs. 3 Rn. 110; *Starck*, in: von Mangoldt/Klein/Starck, GG, Bd. 1, 6. Aufl. 2010, Art. 5 Abs. 3 Rn. 382 f.

1220 *T. Bauer*, Wissenschaftsfreiheit in Lehre und Studium, 1980, S. 106; *Kempen*, in: Epping/Hillgruber, GG, 2. Aufl. 2013, Art. 5 Rn. 196.

1221 *T. Bauer*, Wissenschaftsfreiheit in Lehre und Studium, 1980, S. 106; *Zacher*, Hochschulrecht und Verfassung, 1973, S. 23 f.

1222 BVerfGE 35, 79 ff.; *T. Bauer*, Wissenschaftsfreiheit in Lehre und Studium, 1980, S. 106.

1223 Dass in den Studien- und Prüfungsordnungen ein Eingriff in die Lehrfreiheit liegt, folgt aus dem Umstand, dass das BVerfG aus Art. 5 Abs. 3 GG Folgerungen für die Zusammensetzung von Kollegialorganen ableitet, die Entscheidungen über Fragen der Lehre und des Studiums treffen, vgl. BVerfGE 35, 79.

1224 OVG Lüneburg VerwRspr. Bd. 24 (1973), S. 774; *T. Bauer*, Wissenschaftsfreiheit in Lehre und Studium, 1980, S. 106 f.; *Weber*, in: Kaser, Festschrift für Wilhelm Felgentraeger zum 70. Geburtstag, 1969, S. 225 (256); *Zacher*, Hochschulrecht und Verfassung, 1973, S. 23 f.

wird den Hochschullehrern in den entscheidungsbefugten Gremien eine herausgehobene Stellung zugesprochen.[1225]

bbb) Subsidiarität zum Schutz der Wissenschaftsfreiheit

Die Autonomie der Hochschule sagt noch nichts über den Grad der Freiheit aus, der dem Hochschullehrer in der Universität zugesprochen wird. Dies richtet sich vielmehr nach den binnenorganisatorischen Strukturen der Universität.[1226] Qualität und Quantität der Selbstverwaltung als Betroffenenpartizipation hängen maßgeblich von den eingeräumten Mitgliedschaftsrechten im Binnenbereich der Hochschule ab.[1227] Die Zuweisung von Partizipationsmöglichkeiten an einen qualifizierten Kreis von Betroffenen bietet die Gewähr für die inhaltliche Sachgerechtigkeit wissenschaftsrelevanter Entscheidungen.[1228]

Aus der dienenden Funktion der akademischen Selbstverwaltung für das Individualrecht der Wissenschaftsfreiheit folgt, dass ein bestimmtes Minimum unmittelbarer Beteiligung der Betroffenen – ein *„hinreichendes Partizipationsniveau“*[1229] – jedenfalls im Bereich der Selbstverwaltungsaufgaben gewährleistet sein muss.[1230] Der verfassungsrechtliche Ausgangspunkt der kollektiven

---

1225 BVerfGE 35, 79 (123); *T. Bauer*, Wissenschaftsfreiheit in Lehre und Studium, 1980, S. 107; *Britz*, in: Dreier, GG, Bd. I, 3. Aufl. 2013, Art. 5 III (Wissenschaftsfreiheit) Rn. 94; *Geis*, in: Merten/Papier, Handbuch der Grundrechte, Bd. IV, 2011, § 100 Rn. 45; *Jarass*, in: Jarass/Pieroth, GG, 14. Aufl. 2016, Art. 5 Rn. 145; *Kempen*, in: Epping/Hillgruber, GG, 2. Aufl. 2013, Art. 5 Rn. 196; *Starck*, in: von Mangoldt/Klein/Starck, GG, Bd. 1, 6. Aufl. 2010, Art. 5 Abs. 3 Rn. 392.

1226 *Fehling*, Die Verwaltung Bd. 35 (2002), S. 399 (401, 405); *Geis*, in: Merten/Papier Handbuch der Grundrechte, Bd. IV, 2011, § 100 Rn. 46; *Hendler*, Selbstverwaltung als Ordnungsprinzip, 1984, S. 310; *H.-H. Trute*, Die Forschung zwischen grundrechtlicher Freiheit und staatlicher Institutionalisierung, 1994, S. 298, der betont, dass institutionelle und individuelle Autonomie nicht parallel laufen müssen.

1227 *Geis*, in: Merten/Papier, Handbuch der Grundrechte, Bd. IV, 2011, § 100 Rn. 46; *Kempen*, in: Epping/Hillgruber, GG. 2. Aufl. 2013, Art. 5 Rn. 187.

1228 Dies sei insofern von grundlegender Bedeutung, da Wissenschaft auf das ungestörte Funktionieren ihrer eigengesetzlichen Kommunikations- und Handlungsprozesse angewiesen sei, *Geis*, in: Merten/Papier, Handbuch der Grundrechte, Bd. IV, 2011, § 100 Rn. 46; *Jarass*, in: Jarass/Pieroth, GG, 14. Aufl. 2016, Art. 5 Rn. 145; *H.-H. Trute*, Die Forschung zwischen grundrechtlicher Freiheit und staatlicher Institutionalisierung, 1994, S. 313.

1229 *Fehling*, Die Verwaltung Bd. 35 (2002), S. 399 (404); *Geis*, in: Merten/Papier, Handbuch der Grundrechte, Bd. IV, 2011, § 100 Rn. 47.

1230 *Geis*, in: Eberle, Festschrift für Winfried Brohm zum 70. Geburtstag 2002, S. 297 (299); *Geis*, in: Merten/Papier, Handbuch der Grundrechte, Bd. IV, 2011, § 100 Rn. 47; *Kempen*, in: Epping/Hillgruber, GG, 2. Aufl. 2013, Art. 5 Rn. 187.

Autonomie muss in der individuellen Freiheit des Hochschullehrers liegen.[1231] Eine Einschränkung darf nur erfolgen, soweit die Organisation des Wissenschaftsbetriebs kollektive Regelungen unausweichlich erfordert.[1232]

Der Staat muss Infrastrukturen schaffen, welche die grundrechtliche Freiheit der Entfaltung der Hochschullehrer sichern.[1233] Erst wenn kollektive Kompetenzen zur Aufgabenerfüllung der Hochschule zwingend erforderlich sind, dürfen sie eingerichtet werden. Zudem muss die Übertragung einer Kompetenz auf einen kollektiven Entscheidungsträger in jedem Einzelfall gerechtfertigt sein und darf nicht weiter gehen, als es zur Aufgabenerfüllung der Hochschule erforderlich ist.[1234] Jede Verlagerung der Entscheidungskompetenz in wissenschaftsrelevanten Angelegenheiten auf eine höhere Organisationsebene verringert das aus dem Grundrecht der Wissenschaftsfreiheit folgende Recht des Hochschullehrers, auf wissenschaftliche Entscheidungen Einfluss zu nehmen.[1235]

Der Grundsatz der Subsidiarität erweist sich somit im Bereich der Hochschulorganisation als ein Weg zum Schutz der Wissenschaftsfreiheit der

---

1231 Kollektive Autonomie könne sich nicht darin begründen, dass das Recht der Wissenschaftsfreiheit der Hochschule oder den Hochschullehrern „zur gesamten Hand“ zustünde, so BVerfGE 35, 79 (123). Es dürfe auch nicht versucht werden, die Gewährleistung der individuellen Freiheit durch mehr Autonomie der Hochschulen insgesamt ersetzen zu wollen; *Fehling*, Die Verwaltung Bd. 35 (2002), S. 399 (417); *Fehling*, in: Kahl/Waldhoff/Walter, Bonner Kommentar zum Grundgesetz, Loseblatt, Stand März 2004, Art. 5 Abs. 3 (Wissenschaftsfreiheit) Rn. 21; *Geis*, WissR Bd. 37 (2004), S. 2 (16); *Schmitt-Assmann*, in: Becker/Bull/Seewald, Festschrift für Werner Thieme zum 70. Geburtstag, 1993, S. 697 (710).

1232 *T. Bauer*, Wissenschaftsfreiheit in Lehre und Studium, 1980, S. 108; *Britz*, in: Dreier, GG, Bd. I, 3. Aufl. 2013, Art. 5 III (Wissenschaftsfreiheit) Rn. 87; *Schmidt-Aßmann*, in: Becker/Bull/Seewald, Festschrift für Werner Thieme zum 70. Geburtstag, 1993, S. 697 (698 f.); *H.-H. Trute*, Die Forschung zwischen grundrechtlicher Freiheit und staatlicher Institutionalisierung, 1994, S. 302 f.

1233 *Dreier*, in: Dreier, GG, Bd. I, 3. Aufl. 2013, Vorb. vor Art. 1 Rn. 67; *Geis*, in: Merten/Papier, Handbuch der Grundrechte, Bd. IV, 2011, § 100 Rn. 47.

1234 *T. Bauer*, Wissenschaftsfreiheit in Lehre und Studium, 1980, S. 108.

1235 *T. Bauer*, Wissenschaftsfreiheit in Lehre und Studium, 1980, S. 109, verweist darauf, dass sich dieser Umstand besonders negativ auf die Universitäten auswirken könne. Sie würden keine hierarchisch gegliederten Institutionen darstellen, in denen der Vorgesetze aufgrund seines Weisungsrechtes Zugriff auf die Sachkenntnis seiner Untergebenen hätte und sich daher in der Umsetzung seiner Verantwortung deren Sachkenntnis bedienen könne.

Hochschullehrer.[1236] Es sind zunächst die unteren Organisationen berechtigt und verpflichtet, im Rahmen ihrer Möglichkeiten die Selbstkoordination im wissenschaftlichen Bereich von Lehre und Studium vorzunehmen. Erst wenn die Aufgaben auf der unteren Ebene nicht mehr gleichwertig erfüllt werden können, darf die nächsthöhere Ebene Zuständigkeiten erhalten.[1237]

#### ccc) Folgen für die hochschulinterne Verteilung der Kompetenzen auf der Grundlage der verfassungsrechtlichen Vorgaben

Es entspricht dem Grundsatz der subsidiären Kompetenzzuweisung, wenn der Fachbereich in seinem Gebiet die Aufgaben der Hochschule eigenverantwortlich erfüllt. Dies gilt insbesondere für den Bereich des akademischen Unterrichts.[1238] Da es sich bei dem Erlass von Studien- und Prüfungsordnungen um fachbezogene Angelegenheiten handelt,[1239] müssen innerhalb der Hochschule grundsätzlich die Fakultäten zuständig sein.[1240]

Hierfür spricht auch der Umstand, dass wissenschaftsrelevante Entscheidungen durch wissenschaftlichen Sachverstand legitimiert sein müssen.[1241] Den Angehörigen desselben Fachbereichs muss die Entscheidung wissenschaftsrelevanter Angelegenheiten in ihrer Fakultät vorbehalten bleiben.[1242] Eine

---

1236 *T. Bauer*, Wissenschaftsfreiheit in Lehre und Studium, 1980, S. 110; *Geis*, in: Merten/Papier, Handbuch der Grundrechte, Bd. IV, 2011, § 100 Rn. 47.

1237 *T. Bauer*, Wissenschaftsfreiheit in Lehre und Studium, 1980, S. 110 f.

1238 BVerwG Buchholz 421.2 Nr. 107 S. 70; *T. Bauer*, Wissenschaftsfreiheit in Lehre und Studium, 1980, S. 111 f.

1239 Hierzu gehören insbesondere die Regelungen über die Prüfungszulassungsvoraussetzungen, den Zweck der Prüfung, die Anforderungen in der Prüfung, die Gegenstände der Prüfungen und die Festlegungen in Bezug auf Form, Zahl, Art und Umfang der Prüfungsleistungen, BVerfGE 35, 123.

1240 OVG Münster WissR 1984, 295 (297); *T. Bauer*, Wissenschaftsfreiheit in Lehre und Studium, 1980, S. 111; *Bolte*, Kompetenzen und Kompetenzabgrenzung im Hochschulinnenbereich, 1990, S. 104; *Hänsch*, Die Rechtstellung der Fakultäten/Fachbereiche in der Hochschule, 1996, S. 84 f.; *Maurer*, WissR Bd. 10 (1977), S. 193 (208 f.); *Maurer*, in: Flämig/u.a., Handbuch des Wissenschaftsrechts, Bd. 1, 2. Aufl. 1996, S. 765 f.; *von Mangoldt*, Universität und Staat, 1979, S. 32; *Lorenz*, JZ 1981, 113 (115); *Salzwedel*, in: Flämig/u.a., Handbuch des Wissenschaftsrechts, Bd. 1, 2. Aufl. 1996, S. 725; *Thieme*, Deutsches Hochschulrecht, 3. Aufl. 2004, Rn. 380; *Waldeyer*, in: Hailbronner/Geis, Hochschulrecht in Bund und Ländern, Bd. 1, Loseblatt, Stand September 2004, § 16 Rn. 7.

1241 BVerfGE 111, 333 (354).

1242 BVerfGE 35, 79 (131), so auch: *Lindner*, WissR Bd. 40 (2007), S. 254 (279); *Maurer*, WissR Bd. 10 (1977), 193 (214 f.).

Einflussnahme von dritter Seite ist auszuschließen. Hiervon ausgenommen sind lediglich Fragen, die gemeinsam für alle oder mehrere Fachbereiche zu regeln sind.[1243]

Insoweit kann auch der Ansicht von *A. Reich*,[1244] der Senat sei wegen seines originären Rechtsetzungsrechts an die Vorschläge des Fachbereichs nicht gebunden, nicht zugestimmt werden.[1245] Dies läuft nicht nur dem Grundsatz der subsidiären Kompetenzzuweisung zuwider, es ist auch mit Art. 5 Abs. 3 GG nicht vereinbar, wenn wissenschaftsrelevante Entscheidungen wissenschaftsfremd getroffen werden.[1246] Genau dies ist aber der Fall, wenn auf der Ebene des Senats fachspezifische Fragen von Hochschulmitgliedern ohne einschlägige wissenschaftliche Qualifikation entschieden werden.[1247]

Das aus Art. 5 Abs. 3 GG folgende Postulat wissenschaftsgerechter Entscheidungsstrukturen verlangt die Mitwirkung der Fachbereiche auf dem Gebiet von Lehre und Studium. Deshalb muss den Fachvertretern der Fachbereiche nicht nur eine Beurteilungsprärogative bei der Beurteilung spezifischer wissenschaftlicher Fachfragen zugebilligt werden, sondern auch eine substantielle Einflussnahme auf den Inhalt der Ordnungen.[1248]

### bb) Die Regelungen im Landesrecht

Dem Erfordernis, dass den Fachvertretern eine Beurteilungsprärogative bei wissenschaftlichen Fachfragen und eine substanzielle Einflussnahme auf den Inhalt der Studien- und Prüfungsordnungen zustehen muss, sind die Länder in unterschiedlicher Weise nachgekommen. Daher kann eine pauschale Aussage, wie die Zuständigkeiten für den Erlass von Studien- und Prüfungsordnungen

---

1243 *Maurer*, WissR Bd. 10 (1977), 193 (214 f.).

1244 *Reich*, Bayrisches Hochschulgesetz, 4. Aufl. 1999, Art. 81 Rn. 33.

1245 *Maurer*, in: Flämig/u.a., Handbuch des Wissenschaftsrechts, Bd. 1, 2. Aufl. 1996, S. 766 Fn. 54; *Waldeyer*, in: Hailbronner/Geis, Hochschulrecht in Bund und Ländern, Bd. 1, Loseblatt, Stand September 2004, § 16 Rn. 7.

1246 BVerwG Buchholz 421.2 Nr. 7, S. 70; *T. Bauer*, Wissenschaftsfreiheit in Lehre und Studium, 1980, S. 111; *Waldeyer*, in: Hailbronner/Geis, Hochschulrecht in Bund und Ländern, Bd. 1, Loseblatt, Stand September 2004, § 16 Rn. 7.

1247 *Bolte*, Kompetenzen und Kompetenzabgrenzungen im Hochschulinnenbereich, 1990, S. 170 f., 184 f.; *Maurer*, WissR Bd. 10 (1977), S. 193 (214 ff.); *Thieme*, Deutsches Hochschulrecht, 3. Aufl. 2004, Rn. 421; *Waldeyer*, in: Hailbronner/Geis, Hochschulrecht in Bund und Ländern, Bd. 1, Loseblatt, Stand September 2004, § 16 Rn. 7.

1248 *T. Bauer*, Wissenschaftsfreiheit in Lehre und Studium, 1980, S. 112; *Knöpfle*, in: König/Wagener/Laubinger, Festschrift für Carl Herman Ule zum 70. Geburtstag, 1977, S. 311 (330).

einfachgesetzlich geregelt sind, nicht getroffen werden. Es bedarf vielmehr einer nach den Landeshochschulgesetzen differenzierenden Betrachtung.

aaa) Baden-Württemberg

In Baden-Württemberg werden Prüfungsordnungen als Satzungen erlassen und bedürfen der Zustimmung des Rektors.[1249] Damit ist zwar noch keine Aussage über die hochschulinterne Zuständigkeit getroffen. Aus § 22 Abs. 1 LHG BW folgt aber, dass die Fakultäten in ihrem Bereich die Aufgaben der Hochschule wahrnehmen. Ferner ergibt sich aus § 25 Abs. 1 Nr. 3 LHG BW, dass die Studien- und Prüfungsordnungen der Fakultät der Zustimmung des Fakultätsrats im Einvernehmen mit der zuständigen Studienkommission bedürfen.

bbb) Bayern

In Bayern werden die Prüfungsordnungen ebenfalls als Satzungen erlassen, benötigen aber die Genehmigung des Präsidenten.[1250] Aus Art. 27 Abs. 1 S. 3 HSchGBay folgt die Zuständigkeit der Fakultäten für den Erlass.

ccc) Berlin

In Berlin erlässt die Hochschule eine Rahmenprüfungsordnung, § 31 Abs. 1 BerlHG.[1251] Einzelheiten zum jeweiligen Studiengang regelt nach Satz 4 der Vorschrift die Hochschule in der betreffenden Prüfungsordnung. Eine detailliertere Regelung findet sich im Hochschulgesetz Berlin nicht. Aus § 71 Abs. 1 Nr. 1 BerlHG geht lediglich hervor, dass der Fachbereichsrat für den Erlass von Satzungen des Fachbereichs zuständig ist.

ddd) Brandenburg

Eine genauere Regelung findet sich demgegenüber in Brandenburg. Dort ist in § 22 Abs. 1 S. 1 BdgHG vorgesehen, dass Hochschulprüfungen aufgrund von Prüfungsordnungen der Fachbereiche und der Rahmenprüfungsordnung abgelegt werden.[1252] Die Prüfungsordnungen werden vom Fachbereich erlassen und bedürfen der Genehmigung des Präsidenten,[1253] die Rahmenprüfungsordnungen legen dagegen die Hochschulen fest. Sie bedürfen neben der Genehmigung des Präsidenten auch die Zustimmung der obersten Landesbehörde.[1254]

---

1249 § 32 Abs. 3 S. 1 LHG BW.
1250 Art. 61 Abs. 2 S. 1 HSchGBay.
1251 § 31 Abs. 1 S. 1 BerlHG.
1252 § 22 Abs. 1 S. 1 BdgHG.
1253 § 22 Abs. 2 S. 1 BdgHG.
1254 § 23 Abs. 1 S. 1 BdgHG.

eee) Bremen

In Bremen können Prüfungen nur aufgrund vom Rektor genehmigter Prüfungsordnungen abgenommen werden.[1255] Nach § 87 S. 1 Nr. 1 BremHG beschließt der Fachbereichsrat fachspezifische Teile der Prüfungsordnungen.

fff) Hamburg

In Hamburg werden die Prüfungsordnungen vom Fakultätsrat erlassen und bedürfen der Genehmigung des Präsidiums.[1256] Darüber hinaus kann der Senat durch Rechtsverordnung im Benehmen mit der Hochschule Rahmendaten für Studium und Prüfungen vorgeben.[1257]

ggg) Hessen

In Hessen ist der Fachbereichsrat zuständig für den Erlass der Prüfungsordnungen nach Anhörung des Fachschaftsrats.[1258] Prüfungsordnungen werden als Satzungen erlassen und müssen vom Präsidium genehmigt werden. Die für die jeweiligen Prüfungsverfahren übereinstimmend geltenden Regelungen werden von den Hochschulen durch Satzung festgelegt.[1259]

hhh) Mecklenburg-Vorpommern

Prüfungsordnungen werden in Mecklenburg-Vorpommern vom Senat nach Anhörung des zuständigen Organs der Studierendenschaft als Satzungen beschlossen und vom Rektor genehmigt. Die Hochschule erlässt zudem die Prüfungsordnung auf der Grundlage einer Rahmenprüfungsordnung der Hochschule.[1260] In § 91 Abs. 1 S. 1 LHG M-V ist geregelt, dass grundsätzliche Angelegenheiten von Studium und Lehre durch den Fachbereichsrat geregelt werden.

iii) Niedersachsen

In Niedersachsen beschließt der Fakultätsrat die Prüfungsordnungen, welche der Genehmigung des Präsidiums bedürfen.[1261]

---

1255 § 62 Abs. 1 S. 1 BremHG.
1256 §§ 60 Abs. 2, 3, 91 Abs. 2, 108 HmbHG.
1257 § 48 S. 1 HmbHG.
1258 § 44 Abs. 1 S. 1 HessHG.
1259 § 20 Abs. 1 S. 1, 2 HessHG.
1260 § 38 Abs. 1 LHG M-V.
1261 § 44 Abs. 1 S. 2, 3 NdsHG.

#### jjj) Nordrhein-Westfalen

Nach Überprüfung durch das Rektorat werden Prüfungsordnungen in Nordrhein-Westfalen vom Fachbereichsrat auf Vorschlag des Studienbeirats erlassen.[1262]

#### kkk) Rheinland-Pfalz

In Rheinland-Pfalz gibt sich die Hochschule eine Ordnung für Hochschulprüfungen. Diese werden von dem Präsidenten genehmigt und sind dem fachlich zuständigen Ministerium anzuzeigen.[1263] Aus § 86 Abs. 2 Nr. 3 HSchGRPf folgt die Zuständigkeit des Fachbereichs.

#### lll) Saarland

Im Saarland beschließt der Senat auf Vorlage des Universitätspräsidiums studiengangübergreifende Rahmenprüfungsordnungen. Die Rahmenprüfungsordnungen bedürfen der Zustimmung des Ministerpräsidenten. Die Fakultäten erlassen wiederum mit Zustimmung des Universitätspräsidiums Prüfungsordnungen für einzelne Studiengänge, die den Rahmenprüfungsordnungen entsprechen müssen.[1264]

#### mmm) Sachsen

In Sachsen werden die Prüfungsordnungen durch den Fakultätsrat erlassen. Sie bedürfen allerdings der Genehmigung des Rektorates.[1265]

#### nnn) Sachsen-Anhalt

Prüfungsordnungen werden in Sachsen-Anhalt als Satzungen der Hochschule beschlossen und bedürfen der Genehmigung des Rektors.[1266] Ferner wird das Ministerium ermächtigt, zur Wahrung der Einheitlichkeit und Gleichwertigkeit von Hochschulprüfungen durch Verordnung allgemeine Bestimmungen, die das Prüfungsverfahren regeln, zu erlassen.[1267] Nach § 77 Abs. 2 S. 5 Nr. 1 HSG LSA entscheidet der Fakultätsrat über Prüfungsordnungen.

#### ooo) Schleswig-Holstein

In Schleswig-Holstein werden Prüfungsordnungen als Satzungen der Fachbereiche erlassen und vom Präsidium genehmigt, sofern nicht durch Rechtsvorschrift

---

1262 § 64 Abs. 1 S. 1 HG NRW.

1263 § 7 Abs. 2 Nr. 2, Abs. 3 HSchGRPf.

1264 § 59 UG SA.

1265 § 13 Abs. 4 i.V.m. § 34 Abs. 1 SächsHG.

1266 § 13 Abs. 1 S. 1 HSG LSA.

1267 § 13 Abs. 1 S. 3 HSG LSA.

etwas anderes bestimmt ist. Der Senat kann für alle Studiengänge der Hochschule in einer Satzung nach Anhörung der Fachbereiche fachübergreifende Bestimmungen für die Prüfungen und das Prüfungsverfahren (Prüfungsverfahrensordnung) erlassen, soweit einheitliche Studien- und Prüfungsbestimmungen unerlässlich sind.[1268]

ppp) Thüringen

In Thüringen ist vorgesehen, dass der Senat nach Anhörung der Fachbereiche Rahmenprüfungsordnungen erlassen kann.[1269] Nach § 34 Abs. 3 ThürHG geben sich die Fachbereiche eigene Prüfungsordnungen.

qqq) Zusammenfassung

Zusammenfassend ist also festzustellen, dass die Prüfungsordnungen überwiegend von den Fachbereichen erlassen werden. Lediglich aus den Hochschulgesetzen der Länder Bayern[1270] und Berlin ergibt sich eine Zuständigkeit der Hochschule. Die verfassungsrechtlichen Vorgaben setzen den Erlass von Studien- und Prüfungsordnungen durch den Fakultätsrat auch nicht zwingend voraus. Der Fakultät wird aber regelmäßig ein Vorschlagsrecht zugesprochen.[1271] Das Recht der Hochschule, Prüfungsordnungen zu erlassen, verstößt somit nicht gegen die Verfassung.[1272] Der Gesetzgeber kann den Beschluss von Studien- und Prüfungsordnungen durch den Senat vorsehen, sofern die Vorgaben des Fachbereichs zu wissenschaftsrelevanten Fragen explizit berücksichtigt werden.[1273]

---

1268 § 52 Abs. 1 HSG SH.

1269 § 49 Abs. 1 S. 2 i.V.m. § 34 Abs. 1 ThürHG.

1270 Für die Beschlussfassung ist nach Art. 31 Abs. 2 S. 1 HSchGBay in der Regel ein Vorschlag des Fakultätsrats vorausgehen. Die Beschränkung der Fakultäten auf die Ausarbeitung steht mit der Wissenschaftsfreiheit in Einklang; BVerwG DÖV 1986, 212; OVG Münster WissR Bd. 17 (1984), S. 295 (297); *Reich*, Bayerisches Hochschulgesetz, 5. Aufl. 2007, Art. 61 Rn. 7.

1271 BVerwG DÖV 1986, 212; OVG Münster WissR Bd. 17 (1984), S. 295 (297); *Reich*, Bayerisches Hochschulgesetz, 5. Aufl. 2007, Art. 61 Rn. 7; *Weber*, in: Leuze/Epping, HG NRW, 4. EGL Februar 2007, § 64 Rn. 10.

1272 OVG Münster DÖV 1979, 418; *Reich*, Bayerisches Hochschulgesetz, 5. Aufl. 2007, Art. 61 Rn. 7; zweifelnd *Becker*, NJW 1990, 273 (275).

1273 Über dieses Vorschlagsrecht dürfe sich auch nur hinweggesetzt werden, wenn und soweit es ausschließlich oder ganz überwiegend nicht um fachspezifische Fragen, sondern darum gehe, das allgemeine Prüfungsverfahrensrecht innerhalb der Hochschule zu vereinheitlichen oder zu einer Gleichwertigkeit der Studienabschlüsse zu gelangen und diese zu sichern, *Schnellenbach*, in: Hartmer/Detmer, Hochschulrecht, 3. Aufl. 2017, Kap. 12 Rn. 17; *Weber*, in: Leuze/Epping, HG NRW, 4. EGL Februar 2007, § 64 Rn. 10.

Der Erlass von Studien- und Prüfungsordnungen durch die Fakultäten hat jedoch den Vorteil, dass sich der wissenschaftliche Sachverstand des Fachbereichs im hochschulinternen Entscheidungsverfahren besser durchsetzen kann.[1274] An diesem Umstand ändert sich auch nichts, wenn die Hochschulgesetze die Genehmigung der Prüfungsordnungen von Seiten der Hochschule vorsehen. Entgegen der Auffassung von *Schrimpf*[1275] entsteht mangels inhaltlichen Gestaltungsrechts des Senats kein gleichrangiges Verhältnis zu den Fakultäten.[1276] Die fachspezifischen Beurteilungsaspekte verbleiben stets bei den Fakultäten, der Mitwirkungskompetenz der nach dem Landeshochschulgesetz zuständigen Stelle kommt lediglich eine Koordinierungsfunktion zu.[1277]

Im Hinblick auf die verfassungsrechtlichen Vorgaben des Art. 5 Abs. 3 GG darf sich die Hochschule nicht über den Vorschlag des Fachbereichs hinwegsetzen.[1278] Etwas anderes gilt nur, soweit es um die Vereinheitlichung des allgemeinen Prüfungsverfahrensrechts oder die Gewährleistung der Gleichwertigkeit der Studienabschlüsse geht.[1279] In diesem Fall darf die Hochschule abweichende Regelungen treffen, solange diese Regelungen nicht dazu genutzt werden, der Fakultät eine nach ihrem Verständnis inadäquate Ordnung aufzudrängen.[1280]

---

1274 *Waldeyer*, in: Hailbronner/Geis, Hochschulrecht in Bund und Ländern, Bd. 1, Loseblatt, Stand September 2004, § 16 Rn. 8; *Weber*, in: Leuze/Epping, HG NRW, 4. EGL Februar 2007, § 64 Rn. 12.

1275 *Schrimpf*, in: Denninger, HRG, 1984, § 63 Rn. 41.

1276 Vor der Föderalismusreform konnte der Senat durch die Verweigerung seiner Zustimmung die Weiterleitung der Prüfungsordnung an die nach Landesrecht zuständigen Stellen verhindern, *Waldeyer*, in: Hailbronner/Geis, Hochschulrecht in Bund und Ländern, Bd. 1, Loseblatt, Stand September 2004, § 16 Rn. 9; ähnlich auch der Gedanke bei *Bolte*, Kompetenzen und Kompetenzabgrenzung im Hochschulinnenbereich, 1990, S. 185.

1277 *Waldeyer*, in: Hailbronner/Geis, Hochschulrecht in Bund und Ländern, Bd. 1, Loseblatt, Stand September 2004, § 16 Rn. 9.

1278 *T. Bauer*, Wissenschaftsfreiheit in Lehre und Studium, 1980, S. 112; *Knöpfle*, in: König/Laubinger/Wagener, Festschrift Ule zum 70. Geburtstag, 1977, S. 311 (330 f.); *Waldeyer*, in: Hailbronner/Geis, Hochschulrecht in Bund und Ländern, Bd. 1, Loseblatt, Stand September 2004, § 16 Rn. 9; a.A. *Bolte*, Kompetenzen und Kompetenzabgrenzung im Hochschulinnenbereich, 1990, S. 185.

1279 *Schnellenbach*, in: Hartmer/Detmer, Hochschulrecht, 3. Aufl. 2017, Kap. 12 Rn. 17; *Weber*, in: Leuze/Epping, HG NRW, 4. EGL Februar 2007, § 64 Rn. 12.

1280 *Maurer*, in: Flämig/u.a., Handbuch des Wissenschaftsrechts, Bd. 1, 2. Aufl. 1996, S. 765 f.; *Waldeyer*, in: Hailbronner/Geis, Hochschulrecht in Bund und Ländern, Bd. 1, Loseblatt, Stand September 2004, § 16 Rn. 7.

Von dem einfachgesetzlichen Recht der Fakultäten, Studien- und Prüfungsordnungen zu erlassen, ist auch das Recht umfasst, die Anwesenheitspflichten zu normieren. Fakultäten können sowohl für gewisse Lehrveranstaltungen eine Präsenzpflicht anordnen, als auch die Anwesenheitspflicht zu einer Voraussetzung für die Zulassung zur Prüfung erklären oder die Anwesenheitspflicht selbst als Prüfungsleistung festlegen.

Denkbar ist auch, dass Anwesenheitspflichten in Rahmenprüfungsordnungen geregelt werden. Allerdings werden in diesen Ordnungen grundsätzlich nur fachübergreifende Regelungen im Hinblick auf die Organisation getroffen, die fakultätsungebunden festgelegt werden können. Da Anwesenheitspflichten in der Regel aber fachspezifisch und im Zusammenhang mit dem Lernziel angeordnet werden, kommt eine Normierung in den Rahmenprüfungsordnungen nicht in Betracht.

So richtet sich die Rechtmäßigkeit von Anwesenheitspflichten in der Regel nach der Art der Lehrveranstaltung und den Anforderungen, die an die Prüfungen gestellt werden. Es hängt aber wiederum von dem einzelnen Studiengang ab, welche Form von Lehrveranstaltungen vorgesehen sind, um das Lernziel zu erreichen. So gibt es beispielsweise Studiengänge, in denen die Lerninhalte grundsätzlich in Vorlesungen vermittelt werden. In solchen Studiengängen stellt die Anordnung von Anwesenheitspflichten grundsätzlich einen Eingriff in die Lern- und Studierfreiheit dar. Sieht demgegenüber ein Studiengang überwiegend die Teilnahme an Praktika, Übungen oder Seminaren vor, so greift die Anordnung der Anwesenheit nicht in die Lern- und Studierfreiheit ein.

Gleiches gilt auch im Hinblick auf die Festsetzung einer Prüfungsleistung. Während in machen Studiengängen hauptsächlich Inhalte vermittelt werden, die sich in einer Klausur nicht abfragen lassen, ist dies in anderen Studiengängen problemlos möglich. Die Anordnung von Anwesenheitspflichten ist vor allem in solchen Lehrveranstaltungen, in denen die Präsenz den einzigen Anhaltspunkt für das Erreichen der Lernziele darstellt, gerechtfertigt.

Im Ergebnis entspricht es daher den verfassungsrechtlichen Anforderungen, dass den Fakultäten auf einfachgesetzlicher Ebene das Recht zugesprochen wird, Studien- und Prüfungsordnungen zu erlassen. Dadurch sind sie gleichzeitig auch zur Regelung von Anwesenheitspflichten ermächtigt.

### *b) Das Erfordernis der Genehmigung durch die nach Landesrecht zuständige Stelle*

Während vor der Föderalismusreform die Hochschulprüfungsordnungen nach § 16 Abs. 1 HRG noch einer Genehmigung der nach Landesrecht zuständigen

Stelle bedurften, können nunmehr die Länder ein solches Erfordernis selbstständig festlegen.[1281]

Die vorherige Auswertung hat ergeben, dass nach wie vor das Landesrecht vorsehen kann, dass für den Erlass einer Prüfungsordnung die ministerielle Genehmigung erforderlich ist.[1282] Grund hierfür ist, dass der Erlass von Studien- und Prüfungsordnungen in den Kooperationsbereich fällt.[1283] Die Prüfungsordnungen gehören einerseits zu den wissenschaftsrelevanten Angelegenheiten und unterliegen andererseits der staatlichen Verantwortung für die Berufsausbildung.[1284] Der für die Hochschulen zuständige Minister darf die Genehmigung jedoch nur aus rechtlichen Gründen versagen,[1285] sofern diese in seinen Verantwortungsbereich fallen.[1286] Es handelt sich um eine besondere Form des Zusammenwirkens. Die Satzungsautonomie von Hochschulen und Fakultäten wird durch einen eigenen Entscheidungsanteil des Staates begrenzt.[1287] Das Erfordernis einer ministeriellen Genehmigung ist allerdings nur noch selten im

1281 Eine einheitliche Gesetzeslage hinsichtlich dieses Erfordernisses sei jedoch bereits zu Zeiten des HRG nicht festzustellen gewesen. Die Länder hätten in ihren Hochschulgesetzen den Katalog möglicher genehmigungsbedürftiger korporativer Rechtsetzungsakte der wissenschaftlichen Hochschule bereits verschieden abgegrenzt; *Gallas*, Die Staatsaufsicht über die wissenschaftlichen Hochschulen, 1976, S. 141.

1282 So sah es auch § 16 Abs. 1 S. 1 HRG a.F. vor. Dieser stellte nach der herrschenden Meinung eine besondere Form des Zusammenwirkens von Land und Hochschule dar, *Leuze*, in: Leuze/Bender, Gesetze über die wissenschaftlichen Hochschulen des Landes Nordrhein-Westfalen, Loseblatt, Stand 1993, § 108 Rn. 5a; *Leuze*, DÖD 1993, 1 (6).

1283 Siehe dazu Teil 5 II. 1. b) cc) aaa).

1284 *Waldeyer*, in: Hailbronner/Geis, Hochschulrecht in Bund und Ländern, Bd. 1, Loseblatt, Stand September 2004, § 16 Rn. 10.

1285 Sofern Versagungsgründe gesetzlich festgelegt seien, seien diese an Art. 5 Abs. 3 GG zu messen und auszulegen, so dass auch in diesem Fall die Genehmigung wegen Verstoßes gegen Rechtsvorschriften verweigert werden dürfe, *Hänsch*, Die Rechtstellung der Fakultäten/Fachbereiche in der Hochschule, 1996, S. 85; *Kluge*, Die Universität-Selbstverwaltung, S. 218 ff.

1286 *Geis*, in: Hailbronner/Geis, Hochschulrecht in Bund und Ländern, Bd. 1, Loseblatt, Stand Mai 2001, § 58 Rn. 71; *Hänsch*, Die Rechtstellung der Fakultäten/Fachbereiche in der Hochschule, 1996, S. 85; *Thieme*, Deutsches Hochschulrecht, 3. Aufl. 2004, Rn. 380; *Waldeyer*, in: Hailbronner/Geis, Hochschulrecht in Bund und Ländern, Bd. 1, Loseblatt, Stand September 2004, § 16 Rn. 14.

1287 *Hailbronner/Calliess*, DÖV 1996, 345 (348); *Lüthje*, in: Denninger, HRG, 1984, § 60 Rn. 1; *Schröder*, WissR Bd. 18 (1985), S. 199 (200 ff.).

Hochschulgesetz vorgesehen. Lediglich in Brandenburg und im Saarland wird für den Erlass von Prüfungsordnungen die ministerielle Genehmigung verlangt.[1288]

Der Landesgesetzgeber kann die Genehmigung der Hochschulprüfungsordnung aber auch dem Rektor der Hochschule als Staatsaufgabe übertragen. Eine solche Regelung findet sich im Hochschulgesetz Baden-Württemberg.[1289] Gegenüber der ministeriellen Genehmigung führt diese Regelung zu einem Eingriff von geringerer Intensität in die Satzungsautonomie der Fakultäten. Grund hierfür ist, dass der Bezug des Rektors zur Lehre näher ist als von ministerieller Seite.

Letztlich können die Landeshochschulgesetze das Satzungsrecht auch vollständig dem Verantwortungsbereich der Hochschulen überlassen. Auf diese Weise wird das Selbstverwaltungsrecht der Hochschulen ausgeweitet und ihnen bei der Gestaltung ihrer Satzungen mehr Freiheiten eingeräumt werden.[1290]

Wie das Satzungsrecht in Bezug auf den Erlass von Prüfungsordnungen inneruniversitär verteilt ist, lässt sich zwar nicht einheitlich für alle Länder beantworten.[1291] Überwiegend sind aber die Fakultäten für den Erlass von Prüfungsordnungen zuständig. Um dennoch eine präventive Rechtsaufsicht sicherzustellen, bedarf es zum Wirksamwerden der Studien- und Prüfungsordnungen der Genehmigung der nach Landerecht zuständigen Stelle.

So bedürfen Prüfungsordnungen in Bayern, Brandenburg und Rheinland-Pfalz der Genehmigung des Präsidenten.[1292] In Hamburg, Hessen, Niedersachen, Schleswig-Holstein und dem Saarland muss die Genehmigung durch das Präsidium erfolgen.[1293] In Baden-Württemberg, Bremen, Nordrhein-Westfalen, Sachsen und Sachsen-Anhalt ist dagegen der Rektor für die Genehmigung der Prüfungsordnung zuständig.[1294] In Mecklenburg-Vorpommern wiederum

---

1288 § 23 Abs. 2 BdgHG; § 59 Abs. 1 S. 1 UG SA.

1289 LT-Drs. 12/4404, S. 247 Nr. 47a; *Kalous*, in: Haug, Das Hochschulrecht in Baden-Württemberg, 2. Aufl. 2009, Kap. 3 Rn. 652.

1290 LT Brandenburg-Drs. 2/5977, S. 56; BerlVerfHG WissR Bd. 38 (2005), S. 67 (72); *Herrmann*, in: Knopp/Peine/Topel, Brandenburgisches Hochschulgesetz, 3. Aufl. 2018, § 22 Rn. 9.

1291 Siehe oben Teil 5 A. II. 3. a) bb).

1292 Art. 61 Abs. 2 S. 1 HSchGBay; § 22 Abs. 2 S. 1 BdgHG; § 7 Abs. 2 Nr. 2 HSchGRPf.

1293 § 108 Abs. 1 HmbHG; § 20 Abs. 1 HessHG; § 44 Abs. 1 S. 3 NdsHG; § 59 UG SA; § 52 Abs. 1 HSG SH.

1294 § 62 Abs. 1 S. 1BremHG; § 64 Abs. 1 S. 1 HG NRW; § 13 Abs. 4 SächsHG; § 13 Abs. 1 S. 1 HSG LSA.

obliegt die Genehmigung dem Senat.[1295] Lediglich in Berlin und Thüringen ist keine Genehmigung der Prüfungsordnungen explizit vorgesehen.

Uneinig ist man sich jedoch darüber, ob dem für die Genehmigung zuständigen Hochschulorgan lediglich eine Rechtmäßigkeitskontrolle zusteht oder ob es auch Zweckmäßigkeitserwägungen anstellen darf. So wird vertreten, dass Prüfungsordnungen nur zu genehmigen sind, wenn ihre Praktikabilität und Zweckmäßigkeit gesichert und der Erlass mit allen Einrichtungen, die am jeweiligen Studiengang mitwirken, abgestimmt ist. Die Genehmigung sei notwendig, um die Vergleichbarkeit von Prüfungsordnungen zu gewährleisten und deren Rechtmäßigkeit und Qualität zu kontrollieren. Um dies zu garantieren, müsse die zuständige Stelle vor der Erteilung der Genehmigung auch Zweckmäßigkeitserwägungen anstellen dürfen.[1296]

Gegen diese Auffassung lässt sich jedoch einwenden, dass die Zuständigkeit zum Erlass von Prüfungsordnungen den Fachbereichen übertragen wurde, um wissenschaftsfremde Überlegungen auszuschließen.[1297] Eine Zweckmäßigkeitskontrolle würde dem zuwiderlaufen. Anders als das für die Genehmigung zuständige Organ verfügen die Fakultäten über den fachlichen und fachnahen Sachverstand, der Voraussetzung für die Festlegung von Inhalten ist. Die Genehmigung kann daher nicht mehr als eine Rechtmäßigkeitskontrolle umfassen.[1298] Dafür spricht auch, dass es der Hochschulleitung unbenommen bleibt, in einer Rahmenordnung die Grundsätze für das Aufstellen von Prüfungsordnungen zu regeln.[1299]

---

1295 § 38 Abs. 1 LHG M-V.

1296 Lt-Drs. 4/12712, Begründung, S. 52; *Brüggen*, in: Brüggen, Handbuch des Sächsischen Hochschulrechts, 2011, § 13 Rn. 258 (insbesondere in Bezug auf *Grimm*, in: Nolden/Rottmann/Brinktrine/Kurz, Sächsisches Hochschulgesetz, 2010, § 88 S. 423); *Nolden*, in: Nolden/Rottmann/Brinktrine/Kurz, Sächsisches Hochschulgesetz, 2010, § 13 S. 93.

1297 *Karpen/Freund,* Hochschulgesetzgebung und Hochschulautonomie, 1992, S. 577; *Oebbecke*, NWVBl. 1995, 243; *Salzwedel*, in: Flämig/u.a., Handbuch des Wissenschaftsrechts, Bd. 1, 2. Aufl. 1996, S. 720 f.; *Schnellenbach*, in: Hartmer/Detmer, Hochschulrecht, 3. Aufl. 2017, Kap. 12 Rn. 17, insb. Fn. 39 führen entsprechende Überlegungen im Hinblick auf das Genehmigungserfordernis durch den Staat an.

1298 *Avenarius*, Hochschulen und Reformgesetzgebung, 1979, S. 142; *Waldeyer*, in: Hailbronner/Geis, Hochschulrecht in Bund und Ländern, Bd. 1, Loseblatt, Stand September 2004, § 16 Rn. 16; *Weber*, in: Leuze/Epping, HG NRW, 4. EGL (Februar 2007), § 64 Rn. 14.

1299 *Weber*, in: Leuze/Epping, HG NRW, 4. EGL (Februar 2007), § 64 Rn. 12.

Das Recht zum Erlass von Rahmenordnungen wird den Hochschulen in einem Großteil der Hochschulgesetze zugesprochen.[1300] Rahmenordnungen haben den Vorteil, dass eine gewisse Einheitlichkeit fakultätsübergreifend hergestellt werden kann. Dies stellt keinen Eingriff in die Satzungsautonomie dar bzw. wäre gerechtfertigt. Das Recht der Studenten auf Chancengleichheit im Prüfungswesen sowie Praktikabilitätsgründe überwiegen in diesem Fall das Satzungsrecht der Fakultäten.

Folglich kann die Genehmigung einer Prüfungsordnung nur versagt werden, wenn die in dieser Satzung getroffenen Regelungen die Ziele und Grundsätze des Hochschulgesetzes gefährden, die Einheitlichkeit und Gleichwertigkeit der Studien-, Lehr- und Forschungsbedingungen missachten oder zu erheblichen Nachteilen für die Studenten führen.[1301]

### *c) Zwischenergebnis*

Sowohl den Fakultäten als auch den Universitäten steht Satzungsautonomie zu, was auch die Möglichkeit umfasst, Studien- und Prüfungsordnungen zu erlassen. In diesen Ordnungen werden alle Anforderungen geregelt, die im Zusammenhang mit dem Prüfungswesen stehen. Hierzu zählt auch die Anordnung von Anwesenheitspflichten und ihre Festlegung als Prüfungsleistung.

Um dem Grundsatz der Subsidiarität nicht zuwiderzulaufen, sind innerhalb der Universität die Fakultäten für den Erlass der Studien- und Prüfungsordnungen zuständig. Fakultäten sind näher an der Lehre als die Universitäten und können daher mehr auf die Belange des Einzelnen eingehen und dafür Sorge tragen, dass den Hochschullehrern die maßgebliche Entscheidungskraft in Fragen der Lehre zusteht.

Diese verfassungsrechtlichen Grundsätze haben auch in den Landeshochschulgesetzen Berücksichtigung gefunden. So wird grundsätzlich den Fakultäten die Zuständigkeit für den Erlass von Prüfungsordnungen zugesprochen. Der Hochschulleitung kommt demgegenüber nur die Aufgabe der Genehmigung zu.

---

1300 § 31 Abs. 1 BerHG; § 22 Abs. 1 S. BdgHG; § 48 S. 1 HmbHG; § 20 Abs. 1 S. 1, 2 HessHG; § 38 Abs. 1 LHG M-V; § 59 UG SA; § 52 Abs. 1 HSG SA; § 49 Abs. 1 S. 2 i.V.m. § 34 Abs. 1 ThürHG.

1301 *Avenarius*, Hochschulen und Reformgesetzgebung, 1979, S. 143; *Gallas*, Die Staatsaufsicht über die wissenschaftlichen Hochschulen, 1976, S. 155 f.

Diese Einschränkung ihrer Satzungsautonomie haben die Fakultäten hinzunehmen. Grund dafür ist, dass die Genehmigung der Studien- und Prüfungsordnung zum einen in den Kondominalbereich fällt und zum anderen nur im Fall von Rechtsverstößen versagt werden kann.

### 4. *Das Verbot von Anwesenheitspflichten als Eingriff in die Rechte der Universitäten und Fakultäten*

Mit dem gesetzlichen Verbot von Anwesenheitspflichten nimmt der Staat sowohl den Hochschulen als auch den Fakultäten die Möglichkeit, Anwesenheitspflichten anzuordnen oder Regelungen zu diesen in den Studien- und Prüfungsordnungen zu treffen.

Innerhalb der Universität fällt der Erlass dieser Ordnungen in den Aufgabenbereich der Fakultäten. Da die Fakultäten in den Studien- und Prüfungsordnungen die Voraussetzungen festlegen, welche die Studenten im Rahmen ihres Studiums erfüllen müssen, erfolgt auch die Anordnung der Anwesenheit in gewissen Lehrveranstaltungen in den Studien- und Prüfungsordnungen.

Erlässt der Gesetzgeber nunmehr ein Gesetz, welches die Anordnung von Anwesenheitspflichten untersagt, greift dieses in die verfassungsrechtlich geschützten Rechte der Fakultäten aus Art. 5 Abs. 3 GG ein. Eine freiheitsverkürzende Maßnahme liegt somit vor.

Das gesetzliche Verbot von Anwesenheitspflichten greift allerdings auch in das Recht auf akademische Selbstverwaltung der Hochschulen ein. Dies gilt insbesondere, wenn den Hochschulen das Recht zukommt, die Studien- und Prüfungsordnungen zu genehmigen. In diesem Fall haben die Hochschulen es nicht mehr selbst in der Hand, über die Anordnung von Anwesenheitspflichten durch das Medium der Genehmigung zu entscheiden.

### 5. *Die Rechtfertigung eines Eingriffs in das Selbstverwaltungsrecht von Universitäten und Fakultäten*

Das Verbot von Anwesenheitspflichten kann als Eingriff in die Satzungsautonomie der Fakultäten und das Selbstverwaltungsrecht der Hochschulen nur gerechtfertigt werden, wenn die Lern- und Studierfreiheit sowie der staatliche Ausbildungsauftrag als kollidierende Verfassungsgüter dem Schutz der Wissenschaftsfreiheit überwiegen. Maßstab bildet der Grundsatz der Verhältnismäßigkeit.

### a) *Die vorbehaltlose Gewährleistung des Rechts auf akademische Selbstverwaltung*

Das Grundgesetz sieht keinen ausdrücklichen Schrankenvorbehalt der Wissenschaftsfreiheit vor.[1302] Zwar ist in Art. 5 Abs. 3 S. 2 GG eine besondere Bindung der Lehre normiert, darüber hinausgehende Bindungen bestehen jedoch nicht.[1303] Auch die Schranken des Art. 5 Abs. 2 GG oder des Art. 2 Abs. 1 GG können aufgrund der Spezialität des Art. 5 Abs. 3 GG keine Anwendung finden.[1304]

Dennoch gilt Art. 5 Abs. 3 GG nicht schrankenlos.[1305] Schranken ergeben sich aus anderen verfassungsrechtlich geschützten Rechtsgütern und kollidierenden

1302 *Bethge*, in: Sachs, GG, 8. Aufl. 2018, Art. 5 Rn. 222; *Britz*, in: Dreier, GG, Bd. I, 3. Aufl. 2013, Art. 5 III (Wissenschaftsfreiheit) Rn. 50; *Fechner*, in: Stern/Becker, GG, 2. Aufl. 2015, Art. 5 Rn. 311; *Fehling*, in: Kahl/Waldhoff/Walter, Bonner Kommentar zum Grundgesetz, Loseblatt, Stand März 2004, Art. 5 Abs. 3 (Wissenschaftsfreiheit) Rn. 157; *Kempen*, in: Epping/Hillgruber, GG, 2. Aufl. 2013, Art. 5 Rn. 199; *Starck*, in: von Mangoldt/Klein/Starck, GG, Bd. 1, 6. Aufl. 2010, Art. 5 Abs. 3 Rn. 414; *Stern*, Staatsrecht, Bd. IV/2, 2011, S. 833.

1303 *Britz*, in: Dreier, GG, Bd. I, 3. Aufl. 2013, Art. 5 III (Wissenschaftsfreiheit) Rn. 50; *Fink*, DÖV 1999, 980 (982); *Hesse*, Grundzüge des Verfassungsrechts, 20. Aufl. 1999, Rn. 403; *Kempen*, in: Hartmer/Detmer, Hochschulrecht, 3. Aufl. 2017, Kap. 1 Rn. 95; *Kempen*, in: Epping/Hillgruber, GG, 2. Aufl. 2013, Art. 5 Rn. 200; *Starck*, in: von Mangoldt/Klein/Starck, GG, Bd. 1, 6. Aufl. 2010, Art. 5 Abs. 3 Rn. 414. Nach *Fechner*, in: Stern/Becker, GG, 2. Aufl. 2015, Art. 5 Rn. 323; *Ipsen*, Staatsrecht II, 20. Aufl. 2017, Rn. 536 handele es sich um eine der Wissenschaftsfreiheit immanente Missbrauchsschranke.

1304 BVerfGE 47, 327 (369); *Bethge*, in: Sachs, GG, 8. Aufl. 2018, Art. 5 Rn. 223; *Britz*, in: Dreier, GG, Bd. I, 3. Aufl. 2013, Art. 5 III (Wissenschaftsfreiheit) Rn. 50; *von Coelln*, in: Friauf/Höfling, Berliner Kommentar zum Grundgesetz, 44. Erg.-Lfg. XI/14, Art. 5 Abs. 3 Rn. 124 f.; *Fehling*, in: Kahl/Waldhoff/Walter, Bonner Kommentar zum Grundgesetz, Loseblatt, Stand März 2004, Art. 5 Abs. 3 (Wissenschaftsfreiheit) Rn. 157; *Jarass*, in: Jarass/Pieroth, GG, 14. Aufl. 2016, Art. 5 Rn. 148; *Kempen*, in: Epping/Hillgruber, GG, 2. Aufl. 2013, Art. 5 Rn. 199; *Löwer*, in: Merten/Papier, Handbuch der Grundrechte, Bd. IV, 2011, § 99 Rn. 27; *Nettesheim*, DVBl. 2005, 1072 (1078); *Starck*, in: von Mangoldt/Klein/Starck, GG, Bd. 1, 6. Aufl. 2010, Art. 5 Abs. 3 Rn. 414; *Stern*, Staatsrecht, Bd. IV/2, 2011, S. 834.

1305 BVerfGE 30, 173 (192); 47, 327 (368 f.); 75, 369 (376); 122, 89 (107); *Bäcker*, AöR Bd. 135 (2010), S. 78 (108); *Bethge*, in: Sachs, GG, 8. Aufl. 2018, Art. 5 Rn. 222; *Kempen*, in: Epping/Hillgruber, GG, 2. Aufl. 2013, Art. 5 Rn. 199; *Löwer*, in: Merten/Papier, Handbuch der Grundrechte, Bd. IV, 2011, § 99 Rn. 27; *Schmidt-Aßmann*, JZ 1989, 205 (210); *Stern*, Staatsrecht, Bd. IV/2, 2011, S. 834.

Grundrechten Dritter,[1306] für die jedoch eine gesetzliche Konkretisierung vorliegen muss.[1307] Zu lösen sind die Kollisionen nach Maßgabe der grundgesetzlichen Wertordnung.[1308] Erforderlich ist eine Abwägung der kollidierenden Verfassungsgüter am Maßstab des Verhältnismäßigkeitsprinzips, um diese im Wege der praktischen Konkordanz in einen angemessenen Ausgleich zu bringen.[1309]

---

1306 BVerfGE 122, 89 (107); 128, 1 (41); BVerfG NVwZ-RR 1998, 175; VGH Berlin WissR Bd. 38 (2005), S. 67; *Bethge*, in: Sachs, GG, 8. Aufl. 2018, Art. 5 Rn. 223; *van der Decken*, in: Schmidt-Bleibtreu/Hofmann/Henneke, GG, 14. Aufl. 2018, Art. 5 Rn. 51; *Fehling*, in: Kahl/Waldhoff/Walter, Bonner Kommentar zum Grundgesetz, Loseblatt, Stand März 2004, Art. 5 Abs. 3 (Wissenschaftsfreiheit) Rn. 159; *Hufen*, Staatsrecht II, 6. Aufl. 2017, § 9 Rn. 30; *Jarass*, in: Jarass/Pieroth, GG, 14. Aufl. 2016, Art. 5 Rn. 148; *Jarass*, AöR Bd. 120 (1995), S. 345 (372); *Kempen*, in: Epping/Hillgruber, GG, 2. Aufl. 2013, Art. 5 Rn. 199; *Kloepfer*, Verfassungsrecht Bd. II, 2010, § 51 Rn. 62; *Manssen*, Staatsrecht II, 14. Aufl. 2017, Rn. 160; *Ruffert*, VVDStRL Bd. 65 (2006), S. 175; *Starck*, in: von Mangoldt/Klein/Starck, GG, Bd. 1, 6. Aufl. 2010, Art. 5 Abs. 3 Rn. 415.

1307 BVerfGE 47, 327 (369); 108, 282 (297); *Britz*, in: Dreier, GG, Bd. I, 3. Aufl. 2013, Art. 5 III (Wissenschaftsfreiheit) Rn. 41; *von Coelln*, in: Friauf/Höfling, Berliner Kommentar zum Grundgesetz, 44. Erg.-Lfg. XI/14, Art. 5 Abs. 3 Rn. 127; *Fechner*, in: Stern/Becker, GG, 2. Aufl. 2015, Art. 5 Rn. 311; *Fehling*, in: Kahl/Waldhoff/Walter, Bonner Kommentar zum Grundgesetz, Loseblatt, Stand März 2004, Art. 5 Abs. 3 (Wissenschaftsfreiheit) Rn. 159; *Hufen*, Staatsrecht II, 6. Aufl. 2017, § 9 Rn. 30; *Jarass*, in: Jarass/Pieroth, GG, 14. Aufl. 2016, Art. 5 Rn. 148; *Kempen*, in: Epping/Hillgruber, GG, 2. Aufl. 2013, Art. 5 Rn. 199; *Löwer*, in: Merten/Papier, Handbuch der Grundrechte, Bd. IV, 2011, § 99 Rn. 27; *Mager*, in: Isensee/Kirchhof, Handbuch des Staatsrechts, Bd. VII, 3. Aufl. 2009, § 166 Rn. 35; *Starck*, in: von Mangoldt/Klein/Starck, GG, Bd. 1, 6. Aufl. 2010, Art. 5 Abs. 3 Rn. 415.

1308 BVerfGE 47, 327; *Fehling*, in: Kahl/Waldhoff/Walter, Bonner Kommentar zum Grundgesetz, Loseblatt, Stand März 2004, Art. 5 Abs. 3 (Wissenschaftsfreiheit) Rn. 160; *Jarass*, in: Jarass/Pieroth, GG, 14. Aufl. 2016, Vorb. vor Art. 1 Rn. 52; *Kempen*, in: Epping/Hillgruber, GG, 2. Aufl. 2013, Art. 5 Rn. 199; *Kloepfer*, Verfassungsrecht Bd. II, 2010, § 51 Rn. 59; *Starck*, in: von Mangoldt/Klein/Starck, GG, Bd. 1, 6. Aufl. 2010, Art. 5 Abs. 3 Rn. 415.

1309 BVerfGE 83, 130; *Britz*, in: Dreier, GG, Bd. I, 3. Aufl. 2013, Art. 5 III (Wissenschaftsfreiheit) Rn. 50; *van der Decken*, in: Schmidt-Bleibtreu/Hofmann/Henneke, GG, 14. Aufl. 2018, Art. 5 Rn. 51; *Fehling*, in: Kahl/Waldhoff/Walter, Bonner Kommentar zum Grundgesetz, Loseblatt, Stand März 2004, Art. 5 Abs. 3 (Wissenschaftsfreiheit) Rn. 160; *Hailbronner*, WissR Bd. 13 (1980), S. 212 (222 ff.); *Hufen*, Staatsrecht II, 6. Aufl. 2017, § 9 Rn. 31; *Jarass*, in: Jarass/Pieroth, GG, 14. Aufl. 2016, Art. 5 Rn. 149; *Kempen*, in: Epping/Hillgruber, GG, 2. Aufl. 2013, Art. 5 Rn. 199; *Manssen*, Staatsrecht II, 14. Aufl. 2017, Rn. 160; *Starck*, in: von Mangoldt/Klein/Starck, GG, Bd. 1, 6. Aufl. 2010, Art. 5 Abs. 3 Rn. 415; *Stern*, Staatsrecht, Bd. IV/2, 2011, S. 836.

Aufgrund der hohen Bedeutung einer freien Wissenschaft verbietet es sich, politische Zweckmäßigkeitsüberlegungen anzustellen oder nicht ausdrücklich von der Verfassung geschützte Rechte heranzuziehen.[1310]

*b) Der Ausbildungsauftrag des Staates und die Lern- und Studierfreiheit als verfassungsimmanente Schranken*

Das akademische Selbstverwaltungsrecht kann nahezu mit jedem verfassungsrechtlich geschützten Rechtsgut kollidieren, sofern dies geeignet ist, der Grundrechtsausübung Schranken zu setzen.[1311]

Eine verfassungsimmanente Schranke begründet der Ausbildungsauftrag des Staates. Der Staat hat dafür Sorge zu tragen, dass die Studenten die ihnen aus Art. 12 Abs. 1 GG garantierten Rechte hinreichend wahrnehmen können. Dies trägt dem Umstand Rechnung, dass der Staat die Verantwortung für die Pflege der Wissenschaft an den Universitäten trägt[1312] und zugleich die Verantwortung für die Berufsausbildung der Studenten übernimmt.[1313]

Daneben stellt die Lern- und Studierfreiheit der Studenten mit der Wissenschaftsfreiheit kollidierendes Verfassungsrecht dar.[1314] Durch das Zugeständnis, selbst über ihre Teilnahme an einer Lehrveranstaltung zu entscheiden, sollen die Studenten zu mehr Eigenständigkeit in der Organisation ihres Studiums befähigt und zu selbstständiger Arbeit angehalten werden

---

1310 BVerfGE 128, 1 (87); *Jarass*, in: Jarass/Pieroth, GG, 14. Aufl. 2016, Art. 5 Rn. 149; *Kempen*, in: Epping/Hillgruber, GG, 2. Aufl. 2013, Art. 5 Rn. 199.

1311 *Britz*, in: Dreier, Bd. 1, 3. Aufl. 2013, Art. 5 III, Rn. 50; *Fehling*, in: Kahl/Waldhoff/Walter, Bonner Kommentar zum Grundgesetz, Loseblatt, Stand März 2004, Art. 5 Abs. 3 (Wissenschaftsfreiheit) Rn. 159; *Mager*, in: Isensee/Kirchhof, Handbuch des Staatsrechts, Bd. VII, 3. Aufl. 2009, § 166 Rn. 30; *Stern*, Staatsrecht, Bd. IV/2, 2011, S. 838.

1312 *Gallwas*, WissR Bd. 2 (1969), S. 116 (124); *Hailbronner*, Wissenschaftsfreiheit als Funktionsgrundrecht, 1980, S. 74; *Hirsch*, in: Kaser/Felgentraeger, Festschrift für Wilhelm Felgenträger zum 70. Geburtstag, 1969, S. 89; *Lorenz*, JZ 1981, 113.

1313 *Gallas*, Staatsaufsicht über wissenschaftliche Hochschulen, 1976, S. 93 f.; *Knemeyer*, Lehrfreiheit, 1969, S. 40; *Lorenz*, JZ 1981, 113 (114); *Schelsky*, Einsamkeit und Freiheit, 2. Aufl. 1971, S. 154 ff.

1314 *Britz*, in: Dreier, GG, Bd. I, 3. Aufl. 2013, Art. 5 III (Wissenschaftsfreiheit) Rn. 50; *Jarass*, in: Jarass/Pieroth, GG, 14. Aufl. 2016, Art. 5 Rn. 149; *Mager*, in: Isensee/Kirchhof, Handbuch des Staatsrechts, Bd. VII, 3. Aufl. 2009, § 166 Rn. 31.

Immanente Begrenzungen könnte die Wissenschaftsfreiheit ferner durch ihren Charakter als Funktionsgrundrecht erfahren.[1315] Dies ist dadurch bedingt, dass die Wissenschaftsfreiheit nicht ohne weiteres mit den klassischen Freiheitsgrundrechten vergleichbar ist.[1316] Die Einbindung der Wissenschaftsfreiheit in eine überindividuelle Verantwortung, ihr staatlicher Aufgabencharakter und ihr Gemeinwohlbezug führen vielmehr zu einem Ausschluss einer nur auf die Autonomie des Grundrechtsträgers abstellenden Betrachtungsweise. Die Universitäten und Fakultäten sind pflichtige Grundrechtssubjekte.[1317] Der Funktionsschutz muss der Betriebspflicht entsprechen.[1318] Daher widerspricht eine Staatsaufsicht über Universitäten Art. 5 Abs. 3 GG daher nicht per se.[1319]

### *c) Das Verbot von Anwesenheitspflichten als eine verhältnismäßige Maßnahme*

Der Grundsatz der Verhältnismäßigkeit findet auch im Verhältnis von Staat und Universität Anwendung.[1320] Allerdings nicht im Sinne einer möglichst weitgehenden Entfaltung der Wissenschaftsfreiheit, es soll vielmehr ein Ausgleich gefunden werden, durch den die unterschiedlichen Interessen hinreichend berücksichtigt werden.[1321] Tendenziell steigt sogar die Möglichkeit der staatlichen Einflussnahme mit zunehmender Einwirkung auf die soziale Freiheitssphäre.[1322]

---

1315 *Bethge*, in: Sachs, GG, 8. Aufl. 2018, Art. 5 Rn. 230; *Hailbronner*, Die Freiheit von Forschung und Lehre als ein Funktionsgrundrecht, 1979, S. 73 ff., insb. 136 ff., kritisch *H.-H. Trute*, Die Verwaltung Bd. 27 (1994), S. 301.

1316 BVerfGE 90, 60 (87 ff.); Fink, DÖV 1999, 984 f.; *Burmeister*, in: ders., Festschrift für Klaus Stern zum 65. Geburtstag, 1997, S. 868.

1317 *Bethge*, NJW 1983, 2145 (2148).

1318 *Bethge*, in: Sachs, GG, 8. Aufl. 2018, Art. 5 Rn. 231.

1319 *Bethge*, in: Sachs, GG, 8. Aufl. 2018, Art. 5 Rn. 231; *Kahl*, Die Staatsaufsicht, 2000, S. 500 f. mit Fn. 179; Zu den verschiedenen Aufsichtskategorien, *Kahl*, Hochschule und Staat, 2004, S. 84.

1320 *Fehling*, in: Kahl/Waldhoff/Walter, Bonner Kommentar zum Grundgesetz, Loseblatt, Stand März 2004, Art. 5 Abs. 3 (Wissenschaftsfreiheit) Rn. 160; *Gallas*, Die Staatsaufsicht über die wissenschaftlichen Hochschulen, 1976, S. 108; *Lorenz*, WissR Bd. 11 (1978), S. 1 (17); *Starck*, in: von Mangoldt/Klein/Starck, GG, Bd. 1, 6. Aufl. 2010, Art. 5 Abs. 3 Rn. 375.

1321 *Fehling*, in: Kahl/Waldhoff/Walter, Bonner Kommentar zum Grundgesetz, Loseblatt, Stand März 2004, Art. 5 Abs. 3 (Wissenschaftsfreiheit) Rn. 160; *Hailbronner*, WissR Bd. 13 (1980), S. 212 (222 ff.).

1322 *Fehling*, in: Kahl/Waldhoff/Walter, Bonner Kommentar zum Grundgesetz, Loseblatt, Stand März 2004, Art. 5 Abs. 3 (Wissenschaftsfreiheit) Rn. 161; *Hailbronner/Calies*, DÖV 1996, 345 (347).

Dies macht eine Abwägung zwischen den konkret betroffenen Grundrechtspositionen unter Berücksichtigung der Anforderungen, die das Verhältnismäßigkeitsprinzip aufstellt, notwendig. Das Selbstverwaltungsrecht ist somit vor allem mit Art. 12 Abs. 1 GG in ein die unterschiedlichen Interessen ausgleichendes Verhältnis zu setzen.

Die Tatsache, dass die Wissenschaftsfreiheit uneingeschränkt gewährleistet ist und die Berufsfreiheit unter einem einfachen Gesetzesvorbehalt steht, begründet keine Rangfolge.[1323] Durch Verzicht auf einen staatlichen Regelungsvorbehalt der Wissenschaftsfreiheit verringert sich lediglich das Regelungsbedürfnis des Staates.[1324]

### aa) Die Erforderlichkeit eines gesetzlichen Verbots von Anwesenheitspflichten im Hinblick auf den Eingriff in die Satzungsautonomie

Das Verbot zur Festsetzung von Anwesenheitspflichten ist geeignet, um die Lern- und Studierfreiheit der Studenten zu schützen. Es stellt sich aber die Frage, ob das Verbot auch erforderlich ist. So erscheint es mehr als fraglich, ob dem Staat nicht andere mildere, aber gleich wirksame Möglichkeiten als das gesetzliche Verbot von Anwesenheitspflichten zur Verfügung stehen, um die Lern- und Studierfreiheit zu schützen.

Im Bereich der akademischen Angelegenheiten nehmen die Universitäten bzw. die Fakultäten ihre Aufgaben im Kooperationsverhältnis mit dem Staat wahr. Dem Staat steht somit im Bereich der Studien- und Prüfungsordnungen die Möglichkeit der Einflussnahme offen. Statt des gesetzlichen Verbotes könnte der Staat daher auf andere Weise versuchen, die Anordnung von Anwesenheitspflichten zu unterbinden. Zu denken ist an eine gesetzliche Regelung, die Ermessen einräumt, an Mittel der Staatsaufsicht oder an Freiwilligkeitsvorbehalte. Freilich wirken auch diese Mittel einschränkend auf die Autonomie der Hochschulen und Fakultäten ein. Doch wird man diese schwerlich mit der Intensität eines gesetzlichen Verbots gleichsetzen können. Möglicherweise sind die Mittel aber nicht gleich wirksam.

#### aaa) Ermessen statt Verbot

Eine im Vergleich mit dem gesetzlichen Verbot mildere Maßnahme stellt eine Norm dar, die neben dem Verbot von Anwesenheitspflichten

---

1323 *T. Bauer*, Wissenschaftsfreiheit in Lehre und Studium, 1980, S. 121; *Scholz*, in: Maunz/Dürig, GG, Loseblatt, Stand September 2017, Art. 5 Abs. 3 Rn. 180.

1324 *T. Bauer*, Wissenschaftsfreiheit in Lehre und Studium, 1980, S. 121.

Ausnahmetatbestände vorsieht, welche die Anordnung von Anwesenheitspflichten ermöglichen. In Betracht kommen verschiedene Möglichkeiten, wie eine solche Normierung aussehen kann. Die Reichweite der Gestaltungsmöglichkeiten zeigt sich bereits in den Hochschulgesetzen der Länder Niedersachen, Nordrhein-Westfalen, Schleswig-Holstein und Thüringen getroffenen Regelungen zu den Anwesenheitspflichten.

Die Regelung zu den Anwesenheitspflichten in den Hochschulgesetzen von Niedersachsen, Nordrhein-Westfalen, Schleswig-Holstein und Thüringen unterscheidet sich in ihrem Ausdruck und damit auch in ihrer Wirkungsweise. Nach § 7 Abs. 4 NdsHG und § 55 Abs. 3 ThürHG darf eine Anwesenheitspflicht festgelegt werden, wenn diese zur Erreichung des mit der Lehrveranstaltung verbundenen Ziels erforderlich ist. Diese Normen entziehen den Hochschulen die Entscheidung über eine Anordnung von Anwesenheitspflichten nicht. Die Entscheidung liegt nach wie vor im Ermessen der Hochschulen. Allerdings ist die Anordnung an das Erfordernis gebunden, dass die Studenten ihre Lernziele erreichen. Damit stellen die Normen ein spezifisches Erfordernis an die Angemessenheit.

Demgegenüber darf nach § 64 Abs. 2a HG NRW und § 52 Abs. 12 HSG SH die Anordnung nur erfolgen, wenn eine der im Gesetz genannten Ausnahmen vorliegt. In diesen Normierungen ist somit ein Verbot mit Erlaubnisvorbehalt formuliert. Damit ziehen der nordrhein-westfälische Gesetzgeber und der Gesetzgeber Schleswig-Holsteins den Kreis der Veranstaltungen, in denen eine Anwesenheitspflicht angeordnet werden darf, nicht nur sehr eng, sondern grenzen auch die Möglichkeit zur Festsetzung stark ein.

In der Praxis zeigt sich, dass die Normierung von Ausnahmetatbeständen nicht nur unpräzise ist,[1325] sondern auch zu Umgehungen einlädt.[1326] Die Formulierung, wie sie der niedersächsische Gesetzgeber und der Gesetzgeber

---

1325 So ist in Seminaren die Anordnung einer Anwesenheitspflicht grundsätzlich ausgeschlossen. Eine Ausnahme solle aber dann möglich sein, wenn einmal ein Seminar überwiegend dem Lernziel des Einübens in den wissenschaftlichen Diskurs und weniger fachlichen Themen diene. Voraussetzung hierfür sei aber, dass dieses Seminar dann weniger als 20 bis 30 Teilnehmerinnen und Teilnehmer habe. Diese Grenze ergibt sich jedoch weder aus dem Gesetz noch aus einem bestimmten Zusammenhang heraus. Es handelt sich um eine Grenze, welche der Landesgesetzgeber ohne nähere Darlegung festgelegt hat.

1326 So wurden bereits Klagen laut, dass Professoren ihre Lehrveranstaltung umnennen würden, um auf indirektem Wege eine Anwesenheitspflicht anordnen zu können, so *J. Nolte*, Die Zeit v. 15.5.2012, Nr. 20, S. 70.

Thüringens gewählt haben, greift demgegenüber nicht mit der gleichen Härte in die Rechte der Hochschulen ein. Dies verringert nicht nur die Gefahr der Umgehung durch den Rechtsanwender. Indem die Norm Ermessen einräumt, stellt sie auch ein milderes Mittel gleicher Wirkung dar.

bbb) Genehmigungsvorbehalt und Rahmenprüfungsordnungen

Statt Anwesenheitspflichten gesetzlich zu verbieten, könnte sich der Staat auch das Recht vorbehalten, Rahmenprüfungsordnungen zu erlassen. Dadurch stünde es ihm frei, Rahmenregelungen zur Festsetzung von Anwesenheitspflichten aufzustellen. Die konkrete Ausgestaltung würde bei den Fakultäten verbleiben.

Der Vorteil einer solchen Lösung läge darin, dass der Staat durch die Vorgabe von strukturellen und quantitativen Eckdaten auf die Ausgestaltung der Studien- und Prüfungsordnungen Einfluss nehmen kann. Er kann durch Belastungsobergrenzen und Mindestanforderungen für ein transparentes Prüfungssystem auf die Grundrechtsposition der Auszubildenden besonders Rücksicht nehmen,[1327] ohne ein gesetzliches Verbot zu erlassen.

Bislang ist nur in § 13 Abs. 1 S. 3 HSG LSA und in § 48 HmbHG normiert, dass das Ministerium zum Erlass von Rahmenstudienordnungen berechtigt ist.[1328] Die staatlichen Vorgaben von Rahmendaten für Prüfungen haben zwar eine Einschränkung der Hochschulautonomie zur Folge, zu verfassungsrechtlichen Bedenken führt dies jedoch nicht. Solche Regelungen sind mit Art. 5 Abs. 3 GG vereinbar, da der Kernbereich der Wissenschaftsfreiheit nicht tangiert wird.[1329] Die Regelungskompetenz bleibt auf den äußeren Ablauf des Studiums beschränkt. Es soll lediglich die Einheitlichkeit und Gleichwertigkeit von Hochschulprüfungen gewahrt werden. Hochschulen sind Ausbildungsstätten für bestimmte Bereiche, so dass der Staat aufgrund seines Ausbildungsauftrags eine Mitverantwortung für die Studenten trägt. Seine Mitverantwortung kann

---

1327 BVerfGE 93, 85 (95 ff.); *Britz*, in: Dreier, GG, Bd. I, 3. Aufl. 2013, Art. 5 III (Wissenschaftsfreiheit) Rn. 55, nach ihrer Auffassung folge aus Art. 5 Abs. 3 GG kein verfassungsrechtlich geschütztes autonomes Recht der Fakultäten ausschließlich über Umfang und Inhalt des Lehrangebots zu bestimmen und dieses allein wahrzunehmen. So auch BVerfGE 67, 202 (207 f.); *Baasch/Delfs*, in: Neukirchen/Reußow/Schomburg, Hamburgisches Hochschulgesetz, 2. Aufl. 2017, § 48 Rn. 3.

1328 Vergleichbare Regelungen finden sich auch in § 22 Abs. 4 BdgHG und § 32 Abs. 3 S. 4 LHG BW.

1329 BVerfG NVwZ 1996, 709 f.; *Baasch/Delfs*, in: Neukirchen/Reußow/Schomburg, Hamburgisches Hochschulgesetz, 2. Aufl. 2017, § 48 Rn. 4.

der Staat durch den Erlass von Rechtsverordnungen wahrnehmen.[1330] Rahmenordnungen mit „*organbegrenzter Bindungswirkung*"[1331] sind daher zulässig.[1332] Das Recht zur Umsetzung liegt nach wie vor bei den Universitäten.[1333] Es sind daher keine Bedenken ersichtlich, die gegen eine solche Normierung sprechen. Der Erlass von Rahmenordnungen wäre auch in seinen Auswirkungen milder zu bewerten als ein gesetzliches Verbot.

Neben der Möglichkeit einer Rahmenprüfungsordnung könnte ein staatlicher Genehmigungsvorbehalt der Prüfungsordnungen ein gegenüber dem Verbotsgesetz milderes Mittel gleicher Wirksamkeit darstellen.[1334] Auf diese Weise kann sich der Staat eine Überprüfung der Regelung von Anwesenheitspflichten vorbehalten, überlässt die Ausgestaltung aber den Hochschulen. Verfassungsrechtliche Bedenken bestehen nicht. Die Rechtfertigung eines staatlichen Genehmigungsvorbehalts für universitäre Prüfungsordnungen als Einschränkung der Lern- und Studierfreiheit erfolgt durch die Bedeutung von Prüfungen für den Berufszugang.[1335]

#### ccc) Die Möglichkeit zur staatlichen Einflussnahme auf Angelegenheiten im Bereich des Selbstverwaltungsrechts

Schließlich könnte die Ausübung von Aufsichtsrechten ein gegenüber dem gesetzlichen Verbot milderes Mittel gleicher Wirkung des Staates darstellen.

Das Thema der Staatsaufsicht ist ein wichtiger Bestandteil der Rechtsbeziehungen zwischen Staat und Universitäten. Struktur und Ausmaß der Aufsicht tragen maßgeblich zur Rechtstellung der Universitäten gegenüber dem Staat bei.[1336] Außer

1330 BVerfGE 93, 85 ff.; *Baasch/Delfs*, in: Neukirchen/Reußow/Schomburg, Hamburgisches Hochschulgesetz, 2. Aufl. 2017, § 48 Rn. 4; *Kalous*, in: Haug, Das Hochschulrecht in Baden-Württemberg, 2. Aufl. 2009, Kap. 3 Rn. 657.

1331 Zu dieser Begrifflichkeit, *Kisker*, Kooperation im Bundesstaat, 1971, S. 210 ff.

1332 *Grawert*, Verwaltungsabkommen zwischen Bund und Ländern in der Bundesrepublik Deutschland, 1967, S. 137; *Schneider*, VVDStRL Bd. 19 (1961), S. 1 (21); *Strauch*, Staatliche und akademische Prüfungsordnungen, 1978, S. 220.

1333 *Strauch*, Staatliche und akademische Prüfungsordnungen, 1978, S. 220.

1334 Eine solche Regelung war im HRG bereits vor der Gesetzesänderung 1999 vorgesehen.

1335 *Denninger*, in: Denninger/Hoffmann-Riem/Schneider/Stein, AK-GG, 3. Aufl. 2001, Art. 5 Abs. 3 Rn. 38, 33; *Fehling*, in: Kahl/Waldhoff/Walter, Bonner Kommentar zum Grundgesetz, Loseblatt, Stand März 2004, Art. 5 Abs. 3 (Wissenschaftsfreiheit) Rn. 178.

1336 *Lorenz*, WissR Bd. 11 (1978), S. 1 (2 f.); *M. Schröder*, WissR Bd. 18 (1985), S. 199; *Thieme*, Deutsches Hochschulrecht, 3. Aufl. 2004, Rn. 211.

Frage steht deshalb, dass die Staatsaufsicht von der Verfassung geschützt und legitimiert sein muss.[1337]

(1) Die Einflussnahme des Staates im Rahmen seiner Einflussrechte

Das Zugeständnis der Selbstverwaltung bedingt sich durch die Tatsache, dass die effektive Gestaltung von Wissenschaft, Forschung und Lehre nur möglich ist, wenn sie vor geistiger Fremdbestimmung geschützt ist.[1338] Allerdings ist das Selbstverwaltungsrecht nicht bereits in toto grundrechtlich verbürgt.[1339]

So sprechen demokratische Legitimation und staatliche Finanzierung gegen das Bestehen von völlig aufsichtsfreien öffentlichen Universitäten.[1340] Auch wenn die Universitäten ihre Aufgaben im Rahmen ihres akademischen Selbstverwaltungsrechts wahrnehmen, muss dem Staat die Kontrolle der Rechtmäßigkeit universitären Handelns zustehen.[1341]

Die verfassungsrechtlich begründete primäre Regelungsbefugnis der Universitäten untersagt es dem Gesetzgeber nicht schlechthin, im Kernbereich der wissenschaftsrelevanten Angelegenheiten das Selbstverwaltungsrecht der Universitäten einschließlich ihrer Satzungskompetenz einzuschränken.[1342] Auf diese Weise kann der Gesetzgeber die Pflege der Wissenschaft als seine zentrale

1337 Die Bundesverfassung erwähnt die Rechtstellung der Universitäten und die Aufsicht jedoch mit keinem Wort, in den Landesverfassungen sieht es ähnlich aus. Nur gelegentlich wird die Staatsaufsicht im Zusammenhang mit der Selbstverwaltungsgarantie der Hochschulen angesprochen, vgl. Art. 20 Abs. 2 VerfBW; Art. 60 HessVerf; Art. 16 VerfNRW.

1338 *Groß*, DVBl. 2006, 721 (723); *Oldiges*, in: Becker/Bull/Seewald, Festschrift für Werner Thieme zum 70. Geburtstag, 1993, S. 650; *Oppermann*, in: Flämig/u.a., Handbuch des Wissenschaftsrechts, Bd. 1, 2. Aufl. 1996, S. 1116.

1339 *Gärditz*, Hochschulorganisation und verwaltungsrechtliche Systembildung, 2009, S. 382; *Rupp*, in: von Mutius, Festgabe zum 70. Geburtstag von Georg Christoph von Unruh, 1983, S. 919 (922 f.); *Thieme*, DÖV 1980, 537.

1340 *Hailbronner*, JZ 1985, 864; *Kempen*, in: Hartmer/Demter, Hochschulrecht, 2. Aufl. 2011, Kap. I Rn. 138; *H.-H. Trute*, Die Forschung zwischen grundrechtlicher Freiheit und staatlicher Institutionalisierung, 1994, S. 647; *M. Müller*, Die Rechtsform der wissenschaftlichen Hochschule, 2014, S. 57.

1341 *Denninger*, in: Denninger/Hoffmann-Riem/Schneider/Stein, AK-GG, Bd. 1, 3. Aufl. 2001, Art. 5 Abs. 3 Rn. 69, 71; *Groß*, DVBl. 2006, 721 (723); *Oppermann*, in: Flämig/u.a., Handbuch des Wissenschaftsrechts, Bd. 1, 2. Aufl. 1996, S. 1117; *Thieme*, Deutsches Hochschulrecht, 3. Aufl. 2004, Rn. 313.

1342 BVerfGE 35, 79 (123); VGH Berlin WissR Bd. 38 (2005), S. 67 (73).

Aufgabe sicherstellen.[1343] Die Aufsichtsrechte sind jedoch ihrerseits wiederum durch das Selbstverwaltungsrecht der Universitäten begrenzt.[1344]

In wissenschaftsrelevanten Angelegenheiten sind dem Staat allerdings Weisungen versagt. Trotz der weitgehend offenen Struktur der Selbstverwaltung ist der Staat auf die Rechtsaufsicht beschränkt.[1345] Die Ausübung der Rechtsaufsicht soll die Rechtmäßigkeit[1346] universitären Handelns sicherstellen.[1347]

Jede inhaltliche Determinierung stellt daher einen unzulässigen Eingriff in den universitären Eigenbereich dar.[1348] Auf diese Weise soll der wissenschaftliche Entscheidungsprozess geschützt werden und das Eigenleben der Hochschulen in ausreichendem Maße Beachtung finden.[1349] Eine weitergehende staatliche

---

1343 *Hailbronner*, Wissenschaftsfreiheit als Funktionsgrundrecht, 1980, S. 74; *Hirsch*, in: Kaser/Felgentraeger, Festschrift für Wilhelm Felgenträger zum 70. Geburtstag, 1969, S. 81 (89); *Lorenz*, JZ 1981, 113.

1344 *Gärditz*, Hochschulorganisation und verwaltungsrechtliche Systembildung, 2009, S. 382; *Knemeyer*, in: Flämig/u.a., Handbuch des Wissenschaftsrechts, Bd. 1, 2. Aufl. 1996, S. 254, *Oppermann*, Kulturverwaltungsrecht, 1969, S. 369; *Thieme*, Deutsches Hochschulrecht, 3. Aufl. 2004, Rn. 211.

1345 *Gallas*, Die Staatsaufsicht über die wissenschaftlichen Hochschulen, 1976, S. 85; *Gärditz*, Hochschulorganisation und verwaltungsrechtliche Systembildung, 2009, S. 382; *Geis*, in: Merten/Papier, Handbuch der Grundrechte, Bd. IV, 2011, § 100 Rn. 36; *Kahl*, Hochschule und Staat, 2004, S. 79; *Kempen*, in: Hartmer/Detmer, Hochschulrecht, 3. Aufl. 2017, Kap. 1 Rn. 125; *Oppermann*, in: Flämig/u.a., Handbuch des Wissenschaftsrechts, 2. Aufl. 1996, S. 1117; *Reinhardt*, WissR Bd. 1 (1968), S. 6 (11); *Scholz*, in: Maunz/Dürig, GG, Loseblatt, Stand September 2017, Art. 5 Abs. 3 Rn. 144; *Thieme*, Deutsches Hochschulrecht, 3. Aufl. 2004, Rn. 205; allgemein zur Notwendigkeit der Rechtsaufsicht über Selbstverwaltungsträger, *H. Klein*, in: Schnur, Festschrift für Ernst Forsthoff zum 70. Geburtstag, 1972, S. 165 (180).

1346 Maßstab der Rechtaufsicht sei alles, was als objektives Recht bezeichnet werden könne, somit auch das innere Hochschulrecht, *Thieme*, Deutsches Hochschulrecht, 3. Aufl. 2004, Rn. 213.

1347 *Kingreen*, in: Geis, Hochschulrecht in Bayern, 2. Aufl. 2017, 9. Kap. Rn. 14; *Lorenz*, WissR Bd. 11 (1978), S. 1 (14); *Thieme*, Deutsches Hochschulrecht, 3. Aufl. 2004, Rn. 213.

1348 *Gallas*, Die Staatsaufsicht über die wissenschaftlichen Hochschulen, 1976, S. 149 ff.; *Lorenz*, WissR Bd. 11 (1978), S. 1 (14); *Wolff-Bachof*, Verwaltungsrecht II, § 93 IV/d 5, die darauf hinweisen, dass auch gewichtige Sachgründe, wie die Funktionsfähigkeit der Universität, die Qualität von Rechtsgrenzen erlangen können.

1349 *Oppermann*, in Flämig/u.a., Handbuch des Wissenschaftsrechts, 2. Aufl. 1996, S. 1117; *Gärditz*, Hochschulorganisation und verwaltungsrechtliche Systembildung, 2009, S. 382; *Reinhardt*, WissR Bd. 1 (1968), S. 6 (9, 11f.); *M. Schröder*, WissR Bd. 18 (1985), S. 199 (202).

Aufsicht[1350] ist demgegenüber nur in Bereichen möglich, in denen Lehre und Forschung nicht betroffen sind.[1351]

Die Abgrenzung zwischen staatlichen Aufgaben und Selbstverwaltungsaufgaben bereitet jedoch aufgrund von wechselseitiger Verzahnung und gegenseitiger Beeinflussung im Bereich konkreter Aufgabenerfüllung nicht selten Schwierigkeiten.[1352] Die gemeinsame Wahrnehmung von Aufgaben macht eine starre Aufteilung in Selbstverwaltungs- und Staatsangelegenheiten vielmehr unmöglich. Um der Universität ihre Entfaltungsfreiheit zu erhalten, ist der Staat nicht nur zum rücksichtsvollen Gebrauch seiner Aufsichtsrechte verpflichtet.[1353] Erforderlich ist darüber hinaus auch ein von sachbezogener Zusammenarbeit geprägtes Verhältnis zwischen Staat und Hochschule, in dem der Staat auf kleinlich-engstirnige Detailregelungen und die Hochschule auf überzogene, weltfremde Unabhängigkeitsvorstellungen verzichtet.[1354]

Sofern diese Grundsätze berücksichtigt werden, kann der Staat die Universitäten im Rahmen seiner Aufsichtsrechte zum maßvollen Umfang mit Anwesenheitspflichten anhalten. Dies würde ein milderes Mittel darstellen, da die Ausübung des Weisungsrechts – anders als das gesetzlich normierte Verbot – vom Einzelfall abhängig ist.

Allerdings kann in Frage gestellt werden, ob das Mittel tatsächlich auch genauso wirksam ist, wie das gesetzlich angeordnete Verbot von Anwesenheitspflichten.

---

1350 Die sog. Fachaufsicht berechtigt den Staat dazu, rechtmäßiges Handeln der Hochschule auf dessen inhaltliche Zweckmäßigkeit zu überprüfen, *Geis*, in: Merten/Papier, Handbuch der Grundrechte, Bd. IV, 2011, § 100 Rn. 36; *Kempen*, in: Hartmer/Detmer, Hochschulrecht, 3. Aufl. 2017, Kap. 1 Rn. 125; *Kingreen*, in: Geis, Hochschulrecht in Bayern, 2. Aufl. 2017, 9. Kap. Rn. 14 *Lorenz*, JZ 1981, 113 (116); *Oppermann*, in Flämig/u.a., Handbuch des Wissenschaftsrechts, 2. Aufl. 1996, S. 1117; *Schröder*, WissR Bd. 18 (1985), S. 199 (205 f.); *H.-H. Trute*, Die Forschung zwischen grundrechtlicher Freiheit und staatlicher Institutionalisierung, 1994, S. 467.

1351 *Gärditz*, Hochschulorganisation und verwaltungsrechtliche Systembildung, 2009, S. 382; *Kempen*, in: Hartmer/Detmer, Hochschulrecht, 3. Aufl. 2017, Kap. 1 Rn. 140; *Maunz*, BayVBl. 1976, 289 (293); *H.-H. Trute*, Die Forschung zwischen grundrechtlicher Freiheit und staatlicher Institutionalisierung, 1994, S. 467 f.

1352 *Kahl*, Die Staatsaufsicht, 2000, S. 501; *Oppermann*, in: Flämig/u.a., Handbuch des Wissenschaftsrechts, 2. Aufl. 1996, S. 1023; *Leuze*, DÖD 1993, 1 (4).

1353 *Hailbronner*, JZ 1981, 864 (868); *Kahl*, Hochschule und Staat, 2004, S. 84; *Lorenz*, WissR Bd. 11 (1978), S. 1 (22); *Knemeyer*, in: Flämig/u.a., Handbuch des Wissenschaftsrechts, Bd. 1, 2. Aufl. 1996, S. 254.

1354 *Lorenz*, JZ 1981, 113 ff.; *Denninger*, in: Denninger/Hoffmann-Riem/Schneider/Stein, AK-GG, 3. Aufl. 2001, Art. 5 Abs. 3 Rn. 71.

Die Durchsetzung von Aufsichtsrechten erfordert Kapazitäten, die ein Gesetz, dass den Umgang mit Anwesenheitspflichten unmittelbar regelt, nicht benötigt.

(2) Zielvereinbarungen als Möglichkeit der Einflussnahme von Seiten des Staates

Der Staat kann jedoch nicht nur im Rahmen seiner Aufsichtsrechte auf die Universitäten Einfluss nehmen.[1355] Zurückgreifen könnte er auch auf Steuerungsmittel etwa in Form von Zielvereinbarungen.

Zielvereinbarungen binden staatliche Leistungen[1356] an Gegenleistungen der Hochschule.[1357] Sie befassen sich unter anderem mit dem Studienangebot, Forschungsleistungen oder der Förderung der Qualität von Forschung und Lehre.[1358] Um einer Aushöhlung der Wissenschaftsfreiheit durch Zielvereinbarungen vorzubeugen, stehen diese ebenfalls unter dem Vorbehalt eines hinreichend bestimmten gesetzlichen Rahmens. Dies gewährleistet, dass unbegrenzter und unbegründeter staatlicher Einflussnahme Einhalt geboten wird.[1359] Aus diesem Grund dürfen Zielvereinbarungen auch nicht weiter reichen als die staatliche Aufsicht.[1360]

In Hinblick auf das Festsetzen einer Anwesenheitspflicht oder das Verbot einer solchen Regelung erscheinen Zielvereinbarungen jedoch eher fernliegend. Es stellt sich zum einen die Frage, welche staatliche Leistung der Staat der Universität bieten kann, damit diese auf ihr Recht verzichtet, über die Anordnung von Anwesenheitspflichten entscheiden zu können. Zum anderen ist es zweifelhaft, ob die Universität überhaupt bereit wäre, freiwillig einen derartigen Eingriff in die Lehre hinzunehmen, wie er mit dem Verbot von Anwesenheitspflichten einhergeht. Aus diesen Gründen wird von einer weitergehenden Auseinandersetzung mit dieser Materie abgesehen.[1361]

---

1355 *Fehling*, Die Verwaltung, Bd. 35 (2002), S. 399 (408); *Groß*, DVBl. 2006, 721 (723).

1356 Unter anderem in Form einer Delegation von Befugnissen, finanzieller Planungssicherheit oder auch der Gewährung besonderer staatlicher Förderungsmittel.

1357 *Rogal*, Hochschulautonomie und Zielvereinbarungen, 2008, S. 90 f. *Kahl*, Hochschule und Staat, 2004, S. 110, weißt zusätzlich darauf hin, dass Zielvereinbarungen letztlich nichts anderes als Abmachungen über die Entwicklungs- und Leistungsziele der Hochschule seien, welche Eckwerte der Hochschulentwicklungsplanung berücksichtigen würden und deren Abschluss die Zustimmung des Landtags bedürfe.

1358 *Kahl*, Hochschule und Staat, 2004, S. 111.

1359 *Fehling*, WissR Bd. 35 (2002), S. 399 (409).

1360 *M. Müller*, Die Rechtsform der wissenschaftlichen Hochschule, 2014, S. 59.

1361 Näheres zu Zielvereinbarungen: *Hufeld*, DÖV 2002, 309 (316 ff.); *T. Schmidt*, DÖV 2008, 760 ff.

### ddd) Zwischenergebnis

Das gesetzliche Verbot von Anwesenheitspflichten zum Schutz der Lern- und Studierfreiheit ist nicht zwingend erforderlich, da das gesetzliche Verbot von Anwesenheitspflichten nicht das einzige Mittel ist, um die Lern- und Studierfreiheit der Studenten zu schützen.

So kann der Gesetzgeber bereits durch die Formulierung des Gesetzestextes den Eingriff in das Selbstverwaltungsrecht abmildern. Statt ein Verbot mit einer Ausnahmeregelung zu formulieren, könnte er die Anordnung einer Anwesenheitspflicht in das Ermessen der Universitäten und Fakultäten stellen.

Im Falle, dass die Fakultät in der Prüfungsordnung eine Anwesenheitspflicht festsetzt, die in nicht zu rechtfertigender Weise in die Lern- und Studierfreiheit eingreift, kann der Staat die Fakultäten im Rahmen seiner Aufsichtsrechte zur Korrektur anhalten.

Bedenken bestehen jedoch in Bezug auf die Wirksamkeit dieser Maßnahmen. So kann man anführen, dass ein gesetzliches Verbot von Anwesenheitspflichten, einen Eingriff in die Lern- und Studierfreiheit bereits von Anfang an ausschließt. Demgegenüber kann eine Sanktionierung im Zusammenhang mit der Ausübung von Aufsichtsrechten erst erfolgen, wenn Anwesenheitspflichten bereits in unverhältnismäßiger Form angeordnet wurden.

### bb) Angemessenheit

Der Eingriff in das Selbstverwaltungsrecht und die Satzungsautonomie der Hochschulen und Fakultäten ist mit dem Schutz der Lern- und Studierfreiheit in einen schonenden Ausgleich zu bringen.

Aufgrund der Teilnahmepflicht wird der Student Leistungsanforderungen ausgesetzt, die nicht zwingend mit einer fachlichen Qualifikation im Zusammenhang stehen. Um in der Berufswelt Fuß fassen zu können, muss der Student über einen ihn hinreichend qualifizierenden Ausbildungsabschluss verfügen. In dem Moment, in dem er einen Studienabschluss nachweisen kann, wird niemand mehr nach seiner Teilnahme an den Lehrveranstaltungen fragen. Es wird ihm unterstellt, dass er über die mit dem Studienabschluss in Verbindung stehenden Kenntnisse verfügt. Wie er diese erlangt hat, wird zur Nebensächlichkeit.

Man könnte argumentieren, dass eine solche Einschätzung den Wert verkennt, der in dem Besuch einer Lehrveranstaltung liegt. Es werden Kenntnisse vermittelt, die über das in einer Prüfung abzufragende Wissen hinausgehen. Dies vermag der Staat jedoch nicht zu beurteilen – die Kompetenz liegt allein bei den Hochschulen und Fakultäten. Aus diesem Grund steht der Hochschule das Recht zu, Prüfungsanforderungen zu erlassen, die sie für die Pflege und

Entwicklung der Wissenschaften innerhalb des Studiums für notwendig erachtet.[1362] Dem Staat kommt allenfalls die Rechtsaufsicht zu. Gesetzliche Regelungen wie § 64 Abs. 2a HG NRW nehmen der Hochschule daher nicht nur das Recht, den Besuch der Lehrveranstaltung zur Pflicht zu machen. Sie greifen auf diese Weise auch in unangemessener Weise in die Satzungsautonomie ein.

Um dennoch einen schonenden Ausgleich im Sinne der praktischen Konkordanz zu erreichen, ist eine Ausnahmeregelung, wie sie der niedersächsische Gesetzgeber sowie der Gesetzgeber von Thüringen getroffen hat, in Betracht zu ziehen. Trotz des Verbots sind die Universitäten ermächtigt, in bestimmten Lehrveranstaltungen Anwesenheitspflichten anzuordnen. Auf diese Weise soll dem Umstand Rechnung getragen werden, dass es Lehrveranstaltungen gibt, deren Besuch letztlich auch zum Wohle der Allgemeinheit zwingend notwendig ist.

Zudem darf als Prüfungsleistung praktisch alles abverlangt werden, was zur ordnungsgemäßen Berufstätigkeit nicht ganz außer Verhältnis steht.[1363] Einen Überschuss an Ausbildungs- und Prüfungsanforderungen haben die Prüflinge somit „*in Grenzen hinzunehmen*". Der Spielraum des Normengebers wird allerdings überschritten, wenn die Prüfungsanforderungen mit der Berufsausübung nichts mehr zu tun haben.[1364]

Auch wird man von den Studenten erwarten können, dass sie eine notwendige Anzahl von Lehrveranstaltungen besucht haben, bevor sie einen Hochschulabschluss erhalten. Eine solche Einschränkung ihrer Freiheiten ist auch hinnehmbar; letztlich haben sie sich doch freiwillig für die Aufnahme eines Studiums entschieden.

Allerdings sind keine zwingenden Gründe ersichtlich, warum die Entscheidung über die Anordnung von Anwesenheitspflichten beim Gesetzgeber liegt und nicht den Universitäten und Fachbereichen überlassen wird. Universitäten und Fakultäten sind gegenüber den Studenten genauso grundrechtsverpflichtet wie der Gesetzgeber. Sie sind verfassungsrechtlich dazu angehalten, die Lern- und Studierfreiheit der Studenten hinreichend zu achten.

Dagegen kann auch nicht eingewandt werden, dass dies die Universität in einen Zustand zurückführt, wie er vor den Reformen Humboldts bestand. Dass

---

1362 *T. Bauer*, Wissenschaftsfreiheit in Lehre und Studium, 1980, S. 122.

1363 BVerfG NJW 1958, 1035 (1038); NJW 1985, 1949; NVwZ 1989, 850 (851); *Herrmann*, in: Knopp/Peine/Topel, Brandenburgisches Hochschulgesetz, 3. Aufl. 2018, § 22 Rn. 9.

1364 BVerwG DVBl. 1987, 1223 (1224); *Herrmann*, in: Knopp/Peine/Topel, Brandenburgisches Hochschulgesetz, 3. Aufl. 2018, § 22 Rn. 9.

die Entscheidung über die Anordnung einer Präsenzpflicht den Hochschulen und Fakultäten überlassen wird, bedeutet nicht, dass es keine Lehrveranstaltung ohne Anwesenheitspflicht mehr geben wird. Es wird auch weiterhin Lehrveranstaltungen geben, die nicht verpflichtend sind.

Im Ergebnis ist praktische Konkordanz daher nur insoweit zu erreichen, als dass den Universitäten und Fakultäten das Recht, Anwesenheitspflichten anzuordnen, nicht gesetzlich untersagt werden darf. Damit die Rechte der Studenten aber nicht über die Maße beschränkt werden, sind die Universitäten zu einem rücksichtsvollen Umgang mit der Anordnung einer Präsenzpflicht angehalten.

### cc) Zusammenfassende Betrachtung der Verhältnismäßigkeitsprüfung

Aufgrund seines Ausbildungsauftrags ist der Staat zur Einflussnahme auf akademische Angelegenheiten verpflichtet. Er muss dafür Sorge tragen, dass die Studenten durch das Studium zur Ausübung eines späteren Berufs befähigt werden. Da die Verantwortung für Lehre und Studium aber grundsätzlich den Universitäten und Fakultäten obliegt, ist der Staat zur Zurückhaltung angehalten. Gerade im Hinblick auf die Hochschulautonomie muss der Staat sein Handeln im Bereich der Studien- und Prüfungsangelegenheiten streng an den Geboten der Erforderlichkeit und Angemessenheit ausrichten.[1365]

Ein gesetzliches Verbot, dass den Hochschulen und Fakultäten die Anordnung von Anwesenheitspflichten versagt, kann daher nicht mehr als verhältnismäßig bewertet werden. Nichts anderes folgt auch aus dem Versuch, die Rechte der Hochschulen und Fakultäten und die Lern- und Studierfreiheit der Studenten in praktische Konkordanz zu bringen. Aufgrund der Lern- und Studierfreiheit steht den Studenten ein Recht auf Fernbleiben von der Lehrveranstaltung zu. Eingriffe in dieses Recht durch die Anwesenheitspflichten sind jedoch aus Gründen des Schutzes der Allgemeinheit gerechtfertigt. Hiervon ausgenommen ist lediglich die Anordnung einer Anwesenheitspflicht im Rahmen von Vorlesungen.

Im Umkehrschluss muss es daher den Hochschulen und Fakultäten zustehen, Anwesenheitspflichten anzuordnen. In der notwendigen Konsequenz wird dieses Recht aber in Vorlesungen zu verneinen sein. Es ist nicht ersichtlich, warum in Vorlesungen eine Anwesenheitspflicht erforderlich ist. Gerade in dieser Form der Lehrveranstaltung lassen sich die vermittelten Inhalte in Form von Prüfungen abfragen.

---

1365 *Oppermann*, in: Flämig/u.a., Handbuch des Wissenschaftsrechts, Bd. 1, 2. Aufl. 1996, S. 1026.

Ein staatliches Verbot von Anwesenheitspflichten ist somit nicht verhältnismäßig.

### d) Grundsatz des universitätsfreundlichen Verhaltens

Nicht nur das Verhältnismäßigkeitsprinzip ist für das Verhältnis zwischen Staat und Universität von wesentlicher Bedeutung. Auch der Gedanke des *„universitätsfreundlichen Verhaltens"*[1366] prägt das Verhältnis von Universität und Staat.[1367]

Dieser Gedanke beschreibt ein allgemeines Gebot zur Rücksichtnahme und Kooperationsbereitschaft. Den Staat trifft die Pflicht, die Interessen der Universität zu wahren, und verbietet die Herabwürdigung der Universität zu einem bloßen Gegenstand staatlicher Hochschulpolitik.[1368] Auf diese Weise wird der Staat angehalten, seine Befugnisse schonend und zurückhaltend zu handhaben.[1369]

Die Normierung eines gesetzlichen Verbots wirkt sich unmittelbar auf die Befugnisse der Universitäten und Fakultäten aus. Sofern keine zwingenden Gründe für ein Verbot vorliegen, entspricht die gesetzliche Anordnung des Verbots zur Festsetzung von Anwesenheitspflichten auch nicht mehr dem Grundsatz des universitätsfreundlichen Verhaltens.

### e) Ergebnis

Hochschulen und Fakultäten wird durch Art. 5 Abs. 3 GG ein Recht auf akademische Selbstverwaltung garantiert. Hiervon umfasst ist auch das Recht, Satzungen zu erlassen. Da innerhalb der Universität die Fakultäten für die Aufgaben im

---

1366 *Hufeld*, DÖV 1997, 1025 (1028 f.); *Kahl*, Hochschule und Staat, 2004, 90 f.; *ders.*, Die Staatsaufsicht, 2000, S. 515; *Lorenz*, WissR Bd. 11 (1978), S. 1 (20 f.); *Lorenz*, JZ 1981, 113 (11 9); *Pahlow/Gärditz*, WissR Bd. 39 (2006), S. 48 (70).

1367 Nach *Kingreen*, in: Geis, Hochschulrecht in Bayern, 2. Aufl. 2017, 9. Kap. Rn. 17 komme dem Grundsatz des universitätsfreundlichen Verhaltens keine eigenständige Bedeutung zu. Allenfalls sei dieser Grundsatz als besondere Ausprägung des Verhältnismäßigkeitsprinzips im Hochschulrecht anzusehen.

1368 *Fehling*, in: Kahl/Waldhoff/Walter, Bonner Kommentar zum Grundgesetz, Loseblatt, Stand März 2004, Art. 5 Abs. 3 (Wissenschaftsfreiheit) Rn. 218; *Oppermann*, in Flämig/u.a., Handbuch des Wissenschaftsrechts, 2. Aufl. 1996, S. 1117. Grundlegend dazu *Erichsen/Scherzberg*, NVwZ 1990, 16 f.; *Lorenz*, WissR Bd. 11 (1978), S. 19 ff.; zur Verknüpfung mit dem Grundsatz der Verhältnismäßigkeit siehe *Schröder*, WissR Bd. 18 (1985), S. 204.

1369 *Gallas*, Die Staatsaufsicht über die wissenschaftlichen Hochschulen, 1976, S. 106; *Kluge*, Die Universitätsverwaltung, 1958, S. 255; *Lorenz*, WissR Bd. 11 (1979), S. 1 (22); *Oppermann*, in: Flämig/u.a., Handbuch des Wissenschaftsrechts, Bd. 1, 2. Aufl. 1996, S. 389; *Schröder*, WissR Bd. 18 (1985), S. 199 (204).

Bereich der Lehre verantwortlich sind, erlassen sie die Studien- und Prüfungsordnungen. In diesen Ordnungen können die Fakultäten Anwesenheitspflichten anordnen oder als Prüfungsleistung festlegen.

Das Verbot von Anwesenheitspflichten greift damit unmittelbar in das Satzungsrecht und die Selbstverwaltungsgarantie ein. Dieser Eingriff ist jedoch nicht rechtfertigungsfähig.

Zwar ist der Staat verpflichtet, die Lern- und Studierfreiheit der Studenten vor Eingriffen zu schützen. Dies folgt aus dem staatlichen Ausbildungsauftrag. Gleichzeitig sind aber auch die Hochschulen und Fakultäten im Bereich der Lehre grundrechtsberechtigt, so dass der Staat verpflichtet ist, die Rechte der Hochschulen und Fakultäten mit den Rechten der Studenten in einen schonenden Ausgleich zu bringen.

Eine Abwägung mit der Lern- und Studierfreiheit im Rahmen der Verhältnismäßigkeitsprüfung führt zu dem Ergebnis, dass Studenten einen Eingriff in die Lern- und Studierfreiheit in Form einer Anwesenheitsverpflichtung zum Schutz der Allgemeinheit hinzunehmen haben, wobei das nicht für die Teilnahme an einer Vorlesung gilt. Im Umkehrschluss darf es den Hochschulen und Fakultäten nicht von staatlicher Seite verboten werden, Anwesenheitspflichten verbindlich anzuordnen. Allerdings wird man im Hinblick auf den damit einhergehenden Eingriff in die Lern- und Studierfreiheit eine Anwesenheitspflicht in Vorlesungen von diesem Recht ausnehmen müssen.

## III. Das Verbot von Anwesenheitspflichten als Eingriff in die Lehrfreiheit

Doch das gesetzlich angeordnete Verbot von Anwesenheitspflichten greift möglicherweise nicht nur in die grundrechtlich geschützten Rechte der Universitäten und Fakultäten ein. So haben auch die Hochschullehrer ein großes Interesse an der Teilnahme der Studenten an ihrer Lehrveranstaltung, wollen sie nicht vor einem leeren Hörsaal stehen.

### *1. Die Lehrfreiheit der Hochschullehrer*

Die wissenschaftliche Lehre wird durch die Hochschulprofessoren bestimmt. Sie sind diejenigen, die den Studenten das Wissen vermitteln, welches sie zur wissenschaftlichen Arbeit befähigt und sie auf die Ausübung eines späteren Berufs vorbereitet. Aus diesem Grund erscheint es auch nicht besonders abwegig, dass ein Hochschullehrer die Teilnahme einer gewissen Hörerschaft erwartet bzw. voraussetzt. Einfordern kann er dies durch die Festsetzung von

Anwesenheitspflichten. Dies setzt jedoch voraus, dass das Recht, Anwesenheitspflichten anzuordnen, dem Schutzbereich der Lehrfreiheit unterfällt.

### *a) Der Schutzbereich der Lehrfreiheit*

#### aa) Der persönliche Schutzbereich

Die Grundrechtsträgerschaft bestimmt sich individuell und korporativ; es handelt sich um ein Jedermanngrundrecht.[1370] Individuelle Grundrechtsträger sind in erster Linie die Hochschullehrer *„als geborene Rechtssubjekte der Lehrfreiheit"*.[1371] Dem Hochschullehrer steht bereits kraft seines Amtes der volle[1372] Grundrechtsschutz der Lehrfreiheit zu.[1373]

Nach Auffassung des Bundesverfassungsgerichts sind von dem Begriff des Hochschullehrers diejenigen Forscher und Lehrer erfasst, die aufgrund der Habilitation oder eines sonstigen Qualifikationsnachweises mit der selbstständigen Vertretung eines wissenschaftlichen Faches in Forschung und Lehre betraut sind.[1374]

---

1370 *von Coelln*, in: Friauf/Höfling, Berliner Kommentar zum Grundgesetz, 44. Erg.-Lfg. XI/14, Art. 5 Abs. 3 Rn. 96.

1371 BVerfGE 35, 79 (126); 111, 333 (351); *Bethge*, in: Sachs, GG, 8. Aufl. 2018, Art. 5 Rn. 207; *von Coelln*, in: Friauf/Höfling, Berliner Kommentar zum Grundgesetz, 44. Erg.-Lfg. XI/14, Art. 5 Abs. 3 Rn. 97; *Kempen*, in: Epping/Hillgruber, GG, 2. Aufl. 2013, Art. 5 Rn. 184; *Scholz*, in: Maunz/Dürig, GG, Loseblatt, Stand September 2017, Art. 5 Abs. 3 Rn. 120; *Stern*, Staatsrecht, Bd. IV/2, 2011, S. 779.

1372 *T. Bauer*, Wissenschaftsfreiheit in Lehre und Studium, 1980, S. 52 nimmt eine Differenzierung des Schutzumfanges an, welche sich nach der Position des Grundrechtsträgers innerhalb der Hochschule richte. So auch: *Fechner*, in: Stern/Becker, GG, 2. Aufl. 2015, Art. 5 Rn. 223.

1373 *T. Bauer*, Wissenschaftsfreiheit in Lehre und Studium, 1980, S. 52; *Bethge*, in: Sachs, GG, 8. Aufl. 2018, Art. 5 Rn. 207; *von Coelln*, in: Sachs/Siekmann, Festschrift für Klaus Stern zum 80. Geburtstag, 2012, S. 1281 (1282); *Fechner*, in: Stern/Becker, GG, 2. Aufl. 2015, Art. 5 Rn. 223; *Kimminich*, in: Flämig/u.a., Handbuch des Wissenschaftsrechts, Bd. 1, 2. Aufl. 1996, S. 138. Nach *Mager*, in: Isensee/Kirchhof, Handbuch des Staatsrechts, Bd. VII, 3. Aufl. 2009, § 166 Rn. 17; *Schmidt-Aßmann*, JZ 1989, 205 (208) könne sich jeder auf die Lehrfreiheit berufen.

1374 BVerfGE 43, 268; *Kempen*, in: Epping/Hillgruber, GG, 2. Aufl. 2013, Art. 5 Rn. 184; *Krüger*, in: Flämig/u.a., Handbuch des Wissenschaftsrechts, Bd. 1, 2. Aufl. 1996, S. 313; *Löwer*, in: Merten/Papier, Handbuch der Grundrechte, Bd. IV, 2011, § 99 Rn. 54; *Starck*, in: von Mangoldt/Klein/Starck, GG, Bd. 1, 6. Aufl. 2010, Art. 5 Abs. 3 Rn. 375; *Stern*, Staatsrecht, Bd. IV/2, 2011, S. 779.

## bb) Der sachliche Schutzbereich

### aaa) Gewährleistungsinhalte der Lehrfreiheit

Das Bundesverfassungsgericht definiert die universitäre Lehre als die

> *„wissenschaftlich fundierte Übermittlung der durch die Forschung gewonnenen Erkenntnisse“.*[1375]

Das entscheidende Charakteristikum der wissenschaftlichen Lehre liegt folglich in der Vermittlung des durch eigene Forschung Erkannten.[1376] Dadurch ist der Rückgriff auf Forschungsergebnisse anderer jedoch nicht ausgeschlossen.[1377] Solange diese nur ergänzend herangezogen werden und als Äußerungen einer in wissenschaftlicher Methodik erarbeiteten, kritischen Lehrmeinung erfolgen, ist die Lehrveranstaltung weiterhin als wissenschaftlich zu klassifizieren.[1378] Unselbstständige, weisungsabhängige Lehre ist dagegen nicht mehr vom Schutzbereich der Lehrfreiheit umfasst.[1379]

#### (1) Die Rechte des Hochschullehrers im Zusammenhang mit der Durchführung einer Lehrveranstaltung

---

1375 BVerfGE 35, 79 (113); 55, 37 (68).

1376 *Britz*, in: Dreier, GG, Bd. I, 3. Aufl. 2013, Art. 5 III (Wissenschaftsfreiheit) Rn. 29; *Kempen*, in: Hartmer/Detmer, Hochschulrecht, 3. Aufl. 2017, Kap. 1 Rn. 88; *Mager*, in: Isensee/Kirchhof, Handbuch des Staatsrechts, Bd. VII, 3. Aufl. 2009, § 166 Rn. 14; *Scholz*, in: Maunz/Dürig, GG, Loseblatt, Stand September 2017, Art. 5 Abs. 3 Rn. 105; *Starck*, in: von Mangoldt/Klein/Starck, GG, Bd. 1, 6. Aufl. 2010, Art. 5 Abs. 3 Rn. 358, 375; *Wendt*, in: von Münch/Kunig, GG, Bd. 1, 6. Aufl. 2012, Art. 5 Rn. 102.

1377 *Britz*, in: Dreier, GG, Bd. I, 3. Aufl. 2013, Art. 5 III (Wissenschaftsfreiheit) Rn. 29; *Fehling*, in: Kahl/Waldhoff/Walter, Bonner Kommentar zum Grundgesetz, Loseblatt, Stand März 2004, Art. 5 Abs. 3 (Wissenschaftsfreiheit) Rn. 83; *Löwer*, in: Merten/Papier, Handbuch der Grundrechte, Bd. IV, 2011, § 99 Rn. 53; *Starck*, in: von Mangoldt/Klein/Starck, GG, Bd. 1, 6. Aufl. 2010, Art. 5 Abs. 3 Rn. 358; *Wendt*, in: von Münch/Kunig, GG, Bd. 1, 6. Aufl. 2012, Art. 5 Rn. 102; in diese Richtung aber *Kimminich*, WissR Bd. 6 (1973), S. 193 (203).

1378 *Bumke*, VVDStRL Bd. 69 (2010), S. 407 (451); *Denninger*, in: Denninger/Hoffmann-Riem/Schneider/Stein, AK-GG, Bd. 1, 3. Aufl. 2001, Art. 5 Rn. 29; *Kempen*, in: Hartmer/Detmer, Hochschulrecht, 3. Aufl. 2017, Kap. 1 Rn. 88; *Löwer*, in: Merten/Papier, Handbuch der Grundrechte, Bd. IV, 2011, § 99 Rn. 53; *Starck*, in: von Mangoldt/Klein/Starck, GG, Bd. 1, 6. Aufl. 2010, Art. 5 Abs. 3 Rn. 375.

1379 *Löwer*, in: Merten/Papier, Handbuch der Grundrechte, Bd. IV, 2011, § 99 Rn. 52; *Scholz*, in: Maunz/Dürig, GG, Loseblatt, Stand September 2017, Art. 5 Abs. 3 Rn. 105; *Starck*, in: von Mangoldt/Klein/Starck, GG, Bd. 1, 6. Aufl. 2010, Art. 5 Abs. 3 Rn. 375; *Stern*, Staatsrecht, Bd. IV/2, 2011, S. 778.

Die Lehrfreiheit schützt das Recht, Lehrveranstaltungen anzubieten und durchzuführen.[1380] Der Hochschullehrer ist in diesem Zusammenhang nicht nur auf das Fach beschränkt, zu dessen Vertretung er als Professor berufen ist. Aufgrund der Entwicklungsoffenheit der Wissenschaft darf er in einem gewissen Rahmen auch in anderen Fächern Lehrveranstaltungen abhalten.[1381]

Die Freiheit der Lehre beinhaltet auch die Gewährleistung der freien Wahl von Gegenstand, Form, Methode und Inhalt der Lehrveranstaltung.[1382] Daneben kann der Hochschullehrer Zeit und Ort selbstständig bestimmen.[1383] Gleichermaßen geschützt sind auch die verschiedenen Arten von

---

1380 *Kempen*, in: Hartmer/Detmer, Hochschulrecht, 3. Aufl. 2017, Kap. 1 Rn. 92.

1381 *T. Bauer*, Wissenschaftsfreiheit in Lehre und Forschung, 1980, S. 63 f.; *Denninger*, in: Denninger/Hoffmann-Riem/Schneider/Stein, AK-GG, Bd. 1, 3. Aufl. 2001, Art. 5 Abs. 3 Rn. 39; *Fehling*, in: Kahl/Waldhoff/Walter, Bonner Kommentar zum Grundgesetz, Loseblatt, Stand März 2004, Art. 5 Abs. 3 (Wissenschaftsfreiheit) Rn. 88; *Kempen*, in: Hartmer/Detmer, Hochschulrecht, 1. Aufl. 2011, Kap. 1 Rn. 92; *Scholz*, in: Maunz/Dürig, GG, Loseblatt, Stand September 2017, Art. 5 Abs. 3 Rn. 174; *Starck*, in: von Mangoldt/Klein/Starck, GG, Bd. 1, 6. Aufl. 2010, Art. 5 Abs. 3 Rn. 377. *Von Coelln*, in: Friauf/Höfling, Berliner Kommentar zum Grundgesetz, 44. Erg.-Lfg. XI/14, Art. 5 Abs. 3 Rn. 55 macht deutlich, dass es nicht zu rechtfertigen sei, dem Hochschullehrer eine ihm fachlich vollständig fremde Lehrveranstaltung zu übertragen.

1382 VGH Kassel NVwZ-RR 1991, 80 (81); *Britz*, in: Dreier, GG, Bd. I, 3. Aufl. 2013, Art. 5 III (Wissenschaftsfreiheit) Rn. 29; *von Coelln*, in: Friauf/Höfling, Berliner Kommentar zum Grundgesetz, 44. Erg.-Lfg. XI/14, Art. 5 Abs. 3 Rn. 54; *Geck*, VVDStRL Bd. 27 (1969), S. 161 (165); *Kempen*, in: Hartmer/Detmer, Hochschulrecht, 3. Aufl. 2017, Kap. 1 Rn. 93; *Krüger*, in: Flämig/u.a., Handbuch des Wissenschaftsrechts, 2. Aufl. 1996, S. 314; *Löwer*, in: Merten/Papier, Handbuch der Grundrechte, Bd. IV, 2011, § 99 Rn. 53; *Mager*, in: Isensee/Kirchhof, Handbuch des Staatsrechts, Bd. VII, 3. Aufl. 2009, § 166 Rn. 14; *Starck*, in: von Mangoldt/Klein/Starck, GG, Bd. 1, 6. Aufl. 2010, Art. 5 Abs. 3 Rn. 376; *Wendt*, in: von Münch/Kunig, GG, Bd. 1, 6. Aufl. 2012, Art. 5 Rn. 105.

1383 *Fehling*, in: Kahl/Waldhoff/Walter, Bonner Kommentar zum Grundgesetz, Loseblatt, Stand März 2004, Art. 5 Abs. 3 (Wissenschaftsfreiheit) Rn. 88; *Geck*, VVDStRL Bd. 27 (1969), S. 143 (161); *Löwer*, in: Merten/Papier, Handbuch der Grundrechte, Bd. IV, 2011, § 99 Rn. 53; *Starck*, in: von Mangoldt/Klein/Starck, GG, Bd. 1, 6. Aufl. 2010, Art. 5 Abs. 3 Rn. 377; *Stern*, in: Festschrift zum 75. Geburtstag für Roman Herzog, 2009 S. 507 (517). *Mager*, in: Isensee/Kirchhof, Handbuch des Staatsrechts, Bd. VII, 3. Aufl. 2009, § 166 Rn. 14, erkennt die Festlegung von Zeit und Ort nur als vom Schutzbereich erfasst an, wenn dies von entschiedener Bedeutung für den Vermittlungserfolg sei; a.A. *Kaufhold*, Die Lehrfreiheit – ein verlorenes Grundrecht?, 2006, S. 217 f.

Lehrveranstaltungen: Vorlesungen, Übungen, Proseminare, Hauptseminare, Exkursionen, Kolloquien, Examinatorien wie auch lehrveranstaltungsbezogene schriftliche Informationen.[1384]

Zusammen genommen bedeutet dies für den Hochschullehrer, dass er die Kernaufgaben der Lehre selbstständig und weisungsfrei wahrnehmen kann und für seine Lehrtätigkeit die alleinige Verantwortung trägt.[1385]

(2) Prüfungen als Lehre im Sinne von Art. 5 Abs. 3 GG

Auch universitäre Prüfungen sind Lehre im Sinne des Art. 5 Abs. 3 GG.[1386] Dieser Sichtweise liegt zugrunde, dass Prüfungen wissenschaftliche Meinungsäußerungen enthalten.[1387] Der Begriff „*Prüfung*" ist weit auszulegen, so dass sowohl studienbegleitende Prüfungen als auch Abschlussprüfungen vom Schutzbereich

---

1384 *Fechner*, in: Stern/Becker, GG, 2. Aufl. 2015, Art. 5 Rn. 187; *Fehling*, in: Kahl/Waldhoff/Walter, Bonner Kommentar zum Grundgesetz, Loseblatt, Stand März 2004, Art. 5 Abs. 3 (Wissenschaftsfreiheit) Rn. 88; *Kempen*, in: Hartmer/Detmer, Hochschulrecht, 3. Aufl. 2017, Kap. 1 Rn. 93; *ders.*, in: Epping/Hillgruber, GG, 2. Aufl. 2013, Art. 5 Rn. 183; *Löwer*, in: Merten/Papier, Handbuch der Grundrechte, Bd. IV, 2011, § 99 Rn. 53; *Stern*, Staatsrecht, Bd. IV/2, 2011, S. 778.

1385 BVerwG NVwZ-RR 1994, 93 (94); OVG NRW WissR Bd. 26 (1993), S. 82 (84); *Epping*, in: Leuze/Bender, Gesetze über die wissenschaftlichen Hochschulen des Landes Nordrhein-Westfalen, Loseblatt, Stand 10. 1994, § 48 Rn. 37; *Krüger*, in: Flämig/u.a., Handbuch des Wissenschaftsrechts, Bd. 1, 2. Aufl. 1996, S. 314; *Löwer*, in: Merten/Papier, Handbuch der Grundrechte, Bd. IV, 2011, § 99 Rn. 53; *Starck*, in: von Mangoldt/Klein/Starck, GG, Bd. 1, 6. Aufl. 2010, Art. 5 Abs. 3 Rn. 358; *Stern*, Staatsrecht, Bd. IV/2, 2011, S. 779; *Wendt*, in: von Münch/Kunig, GG, Bd. 1, 6. Aufl. 2012, Art. 5 Rn. 102.

1386 BayVHG DÖV 1985, 496 f.; *Britz*, in: Dreier, GG, Bd. I, 3. Aufl. 2013, Art. 5 III (Wissenschaftsfreiheit) Rn. 29; *Fechner*, in: Stern/Becker, GG, 2. Aufl. 2015, Art. 5 Rn. 188; *Fehling*, in: Kahl/Waldhoff/Walter, Bonner Kommentar zum Grundgesetz, Loseblatt, Stand März 2004, Art. 5 Abs. 3 (Wissenschaftsfreiheit) Rn. 89; *Jarass*, in: Jarass/Pieroth, GG, 14. Aufl. 2016, Art. 5 Rn. 139; *Kempen*, in: Hartmer/Detmer, Hochschulrecht, 3. Aufl. 2017, Kap. 1 Rn. 93; *Krüger*, in: Flämig/u.a., Handbuch des Wissenschaftsrechts, Bd. 1, 2. Aufl. 1996, S. 317; *von Lübtow*, Autonomie oder Heteronomie der Universitäten, 1966, S. 50; *Starck*, in: von Mangoldt/Klein/Starck, GG, Bd. 1, 6. Aufl. 2010, Art. 5 Abs. 3 Rn. 376; *Stern*, Staatsrecht, Bd. IV/2, 2011, S. 779, 782; a.A. OVG Berlin DVBl. 1985, 1088; BayVGH DÖV 1985, 496 f.; Wolf, WissR Bd. 3 (1970), S. 193 (218).

1387 VGH Kassel NVwZ-RR 1991, 80 (82); *Lüthje*, in: Denninger, HRG, 1984, § 3 Rn. 33; *Thieme*, Deutsches Hochschulrecht, 3. Aufl. 2004, Rn. 119.

umfasst sind.[1388] Ebenfalls von der Lehrfreiheit geschützt ist die Festlegung des Prüfungsgegenstandes[1389] sowie die Durchführung und die Bewertung der Prüfungsleistung.[1390] So kann der Hochschullehrer das Bestehen einer Prüfung davon abhängig machen, dass der Student sich an den vorgeschriebenen praktischen Arbeiten erfolgreich beteiligt hat.[1391] Die Lehrfreiheit schreibt dem Hochschullehrer aber nicht vor, seinen Unterricht so zu gestalten, dass die Studenten gezielt auf die zur Erlangung eines Leistungsnachweises notwendigen Klausuren vorbereitet werden.[1392]

Nicht mehr von der Lehrfreiheit umfasst ist dagegen die Befugnis zur willkürlichen Festlegung von Art und Umfang der Leistungsnachweise.[1393] Hochschullehrer können nicht nach eigenem Ermessen bestimmen, ob Leistungsüberprüfungen durch Hausarbeiten, Klausuren oder mündliche Prüfungen erfolgen.[1394] Die Frage nach den Voraussetzungen für die Erteilung eines Leistungsnachweises betrifft thematisch den Studienerfolg eines Studenten.[1395]

---

1388 *Mager*, in: Isensee/Kirchhof, Handbuch des Staatsrechts, Bd. VII, 3. Aufl. 2009, § 166 Rn. 22.

1389 *Knemeyer*, Lehrfreiheit, 1969, S. 35 ff.; *Krüger*, in: Flämig/u.a., Handbuch des Wissenschaftsrechts, Bd. 1, 2. Aufl. 1996, S. 317; *Stern*, Staatsrecht, Bd. IV/2, 2011, S. 782.

1390 *Fechner*, in: Stern/Becker, GG, 2. Aufl. 2015, Art. 5 Rn. 188; *Fehling*, in: Kahl/Waldhoff/Walter, Bonner Kommentar zum Grundgesetz, Loseblatt, Stand März 2004, Art. 5 Abs. 3 (Wissenschaftsfreiheit) Rn. 89; *Denninger*, in: Denninger/Hoffmann-Riem/Schneider/Stein, AK-GG, Bd. 1, 3. Aufl. 2001, Art. 5 Abs. 3 Rn. 38; *Thieme*, Deutsches Hochschulrecht, 3. Aufl. 2004, Rn. 119.

1391 *Krüger*, in: Flämig/u.a., Handbuch des Wissenschaftsrechts, 2. Aufl. 1996, S. 314; *Lüthje*, in: Denninger, HRG, 1984, § 3 Rn. 33; *Thieme*, Deutsches Hochschulrecht, 3. Aufl. 2004, Rn. 119; a.A. *Starck*, in: von Mangoldt/Klein/Starck, GG, 6. Aufl. 2010, Art. 5 Rn. 376, der darauf verweist, dass die Voraussetzungen, unter denen ein Leistungsnachweis erteil wird, nicht zur Lehrfreiheit gehört.

1392 VGH Kassel NVwZ-RR 1991, 80 (81).

1393 VGH Kassel NVwZ-RR 1991, 80 (81); *Denninger*, in: Denninger/Hoffmann-Riem/Schneider/Stein, AK-GG, Bd. 1, 3. Aufl. 2001, Art. 5 Rn. 33; *Fehling*, in: Kahl/Waldhoff/Walter, Bonner Kommentar zum Grundgesetz, Loseblatt, Stand März 2004, Art. 5 Abs. 3 (Wissenschaftsfreiheit) Rn. 89; *Hailbronner*, Die Freiheit in Forschung und Lehre als Funktionsgrundrecht, 1979, S. 166 f.

1394 BVerwG NVwZ 1991, 1082 (1083); VGH Kassel NVwZ-RR 1991, 80 (82); *Denninger*, in: Denninger/Hoffmann-Riem/Schneider/Stein, AK-GG, Bd. 1, 3. Aufl. 2001, Art. 5 Rn. 33; *Starck*, in: von Mangoldt/Klein/Starck, GG, Bd. 1, 6. Aufl. 2010, Art. 5 Abs. 3 Rn. 376, der die Festlegung von Voraussetzungen, unter denen ein Leistungsnachweis erteilt werden kann, als nicht von der Lehrfreiheit umfasst anerkennt.

1395 BVerwG NVwZ 1991, 1082 (1083); *Stern*, Staatsrecht, Bd. IV/2, 2011, S. 782.

Daher ist der Nachweis über das Bestehen einer Prüfung an Art. 12 Abs. 1 GG und den daran anknüpfenden Grundsatz der Chancengleichheit zu messen.[1396] Aus diesem Grund können Leistungsanforderungen in staatlichen oder universitären Prüfungsordnungen getroffen werden, die eine gewisse Einheitlichkeit und Vergleichbarkeit sichern. Rückwirkungen auf die inhaltliche und methodische Gestaltung der Lehrveranstaltung dürfen von den gestellten Leistungsanforderungen allerdings nicht ausgehen.[1397] Über den Inhalt und die Methode der Lehrveranstaltung muss der Hochschullehrer stets selbst entscheiden können.[1398]

(3) Die Lehrfreiheit als wertentscheidende Grundsatznorm

Neben dem Individualrecht enthält Art. 5 Abs. 3 GG auch eine objektive, wertentscheidende Grundsatznorm.[1399] Diese legt dem Staat zum einen die Pflicht auf, für einen freien universitären Wissenschaftsbetrieb zu sorgen, und zum anderen muss er durch geeignete organisatorische Maßnahmen sicherstellen, dass das individuelle Grundrecht der freien wissenschaftlichen Betätigung soweit wie möglich unangetastet bleibt.[1400] Dadurch steht auch dem Hochschullehrer ein

---

1396 Vorgaben in staatlichen oder universitären Prüfungsordnungen müssen daher eine gewisse Einheitlichkeit und Vergleichbarkeit sichern, so BVerfGE 52, 380 (388); BVerwGE 38, 105 (113); BVerwG NJW 1979, 2417 f.; *Denninger*, in: Denninger/Hoffmann-Riem/Schneider/Stein, AK-GG, Bd. 1, 3. Aufl. 2001, Art. 5 Rn. 33; *Fehling*, in: Kahl/Waldhoff/Walter, Bonner Kommentar zum Grundgesetz, Loseblatt, Stand März 2004, Art. 5 Abs. 3 (Wissenschaftsfreiheit) Rn. 89; *Hailbronner*, Die Freiheit von Forschung und Lehre als Funktionsgrundrecht, 1979, S. 166 f.; vgl. dazu auch *Albers*, DVBl. 1976, 622 ff.

1397 BVerwG NVwZ 1991, 1082 (1083); VGH Kassel NVwZ-RR 1991, 80 (81); *Stern*, Staatsrecht, Bd. IV/2, 2011, S. 782, der einen Verstoß gegen Art. 5 Abs. 3 GG bejaht, wenn Prüfungspflichten die Freiheit der Forschung unverhältnismäßig einschränken.

1398 VGH Kassel NVwZ-RR 1991, 80 (81); *Denninger*, in: Denninger/Hoffmann-Riem/Schneider/Stein, AK-GG, Bd. 1, 3. Aufl. 2001, Art. 5 Abs. 3 Rn. 33; *Hailbronner*, Die Freiheit von Forschung und Lehre als Funktionsgrundrecht, 1979, S. 167.

1399 Ständige Rspr. seit BVerfGE 35, 79 (112). Kritsch dazu *Nettesheim*, DVBl. 2005, 1072 (1076 f.).

1400 BVerfGE 35, 79 (115), 83, 85 (95); 85, 360 (384); 111, 333 (353); *von Coelln*, in: Sachs/Siekman, Festschrift für Klaus Stern zum 80. Geburtstag, 2012, S. 1281 (1291 f.); *ders.*, in: Friauf/Höfling, Berliner Kommentar zum Grundgesetz, 44. Erg.-Lfg. XI/14, Art 5 Abs. 3 Rn. 65 ff.; ferner *Geis*, WissR Bd. 37 (2004), S. 2 (12); *Ladeur*, DÖV 2005, 753 (758).

subjektiver Teilhabeanspruch auf eine wissenschaftsadäquate[1401] Hochschulorganisation zu.[1402]

##### bbb) Die Anordnung von Anwesenheitspflichten als ein von der Lehrfreiheit umfasstes Schutzgut

Auch das Recht zur Festsetzung von Anwesenheitspflichten ist von der Lehrfreiheit der Hochschullehrer umfasst. Ableiten lässt sich dies aus der Weisungsfreiheit[1403] und aus dem wissenschaftlich-pädagogischen Beurteilungsspielraum[1404] des Lehrenden.

Das Recht zur Anordnung von Anwesenheitspflichten könnte auch als ein Bestandteil des Prüfungsrechts vom Schutz der Lehrfreiheit umfasst sein. Zu berücksichtigen ist jedoch, dass der Hochschullehrer zur Festlegung der Prüfungsform nicht berechtigt ist, wenn in den Studien- und Prüfungsordnungen bereits Regelungen getroffen wurden.[1405] In diesem Fall ist der Hochschullehrer gehalten, den in der Prüfungsordnung aufgestellten Anforderungen Folge zu leisten. Damit ist es für ihn ausgeschlossen, die Anwesenheit als Prüfungsleistung festzulegen. Ist in den Studien- und Prüfungsordnungen jedoch keine Regelung getroffen worden, liegt die Entscheidung über die Wahl der Prüfungsform beim Hochschullehrer.

#### *b) Das Verbot der Festsetzung von Anwesenheitspflichten als Eingriff in die Lehrfreiheit*

Die Lehrfreiheit ist als ein Abwehrrecht gegenüber staatlichen Eingriffen in den Schutzbereich der Berechtigten zu qualifizieren.[1406] Dem steht es nicht entgegen,

---

1401 Kritsch, *Geis*, Die Verwaltung Bd. 38 (2008), S. 77 (93).

1402 von *Coelln*, in: Sachs/Siekman, Festschrift für Klaus Stern zum 80. Geburtstag, 2012, S. 1281 (1292); *ders.*, in: Friauf/Höfling, Berliner Kommentar zum Grundgesetz, 44. Erg.-Lfg. XI/14, Art 5 Abs. 3 Rn. 73; *Kempen*, in: Hartmer/Detmer, Hochschulrecht, 3. Aufl. 2017, Kap. 1 Rn. 36; ferner *Burgi/Gräf*, DVBl. 2010, 1125 (1128).

1403 *Krüger*, in: Flämig/u.a., Handbuch des Wissenschaftsrechts, 2. Aufl. 1996, S. 314; *Starck*, in: von Mangoldt/Klein/Starck, GG, Bd. 1, 6. Aufl. 2010, Art. 5 Abs. 3 Rn. 358; *Stern*, Staatsrecht, Bd. IV/2, 2011, S. 779.

1404 *Krüger*, in: Flämig/u.a., Handbuch des Wissenschaftsrechts, Bd. 1, 2. Aufl. 1996, S. 314; mit Hinweis auf die eingeschränkte gerichtliche Überprüfbarkeit, VGH BW NJW 1984, 1832.

1405 OVG Lüneburg VerwRspr 24 (1973), S. 774.

1406 *Mager*, in: Isensee/Kirchhof, Handbuch des Staatsrechts, Bd. VII, 3. Aufl. 2009, § 166 Rn. 21 f.

dass es sich um staatlich organisierte Wissenschaft handelt.[1407] Jede dem Staat zurechenbare Einschränkung der Selbstbestimmung in Bezug auf die Lehre stellt einen Eingriff in die durch Art. 5 Abs. 3 GG geschützte Lehrfreiheit dar.[1408]

Eingriffe können durch Gesetz erfolgen, sofern sie dem Hochschullehrer ein vom Schutzbereich der Lehrfreiheit umfasstes Recht untersagen. Da vom Schutzbereich der Lehrfreiheit auch die Anordnung einer Anwesenheitspflicht umfasst ist, ist das in § 64 Abs. 2a HG NRW und in § 52 Abs. 12 HSG SH normierte Verbot der Anordnung von Anwesenheitspflichten als Eingriff zu qualifizieren.

### *2. Die Rechtfertigung eines Eingriffs in die Lehrfreiheit*

Ein Eingriff in die Lehrfreiheit durch ein gesetzliches Verbot von Anwesenheitspflichten kann im Hinblick auf Grundrechte Dritter, die Funktionsfähigkeit der Universität oder ihren Ausbildungsauftrag gerechtfertigt sein.[1409]

#### *a) Die Schranken der Lehrfreiheit*

Da die Lehrfreiheit ebenso wie das Recht auf akademische Selbstverwaltung durch Art. 5 Abs. 3 GG gewährleistet wird, gilt für den Schrankenvorbehalt das bereits in diesem Zusammenhang Gesagte. Auch die Lehrfreiheit wird grundsätzlich vorbehaltlos gewährleistet.[1410]

Etwas Anderes könnte sich aus Art. 5 Abs. 3 S. 2 GG ergeben, nach dem die Freiheit zur Lehre nicht von der Treue zur Verfassung entbindet. Die

---

1407 BVerfGE 37, 79 (115), zum Abwehrrecht des Wissenschaftlers in staatlicher Organisation; *Mager*, in: Isensee/Kirchhof, Handbuch des Staatsrechts, Bd. VII, 3. Aufl. 2009, § 166 Rn. 23.

1408 BVerfGE 126, 1 (Rn. 24, Rn. 52); *Britz*, in: Dreier, GG, Bd. I, 3. Aufl. 2013, Art. 5 III (Wissenschaftsfreiheit) Rn. 45, 52; *Mager*, in: Isensee/Kirchhof, Handbuch des Staatsrechts, Bd. VII, 3. Aufl. 2009, § 166 Rn. 23.

1409 *Britz*, in: Dreier, GG, Bd. I, 3. Aufl. 2013, Art. 5 III (Wissenschaftsfreiheit) Rn. 50; *Mager*, in: Isensee/Kirchhof, Handbuch des Staatsrechts, Bd. VII, 3. Aufl. 2009, § 166 Rn. 23; für Beispiele siehe *Schulze-Fielitz,* WissR Bd. 37 (2004), S. 100; *Deutsch*, ZRP 2003, 159; *ders.*, VersR 2003, 1197.

1410 BVerfGE 35, 79; 90, 1; *Britz*, in: Dreier, GG, Bd. I, 3. Aufl. 2013, Art. 5 III (Wissenschaftsfreiheit) Rn. 50; *von Coelln*, in: Friauf/Höfling, Berliner Kommentar zum Grundgesetz, 44. Erg.-Lfg. XI/14, Art. 5 Abs. 3 Rn. 54; *Fechner*, in: Stern/Becker, GG, 2. Aufl. 2015, Art. 5 Rn. 311; *Kempen*, in: Hartmer/Detmer, Hochschulrecht, 3. Aufl. 2017, Kap. 1 Rn. 95; *Kempen*, in: Epping/Hillgruber, GG, 2. Aufl. 2013, Art. 5 Rn. 199; *Starck*, in: von Mangoldt/Klein/Starck, GG, Bd. 1, 6. Aufl. 2010, Art. 5 Abs. 3 Rn. 414.

dogmatische Funktion und die inhaltliche Bedeutung dieser Klausel sind jedoch umstritten.[1411]

So wird vertreten, dass mit der Klausel eine der Wissenschaftsfreiheit immanente Missbrauchsschranke benannt wird.[1412] Sie sei eine Ausprägung des Prinzips der wehrhaften Demokratie,[1413] welche die Erfahrungen der Weimarer Zeit widerspiegele.[1414]

Nach anderer Auffassung ist eine echte Beschränkung der Wissenschaftsfreiheit mit der Klausel nicht verbunden. Es handele sich eher um eine Konkretisierung der dienstrechtlichen Verpflichtung zur Loyalität gegenüber der freiheitlich-demokratischen Grundordnung.[1415]

Welcher Auffassung zu folgen ist, kann letztlich aber dahinstehen. Für die Rechtfertigung eines gesetzlichen Verbotes von Anwesenheitspflichten ist der Klausel keine nähere Bedeutung beizumessen.

Weitaus mehr Relevanz kommt dagegen den verfassungsimmanenten Schranken zu. Als solche kommen in erster Linie Grundrechte anderer Wissenschaftler, das Dienstrecht der Hochschullehrer oder die Funktionsfähigkeit

---

1411 *T. Bauer*, Wissenschaftsfreiheit in Lehre und Studium, 1980, S. 84 ff.; *Mager*, in: Isensee/Kirchhof, Handbuch des Staatsrechts, Bd. VII, 3. Aufl. 2009, § 166 Rn. 29; *Scholz*, in: Maunz/Dürig, GG, Loseblatt, Stand September 2017, Art. 5 Abs. 3 Rn. 197 ff.; *Thoma*, Die Lehrfreiheit der Hochschullehrer, 1952, S. 22 ff.

1412 *Bethge*, in: Sachs, GG, 8. Aufl. 2018, Art. 5 Rn. 225; *Fechner*, in: Stern/Becker, GG, 2. Aufl. 2015, Art. 5 Rn. 323; *Fink*, DÖV 1999, 980 (982); *Ipsen*, Staatsrecht II, 20. Aufl. 2017, Rn. 536; *Kempen*, in: Epping/Hillgruber, 2. Aufl. 2013, Art. 5 Rn. 200.

1413 *Bethge*, in: Sachs, GG, 8. Aufl. 2018, Art. 5 Abs. 225; *Denninger*, in: Denninger/Hoffmann-Riem/Schneider/Stein, AK-GG, 3. Aufl. 2001, Art. 5 Abs. 3 Rn. 44; *Fechner*, in: Stern/Becker, GG, 2. Aufl. 2015, Art. 5 Rn. 321; *Fehling*, in: Kahl/Waldhoff/Walter, Bonner Kommentar zum Grundgesetz, Loseblatt, Stand März 2004, Art. 5 Abs. 3 (Wissenschaftsfreiheit) Rn. 181; *Scholz*, in: Maunz/Dürig, GG, Loseblatt, Stand September 2017, Art. 5 Abs. 3 Rn. 199.

1414 *Bethge*, in: Sachs, GG, 8. Aufl. 2018, Art. 5 Abs. 225 f.; *Britz*, in: Dreier, GG, Bd. I, 3. Aufl. 2013, Art. 5 III (Wissenschaftsfreiheit) Rn. 50; *Ipsen*, Staatsrecht II, 20. Aufl. 2017, Rn. 536; *Scholz*, in: Maunz/Dürig, GG, Loseblatt, Stand September 2017, Art. 5 Abs. 3 Rn. 198.

1415 *Fechner*, in: Stern/Becker, GG, 2. Aufl. 2015, Art. 5 Rn. 323; *Mager*, in: Isensee/Kirchhof, Handbuch des Staatsrechts, Bd. VII, 3. Aufl. 2009, § 166 Rn. 29; *Manssen*, Staatsrecht II, 14. Aufl. 2017, Rn. 418; *Jarass*, in: Jarass/Pieroth, GG, 14. Aufl. 2016, Art. 5 Rn. 150; *Starck*, in: von Mangoldt/Klein/Starck, GG, Bd. 1, 6. Aufl. 2010, Art. 5 Abs. 3 Rn. 428.

der Hochschulen in Betracht.[1416] Die Hochschulen müssen ihren verfassungsrechtlichen Lehrauftrag erfüllen können.[1417] Da das gesetzliche Verbot von Anwesenheitspflichten aber gerade nicht den Schutz der Funktionsfähigkeit der Universitäten bezweckt, kann darin keine verfassungsimmanente Schranke gesehen werden.

Dagegen rechtfertigen die Rechte der Studenten aus Art. 12 Abs. 1 GG und der Grundsatz der Chancengleichheit als kollidierendes Verfassungsrecht Eingriffe in die Lehrfreiheit.[1418] Die Lehre an der Hochschule ist kein wissenschaftlicher Selbstzweck. Dem Hochschullehrer obliegt daher bei der Erfüllung seines Lehrauftrages die Pflicht, die ausbildungsrechtliche Zielsetzung zu beachten und Ausbildungserfolge herbeizuführen.[1419]

Die Lern- und Studierfreiheit ist somit als ein Verfassungsgut zu benennen, aus dem eine Schranke der Lehrfreiheit abzuleiten ist.[1420]

#### *b) Der verhältnismäßige Ausgleich im Rahmen der Schranken-Schranken*

Geraten Verfassungsgüter in Widerstreit, muss ein verhältnismäßiger Ausgleich der gleichermaßen von der Verfassung geschützten Interessen gefunden

---

1416 BVerfGE 35, 79 (115); 47, 327 (369); 55, 37 (68 f.); 83, 85 (95); 85, 360 (384); 95, 193 (212); 111, 333 (353); BVerfG NVwZ 2011, 224 (227); *Britz*, in: Dreier, GG, Bd. I, 3. Aufl. 2013, Art. 5 III (Wissenschaftsfreiheit) Rn. 52; *von Coelln*, in: Sachs/Siekmann, Festschrift für Klaus Stern zum 80. Geburtstag, 2012, S. 1281 (1292); *Fechner*, in: Stern/Becker, GG, 2. Aufl. 2015, Art. 5 Rn. 311; *Fehling*, in: Kahl/Waldhoff/Walter, Bonner Kommentar zum Grundgesetz, Loseblatt, Stand März 2004, Art. 5 Abs. 3 (Wissenschaftsfreiheit) Rn. 96 ff.; *Kaufhold*, Die Lehrfreiheit – ein verlorenes Grundrecht?, 2006, S. 102 ff., *Kempen*, in: Hartmer/Detmer, Hochschulrecht, 3. Aufl. 2017, Kap. 1 Rn. 96; *Knemeyer*, Lehrfreiheit, 1969, S. 37 f.; *Starck*, in: von Mangoldt/Klein/Starck, GG, Bd. 1, 6. Aufl. 2010, Art. 5 Abs. 3 Rn. 377; *Thieme*, Deutsches Hochschulrecht, 3. Aufl. 2004, Rn. 120 ff.

1417 BVerfG NJW 2009, 2190 (2193).

1418 *Fechner*, in: Stern/Becker, GG, 2. Aufl. 2015, Art. 5 Rn. 311; *Jarass*, in: Jarass/Pieroth, GG, 14. Aufl. 2016, Art. 5 Rn. 149; *Krüger*, in: Flämig/u.a., Handbuch des Wissenschaftsrechts, Bd. 1, 2. Aufl. 1996, S. 317; *Starck*, in: von Mangoldt/Klein/Starck, GG, Bd. 1, 6. Aufl. 2010, Art. 5 Abs. 3 Rn. 421.

1419 OVG Lüneburg VerwRspr 24 (1973), S. 774; *Epping*, NWVBl. 1997, 92 (94); *Krüger*, in: Flämig/u.a., Handbuch des Wissenschaftsrechts, Bd. 1, 2. Aufl. 1996, S. 317.

1420 *Britz*, in: Dreier, GG, Bd. I, 3. Aufl. 2013, Art. 5 III (Wissenschaftsfreiheit) Rn. 50; *Jarass*, in: Jarass/Pieroth, GG, 14. Aufl. 2016, Art. 5 Rn. 149; *Mager*, in: Isensee/Kirchhof, Handbuch des Staatsrechts, Bd. VII, 3. Aufl. 2009, § 166 Rn. 31.

werden.[1421] Ein unbedingter Vorrang kommt weder dem einen noch dem anderen Verfassungsgut zu,[1422] es ist vielmehr eine einzelfallbezogene Abwägung vorzunehmen.[1423] Diese richtet sich nach dem Grundsatz der praktischen Konkordanz.[1424]

Doch kann ein solcher Ausgleich gefunden werden? Oder ist nicht vielmehr der einen Freiheit Vorrang zulasten der anderen Freiheit zu geben? Auf den ersten Blick erscheint ein schonender Ausgleich schwer vorstellbar. So kann entweder dem Hochschullehrer das Recht zur Festsetzung von Anwesenheitspflichten eingeräumt werden oder den Studenten die Entscheidung der Teilnahme überlassen blieben.

Möglicherweise spricht der Umstand, dass Anwesenheitspflichten nicht in ungerechtfertigter Weise in die Lern- und Studierfreiheit der Studenten eingreifen, dafür, dass den Hochschullehrern das Recht zur Anordnung von Anwesenheitspflichten uneingeschränkt durch den Gesetzgeber gewährleistet werden muss.[1425]

Anwesenheitspflichten sollen dazu beitragen, dass Studenten ihre Lernziele erreichen, und tragen zu ihrer Gewissheit bei. Dies liegt nicht nur in ihrem eigenen Interesse, sondern auch im Interesse der Gesellschaft und des Staates. Hinzukommt, dass eine Anordnung nicht umfassend erfolgt, sondern sich nach der

---

1421 BVerfGE 30, 173 (191 ff.); 77, 240 (253); 81, 278 (292); 83, 130 (143); *Dickert*, Naturwissenshaften und Forschungsfreiheit, 1991, S. 464 ff.; *Kloepfer*, Verfassungsrecht Bd. II, 2010, § 62 Rn. 55; *Manssen*, Staatsrecht II, 14. Aufl. 2017, Rn. 160.

1422 BVerfGE 47, 46 (75 ff.); 83, 130 (146 ff.); *Britz*, in: Dreier, GG, Bd. I, 3. Aufl. 2013, Art. 5 III (Wissenschaftsfreiheit) Rn. 51; *Dickert*, Naturwissenshaften und Forschungsfreiheit, 1991, S. 465; *Hillgruber*, in: Isensee/Kirchhof, Handbuch des Staatsrechts, Bd. IX, 3. Aufl. 2011, § 201 Rn. 14; *Kloepfer*, Verfassungsrecht Bd. II, 2010, § 62 Rn. 55.

1423 BVerfGE 81, 278 (292 f.); 83, 130 (139 ff.); *Dickert*, Naturwissenshaften und Forschungsfreiheit, 1991, S. 465; *Fehn*, JA 1987, 12 (15); *Hillgruber*, in: Isensee/Kirchhof, Handbuch des Staatsrechts, Bd. IX, 3. Aufl. 2011, § 201 Rn. 13; *ders.*, DÖV 1983, 358; *Kloepfer*, Verfassungsrecht Bd. II, 2010, § 62 Rn. 55.

1424 *Fehling*, in: Kahl/Waldhoff/Walter, Bonner Kommentar zum Grundgesetz, Loseblatt, Stand März 2004, Art. 5 Abs. 3 (Wissenschaftsfreiheit) Rn. 160; *Hufen*, Staatsrecht II, 6. Aufl. 2017, § 9 Rn. 31; *Mager*, in: Isensee/Kirchhof, Handbuch des Staatsrechts, Bd. VII, 3. Aufl. 2009, § 166 Rn. 36.

1425 Hiervon auszunehmen ist freilich die Vorlesung. Siehe dazu Teil 4 B. II. 2. d) bb) bbb) (1).

Art der Lehrveranstaltung richten muss. Insofern findet der Eingriff in die Lernfreiheit nur auf geringer Stufe statt.[1426]

Demgegen über kann die fehlende Anwesenheit in Lehrveranstaltungen zu Schäden für die Allgemeinheit führen. Das Bundesverfassungsgericht wies bereits im Jahr 1958 darauf hin, dass sich bestimmte Kenntnisse und Fähigkeiten, die für die Ausübung gewisser Berufe nicht nur notwendig sind, sondern im Falle ihres Fehlens zu Schäden für die Allgemeinheit führen, nur durch theoretische und praktische Schulung erwerben lassen.[1427] demzufolge sind Anwesenheitspflichten die notwendige Konsequenz, um Nachteilen für die Allgemeinheit vorbeugen zu können.

Mit dem Verbot der Anordnung von Anwesenheitspflichten stellen sich die Gesetzgeber von Nordrhein-Westfalen und Schleswig-Holstein nicht nur gegen die Ansicht des Bundesverfassungsgerichts, sondern greifen auch im erheblichen Maße in die Lehrfreiheit ein. Grundsätzlich kommt der individuellen Eigeninitiative der Hochschullehrer Vorrang vor kollektiver Koordination und erst recht vor staatlicher Regulierung zu.[1428] Sofern die den Hochschullehrern verfassungsrechtlich durch Art. 5 Abs. 3 GG zugestandene Lehrfreiheit nicht

1426 *Epping*, WissR Bd. 45 (2012), S. 212 (118 f.). Nach seiner Einschätzung gelte der Befund des Bundesverfassungsgerichts auch, wenn die Frage des Betätigungs- bzw. Anwesenheitsnachweises ebenso wie die konkrete Art der Lehrform durch die Prüfungsordnung und ihre in Bezug genommenen weiteren Regelungen in die Verantwortung des Hochschullehrers gelegt werde.

1427 So führte es aus: „Eine solche Beschränkung legitimiert sich aus der Sache heraus; sie beruht darauf, dass viele Berufe bestimmte, nur durch theoretische und praktische Schulung erwerbbare technische Kenntnisse und Fertigkeiten erfordern und dass die Ausübung dieser Berufe ohne solche Kenntnisse entweder unmöglich oder unsachgemäß wäre oder aber Schäden, ja Gefahren für die Allgemeinheit mit sich bringen würde. Der Gesetzgeber konkretisiert und formalisiert nur dieses sich aus einem vorgegebenen Lebensverhältnis ergebende Erfordernis; dem Einzelnen wird in Gestalt einer vorgeschriebenen formalen Ausbildung nur etwas zugemutet, was er grundsätzlich der Sache nach ohnehin auf sich nehmen müsste, wenn er den Beruf ordnungsgemäß auf sich nehmen will. Die Freiheitsbeschränkung erweist sich so als das adäquate Mittel zur Verhütung möglicher Nachteile und Gefahren; sie ist auch deshalb nicht unbillig, weil sie für alle Berufsanwärter gleich und ihnen im voraus bekannt ist, so dass der Einzelne schon vor der Berufswahl beurteilen kann, ob es ihm möglich sein werde, die geforderten Voraussetzungen zu erfüllen.“, BVerfGE 7, 377 (406 f.).

1428 BVerfGE 35, 113 (129); *Fehling*, in: Kahl/Waldhoff/Walter, Bonner Kommentar zum Grundgesetz, Loseblatt, Stand März 2004, Art. 5 Abs. 3 (Wissenschaftsfreiheit) Rn. 21; *Jarass*, in: Jarass/Pieroth, GG, 14. Aufl. 2016, Art. 5 Rn. 154.

zulässigerweise durch eine Prüfungsordnung eingeschränkt wird, bestimmen die Hochschullehrer selbst über Inhalt, methodische Ausgestaltung und Ablauf der Lehrveranstaltung.[1429] Auch unter diesem Gesichtspunkt ließe sich das Recht der Hochschullehrer, Anwesenheitspflichten anzuordnen, nicht zugunsten der Lern- Studierfreiheit einschränken.

Dem kann man zwar entgegnen, dass dieses Ergebnis gerade nicht zu einem schonenden Ausgleich führt. Es darf jedoch nicht übersehen werden, dass die Lehrfreiheit bereits eingeschränkt wird. Zum einen ist der Hochschullehrer im Rahmen seines Prüfungsrechts gehalten, die Schutzwirkung des Art. 12 Abs. 1 GG zu beachten. Prüfungsanforderungen müssen *„geeignet“* sein, die berufsspezifischen Fähigkeiten der Prüflinge festzustellen. Dies setzt voraus, dass sie in einer sachlichen Beziehung zu dem angestrebten Beruf stehen.[1430] Die Anwesenheit kann somit nur als Prüfungsleistung angeordnet werden, wenn sich die Kenntnisse der Studenten auf anderem Wege nicht nachweisen lassen. Von ausschlaggebendem Gewicht wird aber sein, dass sich aus Art. 5 Abs. 3 GG kein Recht des Hochschullehrers auf Bestimmung der Form einer für die Erteilung eines Leistungsnacheises notwendigen Prüfung ableiten lässt.[1431]

Der Hochschullehrer ist auch in der Lehre nicht gänzlich frei von Vorgaben. Der Grundsatz, dass der Hochschullehrer über die Art und Weise seiner Lehre frei entscheiden kann und er wegen seiner Aufgabe, durch Wissenschaft auszubilden, nicht mit der Forderung nach einer bestimmten Didaktik konfrontiert wird,[1432] gilt nicht mehr ohne Einschränkungen.[1433] Solange solche den Hochschullehrer einschränkenden Regelungen aber Freiräume für die inhaltliche und

---

1429 BVerfGE 55, 37 (68); BVerwGE 105, 73 ff.; VGH Kassel NVwZ-RR 1991, 80 (81 f.); *Epping*, WissR Bd. 45 (2012), S. 112 (125); *Epping*, F&L 2012, 459 (460); *Kempen*, in: Epping/Hillgruber, GG, 2. Aufl. 2013, Art. 5 Rn. 191.

1430 *Kempen*, in: Hartmer/Detmer, Hochschulrecht, 3. Aufl. 2017, Kap. 1 Rn. 107; *Manssen*, in: von Mangoldt/Klein/Starck, GG, Bd. 1, 6. Aufl. 2010, Art. 12 Rn. 220.

1431 Aus diesem Grund sei es notwendig, dass die Studien- bzw. Prüfungsordnung eine entsprechende Regelung enthalte, VGH Kassel NVwZ-RR 1991, 80 (82).

1432 *Fehling*, in: Kahl/Waldhoff/Walter, Bonner Kommentar zum Grundgesetz, Loseblatt, Stand März 2004, Art. 5 Abs. 3 (Wissenschaftsfreiheit) Rn. 92; *Geis*, in: ders., Das Hochschulrecht im Freistaat Bayern, 2009, Kap. 2 Rn. 22; *Löwer*, in: Merten/Papier, Handbuch der Grundrechte, Bd. IV, 2011, § 99 Rn. 61.

1433 *Knemeyer*, Lehrfreiheit, 1969, S. 36 f.; *Krüger*, in: Flämig/u.a., Handbuch des Wissenschaftsrechts, Bd. 1, 2. Aufl. 1996, S. 315; *Löwer*, in: Merten/Papier, Handbuch der Grundrechte, Bd. IV, 2011, § 99 Rn. 61. In der Akkreditierung wird nunmehr auch geprüft, ob das Studiengangkonzept „pädagogisch und didaktisch fundiert“ ist, so der Akkreditierungsrat mit seinem Beschluss AR 104/2008 i.d.F. vom 29.2.2008.

methodische Gestaltung lassen und mit dem Ausbildungsauftrag der Hochschule vereinbar sind, wird man diese noch als verfassungsrechtlich zulässig ansehen müssen.[1434] Daher muss der Hochschullehrer die Entscheidung über die Teilnahme an Vorlesungen auch den Studenten überlassen. Dies gilt insbesondere, wenn die Vorlesung mit einer Prüfung endet. Für alle anderen Formen von Lehrveranstaltungen gilt, dass sich die Studenten freiwillig für ein Studium entschieden und die damit verbundenen Einschränkungen in Kauf genommen haben.

Im Ergebnis kann das Recht der Hochschullehrer zur Festsetzung von Anwesenheitspflichten nicht zugunsten der Lernfreiheit eingeschränkt werden. Ein grundsätzliches gesetzliches Verbot greift in nicht gerechtfertigter Weise in die Lehrfreiheit des Hochschullehrers ein und ist deshalb verfassungswidrig.

## IV. Zusammenfassung der Ergebnisse

Aufgrund der akademischen Selbstverwaltungsgarantie können die Universitäten und Fakultäten alle wissenschaftsrelevanten Aufgaben selbstständig wahrnehmen. Wird ihnen die Festsetzung von Anwesenheitspflichten gesetzlich versagt, stellt dies einen Eingriff in ihre verfassungsrechtlich geschützten Rechte aus Art. 5 Abs. 3 GG dar.

Im Bereich der studentischen Angelegenheiten sind die Hochschulen und Fakultäten allerdings zur Zusammenarbeit mit dem Staat verpflichtet. Grund dafür ist, dass der Staat einen Ausbildungsauftrag gegenüber den Studenten übernommen hat.

Im Falle eines strikten gesetzlichen Verbotes von Anwesenheitspflichten wird man allerdings nur schwerlich von einer Zusammenarbeit sprechen können. Aus diesem Grund gelingt auch die Rechtfertigung eines Verbotes nicht; es ist weder erforderlich noch angemessen. Statt Anwesenheitspflichten in Gänze zu verbieten, könnte der Gesetzgeber ihre Anordnung an bestimmte Bedingungen knüpfen oder den Universitäten Ermessen einräumen. Eine solche Regelung würde ein milderes Mittel gleicher Wirksamkeit darstellen. Ferner stellt die staatliche Kontrolle durch nachträgliche Rechtsaufsicht des Staates ein milderes Mittel gleicher Wirkung dar.

Zudem greift das Verbot von Anwesenheitspflichten in die Lehrfreiheit ein. Durch Art. 5 Abs. 3 GG steht den Hochschulprofessoren das Recht zu, eigenständig über Form und Methode ihrer Lehrveranstaltungen zu entscheiden.

---

1434 *Knemeyer*, Lehrfreiheit, 1969, S. 38 f.; *Krüger*, in: Flämig/u.a., Handbuch des Wissenschaftsrechts, Bd. 1, 2. Aufl. 1996, S. 315; *Stern* Staatsrecht, Bd. IV/2, 2011, S. 782.

Dieses Recht wird ihnen aber im Hinblick auf die Wahl des Seminars als Lehrform vereitelt, wenn die Studenten aufgrund fehlender Präsenzpflicht nicht mehr regelmäßig an dieser Lehrveranstaltung teilnehmen. Ohne regelmäßige und terminübergreifende Teilnahme der Studenten ist ein Seminar praktisch nicht durchführbar.

Der Eingriff in die Lehrfreiheit durch ein gesetzliches Verbot von Anwesenheitspflichten ist daher ebenfalls nicht rechtfertigungsfähig. Als verfassungsimmanente Schranke der Lehrfreiheit kommt zwar die Lern- und Studierfreiheit in Betracht. Diese beiden Verfassungsgüter sind jedoch nicht im Wege der praktischen Konkordanz in ein angemessenes Verhältnis zu bringen. Grund dafür ist, dass die Durchführung eines Seminars auch im Interesse der Studenten liegt. Im Seminar erlernen sie das wissenschaftliche Arbeiten. Dies ist notwendig, wollen sie sowohl ihre Lernziele und als auch den Studienabschluss erreichen. Praktische Konkordanz ist somit nur in dem Sinne zu erreichen, dass die Anwesenheitspflicht für bestimmte Formen von Lehrveranstaltungen ausgeschlossen werden kann. Grundsätzlich muss es dem Hochschullehrer aber freistehen, Anwesenheitspflichten anzuordnen.

## B. Anordnung eines Verbots von Anwesenheitspflichten von Seiten der Universitäten und Fakultäten

Seit geraumer Zeit gewinnt die abwehrrechtliche Funktion des Art. 5 Abs. 3 GG immer mehr an Bedeutung im Hinblick auf Eingriffe von Organen und Einrichtungen der universitären Selbstverwaltung in die Rechte von Hochschullehrern und Fakultäten. Im Vordergrund stehen Eingriffe von Seiten der Leitungsorgane und Einwirkungen der Kollegialorgane.[1435]

Je mehr sich der Staat aus der Entscheidungsgewalt der Hochschulangelegenheiten zurückzieht und diese den Hochschulen überträgt, desto intensiver können hochschulinterne Organe Befugnisse gegenüber dem einzelnen Hochschullehrer und seiner Fakultät ausüben.[1436]

Der Gedanke, dass auch von Seiten der Hochschule und Fakultäten ein Verbot zur Festsetzung von Anwesenheitspflichten ausgesprochen werden könnte, liegt somit nicht fern. Wenn keine einfachgesetzliche Regelung getroffen wurde,

---

1435 *Britz*, in: Dreier, GG, Bd. 1, 3. Aufl. 2013, Art. 5 III, Rn. 104; *Stern*, Staatsrecht, Bd. IV/2, 2011, S. 789; *Thieme*, Deutsches Hochschulrecht, 3. Aufl. 2004, Rn. 990.

1436 *Fehling*, in: Kahl/Waldhoff/Walter, Bonner Kommentar zum Grundgesetz, Loseblatt, Stand März 2004, Art. 5 Abs. 3 (Wissenschaftsfreiheit) Rn. 20; *Löwer*, WissR Bd. 32 (1999), S. 250 (257 ff.); *Stern*, Staatsrecht, Bd. IV/2, 2011, S. 789 f.

erscheint es naheliegend, dass Universitäten und Fakultäten als Träger von Selbstverwaltungsrechten und Inhaber der Satzungsautonomie ein solches Verbot anordnen können. Es bestehen jedoch auch im inneruniversitären Bereich verfassungsrechtliche Bedenken gegen eine solche Annahme.

## I. Das Binnensystem der Universitäten

Die Wissenschaftsfreiheit entfaltet ihre Wirkungskraft nicht nur im Außenverhältnis zwischen Staat und Universität bzw. Fakultät sowie zwischen Staat und Hochschullehrer. Sie wirkt auch nach innen in die Beziehung des einzelnen Wissenschaftlers zu seiner Universität hinein.[1437] Die Universität ist zwar gegenüber dem Staat grundrechtsberechtigt, gegenüber ihren Mitgliedern aber grundrechtsverpflichtet.[1438] Die Grundrechtsposition der Hochschule oder der Fakultät ist keine verfassungsimmanente Schranke der individuellen Wissenschaftsfreiheit.[1439] Folglich muss eine verfassungsgemäße universitäre Binnenorganisation die Freiheit des einzelnen Hochschullehrers nicht nur gegenüber der staatlichen Seite, sondern auch gegenüber den Entscheidungsträgern der Universität gewährleisten.[1440] Die Ausgestaltung der inneren

---

1437 *Dallinger*, JZ 1971, 665 (666); *Mallmann/Strauch*, Die Verfassungsgarantie der freien Wissenschaft, 1970, S. 53 f.; *Oppermann*, in: Isensee/Kirchhof, Handbuch des Staatsrechts, Bd. VI, 1989, § 145 Rn. 33; *Schmidt-Aßmann*, in: Becker/Bull/Seewald, Festschrift für Werner Thieme zum 70. Geburtstag, 1993, S. 697 (702 ff.).

1438 *Bethge*, in: von Mutius, Festgabe zum 70. Geburtstag für Georg Christoph von Unruh, 1983, S. 149 (169); *ders.*, in: Sachs, GG, 8. Aufl. 2018, Art. 5 Rn. 219; *Bettermann*, NJW 1969, 1323 ff.; *Burgi/Gräf*, DVBl. 2010, 1125 (1127); *Gärditz*, Hochschulorganisation und verwaltungsrechtliche Systembildung, 2009, S. 381; *Kimminich*, in: Flämig/u.a., Handbuch des Wissenschaftsrechts, Bd. 1, 2. Aufl. 1996, S. 123; *Krausnick*, Staat und Hochschule im Gewährleistungsstaat, 2012, S. 99; *Lorenz*, JZ 1981, 113 (115); *Scholz*, in: Maunz/Dürig, GG, Loseblatt, Stand September 2017, Art. 5 Abs. 3 Rn. 128; *Sterzel*, in: Sterzel/Perels, Freiheit der Wissenschaft und Hochschulmodernisierung, 2003, S. 116. So auch *Schlink*, Der Staat Bd. 10 (1971), S. 244 (259), der darin jedoch auf S. 260 keine Konsequenzen für die innere Organisation der Universität begründet sieht.

1439 BVerwGE 102, 304 (309); *Geis*, WissR Bd. 37 (2004), S. 2 (17); *Geis*, in: Merten/Papier, Handbuch der Grundrechte, Bd. IV, 2011, § 100 Rn. 11, 13; *Kempen*, in: Hartmer/Detmer, Hochschulrecht, 3. Aufl. 2017, Kap. 1 Rn. 33; *M. Müller*, Die Rechtsform der wissenschaftlichen Hochschule, 2014, S. 65.

1440 *Britz*, in: Dreier, GG, Bd. I, 3. Aufl. 2013, Art. 5 III (Wissenschaftsfreiheit) Rn. 91 f., 104; *M. Mülller*, Die Rechtsform der wissenschaftlichen Hochschule, 2014, S. 65. Dieser Aspekt wird dagegen von *Görisch*, DÖV 2003, 583 (585) eindeutig unterbewertet.

Organisationistsomitmaßgeblichfür die Möglichkeit der freien wissenschaftlichen Tätigkeit.[1441]

### 1. *Die individuelle Freiheit des Hochschullehrers als Ausgangspunkt der Wissenschaftsfreiheit*

Der Ausgangspunkt der grundrechtlichen Gewährleistung der Wissenschaftsfreiheit liegt in der individuellen Freiheit des Hochschullehrers.[1442] Der Grundrechtsschutz der Hochschullehrer entfaltet sich nicht nur gegenüber dem Staat, sondern gilt gleichermaßen im Innenverhältnis der Hochschule.[1443] Aus diesem Grund muss die Kompetenzverteilung innerhalb der Hochschule gewährleisten, dass die Hochschullehrer in und durch die Hochschulorganisation ihre persönliche Freiheit entfalten können.[1444] Insoweit darf die Organisation nicht freiheitsmindernd wirken.[1445] Erreicht wird dies durch die Partizipation der sachkundig

---

1441 BVerfGE 35, 79 (121); *Britz*, in: Dreier, GG, Bd. I, 3. Aufl. 2013, Art. 5 III (Wissenschaftsfreiheit) Rn. 91; *Lorenz*, JZ 1981, 113 (115); *Geis*, in: Merten/Papier, Handbuch der Grundrechte, Bd. IV, 2011, § 100 Rn. 46; *Scholz*, in: Maunz/Dürig, GG, Loseblatt, Stand September 2017, Art. 5 Abs. 3 Rn. 137.

1442 *Geis*, in: Merten/Papier, Handbuch der Grundrechte, Bd. IV, 2011, § 100 Rn. 8; *ders.*, VVDStRL Bd. 69 (2009), S. 364 (394); *Hendler*, Selbstverwaltung als Organisationsprinzip, 1984, S. 211; *Jarass*, in: Jarass/Pieroth, GG, 14. Aufl. 2016, Art. 5 Rn. 140; *Kempen*, in: Hartmer/Detmer, Hochschulrecht, 3. Aufl. 2017, Kap. 1 Rn. 31; *Knemeyer*, JZ 1969, 780 (783); *Schmidt-Aßmann*, in: Becker/Bull/Seewald, Festschrift für Werner Thieme zum 70. Geburtstag, 1993, S. 697 (703); *Starck*, in: von Mangoldt/Klein/Starck, GG, Bd. 1, 6. Aufl. 2010, Art. 5 Abs. 3 Rn. 384; a.A. Roellecke, JZ 1969, 726 (731 f.).

1443 OVG Berlin JZ 1973, 210; *Hendler*, Selbstverwaltung als Ordnungsprinzip, 1984, S. 211; *Stern*, Staatsrecht, Bd. IV/2, 2011, S. 791; *Wendt*, in: von Münch/Kunig, GG, Bd. 1, 6. Aufl. 2012, Art. 5 Rn. 104.

1444 BVerfGE 88, 129 (137); *Britz*, in: Dreier, GG, Bd. I, 3. Aufl. 2013, Art. 5 III (Wissenschaftsfreiheit) Rn. 104; *Kempen*, in: Epping/Hillgruber, GG, 2. Aufl. 2013, Art. 5 Rn. 196; *Mager*, in: Isensee/Kirchhof, Handbuch des Staatsrechts, Bd. VII, 3. Aufl. 2009, § 166 Rn. 40; *Starck*, in: von Mangoldt/Klein/Starck, GG, Bd. 1, 6. Aufl. 2010, Art. 5 Abs. 3 Rn. 382; *Wendt*, in: von Münch/Kunig, GG, Bd. 1, 6. Aufl. 2012, Art. 5 Rn. 104.

1445 BVerfGE 111, 333 (355); 127, 87 (116); *Geis*, in: Merten/Papier, Handbuch der Grundrechte, Bd. IV, 2011, § 100 Rn. 47; *Mager*, in: Isensee/Kirchhof, Handbuch des Staatsrechts, Bd. VII, 3. Aufl. 2009, § 166 Rn. 39; *Tomerius*, Die Hochschulautonomie und ihre Einschränkungen beim Zusammenwirken von Land und Hochschule, 1998, S. 114.

betroffenen Hochschullehrer.[1446,1447] Wissenschaftsrelevante Entscheidungen müssen durch wissenschaftlichen Sachverstand legitimiert sein.[1448] Denn letztlich sind sie es, die die wissenschaftliche Eigengesetzlichkeit am besten beurteilen können.

## 2. *Die Fakultät als kleinste organisatorische Einheit*

Fakultäten sind ebenfalls an der akademischen Lehre als Rechtssubjekte selbstständig beteiligt, so dass ihnen Grundrechtsfähigkeit zukommt.[1449] Sie erfüllen die Hauptaufgaben im Bereich der Lehre, womit sie dem Grundrecht aus Art. 5 Abs. 3 GG „*sachnäher*"[1450] sind als die Universitäten.[1451] Auch wenn sie naturgemäß zwar keine eigene wissenschaftliche Erkenntnis verbreiten können,[1452] stellen die Fakultäten den organisatorischen Rahmen her, den die Einzelindividuen für die Ausübung ihrer Lehre benötigen.[1453]

---

1446 *Britz*, in: Dreier, GG, Bd. I, 3. Aufl. 2013, Art. 5 III (Wissenschaftsfreiheit) Rn. 96 ff.; *Geis*, WissR Bd. 37 (2004), S. 2 (17); *Hufeld*, DÖV 2002, 309 (312); *Jestaedt*, Die Verwaltung Bd. 35 (2002), S. 293 (308); *Kempen*, in: Epping/Hillgruber, GG, 2. Aufl. 2013, Art. 5 Rn. 196; *Mager*, VVDStRL Bd. 65 (2006), S. 274 (297 f.); *Stern*, Staatsrecht, Bd. IV/2, 2011, S. 790.

1447 *Geis*, in: Merten/Papier, Handbuch der Grundrechte, Bd. IV, 2011, § 100 Rn. 44; *Geis*, in: Röpke/Wagner, Jahrbuch für Kulturpolitik, Bd. 2, 2001, S. 139 (145).

1448 BVerfGE 111, 333 (354).

1449 *Fehling*, in: Kahl/Waldhoff/Walter, Bonner Kommentar zum Grundgesetz, Loseblatt, Stand März 2004, Art. 5 Abs. 3 (Wissenschaftsfreiheit) Rn. 124; *Geis*, WissR Bd. 37 (2004), S. 2 (15); *Jarass*, in: Jarass/Pieroth, GG, 14. Aufl. 2016, Art. 5 Rn. 141; *Mager*, in: Isensee/Kirchhof, Handbuch des Staatsrechts, Bd. VII, 3. Aufl. 2009, § 166 Rn. 18; *Starck*, in: von Mangoldt/Klein/Starck, GG, Bd. 1, 6. Aufl. 2010, Art. 5 Abs. 3 Rn. 408.

1450 So formuliert es *Geis*, in: Merten/Papier, Handbuch der Grundrechte, Bd. IV, 2011, § 100 Rn. 40.

1451 St. Rspr. BVerfGE 15, 256 (262); *Geis*, in: Merten/Papier, Handbuch der Grundrechte, Bd. IV, 2011, § 100 Rn. 40; *Knemeyer*, in: Kempen/Dörr/Fink/Hillgruber/Murswiek, Festschrift für Hartmut Schiedermair, 2001, S. 539 (552); *Wendelin*, Der Hochschulverfassungsstreit, 2009, S. 34 Fn. 119.

1452 *Sterzel/Perels*, Die Freiheit der Wissenschaft und Hochschulmodernisierung, 2003, S. 118. Für *Meusel*, Außeruniversitäre Forschung im Wissenschaftsrecht, 2. Aufl. 1999, Rn. 164 hat degegen die von einer Forschungseinrichtung erbrachte Gesamtleistung den Charakter einer solchen höchstpersönlichen Leistung der Trägerorganisation selbst.

1453 *Bethge*, in: Sachs, GG, 8. Aufl. 2018, Art. 5 Rn. 211; *Britz*, in: Dreier, GG, Bd. I, 3. Aufl. 2013, Art. 5 III (Wissenschaftsfreiheit) Rn. 66; *Droste*, Die Grundrechtsfähigkeit der Universität, 1992, S. 88 ff.; *Fehling*, in: Kahl/Waldhoff/Walter, Bonner Kommentar

Als „*Forum für die grundrechtliche Entfaltung ihrer Mitglieder*“[1454] bzw. der organisierten, kollektiven Grundrechtswahrnehmung[1455] können sie im Rahmen der ihnen zugewiesenen Aufgaben und der dafür eingeräumten Autonomie „*grundsätzlich Eingriffe in ihre organisatorischen Strukturen abwehren, die einer freien wissenschaftlichen Betätigung abträglich sind.*“[1456]

Ihr Schutzanspruch besteht allerdings nicht nur gegenüber dem Staat, auch innerhalb der Universität müssen die Rechte der Fakultäten wehrhaft sein.[1457] Den Fakultäten haben ein Recht darauf, dass ihnen die akademische Selbstbestimmung auch von Seiten der Universität gewährleistet wird.[1458]

---

zum Grundgesetz, Loseblatt, Stand März 2004, Art. 5 Abs. 3 (Wissenschaftsfreieit) Rn. 124; *Kempen*, in: Hartmer/Detmer, Hochschulrecht, 3. Aufl. 2017, Kap. 1 Rn. 30. In Rn. 33 weist er auch darauf hin, dass die Fakultäten gegenüber den Hochschullehrern nur einen derivativen Grundrechtsschutz besitzen.

1454 *Geis*, in: Merten/Papier, Handbuch der Grundrechte, Bd. IV, 2011, § 100 Rn. 13; *P. Huber*, in: von Mangoldt/Klein/Starck, GG, Bd. 1, 6. Aufl. 2010, Art. 19 Abs. 3 Rn. 255; ähnlich *Scholz*, in: Maunz/Dürig, GG, Loseblatt, Stand September 2017, Art. 5 Abs. 3 Rn. 124 der von der Universität und ihren Untergliederungen als „Sachwalter“ der Wissenschaftler spricht.

1455 *Classen*, Wissenschaftsfreiheit außerhalb der Hochschule, 1994, S. 117; *Jesteadt*, Demokratieprinzip und Kondomialverwaltung, 1993, S. 532, bezeichnet die akademische Selbstverwaltung als „kollektiv-organisationsrechtliches Komplement des Individualgrundrechts“ und „organisationsrechtliche Schutzhülle einer institutionalisierten Grundrechtsausübung“.

1456 BVerfGE 15, 256 (262); 80, 360 (384); *Geis*, in: Merten/Papier, Handbuch der Grundrechte, Bd. IV, 2011, § 100 Rn. 40; *Knemeyer*, in: Kempen/Dörr/Fink/Hillgruber/Murswiek, Festschrift für Hartmut Schiedermair, 2001, S. 539 (552); *Lindner*, WissR Bd. 40 (2007), S. 254 (277); *Maurer*, WissR Bd. 10 (1977), S. 193 (215); *Starck*, in: von Mangoldt/Klein/Starck, GG, Bd. 1, 6. Aufl. 2010, Art. 5 Abs. 3 Rn. 389; *Wendelin*, Der Hochschulverfassungsstreit, 2009, S. 34 Fn. 119. *Erichsen/Scherzberg*, NVwZ 1990, 8 (12), sprechen sich wegen der konstitutiven Funktion der Universität für die Verwirklichung der Wissenschaftsfreiheit für eine eigenständige grundrechtliche Sicherung der Universität aus.

1457 St. Rspr. BVerfGE 15, 256 (262); *T. Bauer*, Wissenschaftsfreiheit in Lehre und Studium, 1980, S. 113; *Geis*, in: Merten/Papier, Handbuch der Grundrechte, Bd. IV, 2011, § 100 Rn. 40, *Geis*, WissR Bd. 37 (2004), S. 2 (15); *Knemeyer*, in: Kempen/Dörr/Fink/Hillgruber/Murswiek, Festschrift für Hartmut Schiedermair, 2001, S. 539 (552); *Wendelin*, Der Hochschulverfassungsstreit, 2009, S. 34 Fn. 119.

1458 *T. Bauer*, Wissenschaftsfreiheit in Lehre und Studium, 1980, S. 113; *Maurer*, WissR Bd. 10 (1977), S. 193 (215). Nach *Geis*, in: Merten/Papier, Handbuch der Grundrechte, Bd. IV, 2011, § 100 Rn. 40 sei das Selbstbestimmungsrecht der Fakultäten

### 3. *Das Verhältnis von Fakultät zu Hochschulprofessoren*

Grundrechte sollen vorrangig dem Individuum Freiheit gegenüber dem Staat zusichern.[1459] Die Fakultäten stehen daher ganz im Dienst der individuellen Freiheit der Hochschullehrer, sofern in den Grundrechtsschutz von Seiten der Universität eingegriffen wird.[1460] Auch das Bundesverfassungsgericht hat festgestellt, dass die Hochschullehrer einen Anspruch auf freiheitssichernde organisatorische Vorkehrungen haben.[1461] Nur auf diese Weise kann den Hochschulprofessoren die freie wissenschaftliche Betätigung ermöglicht werden.[1462] Der Grundrechtsschutz der Fakultäten kann daher nicht gegen den individuellen Grundrechtsschutz ausgespielt werden.[1463]

Dieser individualbezogenen Grundrechtsposition des Art. 5 Abs. 3 GG steht die Grundrechtsberechtigung der Fakultäten nicht entgegen. Das Grundgesetz erkennt an, dass sich einzelne Grundrechtsträger zusammenschließen, um durch die Organisation zu gemeinsamer Grundrechtsausübung zu gelangen.[1464] Dies darf nicht dahingehend falsch verstanden werden, dass die grundrechtliche

---

jedenfalls durch Beteiligungsrechte und ein Recht auf sachgerechte und willkürfreie Abwägung der Strukturentscheidung abzusichern.

1459 Dies ändere sich auch nicht dadurch, dass das Grundrecht drittnützig sei. Die Drittnützigkeit werde durch die individuelle wissenschaftliche Betätigung, welche frei von staatlicher Fremdbestimmung sei, erreicht, so Kempen, in: Hartmer/Detmer, Hochschulrecht, 3. Aufl. 2017, Kap. 1 Rn. 29. Allgemein dazu: *Gärditz*, in: Isensee/Kirchhof, Handbuch des Staatsrechts, Bd. IX, 3. Aufl. 2011, § 189 Rn. 23 ff.; *Hesse*, Grundzüge des Verfassungsrechts der Bundesrepublik Deutschland, 20. Aufl. 1999, Rn. 291; *Kingreen/Poscher*, Grundrechte – Staatsrecht II, 33. Aufl. 2017, Rn. 204; *Kloepfer*, Verfassungsrecht Bd. II, 2010, § 48 Rn. 37.

1460 *Geis*, WissR Bd. 37 (2004), S. 2 (16); *Oldiges*, in: Becker/Bull/Seewald, Festschrift für Werner Thieme zum 70. Geburtstag, 1993, S. 647 (650). *Hufeld*, DÖV 2002, 309 (312) spricht von der Selbstverwaltung als organisatorische Schutzhülle der individuellen Wissenschaftsfreiheit.

1461 BVerfGE 35, 79 (116); 43, 242 (267); 47, 327 (363); 88, 129 (137).

1462 *Bethge*, in: Sachs, GG, 8. Aufl. 2018, Art. 5 Rn. 231; *Britz*, in: Dreier, GG, Bd. I, 3. Aufl. 2013, Art. 5 III (Wissenschaftsfreiheit) Rn. 61 f.; *Jarass*, in: Jarass/Pieroth, GG, 14. Aufl. 2016, Art. 5 Rn. 154; *Starck*, in: von Mangoldt/Klein/Starck, GG, Bd. 1, 6. Aufl. 2010, Art. 5 Abs. 3 Rn. 378.

1463 *Geis*, WissR Bd. 37 (2004), S. 2 (17); *Sterzel/Perels*, Die Freiheit der Wissenschaft und Hochschulmodernisierung, 2003, S. 28.

1464 *Kempen*, in: Hartmer/Detmer, Hochschulrecht, 3. Aufl. 2017, Kap. 1 Rn. 29; *Kingreen/Poscher*, Grundrechte – Staatsrecht II, 33. Aufl. 2017, Rn. 221; *Stern*, Staatsrecht, Bd. IV/2, 2011, S. 788.

Freiheit der Fakultät auf der Summe der in ihr zusammengeschlossenen Einzelfreiheiten beruht. Die Fakultät ist nicht bloß ein Sachwalter der natürlichen Personen, sondern ein eigenes Rechtssubjekt.[1465]

### 4. *Zwischenergebnis*

Die verfassungsrechtlich geschützten Freiheiten der Hochschullehrer und Fakultäten sind durch die binnenorganisatorischen Strukturen der Universität geprägt.[1466] Die Verwirklichung der individuellen Wissenschaftsfreiheit hängt maßgeblich von Qualität und Quantität der Selbstverwaltung der Fakultät ab. Das Selbstverwaltungsrecht der Fakultät ist wiederum von den der Fakultät eingeräumten Mitgliedschaftsrechten im Binnenverhältnis der Universität geprägt.[1467] Damit Fakultäten und Hochschulprofessoren ihre verfassungsrechtlich garantierten Rechte durchsetzen können, müssen ihre Grundrechtspositionen daher auch im Innenverhältnis der Universität wehrhaft sein.

## II. Wissenschaftsfreiheit innerhalb der Universität als Anlass für grundrechtliche Konflikte

Im Bereich der Universität sind regelmäßig drei Grundrechtsträger zu unterscheiden, die sich in unterschiedlicher Weise auf das gleiche Grundrecht berufen

---

1465 *Fehling*, in: Kahl/Waldhoff/Walter, Bonner Kommentar zum Grundgesetz, Loseblatt, Stand März 2004, Art. 5 Abs. 3 (Wissenschaftsfreiheit) Rn. 124; *Geis*, in: Merten/Papier, Handbuch der Grundrechte, Bd. IV, 2011, § 100 Rn. 14; *Kempen*, in: Hartmer/Detmer, Hochschulrecht, 3. Aufl. 2017, Kap. 1 Rn. 29; *Sterzel/Perels*, Die Freiheit der Wissenschaft und Hochschulmodernisierung, 2003, S. 118; a.A. *von Lübtow-Herder*, Autonomie oder Heteronomie, 1966, S. 9; *Scholz*, in: Maunz/Dürig, GG, Loseblatt, Stand September 2017, Art. 5 Abs. 3 Rn. 124; *ders.*, Koalitionsfreiheit als Verfassungsproblem, 1971, S. 247 ff.

1466 *Fehling*, Die Verwaltung Bd. 35 (2002), S. 399 (401, 405); *Geis*, in: Merten/Papier, Handbuch der Grundrechte, Bd. IV, 2011, § 100 Rn. 46; *Hendler*, Selbstverwaltung als Ordnungsprinzip, 1984, S. 310. *H.-H. Trute*, Die Forschung zwischen grundrechtlicher Freiheit und staatlicher Institutionalisierung, 1994, S. 298, betont, dass institutionelle und individuelle Autonomie nicht parallel laufen müssen.

1467 *Geis*, in: Merten/Papier, Handbuch der Grundrechte, Bd. IV, 2011, § 100 Rn. 46; *Jarass*, in: Jarass/Pieroth, GG, 14. Aufl. 2016, Art. 5 Rn. 156; *Sterzel/Perels*, Die Freiheit der Wissenschaft und Hochschulmodernisierung, 2003, S. 12; *Wendt*, in: von Münch/Kunig, GG, Bd. 1, 6. Aufl. 2012, Art. 5 Rn. 104.

können und deren Rechte mitunter miteinander kollidieren:[1468] Die Universitäten, die Fakultäten und die einzelnen Hochschullehrer.[1469]

Diese Freiheiten sind jedoch nicht einfach zueinander in Beziehung zu setzen.[1470]

### 1. *Die Universität als Grundrechtsadressat*

Der Universität ist das Recht der akademischen Selbstverwaltung durch Art. 5 Abs. 3 GG verfassungsrechtlich garantiert,[1471] so dass sie sich gegen Eingriffe von staatlicher Seite zur Wehr setzen kann. Gegenüber dem Staat ist die Universität daher grundrechtsberechtigt. Innerhalb der Universität ist jedoch ein anderer Maßstab heranzuziehen.

Als Ort wissenschaftlicher Freiheit kann sich die Universität auf das Recht der akademischen Selbstverwaltung berufen.[1472] Gleichzeitig übernimmt sie als eine staatliche Bildungseinrichtung einen öffentlichen Bildungsauftrag.[1473]

---

1468 *Dickert*, Naturwissenschaften und Forschungsfreiheit, 1991, S. 307; *Schmidt-Aßmann*, in: Becker/Bull/Seewald, Festschrift für Werner Thieme zum 70. Geburtstag, 1993, S. 697 (702); *Stern*, Staatsrecht, 2011, Bd. IV/II, 2011, S. 791; *Thieme*, Deutsches Hochschulrecht, 3. Aufl. 2004, Rn. 149, 151.

1469 *Kempen*, in: Hartmer/Detmer, Hochschulrecht, 3. Aufl. 2017, Kap. 1 Rn. 30.

1470 *Dickert*, Naturwissenschaften und Forschungsfreiheit, 1991, S. 307; *Schmidt-Aßmann*, in: Becker/Bull/Seewald, Festschrift für Werner Thieme zum 70. Geburtstag, 1993, S. 697 (702); *Stern*, Staatsrecht, 2011, Bd. IV/II, 2011, S. 791.

1471 Siehe dazu Teil 5 A. II. 1. b) aa) ccc).

1472 *Britz*, in: Dreier, GG, Bd. I, 3. Aufl. 2013, Art. 5 III (Wissenschaftsfreiheit) Rn. 21, 35, 57; *Fehling*, in: Kahl/Waldhoff/Walter, Bonner Kommentar zum Grundgesetz, Loseblatt, Stand März 2004, Art. 5 Abs. 3 (Wissenschaftsfreiheit) Rn. 26; *Geis*, WissR Bd. 37 (2004), S. 2 (15); *Geis*, in: Merten/Papier, Handbuch der Grundrechte, Bd. IV, 2011, § 100 Rn. 8; *Jesteadt*, Demokratieprinzip und Kondomialverwaltung, 1993, S. 533; *Kempen*, in: Hartmer/Detmer, Hochschulrecht, 3. Aufl. 2017, Kap. 1 Rn. 123; *Kluth*, Funktionale Selbstverwaltung, 1997, S. 40; *Kahl*, AöR Bd. 130 (2005), S. 225 (246 f.); *Lorenz*, WissR Bd. 11 (1978), S. 1 (3); *Mager*, VVDStRL Bd. 65 (2006), S. 274 (281); *Schmidt-Aßmann*, in: Becker/Bull/Seewald, Festschrift für Werner Thieme zum 70. Geburtstag, 1993, 697 (710); *Starck*, in: Mangoldt/Klein/Starck, GG, Bd. 1, 6. Aufl. 2010, Art. 5 Abs. 3 Rn. 363; *H.-H. Trute*, Die Forschung zwischen grundrechtlicher Freiheit und staatlicher Institutionalisierung, 1994, S. 275 ff.; *Wendt*, in: von Münch/Kunig, GG, Bd. 1, 6. Aufl. 2012, Art. 5 Abs. 3 Rn. 112.

1473 *Britz*, in: Dreier, GG, Bd. I, 3. Aufl. 2013, Art. 5 III (Wissenschaftsfreiheit) Rn. 54; *Isensee*, Der Staat Bd. 20 (1981), S. 161 (168 f.); *Jesteadt*, Demokratieprinzip und Kondomialverwaltung, 1993, S. 533; *Scholz*, in: Maunz/Dürig, GG, Loseblatt, Stand September 2017, Art. 5 Abs. 3 Rn. 174; *Starck*, in: Mangoldt/Klein/Starck, GG, Bd. 1, 6. Aufl. 2010, Art. 5 Abs. 3 Rn. 360.

Somit dient die Universität der Verwirklichung unterschiedlicher Zielsetzungen, was eine polyzentrische Ausrichtung der staatlichen Hochschulorganisation bedingt.[1474]

In dieser Eigenschaft erfüllt die Universität einen grundrechtlich verorteten staatlichen Schutzauftrag, der vor allem die von Art. 12 Abs. 1 GG geschützten berufsrelevanten Aspekte umfasst.[1475] Die Universität vereint in sich freie Lehre und berufsbezogene Ausbildung. Letztere erweist sich als Schranke ersterer und damit auch als Schranke akademischer Selbstverwaltung.[1476]

Das Maß an Autonomie, welches die Universität gegenüber der staatlichen Seite besitzt, sagt noch nichts über die Verwirklichung des individuellen Grundrechtsschutzes aus,[1477] denn zugleich kann die Universität als Teil der öffentlichen

---

1474 *Dickert*, Wissenschaftsfreiheit und Forschungsfreiheit, 1991, S. 306 ff.; *Jesteadt*, Demokratieprinzip und Kondomialverwaltung, 1993, S. 533; *Schmidt-Aßmann*, in: Becker/Bull/Seewald, Festschrift für Werner Thieme zum 70. Geburtstag, 1993, S. 697 (703); *Starck*, in: von Mangoldt/Klein/Starck, GG, Bd. 1, 6. Aufl. 2010, Art. 5 Abs. 3 Rn. 409.

1475 *von Coelln*, in: Friauf/Höfling, Berliner Kommentar zum Grundgesetz, 44. Erg.-Lfg. XI/14, Art. 5 Abs. 3 Rn. 133; *Jesteadt*, Demokratieprinzip und Kondomialverwaltung, 1993, S. 533; *Wolff/Bachof*, Verwaltungsrecht II, 4. Aufl. 1976, § 93 II d, S. 293 f. *Hendeler*, Selbstverwaltung als Ordnungsprinzip, 1984, S. 212 betont außerdem die staatliche Verantwortung aus dem Gesichtspunkt der „ständig wachsenden gesamtgesellschaftlichen und damit allgemeinpolitischen Bedeutung der Wissenschaft" in der modernen Zivilisation. Im letztgenannten Sinne auch *Zacher*, Hochschulrecht und Verfassung, 1973, S. 51 f.

1476 *Hendler*, Selbstverwaltung als Ordnungsprinzip, 1984, S. 212 f.; *Jesteadt*, Demokratieprinzip und Kondomialverwaltung, 1993, S. 533. Aus diesem Grund ist die Universität auch verpflichtet, die Rechte ihrer Mitglieder zu achten, soweit diese in Forschung und Lehre tätig werden, *Bethge*, in: von Mutius, Festgabe zum 70. Geburtstag für Georg Christoph Unruh, 1983, S. 149 (169); *Burgi/Gräf*, DVBl. 2010, 1125 (1127); *Gärditz*, Hochschulorganisation und verwaltungsrechtliche Systembildung, 2009, S. 376; *Kimminich*, in: Flämig/u.a., Handbuch des Wissenschaftsrechts, Bd. 1, 2. Aufl. 1996, S. 123; *Krausnick*, Staat und Hochschule im Gewährleistungsstaat, 2012, S. 99; *Lorenz*, JZ 1981, 113 (115); *Scholz*, in: Maunz/Dürig, GG, Loseblatt, Loseblatt, Stand September 2017, Art. 5 Abs. 3 Rn. 128; *Starck*, in: von Mangoldt/Klein/Starck, GG, Bd. 1, 6. Aufl. 2010, Art. 5 Abs. 3 Rn. 409.

1477 *Fehling*, Die Verwaltung Bd. 35 (2002), S. 399 (417); *Gärditz*, Hochschulorganisation und verwaltungsgerichtliche Systembildung, 2009, S. 381; *Geis*, in: Merten/Papier, Handbuch der Grundrechte, Bd. IV, 2011, § 100 Rn. 47; *Geis*, F&L 2003, 242 ff.; *H.-H. Trute*, Die Forschung zwischen grundrechtlicher Freiheit und staatlicher Institutionalisierung, 1994, S. 298.

Gewalt von ihren Mitgliedern die Erfüllung ihrer Pflichten verlangen.[1478] Maßgebend für den Umfang des Grundrechtsschutzes, den der Einzelne bei der Erfüllung seiner Tätigkeit genießt, ist insofern die mit seiner Stellung verbundene Dienstaufgabe.[1479]

Der Umstand, dass Universitäten sowohl grundrechtsberechtigt als auch grundrechtsverpflichtet sind,[1480] führt zu der bereits angesprochenen grundrechtsbezogenen Ambivalenz.[1481] Diese *„januskköpfige Grundrechtssituation“*[1482] bedingt, dass die Universität die Lehrfreiheit des einzelnen Wissenschaftlers achten muss.[1483] Eine Abwägung zwischen der Grundrechtsposition des Hochschullehrers und der Universität ist nicht erforderlich, das Grundrecht der Universität muss stets zurücktreten.[1484] Gegenüber dem Staat kann sich die

1478 *Dallinger*, JZ 1971, 665 (667); *Kempen*, in: Epping/Hillgruber, GG, 2. Aufl. 2013, Art. 5 Rn. 193; *Knemeyer*, Lehrfreiheit, 1969, S. 37 f.; *Scholz*, in: Maunz/Dürig, GG, Loseblatt, Stand September 2017, Art. 5 Abs. 3 Rn. 174; *Starck*, in: von Mangoldt/Klein/Starck, GG, Bd. 1, 6. Aufl. 2010, Art. 5 Abs. 3 Rn. 409.

1479 *Schmidt-Aßmann*, in: Becker/Bull/Seewald, Festschrift für Werner Thieme zum 70. Geburtstag, 1993, S. 697 (702 f.); *Starck*, in: von Mangoldt/Klein/Starck, GG, Bd. 1, 6. Aufl. 2010, Art. 5 Abs. 3 Rn. 409; *Thieme*, Deutsches Hochschulrecht, 3. Aufl. 2004, Rn. 744.

1480 *Fehling*, in: Kahl/Waldhoff/Walter, Bonner Kommentar zum Grundgesetz, Loseblatt, Stand März 2004, Art. 5 Abs. 3 (Wissenschaftsfreiheit) Rn. 192; *Sterzel/Perels*, Freiheit der Wissenschaft und Hochschulmodernisierung, 2003, S. 116; *Starck*, in: von Mangoldt/Klein/Starck, GG, Bd. 1, 6. Aufl. 2010, Art. 5 Rn. 409.

1481 *Dickert*, Naturwissenschaften und Forschungsfreiheit, 1991, S. 306 ff.; *Hufen*, Die Freiheit der Kunst in staatlichen Institutionen, 1982, S. 381; *Schmidt-Aßmann*, in: Becker/Bull/Seewald, Festschrift für Werner Thieme zum 70. Geburtstag, 1993, S. 697 (702); *H.-H. Trute*, Die Forschung zwischen grundrechtlicher Freiheit und staatlicher Institutionalisierung, 1994, S. 330 f.

1482 *Geis*, in: Merten/Papier, Handbuch der Grundrechte, Bd. IV, 2011, § 100 Rn. 13; *Jesteadt*, Demokratieprinzip und Kondomialverwaltung, 1993, S. 535; *Meusel*, Außeruniversitäre Forschung im Wissenschaftsrecht, 1992, § 10 Rn. 173; *Schmidt-Aßmann*, in: Becker/Bull/Seewald, Festschrift für Werner Thieme zum 70. Geburtstag, 1993, S. 697 (702); *Starck*, in: von Mangoldt/Klein/Starck, GG, Bd. 1, 6. Aufl. 2010, Art. 5 Rn. 409; *Stern*, Staatsrecht, Bd. IV/2, 2011, S. 790.

1483 *Bethge*, in: Sachs, GG, 8. Aufl. 2018, Art. 5 Rn. 219; *Rupp*, VVDStRL Bd. 27 (1968), S. 113 (117); *Scholz*, in Maunz/Dürig, GG, Loseblatt, Stand September 2017, Art. 5 Abs. 3 Rn. 128; *Starck*, in: von Mangoldt/Klein/Starck, GG, Bd. 1, 6. Aufl. 2010, Art. 5 Abs. 3 Rn. 409; *Sterzel/Perels*, Freiheit der Wissenschaft und Hochschulmodernisierung, 2003, S. 116.

1484 *Schmidt-Aßmann*, in: Becker/Bull/Seewald, Festschrift für Werner Thieme zum 70. Geburtstag, 1993, S. 697 (703); *Stern*, Staatsrecht, Bd. IV/2, 2011, S. 79.

Universität dagegen auf die Wissenschaftsfreiheit berufen.[1485] Hieran zeigt sich deutlich die Eigenschaft der Wissenschaftsfreiheit als eine Freiheit in mehrpoligen Rechtsverhältnissen.[1486]

### *a) Das Verbot von Anwesenheitspflichten als Eingriff*

Die Universität ist im Innerverhältnis gehalten, den grundrechtlichen Schutz ihrer Mitglieder zu achten. Diese Verpflichtung schließt jedoch nicht aus, dass die Universität grundrechtseinschränkend tätig wird, solange dieses Handeln rechtfertigungsfähig ist.

Jede Einflussnahme der Universität auf das Recht, Anwesenheitspflichten anzuordnen, stellt daher einen Eingriff in die Rechte ihrer Mitglieder dar.[1487]

#### aa) Die Versagung der Genehmigung von Prüfungsordnungen aufgrund eines Verstoßes gegen das Verbot von Anwesenheitspflichten

Mit Ausnahme von Berlin und Thüringen, deren Hochschulgesetze eine entsprechende Regelung nicht vorsehen, bedürfen die Studien- und Prüfungsordnungen einer Genehmigung von Seiten des Senats, Rektors oder Präsidiums.[1488] Ohne die entsprechende Genehmigung kann die Prüfungsordnung nicht wirksam werden. Sieht die Prüfungsordnung die Festsetzung von Anwesenheitspflichten für einzelne Lehrveranstaltungen vor, käme die fehlende Genehmigung einem Verbot von Anwesenheitspflichten gleich. Sie wäre als Eingriff in die Satzungsautonomie der Fakultäten zu qualifizieren.

Fehlt es an der Genehmigung einer Prüfungsordnung, besteht auch keine hinreichende einfachgesetzliche Grundlage für die Durchführung von Prüfungen[1489]

---

1485 *Schmidt-Aßmann*, in: Becker/Bull/Seewald, Festschrift für Werner Thieme zum 70. Geburtstag, 1993, S. 697 (706); *Starck*, in: von Mangoldt/Klein/Starck, GG, Bd. 1, 6. Aufl. 2010, Art. 5 Abs. 3 Rn. 409; *Sterzel/Perels*, Freiheit der Wissenschaft und Hochschulmodernisierung, 2003, S. 116.

1486 *Dickert*, Naturwissenschaften und Forschungsfreiheit, 1991, S. 306 ff.; *Schmidt-Aßmann*, in: Becker/Bull/Seewald, Festschrift für Werner Thieme zum 70. Geburtstag, 1993, S. 697 (703).

1487 Siehe dazu Teil 5 A. III. 1. a) aa) ccc) und Teil 5 A. III. 1. a) bb) aaa).

1488 Bayern, Brandenburg, Hamburg, Hessen Niedersachsen, Rheinland-Pfalz, Schleswig-Holstein und das Saarland verlangen die Genehmigung des Präsidiums, Bremen, Nordrhein-Westfalen, Sachsen, Sachsen-Anhalt dagegen die Genehmigung des Rektors. Lediglich Mecklenburg-Vorpommern fordert die Genehmigung durch den Senat.

1489 Das ergibt sich aus der Tatsache, dass das Prüfungswesen grundrechtsrelevant ist, *Kämmerer*, in: von Münch/Kunig, GG, Bd. 1, 6. Aufl. 2012, Art. 12 Rn. 54; *Reich*,

oder die Anordnung von Anwesenheitspflichten. Dies stellt einen Eingriff in ihre Lehrfreiheit dar.

aaa) Anforderungen an die Zusammensetzung des Senats als zuständige Genehmigungsbehörde

Sofern die Beschlussfassung über oder die Stellungnahme zur Prüfungsordnung durch den Senat nach Maßgabe des Landesrechts bestimmt ist,[1490] muss das Landesrecht eine professorale Mehrheit des Senats vorsehen.[1491] Anderenfalls wäre bereits aus diesem Grund die Verweigerung der Genehmigung rechtswidrig.

Grund dafür ist, dass die Prüfungsordnung als eine akademische Angelegenheit zu bewerten ist und die Lehre unmittelbar betrifft.[1492] Es steht dem Senat nicht zu, sich im hochschulinternen Willensbildungsprozess über einen Vorschlag des Kollegialorgans der Fachbereichsebene in Bezug auf fachspezifische Fragen hinwegzusetzen.[1493]

Gegenwärtig kommt dieser Problematik jedoch nur noch eine nachgeordnete Bedeutung zu. Lediglich das Hochschulgesetz des Landes Mecklenburg-Vorpommern sieht noch vor, dass die Genehmigung durch den Senat erfolgt. In

---

HRG, 11. Aufl. 2012, Rn. 2; *Seebass*, NVwZ 1992, 609 (611); *Thieme*, Deutsches Hochschulrecht, 3. Aufl. 2004, Rn. 380; *Wex*, Bachelor und Master, 2005, S. 202; *Wieland*, in: Dreier, GG, Bd. I, 3. Aufl. 2013, Art. 12 Rn. 154.

1490 *Schrimpf*, in: Denninger, HRG, 1984, § 63 Rn. 31, 37 ff.; *Strauch*, Staatliche und akademische Prüfungsordnungen, 1978, S. 204 ff.; *Thieme*, Deutsches Hochschulrecht, 3. Aufl. 2004, Rn. 380.

1491 BVerfGE 35, 79 (114 f.); *Guhl*, Prüfungen im Rechtsstaat, 1978, S. 316; *Strauch*, Staatliche und akademische Prüfungsordnungen, 1978, S. 74 ff.; *Thieme*, Deutsches Hochschulrecht, 3. Aufl. 2004, Rn. 380.

1492 BVerfGE 35, 79 (114 f.); *Fehling*, in: Kahl/Waldhoff/Walter, Bonner Kommentar zum Grundgesetz, Loseblatt, Stand März 2004, Art. 5 Abs. 3 (Wissenschaftsfreiheit), Rn. 89; *Salzwedel*, in: Flämig, u.a., Handbuch des Wissenschaftsrechts, Bd. 1, 2. Aufl. 1996, S. 719; *Scholz*, in: Maunz/Dürig, GG Loseblatt, Stand September 2017, Art. 5 Abs. 3 Rn. 157; *Thieme*, Deutsches Hochschulrecht, 3. Aufl. 2004, Rn. 380.

1493 *Schnellenbach*, in: Hartmer/Detmer, Hochschulrecht, 3. Aufl. 2017, Kap. 12 Rn. 17; *Thieme*, Deutsches Hochschulrecht, 3. Aufl. 2004, Rn. 380. Etwas anderes gilt nur, wenn das allgemeine Prüfungsverfahrensrecht innerhalb der Hochschule vereinheitlicht oder die Gleichwertigkeit der Studienabschlüsse erreicht und gesichert werden soll, *Schnellenbach*, in: Hartmer/Detmer, Hochschulrecht, 3. Aufl. 2017, Kap. 12 Rn. 17; *Weber*, in: Leuze/Epping, HG NRW, 4. EGL Februar 2007, § 64 Rn. 12. Siehe dazu bereits Teil 5 A. II. 3. a) bb).

den übrigen Ländern liegt die Zuständigkeit beim Rektor oder Präsident bzw. Rektorat oder Präsidium.[1494]

#### bbb) Notwendigkeit der Genehmigung

Prüfungen, die nicht auf der Grundlage einer Prüfungsordnung erfolgen, sind rechtswidrig.[1495] Insoweit besteht nicht nur ein Normenvorbehalt, sondern ein Gesetzesvorbehalt.[1496] Zurückzuführen ist dies auf die Grundrechtsrelevanz des Prüfungswesens. Prüfungen stellen eine subjektive Berufszugangsvoraussetzung dar und erfordern aus diesem Grund eine gesetzliche Grundlage.[1497]

Sieht das Landeshochschulgesetz eine Genehmigung der Prüfungsordnung vor, ist diese zwingend für die Veröffentlichung.[1498] Anderenfalls ist die Prüfungsordnung formell rechtswidrig. Dies hätte zur Folge, dass der Anordnung von Anwesenheitspflichten keine gesetzliche Grundlage zugrunde liegt. Werden Anwesenheitspflichten dennoch angeordnet, stellt dies einen nicht zu rechtfertigenden Eingriff in die Lern- und Studierfreiheit dar.

#### ccc) Die Versagung der Genehmigung

Prüfungsordnungen setzen materielles Außenrecht, das zu Grundrechtseingriffen führen kann und daher der demokratischen Legitimation unterliegt.[1499]

---

1494 Die Leitungsmodelle können sowohl als monokratisches als auch als kollegiales Leitungsorgan ausgestaltet sein, *von Coelln*, in: Hartmer/Detmer, Hochschulrecht, 3. Aufl. 2017, Kap. 7 Rn. 115.

1495 *Becker*, in: Epping, Niedersächsisches Hochschulgesetz, 2016, § 37 Rn. 57; *Reich*, HRG, 11. Aufl. 2012, Rn. 2; *Thieme*, Deutsches Hochschulrecht, 3. Aufl. 2004, Rn. 381.

1496 *Geis*, in: Hailbronner/Geis, Hochschulrecht in Bund und Ländern, Bd. 1, Loseblatt, Stand Mai 2011, § 58 Rn. 66; *Reich*, Bayerisches Hochschulgesetz, 5. Aufl. 2007, Art. 61 Rn. 7; *Salzwedel*, in: Flämig/u.a., Handbuch des Wissenschaftsrechts, Bd. 1, 2. Aufl. 1996, S. 712, 719 f.; *Thieme*, Deutsches Hochschulrecht, 3. Aufl. 2004, Rn. 381; *Waldeyer*, in: Hailbronner/Geis, Hochschulrecht in Bund und Ländern, Bd. 1, Loseblatt, Stand September 2004, § 16 Rn. 22; *Weber*, in: Leuze/Epping, HG NRW, 4. EGL Februar 2007, § 64 Rn. 1.

1497 *Hailbronner/Callies*, DÖV 1968, 376 (381); *Kimminch*, in: Flämig/u.a., Handbuch des Wissenschaftsrechts, Bd. 1, 2. Aufl. 1996, S. 155 f.; *Reich*, HRG, 11. Aufl. 2012, Rn. 2; *Strauch*, Staatliche und akademische Prüfungsordnungen, 1978, S. 87; *Thieme*, Deutsches Hochschulrecht, 3. Aufl. 2004, Rn. 381; *Weber*, in: Leuze/Epping, HG NRW, 4. EGL Februar 2007, § 64 Rn. 1.

1498 *Becker*, in: Epping, Niedersächsisches Hochschulgesetz, 2016, § 37 Rn. 57; *Reich*, Bayerisches Hochschulgesetz, 5. Aufl. 2007, Art. 61 Rn. 7; *Salzwedel*, in: Flämig/u.a., Handbuch des Wissenschaftsrechts, Bd. 1, 2. Aufl. 1996, S. 720 f.

1499 Siehe dazu Teil 4. B. I. 3. b) cc) aaa).

In der staatlichen Ingerenz manifestiert sich der kondomiale Charakter einer Prüfungsordnung. Die satzungsmäßige Ausgestaltung der Voraussetzungen des Prüfungsverfahrens gestaltet sich einerseits als staatliche Aufgabe,[1500] die der Herstellung eines hinreichenden demokratischen Legitimationsniveaus bedarf.[1501] Andererseits wird die fachspezifische Bestimmung von Prüfungsinhalten zum Ausdruck gebracht.[1502]

(1) Präventive Rechtskontrolle der Genehmigungsbehörde

Die Genehmigung bzw. die fehlende Genehmigung ist somit stets am Maßstab des Art. 5 Abs. 3 GG zu messen.[1503] Dies führt zu einer Gemengelage, die nach einem Ausgleich der Genehmigungsentscheidung und den fachwissenschaftlichen und fachdidaktischen Aspekten der Fakultät verlangt.[1504] Auch wenn man der Genehmigungsbehörde das Letztentscheidungsrecht einräumen muss, erfordert es die Wissenschaftsfreiheit, dass die Fakultäten ihr Anliegen hinreichend zum Ausdruck bringen können.[1505] Sofern also eine Übereinstimmung

---

1500 *Becker*, in: Epping, Niedersächsisches Hochschulgesetz, 2016, § 37 Rn. 57; *Gärditz*, Hochschulorganisation und verwaltungsrechtliche Systembildung, 2009, S. 445 Fn. 35; *ders.*, DVBl. 2013, 1384 (1387); a.A. *Britz*, in: Dreier, GG, Bd. I, 3. Aufl. 2013, Art. 5 III (Wissenschaftsfreiheit) Rn. 29.

1501 *Becker*, in: Epping, Niedersächsisches Hochschulgesetz, 2016, § 37 Rn. 57.

1502 *Becker*, in: Epping, Niedersächsisches Hochschulgesetz, 2016, § 37 Rn. 57; *Britz*, in: Dreier, GG, Bd. I, 3. Aufl. 2013, Art. 5 III (Wissenschaftsfreiheit) Rn. 29; *Gärditz*, DVBl. 2013, 1384 (1387).

1503 *Knemeyer*, in: Flämig/u.a., Handbuch des Staatsrechts, Bd. 1, 2. Aufl. 1996, S. 252. Zur Satzungsautonomie im Allgemeinen: *Mallmann/Strauch*, Die Verfassungsgarantie der freien Wissenschaft, 1970, S. 20; *Zeh*, Finanzverfassung und Autonomie der Hochschule, Hochschulfinanzierung im Spannungsfeld von Wissenschaft, Gesellschaft und Staat, 1973, S. 68 f. Zur älteren Rechtsprechung insb. *Waibel*, Die Rechtsprechung auf dem Gebiet des Hochschulrechts seit 1945, 1966, S. 36 ff. m.w.N.

1504 BVerfGE 47, 327 (370); BerlVGH WissR 38 (2005), S. 67 (73); *Herrmann*, in: Knopp/Peine/Topel, Brandenburgisches Hochschulgesetz, 3. Aufl. 2018, § 22 Rn. 22; *Lorenz*, JZ 1981, 113 (118); *Schnellenbach*, in: Hartmer/Detmer, Hochschulrecht, 3. Aufl. 2017, Kap. 12 Rn. 19; *Scholz*, in: Maunz/Dürig, GG, Loseblatt, Stand September 2017, Art. 5 Abs. 3 Rn. 136 f., *Strauch*, Staatliche und akademische Prüfungsordnungen, 1978, S. 108 ff.

1505 *Geis*, in: Hailbronner/Geis, Hochschulrecht in Bund und Ländern, Bd. 1, Loseblatt, Stand Mai 2001, § 58 Rn. 69; *Schnellenbach*, in: Hartmer/Detmer, Hochschulrecht, 3. Aufl. 2017, Kap. 12 Rn. 19. Auch die Lehrfreiheit müsse im Rahmen der Genehmigung Beachtung finden, *Reich*, Bayerisches Hochschulgesetz, 5. Aufl. 2007, Art. 61 Rn. 7.

mit den staatlichen Regelungen vorliegt und im Gesetz keine Gründe genannt sind, die gegen eine Genehmigung sprechen, ist diese zu erteilen.[1506] Inhaltliche Mitentscheidungsbefugnisse der für die Genehmigung zuständigen Stelle bestehen nicht.[1507]

Die für die Genehmigung der Prüfungsordnung zuständige Stelle prüft die Prüfungsordnung hinsichtlich ihrer Rechtmäßigkeit.[1508] Zweckmäßigkeitserwägungen dürfen nur erfolgen, wenn sie aus zwingenden übergeordneten Gesichtspunkten durch Gesetz zu Maßstäben der Rechtmäßigkeit erklärt werden.[1509] Die Genehmigungsbehörde hat daher im Sinne einer präventiven Rechtskontrolle[1510] zu prüfen, ob die Prüfungsordnung mit höherrangigem Recht vereinbar ist.[1511] Prüfungsmaßstab ist das gesamte objektive Recht, so dass sich die Prüfungsbefugnis auch auf verfassungsrechtliche Fragestellungen erstreckt.[1512]

---

1506 *Lorenz*, WissR Bd. 17 (1984), S. 294 (297); *Lorenz*, JZ 1981, 113 (115); *Salzwedel*, in: Flämig/u.a., Handbuch des Wissenschaftsrechts, Bd. 1, 2. Aufl. 1996, S. 720; *Thieme*, Deutsches Hochschulrecht, 3. Aufl. 2004, Rn. 380.

1507 *Becker*, in: Epping, Niedersächsisches Hochschulgesetz, 2016, § 37 Rn. 58; *Kimminich*, DÖV 1968, 376 (384); *Reich*, HRG, 11. Aufl. 2012, § 16 Rn. 2; *Salzwedel*, VVDStRL Bd. 22 (1965), S. 206 (245).

1508 *Gallas*, Die Staatsaufsicht über die wissenschaftlichen Hochschulen, 1976, S. 156; *Hailbronner/Callies*, DÖV 1996, 345 (348); *Kimminich*, DÖV 1968, 376 (381); *Reich*, Bayerisches Hochschulgesetz, 5. Aufl. 2007, Art. 61 Rn. 7; *ders.*, HRG, 11. Aufl. 2012, § 16 Rn. 2; *Salzwedel*, VVDStRL Bd. 22 (1965), S. 206 (245); *Schnellenbach*, in: Hartmer/Detmer, Hochschulrecht, 3. Aufl. 2017, Kap. 12 Rn. 17; *Weber*, in: Leuze/Epping, HG NRW, 4. EGL Februar 2007, § 64 Rn. 14.

1509 *Becker*, in: Epping, Niedersächsisches Hochschulgesetz, 2016, § 37 Rn. 58; *Oppermann*, in: Flämig /u.a., Handbuch des Wissenschaftsrechts, Bd. 1, 2. Aufl. 1996, S. 1107; *Reich*, Bayerisches Hochschulgesetz, 5. Aufl. 2007, Art. 61 Rn. 7; *ders.*, HRG, 11. Aufl. 2012, § 16 Rn. 2; a.A. VG Hannover WissR Bd. 45 (2012), S. 172 (175).

1510 BerlVerfGH WissR Bd. 38 (2005), S. 67 (72); *Gallas*, Die Staatsaufsicht über die wissenschaftlichen Hochschulen, 1976, S. 145; *Hailbronner/Callies*, DÖV 1996, 345 (348); *Herrmann*, in: Knopp/Peine/Topel, Brandenburgisches Hochschulgesetz, 3. Aufl. 2018, § 22 Rn. 22; *von Mangoldt*, Universität und Staat, 1979, S. 28; *Mehde*, in: Epping, Niedersächsisches Hochschulgesetz, 2016, § 51 Rn. 42; *Thieme*, Deutschs Hochschulrecht, 3. Aufl. 2004, Rn. 216.

1511 *Becker*, in: Epping, Niedersächsisches Hochschulgesetz, 2016, § 37 Rn. 58; *Lorenz*, WissR Bd. 17 (1984), S. 294 (297); *Lorenz*, JZ 1981, 113 (115); *Salzwedel*, in: Flämig/u.a., Handbuch des Wissenschaftsrechts, Bd. 1, 2. Aufl. 1996, S. 720; *Thieme*, Deutsches Hochschulrecht, 3. Aufl. 2004, Rn. 380.

1512 *Becker*, in: Epping, Niedersächsisches Hochschulgesetz, 2016, § 37 Rn. 58; *Salzwedel*, VVDStRL Bd. 22 (1965), S. 206 (246).

### (2) Auswirkungen eines gesetzlichen Verbots von Anwesenheitspflichten auf die Genehmigung der Prüfungsordnung

Die Genehmigung einer Prüfungsordnung, die Anwesenheitspflichten vorsieht, darf also nur versagt werden, wenn sie gegen höherrangiges Recht verstößt. In Nordrhein-Westfalen und Schleswig-Holstein wäre die Genehmigung einer Prüfungsordnung, die eine allgemeine Anordnung von Anwesenheitspflichten vorsieht, zu verweigern. Da sowohl das HG NRW als auch das HSG SH die Anordnung von Anwesenheitspflichten unter bestimmten Voraussetzungen in gewissen Lehrveranstaltungen zulassen, ist im Hinblick auf die Genehmigung eine Differenzierung notwendig.

Sieht die Prüfungsordnung die Anordnung von Anwesenheitspflichten in einem vom Hochschulgesetz anerkannten Ausnahmefall vor, liegt kein Verstoß gegen die Regelung des Hochschulgesetzes vor. Folglich könnte die Genehmigung der Prüfungsordnung auch nicht versagt werden.

Demgegenüber darf in Niedersachen und Thüringen in den Studien- und Prüfungsordnungen eine Verpflichtung zur Anwesenheit in Lehrveranstaltungen nur vorgesehen werden, wenn diese notwendig ist, damit die Studenten das Ziel der Lehrveranstaltung erreichen. Die Entscheidung darüber liegt somit grundsätzlich beim Fachbereich. Werden Anwesenheitspflichten in einer Lehrveranstaltung für notwendig gehalten, ist ihre Anordnung rechtmäßig. In diesem Fall darf die Genehmigung der Prüfungsordnung nicht verweigert werden, denn die Entscheidung über die Zulässigkeit einer Anwesenheitspflicht wird vom Gesetzgeber in das Ermessen der Hochschule gestellt. Da im Rahmen des Genehmigungsverfahrens Zweckmäßigkeitserwägungen nicht angestellt werden, kann eine Ermessensentscheidung auf Seiten der Fakultäten auch nicht zur Verweigerung der Genehmigung führen.

In den übrigen Ländern besteht keine normative Grundlage zu den Anwesenheitspflichten. Die Genehmigung der Prüfungsordnung kann mangels Verstoßes gegen höherrangiges Recht daher auch nicht versagt werden, wenn Anwesenheitspflichten vorgesehen sind. Auch in diesen Fällen sind Zweckmäßigkeitserwägungen nicht anzustellen.

Wird die Prüfungsordnung dennoch nicht genehmigt, liegt darin ein Eingriff in die Rechte der Fakultäten durch die für die Genehmigung zuständige Stelle. Sofern dieser Eingriff nicht zu rechtfertigen ist, ist die Versagung verfassungswidrig.

#### bb) Vorgaben durch Rahmenordnungen

Hat die Hochschule kein Recht, die Genehmigung der Prüfungsordnung zu versagen, könnte sie möglicherweise Anwesenheitspflichten in Rahmenprüfungsordnungen verbieten.

In den Rahmenprüfungsordnungen werden fächerübergreifende Bestimmungen für das Prüfungsverfahren festgelegt. Die Fakultäten sind gehalten, die in der Rahmenprüfungsordnung enthaltenen Regelungsspielräume in ihren Prüfungsordnungen mit fachspezifischen Prüfungsanforderungen aufzufüllen.[1513] Anderenfalls kann die Hochschule die Genehmigung der Prüfungsordnung versagen.[1514] Auf diese Weise kommt der Rahmenordnung nicht nur eine gewisse Verbindlichkeit zu.[1515] Sie stellt auch einen Eingriff in das Satzungsrecht der Fakultäten dar. Zugleich wird mittelbar in die Lehrfreiheit eingegriffen.

Der Erlass von Rahmenprüfungsordnungen steht jedoch unter der Prämisse, dass die Hochschule durch das Landeshochschulgesetz zum Erlass ermächtigt ist. Vorgesehen ist dies in den Hochschulgesetzen der Länder Berlin, Brandenburg, Mecklenburg-Vorpommern, Saarland und Thüringen.[1516]

Allein die Ermächtigung zum Erlass von Rahmenprüfungsordnungen sagt jedoch noch nichts darüber aus, ob Regelungen über ein Verbot von Anwesenheitspflichten getroffen werden können. Während in Berlin[1517] und Thüringen[1518] lediglich normiert ist, dass in den Rahmenordnungen allgemeine Bestimmungen zur Organisation und Durchführung von Prüfungen bzw. fächerübergreifende Bestimmungen für das Prüfungsverfahren erlassen werden können, beinhalten die Hochschulgesetze der Länder Brandenburg,[1519] Mecklenburg-Vorpommern[1520] und dem Saarland[1521] einen umfassenden Katalog hinsichtlich der zu treffenden Regelungen. Vorgesehen sind unter anderem Normierungen der Voraussetzungen für die Zulassung zur Prüfung.[1522] Das Hochschulgesetz

---

1513 Z.B. § 59 Abs. 4 UG SA; § 49 Abs. 1 S. 2 ThürHG; *Strauch*, Staatliche und akademische Prüfungsordnungen, 1978, S. 219 f.

1514 *Thieme*, Deutsches Hochschulrecht, 3. Aufl. 2004, Rn. 380.

1515 *Strauch*, Staatliche und akademische Prüfungsordnungen, 1978, S. 219 f.

1516 § 31 Abs. 1 S. 1 BerlHG; § 23 Abs. 1 S. 1 Bdg HG; § 38 Abs. 1 LGH M-V; § 59 UG SA; § 49 Abs. 1 S. 2 i.V.m. § 34 Abs. 1 ThürHG.

1517 § 31 Abs. 1 S. 1 BerlHG.

1518 § 49 Abs. 1 S. 2 ThürHG.

1519 § 23 Abs. 1 BdgHG.

1520 § 38 Abs. 2 LHG M-V.

1521 § 59 Abs. 3 UG SA.

1522 § 23 Abs. 1 Nr. 15 BdgHG; § 38 Abs. 2 Nr. 5 LHG M-V; § 59 Abs. 3 Nr. 5 UG SA.

Brandenburg sieht außerdem vor, dass Bestimmungen zu den Lehr- und Lernformen[1523] und den Prüfungsformen in der Rahmenordnung getroffen werden sollen.

Die Anordnung von Anwesenheitspflichten kann in den Rahmenprüfungsordnungen in den Ländern Berlin und Thüringen somit nur verboten werden, wenn es sich bei der Anwesenheitspflicht um eine allgemeine, fächerunabhängige Anforderung handelt. Da die Rechtmäßigkeit von Anwesenheitspflichten von der Art der Lehrveranstaltung abhängt, wird man die Anordnung von Anwesenheitspflichten wohl als allgemeine, fächerübergreifende Anforderung qualifizieren können; die Art der Lehrveranstaltung ist eine fächerübergreifende Regelung.

Demgegenüber muss in Brandenburg, Mecklenburg-Vorpommern und im Saarland die Anwesenheitspflicht von einer Regelung des hochschulgesetzlich festgelegten Katalogs erfasst sein, anderenfalls ist eine Regelung in der Rahmenprüfungsordnung ausgeschlossen. Sofern die Anwesenheitspflicht als Prüfungsvoraussetzung angeordnet wird, ist ihre Regelung in einer Rahmenprüfungsordnung damit zulässig. Ferner kann die Anwesenheitspflicht auch als Lern- bzw. Prüfungsform qualifiziert werden, so dass die Anordnung in der Rahmenprüfungsordnung in Brandenburg auch unter diesem Gesichtspunkt zulässig ist.

#### *b) Das universitäre Verbot von Anwesenheitspflichten als rechtfertigungsfähiger Eingriff in die Rechte von Fakultäten und Hochschullehrern*

Ohne Einschränkungen der Freiheiten von Fakultäten und Hochschullehrern ist ihre Einbindung in die Institution „*Universität*“ nicht möglich.[1524] Ihre Grundrechtspositionen treten in Konflikt zu den Aufgaben der Universität und dem Grundrechtsschutz anderer Gruppen der Universität.[1525] Die verschiedenen Grundrechtspositionen sind daher in einen angemessenen Ausgleich zu bringen.

Insbesondere die Lern- und Studierfreiheit könnte als verfassungsimmanente Schranke des Art. 5 Abs. 3 GG den mit dem Verbot von Anwesenheitspflichten

1523 § 23 Abs. 1 Nr. 7 BdgHG.

1524 *von Coelln,* in: Sachs/Siekmann, Festschrift für Klaus Stern zum 80. Geburtstag, 2012, S. 1281 (1292); *Gärditz*, Hochschulorganisation und verwaltungsgerichtliche Systembildung, 2009, S. 358 f.

1525 BVerfGE 35, 79 (121 f.); 85, 360 (384); 111, 333 (353); 127, 87 (114); *Jarass*, in: Jarass/Pieroth, GG, 14. Aufl. 2016, Art. 5 Rn. 154; *Stern*, Staatsrecht, Bd. IV/2, 2011, S. 793.

erfolgten Eingriff in die Lehrfreiheit und die Satzungsautonomie der Fakultät rechtfertigen. Dies setzt jedoch voraus, dass der Lern- und Studierfreiheit eine höhere Legitimation zugesprochen werden kann als der Lehrfreiheit und der Satzungsautonomie der Fakultäten.[1526]

### aa) Rechtswidriger Eingriff in die Lehrfreiheit trotz kollidierenden Verfassungsrechts

In der Rechtsprechungspraxis wird dem staatlichen Ausbildungsauftrag der Hochschulen regelmäßig zulasten der Lehrfreiheit ein besonders hohes Gewicht zugesprochen.[1527] So einfach sollte man sich die Auflösung des zugrundeliegenden Konfliktes jedoch nicht machen. Es bedarf vielmehr eines Abwägungsprozesses unter der Berücksichtigung aller betroffenen Grundrechtspositionen.[1528] Dies lässt sich allerdings nur im Wege der praktischen Konkordanz erreichen.[1529]

#### aaa) Vorrang der Wissenschaftsfreiheit vor kollektiver Koordination

Ausgangspunkt des Grundrechtsschutzes innerhalb der Hochschule bleibt die individuelle Freiheit des Hochschullehrers.[1530] Der Schutz des Art. 5 Abs. 3 GG richtet sich auch gegen die von den Hochschulorganen ausgeübten Befugnisse und Maßnahmen. Da diese auf staatlichen gesetzlichen Ermächtigungen beruhen, stellen sie mittelbare Staatsgewalt dar.[1531] Jede Maßnahme der Hochschule muss den wissenschaftlichen Interessen der Hochschullehrer Rechnung

---

1526 *Thieme*, Deutsches Hochschulrecht, 3. Aufl. 2004, Rn. 152.

1527 BVerfGE 35, 79 (128); BVerfG NVwZ 2000, 909 ff.; BVerwG NVwZ 1998, 853 ff.; *Britz*, in: Dreier, GG, Bd. I, 3. Aufl. 2013, Art. 5 III (Wissenschaftsfreiheit) Rn. 51; *Geis*, in: Merten/Papier, Handbuch der Grundrechte, Bd. IV, 2011, § 100 Rn. 14.

1528 *Britz*, in: Dreier, GG, Bd. I, 3. Aufl. 2013, Art. 5 III (Wissenschaftsfreiheit) Rn. 51; *Groß*, WissR Bd. 35 (2002), S. 313 (328); *Thieme*, Deutsches Hochschulrecht, 3. Aufl. 2004, Rn. 152; *H.-H. Trute*, WissR Bd. 33 (2000), S. 134 (141 f.).

1529 *Stern*, Staatsrecht, Bd. IV/2, 2011, S. 792.

1530 BVerwGE 102, 304 (309); *Schmidt-Aßmann*, in: Becker/Bull/Seewald, Festschrift für Werner Thieme zum 70. Geburtstag, 1993, S. 697 (703); *Stern*, Staatsrecht, Bd. IV/2, 2011, S. 790. Der Schutz der individuellen Lehrfreiheit dürfe nicht von vornherein durch die institutionelle Einbindung relativiert werden, so *Hailbronner*, Die Freiheit der Forschung und Lehre als Funktionsgrundrecht, 1979, S. 146 ff.; *Kleindiek*, Wissenschaft und Freiheit in der Risikogesellschaft, 1998, S. 313 ff.; *Scholz*, in: Maunz/Dürig, GG, Loseblatt, Stand September 2017, Art. 5 Abs. 3 Rn. 141; *Stern*, Staatsrecht, Bd. IV/2, 2011, S. 791.

1531 OVG Berlin JZ 1973, 210; *Fehling*, in: Kahl/Waldhoff/Walter, Bonner Kommentar zum Grundgesetz, Loseblatt, Stand März 2004, Art. 5 Abs. 3 (Wissenschaftsfreiheit) Rn. 19; *Scholz*, in: Maunz/Dürig, GG, Loseblatt, Stand September 2017, Art. 5 Abs. 3

tragen.[1532] Der individuellen Freiheit der Hochschullehrer ist daher Vorrang vor der kollektiven Koordination und erst Recht vor staatlicher Regulierung einzuräumen.[1533]

bbb) Die Funktionsfähigkeit des Ausbildungsbetriebs

Die Anordnung von Anwesenheitspflichten erfolgt unter anderem mit der Begründung, dass die Funktionsfähigkeit des Ausbildungsbetriebs erhalten und die Durchführung der Lehrveranstaltung gesichert werden soll.[1534] Von Funktionsfähigkeit kann aber gerade nicht mehr gesprochen werden, wenn das Verbot von Anwesenheitspflichten dazu führt, dass ganze Lehrveranstaltungen ihrer Bestimmung nach nicht mehr abgehalten werden können. Gerade das Seminar, das auf regelmäßige und terminübergreifende Teilnahme angewiesen ist, wird sich nur noch schwer durchführen lassen, wenn viele Studenten von der Teilnahme absehen.

Den Studenten steht zwar aufgrund ihrer Lern- und Studierfreiheit ein Recht zum Fernbleiben von Lehrveranstaltungen zu.[1535] Vor dem Hintergrund, dass sich die Studenten freiwillig für die Aufnahme eines Studiums entschieden haben, müssen sie aber gewisse Einschränkungen ihrer Lern- und Studierfreiheit hinnehmen. Zurückzuführen ist dies zum einen darauf, dass innerhalb der Universität jede Gruppe in gewisser Weise in ihrer Freiheit eingeschränkt wird. Auf diese Weise können innerhalb der Universität die verschiedenen

---

Rn. 130; *Stern*, Staatsrecht, Bd. IV/2, 2011, S. 790; *Wendt*, in: von Münch/Kunig, GG, Bd. 1, 6. Aufl. 2012, Art. 5 Rn. 104.

1532 *Fehling*, in: Kahl/Waldhoff/Walter, Bonner Kommentar zum Grundgesetz, Loseblatt, Stand März 2004, Art. 5 Abs. 3 (Wissenschaftsfreiheit) Rn. 20; *Schmidt-Aßmann*, in: Selmer/von Münch, Gedächtnisschrift für Wolfgang Martens, 1987, S. 249 (253); *Stern*, Staatsrecht, Bd. IV/2, 2011, S. 790.

1533 BVerfGE 35, 113 (129); *Fehling*, in: Kahl/Waldhoff/Walter, Bonner Kommentar zum Grundgesetz, Loseblatt, Stand März 2004, Art. 5 Abs. 3 (Wissenschaftsfreiheit) Rn. 21, 125; *Jarass*, in: Jarass/Pieroth, GG, 14. Aufl. 2016, Art. 5 Rn. 154; *Schmidt-Aßmann*, in: Becker/Bull/Seewald, Festschrift für Werner Thieme zum 70. Geburtstag, 1993, S. 697 (703); *Stern*, Staatsrecht, Bd. IV/2, 2011, S. 790; *Thieme*, Deutsches Hochschulrecht, 3. Aufl. 2004, Rn. 152; *Wagner*, in: ders., Rechtliche Rahmenbedingungen für Wissenschaft und Forschung, Bd. 1, 2000, S. 241 ff.

1534 Siehe dazu Teil 4 B. II. 2. b) bb), sowie *Hailbronner*, Die Freiheit der Forschung und Lehre als Funktionsgrundrecht, 1979, S. 146 ff.; *Kleindiek*, Wissenschaft und Freiheit in der Risikogesellschaft, 1998, S. 313 ff.; *Scholz*, in: Maunz/Dürig, GG, Loseblatt, Stand September 2017, Art. 5 Abs. 3 Rn. 174; *Stern*, Staatsrecht, Bd. IV/2, 2011, S. 791.

1535 Siehe dazu unter Teil 3 C. I. 2.

Grundrechtspositionen in einen angemessenen Ausgleich gebracht werden und die Funktionsfähigkeit der Universität wird aufrechterhalten. Zum anderen soll die Anordnung von Anwesenheitspflichten auch dazu beitragen, dass die Studenten ihre Lernziele und damit ihren Studienabschluss erreichen. Aus den genannten Gründen ist daher dem Schutz der Lehrfreiheit Vorrang vor dem Schutz der Lern- und Studierfreiheit einzuräumen.

Hierfür spricht auch der Umstand, dass Studenten, indem sie von der Teilnahme an einer Lehrveranstaltung absehen, in die Lern- und Studierfreiheit der anderen an der Lehrveranstaltung teilnehmenden Studenten eingreifen. Kann beispielsweise aufgrund der geringen Teilnehmerzahl eine Diskussion nicht mehr zustande kommen, wirkt sich dies zwangsläufig auch auf die teilnehmenden Studenten aus. Ein Eingriff in die Lern- und Studierfreiheit liegt vor, wenn diese Studenten ihre Lernziele nicht mehr erreichen können, weil das Ziel der Lehrveranstaltung durch die mangelnde Teilnahme vereitelt wird. In diesem Fall kann den Hochschullehrern vorgeworfen werden, dass sie ihren Ausbildungsauftrag nicht hinreichend erfüllen. Die Hochschullehrer haben daher dem Schutz der teilnehmenden Studenten Vorrang vor den Studenten einzuräumen, die von einer Teilnahme absehen. Die Anordnung einer Präsenzpflicht schafft diesem Umstand auch insoweit Abhilfe.

#### bb) Rechtswidriger Eingriff in das Satzungsrecht der Fakultäten

Die Fakultäten sind gegenüber der Hochschule ebenfalls grundrechtsberechtigt. Das Verbot von Anwesenheitspflichten greift in ihr grundrechtlich geschütztes Recht ein, Satzungen im Bereich der akademischen Angelegenheiten zu erlassen und Anwesenheitspflichten in den Studien- und Prüfungsordnungen festzusetzen.

Auch die Lern- und Studierfreiheit der Studenten als verfassungsimmanente Schranke der Satzungsautonomie kann den Eingriff nicht rechtfertigen. Zurückzuführen ist dies zum einen erneut auf den Umstand, dass sich die Studenten freiwillig für die Aufnahme eines Studiums und den damit verbundenen Pflichten entschieden haben. Zum anderen sichert der Fachbereich die wissenschaftlichen Belange des Hochschullehrers.[1536] Dieser Aufgabe kann die Fakultät aber nur nachkommen, wenn ihr zumindest die gleichen Rechte wie den Hochschullehrern zustehen. Es wäre widersprüchlich, wenn die Anordnung von Anwesenheitspflichten zugunsten der Lehrfreiheit gerechtfertigt ist, demgegenüber die

---

1536 *Jarass*, in: Jarass/Pieroth, GG, 14. Aufl. 2016, Art. 5 Rn. 141; *Wendt*, in: von Münch/Kunig, GG, Bd. 1, 6. Aufl. 2012, Art. 5 Rn. 104.

Fakultäten dieses Recht der Hochschullehrer aber nicht in den Prüfungsordnungen zugrunde legen können.

#### c) *Zusammenfassung der gewonnenen Erkenntnisse*

Ein inneruniversitäres Verbot, das den Hochschullehrern und Fakultäten die Anordnung von Anwesenheitspflichten verbietet, ist nicht rechtfertigungsfähig.

Die Rechtfertigung könnte nur zum Schutz kollidierenden Verfassungsrechts erfolgen, sofern das kolierende Verfassungsrecht schützenswerter die Lehrfreiheit und das Selbstverwaltungsrechts ist. Dies ist jedoch zu verneinen.

Die Universitäten verbieten die Anordnung von Anwesenheitspflichten zwar mit der Begründung, dass sie ihren Ausbildungsauftrag wahrnehmen. Dies rechtfertigt einen Eingriff jedoch nicht. Die Studenten haben einen Eingriff in die Lern- und Studierfreiheit hinzunehmen. Sie haben sich nicht nur freiwillig für ein Studium und die damit verbundenen Pflichten entschieden. Der durch die Verpflichtung zur Teilnahme erfolgende Eingriff in die Lern- und Studierfreiheit ist seinerseits zum Schutz der Allgemeinheit gerechtfertigt. Lediglich im Rahmen von Vorlesungen besteht kein Anlass, Anwesenheitspflichten anzuordnen.

Im Umkehrschluss bedeutet dies für die Hochschullehrer und Fakultäten im Hinblick auf die Gewährleistung ihres Grundrechtsschutzes, dass sie Anwesenheitspflichten grundsätzlich anordnen dürfen, jedoch vor allem im Hinblick auf die Vorlesung zurückhaltend von ihrem Recht Gebrauch machen sollten.

### 2. *Die Anordnung eines Verbots durch die Fakultäten*

Sofern keine einfachgesetzlichen Vorgaben bestehen, kann der Fakultätsrat nach seinem Ermessen Vorgaben zu den Anwesenheitspflichten von Studenten in Lehrveranstaltungen in den Studien- und Prüfungsordnungen treffen.

#### a) *Die janusköpfige Grundrechtssituation der Fakultäten*

Die Hauptaufgaben im Bereich der Lehre werden von den Fakultäten erfüllt. Die Fakultäten sind dem Grundrecht aus Art. 5 Abs. 3 GG insofern *„sachnäher“*[1537] als die Universitäten. Damit die Fakultäten den Schutz aus Art. 5 Abs. 3 GG beanspruchen können, müssen ihre Rechte innerhalb der Universität wehrhaft sein.[1538] Sie haben daher einen grundrechtlich geschützten Anspruch darauf,

---

1537 So formuliert es *Geis*, in: Merten/Papier, Handbuch der Grundrechte, Bd. IV, 2011, § 100 Rn. 40.

1538 St. Rspr. BVerfGE 15, 256 (262); *Geis*, in: Merten/Papier, Handbuch der Grundrechte, Bd. IV, 2011, § 100 Rn. 40; *Knemeyer*, in: Kempen/Dörr/Fink/Hillgruber/Murswiek,

dass ihnen das Recht auf akademische Selbstverwaltung auch von Seiten der Universität gewährleistet wird.[1539]

Dies hat zur Folge, dass sich die Fakultäten – wie die Universitäten – in einer „*januskopfigen Grundrechtssituation*" befinden. Auf der einen Seite steht ihnen als organisatorisch verselbstständigte, teilrechtsfähige Untergliederung der Universität das Recht auf Existenz und Schutz eigener Selbstverwaltungsräume gegenüber der Gesamtuniversität[1540] und dem Staat zu.[1541] Auf der anderen Seite sind sie gegenüber ihren Mitgliedern ausschließlich grundrechtsverpflichtet.[1542] Die Fakultäten können gegenüber ihren Mitgliedern also auch grundrechtseingreifend tätig werden.

### *b) Die Verbotsanordnung als Eingriff*

In nahezu allen Hochschulgesetzen ist vorgesehen, dass die Prüfungsordnungen von den Fakultäten erlassen werden.[1543] Ein Grund dafür ist, dass große fachliche

---

Festschrift für Hartmut Schiedermair, 2001, S. 539 (552); *Wendelin*, Der Hochschulverfassungsstreit, 2009, S. 34 Fn. 119.

1539 So vertritt es *T. Bauer*, Wissenschaftsfreiheit in Lehre und Studium, 1980, S. 113. Nach *Geis*, in: Merten/Papier, Handbuch der Grundrechte, Bd. IV, 2011, § 100 Rn. 40 sei das Selbstbestimmungsrecht der Fakultäten jedenfalls durch Beteiligungsrechte und ein Recht auf sachgerechte und willkürfreie Abwägung der Strukturentscheidung abzusichern.

1540 Richtete sich das Abwehrrecht früher regelmäßig gegen den Staat, rückt die Konzentration der Entscheidungsmacht auf die Hochschulleitung die Grundrechtsbindung der Universität in den Mittelpunkt. Grundrechtsgefährdungen gehen daher schwerpunktmäßig von ihr aus, *Di Fabio*, VVDStRL Bd. 56 (1997), S. 235 (253); *Geis*, VVDStRL Bd. 69 (2009), S. 364 (396). Aus diesem Grund ist es notwendig, dass den Fakultäten auch im Innenverhältnis eine wehrhafte Grundrechtsposition zusteht.

1541 St. Rspr. seit BVerfGE 15, 256 (262); *Bethge*, in: Sachs, GG, 8. Aufl. 2018, Art. 5 Rn. 211; *Geis*, WissR Bd. 37 (2004), S. 2 (21); *Knemeyer*, in: Kempen/Dörr/Fink/Hillgruber/Murswiek, Festschrift für Hartmut Schiedermair, 2001, S. 539 (552); *Mager*, in: Isensee/Kirchhof, Handbuch des Staatsrechts, Bd. VII, 3. Aufl. 2009, § 166 Rn. 37 ff.; *Scholz*, in: Maunz/Dürig, GG, Loseblatt, Stand September 2017, Art. 5 Abs. 3 Rn. 124; *Wendelin*, Der Hochschulverfassungsstreit, 2010, S. 34 m.w.N. in Fn. 119. Dieser Grundrechtsbindung könne sich die Universität auch nicht durch eine privatrechtliche Rechtsform, z.B. als Stiftungsuniversität, entziehen, *Battis/Grigoleit*, ZRO 2002, 65 (69).

1542 *Geis*, in: Merten/Papier, Handbuch der Grundrechte, Bd. IV, 2011, § 100 Rn. 13; *Schmidt-Aßmann*, in: Winkler, Festschrift für Ernst-Joachim Meusel, 1997, S. 217 (224 f.); *Stern*, Staatsrecht, Bd. IV/2, 2011, S. 790.

1543 So ist im Hochschulgesetz des Freistaates Bayern vorgesehen, dass die Zuständigkeit für den Erlass von Studien- und Prüfungsordnungen zwar bei der Hochschule liegt, den Fachbereichen aber ein Vorschlagsrecht zusteht.

Unterschiede den Erlass von fächerübergreifenden Prüfungsordnungen nahezu unmöglich machen.[1544]

Aufgrund einer entsprechenden Normierung in den Landeshochschulgesetzen sind die Fakultäten dazu angehalten, Regelungen zu Organisation, Durchführung und Verfahren von Prüfungen zu treffen. Unter anderem soll die Prüfungsordnung Voraussetzungen der Zulassung sowie Form, Art, Zahl und Umfang von Prüfungen festlegen.[1545] Dies schließt über die gesetzlichen Vorgaben hinausgehende Regelungen allerdings nicht aus. Es handelt sich bei der gesetzlichen Aufstellung vielmehr um einen Mindestkatalog der Voraussetzungen, die auf dem Gebiet des Prüfungswesens festgelegt werden müssen.[1546]

Mit Ausnahme der Hochschulgesetze der Länder Nordrhein-Westfalen, Niedersachen, Schleswig-Holstein und Thüringen werden in den Hochschulgesetzen keine Vorgaben zu den Anwesenheitspflichten getroffen. Somit steht es im Ermessen der Fakultäten, ob sie Regelungen zu den Anwesenheitspflichten in den Prüfungsordnungen treffen. Sie können ein direktes Verbot von Anwesenheitspflichten aussprechen oder Anwesenheitspflichten als Voraussetzung zur Prüfung oder als Prüfungsleistung verbieten. Jede Form eines Verbotes ist als Eingriff in die Lehrfreiheit zu qualifizieren.

### *c) Rechtfertigung des Verbots als Einschränkung der Lehrfreiheit*

Indem die Fakultäten Anwesenheitspflichten in den Studien- oder Prüfungsordnungen verbieten, greifen sie unmittelbar in die Lehrfreiheit der Hochschulprofessoren ein. Auch ein in den Studien- und Prüfungsordnungen festgesetztes Verbot von Anwesenheitspflichten ist daher rechtfertigungsbedürftig.

---

1544 *Kempen*, in: Hartmer/Detmer, Hochschulrecht, 3. Aufl. 2017, Kap. 1 Rn. 116; *Salzwedel*, in: Flämig/u.a., Handbuch des Wissenschaftsrechts, Bd. 1, 2. Aufl. 1996, S. 720.

1545 *Kempen*, in: Hartmer/Detmer, Hochschulrecht, 3. Aufl. 2017, Kap. 1 Rn. 114; *Salzwedel*, in: Flämig/u.a., Handbuch des Wissenschaftsrechts, Bd. 1, 2. Aufl. 1996, S. 715; *Thieme*, Deutsches Hochschulrecht, 3. Aufl. 2004, Kap. I Rn. 383.

1546 Vor der Föderalismusreform wurden den Ländern diese Anforderungen durch das HRG verbindlich vorgegeben, *Kempen*, in: Hartmer/Detmer, Hochschulrecht, 3. Aufl. 2017, Kap. 1 Rn. 114 f.; *Lennartz*, in: Denninger, HRG, 1984, § 16 Rn. 10 ff.; *Thieme*, Deutsches Hochschulrecht, 3. Aufl. 2004, Kap. I Rn. 382.

### aa) Die Schutzbedürftigkeit der Hochschullehrer

Die Tatsache, dass der Eingriff im Innenverhältnis der Universität liegt, mindert die Schutzbedürftigkeit des Hochschullehrers nicht.

Die Fakultätsleitung ist ermächtigt, ihre Befugnisse gegenüber dem Hochschullehrer auszuüben und eingreifend tätig zu werden. Dies hat potentiell einschränkende Auswirkungen auf die Lehrfreiheit.[1547] Allerdings wird diesem Umstand dadurch Rechnung getragen, dass der Eigeninitiative der Hochschullehrer Vorrang vor staatlicher Koordination eingeräumt wird.[1548] So hat der Hochschullehrer einen Anspruch darauf, dass das Einvernehmen seines Fachbereichs in der Hochschulverwaltung Beachtung findet. Die Aufgabe des Fachbereichs ist es, die wissenschaftlichen Belange der Professoren zu sichern.[1549] Daneben müssen den Hochschullehrern ausreichend Mitwirkungs- und Kontrollrechte zustehen, wenn dem Dekan Befugnisse zur Steuerung von Forschung und Lehre übertragen werden.[1550]

Diese Prinzipien müssen auch hinreichend Beachtung beim Erlass der Studien- und Prüfungsordnungen finden. Inwieweit Studien- und Prüfungsordnungen aber die Methode und die Inhalte wissenschaftlicher Lehre reglementieren dürfen, um der Lern- und Studierfreiheit vorrangigen Schutz einzuräumen, wird unterschiedlich beurteilt.

Während *W. Thieme* Einschränkungen der Lehrfreiheit hinsichtlich der Aufstellung und Einhaltung von Studien- und Prüfungsordnungen verfassungsrechtlich als bedenkenlos erachtet,[1551] wird dies von anderer Seite differenzierter betrachtet. Es wird angenommen, dass Studien- und Prüfungsordnungen gegen die Lehrfreiheit verstoßen, wenn dem Hochschullehrer die inhaltliche und

---

1547 *Fehling*, in: Kahl/Waldhoff/Walter, Bonner Kommentar zum Grundgesetz, Loseblatt, Stand März 2004, Art. 5 Abs. 3 (Wissenschaftsfreiheit) Rn. 20; *Löwer*, WissR Bd. 32 (1999), S. 250 (257 ff.); *Stern*, Staatsrecht, Bd. IV/2, 2011, S. 789 f.

1548 BVerfGE 35, 113 (129); *Fehling*, in: Kahl/Waldhoff/Walter, Bonner Kommentar zum Grundgesetz, Loseblatt, Stand März 2004, Art. 5 Abs. 3 (Wissenschaftsfreiheit) Rn. 21; *Jarass*, in: Jarass/Pieroth, GG, 14. Aufl. 2016, Art. 5 Rn. 152; *Oppermann*, JZ 1973, 433 (435); *Stern*, Staatsrecht, Bd. IV/2, 2011, S. 791; *Wagner*, in: ders., Rechtliche Rahmenbedingungen in Wissenschaft und Forschung, Bd. 1, 2000, S. 241 ff.; *Starck*, in: von Mangoldt/Klein/Starck, GG, Bd. 1, 6. Aufl. 2010, Art. 5 Abs. 3 Rn. 382.

1549 BVerfG NVwZ-RR 2008, 217 (218); NVwZ 2003, 600 (601); *Jarass*, in: *Jarass/Pieroth, GG, 14. Aufl. 2016, Art. 5* Rn. 156; *Wendt*, in: von Münch/Kunig, GG, Bd. 1, 6. Aufl. 2012, Art. 5 Rn. 104.

1550 BVerfGE 127, 87 (118), *Jarass*, in: Jarass/Pieroth, GG, 14. Aufl. 2016, Art. 5 Rn. 156.

1551 *Thieme*, Deutsches Hochschulrecht, 3. Aufl. 2004, Rn. 122.

methodische Ausgestaltung seiner Lehre nicht mehr zusteht.[1552] In diesem Fall könne nicht von ihm verlangt werden, die wissenschaftliche Verantwortung zu tragen. Dass dem Hochschullehrer die wissenschaftliche Verantwortung übertragen werde, sei aber nicht nur sein durch die wissenschaftliche Freiheit impliziertes Recht, vielmehr sei dies seine wissenschaftliche Pflicht.[1553] Aus diesem Grund sei dem Hochschullehrer durch Art. 5 Abs. 3 GG nicht nur ein von staatlicher Fremdbestimmung freier Bereich persönlicher und autonomer Verantwortung zugesichert.[1554] Dem Lehrenden müsse auch eine organisatorisch-prozedurale und inhaltlich-methodische Prärogative zustehen.[1555]

Diese Auffassung zeigt, dass die Lehrfreiheit eine besonders empfindliche Grundrechtsposition darstellt. An ihre Rechtfertigung ist daher ein besonders hoher Maßstab anzulegen. Es darf jedoch nicht außer Acht gelassen werden, dass der Lehrfreiheit eine Lehrpflicht gegenübersteht. Aufgrund dieser Pflicht hat es der Hochschullehrer zu verantworten, dass die Studenten bestimmte Ausbildungserfolge erreichen.[1556] Das Erreichen der geforderten Lernziele kann der Hochschullehrer jedoch nur fördern, wenn die Studenten an der Lehrveranstaltung teilnehmen. Sehen die Studenten aufgrund des Verbots von Anwesenheitspflichten von der Teilnahme an der Lehrveranstaltung ab, wird es dem Hochschullehrer wesentlich erschwert, seinen Lehrauftrag umfassend zu erfüllen.[1557]

Der mit dem Verbot verfolgte Schutz der Lern- und Studierfreiheit kann den Eingriff in die Lehrfreiheit nicht rechtfertigen. Wie bereits dargelegt,[1558] haben

---

1552 BVerwGE NVwZ-RR 2006, 36; *T. Bauer*, Wissenschaftsfreiheit in Lehre und Studium, 1980, S. 66; *Kempen*, in: Epping/Hillgruber, GG, 2. Aufl. 2013, Art. 5 Rn. 183.1; *Krüger*, in: Flämig/u.a., Handbuch des Wissenschaftsrechts, Bd. 1, 2. Aufl. 1996, S. 315; *Wendt*, in: von Münch/Kunig, GG, Bd. 1, 6. Aufl. 2012, Art. 5 Rn. 105.

1553 *Pieroth*, Störung, Streik und Aussperrung in der Hochschule, 1976, S. 140.

1554 BVerfGE 35, 79 (113); *Denninger*, in: Denninger/Hoffmann-Riem/Schneider/Stein, AK-GG, Bd. 1, 3. Aufl. 2001, Art. 5 Abs. 3 Rn. 39; *Fehling*, in: Kahl/Waldhoff/Walter, Bonner Kommentar zum Grundgesetz, Loseblatt, Stand März 2004, Art. 5 Abs. 3 (Wissenschaftsfreiheit) Rn. 88; *Stern*, Staatsrecht, Bd. IV/2, 2011, S. 781.

1555 *Frowein*, Rechtsgutachten zur Konkretisierung der Wissenschaftsfreiheit in dem Gesetzentwurf der Fraktion CDU/CSU für ein Hochschulrechtsrahmengesetz, in: Kultusministerium Rheinland-Pfalz (Hrsg.): Informationen Nr. 13, Januar 1972, S. 21; *Krüger*, in: Flämig/u.a., Handbuch des Wissenschaftsrechts, Bd. 1, 2. Aufl. 1996, S. 316; *Pieroth*, Störung, Streik und Aussperrung an der Hochschule, 1976, S. 140.

1556 OVG Lüneburg VerwRspr. Bd. 24 (1973), S. 774.

1557 *T. Bauer*, Wissenschaftsfreiheit in Lehre und Studium, 1980, S. 66.

1558 Siehe dazu Teil 3 C. I. 4.

sich die Studenten freiwillig für die Aufnahme eines Studiums und die Übernahme der damit verbundenen Pflichten entschieden. Anwesenheitspflichten liegen damit auch in ihrem Interesse, wenn sie zum Erreichen der Lernziele beitragen.

#### bb) Das Recht des Hochschullehrers zur Anordnung von Anwesenheitspflichten

Ferner stellt sich die Frage, ob es den Hochschullehrern zustehen kann, die Anwesenheit zu einer Prüfungsleistung zu erklären, oder ob Einschränkungen dieser Freiheit durch Vorgaben in den Prüfungsordnungen gerechtfertigt sind.

Gegen ein solches Recht der Hochschullehrer, Anwesenheitspflichten zu einer Prüfungsleistung zu erklären, spricht jedoch bereits der Umstand, dass die Hochschullehrer nicht völlig willkürlich Prüfungsleistungen festlegen können. Es steht nicht in ihrem Ermessen, ob Leistungsüberprüfungen durch Hausarbeiten, Klausuren oder mündliche Prüfungen erfolgen.[1559] Die Festlegung von verfahrensmäßigen Voraussetzungen für den Erwerb von Leistungsnachweisen ist der Regelung in einer Prüfungsordnung vorbehalten. Auf diese Weise soll der Studienerfolg der Studenten und der Schutz ihrer Grundrechte angemessen zur Geltung kommen. Ein Eingriff in die Lehrfreiheit liegt darin nicht, denn in der Entscheidung über den Inhalt und die Methode der Lehrveranstaltung ist der Hochschullehrer frei. So bleibt es dem Hochschullehrer überlassen, weiterhin bestimmte Studienleistungen zu fordern, solange diese nicht zur Voraussetzung eines Leistungsnachweises gemacht werden.[1560]

Aus diesem Grund steht dem Hochschullehrer kein Recht zu, die Anwesenheitspflicht als Prüfungsleistung festzulegen, außer dies ist in der Prüfungsordnung vorgesehen. Es steht dem Hochschullehrer aber frei, Anwesenheitspflichten als Teilnahmevoraussetzung seiner Lehrveranstaltung anzuordnen.

---

1559 BVerwG NVwZ 1991, 1082; *Denninger*, in: Denninger/Hoffmann-Riem/Schneider/Stein, AK-GG, Bd. 1, 3. Aufl. 2001, Art. 5 Abs. 3 Rn. 33.

1560 BVerwG NVwZ 1991, 1082 (im zugrunde liegenden Fall hatte das Gericht zu entscheiden, inwieweit die Lehrfreiheit in Art. 5 Abs. 3 GG auch die Befugnis zur Festlegung der Formen umfasst, mit denen die erfolgreiche Teilnahme an einer Lehrveranstaltung geprüft wird); *Denninger*, in: Denninger/Hoffmann-Riem/Schneider/Stein, AK-GG, Bd. 1, 3. Aufl. 2001, Art. 5 Abs. 3 Rn. 33.

*d) Zwischenergebnis*

Nicht nur die Universitäten befinden sich in einer januskopfigen Grundrechtssituation, sondern auch die Fakultäten. Die Fakultäten können somit auch grundrechtseingreifend tätig werden. Verbieten sie Anwesenheitspflichten in ihren Studien- und Prüfungsordnungen, greifen sie in die Lehrfreiheit der Hochschulprofessoren ein. Dass der Eingriff im Innenverhältnis der Universität erfolgt, führt zu keiner abweichenden juristischen Bewertung. Der Eingriff ist jedoch rechtfertigungsfähig.

Eine Abwägung zwischen der Lehrfreiheit und der von der Fakultät aufgrund ihres Ausbildungsauftrags zu gewährleistenden Lern- und Studierfreiheit führt zu dem Ergebnis, dass die Lehrfreiheit schützenswerter ist. Grund ist, dass die Studenten sich freiwillig für die Aufnahme eines Studiums und die damit einhergehenden Pflichten entschieden haben. Eingriffe in die Lern- und Studierfreiheit durch die Pflicht zur Teilnahme an einer Lehrveranstaltung sind zum Schutz der Allgemeinheit grundsätzlich gerechtfertigt. Eine Ausnahme besteht nur für die Anwesenheitspflicht im Rahmen einer Vorlesung. Im Rahmen von Vorlesungen ist ein Eingriff in die Lehrfreiheit gerechtfertigt. Im Übrigen wird der Hochschullehrer Eingriffe nicht hinzunehmen haben.

Dies gilt jedoch nicht, wenn der Hochschullehrer die Anwesenheit zum Bestandteil der Prüfung erklären will. Um dem Grundsatz der Chancengleichheit im Prüfungsrecht nicht zu unterlaufen, muss die Festlegung der Prüfungsleistungen in den Prüfungsordnungen erfolgen.

## III. Zusammenfassung der Ergebnisse

Auch im Innenverhältnis der Universität wirkt das Verbot von Anwesenheitspflichten grundrechtseinschränkend. Da die Wissenschaftsfreiheit in unterschiedlichen Bereichen ihre Wirkungskraft entfaltet und ihr Schutz verschiedenen Grundrechtsträgern zukommt, sind mehrere Grundrechtskonstellationen denkbar, in denen das Verbot von Anwesenheitspflichten rechtfertigungsbedürftig ist.

Im Verhältnis „*Hochschule – Fakultät*" kann die Hochschulleitung in Erfüllung ihrer Aufgaben grundrechtseinschränkend tätig werden. Zurückzuführen ist dies auf die januskopfige Grundrechtssituation im Bereich der Aufgabenwahrnehmung, in der sich die Hochschule befindet. Ordnet die Hochschulleitung gegenüber der Fakultät das Verbot von Präsenzpflichten an, liegt darin ein Eingriff in das Selbstverwaltungsrecht der Fakultät aus Art. 5 Abs. 3 GG. Dieser Eingriff ist jedoch nicht zu rechtfertigen. Als verfassungsimmanente Schranke kommt allein der Schutz der Lern- und Studierfreiheit in Betracht. Der durch

Anwesenheitspflichten erfolgende Eingriff in die Lern- und Studierfreiheit ist jedoch mit Ausnahme der Vorlesung gerechtfertigt, so dass eine Abwägung nur zugunsten der Satzungsautonomie der Fakultäten ausfallen muss.

Vergleichbar gestaltet sich die Rechtslage auch im Verhältnis „*Universität – Hochschullehrer*". Wieder ist es die Hochschule, die grundrechtseingreifend tätig wird, wenn sie die Anordnung von Anwesenheitspflichten verbietet. Auch in diesem Verhältnis gelingt eine Rechtfertigung zum Schutz der Lern- und Studierfreiheit als kollidierendes Verfassungsrecht des Eingriffs in die Lehrfreiheit nicht. Die Anordnung von Anwesenheitspflichten in den Lehrveranstaltungen läuft dem Ausbildungsauftrag der Universitäten nicht zuwider, vielmehr wird dieser durch eine verpflichtende Teilnahme der Studenten an den Lehrveranstaltungen noch unterstützt.

Ein Eingriff in die Lehrfreiheit der Hochschullehrer erfolgt auch von Seiten der Fakultät, wenn sie in den Studien- und Prüfungsordnungen die Anordnung von Präsenzpflichten verbietet. Die Rechtfertigung dieses Eingriffs gelingt jedoch nur, wenn der Hochschullehrer die Anwesenheit zur Prüfungsleistung erklären will. Das Recht, Prüfungsleistungen festzulegen, obliegt allein den Fakultäten. Nur so wird die Chancengleichheit im Prüfungsrecht gewahrt. Im Falle, dass der Hochschullehrer die Prüfungsleistung selbstständig bestimmt, wäre nicht nur die Vergleichbarkeit der Prüfungsleistungen nicht mehr gegeben. Die Festlegung wäre auch willkürlich und mit dem Vorrang des Gesetzes nicht vereinbar.

## C. Gesamtergebnis

Mit einem gesetzlichen Verbot von Anwesenheitspflichten greift der Landesgesetzgeber in das Selbstverwaltungsrecht von Universitäten und Fakultäten sowie in die Lehrfreiheit der Hochschullehrer ein. Im Staatsgefüge obliegt den Universitäten die Erfüllung der akademischen Angelegenheiten. Da sie in diesem Bereich grundrechtsberechtigt sind, garantiert ihnen der Schutz des Art. 5 Abs. 3 GG die vom Staat unabhängige Wahrnehmung ihrer Aufgaben. Im Innenverhältnis der Universität sind es allerdings die Fakultäten, die für die spezifischen Aufgaben der Lehre zuständig sind. Sie sind berechtigt, in den Studien- und Prüfungsordnungen Regelungen zu den Anwesenheitspflichten zu treffen. Daneben können auch die Hochschullehrer die Anwesenheit anordnen, sofern ihnen dieses Recht nicht durch gesetzliche Regelungen untersagt wird. Die Lehrfreiheit garantiert ihnen die Wahl und die eigenständige Gestaltung ihrer Lehrveranstaltungen.

Die Rechtfertigung eines Eingriffs durch den Gesetzgeber in das Selbstverwaltungsrecht der Universitäten und Fakultäten und in die Lehrfreiheit der

Hochschulprofessoren gelingt jedoch nicht. Das Verbot von Anwesenheitspflichten muss nicht nur auf eine gesetzliche Grundlage zurückzuführen sein, sondern auch verhältnismäßig sein. Statt die Anordnung vollständig zu verbieten, könnte der Gesetzgeber das Verbot von Anwesenheitspflichten auch unter einen Erlaubnisvorbehalt stellen oder in das Ermessen der Universitäten legen. Ferner steht ihm das Recht der nachträglichen Rechtskontrolle offen. Diese Möglichkeiten sind als mildere Mittel gleicher Wirkung zu qualifizieren, so dass die Erforderlichkeit und damit auch die Verhältnismäßigkeit des Verbotes zu verneinen ist.

Zudem wäre ein gesetzliches Verbot im Hinblick auf die Lehrfreiheit auch nicht angemessen. Für den Hochschullehrer hat das Verbot von Anwesenheitspflichten zur Folge, dass ihm die Durchführung von solchen Lehrveranstaltungen unmöglich gemacht wird, in denen er auf die regelmäßige und terminübergreifende Teilnahme der Studenten angewiesen ist. Dem Eingriff überwiegt auch nicht der Schutz der Lern- und Studierfreiheit als kollidierendes Verfassungsrecht. Studenten haben im Hinblick auf die verpflichtende Teilnahme an Lehrveranstaltungen Einschränkungen in ihre Rechte hinzunehmen. Grund hierfür ist, dass die Allgemeinheit ein Interesse daran hat, dass die Studenten ihre Lernziele erreichen. Anwesenheitspflichten stellen das Medium dar, dass dieses Ziel sicherstellen kann.

Das Verbot von Anwesenheitspflichten führt auch im Innenverhältnis der Universitäten zu rechtfertigungsbedürftigen Grundrechtseingriffen. Da die Universitäten im Innenverhältnis grundrechtsverpflichtet sind, greifen sie durch die Anordnung eines Verbots von Anwesenheitspflichten oder die Versagung einer Studien- oder Prüfungsordnung, die Anwesenheitspflichten anordnet, in das Selbstverwaltungsrecht der Fakultäten und die Lehrfreiheit der Hochschulprofessoren ein. Dieser Eingriff kann jedoch nicht zu Schutz der Lern- und Studierfreiheit als kollidierendes Verfassungsrecht gerechtfertigt werden. Studenten haben einen Eingriff aufgrund des Ausbildungsauftrags hinzunehmen.

Verbieten die Fakultäten, die sich wie die Universitäten auch in einer janusköpfigen Grundrcchtssituation befinden, die Anordnung von Anwesenheitspflichten, gelingt die Rechtfertigung nur teilweise. Grundsätzlich muss es dem Hochschullehrer überlassen bleiben, die Methode seiner Lehrveranstaltung eigenständig festzusetzen. Etwas anderes gilt allerdings, wenn der Hochschullehrer die Anwesenheit als Zulassungsvoraussetzung zu Prüfungen erklären will. Zum Schutz der Studenten sind die Prüfungsvoraussetzungen in den Prüfungsordnungen festzulegen. Ihr Erlass liegt allerdings im Zuständigkeitsbereich der Fakultäten.

# Teil 6: Zusammenfassung und Ergebnisse

## A. Die historische Entwicklung von Anwesenheitspflichten

Anwesenheitspflichten und die Diskussion um ihre Anordnung sind so alt wie das Universitätswesen selbst. Während man bis zum Zeitalter des Absolutismus noch von einem Anwesenheitszwang sprechen musste, wurde von ihrer Anordnung im Liberalismus nahezu abgesehen. Erst im Laufe des 19. und 20. Jahrhunderts entwickelte sich der Umgang mit den Anwesenheitspflichten dahingehend, dass ihre Anordnung als Bestandteil der Lehre zwar vorgesehen war, von diesem Recht aber nur noch eingeschränkt Gebrauch gemacht wurde.

Die Frage um die Zulässigkeit von Anwesenheitspflichten erlebte mit dem Erlass von § 64 Abs. 2a HG NRW als „*Vorreiter*" und den dieser Norm folgenden § 7 Abs. 4 S. 1 NdsHG, § 52 Abs. 12 HSG S-H und § 55 Abs. 2 ThürHG eine Renaissance. So empfanden die Studenten das enthaltene Verbot der Präsenzpflicht als Befreiungsschlag. Demgegenüber sahen sich die Hochschullehrer durch das Verbot von Anwesenheitspflichten in ihren Rechten aus Art. 5 Abs. 3 GG verletzt.

## B. Die verfassungsrechtlich garantierte Lern- und Studierfreiheit

Die Lern- und Studierfreiheit steht den Studenten als ein verfassungsrechtlich garantiertes Recht aus Art. 12 Abs. 1 GG zu. Anders als zu Zeiten von *Wilhelm von Humboldt* wird das Studium wird nicht mehr als Suche nach neuen Erkenntnissen verstanden. Im Vordergrund steht stattdessen die Vorbereitung auf die spätere Berufsausübung. Stetig wachsende Studentenzahlen, eng gefasste Studien- und Prüfungsordnungen und der gesellschaftliche Druck, das Studium zeitnah abzuschließen, haben sicherlich zu dieser Entwicklung beigetragen. Ausschlaggebend ist letztlich aber, dass die Studenten im Studium noch keinen eigenen Beitrag zur Wissenschaft leisten. Daher kann die Lern- und Studierfreiheit nicht mehr als ein bloßer Rechtsreflex der Lehrfreiheit sein.

## C. Anwesenheitspflichten als rechtfertigungsfähiger Eingriff in die Lern- und Studierfreiheit

Die Lern- und Studierfreiheit garantiert den Studenten die freie Gestaltung ihres Studiums und damit auch die Entscheidung, ob sie an den Lehrveranstaltungen teilnehmen oder davon absehen. Wird ihnen diese Entscheidung allerdings durch die Verpflichtung zur Anwesenheit abgenommen, greift dies in ihre Rechte aus Art. 12 Abs. 1 GG ein.

Der Eingriff in die Lern- und Studierfreiheit ist rechtfertigungsbedürftig, aber auch rechtfertigungsfähig. Die Hochschulen sind durch die Landeshochschulgesetze ermächtigt, Regelungen zur Ordnung des Studiums in den Prüfungs- und Studienordnungen zu treffen.

Anwesenheitspflichten sind auch nahezu immer verhältnismäßig. Mit ihrer Anordnung wird der Zweck verfolgt, dass die Studenten das in den Prüfungsordnungen beschriebene Ziel des Studiums erreichen, und die Universitäten entlastet werden. An der Geeignetheit der Anordnung bestehen zwar keine Zweifel. Allerdings fehlt es an der Erforderlichkeit, sofern das Eigenstudium ein milderes Mittel gleicher Wirkung darstellt. Während dies auf die Vorlesung zutrifft, scheidet das Eigenstudium für alle anderen Lehrveranstaltungen als milderes Mittel mangels gleicher Wirksamkeit aus. Je nach der Art der Lehrveranstaltung kann das Lernziel allein durch die praktische Anwendung, die terminübergreifende Diskussion oder die Vertiefung der in der Vorlesung vermittelten Inhalte erreicht werden.

Im Rahmen dieser Lehrveranstaltungen ist die Anordnung einer Präsenzpflicht auch angemessen. Insbesondere wenn die Lehrveranstaltung nicht mit einer Prüfung endet, bedarf es eines Nachweises, dass der Student die in der Lehrveranstaltung vermittelten Inhalte aufgenommen und verstanden hat. Dies kann nur die regelmäßige Teilnahme an einer Lehrveranstaltung nachweisen.

## D. Das Verbot von Anwesenheitspflichten als rechtfertigungsbedürftiger Eingriff in Art. 5 Abs. 3 GG

Art. 5 Abs. 3 GG garantiert den Universitäten die weisungsunabhängige Erfüllung der akademischen Angelegenheiten. Die spezifischen Aufgaben der Lehre werden allerdings von den Fakultäten wahrgenommen. Es obliegt damit auch ihrer Entscheidung, ob in den Studien- und Prüfungsordnungen die Anordnung von Anwesenheitspflichten erfolgen soll. Aufgrund der Lehrfreiheit sind aber auch die Hochschullehrer ermächtigt, Präsenzpflichten anzuordnen.

Ein gesetzliches Verbot von Anwesenheitspflichten greift in das Selbstverwaltungsrecht von Universitäten und Fakultäten sowie die Lehrfreiheit der Hochschullehrer ein. Die Rechtfertigung dieses Eingriffs in Art. 5 Abs. 3 GG gelingt jedoch nicht. Die Lern- und Studierfreiheit als kollidierendes Verfassungsrecht ist nicht schützenswerter als das aus dem Selbstverwaltungsrecht und der Lehrfreiheit folgende Recht zur Anordnung einer Anwesenheitspflicht. Der Grund hierfür liegt in dem Umstand, dass der durch Anwesenheitspflichten erfolgende Eingriff in die Lern- und Studierfreiheit mit Ausnahme der Vorlesung gerechtfertigt ist.

Auch im Innenverhältnis der Universitäten führt das Verbot von Anwesenheitspflichten zu Grundrechtseingriffen. Verbietet die Universität die Anordnung von Anwesenheitspflichten, greift sie in das Selbstverwaltungsrecht der Fakultäten und in die Lehrfreiheit der Hochschullehrer ein. Die Wahrnehmung der akademischen Aufgaben muss jedoch in dem Bereich der Fakultäten und Hochschullehrer bleiben, denn sie verfügen über den notwendigen Sachverstand in ihrem spezifischen Bereich. Bereits aus diesem Grund ist eine Rechtfertigung des Verbotes ausgeschlossen.

## E. Ausblick

Die Normierung von Anwesenheitspflichten, wie sie in den Hochschulgesetzen der Länder Nordrhein-Westfalen und Schleswig-Holstein erfolgt ist, ist verfassungswidrig. Das Verbot greift in nicht zu rechtfertigender Weise in die Rechte der Hochschullehrer, Fakultäten und Hochschulen ein. Die Anordnung von Anwesenheitspflichten greift zwar in die Lern- und Studierfreiheit der Studenten ein. Dieser Eingriff ist aber rechtfertigungsfähig. Daher kann ein Eingriff in die Lehrfreiheit der Hochschullehrer bzw. in das Selbstverwaltungsrecht der Hochschulen und Fakultäten nicht zugunsten der Lern- und Studierfreiheit als verfassungsunmittelbare Schranke gerechtfertigt werden.

Die Ausgestaltung der Regelung zu den Anwesenheitspflichten im niedersächsischen Hochschulgesetz und im Hochschulgesetz Thüringen entspricht hingegen den verfassungsrechtlichen Vorgaben. Grund dafür ist, dass die Anordnung erfolgen darf, wenn diese auch erforderlich ist, um das Ziel der Lehrveranstaltung zu erreichen. Auf eine beispielhafte Nennung der Lehrveranstaltung, für welche eine Anwesenheitspflicht möglicherweise angeordnet werden kann, verzichten die Gesetzgeber. Dies ermöglicht den Universitäten, Fakultäten und Hochschullehrern mehr Freiheiten in der eigenen Rechtsetzung und entspricht somit den verfassungsrechtlichen Anforderungen insbesondere im Hinblick auf die Verhältnismäßigkeit.

Aus diesem Grund ist den anderen Bundesländern nur zu raten, von ähnlichen Regelungen, wie sie bislang in Nordrhein-Westfalen und Schleswig-Holstein verabschiedet wurden, abzusehen. Der Umstand, dass § 64 Abs. 2a HG NRW im Rahmen der Novellierung des Hochschulgesetzes wieder gestrichen werden soll, zeigt, dass auch die Verantwortlichen an der Verfassungsgemäßheit dieser Norm zweifeln.

Zu beachten ist auch: Erteilt man den Anwesenheitspflichten eine Absage, besteht vor allem die Gefahr, dass die Grenzen zwischen dem Fernstudium und der Präsenzuniversität verwischen. Während die Fernuniversität gerade darauf angelegt ist, dass der Student die zu vermittelten Inhalte im Eigenstudium erlernt, welche dann im Rahmen einer Prüfung abgefragt werden, ist der Präsenzuniversität die Anwesenheit immanent. Durch die Teilnahme an einer Lehrveranstaltung werden dem Studenten mitunter Kenntnisse vermittelt, die er im Selbststudium nicht erlernen kann. Zugleich erhält er die Gelegenheit, mit anderen Studenten unter wissenschaftlicher Anleitung am Wissenschaftsprozess teilzunehmen. Anwesenheitspflichten können somit auch dazu beitragen, dass sich das Studium in dem Verständnis der Gesellschaft wieder zu einem Prozess wissenschaftlicher Erkenntnis wandelt und nicht nur zu Zwecken der Ausbildung genutzt wird. Dies wäre letztlich auch im Sinne *Wilhelm von Humboldts*.

www.ingramcontent.com/pod-product-compliance
Ingram Content Group UK Ltd.
Pitfield, Milton Keynes, MK11 3LW, UK
UKHW022105051026
15623UKWH00003B/701

9 783631 824597